해커스 LEET

김우진 추리논증

기본

해커스

김우진

이력

- Antonian Univ. 철학박사
- 논리(modal logic) 및 인식론(epistemology) 전공
- 연세대, 중앙대, 숙명여대, 세종대, 한양대, 이화여대 등 강의 진행
- (현) 해커스로스쿨 추리논증 전임
- (현) 해커스PSAT 상황판단 전임
- (현) 프라임법학원 PSAT 언어논리 전임
- (전) 메가로스쿨 LEET 추리논증 전임

저서

- 해커스 LEET 김우진 추리논증 기초(2024)
- 해커스 LEET 김우진 추리논증 유형별 기출문제+해설집(2024)
- 해커스 LEET 김우진 추리논증 기본(2024)
- 해커스 LEET 김우진 추리논증 PSAT 350제(2024)
- 해커스 LEET 김우진 추리논증 파이널 모의고사(2024)
- PSAT 언어논리 기본서(2022)
- PSAT 상황판단 기본서(2022)
- 김우진 논리 추론(2023)
- 김우진 논리와 퍼즐(2021)

서문

추리논증의 이론 정립: 고득점의 필요조건!

추리논증 시험은 논리 비판적 사고를 측정하기 위한 목적을 지니고 있습니다. 논리 비판적 사고는 원리에 근거해 판단할 수 있는 성향을 의미하며, 이는 혼자서 습득하기에는 한계가 있습니다. 단편적 지식 중심 또는 단기간 이루어지는 문제풀이 요령 중심의 학습으로는 고득점을 이루기 어렵게 출제되고 있기 때문입니다. 추리논증 시험은 논리 비판적 사고, 즉 정확한 이론과 원리를 파악하고 다양한 문제에서 어떻게 적용되는지를 출제의도에 비추어 명확하고 빠르게 확인하는 것을 측정하고자 합니다. 결국 논리 비판적 적성을 향상하려는 본질적인 시도와 노력이 필요합니다.

출제 경향에 따른 근본적 대비: 개념 축적과 문제 해결력

최근 출제 경향은 크게 두 가지 방향으로 나타납니다.

- **어렵게 출제되는 경우**: 수리적 사고가 가미된 문항이 증가합니다. 특히 법·규범학 분야에서 계산 유형의 문제 비중이 높아져 상대적으로 난도가 높아지는 경향을 보입니다. 이러한 출제 경향은 2024학년도 시험에서 잘 볼 수 있으며 다양한 계산 유형의 문제를 충분히 연습하는 것이 도움이 됩니다.
- **쉽게 출제되는 경우**: 2025학년도 시험에 해당합니다. 이때에는 수리적 사고를 요구하는 문항이 줄고 인문 사회 영역이 증가하게 됩니다. 난도가 낮아진다고 해서 수험생 모두가 성적이 향상되는 것은 아닙니다. 그 이유는 인문 사회 규범 등의 기본적 개념이 충분히 축적된 경우에만 성적 향상이 가능하기 때문입니다. 따라서 이 경우 성적은 평소의 독서량과 독서 방법에 의해 결정됩니다.

결국 근본적 대비는 자신의 역량을 높이는 것으로, 약한 분야에 대해서는 다양한 독서를 통해 개념을 축적하고 수리계산 유형의 문제 해결력을 기르는 데에 있습니다.

추리논증 기본: 논리 비판적 사고를 위한 핵심 이론과 고난도 기출 분석

이 책은 근본적인 실력 향상에 초점을 맞추어 교양 논리학과 비판적 사고의 핵심 이론을 압축하였습니다. 원리에 따라 문제를 해결하기 위해서는 원리를 정확히 알아야 하기 때문입니다. 또한 기출문제 중에서 **높은 난도의 문제들**을 원리에 따라 분석하여 일관된 문제 해결력을 지닐 수 있도록 구성하였습니다.

이 책에서는 논리 및 인식론 전공자(박사학위자)로서 논리 및 비판적 사고에 대한 정확한 이론을 제시하고자 하였습니다. 이론적 근거를 가지는 영역이기에 전통적인 논리 관련 명저 및 최근 발행된 이론 체계를 참고하여 수험생들에게 문제 해결력의 근본적인 실력을 배양할 수 있도록 하였습니다.

또한 문제 해결력을 기를 수 있도록 고난도 문제에 정확하고 빠르게 접근하는 방법론을 정리하였습니다. 기출문제는 동일한 문제로 다시 출제되지는 않지만 유사한 유형과 소재로는 계속 출제되므로 명확한 출제 의도에 따른 접근이 될 수 있도록 해설도 구성하였습니다.

이 책으로 학습하는 모든 분들이 원하는 바를 성취하시기를 바라며, 이 책이 나오기까지 수고해주신 모든 분들께도 감사의 인사를 드립니다.

김우진

목차

PART 02 논증 영역

추리논증 고득점을 위한 **이 책의 활용법**

01 최신 출제 경향을 파악하여 시험을 전략적으로 대비한다.

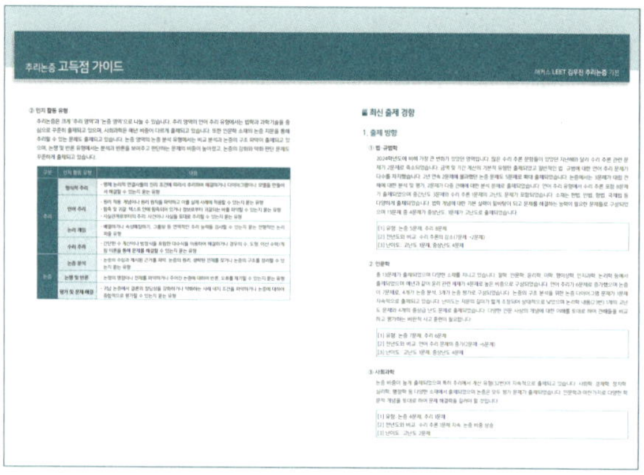

· 기출문제의 최신 출제 경향 및 유형을 학습하여 추리논증에 대한 이해를 높이고 효과적으로 LEET 추리논증을 대비할 수 있습니다.

02 필수 이론으로 논리 · 비판적 사고력을 향상시킨다.

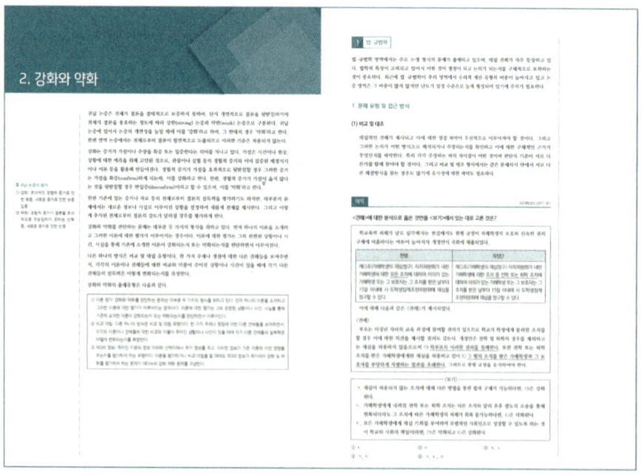

· 추리논증 필수 이론을 통해 논리체계를 학습하여 시험 대비를 위한 논리 · 비판적 사고력을 향상시킬 수 있습니다. 이를 통해 문제풀이의 정확도를 높일 수 있습니다.

03 실전 연습문제로 문제풀이 능력을 향상시킨다.

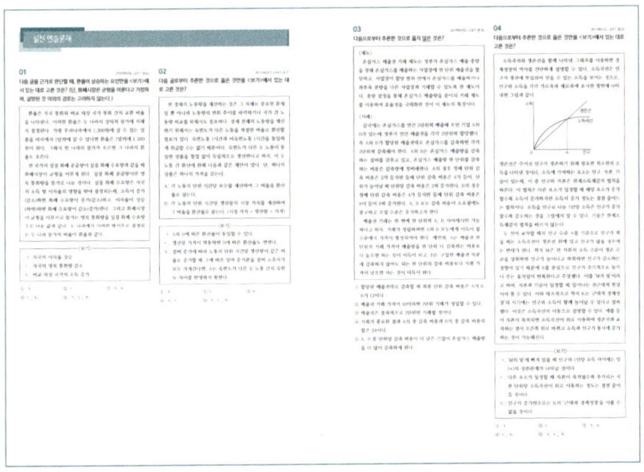

- LEET 전문가가 엄선한 필수 LEET 기출문제를 풀면서 문제풀이 실력을 키우고, 실전 감각을 익힐 수 있습니다.

04 상세한 해설로 완벽하게 정리한다.

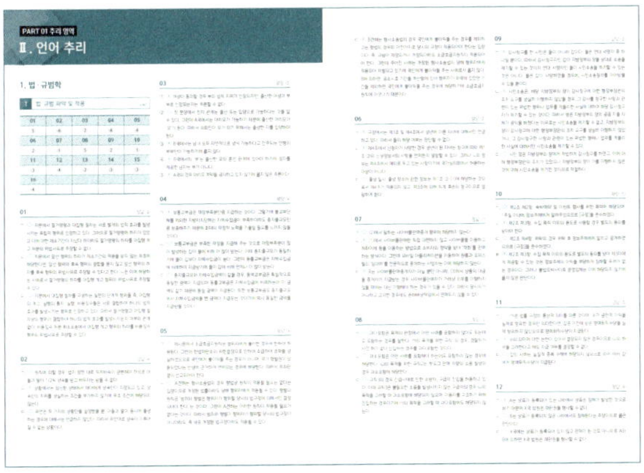

- 모든 선택지에 대한 정답 및 오답의 이유가 상세하게 설명되어 있어 문제를 정확하게 이해하고 효과적인 풀이법을 파악할 수 있습니다.

기간별 맞춤 학습 플랜

자신에게 맞는 일정의 학습 플랜을 선택하여 학습 플랜에 따라 매일 그 날에 해당하는 학습 분량을 공부해 보세요.

4주 완성 학습 플랜

추리논증 이론과 문제를 학습한 후, PART별로 복습하여 마무리합니다.

진도	1주 차				
날짜	___ 월 ___ 일	___ 월 ___ 일	___ 월 ___ 일	___ 월 ___ 일	___ 월 ___ 일
학습 내용	PART 01 Ⅰ. 연역과 귀납	PART 01 Ⅰ. 연역과 귀납	PART 01 Ⅱ. 언어 추리	PART 01 Ⅱ. 언어 추리	PART 01 Ⅱ. 언어 추리
진도	2주 차				
날짜	___ 월 ___ 일	___ 월 ___ 일	___ 월 ___ 일	___ 월 ___ 일	___ 월 ___ 일
학습 내용	PART 01 Ⅲ. 논리 게임	PART 01 Ⅲ. 논리 게임	PART 01 Ⅳ. 수리 추리	PART 01 Ⅳ. 수리 추리	PART 01 복습
진도	3주 차				
날짜	___ 월 ___ 일	___ 월 ___ 일	___ 월 ___ 일	___ 월 ___ 일	___ 월 ___ 일
학습 내용	PART 01 복습	PART 02 Ⅰ. 논증 분석	PART 02 Ⅰ. 논증 분석	PART 02 Ⅱ. 논쟁 및 반론	PART 02 Ⅱ. 논쟁 및 반론
진도	4주 차				
날짜	___ 월 ___ 일	___ 월 ___ 일	___ 월 ___ 일	___ 월 ___ 일	___ 월 ___ 일
학습 내용	PART 02 Ⅱ. 논쟁 및 반론	PART 02 Ⅲ. 논증 평가	PART 02 Ⅲ. 논증 평가	PART 02 복습	PART 02 복습

8주 완성 학습 플랜

추리논증 이론과 문제를 학습한 후, ㅣ장별로 바로 복습하여 개념을 확실하게 숙지하고 마무리합니다.

진도	1주 차				
날짜	___ 월 ___ 일	___ 월 ___ 일	___ 월 ___ 일	___ 월 ___ 일	___ 월 ___ 일
학습 내용	PART 01 Ⅰ. 연역과 귀납	PART 01 Ⅰ. 연역과 귀납	PART 01 Ⅰ. 연역과 귀납	PART 01 Ⅰ. 연역과 귀납	PART 01 Ⅰ. 연역과 귀납 복습
진도	2주 차				
날짜	___ 월 ___ 일	___ 월 ___ 일	___ 월 ___ 일	___ 월 ___ 일	___ 월 ___ 일
학습 내용	PART 01 Ⅰ. 연역과 귀납 복습	PART 01 Ⅱ. 언어 추리	PART 01 Ⅱ. 언어 추리	PART 01 Ⅱ. 언어 추리	PART 01 Ⅱ. 언어 추리
진도	3주 차				
날짜	___ 월 ___ 일	___ 월 ___ 일	___ 월 ___ 일	___ 월 ___ 일	___ 월 ___ 일
학습 내용	PART 01 Ⅱ. 언어 추리	PART 01 Ⅱ. 언어 추리 복습	PART 01 Ⅱ. 언어 추리 복습	PART 01 Ⅲ. 논리 게임	PART 01 Ⅲ. 논리 게임
진도	4주 차				
날짜	___ 월 ___ 일	___ 월 ___ 일	___ 월 ___ 일	___ 월 ___ 일	___ 월 ___ 일
학습 내용	PART 01 Ⅲ. 논리 게임	PART 01 Ⅲ. 논리 게임 복습	PART 01 Ⅲ. 논리 게임 복습	PART 01 Ⅳ. 수리 추리	PART 01 Ⅳ. 수리 추리
진도	5주 차				
날짜	___ 월 ___ 일	___ 월 ___ 일	___ 월 ___ 일	___ 월 ___ 일	___ 월 ___ 일
학습 내용	PART 01 Ⅳ. 수리 추리	PART 01 Ⅳ. 수리 추리 복습	PART 01 Ⅳ. 수리 추리 복습	PART 02 Ⅰ. 논증 분석	PART 02 Ⅰ. 논증 분석
진도	6주 차				
날짜	___ 월 ___ 일	___ 월 ___ 일	___ 월 ___ 일	___ 월 ___ 일	___ 월 ___ 일
학습 내용	PART 02 Ⅰ. 논증 분석	PART 02 Ⅰ. 논증 분석 복습	PART 02 Ⅰ. 논증 분석 복습	PART 02 Ⅱ. 논쟁 및 반론	PART 02 Ⅱ. 논쟁 및 반론
진도	7주 차				
날짜	___ 월 ___ 일	___ 월 ___ 일	___ 월 ___ 일	___ 월 ___ 일	___ 월 ___ 일
학습 내용	PART 02 Ⅱ. 논쟁 및 반론	PART 02 Ⅱ. 논쟁 및 반론	PART 02 Ⅱ. 논쟁 및 반론 복습	PART 02 Ⅱ. 논쟁 및 반론 복습	PART 02 Ⅲ. 논증 평가
진도	8주 차				
날짜	___ 월 ___ 일	___ 월 ___ 일	___ 월 ___ 일	___ 월 ___ 일	___ 월 ___ 일
학습 내용	PART 02 Ⅲ. 논증 평가	PART 02 Ⅲ. 논증 평가	PART 02 Ⅲ. 논증 평가	PART 02 Ⅲ. 논증 평가 복습	PART 02 Ⅲ. 논증 평가 복습

추리논증 고득점 가이드

LEET 소개

1. LEET란?

LEET(Legal Education Eligibility Test, 법학적성시험)는 법학전문대학원 교육을 이수하는 데 필요한 수학 능력과 법조인으로서 지녀야 할 기본적 소양 및 잠재적인 적성을 가지고 있는지를 측정하는 시험을 말합니다. LEET는 법학전문대학원 입학전형에서 적격자 선발 기능을 제고하고 법학교육 발전을 도모하는데 그 목적이 있습니다.

2. 응시자격 및 시험성적 활용

LEET의 응시자격에는 제한이 없으나, 법학전문대학원에 입학하기 위해서는 『법학전문대학원 설치·운영에 관한 법률』 제22조에 따라 학사학위를 가지고 있는 자 또는 법령에 의하여 이와 동등 이상 학력이 있다고 인정된 자, 해당년도 졸업예정자(학위취득 예정자 포함)이어야 합니다. 또한 LEET 성적은 『법학전문대학원 설치·운영에 관한 법률』 제23조에 따라 당해 학년도에 한하여 유효하며 개별 법학전문대학원에서 입학전형 필수요소 중 하나로 활용됩니다.

3. 시험영역 및 시험시간

언어이해와 추리논증 영역의 문제지는 홀수형과 짝수형으로 제작되며, 수험번호 끝자리가 홀수인 수험생에게는 홀수형, 짝수인 수험생에게는 짝수형 문제지가 배부됩니다. 한편 논술 영역의 문제지는 단일 유형으로 제작됩니다.

교시	시험영역	문항 수	시험시간	문제형태
1	언어이해	30	09:00~10:10(70분)	5지선다형
2	추리논증	40	10:45~12:50(125분)	5지선다형
점심시간			12:50~13:50(60분)	
3	논술	2	14:00~15:50(110분)	서답형
계	3개 영역	72문항	305분	

※ 출처: 법학전문대학원협의회 홈페이지

추리논증 알아보기

1. 출제 방향

추리논증은 지문의 제재나 문제의 구조, 질문의 방식 등을 다양화하여 이해력, 추리력, 비판력을 골고루 측정하는 시험이 될 수 있도록 출제됩니다. 또한 추리 능력을 측정하는 문제와 논증 분석 및 평가 능력을 측정하는 문제가 규범, 인문, 사회, 과학기술의 각 영역 모두에서 균형 있게 출제됩니다. 한편 상이한 토대와 방법론에 따라 진행되는 다양한 종류의 추리 및 비판을 상황과 맥락에 맞게 파악하고 적용하는 능력을 측정하고자 합니다.

2. 출제 범위

추리논증은 규범, 인문, 사회, 과학기술과 같은 학문 영역이 모두 균형 있게 출제되고 있습니다. 규범 영역의 문항은 법학 일반, 법철학, 공법, 사법 등 소재를 다양화하였고, 인문 영역의 문항들은 지식이나 규범과 관련된 원리적 토대를 다루면서도 예술이나 사회과학, 자연과학과 융합된 방식의 내용이 주를 이루고 있습니다.

3. 문제 구성

① 내용 영역

추리논증은 논리학·수학, 인문, 사회, 과학기술, 규범의 총 다섯 가지 내용 영역으로 출제되며, 총 40문제가 출제됩니다.

내용 영역	내용
논리학·수학	추리 문항의 해결에 필요한 원리, 일상적이고 실용적인 내용에 대한 탐구를 목적으로 하는 영역
인문	인간의 본질과 문화에 대한 탐구와 설명을 목적으로 하는 영역
사회	사회 현상에 대한 탐구와 설명을 목적으로 하는 영역
과학기술	자연 현상, 기술 공학에 대한 탐구와 설명을 목적으로 하는 영역
규범	법과 윤리에 대한 탐구와 설명을 목적으로 하는 영역

② 인지 활동 유형

추리논증은 크게 '추리 영역'과 '논증 영역'으로 나눌 수 있습니다. 추리 영역의 언어 추리 유형에서는 법학과 과학기술을 중심으로 꾸준히 출제되고 있으며, 사회과학은 매년 비중이 다르게 출제되고 있습니다. 또한 인문학 소재의 논증 지문을 통해 추리할 수 있는 문제도 출제되고 있습니다. 논증 영역의 논증 분석 유형에서는 비교 분석과 논증의 구조 파악이 출제되고 있으며, 논쟁 및 반론 유형에서는 분석과 반론을 보여주고 판단하는 문제의 비중이 높아졌고, 논증의 강화와 약화 판단 문제도 꾸준하게 출제되고 있습니다.

구분	인지 활동 유형	내용
추리	형식적 추리	· 명제 논리적 연결사들의 진리 조건에 따라서 추리하여 해결하거나 다이어그램이나 모델을 만들어서 해결할 수 있는지 묻는 유형
	언어 추리	· 원리 적용: 개념이나 원리 원칙을 파악하고 이를 실제 사례에 적용할 수 있는지 묻는 유형 · 함축 및 귀결: 텍스트 안에 함축되어 있거나 정보로부터 귀결되는 바를 파악할 수 있는지 묻는 유형 · 사실관계로부터의 추리: 사건이나 사실을 토대로 추리할 수 있는지 묻는 유형
	논리 게임	· 배열하기나 속성매칭하기, 그룹핑 등 연역적인 추리 능력을 검사할 수 있는지 묻는 전형적인 논리 퍼즐 유형
	수리 추리	· 간단한 수 계산이나 방정식을 포함한 대수식을 이용하여 해결하거나 경우의 수, 도형, 이산 수학/게임 이론을 통해 문제를 해결할 수 있는지 묻는 유형
논증	논증 분석	· 논증의 주장과 제시된 근거를 파악, 논증의 원리, 생략된 전제를 찾거나 논증의 구조를 정리할 수 있는지 묻는 유형
	논쟁 및 반론	· 논쟁의 쟁점이나 전제를 파악하거나 주어진 논증에 대하여 반론, 오류를 제기할 수 있는지 묻는 유형
	평가 및 문제 해결	· 귀납 논증에서 결론의 정당성을 강화하거나 약화하는 사례 내지 조건을 파악하거나 논증에 대하여 종합적으로 평가할 수 있는지 묻는 유형

최신 출제 경향

1. 출제 방향

① 법·규범학

2024학년도에 비해 가장 큰 변화가 있었던 영역입니다. 많은 수리 추론 문항들이 있었던 지난해와 달리 수리 추론 관련 문제가 2문제로 축소되었습니다. 금액 및 기간 계산의 기본적 유형만 출제되었고 일반적인 법·규범에 대한 언어 추리 문제가 다수를 차지했습니다. 2년 연속 2문제에 불과했던 논증 문제도 5문제로 확대 출제되었습니다. 논증에서는 3문제가 대립 견해에 대한 분석 및 평가, 2문제가 다중 견해에 대한 분석 문제로 출제되었습니다. 언어 추리 유형에서 수리 추론 포함 8문제가 출제되었으며 중간난도 3문제와 수리 추론 1문제의 고난도 문제가 포함되었습니다. 소재는 헌법, 민법, 형법, 국제법 등 다양하게 출제되었습니다. 법학 개념에 대한 기본 실력이 밑바탕이 되고 문제를 해결하는 능력이 필요한 문제들로 구성되었으며 13문제 중 4문제가 중상난도, 1문제가 고난도로 출제되었습니다.

[1] 유형: 논증 5문제, 추리 8문제 [2] 전년도와 비교: 수리 추론의 감소(7문제→2문제) [3] 난이도: 고난도 1문제, 중상난도 4문제

② 인문학

총 13문제가 출제되었으며 다양한 소재를 지니고 있습니다. 철학, 인문학, 윤리학, 미학, 형이상학, 인지과학, 논리학 등에서 출제되었으며 예년과 같이 윤리 관련 제재가 4문제로 높은 비중으로 구성되었습니다. 언어 추리가 6문제로 증가했으며 논증이 7문제로, 4개가 논증 분석, 3개가 논증 평가로 구성되었습니다. 논증의 구조 분석을 위한 논증 다이어그램 문제가 1문제 지속적으로 출제되고 있습니다. 난이도는 지문의 길이가 짧게 조정되어 상대적으로 낮았으며 논리학 내용(23번) 1개의 고난도 문제와 4개의 중상급 난도 문제로 출제되었습니다. 다양한 인문 사상의 개념에 대한 이해를 토대로 하여 견해들을 비교하고 평가하는 비판적 사고 훈련이 필요합니다.

[1] 유형: 논증 7문제, 추리 6문제 [2] 전년도와 비교: 언어 추리 문제의 증가(2문제→6문제) [3] 난이도: 고난도 1문제, 중상난도 4문제

③ 사회과학

논증 비중이 높게 출제되었으며 특히 추리에서 계산 유형(32번)이 지속적으로 출제되고 있습니다. 사회학, 경제학, 정치학, 심리학, 행정학 등 다양한 소재에서 출제되었으며 논증은 모두 평가 문제가 출제되었습니다. 인문학과 마찬가지로 다양한 학문적 개념을 토대로 하여 문제 해결력을 길러야 할 것입니다.

[1] 유형: 논증 4문제, 추리 1문제 [2] 전년도와 비교: 수리 추론 1문제 지속, 논증 비중 상승 [3] 난이도: 고난도 2문제

④ 논리 게임

3문제 모두 고난도 문제로 구성되었습니다. 2024학년도와 다르게 수학적 퍼즐, 진실·거짓 게임, 배열하기 유형으로 다양하게 출제되었습니다. 각 유형에 따른 논리 게임의 기본적 접근 방식에 대한 이해가 필요하며 경우의 수가 항상 등장하기에 충분한 훈련이 필요합니다. 또한 35번 배열하기 문제는 과거 출제되었던 유형과 유사한 그룹핑 문제로 기존 기출문제에 대한 연습도 문제 해결을 위해 반드시 필요하다는 것을 알 수 있습니다.

[1] 유형: 추리 3문제 [2] 전년도와 비교: 다양한 문제 유형 출제 [3] 난이도: 고난도 3문제

⑤ 과학기술

물리학, 화학, 생물학 등에서 출제되었으며 논증에서 분석 유형으로 1문제, 나머지 4문제는 언어 추리 유형으로 출제되었습니다. 예년과 달리 실험 자료에 대한 분석을 요구하는 문제는 없었으며 생소한 전문 소재를 활용한 문제가 포함되었습니다. 난이도는 1개 문제가 쉽게 출제되었고 나머지 문제들은 중상급 이상 난도로 출제되었습니다. 시간의 압박을 극복하고 과학기술에 대한 기본 개념을 장착할 경우 해결 가능한 문제가 될 수 있습니다.

[1] 유형: 논증 1문제, 추리 4문제 [2] 전년도와 비교: 자료 분석형 출제 안 됨 [3] 난이도: 고난도 3문제, 중상난도 1문제

2. 난이도와 변화

전체 난이도는 2024학년도에 비해 상당히 쉽게 출제되었고 평균도 2~3개 정도 높아졌습니다. 지문의 정보를 축소하고 선택지의 난도를 높이는 방향으로 출제되었습니다. 그리고 모든 영역에서 다양한 소재를 활용한 문제로 출제되고 있어서 고득점을 위해서는 법·규범학, 인문학, 사회과학, 과학기술 등 모든 내용학에서 기본적인 개념을 장착해야 할 것입니다.
인문학에서도 언어 추리 영역이 다수 출제되었고 인문학 비중도 높아졌습니다. 내용학적 출제 비중은 최근 3개년이 유사하게 출제되고 있으며 이 기조는 유지되리라 전망됩니다. 2024학년도에 어려움을 가지고 왔던 수리 추론 문제가 절반 이하로 축소되었지만 2026학년도에는 반작용으로 높아질 가능성도 있어서 이에 대한 대비도 필요할 것입니다.
시험의 변별력을 가져오는 높은 난도의 문제 중 법학에서 수리 추론 1문제, 인문학에서 논리학 제재 1문제, 논리 게임 3문제, 과학기술 2문제가 상위 7문제로 고득점을 위한 변별력으로 작용하였습니다. 이는 수리 계산과 논리와 퍼즐 그리고 과학기술이 고득점의 key 역할을 한다는 것을 보여줍니다.

대비 전략

1. 현시점에서의 자신의 위치 및 약점 파악

최근 2개년 기출문제를 풀어보고 자신의 현재 실력이 어느 정도인지를 체크하여 부족한 부분이 무엇인지 파악하고 이를 위해서는 어떤 학습을 진행해야 하는지 학습 전략을 수립해야 합니다.

2. 내용학 제재에 따른 기본 개념 축적

법·규범학, 인문학, 사회과학, 과학기술, 논리학 등의 내용학에서 필요한 개념들을 축적하여 기본 실력을 높여야 합니다. 최근 각 제재별로 다양한 소재로 문제가 구성되기에 어느 한 분야에 대해 개념 파악이 부족할 경우 시간 내에 문제를 해결하기 어렵게 됩니다. 따라서 자신이 부족한 내용학에 대한 개념 확장을 위해 독서 및 개념 학습이 필요합니다. 이 부분이 약할 때 특히 논증 문제에 취약할 수밖에 없고, 그러면 문제가 쉽게 출제되어도 좋은 성적이 나오지 않게 됩니다.

3. 논리 비판적 사고 학습

추리논증의 출제자들은 대부분 논리 전공자로 구성되기에 모든 문제에 논리 및 비판적 사고의 원리가 적용됩니다. 따라서 교양 논리학이나 비판적 사고 원리를 학습하고 이를 문제에 적용할 수 있도록 훈련이 필요합니다.

4. 수리 추론과 논리 게임

역대 시험에서 가장 고난도 문제에는 항상 수리 계산형 문제와 논리 게임이 자리하고 있습니다. 매년 6~12개 사이에서 출제되고 있기에 고득점을 위해서는 반드시 정복해야 하는 영역입니다. 꾸준하게 반복하는 학습이 필요하며 LEET, PSAT 등 기출을 통해 적응력을 높여야 합니다.

한 번에 합격, 해커스로스쿨
lawschool.Hackers.com

영역 소개

추리논증 영역에서 '추리' 영역은 논리적 사고를 검증하고자 하는 목적에서 설정된 영역이다. 본래 '추리(reasoning)'란 이미 알고 있거나 주어진 사실 또는 정보로부터 알지 못하는 새로운 사실 또는 정보를 알아내는 사고를 말한다. 유사한 개념으로 '추론(inference)'이 있는데, 이는 추리와 동일한 사고 과정을 의미하지만, 추리가 수학의 원리와 같이 이미 약속되거나 확정된 정보로부터 이성적인 사고에 의해 파악되는 사고인 반면, 추론은 관찰이나 실험 등 경험적인 사실 또는 정보로부터 알아내는 것을 뜻한다. 물론 현대에는 이 두 용어가 거의 구분되지 않고 동일하게 사용되고 있다.

추리 영역에서는 크게 출제 유형에 따라 세 가지로 구분되어 출제되고 있는데, 형식적 추리와 언어 추리 그리고 논리 게임과 수리 추리와 같은 퍼즐 유형이 그것이다. 이 책에서는 연역 추리를 주로 다루는 형식적 추리와 함께 귀납 추론의 유형을 'I. 연역과 귀납'에서 다룰 것이다. 그리고 'II. 언어 추리'에서는 언어 추리를 내용학적인 제재별로 나누어 접근 방법론을 중심으로 이론화를 시도할 것이고 'III. 논리 게임'과 'IV. 수리 추리'에서는 논리 게임과 수리 추리를 유형별로 분류하여 학습하도록 구성하였다.

PART 01

추리 영역

한 번에 합격, 해커스로스쿨
lawschool.Hackers.com

유형 소개

연역과 귀납에서는 추리논증 영역의 근간을 이루는 논리적 사고의 두 가지 측면을 다룬다. 추리논증 시험의 특성은 논리적 사고인 추리 능력과 비판적 사고인 논증 능력을 측정하고자 하는 목적을 지닌다. 그렇기에 직접적으로 언급되거나 명시되지 않더라도 주어진 정보로부터 문제를 해결하기 위해서는 두 가지 기본적인 사고를 활용해야 정확한 답변 도출이 될 수 있다.

논리적 사고인 추리는 두 가지로 구분된다. 먼저 연역(deduction)은 결론이 참일 수밖에 없다는 것을 즉, 필연성을 보이고자 하는 추리로, 전제가 결론에 결정적인 근거를 제공한다. 한편 귀납(induction)은 결론이 참일 가능성(개연성)이 높다는 것을 보이고자 하는 것으로, 경험적 사실을 확인하는 데에 중요성이 있으며, 연역과 다르게 결론의 개연성은 정도의 문제이며 경우에 따라 변한다. 연역과 귀납의 예는 다음과 같다.

연역	모든 인간은 죽는다. 소크라테스는 인간이다. 따라서 소크라테스는 죽는다.
귀납	회사의 고문 변호사들은 대부분 보수적이다. 철수는 회사의 고문 변호사이다. 그러므로 그는 보수적일 것이다.

I. 연역과 귀납

1. 형식적 추리: 연역

형식적 논리는 연역의 정당성을 파악하기 위한 사고의 원리를 의미한다. 전제로부터 결론이 필연적으로 도출되는 연역은 두 가지의 판단 기준을 가지고 있다.

타당성(validity)
1. [전제] 철수는 서울 또는 부산에 살고 있다.
2. [전제] 철수는 부산에 살지 않는다.
3. [결론] 그러므로 철수는 서울에 살고 있다.

위 논증에서는 다음과 같은 절차를 고려해야 한다.

첫째, 1과 2는 모두 참으로 가정한다.
둘째, 1과 2가 참이라고 가정할 경우 3이 거짓일 수 있는가?

위 논증의 경우 전제들이 참이라면 결론은 필연적으로 참이다. 이때 논증은 연역적으로 타당하다(valid).

만약 전제들이 참이라면 결론이 필연적으로 참이 되는 경우, 그 논증은 연역적으로 타당하다. 즉, 연역적으로 타당한 논증이 있을 때에 그 논증의 전제들이 참이며 결론이 거짓인 경우는 논리적으로 불가하다. 한편 타당하지 않은 논증은 부당(invalidity)하다고 말한다.

건전성(sound)
1. [전제] 모든 고래는 어류이다.
2. [전제] 모든 어류는 물에 산다.
3. [결론] 그러므로 모든 고래는 물에 산다.

연역 논증이 타당하면서도 전제들이 모두 참일 때에 그 논증을 건전하다고 한다. 결국 논증이 타당하지 않거나 적어도 하나의 전제가 거짓일 때에 그 논증은 건전하지 못하다(unsound). 따라서 위 논증은 타당하지만 전제가 거짓이기에 건전하지 못하다.

건전성은 논리학의 대상에서 벗어나 있다. 만약 전제가 우연적이라면, 논리적 형식은 전제가 참인지 거짓인지를 우리에게 알려주지 못한다. 또한 타당한 논증이라도 지식과 같이 경험적인 확인 없이 그 논증이 건전한지 우리는 결정할 수 없게 된다.

1 문장 논리(Sentence Logic)

논리적 연결의 첫 단계는 문장 간의 논리적 관계를 파악하는 것이다. 논리학에서 다루는 문장이란 참이나 거짓이 되는 명제를 의미한다. 이들 명제들은 참이나 거짓의 진릿값을 가지고 있기에 문장 간의 결합이 있을 때에는 결합된 문장의 참 또는 거짓 여부가 원래의 요소 명제들의 참 또는 거짓에 따라 결정된다. 그래서 논리학에서는 이러한 문장 간의 결합을 '진리함수적 결합'이라고 부른다.

1. 진리함수적 결합

명제는 참 또는 거짓으로 진술되는 문장을 의미한다. 따라서 명제들 간의 관계를 파악할 때에는 각각의 명제가 참 또는 거짓이라는 경우를 고려하여 진리함수를 고려해야 한다. 이때 사용되는 것이 진리표이다. 연역추리에서는 참과 거짓 두 가지의 값만을 고려한다. 예를 들어, p와 q 두 명제가 진리함수적 관계로 연결되어 있을 경우, 이들 간에 고려해야 할 경우는 모두 네 가지가 된다. 이를 표로 나타내면 다음과 같다. 단, 참을 T(truth), 거짓을 F(false)로 표시한다.

p	q
T	T
T	F
F	T
F	F

(1) 부정(negation)

주어진 명제가 참이 아님을 의미하며, 다음과 같은 기호를 사용한다.

not p = ~p = p는 사실이 아니다.

p	~p
T	F
F	T

(2) 연언(conjunction)

결합 관계를 의미하며 and를 의미한다. 기호와 진리표는 다음과 같다.

p이고 q이다. = p&q(p · q)

p	q	p&q
T	T	T
T	F	F
F	T	F
F	F	F

명제(proposition)
참이거나 거짓이 되는 문장이나 진술(statement)로 단순 명제(더 이상 다른 명제로 분석될 수 없는 명제)와 복합 명제(단순 명제가 일정하게 결합되어 있는 명제)로 구분된다.

진릿값(truth value)
참 또는 거짓의 진위

진리함수적 결합
① 결합사: 문장을 결합해 복합 명제를 만드는 용어
② 진리함수: 명제들 간의 결합을 의미하며, 각각의 요소 명제들의 진릿값에 의해 결합된 문장들의 참과 거짓이 결정된다.
③ 진리함수적 결합사: 구성 명제의 참 거짓에 의해 참 거짓이 완전히 결정되는 명제의 결합사
④ 진리함수적 결합: 구성 명제의 참 거짓에 의해 참 거짓이 완전히 결정되는 복합 명제의 구성

부정: 명제 전체를 대상으로 한다.
① 영희는 행복하다.
② 철수는 성격이 차분하며 대인관계가 좋다.
①의 부정은 '영희는 행복하지 않다.'가 된다. 그리고 ②의 부정은 '철수가 성격이 차분하며 대인관계가 좋다는 것은 사실이 아니다.'이다. 즉, 명제 전체를 대상으로 부정문을 설정해야 한다.

연언
연언은 우리말에서 '그리고, 또한'과 같은 순접 접속사뿐 아니라 '그러나, 하지만, 그런데'와 같은 대등 접속사도 모두 포함한다.

선언
① 포괄적 선언: P나 Q 가운데 적어도 하나는 참이며 둘 다 참도 성립한다.
② 배타적 선언: P나 Q 가운데 적어도 하나는 참이지만 둘 다 참은 아니다.

(3) 선언(disjunction)

'또는', '이거나' 등에 의해 연결되어 있는 2개의 문장으로 구성된 복합 문장을 선언이라 한다. 선언문은 두 개의 명제 중 적어도 하나는 참이 된다는 것을 주장하는 문장이다.

선언은 요소문장들 중 적어도 하나가 참이면 언제나 참이고 그렇지 않으면 거짓이다. 기호는 '∨'를 사용하며 'p∨q'는 'p이거나 q이다.'를 뜻한다. 이를 진리표로 나타내면 다음과 같다.

p	q	p∨q
T	T	T
T	F	T
F	T	T
F	**F**	**F**

조건문의 표현
① 만약 A이면 B이다.
② 만일 A이면 B이다.
③ A일 경우 B이다.
④ A하기 위해서 B를 해야 한다.
⑤ A일 때에 B이다.

(4) 조건문(conditional or hypothetical statement)

조건문(조건언)은 가정적 상황을 표현하며 '만약 p이면 q이다.'로 나타난다. 이때 두 개의 명제가 사용되는데, 앞에 나오는 명제를 전건(antecedent)이라 하며 뒤에 나오는 명제를 후건(consequent)이라 한다. 기호화와 진리표는 다음과 같다.

$p \rightarrow q$ $(p \supset q)$

p	q	p→q
T	T	T
T	**F**	**F**
F	T	T
F	F	T

위 진리표 세 번째, 네 번째 줄에서 전건이 거짓이면 조건문은 후건의 참 거짓 여부와 관계없이 반드시 참이 된다. 조건문은 참 또는 거짓 둘 중 하나로 결정된다. 그런데 전건이 거짓이면 조건문이 거짓임을 밝힐 수 없다. 조건문이 거짓이 되는 경우는 전건이 참이고 후건이 거짓이 되는 경우에만 해당되기 때문이다. 따라서 전건이 거짓일 경우 조건문은 참이 된다.

쌍조건문
(양조건언; biconditionals)
$p \leftrightarrow q$
p이면 q이고 그 역도 성립한다.

(5) 조건문의 역

조건문의 역(converse)은 '환위'라고 부르며 이는 조건문과 논리적으로 무관하다. 동시에 참이 될 수 있지만, 그렇지 않을 수도 있기 때문이다. 조건문과 역의 관계는 다음 진리표에서 알 수 있다.

p	q	p→q	q→p
T	T	T	T
T	**F**	**F**	**T**
F	T	T	F
F	F	T	T

예제

2018학년도 LEET 문15

다음 글을 분석한 것으로 옳은 것만을 <보기>에서 있는 대로 고른 것은?

일상적인 조건문의 진위는 어떻게 결정되는가? 다음 예를 통해 알아보자.

K공항에서 비행기가 이륙하기 위해서는 1번 활주로와 2번 활주로 중 하나를 통해서만 가능하다. 영우는 1번 활주로가 며칠 전부터 폐쇄되어 있다는 것을 안다. 그래서 ㉠ "어제 K공항에서 비행기가 이륙했다면, 1번 활주로로 이륙하지 않았다."라고 추론한다. 경수는 2번 활주로가 며칠 전부터 폐쇄되어 있다는 것과 비행기 이륙이 1번 활주로와 2번 활주로 중 하나를 통해서만 가능하다는 것을 알고 있다. 경수는 이로부터 ㉡ "어제 K공항에서 비행기가 이륙했다면, 1번 활주로로 이륙했다."라고 추론한다.

위 예에서 영우와 경수가 사용한 정보들은 모두 참이며 영우와 경수의 추론에는 어떤 잘못도 없으므로 ㉠도 참이고 ㉡도 참이라고 결론 내릴 수 있다.

그런데 정말 ㉠과 ㉡이 둘 다 참일 수 있을까? 우리가 일상적으로 'A이면 B이다'라는 조건문의 진위를 파악하는 (가) 방식에 따르면, A를 참이라고 가정하고 B의 진위를 따져본다. 즉 A를 참이라고 가정할 때, B가 참으로 밝혀지면 'A이면 B이다'가 참이라고 판단하고, B가 거짓으로 밝혀지면 'A이면 B이다'가 거짓이라고 판단한다. 이에 따라 A가 참이라고 가정해 보자. 그런데 'B이다'와 'B가 아니다' 중에 하나만 참일 수밖에 없으므로, 'A이면 B이다'와 'A이면 B가 아니다'가 모두 참이라고 판단하는 것이 가능하지 않다. 그렇다면 조건문의 진위를 파악하는 이 방식에 따르면, ㉠과 ㉡ 중 최소한 하나는 참이 아니라고 결론 내려야 한다. 그러나 이는 앞의 결론과 충돌한다.

〈보기〉

ㄱ. 영우가 가진 정보와 경수가 가진 정보를 모두 가지고 있는 사람은 "어제 K공항에서는 어떤 비행기도 이륙하지 않았다."를 타당하게 추론할 수 있다.

ㄴ. 영우가 가진 정보가 참이라는 것을 아는 사람이 (가)를 적용하면 ㉡이 거짓이라고 판단할 것이다.

ㄷ. 영우나 경수가 가진 어떤 정보도 갖지 않은 사람이 (가)를 적용하면, ㉠과 ㉡이 모두 거짓이라고 판단할 것이다.

① ㄱ ② ㄷ ③ ㄱ, ㄴ
④ ㄴ, ㄷ ⑤ ㄱ, ㄴ, ㄷ

[정답] ③

ㄱ. (O) 영우의 진술 ㉠과 경수의 진술 ㉡이 모두 참일 때에는 전건이 거짓이 되므로 옳은 진술이다.
ㄴ. (O) (가) 방식은 전건을 참이라 가정한 것이므로 영우가 참일 경우 경수의 진술 ㉡은 거짓이 된다.
ㄷ. (X) (가) 방식은 전건을 참이라 가정한 것이므로 ㉠과 ㉡ 중 최소한 하나는 참이 아니라고 판단할 것이다.

2. 논리 규칙

(1) 진리함수적 추리규칙

① 긍정논법(전건긍정식; M.P.: Modus Ponens)

$$p \rightarrow q$$
$$p$$
$$\therefore q$$

조건문에서 전건이 참일 때에 후건은 반드시 참이 되어야 조건문이 성립한다.

> **후건긍정의 오류**
>
> $$p \rightarrow q$$
> $$q$$
> $$\therefore p$$
>
> 조건문에서 후건이 참이 된다면, 전건은 어떤 진릿값이 와도 조건문은 참이 된다. 따라서 반드시 전건이 참이 되는 것은 아니다.

② 부정논법(후건부정식; M.T.: Modus Tollens)

$$p \rightarrow q$$
$$\sim q$$
$$\therefore \sim p$$

진리표에서 조건문의 후건이 부정일 경우 전건은 반드시 거짓이 되어야 조건문이 성립한다.

> **전건부정의 오류**
>
> $$p \rightarrow q$$
> $$\sim p$$
> $$\therefore \sim q$$
>
> 조건문에서 전건이 부정되면, 후건이 무엇이 오든지 참이다. 따라서 반드시 후건이 거짓이 되지는 않는다.

③ 조건삼단논법(H.S.: Hypothetical Syllogism/Conditional Syllogism)

$$p \rightarrow q$$
$$q \rightarrow r$$
$$\therefore p \rightarrow r$$

두 개의 조건문이 매개(medium/middle) 명제를 토대로 연결되어 다른 조건문을 도출시키는 원칙으로 연쇄논법이라고도 부른다.

④ 선언논법(D.S.: Disjunctive Syllogism)

$$p \lor q$$
$$\sim p$$
$$\therefore q$$

진리표에서 선언문이 성립되기 위해서는 어느 한쪽이 반드시 참이어야 한다. 따라서 한 쪽이 부정일 때에 다른 선언지는 반드시 참이 된다.

⑤ 딜레마 논증(Dilemma; 양도논법)

$(p \to q) \& (r \to s)$
$p \lor r$
$\therefore q \lor s$

$(p \to q) \& (r \to s)$
$\sim q \lor \sim s$
$\therefore \sim p \lor \sim r$

두 조건문의 긍정논법이나 부정논법이 연언으로 이어져 각각의 긍정논법이나 부정논법이 성립할 경우 이들은 선언으로 연결된다는 원칙이다.

⑥ 분리논법(단순화; Simp.: Simplification)

$p \& q$
$\therefore p$

진리표 상에서 연언문은 각 연언지가 모두 참일 때에만 참이다. 따라서 각각의 연언지를 참으로 도출할 수 있다. 일명 '연언지 긍정'이라고도 한다.

⑦ 연언논법(Conj.: Conjunction)

p
q
$\therefore p \& q$

두 전제는 모두 연언으로 이어져 있기에 도출되는 원칙으로 '연언 도입'이라고도 한다.

⑧ 부가논법(Add.: Addition)

p
$\therefore p \lor q$

진리표에서 어느 한쪽만 참이어도 모두 참인 선언의 원칙을 이용한 것으로 '선언 도입'을 의미한다.

⑨ 귀류법(Reductio ad absurdum TEST)

하나의 명제를 참이라고 가정했을 때에 불합리한 결과 즉, 모순이 나타나 가정한 명제가 참이 아님을 밝히는 방식이다. 이는 논증에서 상대방 주장의 불합리성을 밝히고자 할 때에, 상대방의 전제가 모두 참이더라도 결론이 거짓이 될 수 있음을 보이고자 하는 방식에 해당된다.

$p \to \sim p$
$\therefore \sim p$

⑩ 흡수논법(Absorption)

명제 p는 언제나 그 자신을 함축한다. 그러므로 우리가 $p \to q$가 참임을 알고 있다면 p는 그 자신과 q 둘 다 함축한다는 것을 타당하게 추론할 수 있다.

$p \to q$
$\therefore p \to (p \& q)$

(2) 진리함수적 대치규칙

진리함수적 복합 명제는 그것을 이루고 있는 단순 명제가 같은 진릿값을 갖는 다른 명제로 대치되어도 전체 진릿값은 변하지 않는다. 따라서 대치규칙을 사용하여 어떤 명제로부터 그것과 논리적으로 동치(equivalence)인 다른 명제로 대치한 결과를 추론할 수 있다.

① 드 모르간의 법칙(DeM: De Morgan's Theorems)

~(p&q)≡(~p∨~q)
~(p∨q)≡(~p&~q)

선언과 연언의 부정은 각 명제들을 부정하고 명제들의 관계가 각각 연언과 선언으로 바꾼 것과 논리적으로 동등하다는 원칙이다.

② 교환법칙(Com: Commutation)

(p∨q)≡(q∨p)
(p&q)≡(q&p)

선언과 연언 명제 형식은 순서가 뒤바뀌어도 동일한 값을 지닌다.

③ 결합법칙(Assoc.: Association)

[p∨(q∨r)]≡[(p∨q)∨r]
[p&(q&r)]≡[(p&q)&r]

세 개의 명제가 동일한 연언이나 선언으로 연결되어 있을 때에 교환법칙은 명제 항에 구애받지 않고 적용되는데, 이를 결합법칙이라 한다.

④ 분배법칙(Dist.: Distribution)

[p&(q∨r)]≡[(p&q)∨(p&r)]
[p∨(q&r)]≡[(p∨q)&(p∨r)]

복합 명제에서 후건이 복수의 명제를 지닐 때 각각 개별적으로 분배되어도 그 진릿값은 변하지 않는다.

⑤ 이중부정(D.N.: Double Negation)

p≡~~p

부정의 부정은 긍정이 되는 원칙이다.

⑥ 대우(Contra.: Contraposition)

(p → q)≡(~q → ~p)

이환된 명제에 의한 직접 추리 방식으로 이들은 논리적으로 동치이다.

⑦ 단순함언(Imp.: Material Implication)

$$p \to q \equiv \sim p \lor q$$

조건명제 형식에 있어서 거짓이 되는 경우는 전건이 참, 후건이 거짓일 경우에만 해당한다. 따라서 전건이 참이 되지 않거나 후건이 참일 경우 반드시 참이 된다. 이를 기호화하여 정리한 것이 단순함언이다.

⑧ 단순동치(Equiv.: Material Equivalence)

$$(p \equiv q) \equiv [(p \to q) \& (q \to p)]$$
$$(p \equiv q) \equiv [(p \& q) \lor (\sim p \& \sim q)]$$

단순동치 관계의 해석을 의미하는데, 이는 쌍조건문 즉, 조건문이 서로 연결 가능할 때에 이 둘은 논리적으로 동일하다는 원칙을 말한다.

⑨ 추출법칙(Exp.: Exportation)

$$[(p \& q) \to r] \equiv [p \to (q \to r)]$$

연언명제로 이루어진 전건과 조건명제의 후건으로 이루어진 논증 형식을 조건명제의 형식으로 바꾸는 법칙이다.

⑩ 항진법칙(Taut.: Tautology)

$$p \equiv (p \lor p)$$
$$p \equiv (p \& p)$$

사실상의 동어 반복에 해당하며, 모든 해석에서 참인 관계를 의미한다.

예제

다음 진술과 논리적으로 동등한 것은?

슬픔을 나눌 수 있는 가족이 있거나 즐거움을 나눌 수 있는 친구가 있다면 행복한 사람이다.

① 슬픔을 나눌 수 있는 가족도 없고 즐거움을 나눌 수 있는 친구도 없다면 행복한 사람이 아니다.
② 행복하지 않은 사람은 슬픔을 나눌 수 있는 가족이 없거나 즐거움을 나눌 수 있는 친구가 없다.
③ 슬픔을 나눌 수 있는 가족이 없거나 즐거움을 나눌 수 있는 친구가 없다면 행복한 사람이 아니다.
④ 슬픔을 나눌 수 있는 가족이 없으면 즐거움을 나눌 수 있는 친구가 있어도 행복한 사람이 아니다.
⑤ 슬픔을 나눌 수 있는 가족이 있으면 행복한 사람이고 즐거움을 나눌 수 있는 친구가 있어도 행복한 사람이다.

[정답] ⑤

주어진 조건을 기호화하면 다음과 같다.
(p: 슬픔을 나눌 수 있는 가족이 있다, q: 즐거움을 나눌 수 있는 친구가 있다, r: 행복한 사람이다)
(p∨q) → r
위 진술의 논리적 동치는 다음과 같다.
[대우] ~r → (~p&~q)
[분배] (p → r)&(q → r)
선택지를 기호화하면 다음과 같다.

① (X) (~p&~q) → ~r: 주어진 진술과 이명제, 즉 역(逆)명제로서 동등하지 않다.
② (X) ~r → (~p∨~q): [대우]와 비교할 때에 후건이 선언이 아니라 연언이 되어야 논리적으로 동등하게 된다.
③ (X) (~p∨~q) → ~r: 주어진 진술과 논리적으로 무관하다.
④ (X) ~p → (q&~r): 주어진 진술과 논리적으로 무관하다.
⑤ (O) (p → r)&(q → r): 조건에서 p와 q는 선언의 관계이다. 즉 둘 중 어느 하나가 전제가 되며, 어느 쪽이 되든 조건명제의 결론은 같다. 또한 두 경우 중 어느 하나는 반드시 있어야 한다. 그러므로 이 둘은 연언으로 연결되므로 답이 된다.

자연 연역적 증명
추론 규칙을 이용한 타당성 증명을 외형적으로 정리하는 방식으로, 추론 규칙을 사용하여 순차적으로 증명하는 방식을 '자연 연역에 의한 증명(natural deduction proof technique)' 또는 '형식적 증명(formal proof)'이라고 한다. 이는 각 단계의 추론 규칙들에 의해 정당화되는 추론들의 연쇄(chain)를 제시하는 것이다.
[예] A라면 B이다.
B라면 C이다.
A이다.
따라서 C다.
1. A → B
2. B → C
3. A
∴ C
4. A → C 1,2, 조건삼단논법
5. C 3,4, 긍정논법

3. 필요충분조건

필요충분조건은 조건문 안에서 나타나는 관계를 의미한다. 만약 하나의 조건문이 참이라면 조건문의 전건은 후건이 참이기 위한 충분조건(sufficient condition)이다. '만일 A라면 B이다.'가 참이라면, A는 B이기 위한 충분조건이고, 반대로 B는 A이기 위한 필요조건(necessary condition)이라는 뜻이다. 이는 'A라면 B이다.'가 참일 경우, A이면 당연히 B이지만, B라고 해서 A가 반드시 참인 것은 아님을 의미한다. 결국 'A라면 B이다.'가 참일 경우, B가 아니라면 당연히 A도 아니지만, A가 아니라고 해서 B도 아닌 것은 아니다. 다음의 경우 A는 B이기 위한 충분조건이며, B는 A이기 위한 필요조건이다.

> ① A라면 B이다.
> ② B가 아니면 A가 아니다.
> ③ 오직 B일 경우에만 A이다.

한편 두 조건이 모두 성립되는 경우도 있다. 필요조건과 충분조건이 모두 충족될 때에 이를 '필요충분조건'이라 하며, 이때 조건문의 전건과 후건은 논리적으로 동치 관계가 형성된다. 이를 형식화하면 다음과 같다.

> 만약에 A라면, 그리고 오직 A인 경우에만 B이다.

이때 A는 조건문의 전건이므로 충분조건이다. 그런데 후건이 오직 A인 경우에만 B이므로 A는 B가 되기 위한 필요조건도 된다. 반대로 B는 조건문의 후건 안에서 충분조건이나, 조건문 전체에서는 필요조건에 해당한다. 결국 두 조건이 모두 충족되므로 필요충분조건임을 알 수 있다. 이는 형식논리에서 일명 '쌍조건문(biconditional)'으로 나타낸다.

필요충분조건
필요충분조건은 원인을 파악할 때 적용하기도 한다. 어떤 원인이 결과를 발생시키기 위한 필요조건이 될 수도 있으며 충분조건이 될 수도 있기 때문이다.
[예] P는 Q의 원인이다.
① P가 원인이라면, Q라는 결과가 발생한다.
→ 충분조건으로서의 원인
② P가 원인이 아니라면, Q라는 결과는 발생하지 않는다.
→ 필요조건으로서의 원인

실전 연습문제

생략된 전제 파악

01

2011학년도 LEET 문22

다음 추론이 타당하기 위해서 추가로 필요한 진술은?

> 사고 자동차가 1번 도로를 지나왔다면, 이 자동차는 A마을에서 왔거나 B마을에서 왔을 것이다. 자동차가 A마을에서 왔다면, 자동차 밑바닥에 흙탕물이 튀었을 것이고 자동차 모습을 담은 폐쇄회로 카메라가 적어도 하나 있을 것이다. 자동차가 B마을에서 왔다면, 도로 정체를 만났을 것이고 적어도 검문소 한 곳을 통과했을 것이다. 자동차가 도로 정체를 만났다면 자동차 모습을 담은 폐쇄회로 카메라가 적어도 하나 있을 것이다. 자동차가 적어도 검문소 한 곳을 통과했다면 자동차 밑바닥에 흙탕물이 튀었을 것이다. 따라서 자동차는 1번 도로를 지나오지 않았다.

① 자동차 밑바닥에 흙탕물이 튀었을 것이다.
② 자동차는 도로 정체를 만나지 않았을 것이다.
③ 자동차가 적어도 검문소 한 곳을 통과했을 것이다.
④ 자동차는 검문소를 한 곳도 통과하지 않았을 것이다.
⑤ 자동차 모습을 담은 폐쇄회로 카메라는 하나도 없을 것이다.

02

2014학년도 LEET 문20

'결정적 정보'에 해당하는 것은?

> A~E의 증언에 대해서 다음과 같은 〈관계〉가 성립한다는 것이 알려졌다.
>
> 〈관계〉
> ○ A, B, C 가운데 적어도 한 사람의 증언은 참이다.
> ○ D와 E 가운데 적어도 한 사람의 증언은 참이다.
> ○ A의 증언이 참이면, C의 증언도 참이고 D의 증언도 참이다.
> ○ B의 증언이 참이면, E의 증언은 참이 아니다.
>
> 〈관계〉만으로는 5명의 증언이 각각 참인지 아닌지가 결정되지 않지만, 어떤 정보가 추가된다면 이들의 증언이 각각 참인지 아닌지가 완전히 결정될 수 있다. 5명의 증언이 각각 참인지 아닌지를 완전히 결정하게 만드는 추가 정보를 '결정적 정보'라고 하자.

① A의 증언은 참이다.
② B의 증언은 참이다.
③ C의 증언은 참이다.
④ D의 증언은 참이 아니다.
⑤ E의 증언은 참이 아니다.

03

2010학년도 LEET 문15

다음 논증에서 결론을 도출하기 위하여 추가해야 할 것은?

> 공리주의가 정당화될 수 있는 도덕이론이라면 어떤 선험적 원리로부터 도출되거나 도덕적 직관에 어긋나지 않아야 한다. 공리주의가 선험적 원리로부터 도출된다면 공리주의는 경험적 주장이 아니어야 한다. 또한 도덕적 직관에 어긋나지 않는다면 정의감에 반하면서 최선의 결과를 낳는 행위가 없어야 한다. 하지만 정의감에 반하면서 최선의 결과를 낳는 행위들이 있다. 그러므로 공리주의는 도덕이론으로 정당화될 수 없다.

① 도덕적 직관에 어긋나면서 최선의 결과를 낳는 행위들이 있다.
② 정당화될 수 있는 도덕이론은 선험적 원리로부터 도출된다.
③ 공리주의는 선험적 원리로부터 도출된다.
④ 공리주의는 도덕적 직관에 어긋난다.
⑤ 공리주의는 경험적 주장이다.

04

2009학년도 LEET 문24

어느 과학자는 자신이 세운 가설을 입증하기 위해서 다음과 같은 논리적 관계가 성립하는 여섯 명제 A, B, C, D, E, F의 진위를 확인해야 한다는 것을 발견하였다. 그러나 그는 이들 중 F가 거짓이라는 것과 다른 한 명제가 참이라는 것을 이미 알고 있었기 때문에, 나머지 명제의 진위를 확인할 필요가 없었다. 이 과학자가 이미 알고 있었던 참인 명제는?

> ○ B가 거짓이거나 C가 참이면, A는 거짓이다.
> ○ C가 참이거나 D가 참이면, B가 거짓이고 F는 참이다.
> ○ C가 참이거나 E가 거짓이면, B가 거짓이거나 F가 참이다.

① A　　② B　　③ C
④ D　　⑤ E

타당성 파악

05

2015학년도 LEET 문18

다음으로부터 추론한 것으로 옳은 것만을 <보기>에서 있는 대로 고른 것은?

> 수리 센터에서 A, B, C, D, E 5가지 부품의 불량에 대해 조사한 결과 다음 사실이 밝혀졌다.
>
> ○ A가 불량인 제품은 B, D, E도 불량이다.
> ○ C와 D가 함께 불량인 제품은 없다.
> ○ E가 불량이 아닌 제품은 B나 D도 불량이 아니다.

〈보기〉

ㄱ. E가 불량인 제품은 C도 불량이다.
ㄴ. C가 불량인 제품 중에 A도 불량인 제품은 없다.
ㄷ. D는 불량이 아니면서 B가 불량인 제품은, C도 불량이다.

① ㄱ　② ㄴ　③ ㄱ, ㄷ
④ ㄴ, ㄷ　⑤ ㄱ, ㄴ, ㄷ

06

2016학년도 LEET 문32

다음에서 추론한 것으로 옳은 것만을 <보기>에서 있는 대로 고른 것은?

> 3개의 상자 A, B, C가 다음 조건을 만족한다.
>
> ○ A, B, C 중 적어도 하나에는 상품이 들어 있다.
> ○ A에 상품이 들어 있고 B가 비었다면 C에도 상품이 들어 있다.
> ○ C에 상품이 들어 있다면 상품이 들어 있는 상자는 2개 이상이다.
> ○ A와 C 중 적어도 하나는 빈 상자이다.

〈보기〉

ㄱ. A에 상품이 들어 있다면 B에도 상품이 들어 있다.
ㄴ. B에 상품이 들어 있다면 A와 C 중 적어도 하나에는 상품이 들어 있다.
ㄷ. C에 상품이 들어 있다면 B에도 상품이 들어 있다.

① ㄱ　② ㄴ　③ ㄱ, ㄷ
④ ㄴ, ㄷ　⑤ ㄱ, ㄴ, ㄷ

정답 및 해설 p.2

2 술어 논리(Predicate Logic)

문장 논리 형식에서는 하나의 문장이 기준이었지만, 술어 논리에서는 더 미시적인 주어와 술어의 명사(term; 개념)들을 중심으로 논리적 관계를 파악하게 된다. 술어 논리 형식은 고전 논리학과 현대 논리학으로 구분된다. 고전 논리학은 아리스토텔레스 이후 1900년대 초반까지 이어온 논리 체계이며, 현대 논리학은 과학과 수학의 발전에 따른 새로운 원리를 적용할 수 있는 광범위한 체계이다. 고전 논리학과 현대 논리학은 모순되지 않으며 범위 및 이론이 구별될 뿐이다.

1. 고전 논리학(아리스토텔레스의 논리학)

(1) 정언 명제(Categorical Proposition)

아리스토텔레스는 모든 명제를 4가지의 표준적인 형식을 지닌 명제로 구분하였다. 고전 논리학에서 다루는 명제의 구성은 다음과 같다.

> 양화사(quantifier) – 주어(subject) – 술어(predicate) – 계사(copula; …는 …이다.)
>
> 모든 고래는 포유류이다.
>
> 양화사 / 주어 / 술어 / 계사

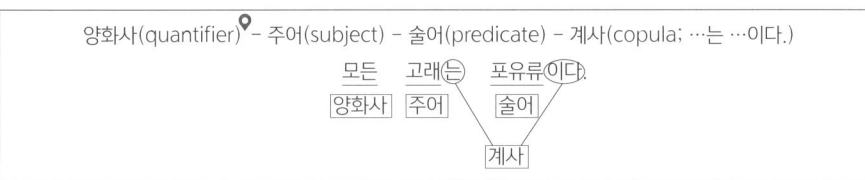

문장에는 양과 질이라는 특성이 있다. '질(quality)'이라는 특성은 긍정적(affirmative), 부정적(negative)으로, '양(quantity)'이라는 특성은 전칭(universal)과 특칭(particular)으로 나눌 수 있다. 이에 따라 총 4가지의 명제 형식으로 나타난다.

> ① 전칭 긍정 명제(A 명제): 모든 S는 P이다.
> ② 전칭 부정 명제(E 명제): 모든 S는 P가 아니다.
> ③ 특칭 긍정 명제(I 명제): 어떤 S는 P이다.
> ④ 특칭 부정 명제(O 명제): 어떤 S는 P가 아니다.

(2) 정언 명제의 벤 다이어그램

① 전칭 긍정 명제

한 집합이 다른 집합에 전부 포함된다는 것을 의미한다.

> 모든 정치가는 거짓말쟁이다. = 모든 S는 P이다.
> 집합 S의 모든 원소가 동시에 집합 P의 원소이기도 한 명제

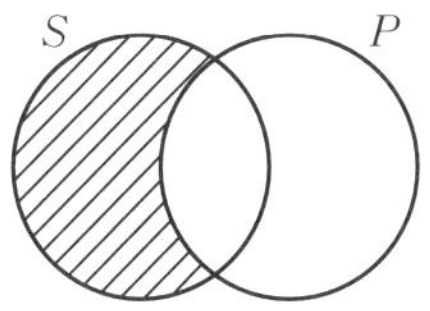

📍 양화사
① 전칭 명제: 모든(all)
② 특칭 명제: 어떤(some)
③ 전칭 부정: 어떤 S도 P가 아니다.
(= 모든 S는 P가 아니다.)

📍 특칭 명제 '어떤'
특칭은 적어도 하나 이상을 뜻하며, 정언적 형식 사이의 논리적 관계를 파악하기 위해서는 각 형식이 정확히 어떤 의미를 지니고 있는지 이해하고 있어야 한다. 여기서 '어떤'이라는 언어의 모호성 문제가 제기된다. '어떤'을 양적인 측면에서 보았을 때 '약간의' 정도로 해석할 수 있는데 어느 정도가 약간인지가 모호하기 때문이다. 따라서 논리학에서는 이러한 모호성을 피하기 위해 '어떤'의 의미를 '적어도 하나가 있다. 존재한다.'로 정의한다.

② 전칭 부정 명제

주어 집합의 어떤 원소도 술어 집합에 포함되지 않는다는 것을 의미한다. 즉, 주어 개념 S 집합은 술어 개념 P 집합을 완전히 배제한다.

어떤 S도 P가 아니다. = 모든 S는 P가 아니다.

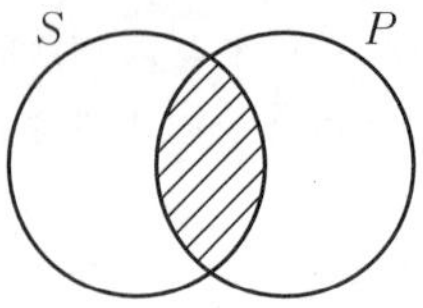

③ 특칭 긍정 명제

주어 집합의 일부 원소가 술어 집합에 포함된다는 것을 의미한다. 이 명제는 집합 전체에 대해서는 어떤 것도 긍정하거나 부정하지 않는다. 주어와 술어 집합은 어떤 원소 혹은 일부 원소들을 공유하고 있다는 표현이다.

어떤 S는 P이다. = S이면서 동시에 P인 것이 적어도 하나 이상 존재한다.

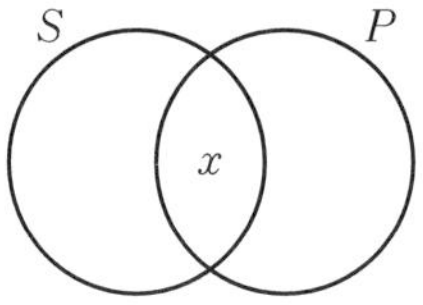

④ 특칭 부정 명제

주어 개념의 집합에서 적어도 하나 이상의 원소가 술어 개념 집합 전체에서 배척된다는 것을 의미한다.

어떤 S는 P가 아니다.

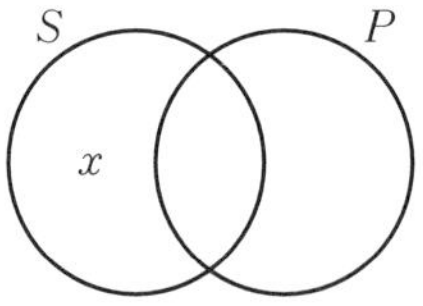

집합 S의 원소이면서 동시에 집합 P가 아닌 곳에 적어도 하나 이상 존재한다는 것을 표시하기 위해 원 S의 내부이면서 원 P의 외부인 영역에 x 표시를 한다.

(3) 대당 관계

대당 관계의 성립 조건
① 직접 추리: 주어와 술어는 동일해야 한다.
② 존재 함축: 주어가 실제 존재한다는 전제하에서 성립한다.

① 반대 대당

전칭 문장들 간의 관계에 있어서, 만약 모든 정치가가 거짓말쟁이라면(A), 모든 정치가는 거짓말쟁이가 아니다(E)라는 것은 반드시 거짓이다. 하지만 어떤 정치가는 거짓말쟁이이고 또 어떤 정치가는 거짓말쟁이가 아니라면, 전칭 긍정과 전칭 부정은 모두 거짓이다. 결국 전칭 긍정과 전칭 부정은 동시에 참일 수는 없으나 동시에 거짓일 수는 있다. 이를 반대 대당 문장들(contrary sentences)이라고 한다.

② 소반대 대당

어떤 인간은 거짓말쟁이이고(I) 어떤 인간은 거짓말쟁이가 아니다(O)라는 진술은 동시에 참이 가능하다. 하지만 만약 어떤 인간은 거짓말쟁이라는 문장(I)이 거짓이라면 필연적으로 거짓말쟁이가 아닌 인간이 있어야 한다(O). 즉, 동시에 거짓은 불가능하다. 이를 소반대 대당(subcontraries)이라고 부른다.

③ 모순 대당

만약 모든 인간이 죽는다면(A) 죽지 않는 인간이 존재한다(O)는 진술은 필연적으로 거짓이다. 반대로 어떤 인간이 죽지 않는다면(O) 모든 인간은 죽는다는 진술(A)은 반드시 거짓이 된다. 비슷하게 전칭 부정과 특칭 긍정의 관계를 살펴보면, 어떤 인간도 죽지 않는다면(E) 죽는 인간이 존재한다는 진술(I)은 반드시 거짓이며 어떤 인간이 죽는다면(I) 모든 인간은 죽지 않는다(E)는 진술도 반드시 거짓이다. 이와 같이 동시에 참일 수도, 거짓일 수도 없는 문장들은 모순 대당(contradictories)이라고 한다.

④ 대소 대당

만약 모든 인간이 죽는다면(A) 어떤 인간은 반드시 죽는다(I). 이는 전칭 긍정이 참이라면 특칭 긍정은 반드시 참이라는 것을 보여준다. 따라서 전칭 긍정은 특칭 긍정을 함축한다. 하지만 반대로, 어떤 인간이 죽는다고 하여 모든 인간이 죽는다고 할 수는 없다. 그러므로 특칭 긍정은 전칭 긍정을 함축하지 않는다. 부정명제에 있어서 만약 어떤 인간도 죽지 않는다면(E) 어떤 인간은 필연적으로 죽지 않는다(O). 따라서 전칭 부정은 특칭 부정을 함축한다. 그러나 어떤 인간이 죽지 않는다는 것이 어떤 인간도 죽지 않는다고 말해주지는 않는다. 따라서 특칭 부정은 전칭 부정을 함축하지 않는다.

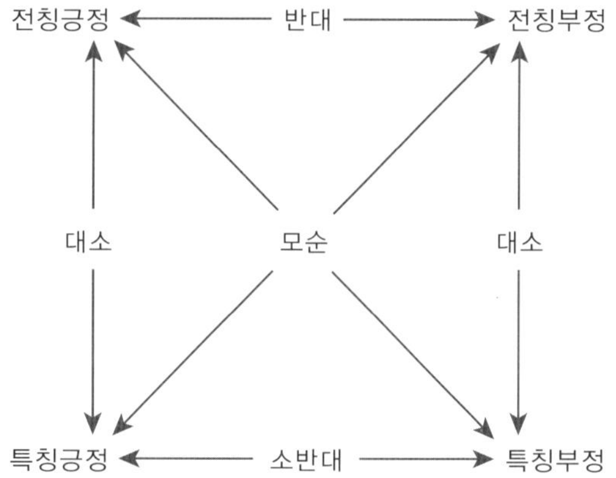

2. 현대 논리학

현대 논리학은 1900년대 중반 이후 나타난 과학기술의 발전으로부터 시작되었다. 원래는 새로운 수학적 원리의 발견으로 인해 수학 이론의 변화가 있었고, 이를 토대로 하여 언어의 원리도 변화되어 논리학에까지 연결된 것이다. 현대 논리학은 러셀과 프레게에 의해 양화 논리가 개발되었고, 이후 양상 논리(modal logic), 다치 논리(many valued logic), 퍼지 논리(fuzzy logic) 등이 등장하였다.

다음에 소개하는 양화이론은 술어 논리 형식과 문장 논리 형식에서 사용한 규칙을 동일하게 사용하여 일관되게 문제를 해결하기 위한 방법이다. 문장 논리와 술어 논리의 일관된 틀을 설정하고 이를 동일 방식으로 접근하고 해결할 수 있는 이론이 바로 양화이론이다.

(1) 양화(Quantification)

양화란 양적인 것으로 기호화하는 것을 의미한다. 현대 논리학에서는 모든 문장을 정확한 원리에 따라 기호화하고 이를 바탕으로 하여 논리적 관계를 파악한다. 양화는 전칭 명제를 변환하는 것을 보편 양화라 하고, 특칭 명제는 존재 양화라고 부른다.

① 보편 양화

'모든 것은 죽는다.'라는 명제는 '임의의 개체에 대해서 그것이 무엇이건 간에, 그것은 죽는다.'와 논리적으로 동일한 의미이다. 여기서 '그것'은 문장 안에서 선행하는 대상을 지칭하는 대명사이다. 이는 개체변항(individual variable)으로서, 'x'로 기호화한다. 이를 사용하여 다음과 같이 서술할 수 있다.

모든 것은 죽는다. → 임의의 개체에 대해서 그것이 무엇이든지, 그것은 죽는다. → 임의의 x에 대해서 그것이 무엇이든지, x는 죽는다. → 임의의 x에 대해서 그것이 무엇이든지, Mx.

'x는 죽는다.'는 술어 '죽는다(mortal)'를 M으로 기호화하여 주어인 x를 뒤에 붙이며 기호화한 것이다. 또한 위 명제에서 '임의의 x에 대해서 그것이 무엇이든지'는 '보편 양화사(universal quantifier)'인 (∀x)로 기호화한다. 이는 '모든 x에 대해 …이다.'라는 표현의 기호를 의미한다. 그러므로 위의 일반 명제는 다음과 같이 기호화된다.

> 양화사의 기호화
> ① 전칭 명제: '모든'을 뜻하는 'All'에서 A를 토대로 기호화 한다(∀x). 때로는 (x)로 사용하기도 한다.
> ② 특칭 명제: 특칭 명제는 '존재'명제라고 부르기에 이때 '존재(Existence)'의 E를 좌우대칭하여 사용한다(∃x).

(∀x)Mx

② 존재 양화

'어떤 것은 아름답다.'를 기호화하면 다음과 같다.

어떤 것은 아름답다. → 어떤 개체가 적어도 하나 있는데, 그것은 아름답다. → 어떤 x가 적어도 하나 있는데, x는 아름답다. → 어떤 x가 적어도 하나 있는데, Bx.

'어떤 x가 적어도 하나 있다.'라는 것은 '존재 양화사(existential quantifier)'로 대체하며, (∃x)로 기호화한다. 그러므로 위 명제는 다음과 같이 기호화된다.

(∃x)Bx

(2) 정언 명제의 양화

> 정언 명제
> 정언 명제에서는 구체적인 주어가 있기에 주어와 술어의 관계를 함께 기호화해야 한다.

① 전칭 긍정 명제의 양화

전칭 긍정 명제의 문장을 변형시키면 다음과 같다.

임의의 개체에 대하여 그것이 무엇이든, 만약 그것이 인간이라면 그것은 죽는다.

이 명제에서 '그것'은 '개체'를 지시한다. 따라서 이는 'x'로 대치될 수 있다.

임의의 x에 대해서 그것이 무엇이든, 만약 x가 인간이라면 x는 죽는다.

'만약에 …라면'은 '→'로 대치된다.

임의의 x에 대해서 그것이 무엇이든, x는 인간이다. → x는 죽는다.

'x는 인간이다.'는 술어인 '인간(Human)'에서 H를 사용하여 Hx로 기호화하며, 'x는 죽는다.'는 '죽는다(Mortal)'에서 M을 사용하여 Mx로 기호화한다. 보편 양화사를 사용하여 기호화하면 다음과 같다.

$(\forall x)(Hx \rightarrow Mx)$

결국 전칭 긍정 명제의 기호화에서 알 수 있듯 주어와 술어의 관계에 조건문이 적용된다. 이는 보편 양화사 $(\forall x)$가 명제함수 '$Hx \rightarrow Mx$' 전체에 적용된다는 것을 의미한다. 따라서 이러한 문장의 기호화에서는 반드시 괄호를 해 주어야 한다.

② 전칭 부정 명제의 양화

전칭 긍정 명제의 양화와 동일한 방식으로 기호화하면 다음과 같다.

모든 인간은 죽지 않는다. (= 어떤 인간도 죽지 않는다.) → 임의의 개체에 대해서 그것이 무엇이든, 만약 그것이 인간이라면 그것은 죽지 않는다. → 임의의 x에 대해서 그것이 무엇이든, 만약 x가 인간이라면 x는 죽지 않는다. → 임의의 x에 대해서 그것이 무엇이든, x가 인간이다. → ~x는 죽는다. → 임의의 x에 대해서 그것이 무엇이든, $Hx \rightarrow \sim Mx$ → $(\forall x)[Hx \rightarrow \sim Mx]$

③ 특칭 긍정 명제의 양화

특칭 명제는 '어떤'으로 표시되며 그 의미는 '적어도 하나가 있다.'라는 의미이다. 이를 적용하여 주어와 술어의 관계를 고려해 기호화하면 다음과 같다.

어떤 인간은 죽는다. → 인간이면서 죽는 것이 적어도 하나는 있다. → 적어도 하나의 x가 있는데, x는 인간이고 x는 죽는다. → 적어도 하나의 x가 있는데, x는 인간이다. & x는 죽는다. → $(\exists x)(Hx \& Mx)$

④ 특칭 부정 명제의 양화

특칭 명제에서 주어와 술어의 관계는 '연언'의 관계를 가지고 있다. 이를 특칭 부정 명제에 적용하면 다음과 같다.

어떤 인간은 죽지 않는다. → 인간이면서 죽지 않는 것이 적어도 하나는 있다. → 적어도 하나의 x가 있는데, x는 인간이고 x는 죽지 않는다. → 적어도 하나의 x가 있는데, x는 인간이다. & ~x는 죽는다. → (∃x)(Hx&~Mx)

단칭 명제와 단칭 명사
① 단칭 명제: 단칭 명사가 주어로 사용된 명제로, 고전 논리학에서는 전칭 명제로 취급되었으나, 최근에는 전칭 명제인 동시에 특칭 명제로 다루고 있다. 현대 논리학에서는 일반 명제와 구분하여 단칭의 차원 즉 고유한 특징으로 인식한다.
② 단칭 명사: 하나의 명사(개념)를 집합화하였을 때에 원소가 하나밖에 없는 명사로 고유명사 등이 이에 해당한다.

(3) 단칭 명제의 양화

현대 논리학에서 단칭 명제는 개체로 취급하여, 구체적인 사항으로 대입하여 설정한다. 이는 다음과 같이 기호화한다.

모든 인간은 죽는다.	(∀x)(Hx → Mx)
소크라테스는 인간이다.	Hs
그러므로 소크라테스는 죽는다.	Ms

위 논증에서 두 번째와 세 번째 문장은 '소크라테스'라는 개체가 포함된 단칭 명제이다. 이는 일반 명제와 구분하여 개체만을 표시하게 된다.

(4) 술어 논리의 원칙

타당성의 판단이 문장들의 내적 구조에 의해 나타나는 논증의 형식적 타당성 증명을 위해서는 추론 규칙들이 필요하다.

보편 예화
전칭 일반 명제를 구체적인 사례화로 표현할 수 있는 원리

① 보편 예화 규칙

모든 인간은 죽는다. 소크라테스는 인간이다. 그러므로 소크라테스는 죽는다.

이 논증을 기호화하면 다음과 같다.

(∀x)[Hx → Mx] Hs ∴ Ms

명제함수의 보편 양화인 첫 번째 전제 Hx → Mx는 참이다. 여기서 하나의 명제함수의 보편 양화는 그것의 모든 대입례가 참이다. 따라서 Hs → Ms라는 대입례가 추론될 수 있다. 이 대입례와 두 번째 전제인 Hs로부터 결론 Ms가 긍정논법에 의해 도출된다. 이렇게 하나의 명제함수에서 임의의 대입례는 그것의 보편 양화로부터 타당하게 도출된다. 이를 '보편 예화(普遍例化, Universal Instantiation) 규칙'이라고 한다. 위 논증의 타당성을 증명하면 다음과 같다.

1. (∀x)[Hx → Mx]	
2. Hs	
∴ Ms	
3. Hs → Ms	1, UI (보편 예화 규칙)
4. Ms	3, 2, M.P. (긍정논법)

② 보편 일반화 원리

보편 일반화
보편 예화된 명제를 다시 일반 명제로 전환할 수 있는 원리

만약에 다음과 같은 논증이 있을 때, 이는 또 다른 규칙을 요구하게 된다.

모든 H는 M이다.
모든 G는 H이다.
그러므로 모든 G는 M이다.

이를 기호화하면 다음과 같다.

(∀x)[Hx → Mx]
(∀x)[Gx → Hx]
∴ (∀x)[Gx → Mx]

이 논증에서, 전제와 결론 모두 일반 명제이다. 즉 명제함수의 대입례가 아닌 명제함수의 전칭명제의 양화인 것이다. UI를 사용하면 두 전제로부터 다음의 조건문의 쌍을 추론할 수 있다.

Ga → Ha/Ha → Ma;Gb → Hb/Hb → Mb; ...

이에 조건삼단논법을 적용하면 다음과 같다.

Ga → Ma, Gb → Mb, ...

하나의 명제의 전칭 명제의 양화는 그것의 모든 대입례가 참일 때에만 참이다. 위의 과정에서 Gx → Mx의 모든 대입례가 참임이 밝혀졌으므로 어떤 개체 x에 대한 위 논증의 결론 (∀x)[Gx → Mx]는 참이 된다.

하나의 명제함수에서 임의의 개체를 나타내는 기호를 사용하여, 대입례로부터 그 명제함수의 보편 양화 명제를 타당하게 추론하는 것을 '보편 일반화의 원리(principle of universal generalization)'라고 한다.

이를 토대로 앞의 논증을 형식적 증명으로 나타내면 다음과 같다.

1. (∀x)[Hx → Mx]	
2. (∀x)[Gx → Hx]	
3. Hy → My	1, UI (보편 예화 규칙)
4. Gy → Hy	2, UI
5. Gy → My	4, 3, H.S. (조건삼단논법)
6. (∀x)[Gx → Mx]	5, UG (보편 일반화 원리)

존재 예화
특칭 일반 명제를 구체적인 사례화로 표현할 수 있는 원리

존재 일반화
존재 예화된 명제를 다시 일반 명제로 전환할 수 있는 원리

③ 존재 예화와 존재 일반화 규칙

예화와 일반화 규칙은 특칭 명제에도 적용된다.

모든 살인자는 사악하다.
어떤 인간은 살인자다.
그러므로 어떤 인간은 사악하다.

이 논증을 기호화하면 다음과 같다.

(∀x)[Cx → Vx]
(∃x)[Hx & Cx]
∴ (∃x)[Hx & Vx]

하나의 명제함수의 존재 양화로부터 x 대신 대입례가 참임을 증명하는 규칙을 '존재 예화(existential instantiation)'라 한다. 이 규칙을 적용하여 위 논증을 형식적으로 증명하면 다음과 같다.

1. (∀x)[Cx → Vx]	
2. (∃x)[Hx & Cx]	
3. Ha & Ca	2, EI (존재 예화 규칙)
4. Ca → Va	1, UI (보편 예화 규칙)
5. Ca & Ha	3, Com. (교환논법)
6. Ca	5, Simp. (분리논법)
7. Va	4, 6, M.P. (긍정논법)
8. Ha	3, Simp. (분리논법)
9. Ha & Va	8, 7, Conj. (연언논법)

위 논증에서 연역된 Ha&Va는 결론에서 존재 양화 문장의 명제함수의 하나의 대입례이다. 하나의 명제함수의 존재 양화는 적어도 하나의 참인 대입례를 가져야만 참이다. 그러므로 위의 논증은 참이다. 보편 예화(UI)와 보편 일반화(UG) 같이 존재 예화 규칙을 전제로 할 때, 하나의 명제함수의 참인 대입례 중 어느 하나라도 있다면 그 명제함수의 존재 양화를 추론할 수 있다. 이러한 규칙을 '존재 일반화의 원리(principle of existential generalization)'라고 한다. 이 규칙을 앞의 논증에 적용하면 다음의 증명이 첨가된다.

10. (∃x)[Hx & Vx]	9, EG (존재 일반화 원리)

(5) 논의 영역 제한

술어 논리에서 주어를 한정시키는 보편 양화사와 존재 양화사 모두 논의의 영역이 제한되어 있다. 이는 명제가 통용될 수 있는 '가능한 세계'를 말한다. 그리고 이를 우리는 '집합'이라고 한다. 그런데 주어진 논증에서 이미 참으로 확정된 사실에 대해서는 기호화할 필요가 없다.

예를 들어, '다음은 A, B, C, D 네 국가에 대한 사실 내용이다.'라고 전제되었을 때에 우리는 논의되는 개체들이 모두 '국가'라는 것을 확정적으로 알고 있게 된다. 따라서 '국가'라는 개념은 기호화를 생략할 수 있다. 이를 적용하면 복잡한 개념의 기호화도 단순화하여 사용할 수 있게 된다.

(6) 양화적 동치

'모든 것은 죽는다.'를 부정하면 '어떤 것은 죽지 않는다.'가 되며, 이는 존재 일반 명제가 된다. 따라서 이들은 각각 (∀x)Mx, (∃x)~Mx로 기호화된다. 그런데 전칭 긍정 명제가 부정이 되면 특칭 부정 명제가 성립되기에 이들 간에 동치관계를 설정할 수 있다. 이 관계는 다음과 같이 기호로 표시될 수 있다.

[(∀x)Mx]≡[~(∃x)~Mx]

'모든 것은 죽지 않는다.'라는 전칭 부정 명제를 부정하면, '어떤 것은 죽는다.'라는 특칭 긍정 명제가 되며, 존재 일반 명제가 된다. 이들은 (∀x)~Mx와 (∃x)Mx로 기호화된다. 그리고 이들의 쌍조건들은 논리적으로 참이다. 이를 기호화하면 다음과 같다.

[~(∀x)Mx]≡[(∃x)~Mx]

마찬가지로 특칭 긍정 명제의 부정은 전칭 부정 명제와 동치이며, 특칭 부정 명제의 부정은 전칭 긍정 명제와 동치이다.

[(∀x)~φx]≡[~(∃x)φx] [(∃x)~φx]≡[~(∀x)φx]

예제

다음 글로부터 추리한 것으로 옳은 것은?

> 어떤 회사의 사원 평가 결과 모든 사원이 최우수, 우수, 보통 중 한 등급으로 분류되었다. '최우수'에 속한 사원은 모두 45세 이상이었다. 그리고 35세 이상의 사원은 '우수'에 속하거나 자녀를 두고 있지 않았다. '우수'에 속한 사원은 아무도 이직 경력이 없다. '보통'에 속한 사원은 모두 대출을 받고 있으며, 무주택자인 사원 중에는 대출을 받고 있는 사람이 없다. 이 회사의 직원 A는 자녀를 두고 있으며 이직 경력이 있는 사원이다.

① A는 35세 미만이고 무주택자이다.
② A는 35세 이상이고 무주택자이다.
③ A는 35세 미만이고 주택을 소유하고 있다.
④ A는 45세 미만이고 무주택자이다.
⑤ A는 45세 이상이고 주택을 소유하고 있다.

[정답] ③

주어진 사항을 정리하여 형식적 증명을 하면 다음과 같다.

0. (∀x)(최우수x∨우수x∨보통x)
1. (∀x)(최우수x → 45세 이상x)
2. (∀x)(35세 이상x → (우수x∨~자녀x))
3. (∀x)(우수x → ~이직x)
4. (∀x)(보통x → 대출x)
5. (∀x)(무주택x → ~대출x)
6. 자녀a&이직a

위의 진술로부터 자연 연역적으로 추리하면 다음과 같다.

7. 이직a	6. 분리논법
8. ~우수a	3. 6. 부정논법
9. ~35세 이상a	2. 7. 8. 부정논법
10. ~최우수a	1. 9. 부정논법
11. 보통a	0. 8. 10. 선언논법
12. 대출a	4. 11. 긍정논법
13. ~무주택a	5. 12. 부정논법

따라서 정답은 ③이다.

(7) 술어의 종류

'소크라테스는 철학자이다.'라는 명제에서 사용된 술어는 '일항 술어(one-place predicate)'라 부른다. 그 이유는 술어에 '소크라테스'라는 하나의 공란만 있기 때문이다. 이 공란에 우리는 다양한 변항(variable) 즉, 다른 이름을 사용할 수 있다. 한편 '철수는 영희를 사랑한다.'와 같이 술어에 공란이 두 개가 필요한 경우를 '이항 술어(two-place predicate)'라 한다. 그리고 '철수는 영희와 순희 사이에 있다.'처럼 '삼항 술어(three-place predicate)'도 존재한다. 이들은 다음과 같이 기호화한다.

① 일항 술어 - Ps(Px: x는 철학자이다, s: 소크라테스) ② 이항 술어 - Lcy(Lxy: x는 y를 사랑한다, c: 철수, y: 영희) ③ 삼항 술어 - Bcys(Bxyz: x는 y와 z 사이에 있다, c: 철수, y: 영희, s: 순희)

'모든 사람은 철수를 사랑한다.'는 명제는 '모든 x에 대해서, x는 철수를 사랑한다.'이다. 이는 다음과 같이 기호화된다.

(∀x)Lxc (Lxy: x는 y를 사랑한다, c: 철수)

또한 '이브를 사랑하는 사람이 있다.'는 명제는 '어떤 x는 이브를 사랑한다.'이므로 다음과 같이 기호화된다.

(∃x)Lxe

다항 술어 문제의 해결

다항 술어 문장이 등장하는 문제에서는 항끼리의 논리적 관계를 중심으로 하여 출제된다. 이에 대한 해결은 문제의 의도에 따라 두 가지로 구분하여 접근할 수 있다.

① 모형화: 문장에서 의미하는 내용에 따라 그림이나 모형을 만들어 해결한다.

② 문장 논리식으로 전환: 다항 술어가 의미하는 바는 문장 논리의 형태로 변환하여 판단할 때에 쉽게 해결이 가능하므로 의미를 파악하여 문장으로 전환하고 규칙을 적용하여 해결한다.

예제

01

2019학년도 LEET 문29

<원리>에 따라 추론한 것으로 옳은 것만을 <보기>에서 있는 대로 고른 것은?

수십 명의 직원이 근무하는 정보국에는 A, B, C 세 부서가 있고, 각 부서에 1명 이상이 소속되어 있다. 둘 이상의 부서에 소속된 직원은 없다. 이들 직원의 감시와 관련하여 세 가지 사실이 알려져 있다.

(1) A의 모든 직원은 B의 어떤 직원을 감시한다. 이는 A 부서에 속한 직원은 누구나 B 부서 소속의 직원을 1명 이상 감시하고 있음을 의미한다.
(2) B의 모든 직원이 감시하는 C의 직원이 있다. 이는 C 부서의 직원 가운데 적어도 한 사람은 B 부서 모든 직원의 감시 대상임을 의미한다.
(3) C의 어떤 직원은 A의 모든 직원을 감시한다. 이는 C 부서에 속한 직원 가운데 적어도 한 사람은 A 부서의 모든 직원을 감시 대상으로 삼고 있음을 의미한다.

〈원리〉
갑이 을을 감시하고 을이 병을 감시하면, 갑은 병을 감시하는 것이다.

〈보기〉
ㄱ. A의 모든 직원은 C의 직원 가운데 적어도 한 사람을 감시하고 있다.
ㄴ. B의 어떤 직원은 A의 모든 직원을 감시하고 있다.
ㄷ. C의 어떤 직원은 B의 직원 가운데 적어도 한 사람을 감시하고 있다.

① ㄱ ② ㄴ ③ ㄱ, ㄷ
④ ㄴ, ㄷ ⑤ ㄱ, ㄴ, ㄷ

[정답] ③

주어진 사실을 정리하면 다음과 같다. (Wxy = x는 y를 감시한다.)
(1) 모든 A는 어떤 B를 감시한다. $(\forall a)(\exists b)Wab$
(2) 모든 B는 C 중 한 사람을 감시한다. $(\forall b)Wbc$
(3) 어떤 C는 모든 A를 감시한다. $(\exists c)(\forall a)Wca$
<원리> $W_{갑을}, W_{을병} \vdash W_{갑병}$

ㄱ. (O) 모든 A는 어떤 B를 감시하는데, 모든 B는 C 중 어느 한 사람을 감시한다. 따라서 모든 A는 C 중 한 사람을 감시한다.
→ $(\forall a)(\exists c)Wac$: (1)과 (2)에 의해 성립한다.
ㄴ. (X) 모든 B는 C 중 한 사람을 감시하는데, 어떤 C는 모든 A를 감시한다. 하지만 모든 B가 감시하는 C 중 한 사람이 (3)의 어떤 C와 동일인인지는 알 수 없다.
→ $(\exists b)(\forall a)Wba$: (2)에서의 특정한 c가 (3)에서의 어떤 c가 아닐 수 있다.
ㄷ. (O) 어떤 C는 모든 A를 감시하고, 모든 A는 어떤 B를 감시하기 때문에 어떤 C는 어떤 B를 감시한다.
→ $(\exists c)(\exists b)Wcb$: (3)과 (1)에 의해 참이다.

02

2010학년도 LEET 문12

5명의 친구 A~E가 모여 '수호천사' 놀이를 하기로 했다. 갑이 을에게 선물을 주었을 때 '갑은 을의 수호천사이다'라고 하기로 약속했고, 다음 <관계>처럼 수호천사 관계가 성립되었다. 이후 이들은 다음 <규칙>에 따라 추가로 '수호천사' 관계를 맺었다. 이들 외에 다른 사람은 이 놀이에 참여하지 않는다고 할 때, 옳지 않은 것은?

〈관계〉
○ A는 B의 수호천사이다.
○ B는 C의 수호천사이다.
○ C는 D의 수호천사이다.
○ D는 B와 E의 수호천사이다.

〈규칙〉
○ 갑이 을의 수호천사이고 을이 병의 수호천사이면, 갑은 병의 수호천사이다.
○ 갑이 을의 수호천사일 때, 을이 자기 자신의 수호천사인 경우에는 을이 갑의 수호천사가 될 수 있고, 그렇지 않은 경우에는 을이 갑의 수호천사가 될 수 없다.

① A는 B, C, D, E의 수호천사이다.
② B는 A의 수호천사가 될 수 있다.
③ C는 자기 자신의 수호천사이다.
④ D의 수호천사와 C의 수호천사는 동일하다.
⑤ E는 A의 수호천사가 될 수 있다.

[정답] ⑤

이 문항은 주어진 조건이 이항 술어의 관계를 규칙화하여 해결하게끔 되어 있다. 첫 번째 규칙이 술어의 개체 변항(개체적 주어)끼리 삼단논법이 가능하다는 점을 말하기에 이들끼리의 논리식 전환이 가능하다는 점을 알 수 있다. 이를 도식화하면 다음과 같다.

1. A → B
2. B → C
3. C → D
4. D → (B&E) ≡ (D → B)&(D → E)

규칙에 의하면, 다른 이가 자신의 수호천사인 동시에 자신도 자기 자신의 수호천사일 경우, 자신은 다른 이의 수호천사가 될 수 있다.

① (O) A는 B(1), C(1 + 2), D(1 + 2 + 3), E(1 + 2 + 3 + 4)의 수호천사이다.
② (O) 4에서 D → B가 되어 3과 연결하여 C → B가 되어 2와 B → B가 되어 1과 함께 규칙2를 부합하여 B는 A의 수호천사가 될 수 있다.
③ (O) 앞서 증명된 C → B가 2와 함께 쌍조건문이 연결되어 C는 자기 자신의 수호천사가 된다.
④ (O) D의 수호천사는 1, 2, 3에 의해 A, B, C, D가 되며, C의 수호천사는 1과 2에 의해 A, B, 그리고 ③에서 증명된 바와 같이 자기 자신인 C에게도 수호천사가 되며, 2와 4에서 D도 C의 수호천사가 된다. 따라서 D와 C는 수호천사가 동일하다.
⑤ (X) 1, 2, 3, 4에서 A → E가 될 뿐, 그 역인 E가 A의 수호천사가 될 수는 없다.

실전 연습문제

01

2017학년도 LEET 문20

다음으로부터 추론한 것으로 옳지 않은 것은?

> 어느 회사가 새로 충원한 경력 사원들에 대해 다음과 같은 정보가 알려져 있다.
>
> ○ 변호사나 회계사는 모두 경영학 전공자이다.
> ○ 경영학 전공자 중 남자는 모두 변호사이다.
> ○ 경영학 전공자 중 여자는 아무도 회계사가 아니다.
> ○ 회계사이면서 변호사인 사람이 적어도 한 명 있다.

① 여자 회계사는 없다.
② 회계사 중 남자가 있다.
③ 회계사는 모두 변호사이다.
④ 회계사이면서 변호사인 사람은 모두 남자이다.
⑤ 경영학을 전공한 남자는 회계사이면서 변호사이다.

02

2018학년도 LEET 문26

다음으로부터 추론한 것으로 옳은 것은?

> 어떤 학과의 졸업 예정자 갑~무에 대해 다음이 알려졌다.
>
> ○ 취업을 한 학생은 졸업평점이 3.5 이상이거나 외국어 인증 시험에 합격했다.
> ○ 인턴 경력이 있는 학생들 중 취업박람회에 참가하지 않은 학생은 아무도 없었다.
> ○ 졸업평점이 3.5 이상이고 취업박람회에 참가한 학생은 모두 취업을 했다.
> ○ 외국어 인증시험에 합격하고 인턴 경력이 있는 학생들은 모두 취업을 했다.

① 취업박람회에 참가하고 취업을 한 갑은 인턴 경력이 있다.
② 외국어 인증시험에 합격했지만 취업을 하지 못한 을은 취업박람회에 참가하지 않았다.
③ 취업박람회에 참가하고 외국어 인증시험에 합격한 병은 취업을 했다.
④ 취업박람회에 참가하지 않았는데 취업을 한 정은 외국어 인증시험에 합격했다.
⑤ 인턴 경력이 있고 졸업평점이 3.5 이상인 무는 취업을 했다.

03

2009학년도 LEET 문4

다음 추론에서 결론을 도출하기 위해 보충해야 할 전제는?

> X가 변호사가 아니라면 그는 아나운서이다. 그런데 모든 아나운서는 붉은색 넥타이를 착용한다. 그러나 X는 푸른색 넥타이를 착용한다. 만일 X가 변호사라면, 그는 미국인이거나 영국인이다. 그런데 어느 영국인도 한국 생활을 경험해 본 적이 없다면, 김치를 먹을 줄 모른다. 그리고 한국 생활을 경험한 변호사들은 모두 붉은색 넥타이를 착용한다. 따라서 X는 미국인 변호사이다.

① X는 김치를 먹을 줄 안다.
② X는 한국 생활을 경험하지 않았다.
③ 어떤 아나운서는 변호사가 될 수 있다.
④ 미국인의 일부는 김치를 먹을 줄 안다.
⑤ 김치를 먹을 수 있는 사람은 영국인이 아니거나 한국 생활을 경험했다.

04

2012학년도 LEET 문32

다음 글로부터 추론한 것으로 옳은 것만을 <보기>에서 있는 대로 고른 것은?

> 다음은 갑과 을이 A~D 4개국에 대해 각자 조사한 결과와 그로부터 추리한 내용이다.
>
> 〈갑의 조사 결과와 추리 내용〉
> ○ 조사 결과: GDP가 2만 달러 이상인 국가는 모두 국제노동기구에 가입했다. GDP가 2만 달러 미만이거나 인구가 7천만 명 이상인 국가는 모두 사형제 폐지 국가가 아니다. 국제노동기구에 가입하고 GDP가 2만 달러 이상인 국가는 모두 사형제 폐지 국가가 아니다. 세계무역기구 회원국이면서 집단학살방지 협약에 가입한 국가는 모두 사형제 폐지 국가이다. A국은 국제노동기구에 가입하지 않았다. B국은 집단학살방지 협약에 가입했다.
> ○ 추리 내용: A국은 사형제 폐지 국가가 아닐 것이다.
>
> 〈을의 조사 결과와 추리 내용〉
> ○ 조사 결과: 모든 국가는 세계무역기구 회원국이거나 국제노동기구에 가입했다. 국제노동기구에 가입하지 않은 국가는 모두 GDP가 2만 달러 미만이다. 국제노동기구에 가입하고 집단학살방지 협약에 가입한 국가는 모두 사형제 폐지 국가이다. C국의 GDP는 2만 달러 이상이다. D국의 인구는 7천만 명 이상이다.
> ○ 추리 내용: C국은 사형제 폐지 국가일 것이다.

〈보기〉

ㄱ. 갑의 추리는 옳고 을의 추리는 옳지 않다.
ㄴ. 갑과 을의 조사 결과가 모두 옳다면, B국은 사형제 폐지 국가이다.
ㄷ. 갑과 을의 조사 결과가 모두 옳다면, D국은 집단학살방지 협약에 가입하지 않았다.

① ㄱ ② ㄷ ③ ㄱ, ㄴ
④ ㄴ, ㄷ ⑤ ㄱ, ㄴ, ㄷ

05

2021학년도 LEET 문22

다음으로부터 추론한 것으로 옳은 것만을 <보기>에서 있는 대로 고른 것은?

○ 모든 사업가는 친절하다. ○ 성격이 원만하지 않은 모든 사람은 친절하지 않다. ○ 모든 논리학자는 친절하지 않은 모든 사람을 좋아한다. ○ 친절하지 않은 모든 사람을 좋아하는 사람은 모두 그 자신도 친절하지 않다. ○ 어떤 철학자는 논리학자이다.

〈보기〉

ㄱ. 사업가이거나 논리학자인 갑의 성격이 원만하지 않다면, 갑은 친절하지 않은 모든 사람을 좋아한다.
ㄴ. 을이 논리학자라면, 어떤 철학자는 을을 좋아한다.
ㄷ. 병이 친절하다면, 병은 사업가가 아니거나 철학자가 아니다.

① ㄱ ② ㄷ ③ ㄱ, ㄴ
④ ㄴ, ㄷ ⑤ ㄱ, ㄴ, ㄷ

정답 및 해설 p.3

3 원리 파악 및 적용

연역 추리에서 다루었던 논리 이론을 기반으로 하여 새로운 이론이나 확장된 이론을 소개하고 이에 따라 원리를 적용하여 판단하는 문제 유형이다. 일반적으로 연역 논리의 기반이 되었던 원칙을 상세히 설명하고 이에 대한 논의를 전개하고 구분하여 구체적인 내용을 비교하거나 사례를 판단하는 문제로 구성된다.

1. 논리 원칙의 파악

문장 논리를 비롯한 연역 추리에서 사용하는 타당성 파악의 원리는 참과 거짓이라는 진위가 어떠한 경우에 확정될 수 있는가에 달려 있다. 이는 모든 하나의 명제는 참 또는 거짓 둘 중 하나라는 '이가의 원리(two-value logic)'가 작동한다는 것이 전제임을 보여준다. 이러한 원리의 적용을 다른 학문 영역에서도 할 수 있는지에 대한 논의를 소재로 하여 구성될 수 있다.

또한 조건문의 참 거짓 판단 여부를 확인하고 적용하는 유형도 다수 출제된 바 있는데, 조건문은 일반적 상식에서 파악할 수 있는 방식과 논리적인 이해가 필요한 방식으로 나눌 수 있기 때문이다. 일반적인 방식으로는 조건문의 전건이 참이라는 가정하에 조건문의 진위를 파악하는 방식을 말한다. 하지만 논리적인 차원에서는 전건이 거짓일 경우 후건의 참 거짓 여부에 관계없이 조건문이 참이 되는 원리가 적용되어 이들 간의 차이로 인한 논의가 나타날 수도 있기 때문이다. 이러한 문제를 해결하기 위한 방식으로 가능세계 이론을 적용하는 이론이 있으며 이에 따라 조건문을 구분하기도 한다.

선언문 역시 선언지 모두가 참이 가능한 포괄적 선언과 둘 중 하나만 참이 될 수 있는 배타적 선언으로 나눌 수 있으며 이를 적용하여 판단하는 문제도 나타날 수 있다.

2. 논리 원칙의 적용 및 확장

소재를 단지 논리적 차원에 머무르지 않고 과학기술 분야에도 적용하여 술어 논리의 전칭 명제의 해석이 포함된 역명제의 허용 여부를 파악하는 문제가 출제된 바 있으며 논리적인 차원의 함축 개념을 활용하여 출제된 바도 있다. 그리고 이 과정에서 확률적인 개념과 연결하여 파악하는 확장형 문제도 출제되었다.

또한 게임 상황을 설정하면서 논리적인 동치 관계를 통해 연관성을 파악하는 문제도 출제되어 논리 원칙을 단순 적용하는 차원에서 확장하여 사고하는 능력도 측정하고 있음을 알 수 있다.

최근에는 조건문과 관련된 다양한 논의를 소개하고 이를 토대로 하여 사례를 적용하거나 이론들의 비교 분석을 요구하는 문제도 출제되고 있다. 이러한 문제에 대해서는 지문에서 주어지는 원리나 이론을 파악하고 이를 근거로 하여 사례를 적용하여 판단해야 한다. 이미 알고 있는 논리 이론뿐 아니라, 새롭게 제시되는 이론도 소개하기 때문에 단순하게 원리 및 원칙을 적용하는 방법을 취해야 한다.

실전 연습문제

01 2024학년도 LEET 문19

다음 논쟁에 대한 분석으로 옳은 것만을 <보기>에서 있는 대로 고른 것은?

갑: 모든 명제는 수학, 윤리 등 어느 하나의 논의 주제에만 관한 것이며 어떤 논의 주제에 관한 것도 아닌 명제는 없다. 또한 명제는 그 명제의 논의 주제에 상대적으로만 참이거나 거짓이다. 그래서 "명제 p는 참이다.", "명제 q는 거짓이다."와 같이 말하는 것은 적절하지 않으며, "명제 p는 수학적-참이다.", "명제 q는 윤리적-거짓이다." 등과 같이 말해야 옳다. 명제는 그 명제의 논의 주제가 아닌 다른 주제에 관해서는 참이 아니다. 즉 윤리에 관한 명제 p는 수학적-참이 아니다. 그런데 '이가 원리'에 의하면 모든 명제는 참이거나 거짓이거나 둘 중 하나이다. 다시 말해, 어떤 명제가 참이 아니라면 그 명제는 거짓이고, 그 명제가 거짓이 아니라면 그 명제는 참이다. 나의 견해는 얼핏 이가 원리와 충돌하는 것처럼 보인다. 하나의 명제가 수학적-참이면서 윤리적-참은 아닐 수 있기 때문이다. 그러나 어떤 명제가 수학적-참이면서 수학적-참이 아니라고 말하는 것이 모순이지, 수학적-참이면서 윤리적-참이 아니라고 말하는 것은 모순이 아니다.

을: 그렇지 않다. 너의 견해와 이가 원리를 모두 받아들이면 모순이 발생한다. "살인은 나쁘다."라는 명제를 r라고 하자. r는 윤리에 관한 명제이므로 수학적-참이 아니다. 그런데 너의 견해에 따르면 모든 참 거짓은 논의 주제에 상대적이므로, r가 수학적-참이 아니라는 명제 또한 어떤 특정한 논의 주제에 상대적으로 참이다. 살인에 대한 가치 평가의 참 거짓 문제가 수학적 주제에 관한 것이 아니라는 것은 명백하기에, r가 수학적-참이 아니라는 명제가 윤리의 논의 주제에 관한 것이라고 가정해 보자. 우리의 가정에 의해서, r가 수학적-참이 아니라는 명제는 윤리적-참이다. 그런데 너의 견해에 따르면 모든 명제는 하나의 논의 주제에만 속하므로, 윤리적-참인 명제는 수학적-참이 아니다. 그러므로 r가 수학적-참이 아니라는 명제는 수학적-참이 아니다. 그런데 이가 원리에 따르면 모든 명제 p에 대해서, p가 참이 아니라는 것이 참이 아니라면, p는 참이다. 그러므로 r는 수학적-참이다. 이는 r가 수학적-참이 아니라는 우리의 가정과 충돌한다.

〈보기〉

ㄱ. 논의 주제 s에 관한 명제 p에 대해서, p가 s-참이 아니라면 p가 s-거짓이라는 것을 갑은 부정하지 않는다.

ㄴ. "p는 참이 아니라는 것은 참이 아니다."에서 앞의 '참'과 뒤의 '참'이 같은 논의 주제에 관한 것일 수 없다면, 을의 주장은 약화된다.

ㄷ. r가 수학적-참이 아니라는 명제가 윤리의 논의 주제가 아닌 예술의 논의 주제에 관한 것이라고 가정하더라도 을의 결론은 똑같이 도출된다.

① ㄱ ② ㄴ ③ ㄱ, ㄷ
④ ㄴ, ㄷ ⑤ ㄱ, ㄴ, ㄷ

02

2018학년도 LEET 문17

㉠으로 적절한 것만을 <보기>에서 있는 대로 고른 것은?

어떤 논리학 교수가 한 농부와 대화를 나누었다.

교수: 자, 독일에 낙타가 없다고 합시다. 그리고 B라는 도시가 독일에 있다는 건 잘 아시죠? 그럼 B에 낙타가 있을까요, 없을까요?

농부: 글쎄요, 잘 모르겠습니다. 독일에는 가본 적이 없어서요.

교수: 다시 생각해 보시죠. 그냥 독일에 낙타가 없다고 치자는 겁니다.

농부: 음, 다시 생각해 보니 B에 낙타가 있을 것도 같군요.

교수: 그래요? 어째서 그렇게 생각하시죠? 제 질문을 제대로 기억하시나요?

농부: 독일에는 낙타가 없는데, 그럴 때 B에 낙타가 있느냐, 없느냐, 물으시는 거 아닌가요? 그런데 B가 꽤 큰 도시라고 알고 있거든요. 그래서 거기에 낙타가 있을 것 같다는 생각이 드는 겁니다.

교수: 그러지 말고 제 질문을 다시 잘 생각해 보시죠.

농부: 아무래도 그 도시에는 확실히 낙타가 있을 것 같습니다. 왜냐하면 세상에는 큰 도시들이 있는데, 그런 곳에는 꼭 낙타들이 있는 법이니까요. B가 큰 도시라는 건 당신도 아실 테고요.

교수: 그렇지만, 독일 안에 그 어디에도 낙타라고는 단 한 마리도 없다고 치자고 했는데 그건 어떻게 되나요?

농부: 그건 모르겠고 하여튼 B가 큰 도시잖아요. 그러면 카자크스나 크리기즈(둘 다 낙타의 종들이다)가 거기에 있을 것입니다.

대화를 마친 직후 교수는 이 농부가 논리적 추론을 전혀 할 줄 모른다고 판단했다. 하지만 얼마 후 교수는 ㉠ 이 대화의 녹취록에서 찾아낸 근거를 고려하여 자신의 판단이 너무 성급했다고 생각하게 되었다.

〈보기〉

ㄱ. 실제로 농부는 대화 중에 올바른 논증을 사용한 적이 있다.

ㄴ. 큰 도시에 낙타가 있고 B가 큰 도시라는 농부의 말은 거짓이 아니었다.

ㄷ. 농부는 순전히 가정적인 전제에서 시작하는 추론을 굳이 할 필요가 없다고 여긴 것 같다.

① ㄱ ② ㄴ ③ ㄱ, ㄷ
④ ㄴ, ㄷ ⑤ ㄱ, ㄴ, ㄷ

03

2023학년도 LEET 문16

다음으로부터 추론한 것으로 옳은 것만을 <보기>에서 있는 대로 고른 것은?

조건문 "만일 P라면 Q일 것이다."에서 전건 P가 실제 사실이 아닌 거짓인 조건문을 반사실문이라고 한다. 예를 들어 다음의 조건문 (1)은 억만장자가 아닌 내가 억만장자인 상황을 가정하기 때문에 반사실문이다.

(1) 만일 내가 억만장자라면 나는 가장 비싼 스포츠카를 구입할 것이다.

(1)은 '가능세계' 개념을 통해서 분석될 수 있는데, 가능세계는 세계가 현실과 다르게 될 수 있는 가능한 방식을 말한다. 이에 따르면, 내가 억만장자인 수많은 가능세계 중 현실 세계와 가장 유사한 가능세계(즉, 현실 세계처럼 스포츠카를 판매하는 사람이 있는 등)에서, 내가 가장 비싼 스포츠카를 구입한다면 (1)은 참이고, 그렇지 않다면 거짓이다.

하지만 다음 반사실문을 보자.

(2) 만일 철수가 둥근 사각형을 그린다면 기하학자들은 놀랄 것이다.

개념적으로는 가능한 (1)의 전건과 달리, (2)의 전건은 개념적으로 불가능한 상황을 나타내고 있다. 이러한 반사실문은 반가능문이라고 한다. 반가능문의 경우 전건이 성립하는 가능세계란 존재하지 않기에, 가능세계를 통한 분석을 적용할 수 없다. 하지만 여전히 (2)가 참이라는 직관이 있으며, 이를 설명할 수 있는 개념적 도구가 필요하다.

이를 설명하기 위해 '불가능세계'라는 개념이 제안되었다. 불가능세계는 세계가 개념적으로 불가능하게 될 수 있는 방식을 말한다. 그 방식은 다양할 수 있다. 예를 들어 총각인 철수가 여자인 것과 철수가 둥근 사각형을 그리는 것은 모두 개념적으로 불가능하지만, 이 둘은 다른 불가능한 상황들이며, 이에 따라 각각이 성립하는 서로 다른 불가능세계가 있을 수 있다. 이때, 철수가 둥근 사각형을 그리는 수많은 불가능세계 중 현실 세계와 가장 유사한 불가능세계에서 기하학자들이 놀란다면 (2)는 참이고, 그렇지 않다면 거짓이다.

〈보기〉

ㄱ. 스포츠카를 판매하는 사람이 있는 불가능세계도 있다.

ㄴ. (2)가 참이라면, 철수가 둥근 사각형을 그리는 모든 불가능세계에서 기하학자들이 놀란다.

ㄷ. "만일 대한민국의 수도가 서울이라면 나는 억만장자일 것이다."는 반사실문에 속하지만 반가능문에 속하지는 않는다.

① ㄱ ② ㄴ ③ ㄱ, ㄷ
④ ㄴ, ㄷ ⑤ ㄱ, ㄴ, ㄷ

04

2024학년도 LEET 문26

다음으로부터 추론한 것으로 옳은 것만을 <보기>에서 있는 대로 고른 것은?

"목적을 욕구하는 사람이라면 그것에 필수불가결한 수단 역시 욕구해야 한다."라는 칸트의 격률에 대해서는 두 해석이 존재한다. 두 해석은 칸트의 격률에 나타난 '해야 한다'의 범위에 대한 것으로, 그 적용 및 만족 조건에 있어 차이가 있다.

"건강을 바라는 사람이라면 담배를 끊고자 해야 한다."라는 요구를 생각해 보자. 좁은 범위 해석에 따르면, '해야 한다'는 이 조건문의 전건을 충족시키는 행위자에게 적용되며, 이런 행위자에게 요구되는 것은 조건문의 후건을 충족시키는 것이다. 즉 담배를 끊고자 하는 것이 위의 요구를 만족시키는 방법이며, 담배를 끊고자 하지 않는다면 해당 요구를 위반한다. 한편 건강을 바라지 않는 행위자에게는 애초에 이 요구가 적용되지 않으므로 만족 여부를 논할 수 없다.

반면 넓은 범위 해석에 따르면, '해야 한다'는 조건문 전체, 즉 "건강을 바라는 사람이라면 담배를 끊고자 한다."를 범위로 갖는다. 다시 말해, 위의 요구는 행위자가 주어진 목적을 욕구하는지 여부와 무관하게 모든 행위자에게 적용되며, 요구를 만족시킬 수 있는 방법은 두 가지이다. 하나는 목적을 욕구하지 않는 것이고, 다른 하나는 필수적인 수단을 욕구하는 것이다. 금연 사례의 경우, 건강을 바라는 행위자에게든 그렇지 않은 행위자에게든 위의 요구가 적용되며, 행위자는 담배를 끊고자 함으로써 이 요구를 만족시킬 수도 있지만, 건강을 바라지 않음으로써도 이 요구를 만족시킬 수 있다.

〈보기〉

ㄱ. 좁은 범위 해석에 따르면, 목적을 욕구하지 않으면서 그것에 필수적인 수단은 욕구하는 행위자는 칸트의 격률을 만족시킨다.

ㄴ. 넓은 범위 해석에 따르면, 일평생 그 어떠한 목적도 욕구해 본 적이 없는 행위자는 칸트의 격률을 만족시킨다.

ㄷ. "목적을 욕구하면서 그것에 필수적인 수단을 욕구하지 않을 경우 그리고 오직 그 경우에만 행위자는 칸트의 격률을 위반한다."라는 점에 대해 좁은 범위 해석과 넓은 범위 해석은 차이가 없다.

① ㄱ ② ㄴ ③ ㄱ, ㄷ
④ ㄴ, ㄷ ⑤ ㄱ, ㄴ, ㄷ

05

2023학년도 LEET 문17

다음 글에 대한 분석으로 옳은 것만을 <보기>에서 있는 대로 고른 것은?

어떤 학자들은 한국어 연결사 '또는'이 두 가지 다른 종류의 의미를 표현하는 데 사용되는 애매한 용어라고 주장한다. ㉠ 이러한 입장에 따르면, 다음 두 문장에서 사용되는 '또는'의 문자적 의미는 다르다.

(1) 철수는 노트북 또는 핸드폰을 가지고 있다.
(2) 후식으로 커피 또는 녹차를 드립니다.

(1)의 경우 '또는'이 철수가 노트북과 핸드폰을 모두 가지고 있는 경우에도 참이 되는 포괄적 의미로 사용된 반면, (2)의 경우 '또는'은 후식으로 커피와 녹차를 모두 주는 경우 문장이 거짓이 되는 배타적 의미로 사용되었기 때문이다.

하지만 이는 ㉡ 문자적 의미와 함의를 구분하지 못한 주장이며, 이를 구분하면 '또는'이 애매한 용어가 아니라는 이론을 구성할 수 있다. 다음 문장을 보자.

(3) 어떤 회원들은 파티에 참석할 수 있다.

문장 (3)이 문자적 의미로서 표현하는 내용은 〈어떤 회원들은 파티에 참석할 수 있다〉이다. 그런데 (3)을 사용하는 많은 경우, '어떤'이란 단어를 사용하는 화자의 의도는 〈모든 회원들이 파티에 참석할 수 있는 것은 아니다〉라는 내용 역시 청자에게 전달하는 것이다. 하지만 이는 문자적 의미가 아니라 함의로서 전달되는 것이다. 왜냐하면 문자적 의미와 달리 특정 맥락에서 전달된 함의의 경우, 그 함의된 내용의 부정을 표현하는 문장을 원래 문장 뒤에 나열해도 두 문장 사이에서 어떤 논리적 모순도 발생하지 않기 때문이다. 즉, "어떤 회원들은 파티에 참석할 수 있다. 물론 모든 회원들이 파티에 참석할 수도 있다."에서는 어떤 모순도 발생하지 않는다.

마찬가지로 ㉢ '또는'의 문자적 의미는 포괄적 의미일 뿐, 배타적 의미는 함의로서 전달되는 것이라는 진단이 가능하다. 즉, "후식으로 커피 또는 녹차를 드립니다. 물론 둘 다 드릴 수도 있습니다."에서는 어떤 모순도 나타나지 않고, 따라서 우리는 (2)의 사용을 통해 전달된 내용 〈커피와 녹차를 모두 드릴 수는 없다〉가 원래 문장의 문자적 의미가 아니라 함의였다고 결론 내릴 수 있다.

〈보기〉

ㄱ. "p, q, r, s가 모두 참인 문장일 때, 문장 'p 또는 q'는 참이지만 문장 'r 또는 s'는 거짓이라면, 전자와 후자의 문장에서 사용된 '또는'이 다른 의미를 나타낸다."라는 것은 ㉠과 상충하지 않는다.

ㄴ. ㉡에 대한 필자의 설명에 따르면, "철수는 밥과 빵을 먹었다."라는 문장을 사용하여 〈철수는 빵을 먹었다〉라는 내용을 함의로서 전달할 수는 없다.

ㄷ. ㉢에 따르면, 〈후식으로 커피와 녹차 모두를 드릴 수 있다〉라는 내용은 (2)의 문자적 의미에 포함되는 것이 아니라 함의로서 전달되는 것이다.

① ㄱ ② ㄷ ③ ㄱ, ㄴ
④ ㄴ, ㄷ ⑤ ㄱ, ㄴ, ㄷ

06

2017학년도 LEET 문31

다음 글로부터 추론한 것으로 옳지 않은 것은?

증거는 가설을 입증하기도 하고 반증하기도 한다. 물론, 어떤 증거는 가설에 중립적이기도 하다. 이렇게 증거와 가설 사이에는 입증·반증·중립이라는 세 가지 관계만이 성립하며, 이 외의 다른 관계는 성립하지 않는다. 그럼 이런 세 관계는 어떻게 규정될 수 있을까? 몇몇 학자들은 이 관계들을 엄격한 논리적인 방식으로 규정한다. 이 방식에 따르면, 어떤 가설 H가 증거 E를 논리적으로 함축한다면 E는 H를 입증한다. 또한 H가 E의 부정을 논리적으로 함축한다면 E는 H를 반증한다. 물론 H가 E를 함축하지 않고 E의 부정도 함축하지 않는다면, E는 H에 대해서 중립적이다. 이런 증거와 가설 사이의 관계는 '논리적 입증·반증·중립'이라고 불린다.

그러나 증거와 가설 사이의 관계는 확률을 이용해 규정될 수도 있다. 가령 우리는 "E가 가설 H의 확률을 증가시킨다면 E는 H를 입증한다."고 말하기도 한다. 이와 비슷하게 우리는 "E가 H의 확률을 감소시킨다면 E는 H를 반증한다."고 말한다. 물론 E가 H의 확률을 변화시키지 않는다면 E는 H에 중립적이라고 하는 것이 자연스럽다. 이런 증거와 가설 사이의 관계에 대한 규정은 '확률적 입증·반증·중립'이라고 불린다.

그렇다면 논리적 입증과 확률적 입증은 어떤 관계가 있을까? 흥미롭게도 H가 E를 논리적으로 함축한다면 E가 H의 확률을 증가시킨다는 것이 밝혀졌다. 반면에 그 역은 성립하지 않는다. 우리는 이 점을 이용해 입증에 대한 두 규정들 사이의 관계를 추적할 수 있다.

① E가 H를 논리적으로 반증하지 않고 H에 논리적으로 중립적이지도 않다면, E는 H에 확률적으로 중립적이지 않다.
② E가 H를 논리적으로 입증한다면 E의 부정은 H를 논리적으로 반증한다.
③ E가 H를 논리적으로 반증한다면 E의 부정은 H를 확률적으로 입증한다.
④ E가 H에 확률적으로 중립적이라면 E는 H를 논리적으로 입증하지 않는다.
⑤ E가 H를 확률적으로 입증하지 않는다면 E는 H를 논리적으로 반증한다.

07

2018학년도 LEET 문29

다음으로부터 추론한 것으로 옳은 것만을 <보기>에서 있는 대로 고른 것은?

우리는 여러 검사법을 이용해 사물이 가진 특징을 확인한다. 가령, 우리는 위폐 여부를 확인하기 위해 다양한 검사법을 이용하기도 한다. 그럼 훌륭한 검사법은 어떤 특징을 갖추어야 하는가? 위폐 검사법을 예로 들어 생각해 보자. 첫 번째는 위폐를 누락해서는 안 된다는 것이다. 즉 훌륭한 위폐 검사법이라면 위폐는 모두 '위폐이다'라고 판정해야 한다. 이런 특징을 가진 검사법은 완전한 검사법이라고 불린다. 두 번째는 '위폐이다'라는 판정 결과가 틀리지 말아야 한다는 것이다. 즉 해당 검사법이 '위폐이다'라고 판정한 것은 모두 위폐이어야 한다. 이런 특징을 가진 검사법은 건전한 검사법이라고 불린다. 여기서 주의할 것은 건전한 검사법이 위폐가 아닌 모든 것을 '위폐가 아니다'라고 판정하는 것은 아니라는 점이다. 건전한 검사법은 위폐가 아닌 것을 '위폐이다'라고 판정하지 않을 뿐이다. 여기서 "'위폐이다'라고 판정하지 않는다."라는 것은 '위폐가 아니다'라고 판정할 가능성과 아무런 판정 결과도 내놓지 않을 가능성을 포함한다. 이와 관련해 훌륭한 검사법이 갖추어야 할 마지막 특징은 결정가능성이다. 결정가능한 검사법은 '위폐이다'라는 판정과 '위폐가 아니다'라는 판정 중 하나의 결과를 내놓는 검사법을 말한다. 이에 결정가능한 검사법은 아무런 판정 결과도 내놓지 않을 가능성을 배제한다.

〈보기〉

ㄱ. 완전하고 건전한 위폐 검사법은 위폐인 A에 대해서 어떤 판정 결과도 내놓지 않을 수 있다.
ㄴ. 건전하고 결정가능한 위폐 검사법은 위폐가 아닌 B를 '위폐가 아니다'라고 판정한다.
ㄷ. 완전하고 결정가능한 위폐 검사법이 C에 대해서 '위폐가 아니다'라는 판정을 내리지 않았다면 C는 위폐이다.

① ㄱ　② ㄴ　③ ㄱ, ㄷ
④ ㄴ, ㄷ　⑤ ㄱ, ㄴ, ㄷ

08

2021학년도 LEET 문31

다음으로부터 추론한 것으로 옳지 않은 것은?

연역적 질의-응답 체계는 주어진 데이터베이스(DB)에 근거하여 입력된 명제에 대한 판정을 출력한다. 이 과정에서 DB는 '열린 세계' 또는 '닫힌 세계' 중 하나로 가정된다.

DB를 열린 세계로 가정하면, DB는 관련 영역에 대한 모든 정보를 갖는 것은 아니다. 따라서 DB 내에 명제로 표현된 사실들, 또는 그 명제들을 이용하여 참(또는 거짓)을 논리적으로 증명할 수 있는 명제들만 참(또는 거짓)으로 판정된다. 참 또는 거짓을 증명할 수 없는 명제는 결정불가능이라는 판정을 받는다.

DB를 닫힌 세계로 가정하면, DB는 관련 영역에 대한 모든 정보를 갖는다. 따라서 참을 증명할 수 있는 명제는 참, 그렇지 않은 명제는 거짓으로 판정된다.

한 항공사의 운항 정보 DB가 다음 〈사실〉을 포함하고 있고 〈규칙〉이 적용된다고 하자.

〈사실〉
- 서울발 제주행 항공편이 있다.
- 제주발 부산행 항공편이 있다.
- 광주발 부산행 항공편이 있다.

〈규칙〉
- 'X발 Y행 항공편이 있다'와 'Y발 X행 항공편이 있다'는 동일하게 판정한다.
- 'X와 Y가 항공편으로 연결된다'와 'X발 Y행 항공편이 있거나, X와 Y 모두와 항공편으로 연결된 Z가 있다'는 동일하게 판정한다.

① 열린 세계를 가정하면 '광주발 제주행 항공편이 있다'는 결정불가능으로 판정된다.
② 열린 세계를 가정하면 '부산과 광주가 항공편으로 연결된다'는 참으로 판정된다.
③ 닫힌 세계를 가정하면 '제주발 서울행 항공편이 없다'는 거짓으로 판정된다.
④ 닫힌 세계를 가정하면 '서울과 부산이 항공편으로 연결되지 않는다'는 참으로 판정된다.
⑤ 열린 세계를 가정하든 닫힌 세계를 가정하든 '광주와 서울이 항공편으로 연결되지 않는다'는 거짓으로 판정된다.

09

2021학년도 LEET 문33

다음 글에 대한 분석으로 옳은 것만을 <보기>에서 있는 대로 고른 것은?

다음 두 정의를 받아들여 보자.

(정의1) '사건 Y가 사건 X에 인과적으로 의존한다'는, X와 Y가 모두 실제로 일어났고 만약 X가 일어나지 않았더라면 Y도 일어나지 않았을 것이라는 것이다.

(정의2) '사건 X가 사건 Y의 원인이다'는, X로부터 Y까지 이르는 인과적 의존의 연쇄가 있다는 것이다.

갑이 치사량의 독약을 마시자마자 건물 10층에서 떨어졌고 땅바닥에 부딪쳐 죽었다. 사건 A~E는 다음과 같다.

A: 갑이 독약을 마시는 사건

B: 독약이 온몸에 퍼지는 사건

C: 갑이 건물 10층에서 떨어지는 사건

D: 갑이 땅바닥에 부딪치는 사건

E: 갑의 죽음

C로부터 D를 거쳐 E까지 모두 실제로 일어났다. 하지만 ㉠ B는 실제로 일어나지 않았다. 즉, 독약이 온몸에 퍼지기 전에 갑은 이미 죽었다. 반면에 ㉡ '만약 C가 일어나지 않았더라면 E는 일어나지 않았을 것이다'는 거짓이다. C가 일어나지 않은 경우에는, A로부터 B를 거쳐 E까지 이르는 인과적 의존의 연쇄가 실현되었을 것이기 때문이다. 그래서 ㉢ C는 E의 원인이 아니라는 귀결이 도출되는 듯 보인다. 하지만 Z가 X에 인과적으로 의존하지 않더라도, Y가 X에, Z가 Y에 인과적으로 의존할 수 있다. C가 일어나지 않았더라면 D가 일어나지 않았을 것이고, D가 일어나지 않았더라면 E가 일어나지 않았을 것이다.

〈보기〉

ㄱ. 위 글로부터 '갑이 건물 10층에서 떨어진 것이 갑의 죽음의 원인이다'가 따라 나온다.

ㄴ. (정의1)과 ㉠으로부터 '어떠한 사건도 B에 인과적으로 의존하지 않는다'가 따라 나온다.

ㄷ. (정의1), ㉡, 그리고 'C가 E의 원인이라면 E는 C에 인과적으로 의존한다'로부터, ㉢이 따라 나온다.

① ㄱ ② ㄷ ③ ㄱ, ㄴ
④ ㄴ, ㄷ ⑤ ㄱ, ㄴ, ㄷ

10

2025학년도 LEET 문23

다음으로부터 추론한 것으로 옳은 것만을 <보기>에서 있는 대로 고른 것은?

문장이 가지고 있는 의미를 흔히 '명제'라고 부른다. 다음은 명제란 무엇인가에 대한 서로 다른 두 견해이다.

갑: 문장이 표현하는 명제는 곧 그 문장이 참인 가능세계들의 집합이다. 예를 들어, "수철이는 키가 크다"라는 문장과 "수철이는 학생이다"라는 문장은 서로 다른 명제를 표현하는데 이는 수철이가 키가 큰 가능세계들의 집합과 수철이가 학생인 가능세계들의 집합이 서로 다른 집합이기 때문이다. 만약 어떤 문장이 모든 가능세계에서 참이라면, 그 문장이 표현하는 명제는 모든 가능세계들의 집합이다. 가령, "3은 홀수이거나 홀수가 아니다"라는 문장이 표현하는 명제는 모든 가능세계들의 집합이다.

을: 명제는 일종의 순서쌍이다. 예를 들어, "3은 홀수이다"라는 문장이 표현하는 명제는 '3'이 가리키는 대상과, '홀수이다'가 가리키는 속성으로 구성된 순서쌍으로 이해될 수 있다. '3'이 가리키는 대상을 m, '홀수이다'가 가리키는 속성을 F라고 할 때, "3은 홀수이다"가 표현하는 명제는 〈m, F〉이다. 또 다른 사례로 "수철이는 희영이를 사랑한다"라는 문장이 표현하는 명제는 '수철'이 가리키는 대상과, '희영'이 가리키는 대상, '사랑한다'가 가리키는 2항 관계로 구성된 순서쌍으로 이해될 수 있다. '수철'이 가리키는 대상을 a, '희영'이 가리키는 대상을 b, '사랑한다'가 가리키는 2항 관계를 R이라고 한다면, "수철이는 희영이를 사랑한다"라는 문장이 표현하는 명제는 〈a, b, R〉이다.

〈보기〉

ㄱ. 갑과 을은, '수철'과 '희영'이 서로 다른 대상을 가리킨다고 할 때, "수철이는 희영이를 사랑한다"라는 문장과 "희영이는 수철이를 사랑한다"라는 문장이 서로 다른 명제를 표현한다는 데 동의한다.

ㄴ. "둥근 사각형은 존재한다"라는 문장과 "3은 홀수이면서 홀수가 아니다"라는 문장이 서로 다른 의미를 가지고 있다고 믿는 사람은 갑의 견해에 반대할 것이다.

ㄷ. '샛별'과 '개밥바라기'가 같은 대상을 가리킨다고 할 때, "샛별은 아름답다"라는 문장과 "개밥바라기는 아름답다"라는 문장이 서로 다른 의미를 가지고 있다고 믿는 사람은 을의 견해에 반대할 것이다.

① ㄴ ② ㄷ ③ ㄱ, ㄴ
④ ㄱ, ㄷ ⑤ ㄱ, ㄴ, ㄷ

정답 및 해설 p.5

2. 귀납 추론

귀납 추론에서 결론은 경험적 추측에 기반한다. 그러므로 연역과 달리 결론이 전제들 속에 전적으로 포함되어 있지 않다. 귀납적 논증에서는 전제들의 진위가 결론의 참됨을 절대적으로 보증할 수 없다. 즉 결론은 개연적으로(probably) 증명된다.

연역과 귀납의 핵심적인 차이는 논증의 전제와 결론의 관계에 있다. 연역에서는 결론이 전제들로부터 확실하게 도출될 것을 요구한다. 연역이 참인 논증이라면, 전제는 결론을 함축하기 때문이다. 전제와 결론이 필연적인 관계를 가진 연역은 타당하기에 전제가 참이면 결론은 반드시 참이 된다. 한편 흡연의 결과나 암의 원인 등과 같은 경험적 결론은 어떤 것도 연역적 확실성의 기준을 충족할 수 없다. 귀납은 확신할 수 있는 것이 없으며 단지 개연성으로만 결론을 뒷받침하는 논증에 의존한다. 그래서 귀납 추론은 좋은 논증이 아니면서도 참된 결론에 도달할 수 있다. 또한 귀납 추론은 추론이 논리적으로 좋은 것 즉, 참된 전제들로부터 출발한 것임에도 불구하고, 거짓된 결론에 도달할 수 있다.

개연성
개연성은 우리의 지식에 의존하는 상대성을 지닌다. 이는 우리가 같은 양의 증거라 해도 어떠한 결론을 도출하려는가에 따라 달라지기 때문이다. 완전히 동일한 추측도 증거의 양에 따라 상이한 개연성을 지닌다.

1 보편 일반화

귀납적 일반화란 개별적인 것들에 관한 관찰을 토대로 일반적인 결론을 이끌어내는 귀납 추론이다. 귀납적 일반화는 두 가지로 구분하는데, 보편 일반화와 통계적 일반화가 그것이다. 보편 일반화는 하나의 집합에 속하는 특정수의 표본을 관찰하여 그것들이 공통적으로 갖는 성질을 찾아내고, 그러한 성질을 토대로 일반화로 추론하는 것을 말한다. 보편 일반화는 다음과 같은 형식을 갖는다.

A1은 B이다. A2는 B이다. . . . 그러므로 모든 A는 B이다.

보편 일반화에서 결론은 보편 명제(Universal proposition)이다. 사례들로부터 전체 명제에 대한 진술로 나아가기에 일반화를 주장하고 있다. 따라서 표본의 수가 중요하다.

2 통계 확률적 귀납

통계적 일반화는 전체 중 일부를 선택하여 조사하고, 그 조사된 표본 중에서 동일한 성질을 확인한 후, 그러한 사실을 토대로 전체에서 동일한 성질의 비율을 추론하는 것을 말한다.

통계적 일반화의 예
여론조사가 대표적인 예이다.
① 전체 중 a개를 조사한다.
② 그중에서 b개가 c라는 성질을 갖는다.
③ 그러므로 전체의 d%가 c라는 성질을 갖는다.

1. 통계적 연구의 요소

(1) 모집단

통계적 연구에서 조사 대상이 되는 사실 세계를 모집단이라고 한다.

(2) 표본

대부분의 모집단이 크기 때문에 그 구성원을 모두 조사할 수는 없다. 최선의 방안은 모집단에서 선택한 일부 구성원들, 즉 표본을 검사하는 것이다.

표본
표본은 추론에 따라 평가의 기준이 될 수 있다. 우선 표본의 수가 적을 경우 문제가 되는 추론이 있을 수 있으며, 표본의 다양성이 문제가 될 수도 있다.

2. 비율과 분포

붉은 구슬과 그 밖의 색깔의 구슬로 가득 찬 항아리가 있을 때, 항아리에 있는 붉은 구슬의 수를 전체 구슬의 수로 나눈 것을 항아리 안에 있는 붉은 구슬의 '비율'이라고 한다.

'변수'는 여러 특정한 형태들을 나타낼 수 있는 일반적인 속성이다. 항아리의 사례에서 색은 변수가 될 것이다. 변수가 가질 수 있는 가능한 값들의 집합은 배타적인 동시에 총체적(exhaustive)이어야 한다. 변수가 배타적이어야 한다는 의미는 모집단의 각 구성원이 오직 하나의 값만을 가져야 한다는 것이다. 또한 총체적이라는 것은 모집단의 각 구성원이 반드시 어떤 값을 가져야 한다는 의미이다. 따라서 변수들이 갖는 값의 합은 1이 되어야 한다. 결국 통계적 분포는 하나의 변수에 의해 정의된다. 변수의 각각에 대응하여 모집단에서 그 값에 할당되는 백분율이 있기 때문이다.

3. 확률의 결합 방식

(1) 덧셈 규칙

확률을 결합하는 방식 중 하나는 모집단의 구성원이 확률 변수가 가질 수 있는 둘 이상의 값들 중 어느 하나를 나타내는 것이다. 예를 들어 100개의 구슬이 있는 항아리에 붉은 구슬 75개와 초록 구슬 25개가 있을 때, 구슬 하나를 선택할 때에 붉은 구슬의 확률은 0.75, 초록 구슬의 확률은 0.25이므로 붉은 구슬 또는 초록 구슬을 뽑을 확률은 두 확률의 합으로 1이 된다. 주의할 점은 덧셈 규칙은 확률 변수가 배타적인 값들에 대해서만 적용된다는 점이다.

> **한 개의 주사위를 던질 때, 2의 배수 또는 3의 배수의 눈이 나올 확률은?**
>
> → 2의 배수가 나올 확률: $P(A) = 3/6$ + 3의 배수가 나올 확률
> : $P(B) = 2/6 - [P(A \cap B) = 1/6] = 2/3$

(2) 곱셈 규칙

모집단의 구성원이 확률 변수들의 두 가지 값을 동시에 나타낼 경우 곱셈 규칙을 활용한다.

> **동전던지기를 연속으로 2번 할 경우, 연속해서 앞면이 나올 확률은?**
>
> → · 동전던지기를 한 번 하였을 때에 앞면이 나올 확률: 1/2
> · 연속 2번 던지기에서 계속 앞면이 나올 확률: $1/2 \times 1/2 = 1/4 = 0.25$

(3) 조건부 확률

확률이 0이 아닌 두 사건 A, B에 대하여 사건 A가 일어났다고 가정했을 때 사건 B가 일어날 확률을, 사건 A가 일어났을 때의 사건 B의 '조건부 확률'이라고 하며 'P(B | A)'라고 표시한다. 이때 조건부 확률을 구하는 방식은 다음과 같다.

$$P(B \mid A) = P(A \cap B)/P(A)$$

X 대학 철학과 60명 중 남학생은 35명이고 남학생 중 안경 낀 학생은 10명이라고 한다. 60명 중 임의로 1명을 뽑는 사건을 S라 하면 그 확률은 P(S)로 나타내고, 남학생을 뽑는 사건을 A라 하면 그 확률은 P(A)로 나타내며, 안경 낀 학생을 뽑는 사건을 B라 하면 그 확률은 P(B)로 나타낸다. 이때 임의로 1명을 뽑을 때 남학생인 상황에서 그 남학생이 안경을 낄 확률은?

→ · $P(A) = 35/60$, $P(A \cap B) = 10/60$
· $P(B \mid A) = P(A \cap B)/P(A) = 10/35$

예제

01

2016학년도 LEET 문30

<사례>에 대해 추론한 것으로 옳은 것만을 <보기>에서 있는 대로 고른 것은?

우리는 미래에 일어날 사건의 확률을 결정하기 위해 관련된 여러 정보를 이용한다. 그럼 어떤 정보도 없는 경우에는 어떻게 확률을 결정해야 하는가?

갑: 동전에 대한 아무 정보도 없다면, 그 동전을 던졌을 때 앞면이 나온다는 것을 더 믿을 이유가 없고, 뒷면이 나온다는 것을 더 믿을 이유도 없다. 따라서 우리는 앞면이 나온다는 것과 뒷면이 나온다는 것이 동일한 확률 0.5를 가진다고 생각해야 한다.

을: 그렇지 않다. 동전이 어느 쪽으로도 편향되지 않았다는 정보를 획득한 경우를 생각해 보자. 이 경우, 누구나 인정하듯이, 앞면이 나온다는 것의 확률은 0.5여야 한다. 이에, 당신의 입장은 편향되지 않았다는 정보가 있는 경우와 그렇지 않은 경우를 구분하지 못한다. 편향되지 않았다는 정보를 가지고 있을 때와 달리, 그런 정보가 없을 때는 앞면이 나올 확률의 최솟값은 0이고 최댓값은 1이라고만 말할 수 있을 뿐이다.

〈사례〉

구슬 100개가 잘 섞여 있는 항아리가 있다. 각 구슬들의 색깔은 붉거나, 희거나, 검으며, 각 구슬들의 재질은 나무이거나 금속이다. "붉은색 구슬은 모두 50개다."라는 정보는 주어졌지만, 다른 색 구슬의 개수에 대한 정보는 주어지지 않았다. 그리고 "나무로 된 흰색 구슬의 개수와 금속으로 된 흰색 구슬의 개수는 같다."라는 정보는 주어졌지만, 다른 구슬에 대해서는 이런 정보가 주어지지 않았다. 이제 이 항아리에서 무작위로 구슬을 하나 뽑을 것이다.

〈보기〉

ㄱ. 나무로 된 흰색 구슬이 뽑힐 확률에 대해서 갑과 을은 동일한 값을 부여할 것이다.
ㄴ. 붉은색 구슬이 뽑힐 확률이 흰색이 아닌 구슬이 뽑힐 확률보다 크지 않다는 것에 대해서 갑과 을은 동의할 것이다.
ㄷ. 나무로 된 구슬은 모두 흰색이라는 정보가 주어진다면, 흰색 구슬이 뽑힐 확률이 검은색 구슬이 뽑힐 확률보다 작지 않다는 것에 대해서 갑과 을은 동의할 것이다.

① ㄱ　② ㄴ　③ ㄱ, ㄴ
④ ㄱ, ㄷ　⑤ ㄴ, ㄷ

[정답] ②

갑과 을은 어떤 것에 대한 아무 정보가 없는 경우, 확률 결정에 있어서 서로 다른 견해를 지니고 있다.

- 갑: 동일한 확률을 부가하여 판단
- 을: 최댓값과 최솟값으로 확률 판단

<사례>를 정리하면 다음과 같다.

1) 총 구슬 개수: 100개
2) 붉은색 50개 + (흰색 + 검은색 = 50개) = 100개
3) 나무 또는 금속
4) 흰색 = 나무(1/2) + 금속(1/2)

우선 갑에 의하면, 모든 값은 동일한 확률로 나타나므로 다음과 같이 추정하게 된다.

구분	붉은색	흰색	검은색
나무(50)	25	12.5	12.5
금속(50)	25	12.5	12.5
합	50	25	25

한편 을은 확률을 최솟값과 최댓값으로 파악하므로 다음과 같다. (단, 괄호 안의 앞의 숫자는 최솟값, 뒤의 숫자는 최댓값임)

구분	붉은색	흰색	검은색
나무	(0, 50)	(0, 25)	(0, 50)
금속	(0, 50)	(0, 25)	(0, 50)
합	50	(0, 50)	(0, 50)

ㄱ. (X) 갑은 12.5, 을은 0보다 크고 25보다 작다고 말할 것이므로 동일한 값을 부여한다고 말할 수 없다.

ㄴ. (O) 붉은색 구슬이 뽑힐 확률은 주어진 정보로부터 50이다. 그런데 흰색이 아닌 구슬은 붉은색과 검은색이 뽑힐 확률이므로, 갑은 75라고 추리할 것이다. 갑은 흰색이 25라고 추리하기 때문이다. 한편 을은 흰색이 아닌 구슬 중 검은색이 뽑힐 확률을 최대 50에서 최소 0으로 보기 때문에 붉은색이 뽑힐 확률과 더하면, 최소 50에서 최대 100이 된다. 따라서 옳은 진술이다.

ㄷ. (X) 나무로 된 구슬이 모두 흰색일 경우, 붉은색과 검은색 구슬은 모두 금속이 된다. 하지만 이 정보로는 흰색과 검은색의 비율을 알 수 없다. 이를 정리하면 다음과 같다.

갑	붉은색	흰색	검은색
나무	0	12.5	0
금속	50	12.5	25
합	50	25	25

을	붉은색	흰색	검은색
나무	0	(0, 25)	0
금속	50	(0, 25)	(0, 50)
합	50	(0, 50)	(0, 50)

따라서 갑은 확률이 동일하다는 기존 입장을 유지할 것이다. 하지만 을은 흰색과 검은색이 뽑힐 확률은 최솟값 0, 최댓값 50일 뿐이므로 흰색 구슬이 뽑힐 확률이 검은색 구슬이 뽑힐 확률보다 작지 않다는 것에 동의하지 않을 것이다.

02

2024학년도 LEET 문27

다음 글에 대한 평가로 적절한 것만을 <보기>에서 있는 대로 고른 것은?

배심원들이 확률적 증거에 기초하여 피고에게 사건의 책임이 있을 가능성이 크다고 추론하였음에도 불구하고 유죄나 원고 승소 평결을 내리기 주저하는 현상이 발견된다. 이를 설명하는 〈가설〉이 있다.

〈가설〉
사건의 책임이 누구에게 있는지를 명시적으로 제시하지 않은 증거는 그 자체로 타당하다고 받아들여지더라도 정보로서의 가치가 낮게 평가된다. 따라서 이러한 정보는 배심원의 평결에 영향을 덜 미치게 된다.

즉 "피고에 책임이 있을 확률이 80%이다."라는 증언과 "맞을 확률이 80%인 증거에 근거할 때 피고에 책임이 있다."라는 증언은 배심원들이 받아들이는 데에 심리적으로 큰 차이가 있다는 것이다. 연구진은 이 가설을 검증하기 위해 〈실험〉을 진행하였다.

〈실험〉
모의 배심원들에게 다음과 같은 사건 개요를 읽게 한다.
"갑은 같이 산책 중이던 자신의 개를 친 혐의로 버스 회사 B를 고소했다. 갑이 사는 도시에는 파란색 버스만 운행하는 회사 B와 회색 버스만 운행하는 회사 G, 2개만 있는데, 갑은 색맹이어서 사고를 낸 버스의 색을 확인할 수 없었다."
모의 배심원을 무작위로 둘로 나눈 뒤, 집단 1에게는 조사관의 증언 X만을, 집단 2에게는 조사관의 증언 X와 Y 모두를 제시한다.

X: 타이어 매칭 기술을 적용한 결과 B의 전체 버스 10대 중 8대와 G의 전체 버스 10대 중 2대가 사고 현장에서 수거한 타이어 자국과 완벽하게 일치한다.
Y: 나는 타이어 자국 증거에 근거해서 B의 버스가 원고의 개를 쳤다고 본다.

모의 배심원들로 하여금 B의 버스가 실제로 개를 쳤을 확률을 제시하고 B에 대한 평결을 내리도록 했다. 실험 결과, 모의 배심원이 B에 책임이 있을 확률로 제시한 값인 '주관적 확률'은 두 집단이 같았고, 각 집단에서 B에 책임이 있다고 판단한 모의 배심원의 비율인 '원고 승소 평결률'은 두 집단 모두에서 주관적 확률보다 낮았다.

〈보기〉

ㄱ. 집단 1의 원고 승소 평결률이 집단 2보다 유의미하게 낮다면, 〈가설〉은 약화된다.
ㄴ. 주관적 확률과 원고 승소 평결률 사이의 차이가 집단 2보다 집단 1에서 유의미하게 크다면, 〈가설〉은 강화된다.
ㄷ. 만약 회색 버스가 갑의 개를 쳤다는 목격자의 증언이 두 집단에게 추가로 제공되었을 때, 집단 1보다 집단 2에서 원고 승소 평결률이 유의미하게 더 낮아졌다면, 〈가설〉은 약화된다.

① ㄱ　② ㄴ　③ ㄱ, ㄷ
④ ㄴ, ㄷ　⑤ ㄱ, ㄴ, ㄷ

[정답] ②

ㄱ. (X) <가설>에서 말하는 증거에 근거할 때 책임이 있다는 것은 증언 Y에 해당한다. 따라서 X만 제시된 집단 1의 원고 승소 평결률이 X와 Y 모두를 제시한 집단 2보다 낮더라도 <가설>이 약화되지 않는다.
ㄴ. (O) 주관적 확률이 동일하더라도 증거에 근거한 원고 승소 평결률이 더 높다는 것이 <가설>이므로 옳은 판단이다.
ㄷ. (X) 회색 버스는 G회사이므로 X의 B회사의 책임에 대한 주관적 확률이 그대로 적용되기 어려운 증언이다. 그런데 집단 2는 이러한 X 증언을 근거로 원고 책임을 주장하므로 원고 승소 평결률은 집단 1보다 더 낮아질 수 있다. 따라서 <가설>이 약화되는 것은 아니다.

4. 상관관계

'폐암의 원인은 흡연'이라는 주장에 있어서, 흡연을 하면 폐암에 걸린다고 단정할 수 없으며 흡연을 하지 않으면 폐암에 걸리지 않는다고도 말할 수 없다. 하지만 흡연을 하는 사람이 폐암에 걸릴 확률이 흡연을 하지 않는 사람이 폐암에 걸릴 확률보다 높을 경우, 흡연은 폐암을 일으키는 확률적인 원인이 될 수 있다. 따라서 흡연을 하지 않는 경우보다 흡연을 할 때에 폐암이 발생할 확률이 높다고 생각한다. 이는 확률적인 의미로 그 원인을 규명하는 것으로, 원인이 되는 요소가 많거나 높을수록 결과가 발생할 가능성은 높아진다.

예를 들어 항아리 안에 구슬이 있을 때, 모집단은 붉은 구슬과 초록 구슬로 구성되어 있고 각각의 구슬은 작거나 크다. 만약 붉은 구슬 중 큰 구슬의 백분율이 초록 구슬 중 큰 구슬의 백분율보다 크면, 모집단에 대해 크다는 것은 붉다는 것과 양의 상관관계(positive correlation)를 가진다. 양의 상관관계는 특정한 모집단에서 두 속성이 함께 간다는 것을 의미한다. 반대로 붉은 구슬 중 큰 구슬의 백분율이 초록 구슬 중 큰 구슬의 백분율보다 작은 경우, 모집단에 대해 크다는 것은 붉다는 것과 음의 상관관계(negative correlation)를 가진다.

일반적으로 모집단에서 크다는 것이 붉다는 것과 양의 상관이 있을 때에 그 모집단에서 붉다는 것은 크다는 것과 양의 상관이 있다. 이를 상관관계의 대칭성(symmetrical)이라고 한다. 이는 음의 상관에 대해서도 마찬가지이다.

한편, 인과관계가 있을 경우 상관관계가 나타날 수도 있지만 그렇지 않을 수도 있다. 동시에 상관관계가 있어도 인과관계는 없을 수도 있다. 예를 들어 암기력이 떨어지는 사람일수록 지능이 낮다는 통계적 자료가 있다고 가정해보자. 여기서는 암기력과 지능의 상관관계를 파악할 수 있다. 그러나 암기력이 지능의 원인이라고 말할 수는 없다.

상관관계
상관관계는 두 대상 간에 비례나 반비례로 또는 양(+)의 관계나 음(-)의 관계로 나타나는 것으로 일관된 틀에서 결과가 발생한다. 이는 계량적 또는 수치적으로 표현될 수 있는 것으로 양적인 변화를 의미한다.

인과관계
원인과 결과의 관계

예제

01

2014학년도 LEET 문13

다음 글로부터 추론한 것으로 옳은 것만을 <보기>에서 있는 대로 고른 것은?

사람들은 흡연자이거나 비흡연자이고, 또 폐암에 걸리거나 걸리지 않는다. 흡연자가 폐암에 걸리는 확률이 비흡연자가 폐암에 걸리는 확률보다 높을 때, 다시 말해서 흡연자 중 폐암 발생자의 비율이 비흡연자 중 폐암 발생자의 비율보다 클 때 흡연은 폐암과 긍정적으로 상관되어 있다고 말한다. 가령 흡연자 중 폐암 발생자의 비율이 2%이고 비흡연자 중 폐암 발생자의 비율이 0.5%라면, 흡연과 폐암은 긍정적으로 상관된다.

역으로 흡연자가 폐암에 걸리는 확률이 비흡연자가 폐암에 걸리는 확률보다 낮을 때 흡연은 폐암과 부정적으로 상관되어 있다고 말한다. 상관관계는 대칭적이어서, 흡연이 폐암과 긍정적으로 상관되어 있으면, 역으로 폐암도 흡연과 긍정적으로 상관된다.

두 사건 사이에 직접적인 인과 관계가 없을 때에도 그 둘은 상관관계를 가질 수 있다. 가령 그것들이 하나의 공통 원인의 결과일 때 그런 일이 있을 수 있다. 다른 한편, 두 사건 사이에 인과 관계가 있어도 이들 사이에 긍정적 상관관계가 없을 수도 있다. 예를 들어, 흡연은 심장 발작을 촉진하지만, 흡연자들은 비흡연자들보다 저염식 식단을 선호하는 성향이 있다고 하자. 이런 경우 흡연이 심장 발작을 일으키는 성향은 흡연이 흡연자로 하여금 심장 발작을 방지하는 음식을 선호하게 만드는 성향과 상쇄되어 흡연과 심장 발작 사이에는 상관관계가 없을 수 있으며, 심지어는 부정적 상관관계가 있을 수도 있다.

〈보기〉

ㄱ. 흡연이 비만과 부정적으로 상관되어 있다면, 비만인 사람 중 흡연자의 비율이 비만이 아닌 사람 중 흡연자의 비율보다 작다.
ㄴ. 흡연과 비만 사이에 긍정적 상관관계가 있다면, 비만인 사람 중 흡연자의 수가 비흡연자의 수보다 많다.
ㄷ. 흡연이 고혈압의 원인이고 고혈압이 심장 발작과 긍정적 상관관계를 갖는다면, 흡연은 심장 발작과 긍정적 상관관계를 갖는다.

① ㄱ ② ㄷ ③ ㄱ, ㄴ
④ ㄱ, ㄷ ⑤ ㄴ, ㄷ

[정답] ①

1) A는 B와 긍정적 상관관계
 : A 중에 B일 확률이 A가 아닌 것 중에 B일 확률보다 높음
 = B 중에 A일 확률이 B가 아닌 것 중에 A일 확률보다 높음
2) A는 B와 부정적 상관관계
 : A 중에 B일 확률이 A가 아닌 것 중에 B일 확률보다 낮음
 = B 중에 A일 확률이 B가 아닌 것 중에 A일 확률보다 낮음
3) 직접적인 인과 관계가 없을 때에도 상관관계를 가질 수 있으며, 인과 관계가 있어도 긍정적 상관관계가 없을 수 있다.

ㄱ. (O) 상관관계는 대칭적이다. 따라서 역방향의 상관관계도 성립하므로, 흡연이 비만과 부정적으로 상관되어 있다면 비만도 흡연과 부정적 상관관계를 가진다. 그러므로 비만인 사람 중 흡연자의 비율이 비만이 아닌 사람 중 흡연자의 비율보다 작다.

ㄴ. (X) 흡연과 비만 사이에 긍정적 상관관계가 있다면 그 역방향의 상관관계도 성립한다. 따라서 비만인 사람 중 흡연자의 비율이 비만이 아닌 사람 중 흡연자의 비율보다 크다. 하지만 비만인 사람 중 흡연자의 수가 비흡연자의 수보다 많은지 여부에 대해서는 알 수 없다. 예를 들어 비만인 사람 중 흡연자의 비율이 10%이고 비만이 아닌 사람 중 흡연자의 비율이 5%라면 비만은 흡연과 긍정적 상관관계를 가진다. 그런데 이 경우 비만인 사람 중 비흡연자의 비율은 90%가 되어 비흡연자의 수가 흡연자의 수보다 많다. 그러나 긍정적 상관관계는 나타나기 때문에 옳지 않은 진술이다.

ㄷ. (X) 지문에서는 직접적인 인과 관계가 없을 때에도 상관관계를 가질 수 있다고 서술하고 있다. 또한 인과 관계가 있어도 긍정적 상관관계가 없을 수 있다. 그러므로 흡연이 고혈압의 원인이라 해도 이들의 긍정적 상관관계를 알 수 없기에 흡연과 심장 발작 사이에 긍정적 상관관계가 있는지 여부를 판단할 수 없다. 이들 간의 관계를 도식적으로 나타내면 다음과 같다.

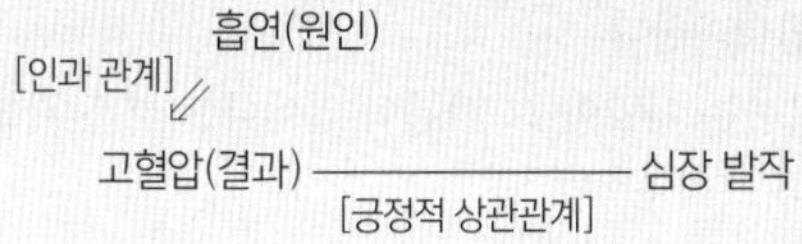

02

2017학년도 LEET 문30

다음 글로부터 추론한 것으로 옳지 않은 것은?

> 우리는 다양한 사건을 관찰하여 여러 정보를 획득한다. 이때 우리가 획득하는 정보의 양은 해당 사건의 관찰과 관련된 우리 상태에 따라 달라진다. 특히 어떤 관찰 이후 우리가 획득하는 정보의 양은 해당 관찰에 대해 느끼는 놀라움에 정도에 비례한다. 우리는 검은 까마귀를 관찰했을 때보다 흰 까마귀를 관찰했을 때 더 많이 놀란다. 이런 경우에 우리는 검은 까마귀를 관찰했을 때보다 흰 까마귀를 관찰했을 때 더 많은 정보를 획득한다. 여기서 말하는 놀라움의 정도는 예측의 정도와 반비례한다. 좀처럼 예측되기 어려운 사건이 일어나면 더 놀라움을 느끼고, 쉽게 예측되는 사건이 일어나면 덜 놀라움을 느낀다. 그럼 이 예측의 정도는 어떻게 측정할 수 있는가? 한 가지 방법은 확률을 이용하는 것이다. 즉 어떤 사건을 관찰하기 전에 우리가 그 사건에 부여하고 있었던 확률이 작으면 작을수록 예측의 정도는 더 작아진다. 저 앞에 있는 까마귀의 색을 확인하기 전이라고 해보자. 분명 우리는 그 까마귀가 검은 색이라는 것보다 흰색이라는 것에 더 작은 확률을 부여한다. 바로 이런 확률의 차이를 통해 우리가 검은 까마귀의 관찰보다 흰 까마귀의 관찰을 더 약하게 예측한다는 것을 드러낼 수 있다.

① 서로 다른 두 사람이 무언가를 관찰한 후에 획득한 정보의 양이 서로 같다고 하더라도 그들이 관찰한 사건은 다를 수 있다.
② 어떤 사람이 서로 다른 두 사건을 관찰했을 때 느끼는 놀라움의 정도의 차이는 그 사람이 관찰 이전에 두 사건에 부여했던 확률의 차이에 반비례한다.
③ 어떤 사건이 발생했다는 것을 관찰했을 때 획득되는 정보의 양은 그 사건이 발생하지 않았다는 것을 관찰했을 때 획득되는 정보의 양과 서로 반비례한다.
④ 어떤 사건이 반드시 일어날 수밖에 없다고 생각하는 사람이 그 사건이 일어나는 것을 관찰했을 때 획득하는 정보의 양은 그 어떤 정보의 양보다 크지 않다.
⑤ 주사위를 던져서 나올 결과들에 대해 서로 다른 확률을 부여하는 사람이 있다면, 해당 주사위 던지기의 결과 중 무엇을 관찰하든 그가 느끼는 놀라움의 정도는 서로 다르다.

[정답] ②

① (O) 정보의 양은 놀라움의 정도에 비례할 뿐, 사건의 내용과는 무관하다. 따라서 정보의 양이 서로 같다 하더라도 관찰한 사건은 다를 수 있다.
② (X) 확률은 예측에 비례하며 예측의 정도는 놀라움의 정도에 반비례한다. 따라서 놀라움의 정도는 확률에 반비례한다. 하지만 놀라움의 정도 차이도 확률의 차이에 반비례하는지는 알 수 없다. 예를 들어 A사건의 놀라움의 정도가 90, B사건의 놀라움의 정도가 20이라고 하면 A와 B의 놀라움의 정도의 차이는 70이다. 이때 A사건에 부여했던 확률은 놀라움의 정도와 반비례이므로 10, B사건의 확률은 마찬가지로 반비례하므로 80이 될 수 있다. 이 경우에도 확률의 차이는 70으로 놀라움의 정도의 차이와 동일할 수 있다. 따라서 반비례라고 말할 수 없다.
③ (O) 사건이 발생하거나 발생하지 않았을 때의 확률의 합은 1(100%)이다. 그런데 정보의 양과 놀라움의 정도는 비례하고 놀라움의 정도와 예측의 정도는 반비례하며, 예측의 정도는 확률과 비례하므로 정보의 양과 확률은 반비례한다. 그런데 사건이 발생하거나 발생하지 않으므로 각각의 사건에서 획득되는 정보의 양은 반비례한다.
④ (O) 필연적으로 사건이 발생할 것으로 예측하였고, 그 예측대로 사건이 발생하였기에 놀라움의 정도는 예측의 정도와 반비례한다는 것을 고려하면 놀라움의 정도는 최소가 된다. 또한 놀라움의 정도와 정보의 양은 비례하므로 정보의 양도 최소가 된다.
⑤ (O) 확률의 정도와 예측의 정도는 비례하며, 예측의 정도와 놀라움의 정도는 반비례한다. 따라서 서로 다른 확률을 부여할 경우 놀라움의 정도는 서로 다르다.

03

2022학년도 LEET 문37

다음으로부터 추론한 것으로 옳은 것은?

> 사건들은 서로 간에 양 또는 음의 상관관계가 성립할 수 있으며, 어떤 상관관계도 없이 서로 독립적일 수도 있다. 이런 상관관계는 주어진 조건에 따라서 달라진다. 특히 상관관계 성립 여부는 사건들이 어떤 인과적 구조에 있느냐에 의존한다.
>
> 예를 들어 보자. 비가 와서 땅이 젖었으며, 땅이 젖게 되어 그 땅을 딛고 있는 나의 발이 젖었다고 해 보자. 비가 온 것은 땅이 젖은 것의 원인이며, 땅이 젖은 것은 나의 발이 젖은 것의 원인이다. 비가 온다는 것과 발이 젖는다는 것 이외에 어떤 것도 고려하지 않는다면, 우리는 이 두 사건 사이에 상관관계가 성립한다고 말해야 한다. 하지만 그 두 사건을 연결하는 매개 사건, 즉 땅이 젖는다는 조건 아래에서는 비가 온 것과 발이 젖은 것은 서로 독립적인 사건이 된다. 왜냐하면 땅이 젖기만 한다면 비가 오든 오지 않든 발이 젖을 것이기 때문이다. 이렇듯 두 사건 사이를 인과적으로 매개하는 사건은 그들 사이의 상관관계를 지운다.
>
> 다른 예도 있다. 비가 와서 땅이 젖고 강물도 범람했다고 하자. 비가 온 것은 땅이 젖은 것의 원인이기도 하며, 강물이 범람한 것의 원인이기도 하다. 이 경우, 땅이 젖은 것과 강물이 범람한 것 이외에 어떤 것도 고려하지 않는다면, 우리는 땅이 젖은 것과 강물이 범람한 것 사이에 상관관계가 성립한다고 말해야 한다. 하지만 두 사건의 공통 원인에 해당하는 사건, 즉 비가 온다는 조건 아래에서는 땅이 젖은 것과 강물이 범람한 것은 서로 독립적인 사건이 된다. 왜냐하면 비가 오기만 했다면, 강물이 범람하든 하지 않든 땅이 젖을 것이기 때문이다. 이렇듯 두 사건의 공통 원인인 사건은 그 두 사건 사이의 상관관계를 지운다.
>
> 우리는 이런 두 가지 사례를 모두 포괄하는 방식으로 인과 관계와 상관관계 사이의 관계를 다음과 같이 규정할 수 있다. 사건 X의 원인은 사건 X와 이 X의 결과가 아닌 사건 사이에 성립하는 상관관계를 지운다.

① 사건 X를 원인으로 하는 사건이 하나밖에 없다면, X가 지우는 상관관계는 존재하지 않는다.
② 사건 X와 사건 Y 사이에 성립하는 상관관계를 지우는 사건이 있다면, X와 Y 모두의 원인인 사건이 있다.
③ 사건 X가 사건 Y의 원인이고 Y는 사건 Z의 원인이라면, X라는 조건 아래에서 Y와 Z는 서로 독립적인 사건이 된다.
④ 사건 X의 원인은 사건 Y이기도 하고 사건 Z이기도 하다면, X라는 조건 아래에서 Y와 Z는 서로 독립적인 사건이 된다.
⑤ 사건 X가 사건 Y와 사건 Z의 유일한 원인이고 Y는 사건 W의 원인이지만 Z는 W의 원인이 아니라면, X는 Z와 W 사이에 성립하는 상관관계를 지운다.

[정답] ⑤

① (X) [2문단] 사건 A가 원인이 되는 사건 X가 있을 때에 X가 원인이 되어 B가 발생할 수 있다. 예를 들어 비가 와서(사건 A) 땅이 젖었으며(X), 땅이 젖게 되어 그 땅을 딛고 있는 나의 발이 젖었다(B)고 할 때에, 땅이 젖는다는 사건 X의 조건 아래에서는 두 사건 A와 B는 서로 독립적인 사건이다. 따라서 인과적으로 매개하는 사건 X는 A와 B의 상관관계를 지울 수 있다.
② (X) [3문단] 역명제로 옳지 않다. X와 Y의 공통 원인 A가 있을 때에 A는 두 사건 X와 Y 사이의 상관관계를 지운다. 그러나 상관관계를 지우는 사건이 있다고 해서 공통 원인이 존재하는 것은 아니다. 지문의 첫 번째 사례의 경우처럼 연쇄적인 인과에서도 나타나기 때문이다.
③ (X) [2문단] 사건 X가 사건 Y의 원인이고 사건 Y는 사건 Z의 원인이라면, X라는 조건이 아니라, Y라는 조건 아래에서 X와 Z는 서로 독립적인 사건이 된다.
④ (X) [3문단] 역명제로 옳지 않다. 지문에서는 공통 원인 X가 그 결과인 Y와 Z가 있을 때에 Y와 Z는 독립적인 사건임을 밝히고 있다. 그런데 2개의 원인이 되는 사건들의 관계에 대해서는 추론할 수 없다.
⑤ (O) [4문단] X가 원인이며 이로부터 사건 Z가 결과가 된다. 그리고 W는 사건 Z의 결과가 아니다. 따라서 사건 Z의 원인인 X는 사건 Z와 이 Z의 결과가 아닌 사건 W 간의 상관관계를 지운다.

5. 이항분포

계승(factorial)
$_4P_4$와 같은 순열은 4 × 3 × 2 × 1이 되며, 이는 4!로 표시하고 4factorial 또는 4의 계승이라고 읽는다.

(1) 순열(permutation)

서로 다른 n개의 원소에서 r개를 택하여 순서 있게 나열하는 것을 n개에서 r개를 택한 순열이라 한다. 이를 $_nP_r$로 나타낸다. 예를 들어 서로 다른 5개의 원소에서 3개를 택한 순열의 경우의 수는 $_5P_3 = 5\times4\times3 = 60$이 된다.

$$_nP_r = n!/(n-r)! \qquad _nP_0 = 1 \qquad 0! = 1$$

A, B, C 3명 중에서 회장, 부회장을 각각 1명씩 뽑을 때의 경우의 수는?

→ $_3P_2 = 3!/(3-2)! = 6$

(2) 조합(combination)

서로 다른 n개의 원소에서 순서를 생각하지 않고 r개를 택할 때, 이 r개로 이루어진 각각의 집합을 n개에서 r개를 택한 조합이라고 하며 $_nC_r$로 나타낸다.

$$_nC_r = {}_nP_r/r! \qquad _nC_r = n!/r!(n-r)! \qquad _nC_0 = 1$$

A, B, C 3명 중에서 대표 2명을 뽑을 때의 경우의 수는?

→ $_3C_2 = 3!/2!(3-2)! = 3$

(3) 확률분포

동전을 던져서 앞면이 나올 경우 1, 뒷면이 나올 경우 2가 될 때에, 나올 수 있는 숫자의 합은 2, 3, 4이다. 그리고 이들이 나올 확률은 각각 1/4, 2/4, 1/4이다. 이렇게 각 값에 확률이 정해져 있을 때 동전을 던져서 나올 숫자의 합 X를 확률변수라 하고, 이와 같은 대응관계를 확률변수 X의 확률분포라고 한다.

흰 공 3개와 붉은 공 2개가 들어있는 주머니에서 2개의 공을 꺼낼 때, 붉은 공 개수 X의 확률분포는 어떻게 되는가?

→ 붉은색의 개수는 0, 1, 2 중 하나이다. 그리고 각각의 확률은 다음과 같으며, 확률분포는 아래 표와 같다.

- 0: $_3C_2/_5C_2 = 3/10$
- 1: $(_2C_1 \times {}_3C_1)/_5C_2 = 3/5$
- 2: $_2C_2/_5C_2 = 1/10$

X	0	1	2
P(X) 확률(합: 1)	3/10	3/5	1/10

(4) 독립시행

매회 시행의 결과가 서로 독립적인 경우 이를 독립시행이라고 한다. 사건 A가 일어날 확률이 p이고, 일어나지 않을 확률이 q(1 – p)라고 할 때에, 이 시행을 독립적으로 n회 반복하여 사건 A가 r회 일어날 확률 $P_r = {}_nC_r\, p^r q^{(n-r)}$이다.

한 개의 동전을 네 번 던질 때, 앞면이 두 번 나올 확률은?

→ 앞면 나올 확률은 1/2이고, 나오지 않을 확률도 1/2이다.

$P_2 = {}_4C_2(1/2)^2(1/2)^{(4-2)}$

$= 4!/2! \times (4-2)! \times 1/4 \times 1/4$

$= 6 \times 1/4 \times 1/4 = 3/8$

(5) 이항분포(binomial distribution)

한 개의 주사위를 3번 던질 때 1이 나오는 횟수를 X라 할 때, X는 0, 1, 2, 3이 된다. 이들을 독립시행의 정리를 이용해 확률분포를 만들면 다음과 같다.

X	0	1	2	3
P(X) 확률(합: 1)	${}_3C_0(1/6)^0(5/6)^3$	${}_3C_1(1/6)^1(5/6)^2$	${}_3C_2(1/6)^2(5/6)^1$	${}_3C_3(1/6)^3(5/6)^0$

이와 같은 확률분포를 이항분포라고 한다.

예제 2018학년도 LEET 문31

다음으로부터 추론한 것으로 옳은 것은?

여기 동전이 하나 있다. 이 동전은 앞으로 4번 던져질 것이며, 4번 던져진 이후 폐기될 것이다. 이 동전이 어느 쪽으로 치우쳐 있는지는 알 수 없으며, 각 동전 던지기는 서로 영향을 주지 않는다. 이 동전을 던졌을 때 앞면이 나올 확률은 얼마인가? 한 가지 방법은 관련된 빈도가설에 따라 확률을 결정하는 것이다. '4번 동전 던지기에서 앞면이 N번 나온다'를 빈도가설-N이라 하자. 위 동전 던지기와 관련된 빈도가설들은 모두 이런 형태이고 다른 어떤 빈도가설도 없다. 그럼 우리는 동전 던지기 결과들의 확률에 대해 말할 수 있다. 가령, '빈도가설-2에 따르면, 앞면이 나올 확률은 1/2이고 4번 모두 앞면이 나올 확률은 1/16이다'가 성립한다.

위 방식을 이용하면 특정 빈도가설이 참일 확률에 대해서도 말할 수 있다. 가령, 빈도가설-4를 생각해 보자. 이 가설은 '4번 모두 앞면이 나온다'라는 것과 같은 말이다. 따라서 '빈도가설-2에 따르면 빈도가설-4가 참일 확률은 1/16이다'가 성립한다. 이렇게 각 빈도가설은 자신을 포함해 여러 빈도가설들에 대해서 확률적 판단을 내린다.

위 빈도가설들 중, 자신 이외에 다른 가설들도 참일 수 있다고 판단하는 가설, 즉 자신과 다른 몇몇 빈도가설에 0보다 큰 확률을 부여하는 가설은 '겸손한 빈도가설'이라고 불린다. 한편, 자신 이외에 어떤 다른 빈도가설도 참일 수 없다고 판단하는 가설은 '겸손하지 않은 빈도가설'이라고 불린다. 예를 들어, 빈도가설-2는 겸손하지만 빈도가설-4는 겸손하지 않다. 왜냐하면 빈도가설-2에 따르면 자신과 다른 몇몇 빈도가설에 0보다 큰 확률이 부여되지만, 빈도가설-4에 따르면 자기 자신을 제외하고 모든 빈도가설에 0의 확률이 부여되기 때문이다. 한편, 겸손하지 않은 가설들 각각에 대해서 그 가설들이 참일 수 있다고 판단하는 가설은 '포용력 있는 빈도가설'이라고 불린다.

① 포용력 있는 빈도가설들 중 겸손하지 않은 빈도가설이 있다.
② 모든 빈도가설들에 의해 참일 수 있다고 판단되는 빈도가설이 있다.
③ 자신을 포함하여 모든 빈도가설들에 동일한 확률을 부여하는 빈도가설은 없다.
④ 자신이 참일 수 있다고 판단하는 빈도가설은 모두 포용력 있는 빈도가설이다.
⑤ 겸손한 빈도가설은 다른 어떤 가설보다 자기 자신에게 가장 낮은 확률을 부여한다.

[정답] ③

1) 겸손한 빈도가설: '자신 이외에 다른 가설들도 참일 수 있다.'라고 판단하는 가설
2) 겸손하지 않은 빈도가설: '자신 이외에 어떤 다른 빈도가설도 참일 수 없다.'라고 판단하는 가설
3) 포용력 있는 빈도가설: '겸손하지 않은 가설들 각각에 대해서 그 가설들이 참일 수 있다.'라고 판단하는 가설

① (X) 포용력 있는 빈도가설은 가설들 각각이 참일 수 있다고 판단한다. 따라서 이러한 빈도가설은 자신 이외의 가설에 참을 부여하지 않는 겸손하지 않은 빈도가설이 될 수 없다.
② (X) 빈도가설-0과 빈도가설-4는 자신만이 옳다는 겸손하지 않은 빈도가설이다. 따라서 이들은 각기 자신의 참일 확률을 1로 하고 서로의 참일 확률을 0으로 인정하지 않기에 모든 빈도가설들에 의해 참일 수 있다고 판단되는 빈도가설은 있을 수 없다.
③ (O) 자신을 포함하기 때문에 겸손하지 않은 빈도가설은 자신 이외의 가설에는 0의 확률을 부여할 것이며 자신에 대해서는 1의 확률을 부여할 것이다. 하지만 다른 빈도가설들은 다른 가설에 대해서도 0보다 큰 확률을 부여하기에, 모든 빈도가설에 의해 동일한 확률을 부여 받는 빈도가설은 있을 수 없다.
④ (X) 겸손하지 않은 빈도가설은 포용력 있는 빈도가설이 될 수 없기에 옳지 않다.
⑤ (X) 겸손한 빈도가설들은 자신에게 가장 큰 확률을 부여할 것이다.

[이항분포식(binomial distribution)을 사용하는 방식]

$_nC_x = n!/x!(n-x)!$; n: 총횟수, x: 사용한 횟수, n!: 계승(factorial),

$P^x(1-P)^{(n-x)}$; P: 발생 확률

총 4번의 동전을 던지며, 이 중 앞면이 나올 경우가 0, 1, 2, 3, 4일 때에 각각의 확률은 0, 1/4, 2/4, 3/4, 4/4 이다.

1) 앞면이 0번 나올 경우
   - 빈도가설-0이 참일 확률: 1, 나머지 빈도가설이 참일 확률: 0

2) 앞면이 4번 나올 경우
   - 빈도가설-4가 참일 확률: 1, 나머지 빈도가설이 참일 확률: 0

3) 앞면이 1번 나올 경우(앞면 나올 확률: 1/4, 앞면 나오지 않을 확률: 3/4)
   - 빈도가설-0이 참일 확률 $_4C_0$: $(4!/0!4!)(1/4)^0(3/4)^4 = 1 \times (81/256) = 81/256$
   - 빈도가설-1이 참일 확률 $_4C_1$: $(4!/1!3!)(1/4)^1(3/4)^3 = (4!/1!3!)(27/256) = 4 \times (27/256) = 108/256$
   - 빈도가설-2가 참일 확률 $_4C_2$: $(4!/2!2!)(1/4)^2(3/4)^2 = (4!/2!2!)(9/256) = 6 \times (9/256) = 54/256$
   - 빈도가설-3이 참일 확률 $_4C_3$: $(4!/3!1!)(1/4)^3(3/4)^1 = (4!/3!1!)(3/256) = 4 \times (3/256) = 12/256$
   - 빈도가설-4가 참일 확률 $_4C_4$: $(4!/4!)(1/4)^4(3/4)^0 = (4!/4!)(1/256) = 1 \times (1/256) = 1/256$

4) 앞면이 2번 나올 경우(앞면 나올 확률: 2/4, 앞면 나오지 않을 확률: 2/4)
   - 빈도가설-0이 참일 확률 $_4C_0$: $(4!/0!4!)(2/4)^0(2/4)^4 = 1 \times (1/16) = 1/16$
   - 빈도가설-1이 참일 확률 $_4C_1$: $(4!/1!3!)(2/4)^1(2/4)^3 = (4!/1!3!)(1/16) = 4 \times (1/16) = 4/16$
   - 빈도가설-2가 참일 확률 $_4C_2$: $(4!/2!2!)(2/4)^2(2/4)^2 = (4!/2!2!)(1/16) = 6 \times (1/16) = 6/16$
   - 빈도가설-3이 참일 확률 $_4C_3$: $(4!/3!1!)(2/4)^3(2/4)^1 = 4 \times (1/16) = 4/16$
   - 빈도가설-4가 참일 확률 $_4C_4$: $(4!/4!)(2/4)^4(2/4)^0 = 1 \times (1/16) = 1/16$

5) 앞면이 3번 나올 경우(앞면 나올 확률: 3/4, 앞면 나오지 않을 확률: 1/4)
   - 빈도가설-0이 참일 확률 $_4C_0$: $(4!/0!4!)(3/4)^0(1/4)^4 = 1 \times (1/256) = 1/256$
   - 빈도가설-1이 참일 확률 $_4C_1$: $(4!/1!3!)(3/4)^1(1/4)^3 = (4!/1!3!)(3/256) = 4 \times (3/256) = 12/256$
   - 빈도가설-2가 참일 확률 $_4C_2$: $(4!/2!2!)(3/4)^2(1/4)^2 = (4!/2!2!)(9/256) = 6 \times (9/256) = 54/256$
   - 빈도가설-3이 참일 확률 $_4C_3$: $(4!/3!1!)(3/4)^3(1/4)^1 = 4 \times (27/256) = 108/256$
   - 빈도가설-4가 참일 확률 $_4C_4$: $(4!/4!)(3/4)^4(1/4)^0 = 1 \times (81/256) = 81/256$

위 사항을 도표로 정리하면 다음과 같다.

구분	가설-0	가설-1	가설-2	가설-3	가설-4
빈도가설-0	1	0	0	0	0
빈도가설-1	81/256	108/256	54/256	12/256	1/256
빈도가설-2	1/16	4/16	6/16	4/16	1/16
빈도가설-3	1/256	12/256	54/256	108/256	81/256
빈도가설-4	0	0	0	0	1

결국 빈도가설-0과 빈도가설-4는 겸손하지 않으며 포용력 없는 가설인 반면, 나머지 가설은 모두 겸손하며 포용력 있는 가설임을 알 수 있다.

3 유비 추론(Analogical Inference)

귀납 논증에서 흔히 사용하는 유형은 유비 논증이다. 유비를 도출하는 것은 둘 혹은 그 이상의 대상들 사이에서 그들 간의 하나 혹은 그 이상의 유사점을 밝히는 것이다.

> 일부 사람들은 교사들을 채용하기 전에 시험을 치르게 하는 것은 불공정한 것으로, 이는 이중 부담이라 주장한다. 그들은 교사들이 이미 대학을 졸업한 사람들인데 왜 다시 임용 시험을 쳐야 하는지를 질문한다. 그런데 변호사들도 대학을 졸업하고 전문대학원을 졸업했지만, 그들 역시 변호사시험을 쳐야만 한다. 그리고 회계사, 의사, 건축사 등과 같은 다른 수많은 전문직 또한 시험을 거쳐 재능을 입증해야 한다. 따라서 교사들만 달라야 하는 이유는 없다.

위 논증의 결론은 전제로부터 논리적 필연성을 띠고 도출되는 것은 아니다. 또 도출되는 결론이 확실성을 지니는 것도 아니다. 의사나 변호사의 채용 여부를 판단하는 일에 적합한 것이 교사의 채용 여부를 판단하는 일에 적합하지 않을 수 있기 때문이다. 하지만 유비 추론에서 요구되는 것은 오직 개연성뿐이다. 그리고 전제가 참이라도 결론이 거짓이 되는 것은 논리적으로 가능하다.

유비 논증은 법적 논의에서 가장 중요한 수단 중의 하나이며, 정치적인 토론에서도 자주 쓰인다.

> 재판관이 믿을 수 있는 것으로 간주해서 진술들을 증거로 받아들이는 것은 불리한 증인을 대면할 권리와는 근본적으로 상충한다. 증언이 명백히 신뢰할 수 있는 것이기 때문에 대면을 생략하는 것은 피고인이 명백히 유죄이기 때문에 배심재판을 생략하는 것과 유사하다. 이것은 헌법이 규정하는 바가 아니다.

모든 유비 논증은 둘 혹은 그 이상의 대상들 간의 하나 혹은 그 이상의 측면에서의 유사성으로부터 더 많은 측면에서의 유사성으로 진행한다. (단, a, b, c, e는 대상이며 P, Q, R은 속성이다.)

> a, b, c, d는 모두 P와 Q라는 속성을 가지고 있다.
> a, b, c는 모두 속성 R을 가지고 있다.
> 그러므로 d도 속성 R을 가지고 있을 것이다.

유비 논증을 평가하려고 할 때에는 유비 논증을 위와 같은 형식으로 환원할 필요가 있다.

유비

유비는 논증을 위한 용도 외에 실감나는 묘사를 위해 비논증적으로 사용되는 경우도 있다. 은유와 직유로 나타나는 유비의 문학적 용법이 그 예이다. 또한 유비는 설명할 때도 사용한다. 독자에게 생소한 어떤 것을 그것과 유사하면서 좀 더 낯익은 다른 것에 비유하면 훨씬 이해하기가 쉬워질 때가 있다.

[예] 게놈 프로젝트는 화학에서의 주기율표 창안과 전적으로 닮았다. 멘델레예프가 화학원소들을 주기율표에 배열함으로써 이전에는 관련성이 없었던 많은 자료들이 상호 연관관계를 갖게 된 것과 마찬가지로, 게놈 프로젝트는 오늘날의 생물들이 가진 수만 종의 유전자가 훨씬 적고 형태는 더 간단한 유전자 모듈이나 요소, 즉 원시 유전자들의 결합으로 구성되어 있다는 사실을 밝혀낼 것이다.

4 밀의 귀납법

19세기 영국의 철학자인 밀(J.S. Mill)은 어떤 현상의 원인을 찾아내는 몇 가지 방법을 기술하였는데 이것을 밀의 귀납법(Mill's Method)이라고 한다.

1. 일치법

어떤 것의 원인이 제시된 요인들 중의 오직 한 가지라고 가정할 수 있을 때, 같은 결과에 항상 같은 요인이 있다면, 그 요인이 원인이라고 추리할 수 있다. 이는 다양한 상황 변화에도 불구하고 하나의 요인만은 변하지 않고 나타날 때 원인을 찾는 방법으로서 일치법이 쓰일 수 있다.

> ○○대학의 식당에서 점심을 먹은 학생들 중 일부가 식사를 한 후 병이 났다. 조사한 자료는 다음과 같다.
> · 학생 A는 수프와 생선과 샐러드를 먹었고 단백질 부패 중독증에 걸렸다.
> · 학생 B는 수프를 먹었고 생선은 먹지 않았고 샐러드를 먹었고 단백질 부패 중독증에 걸렸다.
> · 학생 C는 수프를 먹지 않았고 생선과 샐러드를 먹었고 단백질 부패 중독증에 걸렸다.
> 여기서 모든 학생들의 일치되는 점은 샐러드를 먹었다는 사실이기에 이것이 병의 원인이라고 추리할 수 있다.

2. 차이법

어떤 것의 원인이 제시된 요인들 중의 오직 한 가지라고 가정할 수 있을 때, 결과의 차이에 따라 어느 한 가지의 요인에 차이가 있다면 그것이 원인이라고 추리할 수 있다. 차이법은 다른 상황이나 요인들은 변함이 없는데, 어느 하나의 요인이 있고 없음에 따라 결과가 달라질 경우에 사용된다.

> 학생들이 병이 났고, 수집한 자료는 다음과 같다.
> · 학생 A는 고기와 파이와 아이스크림을 먹었고 병이 났다.
> · 학생 B는 고기는 먹지 않았고 파이를 먹었으며 아이스크림은 먹지 않았고 병이 나지 않았다.
> · 학생 C는 고기를 먹었고 파이와 아이스크림은 먹지 않았고 병이 나지 않았다.
> 여기서 학생들 중 병이 난 사람과 그렇지 않은 사람의 차이는 아이스크림을 먹었다는 사실이다. 따라서 이 차이가 되는 점이 원인이라고 추리할 수 있다.

3. 일치 차이 병용법

이 방식은 일치법과 차이법을 함께 사용한 것이다. 이 방법은 다음과 같은 구성을 지닌다.

A, B, C – x, y, z	A, B, C – x, y, z
A, D, E – x, t, w	B, C – y, z

그러므로 A는 x의 결과이거나 원인이다.

일치 차이 병용법
일치법과 차이법을 함께 사용할 경우 결론의 개연성은 높아진다. 과학적 탐구에 있어서 이 두 방법의 결합은 강한 귀납 추론으로 사용된다.

4. 잉여법

하나의 현상에서 발생한 상황들 중에서 이미 귀납에 의해 결과로 밝혀진 것들을 제외할 경우, 나머지 현상이 남은 사건들의 결과가 된다는 이론이 잉여법이다.

잉여법
잉여법은 다른 방법들이 적어도 둘 이상의 사례에 대한 검토를 요구하는 데 반해, 하나의 사례에 대한 검토만으로도 사용될 수 있다는 데에 장점이 있다.

5. 공변법

공변법은 원인이 되는 요인이 항상 존재하고, 결과에 있어서 그러한 원인의 변화에 따라 결과도 함께 변화할 경우 사용되는 용법이다.

> 학생들이 병이 났고, 수집한 자료는 다음과 같다.
> · 학생 A는 햄버거 한 개를 먹었고 39도의 열이 났으며 병이 났다.
> · 학생 B는 햄버거 두 개를 먹었고 40도의 열이 났으며 병이 났다.
> · 학생 C는 햄버거 세 개를 먹었고 41도의 열이 났으며 병이 났다.
> 여기서는 학생들이 먹은 햄버거의 양이 늘어날 때마다 열이 더 나면서 병이 난다는 것을 알 수 있다.

공변법
공변법은 양적인 변화를 통해 원인을 파악하는 방법으로, 수적 변화를 동반한 양적인 차원의 변화에 대한 자료가 필요하다.

예제 2010학년도 LEET 문23

다음 가상의 연구 (가)와 (나)에서 사용한 추론 방식을 〈보기〉에서 골라 짝지은 것으로 옳은 것은?

범죄성의 유전 여부에 관한 연구에서는 유전 요인과 환경 요인의 영향을 분리하는 것이 중요하다. 그래서 연구자들은 쌍생아와 입양아를 대상으로 연구한다. 쌍생아 연구에서는 일란성과 이란성 쌍생아의 범죄성 일치율을 비교하는데, 범죄성 일치란 쌍생아 중 한 쪽이 범죄를 저질렀을 때 다른 쪽도 범죄를 저지른 경우를 말한다.

(가) 일란성 쌍생아와 이란성 쌍생아 각 300쌍의 기록을 연구한 결과, 형제 중 한 쪽의 범죄 기록이 있는 경우에 일란성 쌍생아의 범죄성 일치율은 40%, 이란성 쌍생아의 범죄성 일치율은 10%였다. 이로 미루어 유전 요인이 범죄성에 영향을 미친다고 볼 수 있다.

(나) 1,000명의 입양아를 대상으로 생부, 양부, 입양아의 범죄 기록을 조사하였다. 입양아가 범죄를 저지른 비율은, 생부와 양부 모두 범죄 기록이 있을 때 40%, 양부만 범죄 기록이 있을 때 15%, 생부만 범죄 기록이 있을 때 35%, 생부와 양부 모두 범죄 기록이 없을 때 10%였다. 이로 미루어 유전 요인이 범죄성에 영향을 미친다고 볼 수 있다.

〈보기〉

ㄱ. 여러 다른 요인들의 있고 없음이 달라지는 가운데 어떤 요인(X)이 언제나 있고 결과(Y)에 차이가 없다면 X가 Y의 원인이다.

ㄴ. 여러 다른 요인들이 고정된 상황에서 어떤 요인(X)의 있고 없음에 따라 결과(Y)에 차이가 있다면 X가 Y의 원인이다.

ㄷ. 다양한 요인들 가운데 크기나 양에 있어 연속적인 값을 갖는 어떤 요인(X)이 있어서 X의 정도 변화에 따라 Y의 정도가 일정한 방향으로 변화한다면 X가 Y의 원인이다.

	(가)	(나)
①	ㄱ	ㄴ
②	ㄴ	ㄱ
③	ㄴ	ㄴ
④	ㄴ	ㄷ
⑤	ㄷ	ㄷ

[정답] ③

ㄱ은 일치법, ㄴ은 차이법, ㄷ은 공변법에 대한 설명이다.

(가) 일란성 쌍생아의 경우 유전적으로 동일하지만, 이란성 쌍생아의 경우 유전적으로 상이하다. 하지만 쌍생아들의 환경적 측면은 동일하다. 따라서 이들의 범죄성 일치율은 유전적 요인의 차이에서 기인한 것이라고 할 수 있다. 이를 정리하면 다음과 같다.

구분	유전적 요인	환경적 요인	범죄성 일치율
일란성	O	O	40%
이란성	X	O	10%

결국 (가)는 밀의 차이법에 해당한다.

(나) 유전적 요인의 차이는 생부의 범죄 기록 유무이며, 환경적 요인의 차이는 양부의 범죄 기록 유무이다. 그래서 유전적 요인의 차이를 확인하기 위해 양부의 범죄 유무를 동일하게 설정하고 생부의 범죄 유무 차이만 확인하는 것이다. 결국 (나)는 차이법을 사용하여 추리한 것이다.

구분	유전적 요인 (생부 범죄 유무)	환경적 요인 (양부 범죄 유무)	범죄성 일치율
입양아 범죄율	O	O	40%
입양아 범죄율	X	O	15%

구분	유전적 요인 (생부 범죄 유무)	환경적 요인 (양부 범죄 유무)	범죄성 일치율
입양아 범죄율	O	X	35%
입양아 범죄율	X	X	10%

5 가설 추론(Hypothetical Inference)

가설(hypothesis)
현상 혹은 어떠한 사실의 원인이나 사건의 이유에 대한 예측, 추측

가설 추론은 가설을 결론으로 설정하고, 이러한 가설을 입증하는 전제를 제시하는 형식의 추론을 의미한다. 가설은 하나의 예측 내지 추측으로, 현상에 대한 원인이나 이유로 가설을 제시할 수도 있고, 경험적 근거를 통해 앞으로 나타날 수 있는 현상을 예측하여 가설로 설정할 수도 있다.

가설 추론은 현상 혹은 사건의 원인이나 이유가 무엇인지를 예측하고, 이에 대한 근거로 실험 혹은 관찰의 결과 또는 이와 관련된 경험적 자료를 제시한다.

인과적 설명과 인과적 가설
① 인과적 설명: 하나의 현상이나 사건의 발생 원인을 밝히는 것
② 인과적 가설: 현상이나 사건의 원인에 대해 일반화한 예측 및 추측

1. 인과적 가설

가설 추론의 많은 경우는 원인에 대한 설명을 기반으로 하여, 이를 현상의 일반적인 원인으로 규정하는 인과적 가설을 통해 나타난다. 인과적 가설은 원인과 결과를 기반으로 하기에 충분조건으로서의 원인 및 필요조건으로서의 원인을 통해 입증할 수 있으며, 상관관계를 통한 확률적인 요인을 통해 입증을 시도하기도 한다.

가설 연역
(hypothetical deduction)
① 기존에 입증된 이론에 근거하여 가설 도출
② 관찰이나 실험 등을 통해 가설(예측)의 진위 검증

2. 과학적 가설: 가설 연역

가설 추론은 주어진 현상 및 사건에 대한 원인을 파악하여 일반화하는 것으로 자연과학적 현상을 대상으로 한 경우가 대부분이다. 이러한 가설을 평가할 때에 가장 직관적인 이론이 가설 연역으로, 이는 가설로부터 연역적으로 도출된 예측을 실제 관찰이나 실험과 비교하여 평가하는 방법이다. 가설 연역은 가설로부터 어떤 예측이 연역적으로 도출되는지를 논리적으로 밝혀내는 부분과 그렇게 도출된 예측의 진위를 경험적으로 평가하는 부분으로 이루어진다.

예제

다음 글로부터 추론한 것으로 옳은 것만을 <보기>에서 있는 대로 고른 것은?

과학자들은 "속성 C는 속성 E를 야기한다."와 같은 인과 가설을 어떻게 입증하는가? 다른 종류의 가설들과 마찬가지로 인과 가설 역시 다양한 사례들에 의해 입증된다. 예를 들어 과학자들은 '폐암에 걸린 흡연자의 사례'와 '폐암에 걸리지 않은 비흡연자의 사례'가 "흡연이 폐암을 야기한다."는 인과 가설을 입증한다고 생각한다. 'C와 E를 모두 가진 사례'와 'C와 E를 모두 결여한 사례'가 "C가 E를 야기한다."를 입증한다는 것이다. 여기서 문제의 두 사례들이 해당 인과 가설을 입증하기 위해서는 두 사례 중 하나는 다른 사례의 '대조 사례'여야 한다. 물론, C와 E를 모두 가진 사례와 C와 E를 모두 결여한 사례들이 언제나 서로에 대한 대조 사례가 되는 것은 아니며, 다음 조건들을 만족해야만 "C가 E를 야기한다."를 입증하는 대조 사례라 할 수 있다.

○ 두 사례는 속성 C의 존재 여부를 제외한 거의 모든 측면에서 유사하다.
○ 속성 E를 가진다는 것을 설명할 때, 속성 C를 가진다는 것보다 더 잘 설명하는 다른 속성 P가 존재하지 않는다.
○ 속성 E의 결여를 설명할 때, 속성 C의 결여보다 더 잘 설명하는 다른 속성 Q가 존재하지 않는다.

예를 들어, 오랫동안 흡연한 60대 폐암 환자 갑과 담배에 전혀 노출되지 않고 폐암에도 걸리지 않은 신생아 을은 "흡연이 폐암을 야기한다."를 입증하는 좋은 대조 사례가 아니다. 갑과 을은 흡연 이외에도 많은 차이가 있으며, 흡연을 하지 않았다는 것보다 신생아라는 것이 을이 폐암에 걸리지 않았다는 것을 보다 잘 설명하기 때문이다.

〈보기〉

ㄱ. 전혀 다른 가정에 입양되어 자란 일란성 쌍둥이 갑과 을이 모두 조현병에 걸렸다면 갑과 을은 "유전자가 조현병을 야기한다."는 인과 가설을 입증하는 대조 사례이다.

ㄴ. β형 모기에 물린 이후 말라리아에 걸린 갑과 β형 모기에 물리지 않고 말라리아에 걸리지 않은 을이 "β형 모기에 물린 것이 말라리아를 야기한다."는 인과 가설을 입증하는 대조 사례가 되기 위해서는 적어도 말라리아에 대한 선천적 저항력과 관련해 갑과 을 사이에는 별 차이가 없다는 것이 밝혀져야 한다.

ㄷ. 총 식사량을 줄이면서 저탄수화물 식단을 시작한 이후 체중이 줄어든 갑과 총 식사량을 줄이지 않고 일반적인 식단을 유지하여 체중 변화가 없었던 을이 "저탄수화물 식단이 체중 감소를 야기한다."는 인과 가설을 입증하는 대조 사례가 되기 위해서는 적어도 갑의 체중 감소가 저탄수화물 식단보다 총 식사량의 감소에 의해서 더 잘 설명되지 않아야 한다.

① ㄱ　② ㄴ　③ ㄱ, ㄴ
④ ㄴ, ㄷ　⑤ ㄱ, ㄴ, ㄷ

[정답] ④

ㄱ. (X) 대조 사례가 되기 위해서는 유전자를 가지고 조현병에 걸린 사례와 유전자를 가지지 않고 조현병에 걸리지 않은 사례가 있어야 한다. 그러나 일란성 쌍둥이의 경우 이러한 사례에 해당되지 않는다.

ㄴ. (O) 조건 1)을 충족시키기 위해 옳은 진술이다.

ㄷ. (O) 조건 2)와 3)에 의해 "저탄수화물 식단이 체중 감소를 야기한다."는 것에 있어서 저탄수화물 식단보다 체중 감소를 더 잘 설명하는 가설은 없어야 한다. 따라서 체중 감소가 저탄수화물 식단이 아닌 총 식사량의 감소에 의해 더 잘 설명되어서는 않아야 한다.

6 최선의 설명으로의 추론(Inference to the best explanation)

최선의 설명으로의 추론은 직접적인 관찰이나 실험을 통해 정당화하기보다, 이미 검증된 이론들을 토대로 주어진 현상을 설명하거나 가설을 확립하려는 시도이다. 주어진 현상과 관련하여 이를 설명할 수 있는 여러 이론들을 검토하여 이 중 현상을 가장 잘 설명하는 이론을 파악하는 방법이다.

귀납의 개연성은 전제가 결론을 뒷받침하는 정도를 의미하기에 주어진 현상이 참일 경우 가설이 참일 확률을 의미한다. 한편 최선의 설명으로의 추론에서는 주어진 현상에 대한 설명력이 높아야 하기에, 설정된 가설이 참이라고 가정하였을 때 설명하고자 하는 현상이 참일 확률인 설명력이 중요한 기준이 된다.

개연성
전제가 되는 현상이나 관찰이 참일 경우, 결론(가설)이 참일 확률

설명력
결론이 되는 가설이 참일 경우, 현상이나 관찰이 참일 확률

예제 2011학년도 LEET 문14

다음 글로부터 바르게 추론한 것은?

> 갑자기 내린 소낙비를 피해 오두막으로 들어온 철수와 영희는 천장에서 마치 옥수수 볶는 것 같은 소리를 들었다. 이런 소리가 들리는 현상을 설명하기 위해 둘은 다음과 같이 나름의 '가설'을 내놓았다.
>
> 철수의 가설: 천장에서 도깨비가 옥수수를 볶고 있다.
> 영희의 가설: 비가 거세게 내리면서 지붕을 때리고 있다.
>
> 어떤 현상을 설명하고자 내놓은 가설이 얼마나 '설명도'가 높은가 하는 문제와 그 가설의 '개연성'이 얼마나 높은가 하는 문제는 구별될 필요가 있다. '가설의 설명도'란 그 가설이 참이라고 가정했을 때 설명하고자 하는 현상이 참일 확률을 말한다. 반면 '가설의 개연성'이란 어떤 현상이 관찰을 통해 참이라고 밝혀졌다고 가정할 때 그 가설이 참일 확률을 말한다. 예를 들어, 눈앞에 종이 한 장이 놓여 있다는 시각 정보를 갖고 있고 이를 설명하기 위한 두 가설 A와 B가 있다고 해 보자. A는 눈앞에 야구 방망이가 놓여 있다고 주장하고, B는 눈 앞에 종이 한 장이 놓여 있다고 주장한다. 당연히 두 가설 중 B가 A보다 주어진 관찰과 관련하여 설명도도 높고 개연성도 높다. 하지만 또 다른 가설 C를 생각해보자. 이에 따르면 사실 눈앞에는 종이가 없지만 악마가 우리로 하여금 눈앞에 종이 한 장이 있다면 가졌을 그런 시각 정보를 갖도록 만들었다. B와 C 중에서 개연성이 높은 쪽은 당연히 B이다. 하지만 두 가설 중 어느 가설이 더 설명도가 높은지는 말하기 어렵다. 따라서 어떤 가설의 설명도가 높다고 해서 반드시 그 가설을 받아들여야 할 필요는 없는 것이다.
> 관찰 현상을 표현하는 명제, '눈앞에 종이가 있다'와 이 현상을 설명하려는 두 가설을 생각해보자. 이 명제로 표현되는 현상과 관련하여 이 중 한 가설이 다른 가설보다 설명도가 높다고 가정한다면, 이 명제의 부정 명제('눈앞에 종이가 없다')로 표현되는 관찰과 관련해서는 반대로 후자의 가설이 전자의 가설보다 설명도가 높다.

① 천장에서 나는 소리와 관련하여 철수의 가설이 영희의 가설보다 개연성이 높다.
② 천장에서 나는 소리와 관련하여 영희의 가설이 철수의 가설보다 설명도가 높다.
③ '눈앞에 종이가 있다'는 관찰과 관련하여 A와 C는 설명도가 비슷하다.
④ '눈앞에 종이가 없다'는 관찰과 관련하여 A가 B보다 설명도가 높다.
⑤ '눈앞에 종이가 없다'는 관찰과 관련하여 C가 A보다 설명도가 높다.

[정답] ④

지문의 정보에서 철수와 영희의 가설은 소낙비가 내리는 현상을 두고, 영희는 비가 거세게 내리면서 지붕을 때린다고 했으므로 이는 가설 B에서 종이 한 장을 보고 종이 한 장이 놓여 있다고 말한 것과 맥락이 같다. 한편 철수는 도깨비가 옥수수를 볶고 있다고 말하고 있는데, 이는 가설 C에서 종이 한 장을 보고 악마가 그렇게 보이도록 했다는 맥락과 같다. 이를 정리하면 다음과 같다.

구분	설명도	개연성
가설 A	A < B	A < B
가설 B(영희)		
가설 C(철수)	B ≒ C	C < B

① (X) 철수의 가설은 가설 C와 동일한 유형이며, 영희는 가설 B와 동일하다. 그런데 가설 B가 C보다 개연성이 높으므로, 영희의 가설이 철수의 가설보다 개연성이 높다.
② (X) 가설 B와 C는 설명력의 우위를 판단할 수 없으므로, 철수와 영희의 설명도 차이 또한 판단하기 어렵다.
③ (X) 가설 A는 B보다 설명도가 낮다고 밝히고 있다. 한편 가설 B와 C는 설명도 차이를 판단할 수 없다고 했으므로, 가설 C는 A보다 설명도가 높게 된다.
④ (O) 마지막 단락에서 언급하듯, B가 A보다 긍정명제에서 높았기 때문에 부정명제에서는 A가 B보다 높게 된다.
⑤ (X) 가설 C가 A보다 설명도가 높으므로, 이들의 부정명제에서는 A가 C보다 설명도가 더 높다.

유형 소개

언어 추리는 일상 언어로 이루어진 추리 유형의 문제를 의미한다. 언어로 표현된 지문의 내용으로부터 출제에서 의도하는 바를 파악하고 그에 따라 논리적으로 정보로부터 추리하는 문제가 출제된다.

내용학적 측면에서는 거의 전 분야에 걸쳐 출제되며, LEET 추리논증에서 가장 높은 비중의 출제 유형에 해당한다. 언어 추리는 다음 세 가지 유형으로 구성되어 있다.

함축 및 귀결	· 지문에 나타난 정보로부터 개념, 구절, 문장들의 의미론적(semantics)/화용론적(pragmatics) 함축을 고려하여 텍스트에 함축된 정보를 찾는 문제 유형이다. · 이 영역에서 사용되는 '함축'은 논리적 함축으로, 이는 주어진 정보가 참일 때에 반드시 참이 되는 진술이 있을 때 적용되는 개념이다. 그리고 '귀결'은 주어진 정보로부터 추리될 수 있는 정보로 귀결되는지를 파악하는 문제에서 나타난다.
원리 적용	· 법학과 과학기술 분야에서 자주 출제되고 있는 유형으로, 지문에서 개념이나 용어 또는 규범의 형태로 원리나 원칙을 제시한다. 그리고 그러한 원리나 원칙에 입각하여 지문의 의미를 파악하거나 사례에 적용하여 추리하는 문제가 출제된다. · 우선 지문으로부터 어떠한 정보를 사고나 행위 판단의 기준 또는 원리 원칙으로 하고 있는지를 확인해야 한다. 그리고 그러한 원리나 원칙이 적용될 때 파악될 수 있는 의미 및 상황이나 맥락이 바뀌어도 적용되는 일관된 기준 등을 추리해야 한다. · 이 유형에서는 개별 사례에서 적용될 수 있는 규범이나 규칙 또는 원리를 판단하는 능력, 다양한 사례 중에서 원리나 규범이 적용될 수 있는 사례를 파악하고 올바로 적용하는 능력, 사례에 담긴 행위 판단을 파악하고 그러한 판단에 적용된 원리나 규범을 추리하는 능력을 측정하고자 한다.
사실관계로부터 추리	· 사건이나 사실적인 상황을 제시하고 이로부터 추리되는 정보를 파악하는 유형이다. 상황 자체를 파악하고 그러한 상황에서 가정되어 있는 부분이나 인과적으로 연결되어 있는 것을 활용하여 내재된 의미를 파악하고 원리를 적용해야 한다. · 이 유형에서는 정보나 증거가 주어졌을 때에 이로부터 특정 사실관계나 주장의 진위를 판단하는 능력, 사실관계에 기반하여 진술이나 주장 사이의 관계를 파악하는 능력을 측정하고자 한다.

II. 언어 추리

1. 법·규범학
2. 인문학
3. 사회과학
4. 과학기술

1. 법·규범학

이 영역은 법 규정 및 규범을 기반으로 하여 출제되는 유형이다. 언어 추리 영역에서 출제되는 법적 제재에서는 배경지식을 중심으로 문제를 해결해서는 안 되며, 주어진 지문에 제시된 정보로부터 추론을 통해 문제를 해결해야 한다. 대부분의 지문이 대한민국 실정법의 법조문이나 규정에서 변형되어 소재 및 제재로만 활용되기에 실제 알고 있는 지식과는 차이가 있다. 또한 〈보기〉나 선택지에서도 판례를 활용하지만, 그 의도는 고유한 판례를 알고 있는지가 아니라 주어진 규정이나 규범에 따라 판단하는 데에 있다.

이 책에서는 추리논증의 법적 추론 제재를 철저하게 지식이 아닌, 적성 문제의 해결이라는 본래의 목적에 충실하게 문제의 유형에 따라 분류하였으며, 출제 형식에 대한 설명과 함께 접근 방식을 제시하고 그에 따른 실전 기출문제의 연습으로 문제 해결력을 기를 수 있도록 구성하였다. 이는 문제의 유형 및 접근 방식을 익혀 빠르고 정확하게 문제를 해결할 수 있는 능력을 학습하는 데에 목적이 있다.

추리논증의 법적 제재는 법조문이나 규정 등을 지문에서 제시하고, 이로부터 나타나는 정보들 즉, 규범, 규정, 원칙, 이론 그리고 개념 등을 파악하여 그러한 정보들로부터 추리할 수 있는 내용을 찾거나 사례에 적용 가능성을 확인하고 적용하는 적성 능력을 측정하는 데 목적이 있다. 법적 제재의 특성상 '원리 적용' 유형이 가장 많이 출제되고 있다.

1 법·규범 파악 및 적용

1. 법·규범 문제의 접근

법조문의 형식이 출제되어 각각의 조문마다 설정되는 대상을 확인하고 이에 맞추어 조문을 적용하여 판단한다. 또한 법조문이 아닌 일반 서술형 지문이 나타날 때도 있는데, 이러한 경우에도 원리를 적용하는 방식은 법조문의 분석과 동일하다.

(1) 법 규정의 영역 확인

주어진 법조문에서 다루고자 하는 대상이 무엇이며, 어떤 영역을 규정하는지를 파악해야 한다. 다루는 영역이 다를 경우, 동일한 대상이라도 법조문의 대상이 아니기 때문이다. 이를 논리적으로는 논의 영역이라고 표현한다.

(2) 대상과 규정의 연결

법조문의 규정은 대상을 중심으로 단순화시켜 파악해야 한다. 대부분이 원칙적인 조문을 제시하고, 그에 적용되는 대상이나 영역의 다양한 분야를 보완하거나 조건화하는 과정을 보여준다. 따라서 먼저 규정의 대상인지를 파악하고 그러한 대상에 해당되면 바로 단순하게 규정을 적용시켜야 한다.

(3) 적용 조건 확인

대부분의 법조문에서는 법 적용을 할 수 있는 대상이 설정되어 있더라도 특정 조건을 충족해야 비로소 법 적용 대상이 될 수 있음을 말한다. 따라서 어떤 조건이 포함되어 있는지 파악하고, 그러한 조건을 통해 법을 적용할 수 있는 대상인지 또한 확인해야 한다.

(4) 예외 규정 파악

법조문의 특성은 예외 조항이 항상 존재한다는 것이다. 원리나 원칙을 적용할 때 나타날 수 있는 여러 가지 상황이나 맥락을 고려하여, 그러한 원리나 원칙의 배제 혹은 예외를 인정하게 된다. 따라서 주어진 사례나 상황이 예외 조항에 해당되는지를 파악하고 적용시켜야 한다.

2. 규정 및 개념 파악과 적용

규범학의 포괄적 측면에서 접근하는 문제 유형으로, 다양한 사회적 규정 및 규범을 제시하고 그러한 원리에 적용할 수 있는 사례를 파악하는 형식이 나타난다. 또한 법이나 규범학의 개념이나 이론을 설명하고 이러한 개념 및 이론을 적용하여 추론하거나 판단할 수 있는 사례가 제시되기도 한다. 이때 규범이나 개념, 이론 등이 비교적 차원에서 제시되는 경우도 있기에 정확한 원리 파악과 그와 비교되는 다른 원리와의 공통점 및 차이점도 함께 고려하여 사례나 사실에 적용할 필요가 있다.

3. 원리 비교

법조문이나 규정을 제시하면서 이를 적용하는 서로 다른 원리를 보여주는 유형이다. 즉 다른 기준에 의해서 규정이 해석될 수 있다는 것을 알려주고, 이에 맞추어 사례를 적용하는 문제이다. 따라서 서로 다른 원리들의 공통점 및 차이점을 비교하여 사례를 판단해야 한다.

4. 고전 지문 활용

역사적인 사례에 등장하는 규정을 파악하고 이를 적용하는 유형이다. 고대에 존재하였던 규정들을 재구성하여, 규정이나 법조문의 형식을 만들고 이에 따라 사례를 파악해야 한다. 이때 적용되는 규정에서 사용되는 용어나 개념을 정확하게 이해하고 이를 기준으로 하여 사례나 예시에 적용하여 판단해야 한다. 일부 문제에서는 단순히 규정 파악 및 사례 판단 유형뿐 아니라 수리적인 계산이 필요한 문제도 출제되고 있다. 따라서 규정에서 어떤 것을 요구하는지에 대한 출제의도를 정확하게 파악하고 문제에 접근해야 한다.

실전 연습문제

01 2016학년도 LEET 문8

다음에서 추론한 것으로 옳은 것만을 <보기>에서 있는 대로 고른 것은?

> 행정청의 법적 행위의 위법 여부는 원칙적으로 각각의 행위별로 독립적으로 검토되어야 한다. 그러나 둘 이상의 행위가 연속적으로 행해지는 경우 일정한 요건 하에서 행정청의 앞선 행위의 하자를 이유로 후속 행위의 위법을 인정하는 경우가 있다.
>
> 만약 앞선 행위의 하자를 다툴 수 있는 제소기간이 지나서 취소소송으로 더 이상 다툴 수 없음에도 불구하고, 후속 행위를 다투는 취소소송에서 앞선 행위의 하자를 후속 행위의 위법 사유로 계속해서 주장할 수 있게 한다면, 법적 안정성이나 제소기간을 둔 취지가 훼손되므로, 행정행위 상호간의 하자는 승계되지 않는 것이 원칙이다. 그러나 앞선 행위와 후속 행위가 서로 결합하여 하나의 법적 효과를 완성하는 경우에는, 앞선 행위에 대한 하자를 다투는 제소기간이 경과하였더라도 앞선 행위의 하자를 후속 행위의 위법사유로 주장할 수 있도록 함으로써 후속 행위의 효력을 제거하는 것을 인정한다.
>
> 예컨대, 행정청이 갑에게 건축물의 철거명령(앞선 행위)을 내렸으나, 갑이 이를 스스로 이행하지 않아 행정청이 직접 갑의 건축물을 철거하는 대집행 절차(후속 행위)에 이르게 된 경우, 철거명령과 대집행 절차는 서로 별개의 법적 효과를 발생시키는 독립적 행위로 인정된다. 또한 대집행 절차를 구성하는 일련의 단계적인 행위들(대집행의 계고, 실행의 통지, 실행, 비용징수)은 서로 결합하여 하나의 법적 효과를 발생시키는 행위로 인정된다.
>
> 다른 한편으로 앞선 행위의 하자가 중대하고 명백하여 제소기간의 적용을 받지 않는 무효에 해당한다면, 법적 안정성의 가치에 비해 권리구제의 필요성이 크므로 앞선 행위와 후속 행위가 서로 결합하여 하나의 법적 효과를 발생시키는지 여부를 묻지 아니하고 앞선 행위의 하자를 후속 행위의 위법사유로 주장할 수 있다.

〈보기〉

ㄱ. 철거명령에 하자가 있었으나 이에 대한 제소기간이 지났고 그 하자가 무효가 아니라면, 대집행 계고 처분 취소소송에서 철거명령의 하자를 대집행 계고 처분의 위법사유로 주장할 수 없다.

ㄴ. 철거명령이 무효인 경우, 철거명령과 대집행 계고가 서로 결합하여 하나의 법적 효과를 발생시키는지 여부에 관계없이, 대집행 계고 처분 취소소송에서 철거명령의 하자를 대집행 계고 행위의 위법사유로 주장할 수 있다.

ㄷ. 철거명령과 대집행 절차상의 행위가 서로 결합하여 하나의 법적 효과를 발생시키는지 여부에 관계없이, 비용징수 처분 취소소송에서 대집행 계고 행위의 하자를 비용징수 행위의 위법사유로 주장할 수 있다.

① ㄱ　　② ㄴ　　③ ㄱ, ㄷ
④ ㄴ, ㄷ　　⑤ ㄱ, ㄴ, ㄷ

02

2017학년도 LEET 문6

고대 국가 R의 상속법 <원칙>에 근거해서 <판단>을 평가할 때, 옳은 것만을 <보기>에서 있는 대로 고른 것은?

〈원칙〉

상속은 가장(家長)의 유언에 따라야 한다. 유언으로 정한 대로 상속이 이루어질 수 없으면, 법이 정한 방법에 따라 상속이 이루어져야 한다. 법정상속은 직계비속이 균분으로, 직계비속이 없을 경우 직계존속이 균분으로, 직계존속이 없으면 배우자의 순으로 이루어진다. 태아는 상속인의 지위를 갖는다. 가장은 배우자 및 직계비속 중 상속인에서 제외하려는 자가 있을 경우 반드시 유언으로 그를 지정해야 한다. 만약 상속인으로 지정되지도 제외되지도 않은 직계비속이 있을 경우 가장의 유언은 무효이다. 상속인의 지위를 상실하게 할 수 있는 조건을 부가하여 상속인을 지정한 가장의 유언은 무효이다.

〈판단〉

아직 자녀가 없는 가장 A는 아내가 임신한 상태에서 "태아와 아내만을 상속인으로 지정한다. 만약 아들이 태어나면, 그가 내 재산의 2/3를 상속받고 나머지는 내 아내가 상속받는다. 그러나 만약 아들이 아니라 딸이 태어나면, 그녀가 내 재산의 1/3을 상속받고 나머지는 아내가 상속받는다."와 같은 유언을 남기고 사망하였다. 그런데 아내는 A의 예상과 달리 아들 1명과 딸 1명의 쌍둥이를 출산하였다. 이에 대해 법률가 X는 "유언자의 의사에 따라 유산을 7등분하여 아들이 4, 아내가 2, 딸이 1을 갖도록 하는 것이 올바르다."고 판단하였다.

〈보기〉

ㄱ. X는 "아들과 딸은 각각 1/2씩 상속을 받아야 하며 아내는 상속을 받을 수 없다."고 판단해야 했다.

ㄴ. X는 "'만약 ……이 태어나면'이라는 조건을 부가하여 상속인을 지정하고 있기 때문에 A의 유언은 처음부터 무효이다."고 판단해야 했다.

ㄷ. X는 "A가 아들 또는 딸이 출생하는 경우에 대하여 유언을 한 것이지 아들과 딸이 동시에 출생하는 경우에 대하여 한 것은 아니었다."고 판단해야 했다.

① ㄴ　② ㄷ　③ ㄱ, ㄴ
④ ㄱ, ㄷ　⑤ ㄱ, ㄴ, ㄷ

03

2017학년도 LEET 문3

다음 글로부터 추론한 것으로 옳은 것은?

친자 관계는 자연적 출산 또는 입양에 의해 성립한다. 이에 따를 경우 보조 생식 의료를 통해 태어난 아이는 누구의 아이인가? '보조 생식 의료'라 함은 시험관 아기 시술, 배아 이식 및 인공 수정을 가능하게 하는 임상적·생물학적 시술 및 이와 동일한 효과를 갖는 시술로, 자연적 과정 외의 생식을 가능하게 하는 모든 의료 기술을 말한다.

A국에서는 자신의 체내에 생식세포가 주입되거나 배아가 이식된 결과 아이를 출산하면 출산한 여성이 아이의 모(母)로 확정된다. 그리고 부(父)의 결정에 있어 가장 중요한 요건은 보조 생식 의료에 동의하였는지 여부인데, 법이 정한 동의의 요건만 갖추면 자녀와의 혈연 관계와 여성과의 혼인 관계라는 요건이 없어도 법적 부의 지위가 인정된다. 더구나 남성뿐만 아니라 여성이라도 이 동의라는 요건만 갖추면 혼인 여부와 상관없이 부가 될 수 있다. 한편 대리모 계약을 금지하고 있지는 않지만 그 계약을 강제 이행할 수는 없는 것으로 하고 있다.

B국에서는 보조 생식 의료에 있어서 "사람은 생식 가능한 남녀로부터 태어난다."라고 하는 자연적 섭리를 중시한다. 따라서 보조 생식이 행해질 수 있는 경우는 '질병의 치료'라고 하는 목적에 의해 제한된다. B국에서 난자 또는 정자를 제3자로부터 받는 등 보조 생식 의료를 행하기 위해서는 남녀 모두 자연적으로 생식 가능하다고 간주되는 연령에 있고, 혼인 관계에 있어야 한다. 또한 시술 시점에 의뢰한 남녀가 함께 생존하고 시술에 동의해야 한다. 출산한 사람만이 모로 되고 이 여성과의 혼인 관계에 따라 부가 확정된다. B국에서는 대리모 계약을 선량한 풍속에 반한다고 하여 무효로 하고 있다.

① A국에서는 여성도 다른 여성의 보조 생식 의료에 동의할 경우 그 출산한 여성과 부부로 인정된다.

② A국에서 대리모에게 난자를 제공한 의뢰인이 모가 되기 위해서는 그 출생한 자를 입양하는 방법밖에 없다.

③ B국에서는 자연적으로 생식이 불가능한 모든 자가 보조 생식 의료를 통해 합법적으로 자녀를 가질 수 있게 되었다.

④ B국에서 아이를 갖기 위한 여성이 남편의 동의를 얻어 보조 생식 의료를 통해 다른 남성의 정자를 제공받아 출산하면 그 아이의 부는 정자를 제공한 자이다.

⑤ A국과 B국 모두 '제3자를 위해 출산을 하는 계약은 무효'라는 내용의 법규정을 가지고 있다.

04

2017학년도 LEET 문9

다음 글로부터 추론한 것으로 옳은 것만을 <보기>에서 있는 대로 고른 것은?

> A국은 각 지방자치단체에 대한 재정적 지원제도인 교부금 제도를 시행하고 있다. 각 지방자치단체의 수입은 국가로부터의 교부금과 지방자치단체의 자체수입금으로 구성된다. 국가는 지방자치단체가 제출한 자체수입예상액과 지출예상액을 고려하여 국가가 판단한 총지출규모를 수립한 후 필요한 교부금을 지급한다.
>
> A국은 아래의 교부금 중 하나를 선택하여 모든 지방자치단체에 지급할 수 있다.
>
> ○ 동액교부금: 모든 지방자치단체에 대해 획일적으로 동일한 금액이 지급되는 교부금
> ○ 동률교부금: 각 지방자치단체의 자체수입금에 비례하는 금액이 지급되는 교부금
> ○ 보통교부금: 각 지방자치단체의 자체수입금이 국가가 수립한 총지출규모를 충당하지 못하는 경우 국가가 그 재정부족분만큼 지급하는 교부금. 다만 자체수입금이 풍부하여 재정부족분이 발생하지 않는 지방자치단체에 대해서는 보통교부금이 지급되지 않음(이를 '불교부단체'라 함).

〈보기〉

ㄱ. A국이 보통교부금을 지급할 경우, 불교부단체를 제외한 모든 지방자치단체는 자체수입금 증대를 위한 최대의 재정적 노력을 기울일 것이다.

ㄴ. 국가가 수립한 각 지방자치단체의 총지출규모가 동일한 상황에서 재정부족분이 많이 발생하는 지방자치단체(갑)와 상대적으로 적게 발생하는 지방자치단체(을)가 있다면, 보통교부금을 지급받을 때에는 갑이 을에 비해, 동률교부금을 지급받을 때에는 을이 갑에 비해 언제나 많이 받는다.

ㄷ. 국가가 수립한 각 지방자치단체의 총지출규모가 같고 각 지방자치단체의 자체수입금액이 같다면, 어떠한 교부금에 의하더라도 각 지방자치단체가 지급받는 교부금의 액수는 동일하다.

① ㄱ ② ㄷ ③ ㄱ, ㄴ
④ ㄴ, ㄷ ⑤ ㄱ, ㄴ, ㄷ

05

2015학년도 LEET 문2

다음 글로부터 추론한 것으로 옳은 것만을 <보기>에서 있는 대로 고른 것은?

> 형사법은 형법과 형사소송법 등으로 구성된다. 형법은 범죄와 형벌에 관한 내용을, 형사소송법은 범죄의 수사, 공소의 제기, 공판절차, 유·무죄의 선고 등 형사절차를 규정하고 있다.
>
> 형법의 경우 원칙적으로 범죄와 형벌은 행위자가 행위할 당시의 법규정에 의해서만 결정되어야 한다. 행위할 당시 범죄가 되지 않았던 행위를 이후에 법을 제정 또는 개정하여 처벌하거나, 범죄를 저지를 당시에 규정되었던 처벌의 범위를 넘어서 나중에 중하게 처벌한다면, 어떠한 국민도 자유롭게 자신의 삶을 살아갈 수 없게 된다. 그러나 이러한 원칙은 국가 형벌권이 국민에게 불이익을 줄 경우에만 해당할 뿐, 만약 과거의 국가 형벌권이 남용되었다는 반성에 근거하여 형을 감경 또는 면제할 때에는 적용되지 않는다.
>
> 그런데 형사소송법의 경우에도 형법상의 원칙이 적용되어야 하는지에 대해서는 견해가 대립되고 있다. A견해는 형사소송법이 국가 형벌권을 실현하는 절차를 규율할 뿐 범죄와 형벌 그 자체를 정하는 것은 아니기 때문에 형법상 원칙이 적용될 필요는 없다는 입장이다. 반면, B견해는 형사소송법이 절차에 관한 규정이지만 이것을 새롭게 만들거나 바꾸는 것이 국가 형벌권을 이용하여 국민에게 불이익을 주는 경우와 실질적으로 다르지 않다면, 행위자가 행위를 할 당시의 규정이 적용되어야 한다는 입장이다.

〈보기〉

ㄱ. 헌법재판소의 위헌결정으로 인하여 형벌에 관한 법률이 소급하여 효력을 상실하였다면, 당해 법률조항이 적용되어 공소가 제기된 사건에 대해 무죄판결이 선고되어야 한다.

ㄴ. 형사소송법상 친고죄는 고소기간 내에 고소가 있어야 검사가 공소를 제기할 수 있다. 만약 행위자가 친고죄에 해당하는 범죄를 저지른 후 고소기간이 경과되지 않은 상태에서 법률이 개정되어 친고죄의 고소기간이 연장되었다면, A견해에 의할 경우 개정된 법률은 당해 행위자에게 적용된다.

ㄷ. 행위자가 범죄를 저지른 후 외국에 도피해 있는 동안 공소시효가 완성되었음에도 불구하고, 만약 행위자가 외국에 있는 기간 동안은 공소시효가 정지되는 것으로 형사소송법이 개정되었다면, B견해에 의할 경우 행위자가 귀국하여 그에 대한 공소제기 여부를 판단할 때 외국에 도피해 있던 기간은 제외하고 공소시효 기간을 계산해야 한다.

① ㄱ ② ㄴ ③ ㄷ
④ ㄱ, ㄴ ⑤ ㄱ, ㄷ

06

2020학년도 LEET 문8

다음으로부터 <사례>를 판단한 것으로 옳은 것만을 <보기>에서 있는 대로 고른 것은?

X국은 출산과 관련된 산모의 비밀 유지를 보장하고 신생아의 생명과 신체의 안전을 보장하기 위하여 익명출산제를 시행하기로 하였다. 이에 따라 의료기관의 적극적인 협조를 포함하는 다음의 〈규정〉이 제정되었다.

〈규정〉

제1조 ① 익명출산을 하고자 하는 자(이하 신청자라 한다)로부터 익명출산 신청을 받은 의료기관은 의료기록부에 신청자의 이름을 가명으로 기재한다.

② 신청자는 자녀가 출생한 때로부터 7일 내에 다음 사항을 포함하는 신상정보서를 작성하여 출산한 의료기관에 제출한다.

(1) 자녀의 이름을 정한 경우 그 이름, 성별, 출생 일시, 출생 장소 등 자녀에 관한 사항

(2) 신청자의 이름 및 주소, 익명출산을 하게 된 사정 등 자녀의 부모에 관한 사항

제2조 신청자는 신상정보서를 작성한 때로부터 2개월이 경과한 때 자녀에 관한 모든 권리를 상실한다.

제3조 국가심의회는 성년에 이른 자녀(자녀가 사망한 경우에는 성년에 이른 그의 직계 후손)의 청구가 있으면 제1조 ②의 신상정보서의 사항을 열람하게 한다.

제4조 제3조에도 불구하고 제1조 ② (2)의 사항은 신청자의 동의를 받은 때에만 열람하게 한다. 그러나 신청자가 신상정보서 작성 시 자신이 사망한 이후에 이를 공개하는 것에 대하여 명시적으로 반대하지 않으면, 신청자가 사망한 이후에는 청구에 따라 언제든지 열람할 수 있게 한다.

〈사례〉

X국에 살고 있는 甲(여)은 乙(남)과의 사이에 丙을 임신하였고, 甲은 익명출산을 신청하였다.

〈보기〉

ㄱ. 甲과 乙이 혼인관계에 있다면, 乙이 甲의 출산 사실 및 丙에 대한 신상정보의 열람을 청구한 경우, 국가심의회는 甲의 동의를 받아 열람을 허용한다.

ㄴ. 성인이 된 丙이 신상정보서상 자신의 혈연에 관한 정보, 출생 당시의 정황에 관한 정보의 공개를 청구한 경우, 甲의 사망 사실이 확인되는 이상 국가심의회는 해당 정보를 열람할 수 있게 허용하여야 한다.

ㄷ. 丙이 사망한 후 그의 딸 丁(23세)이, 丙이 출생할 당시 甲이 丙에게 지어 준 이름, 丙의 출생 일시, 출생 장소에 관한 정보의 열람을 청구한 경우, 국가심의회는 甲의 명시적인 반대의 의사에도 불구하고 해당 정보를 열람하게 할 수 있다.

① ㄱ ② ㄷ ③ ㄱ, ㄴ
④ ㄴ, ㄷ ⑤ ㄱ, ㄴ, ㄷ

07

2020학년도 LEET 문10

다음으로부터 추론한 것으로 옳은 것만을 <보기>에서 있는 대로 고른 것은?

인터넷이나 모바일 등에서 거래를 중개하는 사업 모델 중 포털사이트나 가격비교사이트는 판매 정보를 제공하고 판매자의 사이트로 연결하는 통로의 역할만 한다. 이에 비해 오픈마켓 형태의 모델은 사이버몰을 열어 놓고 다수의 판매자가 그 사이버공간에서 물건을 판매하도록 한다. 후자의 모델은 중개자가 거래 공간을 제공할 뿐만 아니라 계약 체결이나 대금 결제의 일부에 참여하기도 하여 소비자가 중개자를 거래 당사자로 오인할 가능성이 크다. 이러한 판매 중개와 관련하여 X국의 법률은 다음과 같이 규정하고 있다.

(1) '사이버몰판매'란 판매자가 소비자와 직접 대면하지 않고 사이버몰(컴퓨터, 모바일을 이용하여 재화를 거래할 수 있도록 설정된 가상의 영업장을 말한다)을 이용하고 계좌이체 등을 이용하는 방법으로 소비자의 청약을 받아 재화를 판매하는 것이다.

(2) '사이버몰판매중개'란 사이버몰의 이용을 허락하거나 중개자 자신의 명의로 사이버몰판매를 위한 광고수단을 제공하거나 청약의 접수 등 사이버몰판매의 일부를 수행하는 방법으로 거래 당사자 간의 사이버몰판매를 알선하는 행위이다.

(3) 사이버몰판매중개자는 사이버몰 웹페이지의 첫 화면에 자신이 사이버몰판매의 당사자가 아니라는 사실을 고지하면 판매자가 판매하는 상품에 관한 손해배상책임을 지지 않는다. 다만, 사이버몰판매중개자가 청약의 접수를 받거나 상품의 대금을 지급받는 경우 사이버몰판매자가 거래상 의무를 이행하지 않을 때에는 이를 대신하여 이행해야 한다.

〈보기〉

ㄱ. P는 인터넷에서 주문을 받아 배달하는 전문 업체로서, 유명 식당에 P의 직원이 직접 가서 주문자 대신 특정 메뉴를 주문하고 결제하여 주문자가 원하는 곳으로 배달까지 해 주는 서비스를 제공한다. 이 경우 P는 사이버몰판매중개자가 아니다.

ㄴ. Q는 모바일 어플리케이션을 이용하여 원룸과 오피스텔의 임대차를 전문적으로 중개하는 사업자이다. 이 경우 Q는 사이버몰판매중개자이다.

ㄷ. R는 인터넷에서 테마파크의 할인쿠폰을 판매하는 업체이다. R는 인터넷 쇼핑몰 웹페이지에 자신이 사이버몰판매의 당사자가 아니라고 고지한 경우 상품에 관한 손해배상책임에서 면제된다.

① ㄱ ② ㄷ ③ ㄱ, ㄴ
④ ㄴ, ㄷ ⑤ ㄱ, ㄴ, ㄷ

08

2020학년도 LEET 문13

다음으로부터 추론한 것으로 옳은 것만을 <보기>에서 있는 대로 고른 것은?

> 규칙을 제정할 때는 항상 그 규칙을 정당화하는 목적이 있어야 한다. 그런데 규칙의 적용이 그 목적의 관점에서 정당화되지 않는 경우들이 존재한다. 규칙이 그 목적의 관점에서 볼 때 어떤 사례를 포함하지 않아도 되는데도 포함하는 경우 이 사례를 '과다포함'한다고 하고, 어떤 사례를 포함해야 하는데도 포함하지 않는 경우 이 사례를 '과소포함'한다고 한다. 예를 들어 '시속 80km 초과 금지'라는 규칙이 있다고 하면, 그 목적은 '운전의 안전성 확보'가 된다. 하지만 운전자들이 시속 80km 초과의 속도로 운전하지 않아야 안전하다는 것이 대부분의 경우 사실이라 하더라도, 시속 80km 초과로 달려도 안전한 경우가 있다. 이때 이 규칙은 시속 80km 초과로 달려도 안전한 사례를 '과다포함'한다고 한다. 반면 '시속 80km 초과 금지'라는 규칙은 안개가 심한 날 위험한데도 시속 80km로 달리는 차량을 금지하지 않게 되어 그 목적을 달성하지 못할 수 있다. 이 경우 규칙이 해당 사례를 '과소포함'한다고 한다.
>
> 〈사례〉
>
> X동물원에서는 동물원 내 차량 진입 금지 규칙의 도입을 검토하고 있다. 이 규칙의 목적은 ㉠ 동물원 이용자의 안전 확보, ㉡ 차량으로 인한 동물원 내의 불필요한 소음 방지의 두 가지이다. 도입될 규칙의 후보로 다음의 세 가지가 제시되었다.
>
> 규칙1: 동물원 내에는 어떠한 경우에도 차량이 진입할 수 없다.
>
> 규칙2: 동물원 내에는 동물원에 의해 사전 허가를 받은 차량 외에 다른 차량은 진입할 수 없다.
>
> 규칙3: 동물원 내에는 긴급사태로 인해 소방차, 구급차가 진입하는 경우 외에 다른 차량은 진입할 수 없다.

〈보기〉

ㄱ. 목적 ㉠의 관점에서 본다면, 규칙1은 '동물원 내 무단 진입한 차량이 질주하여 이용자의 안전을 위협하자 이를 막기 위해 경찰차가 사전 허가 없이 진입하는 경우'를 '과다포함'한다.

ㄴ. 목적 ㉡의 관점에서 본다면, 규칙2는 '불필요한 소음을 발생시키는 핫도그 판매 차량이 사전 허가를 받아 동물원에 진입하는 경우'를 '과소포함'한다.

ㄷ. 목적 ㉠, ㉡ 모두의 관점에서 본다면, 규칙3은 '불필요한 소음을 발생시키지 않는 구급차가 동물원 이용자를 구조하기 위해 동물원 내로 진입하는 경우'를 '과다포함'하지도 않고 '과소포함'하지도 않는다.

① ㄱ ② ㄴ ③ ㄱ, ㄷ
④ ㄴ, ㄷ ⑤ ㄱ, ㄴ, ㄷ

09

2023학년도 LEET 문4

다음으로부터 추론한 것으로 옳은 것만을 <보기>에서 있는 대로 고른 것은?

> X국은 지방정부의 공정한 업무 처리를 위하여 다음과 같이 감사청구제도 및 시민소송제도를 도입하였다.
>
> ○ 감사청구제도 개요
>
> 지방정부의 장의 업무 처리가 법률을 위반하거나 공익을 현저히 해친다고 인정되면 해당 지방의 18세 이상 시민은 해당 지방의 18세 이상 시민 100명 이상의 연대서명을 거쳐 행정부장관에게 감사를 청구할 수 있다. 감사 청구된 사항에 대하여 행정부장관은 감사를 한 후, 그 결과를 감사청구인과 해당 지방정부의 장에게 서면으로 알려야 한다. 행정부장관은 감사결과에 따라 필요한 경우 해당 지방정부의 장에게 필요한 조치를 요구할 수 있으며, 조치 요구를 받은 지방정부의 장은 이를 성실히 이행하고, 그 조치 결과를 해당 지방의회와 행정부장관에게 보고하여야 한다.
>
> ○ 시민소송제도 개요
>
> 지방정부의 장의 공금 지출에 관한 사항, 재산의 취득에 관한 사항 또는 지방세 부과·징수를 게을리한 사항에 대하여 감사청구를 한 시민은 그 감사청구의 결과에 따라 해당 지방정부의 장이 행정부장관의 조치 요구를 성실히 이행하지 아니한 경우, 그 감사 청구한 사항과 관련이 있는 위법한 행위나 업무를 게을리한 사실에 대하여 해당 지방정부의 장을 상대로 시민소송을 제기할 수 있다. 이 시민소송이 계속되는 중에 소송을 제기한 시민이 사망한 경우 소송의 절차는 중단되나, 시민소송 전에 이뤄진 감사청구의 연대서명자가 있는 경우 해당 연대서명자는 이 시민소송절차를 이어받을 수 있다.

〈보기〉

ㄱ. Y지방정부의 장이 Y지방정부의 재산 취득 시 법률을 위반하자, Y지방 시민 갑은 Y지방 시민 을 등의 연대 서명을 거친 후 단독으로 적법하게 감사청구를 하였고 행정부장관은 감사결과에 따른 조치 요구를 하였으나 Y지방정부의 장이 이를 이행하지 않았다. 이 경우 을은 Y지방정부의 장을 상대로 시민소송을 제기할 수 있다.

ㄴ. V지방의 시민 병이 V지방정부의 장의 공금 지출에 관한 사무처리가 공익을 현저히 해쳐 적법하게 감사청구를 하였고, 행정부장관은 감사결과에 따른 조치 요구를 하였으나 V지방정부의 장이 이를 이행하지 않았다. 이 경우 병은 V지방정부의 장을 상대로 공금 지출이 공익을 현저히 해쳤다는 이유로 시민소송을 제기할 수 있다.

ㄷ. W지방정부의 장이 지방세 부과를 게을리한 부분이 법률에 위반되어 W지방의 시민 정이 적법하게 감사청구를 하였고 감사결과에 따른 행정부장관의 조치 요구가 있었음에도 W지방정부의 장은 이를 이행하지 않았다. 이 경우 정은 감사 청구한 사항과 관련이 있는 위법한 행위에 대해서도 W지방정부의 장을 상대로 시민소송을 제기할 수 있다.

① ㄱ　② ㄷ　③ ㄱ, ㄴ
④ ㄴ, ㄷ　⑤ ㄱ, ㄴ, ㄷ

10 2022학년도 LEET 문6

[규정]과 <사례>를 근거로 판단할 때 <보기>에서 [규정]을 준수한 것만을 있는 대로 고른 것은?

[규정]

제1조 ① '개인정보처리자'란 업무를 목적으로 개인정보를 처리하는 자를 말한다.
② '업무수탁자'란 개인정보처리자가 본래의 개인정보 수집·이용 목적과 관련된 업무를 위탁한 경우 위탁자의 이익을 위해 개인정보를 처리하는 자를 말한다.
③ '제3자'란 개인정보처리자와 업무수탁자를 제외한 모든 자를 말한다.

제2조 ① 개인정보처리자는 정보주체의 동의를 받은 경우에 한하여 개인정보를 수집할 수 있으며 그 수집 목적의 범위에서 이용할 수 있다.
② 전항의 개인정보처리자는 수집 목적 범위에서 개인정보를 제3자에게 제공(공유를 포함)할 수 있다. 다만 제공 후 1주일 이내에 제공사실을 정보주체에게 알려야 한다.
③ 개인정보처리자는 정보주체의 이익을 부당하게 침해할 우려가 없는 경우에 한하여 정보주체로부터 별도의 동의를 받아 개인정보를 수집 목적 이외의 용도로 이용하거나 이를 제3자에게 제공할 수 있다.
④ 개인정보처리자는 개인정보 처리업무를 위탁하는 경우에 위탁 후 위탁사실을 정보주체에게 알려야 하고, 정보주체가 확인할 수 있도록 공개하여야 한다.

〈사례〉

숙박예약 전문사이트를 운영하는 P사는 숙박예약 및 이벤트 행사를 위한 목적으로 회원가입시 이용자의 동의를 받아 개인정보를 수집하였다.

〈보기〉

ㄱ. P사는 회원들로부터 별도의 동의 없이 숙박시설 운영자 Q에게 해당 숙박시설을 예약한 회원의 정보를 제공하고 즉시 그 회원에게 제공사실을 알려주었다.

ㄴ. P사는 여행사 S사와 사업제휴를 맺고 회원들로부터 별도의 동의 없이 S사가 S사의 여행상품을 홍보할 수 있도록 회원정보를 공유하였다.

ㄷ. P사는 항공권 경품이벤트를 알리기 위해 홍보업체 R사와 이벤트안내 메일발송업무에 관한 위탁계약을 체결하고 회원정보를 R사에게 제공한 후, 10일이 경과한 후에 제공사실을 회원들에게 알리고 공개하였다.

ㄹ. P사는 인터넷 불법도박사이트 운영업체 T사가 불법도박을 홍보할 수 있도록, 회원들로부터 별도의 동의를 받아 T사에게 회원정보를 유료로 제공하였다.

① ㄱ, ㄷ　② ㄱ, ㄹ　③ ㄴ, ㄹ
④ ㄱ, ㄴ, ㄷ　⑤ ㄴ, ㄷ, ㄹ

11

2024학년도 LEET 문2

<원칙>에 따라 [규정]을 <사례>에 적용한 것으로 옳은 것만을 <보기>에서 있는 대로 고른 것은?

〈원칙〉

법률을 사건에 적용할 때 ㉠ 법률 규정의 문언이 가지는 '통상적 의미'에 따른다. '통상적 의미'는 '일상적 의미'로 해석하지만, 법학계에서 확립된 '전문적 의미'가 있어서 '일상적 의미'와 다르면 '전문적 의미'가 우선한다. 만약 단일한 해석이 불가능하면 ㉡ 문제된 조항과 관련된 조항 또는 관련된 다른 법률과의 연관관계를 고려하여 해석하고, 그래도 단일한 해석이 불가능하면 ㉢ 입법목적 또는 유사사례와의 형평을 고려하여 해석한다.

[규정]

제1조 공무원으로 정년까지 근무한 사람에게 정년퇴직수당을 지급한다.

제2조 ① 공무원으로 총 15년 이상 재직한 사람은 정년퇴직일의 1년 전까지 명예퇴직을 신청할 수 있다.

② 명예퇴직을 신청하는 사람에게 명예퇴직수당을 지급한다. 다만 ⓐ 명예퇴직수당을 지급받은 사실이 있는 경우에는 그러하지 아니하다.

〈사례〉

X국의 갑은 A직 공무원으로 17년 근무한 후 명예퇴직하여 명예퇴직수당을 지급받았다. 퇴직한 후 갑은 B직 공무원으로 재임용되었고 이전에 지급받은 명예퇴직수당 전액과 이자 상당액을 반환하였다. 갑은 B직 공무원으로 5년 근무한 후 정년퇴직일 2년 전에 명예퇴직을 신청하였다(갑은 총 22년의 재직기간을 인정받아 명예퇴직 신청자격은 충족됨).

〈보기〉

ㄱ. ⓐ가 수당으로 받은 금전적 이익을 실제로 향유하고 있는 경우만을 의미한다는 것이 법학계의 확립된 견해라면, ㉠만으로 갑에게 명예퇴직수당이 지급된다.

ㄴ. ⓐ가 수당으로 받은 금전적 이익을 실제로 향유하고 있는 경우만을 의미하는지, 혹은 수당으로 받은 금전적 이익을 실제로 누린 바 없어도 지급받은 사실이 있는 경우까지 의미하는지 논란이 있다면, ㉡에 따라 갑에게 명예퇴직수당이 지급된다.

ㄷ. ⓐ의 의미가 불명확하고 관련 법률·조항을 고려해도 단일한 해석이 불가능한 경우, [규정] 제2조 제2항 단서의 입법목적이 명예퇴직수당의 실질적인 중복 수혜를 막기 위한 것이라면, ㉢에 따라 갑에게 명예퇴직수당이 지급된다.

① ㄱ ② ㄴ ③ ㄱ, ㄷ
④ ㄴ, ㄷ ⑤ ㄱ, ㄴ, ㄷ

12

2024학년도 LEET 문10

<이론>에 따라 [규정]을 <사례>에 적용한 것으로 옳은 것만을 <보기>에서 있는 대로 고른 것은?

상표는 그것이 등록된 나라에서 상표권으로 보호된다. 그런데 상표가 등록되지 않은 나라에서 상표를 무단 복제하여 상품을 생산하거나 판매하는 경우에 대하여 그 나라의 법원이 재판권을 행사할 수 있는지가 문제된다. 이에 관한 X국의 [규정]은 〈이론〉에 따라 해석한다.

[규정]

제○조 X국 법원은 X국에서 상표권이 침해되는 경우 그로 인한 손해배상청구 사건에 대하여 재판권을 행사할 수 있다. 다만 이 경우 X국에서 상표권자가 입은 손해액을 한도로 재판권을 행사한다.

〈이론〉

A: 상표권은 오직 상표가 등록된 나라에서만 침해될 수 있다. 상표가 등록되지 않은 나라에서 상표를 무단 복제하여 상품을 생산하거나 판매하더라도 상표권 침해는 그 나라가 아니라 그 시점에 상표가 등록되어 있는 나라에서 발생한 것으로 보아야 한다.

B: 상표권은 상표가 등록되지 않은 나라에서도 침해될 수 있다. 상표가 등록되지 않은 나라에서 상표를 무단 복제하여 상품을 생산하거나 판매하면 상표권 침해는 그 나라에서 발생한 것으로 보아야 한다.

〈사례〉

갑은 P상표를 W국에는 등록하였으나 X국, Y국에는 등록하지 않았다. 을은 X국 공장에서 P상표를 무단 복제하여 부착한 Q상품을 생산하여 W국, X국, Y국에서 판매하였다. 을이 Q상품을 각국에서 판매하여 얻은 이익만큼 갑은 각국에서 손해를 입었다. 갑은 을을 상대로 X국 법원에 을의 P상표 침해에 대한 손해배상청구 소송을 제기하였다. X국 법원은 이 사건에 대하여 재판권을 행사할 수 있는지를 [규정]에 따라 판단하고자 한다.

〈보기〉

ㄱ. A에 따르면 을이 Q상품을 W국에서 판매하여 갑이 입은 손해에 대하여 X국 법원은 재판권을 행사할 수 있다.

ㄴ. B에 따르면 을이 Q상품을 X국에서 판매하여 갑이 입은 손해에 대하여 X국 법원은 재판권을 행사할 수 있다.

ㄷ. A와 B 중 어느 것에 따르든 을이 Q상품을 Y국에서 판매하여 갑이 입은 손해에 대하여 X국 법원은 재판권을 행사할 수 없다.

① ㄱ ② ㄴ ③ ㄱ, ㄷ
④ ㄴ, ㄷ ⑤ ㄱ, ㄴ, ㄷ

13

2024학년도 LEET 문12

[규칙]을 <사례>에 적용한 것으로 옳은 것만을 <보기>에서 있는 대로 고른 것은?

과거 P집안은 같은 성(姓)을 사용하되 그 집안 소속 남성들의 이름을 [규칙]에 따라 지었다.

[규칙]

1. 같은 항렬에 있는 세대는 오행(五行), 즉 목(木), 화(火), 토(土), 금(金), 수(水) 중 하나를 부수(部首)로 하는 같은 한자를 사용하여 이름을 짓는다. 그 한자를 '돌림자'라고 한다. 돌림자의 부수는 목, 화, 토, 금, 수를 순서대로 반복하여 사용한다.
2. 이름을 두 글자로 짓는 경우 돌림자는 이름의 첫째 글자로든 둘째 글자로든 사용할 수 있으나, 같은 세대이면 한쪽으로 일치시킨다. 그리고 돌림자 아닌 글자로는 형제간이라면 같은 부수가 왼쪽에 붙은 한자를 사용한다. 그 부수를 '돌림변'이라고 하는데, 사촌간이라면 다른 돌림변을 사용한다.
3. 이름을 한 글자로 짓는 경우 같은 항렬에 있는 세대는 돌림자 대신에 돌림변을 사용한다. 그 세대에서 이름을 두 글자로 지었더라면 사용하였을 돌림자의 부수는 바로 다음 세대에서 사용한다.

〈사례〉

갑, 을, 병, 정, 무는 P집안 소속의 남성이다. 갑의 이름은 '일곤(一坤)'이다. 을과 병은 갑의 아들이다.

(상황 1) 정과 무는 을의 아들이다.

(상황 2) 정은 을의 아들이고 무는 병의 아들이다.

〈보기〉

ㄱ. 을과 병의 이름은 '인(仁)'과 '신(信)'일 수 없다.

ㄴ. (상황 1)이면 정과 무의 이름은 '종인(鍾仁)'과 '종근(鍾根)'일 수 없다.

ㄷ. (상황 2)이면 정과 무의 이름은 '근(根)'과 '식(植)'일 수 없다.

① ㄱ　② ㄴ　③ ㄱ, ㄷ　④ ㄴ, ㄷ　⑤ ㄱ, ㄴ, ㄷ

14

2025학년도 LEET 문4

[규칙]을 <사례>에 적용한 것으로 옳은 것은?

[규칙]

(1) 내란죄 또는 살인죄를 범한 죄인은 사형에 처하고 그 배우자는 유배한다.

(2) 강도죄를 범한 죄인은 유배형에 처하고 그 배우자가 자원하면 함께 유배한다.

(3) 사형에 처한 죄인은 사면이 선포되면 유배형에 처하고 그 배우자가 자원하면 함께 유배한다. 다만, 내란죄를 범한 죄인의 배우자는 자원하지 않더라도 죄인과 함께 유배한다.

(4) 죄인과 그 배우자를 함께 유배하는 경우에는 같은 곳에 유배한다.

(5) 유배지로 이송되던 죄인이 도망하더라도 함께 이송되던 배우자는 계속 이송한다.

(6) 유배형에 처한 죄인은 사면이 선포되면 석방한다. 그 죄인이 유배지로 이송되던 중이면 함께 이송되던 배우자도 석방한다. 다만, 유배지로 이송되던 중 도망한 죄인에 대하여 선포된 사면은 죄인과 그 배우자에게 효력이 없다.

(7) 사면이 선포되기 전에 유배지로 이송되던 중 도망한 죄인이 사면이 선포된 후에 사망한 것으로 확인되는 경우 자원하여 유배된 배우자는 석방한다.

〈사례〉

갑은 내란죄로 사형, 을과 병은 살인죄로 사형, 정과 무는 강도죄로 유배형에 각각 처해졌다. 갑, 을, 병에게 사형이 집행되기 전에 갑, 을, 병, 정, 무 모두에 대하여 사면이 선포되었다. 이후 병이 유배지로 이송되던 중 병에 대하여 추가로 사면이 선포되었다. 정과 무는 사면이 선포되기 전에 유배지로 이송되던 중 도망하였는데, 사면이 선포된 후 정은 체포되었고 무는 사망한 것으로 확인되었다.

① 갑의 배우자는 자원하지 않으면 갑과 함께 유배되지 않는다.

② 을의 배우자는 자원하지 않더라도 을과 같은 곳에 유배된다.

③ 병의 배우자는 병과 함께 유배지로 이송되던 중이었다면 석방된다.

④ 정의 배우자는 자원하여 정과 함께 유배되었다면 석방된다.

⑤ 무의 배우자는 무와 함께 유배되었더라도 석방되지 않는다.

15

2025학년도 LEET 문9

<이론>에 따라 <사례>를 판단한 것으로 옳은 것만을 <보기>에서 있는 대로 고른 것은?

〈이론〉

온라인 콘텐츠를 통한 명예훼손이 가능해지면서 가해자와 피해자가 서로 다른 나라에 거주하는 경우와 피해자에게 여러 나라에서 손해가 발생하는 경우가 많아졌다. 이때 피해자의 명예가 훼손된 나라의 법원은 피해자가 가해자를 상대로 손해배상청구의 소를 제기하는 경우 그 소에 대하여 재판권을 행사할 수 있다. 피해자의 명예가 훼손된 나라로서 그 나라의 법원이 재판권을 행사할 수 있는 나라는 ㉠ 피해자가 거주하는 나라라는 견해와 ㉡ 가해자가 그곳에서 피해자의 명예가 훼손되기를 의도하였던 나라라는 견해가 대립한다. 후자에서 가해자의 의도는 콘텐츠가 작성된 언어와 콘텐츠에 접근할 수 있는 나라의 공용어가 같고 다름을 기준으로 판단한다.

한 나라의 법원이 재판권을 행사할 수 있는 경우, 재판권 행사의 범위에 관하여는 ㉢ 피해자가 그 법원이 있는 나라에서 입은 손해에 한정하는 견해와 ㉣ 피해자가 여러 나라에서 입은 모든 손해라는 견해가 대립하고, 손해배상의 성립 여부와 금액을 판단하는 기준에 관하여는 ㉤ 피해자가 거주하는 나라의 법을 적용하여야 한다는 견해, ㉥ 가해자가 거주하는 나라의 법을 적용하여야 한다는 견해, ㉦ 손해가 발생한 국가별로 각국에서 발생한 손해에 대하여 각국의 법을 적용하여야 한다는 견해가 대립한다.

〈사례〉

X국에 거주하는 갑은 Y국에 거주하는 을을 비난하는 콘텐츠를 인터넷에 게시하였고, 이는 X국, Y국, Z국에서만 접근할 수 있다. 그 콘텐츠는 진실한 사실을 적시하고 있으나, Y국 공용어인 A언어가 아니라 X국과 Z국 공용어인 B언어로 작성되었다. 갑의 행위로 을이 입은 손해는 X국에서 50, Y국에서 30, Z국에서 20이다. 명예훼손으로 손해가 발생하더라도 X국법은 허위의 사실을 적시한 행위에 대하여만 손해배상책임을 인정하고 Y국법, Z국법은 진실한 사실이든 허위의 사실이든 이를 적시한 행위에 대하여 손해배상책임을 인정한다. 을은 Y국 법원에서 갑을 상대로 손해배상청구의 소를 제기하였다.

〈보기〉

ㄱ. Y국 법원이 ㉡을 적용하여 판단하면 을은 갑으로부터 손해배상을 받을 수 없다.

ㄴ. Y국 법원이 ㉠, ㉢, ㉥의 순서로 적용하여 판단하든 ㉠, ㉣, ㉥의 순서로 적용하여 판단하든 을은 갑으로부터 손해배상을 받을 수 없다.

ㄷ. Y국 법원이 ㉠, ㉣, ㉤의 순서로 적용하여 판단하든 ㉠, ㉣, ㉦의 순서로 적용하여 판단하든 을은 X국, Y국, Z국에서 발생한 모든 손해에 대하여 갑으로부터 손해배상을 받을 수 있다.

① ㄴ ② ㄷ ③ ㄱ, ㄴ
④ ㄱ, ㄷ ⑤ ㄱ, ㄴ, ㄷ

16

2025학년도 LEET 문11

[규정]에 따라 <사례>를 분석한 것으로 옳은 것만을 <보기>에서 있는 대로 고른 것은?

[규정]

제1조(개발사업 시행자) ① 국가는 개발구역의 전부 또는 일부에 대한 개발사업을 위하여 지방자치단체 또는 개발조합 중에서 시행자를 지정한다.

② 국가는 개발사업 시행 전에 시행자를 변경할 수 있다. 다만, 기존 시행자가 선택한 개발사업 시행방식은 제3조에 따라 변경되지 않는 한 변경될 수 없다.

③ 제1항 및 제2항에도 불구하고 개발구역 전부에 대하여 제2조 제1호의 방식으로 개발사업을 시행하는 것은 시행자가 지방자치단체인 경우에 한한다. 이는 시행자 또는 시행방식의 변경으로 인한 경우에도 같다.

제2조(개발사업 시행방식) 시행자는 다음 중 어느 하나의 방식을 선택하여 개발구역의 전부 또는 일부에 대한 개발사업을 시행한다. 다만, 개발구역 일부의 시행자 또는 시행방식이 변경되는 경우에 다음 중 둘 이상의 방식이 개발구역 전부에 대하여 혼용되는 때에는 제3호를 선택한 것으로 본다.

1. 토지 소유권 취득 후 보상금 지급 방식
2. 대체 토지 소유권 이전 방식
3. 제1호와 제2호를 혼용하는 방식

제3조(개발사업 시행방식의 변경) 시행자는 다음 중 어느 하나에 해당하는 경우에만 개발사업 시행방식을 변경할 수 있다.

1. 지방자치단체가 개발구역의 전부 또는 일부에 대하여 개발사업 시행방식을 제2조 제2호 또는 제3호에서 제2조 제1호로 변경하는 경우
2. 개발조합이 개발구역의 전부 또는 일부에 대하여 개발사업 시행방식을 제2조 제3호에서 제2조 제1호 또는 제2호로 변경하는 경우

〈사례〉

A토지, B토지로만 구성된 X개발구역에 대한 개발사업 시행자로 A토지는 P지방자치단체, B토지는 Q개발조합이 지정되었다. P지방자치단체는 제2조 제1호, Q개발조합은 제2조 제3호의 방식을 선택하여 개발사업을 시행하기로 하였다.

〈보기〉

ㄱ. Q개발조합은 B토지 개발사업 시행방식을 제2조 제1호로 변경하여 개발사업을 시행할 수 있다.

ㄴ. A토지 개발사업 시행자가 Q개발조합으로 변경되는 경우 Q개발조합은 X개발구역 전부에 대한 개발사업 시행방식을 제2조 제2호로 변경하여 개발사업을 시행할 수 있다.

ㄷ. B토지 개발사업 시행자가 P지방자치단체로 변경되는 경우 P지방자치단체는 B토지에 대한 개발사업 시행방식을 제2조 제1호로 변경하여 개발사업을 시행할 수 있다.

① ㄱ ② ㄴ ③ ㄱ, ㄷ
④ ㄴ, ㄷ ⑤ ㄱ, ㄴ, ㄷ

정답 및 해설 p.8

2 수리 계산

법적 추리에서 자주 출제되는 추리적 사고 측정 문제는 수리적 요소가 포함된 유형이다. 이 영역은 법적 제재를 통해 나타나는 수리 계산적 추리 능력을 파악하고자 하는 의도를 지니고 있다. 법조문이나 규정에서 어떠한 대상에 대한 수적 제한이 있는지를 파악하고, 규정화된 수리적 원칙을 사례에 적용하여 판단해야 한다.

1. 규정으로부터 대상의 수적 제한 확인

규정에서 충족될 수 있는 대상과 그렇지 못한 대상 사이의 기준으로 수치를 제시한다. 수적으로 제시된 기준을 충족해야 그러한 규정을 적용할 수 있거나 규정의 적용 대상에서 제외될 수 있다. 대상의 제한적 요소와 조건을 정확하게 파악하고 사례에 적용해야 한다.

2. 기간 및 금액 충족성 파악

법조문 및 규범에서는 언제까지 그러한 규정이 적용되는지를 구체화하기도 한다. 이러한 원리가 지시하는 수적 기준점이 기간이나 금액으로 주어지기 때문에 그러한 요소와 기준에 충족되는지를 파악하고 사례나 자료로부터 추리해야 한다.

3. 규정에 의한 계산

이 유형은 규정에 제시된 원리를 적용하여 직접적인 계산을 해야 하는 문제로, 규정에서 대상 및 조건 및 예외 사항을 파악하여 기준 여부를 파악해야 한다. 사례에 제시된 상황을 파악하고 규정에 제시된 바대로 계산하는 문제인데, 대부분 계산 자체는 사칙연산 정도에 해당하며, 비율을 파악하고 적용하는 경우도 포함된다.

4. 양적 비교

직접적인 계산과 간접적인 수리 요소가 포함된 유형으로 다양한 기준을 제시하고 이들 간의 수리적인 양적 비교를 요구한다. 이에 따라 서로 간의 비교를 통해 양적 우위를 판단하여 추리하는 문제가 출제되고 있다.

실전 연습문제

01

2015학년도 LEET 문6

<규정>으로부터 추론한 것으로 옳은 것만을 <보기>에서 있는 대로 고른 것은?

〈규정〉

(가) A법은 상시 사용하는 근로자 수가 5명 이상인 모든 사업장에 적용한다. 다만, 사용자가 그와 동거하는 친족만을 사용하는 사업장에 대하여는 적용하지 아니한다.

(나) (가)에서의 '상시 사용하는 근로자 수'는, 해당 사업장에서 법 적용 사유 발생일 전 1개월 동안 사용한 근로자의 '연인원'을 같은 기간 중의 '가동일수'로 나누어 산정한다. 여기서 '연인원'이라 함은 특정 업무를 위해 일정한 기간 동안 동원된 총 인원수를 말하는데, 예를 들면 열흘 동안 매일 다섯 사람이 근로하여 완성한 일의 연인원은 50명이다. 그리고 '가동일수'는 실제 사업장이 운영된 일수를 말한다.

(다) 위 (나)에 따라 해당 사업장에서 상시 사용하는 근로자 수를 산정한 결과 법 적용 사업장에 해당하는 경우에도, 가동일수의 일별로 근로자 수를 파악하였을 때 법 적용 기준에 미달한 일수가 가동일수의 2분의 1 이상인 경우, A법이 적용되지 않는다.

(라) 연인원의 산정 시, 사용자에게 고용되어 있지 않은 파견 근로자는 제외되지만 해당 사업장의 사용자에 고용된 단시간 근로자(하루 중 일부 시간만 근무하는 근로자)는 포함된다.

〈보기〉

ㄱ. 법 적용 사유 발생일 전 1개월 동안, 가동일수가 20일이며, 처음 10일은 6명, 나중 10일은 4명이 사용자에게 고용되어 근무하였다면 당해 사업장에 A법은 적용된다.

ㄴ. 법 적용 사유 발생일 전 1개월 동안, 사용자에게 고용된 4명의 근로자가 오전 중 3시간을 매일 근무하고, 사용자에게 고용된 또 다른 4명의 근로자가 오후 중 3시간을 매일 근무한 사업장에 A법은 적용된다.

ㄷ. 법 적용 사유 발생일 전 1개월 동안, 동거하는 친족 3명과 단시간 근로자 2명이 당해 사업장에서 사용자에게 고용되어 고정적으로 매일 근무하였고 이에 더하여 사용자에게 고용되어 있지 않은 파견근로자 2명이 함께 매일 근무하였다면 당해 사업장에 A법은 적용되지 않는다.

① ㄱ ② ㄴ ③ ㄱ, ㄷ
④ ㄴ, ㄷ ⑤ ㄱ, ㄴ, ㄷ

02

2018학년도 LEET 문4

<규정>에 따라 <사례>를 판단한 것으로 옳은 것만을 <보기>에서 있는 대로 고른 것은?

〈규정〉

(1) 주주가 소유하는 주식 1주 당 의결권 1개가 인정된다. 다만, 어떤 안건에 특별한 이해관계가 있는 주주는 주주총회에서 그 안건에 의결권을 행사하지 못한다.

(2) 이사는 주주총회의 특별결의로 해임될 수 있다.

(3) 주주총회의 특별결의는 출석 주주의 소유 주식 수가 회사 발행주식 총수의 3분의 1 이상이고, 출석 주주 중에서 의결권을 행사할 수 있는 주주의 의결권 수의 3분의 2 이상 찬성이라는 두 가지 요건을 모두 충족하는 결의를 말한다.

〈사례〉

X 주식회사의 발행주식 총수는 1,000주인데 모두 의결권이 있는 주식이다. 갑은 발행주식 총수의 34%, 을은 26%, 병은 40%를 갖고 있다. 병은 이 회사의 이사이다. 한편, 병의 이사해임 안건이 주주총회에 상정되었다. 병이 자신의 해임 안건에 대하여 특별한 이해관계가 있는 주주인지 여부가 다투어지고 있다.

〈보기〉

ㄱ. 병이 해임 안건에 특별한 이해관계가 있다면, 갑, 을, 병이 모두 출석한 경우 갑과 을이 모두 해임에 찬성해야만 병의 해임 안건이 가결된다.

ㄴ. 병이 해임 안건에 특별한 이해관계가 없다면, 갑과 을은 불참하고 병만 출석한 경우 해임에 대한 가부의 결의를 할 수 없다.

ㄷ. 병이 해임 안건에 특별한 이해관계가 있다면, 을은 불참하고 갑과 병은 참석한 경우 갑의 찬성만으로 병의 해임을 가결할 수 없다.

① ㄱ ② ㄴ ③ ㄱ, ㄷ
④ ㄴ, ㄷ ⑤ ㄱ, ㄴ, ㄷ

03

2018학년도 LEET 문2

<규정>에 따라 <사례>를 판단한 것으로 옳은 것만을 <보기>에서 있는 대로 고른 것은? (단, 기간을 계산할 때 초일(初日)은 산입하지 않고, 공휴일 여부는 무시한다.)

〈규정〉

제1조(합당) ① 정당이 새로운 당명으로 합당(이하 '신설합당'이라 한다)할 때에는 합당을 하는 정당들의 대의기관의 합동 회의의 결의로써 합당할 수 있다.

② 정당의 합당은 제2조 제1항의 규정에 의하여 선거관리위원회에 등록함으로써 성립한다.

③ 본조 제1항 및 제2항의 규정에 의하여 정당의 합당이 성립한 경우에는 그 소속 시·도당도 합당한 것으로 본다. 다만, 신설합당의 경우 합당등록신청일로부터 3개월 이내에 시·도당 개편대회를 거쳐 변경등록신청을 해야 한다.

④ 신설합당된 정당이 제3항 단서의 규정에 의한 기간 이내에 변경등록신청을 하지 아니한 경우에는 그 기간만료일의 다음 날에 당해 시·도당은 소멸된다.

제2조(합당된 경우의 등록신청) ① 신설합당의 경우 정당의 대표자는 제1조 제1항의 규정에 의한 합동회의의 결의가 있은 날로부터 14일 이내에 선거관리위원회에 합당등록신청을 해야 한다.

② 제1항의 경우에 시·도당의 소재지와 명칭, 대표자의 성명 및 주소는 합당등록신청일로부터 120일 이내에 보완해야 한다.

③ 제2항의 경우에 그 기간 이내에 보완이 없는 때에는 선거관리위원회는 시·도당의 등록을 취소할 수 있다.

〈사례〉

A당과 B당은 국회의원 선거를 앞두고 2017년 5월 1일 대의기관 합동회의에서 합당 결의를 하고 C당으로 당명을 변경하였다.

〈보기〉

ㄱ. C당으로의 합당이 성립하려면 그 대표자에 의한 합당등록신청 외에 그 소속 시·도당의 합당이 전제되어야 한다.

ㄴ. C당 소속 시·도당이 개편대회를 통해 변경등록신청을 하지 않은 경우 당해 시·도당이 소멸되는 시점은 2017년 8월 16일이다.

ㄷ. C당의 대표자가 2017년 5월 10일 합당등록신청을 한 경우 늦어도 2017년 9월 7일까지 그 소속 시·도당의 대표자의 성명을 보완하지 않으면 당해 시·도당의 등록이 취소될 수 있다.

① ㄴ ② ㄷ ③ ㄱ, ㄴ
④ ㄱ, ㄷ ⑤ ㄱ, ㄴ, ㄷ

04

2018학년도 LEET 문6

다음 글로부터 추론한 것으로 옳지 않은 것은?

X국은 중소기업을 보호하기 위하여 2010년부터 중소기업 판단 규정을 적용하고 있다. 이 규정에 의하면, 1년간 매출액이 1,000억 원 이하이면 중소기업, 1,000억 원 초과이면 대기업에 해당한다. 그런데 중소기업의 매출액이 증가하여 대기업의 기준에 해당하게 되더라도 바로 그 해와 그 다음 해부터 3년간은 계속하여 중소기업으로 인정한다(이를 '중소기업보호기간'이라고 한다). 다만, 다음의 경우에는 중소기업보호기간을 인정하지 않는다.

- ○ 중소기업(중소기업보호기간 중인 기업 포함)이 아닌 기업과 합병한 경우
- ○ 중소기업보호기간을 적용받았던 기업이 매출액 감소로 원래 의미의 중소기업이 되었다가 매출액 증가로 다시 중소기업에 해당하지 않게 된 경우

기업별 매출액은 다음과 같다.

(단위: 억 원)

기업＼연도	2010	2011	2012	2013	2014	2015	2016
A	900	900	900	900	900	900	2,000
B	900	900	900	900	900	2,000	3,000
C	900	900	900	900	900	900	3,000
D	900	2,000	2,000	2,000	2,000	900	2,000
E	900	900	900	2,000	2,000	2,000	2,000
갑	900	900	900	900	900	900	
을	2,000	2,000	2,000	2,000	2,000	2,000	
병	900	900	2,000	2,000	2,000	2,000	

① 2015년 A가 갑을 합병한 경우, 2016년 기준 A는 중소기업이다.

② 2015년 B가 을을 합병한 경우, 2016년 기준 B는 대기업이다.

③ 2015년 C가 병을 합병한 경우, 2016년 기준 C는 중소기업이다.

④ 2015년 D가 어떤 중소기업을 합병한 경우, 2016년 기준 D는 중소기업이다.

⑤ 2015년 E가 어떤 중소기업을 합병한 경우, 2016년 기준 E는 중소기업이다.

05

2018학년도 LEET 문7

<X법>을 <사례>에 적용할 때 갑이 지급받을 수 있는 보상금의 총합은?

〈X법〉

제1조(재해 등에 대한 보상) 국가의 업무 수행 중에 부상을 입거나 사망하면 재해 보상금을 지급하고, 치료로 인하여 생업에 종사하지 못하면 그 기간 동안 휴업 보상금을 지급한다. 다만, 다른 법령에 따라 국가의 부담으로 같은 종류의 보상금을 받은 자에게는 그 보상금에 상당하는 금액은 지급하지 아니한다.

제2조(재해 보상금의 지급) ① 제1조에 따른 재해 보상금은 사망 보상금과 장애 보상금으로 구분하며, 그 지급액은 다음과 같다.

1. 사망 보상금은 고용노동부에서 공표하는 전체 산업체 월평균임금총액(사망한 해의 전년도를 기준으로 한다)의 36배에 상당하는 금액
2. 장애 보상금은 장애등급에 따라 다음과 같이 정한다.
   가~마. 장애등급 1급~5급: (생략)
   바. 장애등급 6급: 사망 보상금의 $\frac{1}{2}$

제3조(휴업 보상금의 지급) 제1조에 따른 휴업 보상금은 통계청이 매년 공표하는 도시 및 농가가계비를 평균한 금액(전년도를 기준으로 한다)의 100분의 60에 해당하는 금액을 월 30일을 기준(31일이 말일인 경우에도 같다)으로 하여 1일 단위로 계산한 금액에 치료로 인하여 생업에 종사하지 못한 기간의 일수를 곱한 금액으로 한다.

〈사례〉

자영업자 갑은 2016년 8월 예비군 훈련 중 자신의 과실 없이 사고로 부상을 입어 60일간의 입원 치료로 생업에 종사하지 못하였고, 장애등급 6급 판정을 받았다. 갑의 월평균 수입은 360만 원이고, 고용노동부에서 공표하는 전체 산업체 월평균임금총액은 2015년 240만 원, 2016년 250만 원이다. 통계청이 공표하는 도시 및 농가가계비를 평균한 금액은 2015년 월 100만 원, 2016년 월 120만 원이다. 한편, 갑은 위 부상과 관련하여 X법이 아닌 다른 법령에 따라 국가로부터 재해 보상금으로 400만 원을 지급받았다.

① 4,040만 원　② 4,120만 원　③ 4,440만 원
④ 4,464만 원　⑤ 4,840만 원

06

2010학년도 LEET 문22

옛날 어떤 나라에 살던 노비 '흉'은 동료 셋과 함께 양민인 주인의 숙부를 구타하여 손가락 3개를 부러뜨리고 도망하였다가 동료 한 명을 붙잡아 자수하였다. 당시의 <형벌 규정>과 이를 적용한 <처벌 사례>를 근거로 판단할 때, '흉'이 받았을 처벌은?

〈형벌 규정〉

- ○ 장형에는 60대, 70대, 80대, 90대, 100대의 다섯 등급이 있다. 그 위로는 도형에 처해지는데, 도형에는 1년, 1년 반, 2년, 2년 반, 3년의 다섯 등급이 있다.
- ○ 양민이 양민을 물건으로 구타하면 장형 60대에 처한다. … 물건으로 상해하면 장형 80대에 처한다. … 치아나 손가락을 1개 부러뜨리면 도형 1년에 처한다. 치아나 손가락을 2개 이상 부러뜨리면 도형 1년 반에 처한다. 칼날로 상해하거나 늑골을 부러뜨리면 도형 2년에 처한다. 팔이나 다리를 부러뜨리거나 한쪽 눈을 실명케 하면 도형 3년에 처한다.
- ○ 여럿이 함께 사람을 구타하여 상해하였다면 1등급씩 감한다. 범인이 자수를 하면 2등급을 감하고, 같이 범행을 저지른 범인을 붙잡아 자수할 경우 다시 1등급을 감하고, 반수 이상을 붙잡아 자수할 경우 다시 1등급을 감한다.
- ○ 가해자와 피해자 신분이 양민, 상급천민인 부곡, 하급천민인 노비로 서로 다른 경우, 신분의 고하에 따라 1등급을 차등적으로 가감하고, 가해자나 피해자에 주인의 친족이 포함된 경우 다시 1등급을 차등적으로 가감한다.

〈처벌 사례〉

- ○ 양민 갑의 노비 을은 양민 병과 싸우다 병의 치아를 하나 부러뜨려 도형 2년에 처해졌고, 병의 부곡 정은 갑과 싸우다 갑의 치아를 2개 부러뜨려 도형 2년에 처해졌다.
- ○ 갑의 노비 을은 갑의 숙부 무와 싸우다 무를 벽돌로 쳐서 상해를 입혀 도형 1년에 처해졌고, 무는 을의 늑골을 부러뜨려 장형 100대에 처해졌다.

① 도형 2년 반　　② 도형 2년　　③ 도형 1년 반
④ 도형 1년　　⑤ 장형 100대

07

2019학년도 LEET 문8

<규정>을 근거로 <사실관계>에 대하여 옳은 판단을 하는 변호사는?

〈규정〉

종업원은 직무와 관련하여 한 발명에 대하여 기여도에 따라 다음과 같이 보상을 받을 권리를 가진다.

(1) 회사가 직무발명에 대한 특허출원을 할 경우 출원보상을 한다. 보상금은 그 중요도에 따라 건당 10만 원에서 30만 원을 지급하며, 나머지는 회사 내에 설치된 직무발명심의위원회의 결정 심사 후에 지급한다.

(2) 회사 명의로 등록된 특허권을 매도 또는 임대하였을 때 처분보상을 한다. 특허권을 타인에게 유상으로 임대한 경우에는 특허임대수익의 5~10%에 해당하는 금액을 발명자에게 보상금으로 지급한다.

(3) 단, 특허임대수익의 산정은 수령하였거나 수령할 총 임대료에서 개발비용, 영업비용을 제외한다.

〈사실관계〉

X는 Y사에 직무발명에 대한 정당한 보상금의 지급을 요청하는 소송을 하기 위해 법무법인에 찾아갔다. X는 Y사에서 2007년부터 4년 4개월 동안 연구원으로 근무하였다. X는 Y사의 다른 연구원들과 함께 A사가 독점하고 있는 의약품과 동등하면서도 제조원가 대비 38%로 생산 가능한 방법을 48억 원의 비용을 들여 발명하였다. 해당 발명에 관여한 연구원들은 Y사에게 직무발명에 관한 특허 받을 권리를 이전하였고, Y사는 자사명의로 특허출원을 하였다. 이와 관련된 특허발명에서 X의 기여도는 1/3로 인정받았고 출원보상은 상여금 명목으로 5천만 원을 지급받았다.

한편 Y사는 2010년도에 A사와 특허권 임대계약을 체결하기 위해 42억 원의 비용을 소요하였다. 그 계약에 의해 A사로부터 초회 대금 45억 원, 중간 정산대금 23억 원을 지급받음과 동시에 40개월 간의 임대료로 요율 3~5%에 의해 산정된 금액 24억 원을 수령하였다. 계약기간인 2030년까지 추가적으로 수령할 Y사의 임대료는 약 28억 원으로 추정된다.

① 갑: 특허임대수익의 5~10%에 해당하는 금액이 이미 지급받은 출원보상금 5천만 원을 넘지는 않을 것 같습니다.

② 을: 회사가 타인에게 특허권을 유상으로 임대했기 때문에 임대료 수익을 받을 수 있겠군요. 최대 1억 원은 청구 가능할 것 같아요.

③ 병: Y사가 해당 특허로 수령할 총 임대료는 120억 원이군요. 따라서 당신은 최대 4억 원의 보상금을 받을 수 있습니다.

④ 정: 본 특허로 얻을 Y사의 임대료 수익은 임대료 명목으로 지급받은 52억 원입니다. 따라서 최소 2억 6천만 원의 보상금을 청구할 수 있어요.

⑤ 무: 임대료 수익은 실제 발생한 금액만 가지고 산정하여야 합니다. 미래의 시장 상황까지는 고려할 수 없어요. 따라서 92억 원을 특허임대수익으로 봐야 해요.

08

2016학년도 LEET 문6

다음에서 추론한 것으로 옳은 것만을 <보기>에서 있는 대로 고른 것은?

혼인 중 일정 금액을 납입하여 장래 퇴직한 후에 받을 것으로 기대되는 연금의 경우, 이혼 상대방이 연금 수령자에게 재산분할을 청구할 수 있는지, 청구할 수 있다면 어떻게 분할할지에 대해 의견이 대립되고 있다.

A: 이혼 전 퇴직하여 이미 받은 연금만이 분할 대상이 된다. 이혼 후 받게 될 연금은 장래 발생 여부가 불확실하기 때문에 재산분할의 대상이 될 수 없다.

B: 이혼일에는 퇴직 후 받게 될 연금총액을 현재 가치로 산정한 후 그 금액에 대해서만 이혼 상대방의 연금형성 기여율만큼 미리 지급하고, 연금 수령자는 퇴직 시에 연금총액을 지급받도록 해야 한다.

C: 이혼일에는 이혼 상대방의 연금형성 기여율만을 정하여 둔 후, 퇴직일에는 실제 받게 될 연금총액 중 이혼일에 정했던 기여율만큼 이혼 상대방에게 지급해야 한다.

D: 이혼일에는 연금 수령자가 그날에 사퇴한다면 받게 될 연금액 중 이혼 상대방의 연금형성 기여율에 해당하는 금액만을 결정한 후, 실제 퇴직 시에는 그 금액에 물가상승률을 반영하여 이혼 상대방에게 지급해야 한다.

〈보기〉

ㄱ. 이혼 상대방이 연금형성에 기여했음에도 불구하고 연금분할 여부가 이혼절차의 종결시점에 따라 결정되는 것은 불합리하다면, A는 약화된다.

ㄴ. 만약 이혼 후 회사의 퇴직연한이 65세에서 60세로 바뀌었기 때문에 연금 수령자가 연금 전액을 수령하기 위한 최소한의 근속연수를 채우지 못하는 경우가 발생한다면, 연금 수령자에게는 B보다 D가 더 유리하다.

ㄷ. 만약 이혼 후 연금 자산운용의 수익률 증가로 인하여 연금 수령자가 이혼 시 예상했던 것보다 더 많은 연금을 받게 된다면, 이혼 상대방에게는 C보다 B가 더 유리하다.

① ㄱ ② ㄴ ③ ㄱ, ㄴ
④ ㄱ, ㄷ ⑤ ㄴ, ㄷ

09

2018학년도 LEET 문10

다음으로부터 추론한 것으로 옳은 것만을 <보기>에서 있는 대로 고른 것은?

계약 위반을 두고 갑과 을이 다투는 소송에서 판사가 판결을 내리는 상황을 생각해 보자. 둘 사이의 계약에서 계약 위반이 발생하는 조건은, 첫째, 계약이 특정한 행위 X를 금지하고, 둘째, 계약 당사자가 그 금지된 행위를 하는 것이다. 갑은 을이 계약을 위반했다고 주장하는 반면, 을은 위반하지 않았다고 주장한다. 을이 계약을 위반했는지를 따지는 쟁점은 다음 두 쟁점에 달려 있다. 하나는 이 계약이 을로 하여금 행위 X를 하지 못하도록 금지하는지 여부이고, 다른 하나는 을이 실제로 행위 X를 했는지 여부이다.

세 명의 판사가 내린 판단은 각각 달랐다. 판사1은 이 계약이 행위 X를 금지하고 을이 행위 X를 했다고 본다. 판사2는 이 계약이 행위 X를 금지하는 것은 맞지만 을이 행위 X를 한 것은 아니라고 본다. 판사3은 을이 행위 X를 한 것은 맞지만 이 계약이 행위 X를 금지하는 것은 아니라고 본다. 이 경우 우리는 어떤 결론을 내리는 것이 옳을까?

각 쟁점에 대해서 다수의 판사들이 내리는 판단을 따른다는 원칙을 받아들이기로 하자. 만약 각 쟁점에 대해서 서로 다른 판단을 내리는 판사의 수가 같다면, 가장 경력이 오래된 판사의 판단에 따르기로 한다. 세 명의 판사 중 가장 경력이 오래된 판사는 판사1이다. 그렇다면 우리는 이 계약이 행위 X를 금지하고 있다고 받아들여야 하고 을이 행위 X를 한 것도 받아들여야 한다. 그럼에도 불구하고 을이 계약 위반을 한 것은 아니라고 판단해야 하는 ㉠곤란한 상황에 도달한다. 왜냐하면 이 다툼에서 을이 계약을 위반했다고 판단하는 판사는 한 명뿐이기 때문이다.

〈보기〉

ㄱ. 을은 자신이 행위 X를 하지 않았다고 주장하였을 것이다.

ㄴ. 만약 다른 조건은 동일한데 판사3이 '이 계약은 행위 X를 금지하는 것도 아니고 을이 행위 X를 한 것도 아니다'라고 판단했더라면, ㉠은 발생하지 않았을 것이다.

ㄷ. 만약 다른 조건은 동일한데 판사 한 명을 추가하여 네 명이 판단하도록 했다면, ㉠은 발생하지 않았을 것이다.

① ㄱ ② ㄴ ③ ㄱ, ㄷ
④ ㄴ, ㄷ ⑤ ㄱ, ㄴ, ㄷ

10

2013학년도 LEET 문9

다음으로부터 바르게 추론한 것은?

〈상황〉

평민 A, B와 관리 C가 금주기간에 술을 마신 혐의를 받고 있었는데 각자 자백이 있어야 처벌이 가능하였다. 수사를 하기 위해 포도청 소속 X가 이들을 포박하려던 중 A가 X를 폭행하여 장출혈을 야기하였다. 수사과정에서 수사관 Y가 모두에게 "술을 마셨는지 마시지 않았는지 숨김없이 말해라!"라고 명령하자 A와 C는 술을 마셨다고 자백하였다. 하지만 나름대로 적용법률과 형량을 모두 따져 자신이 자백을 하면 『일반 형사령』 제10조에 따라 처벌될 것이라 생각한 B는 차라리 ㉡대를 맞을 것을 작심하고 아무런 말도 하지 않아 『일반 형사령』 제50조 공무집행방해죄를 범하였다. 이에 국왕은 아래 〈사법관리들간의 논의〉를 토대로 판단을 내리려 하고 있다.

〈관련법률〉

『금주에 관한 왕령』 금주기간에 술을 마신 자는 곤장 ㉠대에 처한다.

『일반 형사령』

제10조(왕령위반죄) 왕령을 위반하였을 경우 곤장 60대에 처한다.

제50조(공무집행방해죄) 공무를 담당하는 자의 명령에 저항하여 복종하지 아니하거나 파견된 사람을 폭행한 경우에는 곤장 ㉡대에 처한다. 폭행의 정도가 심하여 상해에 이르렀을 경우 20대를 가중한다.

제91조(2개의 죄) 2개의 죄를 저질렀을 경우 형을 합산하여 처벌한다.

제92조(곤장형) 곤장형은 가중 또는 감경 전 기준으로 최하 40대부터 최고 120대까지이며 10대 단위로 부과한다.

〈사법관리들의 논의〉

갑: 관리와 달리 평민이 금주기간에 술을 마셨다면 『금주에 관한 왕령』에 따라 처벌해야 합니다.

을: 아닙니다. 금주기간에 술을 마신 경우 어떻든 왕령을 위반했으니 평민, 관리 모두 『일반 형사령』 제10조 왕령위반죄에 따라 처벌해야 합니다.

갑: 『일반 형사령』 제10조부터 제19조까지는 체계상 '제3장 관리들의 죄'에 포함된 조문입니다. 전에는 이를 잘못 적용하여 평민에게도 적용했기 때문에 모든 평민들이 왕령 위반 시 제10조에 따라 60대를 맞는 줄 오해하고 있지만, 이제부터는 관리에게만 적용해야 합니다.

을: 하지만 왕령위반죄 조문 어디에도 '관리'라는 단어가 나오지 않으므로 그러한 해석은 불가능합니다. 왕령 위반의 경우 관리뿐만 아니라 평민에게도 『일반 형사령』 제10조가 적용되어야 합니다.

갑: 그러한 잘못된 해석으로 인하여 평민들이 어리석은 판단을 내리는 것입니다. B의 경우만 하더라도 만약 술을 마셨다고 자백했다면, 공무집행방해죄에 의해 처벌받는 것보다 유리하였을 것입니다.

① 국왕이 갑의 판단을 따르는 경우, C는 A보다 곤장을 더 많이 맞을 것이다.

② 국왕이 갑의 판단을 따르는 경우, B가 처음부터 술을 마셨다고 자백했다면 C와 같은 대수의 곤장을 맞을 것이다.

③ 국왕이 을의 판단을 따르는 경우, B가 처음부터 술을 마셨다고 자백했다면 B는 C보다 곤장을 더 적게 맞을 것이다.

④ 국왕이 을의 판단보다 갑의 판단을 따르는 경우가 A에게는 유리할 것이다.

⑤ 국왕이 을의 판단보다 갑의 판단을 따르는 경우가 C에게는 유리할 것이다.

11

2020학년도 LEET 문7

다음으로부터 추론한 것으로 옳은 것만을 <보기>에서 있는 대로 고른 것은?

X협회는 전국의 소상공인들이 결성한 단체로서, 회원총회와 대의원회를 두고 있다. 회원총회는 X협회의 재적회원 전원으로 구성된다. 대의원회는 소관 전문위원회와 전원위원회를 둔다. 전문위원회는 대의원회의 의장이 필요하다고 인정하거나 전문위원회 재적위원 4분의 1 이상의 요구가 있을 때에만 개최될 수 있다. 전문위원회는 재적위원 과반수의 출석과 출석위원 과반수의 찬성으로 의결한다.

대의원회는 전문위원회의 심사를 거친 안건 중 협회 구성, 회비 책정, 회칙 변경, 회원 징계, 협회 해산 등 주요 사항의 심사를 위하여 대의원회 재적의원 4분의 1 이상이 요구할 때에만 대의원 전원으로 구성되는 전원위원회를 개최할 수 있다. 전원위원회는 재적위원 4분의 1 이상의 출석과 출석위원 과반수의 찬성으로 의결한다.

회칙의 변경, 회원의 징계, 협회의 해산에 관한 사항은 대의원회 전원위원회를 거쳐서만 회원총회에 상정된다. 회원총회는 재적회원 과반수의 출석과 출석회원 과반수의 찬성으로 의결한다.

〈사례〉

X협회는 재적회원이 10,000명이다. 대의원회는 재적의원이 300명이고, 각 전문위원회는 재적위원이 20명이다. 대의원회 재적의원의 종사 업종 비율은 A업종 40%, B업종 35%, C업종 15%, D업종 10%이다. 이 협회의 재적회원 및 각 전문위원회의 재적위원의 종사 업종 비율도 위와 동일하다. 단, 각 회원, 의원, 위원은 하나의 업종에만 종사하고 있다. 회칙의 변경을 위한 안건(이하 안건이라 한다)이 대의원회 소관 전문위원회에서 의결된 후 전원위원회를 거쳐 회원총회에 상정되었다. 각 회의의 표결 결과 무효표나 기권표는 없는 것으로 한다.

〈보기〉

ㄱ. 회비 인상에 대한 사항이 소관 전문위원회의 심사를 거친 때에는 대의원회의 의장이 필요하다고 인정하면 그 사항을 심사하기 위한 전원위원회가 개최될 수 있다.

ㄴ. A업종 종사 전문위원들만 안건 심사를 위한 전문위원회의 개최를 요구하고 다른 업종 종사 전문위원들이 그에 반대한다면, 전문위원회는 열리지 못한다.

ㄷ. 전문위원회에서 A업종 종사 전문위원 전원과 B업종 종사 전문위원 전원만 출석하여 투표하고 A업종 종사 전문위원 전원이 안건에 찬성한다면, 안건은 가결된다.

ㄹ. 회원총회에서 재적회원 전원이 출석하여 투표하고 A업종에 종사하는 회원 전원과 D업종에 종사하는 회원 전원만 안건에 찬성한다면, 안건은 부결된다.

① ㄱ, ㄴ ② ㄱ, ㄹ ③ ㄴ, ㄷ
④ ㄴ, ㄹ ⑤ ㄷ, ㄹ

12

2020학년도 LEET 문12

다음으로부터 추론한 것으로 옳은 것만을 <보기>에서 있는 대로 고른 것은?

X국 코인거래소에서는 A, B, C 3개 종류의 코인이 24시간 거래되고 있다.

구분	A코인	B코인	C코인
가격	1,000원	2,000원	2,500원

코인거래소는 코인의 구매 및 사용에 대해 다음과 같은 〈규정〉을 두고 있다.

〈규정〉

(1) 코인은 원화 또는 다른 종류의 코인으로 구매할 수 있다. 코인의 최소 거래단위는 1개이다.

(2) 원화로 구매할 수 있는 코인의 1개월간 총한도는 1인당 1,000만 원(이하 구매한도액이라 한다)을 초과할 수 없다.

(3) 코인을 다른 코인으로 구매할 경우 거래자 1명이 1회의 거래에서 그 지급대가로 사용할 수 있는 코인 개수는 구매한도액으로 취득할 수 있는 최대 코인 개수의 10분의 1을 초과할 수 없다. 단, 이때의 최대 코인 개수는 코인 종류별로 구매한도액 내에서 취득할 수 있는 최대 코인 개수를 비교하여 그중 최저치로 한다. 이 기준은 (4)에도 적용된다.

(4) 거래자 1명이 코인을 구매하거나 지급에 사용한 결과, 1일 동안(같은 날 0시부터 24시 사이를 말한다) 그 거래자의 총보유량이 같은 날 0시 총보유량과 비교하여 구매한도액으로 취득할 수 있는 최대 코인 개수의 5분의 1을 초과해서 감소한 경우 그 시점부터 24시간 동안 거래가 정지된다.

〈보기〉

ㄱ. 1명의 거래자가 2개의 코인 계정을 가지고 1개월간 원화로 각각 600만 원의 코인을 구매하는 것은 허용된다.

ㄴ. 2019년 6월 26일 19시에 코인 1,000개를 보유한 채 그 날의 거래를 시작한 자가 첫 거래에서 현금으로 200개를 구매하고 이후 3번의 거래에서 코인을 지급에 사용한 결과 마지막 거래의 종료 시점인 같은 날 20시에 총보유량이 300개가 된 경우 그 시점부터 24시간 동안 코인 사용이 정지된다.

ㄷ. 거래자가 1회의 거래에서 코인 구매에 사용할 수 있는 코인은 400개를 초과할 수 없다.

ㄹ. 2019년 6월 26일 23시 40분에 코인 1,500개를 보유한 채 그날의 거래를 시작한 자가 자정 전까지 몇 차례의 거래로 600개를 지급에 사용하고 자정 이후 300개를 추가로 지급에 사용하더라도, 그 시점에 코인 사용은 정지되지 않는다.

① ㄱ, ㄴ ② ㄱ, ㄷ ③ ㄴ, ㄷ
④ ㄴ, ㄹ ⑤ ㄷ, ㄹ

13

2021학년도 LEET 문4

<규정>으로부터 추론한 것으로 옳은 것만을 <보기>에서 있는 대로 고른 것은?

〈규정〉

제1조 ① 근로자는 자녀가 만 8세 이하인 동안 양육을 위한 휴직을 신청할 수 있다. 사업주는 근로자가 양육휴직을 신청하는 경우 이를 허용하여야 한다.

② 양육휴직 기간은 자녀 1명당 1년이다.

제2조 ① 근로자는 자녀가 만 8세 이하인 동안 양육을 위하여 근로시간 단축을 신청할 수 있다. 사업주는 근로자가 근로시간 단축을 신청하는 경우 이를 허용하여야 한다.

② 제1항의 경우 단축 후의 근로시간은 주당 15시간 이상이어야 하고 주당 35시간을 초과할 수 없다.

③ 근로시간 단축 기간은 자녀 1명당 1년이다. 다만 제1조제1항의 양육휴직을 신청할 수 있는 근로자가 제1조제2항의 휴직 기간 중 사용하지 않은 기간이 있으면 그 기간을 가산한다.

제3조 ① 근로자는 양육휴직 기간을 1회에 한하여 나누어 사용할 수 있다.

② 근로자는 근로시간 단축 기간을 나누어 사용할 수 있다. 이 경우 나누어 사용하는 1회의 기간은 3개월 이상이어야 한다.

〈보기〉

ㄱ. 만 6세 딸과 만 5세 아들을 양육하는 갑이 지금까지 딸을 위해서만 8개월간 연속하여 양육휴직을 하였다면, 앞으로 그 자녀들을 위해 양육휴직을 할 수 있는 기간은 최대 16개월이다.

ㄴ. 만 2세 두 자녀를 양육하는 을이 지금까지 양육휴직 및 근로시간 단축을 한 적이 없고 앞으로 근로시간 단축만을 하고자 한다면, 그 자녀들을 위해 근로시간 단축을 할 수 있는 기간은 최대 2년이다.

ㄷ. 만 4세 아들을 양육하는 병이 그 아들이 만 1세일 때 6개월간 연속하여 양육휴직을 하였을 뿐 지금까지 근로시간 단축을 한 적이 없다면, 앞으로 그 아들을 위해 근로시간 단축을 최대 6개 기간으로 나누어 사용할 수 있다.

① ㄱ ② ㄴ ③ ㄱ, ㄷ

④ ㄴ, ㄷ ⑤ ㄱ, ㄴ, ㄷ

14

2020학년도 LEET 문23

다음으로부터 추론한 것으로 옳은 것만을 <보기>에서 있는 대로 고른 것은?

형사사건에서는 검사의 입증이 '합리적 의심'의 수준을 넘어서야 한다. 정의의 관점에서 무고한 사람을 처벌하는 것이 범죄를 저지른 사람을 풀어 주는 것에 비해 훨씬 더 나쁘기 때문이다. 왜 그런지 보기 위해 유죄 입증 수준을 수치화할 수 있다고 해 보자. 가령 판사는 95% 이상으로 유죄를 확신할 수 있을 때만 유죄를 선고한다고 가정하자. 10명의 피고인이 있고 그들 각각이 90%의 확률로 범죄자일 가능성이 있다고 생각해 보자. 검사는 이 확률로 각 피고인에 대해 유죄를 확신할 수 있는 증거를 확보하였다. 이때 판사가 자신의 역할을 제대로 수행한다면 모든 피고인이 처벌받지 않을 것이다. 검사가 95%라는 유죄 입증 수준을 충족하지 못한 셈이기 때문이다. 하지만 10명의 피고인 각각이 범죄를 실제로 저질렀을 확률이 90%이므로, 피고인 10명 중 9명이 실제로는 범죄를 저질렀지만 처벌받지 않은 것이라고 생각할 수 있다. 이는 정의롭지 못한 것이 틀림없으나 중요한 것은 그 중 무고한 1명이 처벌받을 가능성을 없앨 수 있다는 점이다.

같은 계산을 구체적인 상황에 적용해 보자. 유죄 입증 수준을 다르게 설정한 A상황, B상황은 다음과 같다. 단, 각 상황에서 피고인의 수는 300명이며, 검사는 각 피고인이 실제 범죄자일 확률로 증거를 확보하였다.

상황	유죄 입증 수준	피고인의 수, 각 피고인이 실제 범죄자일 확률	유죄가 선고되는 피고인의 수	무죄가 선고되는 피고인의 수	범죄자인데도 처벌받지 않은 피고인의 수	범죄자가 아닌데도 처벌받은 피고인의 수
A	90%	100, 95%	100	0	0	5
		100, 80%	0	100	80	0
		100, 65%	0	100	65	0
B	75%	100, 95%	100	0	0	5
		100, 80%	100	0	0	20
		100, 65%	0	100	65	0

가령 범죄자인데도 처벌받지 않은 피고인이 1명 있을 경우 나쁨의 값을 1, 범죄자가 아닌데도 처벌받은 피고인이 1명 있을 경우 나쁨의 값을 10이라고 한다면, A상황에서보다 B상황에서 나쁨의 값의 총합이 더 크기 때문에 A상황보다 B상황이 더 나쁘다고 할 수 있다.

〈보기〉

ㄱ. 한 사람의 무고한 피고인을 처벌하는 것이 세 사람의 범죄자를 방면하는 것과 똑같은 정도로 나쁘다고 가정한다면, A상황이 B상황보다 더 나쁘다.

ㄴ. B상황에서 피고인들이 실제로 범죄를 저질렀을 확률이 10%p 낮아져 각각 85%, 70%, 55%라면, 유죄 입증 수준을 65%로 낮추어도 무고하게 처벌받은 사람의 수는 변하지 않는다.

ㄷ. A상황에서 유죄 입증 수준을 95%로 높인다면, 무고하게 처벌받는 사람의 수를 줄일 수 있다.

① ㄱ ② ㄴ ③ ㄱ, ㄷ
④ ㄴ, ㄷ ⑤ ㄱ, ㄴ, ㄷ

15

2021학년도 LEET 문6

<이론>에 따라 <사례>를 분석한 것으로 옳은 것만을 <보기>에서 있는 대로 고른 것은?

〈이론〉

하나의 불법행위가 여러 나라와 관련된 경우 불법행위의 성립 여부와 그 성립시 손해배상액과 같은 문제를 어느 나라의 법에 의하여 규율할지를 결정하여야 한다. 그 기준은 행동지와 결과발생지라는 개념을 토대로 정립할 수 있다. 행동지란 가해자가 피해자에게 손해를 발생시킨 구체적 활동을 실행한 곳을 말하고, 결과발생지란 피해자의 생명, 신체, 재산과 같은 법률상 이익이 직접 침해된 곳을 말한다. 행동지와 결과발생지가 서로 다른 나라에 있는 경우 ㉠ 결과발생지 법에 의한다는 견해, ㉡ 원칙적으로 결과발생지 법에 의하되, 가해자가 결과발생지를 예견할 수 없었던 경우 행동지 법에 의한다는 견해, ㉢ 행동지 법이나 결과발생지 법 중 피해자에게 유리한 것에 의한다는 견해가 있다.

〈사례〉

갑은 X국에 거주하고, Y국의 영업소에서 모든 소득을 얻는다. 갑은 모든 소득을 Z국에 있는 은행에 개설한 계좌에 예치하고, 그 계좌에 연동된 현금카드를 사용하여 Y국에서 소득의 대부분을 지출한다. W국에 거주하는 부동산 개발업자 을은 W국의 영업소에서 갑을 속여 W국에 있는 은행에 개설한 계좌로 투자금 10억 원을 송금 받았다. 을이 자신의 재산을 침해하였음을 알게 된 갑은 W국 법원에서 을을 상대로 불법행위로 인한 손해배상을 청구한다. X국법, Y국법, Z국법, W국법에 따라 갑에게 인정되는 손해배상액은 각각 11억 원, 13억 원, 14억 원, 12억 원이다.

〈보기〉

ㄱ. 재산이라는 법률상 이익은 피해자가 거주하고 있는 곳에서 직접 침해된다고 본다면, ㉡에 따른 손해배상액은 ㉠에 따른 손해배상액보다 크거나 같다.

ㄴ. 재산이라는 법률상 이익은 피해자가 주된 경제활동을 영위하고 있는 곳에서 직접 침해된다고 본다면, 을이 갑의 경제활동 중심지를 알고 있었던 경우 ㉠, ㉡, ㉢에 따른 손해배상액은 모두 같다.

ㄷ. 재산이라는 법률상 이익은 피해자가 가해자에게 금전을 송금하기 전에 그 금전이 예치되어 있던 계좌가 개설된 곳에서 직접 침해된다고 본다면, 을이 갑의 계좌 소재지를 예견할 수 없었던 경우 ㉠에 따른 손해배상액은 ㉡에 따른 손해배상액보다 크다.

① ㄱ ② ㄷ ③ ㄱ, ㄴ
④ ㄴ, ㄷ ⑤ ㄱ, ㄴ, ㄷ

16

2021학년도 LEET 문8

<규정>에 따라 <사례>의 병이 받을 형벌은?

〈규정〉

(1) 형벌 중 중형에는 다음 여섯 등급이 있다.

1등급	사형
2등급	노역 5년 후 3천 리 밖으로 유배
3등급	3천 리 밖으로 유배
4등급	2천 리 밖으로 유배
5등급	노역 3년 6개월
6등급	노역 3년

(2) 사람을 때려 재물을 빼앗은 자는 3천 리 밖으로 유배한다.

(3) 다른 사람의 범죄를 도운 자는 범죄를 저지른 자보다 한 등급을 감경하여 처벌한다.

(4) 자신을 체포하려는 포졸을 때려 상해를 입힌 자의 형벌은 네 등급을 가중한다.

(5) 탈옥한 자의 형벌은 세 등급을 가중한다.

(6) 자수한 자의 형벌은 세 등급을 감경한다.

(7) 1~3등급에서 형을 감경하는 경우 3등급, 4등급은 하나의 등급으로 취급한다. 가령 2등급에서 두 등급을 감경하면 5등급이다.

(8) 3~6등급에서 형을 가중하는 경우 2등급이 상한이다.

(9) (3)~(6)의 형벌 가중·감경 사유 중 두 개 이상에 해당하면, 해당 사유 모두를 (3), (4), (5), (6)의 순서대로 적용한다.

〈사례〉

갑이 을을 때려 재물을 빼앗는 동안 병은 갑을 위하여 망을 보아주었다. 도망쳐 숨어 지내던 병은 포졸 정의 눈에 띄어 체포될 위기에 처하자 그를 때려 상해를 입히고 달아났다. 이후 병은 관아에 자수하고 갇혀 있던 중 탈옥하였다.

① 노역 5년 후 3천 리 밖으로 유배
② 3천 리 밖으로 유배
③ 2천 리 밖으로 유배
④ 노역 3년 6개월
⑤ 노역 3년

17

2021학년도 LEET 문9

다음으로부터 추론한 것으로 옳은 것만을 <보기>에서 있는 대로 고른 것은?

X국은 소셜 네트워크상 명예훼손, 혐오표현 등이 포함된 위법 콘텐츠의 무분별한 확산에 대응하기 위해 소셜 네트워크 사업자의 의무와 책임을 규정하는 법을 제정하였다.

제1조 ① 이 법은 등록기준지가 국내인 소셜 네트워크 사업자('국내 사업자')에 적용된다. 다만 등록기준지가 국외인 사업자('국외 사업자')로서 국내 등록이용자 수가 100만 명 이상인 경우에는 적용 대상이 된다.
② 제1항의 적용 대상 중 국내 등록이용자 수가 150만 명 이하인 플랫폼을 운영하는 국내 사업자는 제2조제2항의 의무를 면한다.
③ 제1항의 적용 대상 중 국내 등록이용자 수가 200만 명 이하인 플랫폼을 운영하는 국내 사업자 및 국외 사업자는 제2조제3항의 의무를 면한다.

제2조 ① 사업자는 이용자가 위법 콘텐츠 신고를 할 수 있도록 자신의 플랫폼에 알기 쉽고 투명한 절차를 제공하여야 한다.
② 사업자는 위 신고가 있는 경우 지체 없이 위법 여부를 심사하여야 하며 위법 콘텐츠에 해당하는 경우 신고일부터 7일 이내에 이를 삭제하여야 한다.
③ 사업자는 신고자 및 콘텐츠 제공자에게 위 심사 결과와 이유를 통지하여야 한다.

제3조 국외 사업자는 국내에 송달대리인을 임명하고 플랫폼에 이를 공시해야 한다.

제4조 이 법을 위반한 행위에 대해 최대 50억 원 이하의 과태료를 부과한다. 다만 제3조 위반에만 해당하는 경우 과태료는 5억 원 이하로 한다.

〈보기〉

ㄱ. X국 내 등록이용자 수가 120만 명인 플랫폼을 운영하는 국외 사업자가 위법 콘텐츠 신고에 대한 심사 결과를 통지하지 않고 X국 내 송달대리인의 정보를 공시하지 않은 경우 5억 원을 한도로 과태료가 부과된다.

ㄴ. X국 내 등록이용자 수가 150만 명인 플랫폼을 운영하는 국내 사업자가 위법 콘텐츠 신고가 있었음에도 심사를 게을리 하고 심사 결과도 통지하지 않은 경우 최대 50억 원 이하의 과태료가 부과된다.

ㄷ. X국 내 등록이용자 수가 180만 명인 플랫폼을 운영하는 국외 사업자는 위법 콘텐츠 신고에 대한 심사 결과 위법 콘텐츠에 해당하지 않는다고 결론을 내린 경우 해당 콘텐츠 제공자에게 심사 결과를 통지하여야 한다.

① ㄱ　② ㄷ　③ ㄱ, ㄴ
④ ㄴ, ㄷ　⑤ ㄱ, ㄴ, ㄷ

18

2021학년도 LEET 문10

<규정>에 따라 <사례>의 갑이 추가로 갖추어야 할 최소 주차대수는?

〈규정〉

제1조 주차수요를 유발하는 건축물 등('시설물')을 건축하거나 설치하려는 자는 〈표〉의 용도별 설치기준에 따라 부설주차장을 설치하여야 한다.

제2조 ① 부설주차장에 설치된 기계식주차장치가 노후·고장 등의 이유로 작동이 불가능하거나 안전상 철거가 불가피한 경우 이를 철거할 수 있다.

② 시설물의 소유자는 제1항에 따라 기계식주차장치를 철거함으로써 제1조에 따른 부설주차장의 설치기준에 미달하게 되는 경우에는 부설주차장을 추가로 설치하여야 한다.

③ 구청장은 제1항에 따라 기계식주차장치를 철거하는 경우 〈표〉의 부설주차장 설치기준을 2분의 1로 완화하여야 한다.

④ 제3항에 의해 완화된 설치기준에 따라 부설주차장을 설치한 이후 해당 시설물이 증축되거나 부설주차장 설치기준이 강화되는 용도로 변경될 때에는 그 증축 또는 용도변경하는 부분에 대해서만 〈표〉의 부설주차장 설치기준을 적용한다.

제3조 시설물의 용도를 변경하는 경우 용도변경 시점의 부설주차장 설치기준에 따라 변경 후 용도의 최소 주차대수를 갖추도록 부설주차장을 설치하여야 한다.

〈표〉

시설물의 용도	설치기준(최소 주차대수)
위락시설	시설면적 100m²당 1대
판매시설	시설면적 150m²당 1대

〈사례〉

갑은 판매시설로 사용되는 시설면적 6,000m²의 시설물의 소유자이다. 40대를 수용하는 기존 기계식주차장치가 고장으로 작동이 불가능하자 갑은 이 기계식주차장치를 전부 철거하고, 구청장으로부터 부설주차장 주차기준을 2분의 1로 완화 적용받아 20대를 수용하는 부설주차장을 설치하였다. 갑은 이 시설물의 시설면적 중 3,000m²를 위락시설로 용도변경하려 한다.

① 0대 ② 5대 ③ 10대
④ 15대 ⑤ 20대

19

2021학년도 LEET 문12

<규정>을 <사례>에 적용한 것으로 옳지 않은 것은?

X국은 〈규정〉과 같이 미술품에 대한 저작자의 권리를 인정한다.

〈규정〉

제1조 '미술상'은 저작권협회 회원으로서 미술품을 영업으로 매도·매수·중개하는 자이다.

제2조 미술저작물의 원본이 최초로 매도된 후에 계속해서 거래되고, 각 후속거래에서 미술상이 매도·매수·중개한 경우, 저작자는 매도인을 상대로 ㉠ 거래가액의 일정 비율의 금액을 청구할 수 있다. 거래가액이 40만 원 미만이면 그러하지 아니하다.

제3조 제2조에 의하여 청구할 수 있는 금액은 다음과 같이 거래가액을 기준으로 산정한다.

(1) 5천만 원 이하: 거래가액의 1%

(2) 5천만 원 초과 2억 원 이하: 거래가액의 2%

(3) 2억 원 초과: 거래가액의 3%. 단, 상한은 1천만 원으로 한다.

제4조 저작자는 미술상에게 최근 3년간 미술상이 관여한 자기 저작물의 거래 여부에 관한 정보를 요구할 수 있고, 미술상은 이에 응하여야 한다.

제5조 저작자는 제2조의 권리를 행사하기 위해, 거래에 관여한 미술상에게 매도인의 이름, 주소, 거래가액에 관한 정보를 요구할 수 있고, 미술상은 이에 응하여야 한다.

〈사례〉

화가 갑은 자신이 그린 그림 A를 40만 원에 미술상 을에게 판매하였다. 한 달 후 을은 친구 병에게 A를 20만 원에 판매하였다. 5년이 지나 병은 을의 중개로 미술상 정에게 A를 2억 원에 판매하였다. 그로부터 1년 후 사업가 무가 정에게서 A를 3억 원에 구입하였고, 다시 3년이 지나 무는 기에게 A를 선물하였다.

① 갑이 청구할 수 있는 ㉠은 총 1천3백만 원이다.
② 을은 갑에게 ㉠으로 4천 원을 지급할 의무가 없다.
③ 병은 갑에게 ㉠을 지급할 의무가 있다.
④ 갑은 을을 상대로 병의 이름과 주소, 병이 정에게 매도한 금액에 관한 정보의 제공을 요구할 수 있다.
⑤ 갑이 정에게 A의 거래 여부에 관한 정보를 요구할 경우, 기가 현재 A를 보유하고 있다는 사실을 알고 있는 정은 그 정보를 제공할 의무가 있다.

20

2022학년도 LEET 문4

[규정]에 따라 <사실관계>를 판단할 때 갑의 운전면허는 최종적으로 언제까지 정지되는가?

[규정]

제1조(정의) ① '벌점'은 교통법규위반에 대하여 그 위반의 경중에 따라 위반행위자에게 배점되는 점수를 말한다.

② '처분벌점'은 교통법규위반시 배점된 벌점을 누적하여 합산한 점수에서 기간경과로 소멸한 벌점 점수와 운전면허 정지처분으로 집행된 벌점을 뺀 점수를 말한다.

제2조(벌점의 배점 등) ① 속도위반을 제외한 교통법규위반에 대하여 배점되는 벌점은 아래 표와 같다.

사유	벌점	사유	벌점
신호위반	15점	정지선위반	18점
앞지르기금지위반	20점	갓길통행	25점

② 속도위반에 대하여 배점되는 벌점은 아래 표와 같다.

초과된 속도	20km/h 초과 40km/h 이하	40km/h 초과
벌점	15점	40점

③ 벌점은 해당 교통법규위반일로부터 3년이 지나면 소멸하고, 30점 미만인 처분벌점은 최종 교통법규위반일로부터 교통법규위반 없이 1년이 지나면 소멸한다.

제3조(운전면허정지처분 등) ① 처분벌점이 40점 이상이 되면 운전면허정지처분을 하되, 최종 교통법규위반일 다음날부터 운전면허가 정지되며 처분벌점 1점을 정지일수 1일로 계산하여 집행한다.

② 운전면허정지 중에 범한 교통법규위반행위에 대해서는 벌점을 2배로 배점한다.

③ 운전면허정지 중에 새로운 운전면허정지처분을 추가로 받는 경우, 추가된 운전면허정지처분은 집행 중인 운전면허정지처분의 기간이 종료한 다음날부터 집행한다.

〈사실관계〉

갑은 그 이전까지는 교통법규위반 전력이 없었는데, 2017. 5. 1.에 신호위반을 하고, 2020. 7. 1.에 정지선위반을 하고, 2021. 3. 1.에 갓길통행을 하고, 2021. 4. 1.에 규정속도를 45km/h 초과하여 속도위반을 하였다. 갑은 위 모든 교통법규위반행위들에 대해 위반일자에 [규정]에 따른 벌점 또는 운전면허정지처분을 받았다.

① 2021. 5. 23. ② 2021. 6. 7. ③ 2021. 6. 14.
④ 2021. 7. 2. ⑤ 2021. 7. 17.

21

2022학년도 LEET 문7

다음으로부터 추론한 것으로 옳은 것만을 <보기>에서 있는 대로 고른 것은?

X국은 "교통사고 당시 운전자의 혈중알코올농도가 0.03% 이상인 것이 확인되면 면허를 취소한다."는 규정을 두고 있다. 그런데 교통사고 시점으로부터 일정 시간이 경과한 이후에 음주 측정이 이루어진 경우에는 교통사고 시점의 혈중알코올농도를 직접 확인할 수 없다. 이런 경우에 대비하여 X국 법원은 사고 후에 측정한 혈중알코올농도를 근거로 교통사고 시점의 혈중알코올농도를 추정하는 A공식을 도입하여 면허취소 여부를 판단하고자 한다.

A공식은 섭취 후 일정 시간 동안은 알코올이 소화기관에 의하여 혈액에 일정량 흡수되어 혈중알코올농도가 증가(상승기)하지만 최고치에 이른 시점 이후부터는 분해작용에 따라 서서히 감소(하강기)한다는 점에 착안한 것이다. A공식은 측정한 혈중알코올농도에 시간의 흐름만큼 감소한 혈중알코올농도를 더하는 방식이므로 교통사고가 혈중알코올농도 하강기에 발생한 경우에만 적용될 수 있다.

A공식: $C = r + b \times t$
(C: 확인하고자 하는 시점의 혈중알코올농도, r: 실측 혈중알코올농도, b: 시간당 알코올 분해율, t: 경과시간)

A공식에서 b는 시간당 0.008~0.03%로 사람마다 다른데 X국 법원은 개인별 차이를 고려하지 않고 위 범위에서 측정 대상자에게 가장 유리한 값을 대입한다. 또한 t는 확인하고자 하는 시점부터 실제 측정한 시간까지의 경과시간을 시간 단위(h)로 대입한다.

한편 혈중알코올농도가 증가하는 '상승기 시간'은 음주종료시점부터 30분에서 1시간 30분까지로 사람마다 다른데 X국 법원은 역시 개인별 차이는 고려하지 않고 일괄적으로 음주종료시부터 1시간 30분 후에 최고 혈중알코올농도에 이르는 것으로 본다.

〈보기〉

ㄱ. 20:00까지 술을 마신 후 운전을 하다 21:00에 교통사고를 냈고 같은 날 21:30에 측정한 혈중알코올농도가 0.031%인 사람은 면허가 취소된다.

ㄴ. 20:00까지 술을 마신 후 운전을 하다 교통사고를 냈고 (시간 미상), 같은 날 23:30에 측정한 혈중알코올농도가 0.012%인 사람은 이후 사고시간이 밝혀지더라도 면허가 취소되지 않는다.

ㄷ. 20:00까지 술을 마신 직후 자가측정한 혈중알코올농도가 0.05%이었고 이후 운전을 하다 22:30에 교통사고를 냈으며 같은 날 23:30에 측정한 혈중알코올농도가 0.021%인 사람의 면허는 취소되지 않는다.

① ㄱ ② ㄴ ③ ㄱ, ㄷ
④ ㄴ, ㄷ ⑤ ㄱ, ㄴ, ㄷ

22

2022학년도 LEET 문11

X국, Y국 법원이 자국 규정에 따라 재판할 때 <사례>의 갑, 을, 병에게 선고되는 형 중 최저 형량과 최고 형량을 옳게 짝지은 것은?

> [X국 규정]
>
> 제1조 ① 강간한 사람은 징역 7년형에 처한다.
> ② 전항은 X국 영역 내에서 죄를 범한 내국인과 외국인에게 적용한다.
>
> 제2조 ① 해상에서 강도한 사람은 징역 8년형에 처한다.
> ② 전항은 X국 영역 내에서 죄를 범한 내국인과 외국인 및 X국 영역 외에서 죄를 범한 내국인에게 적용한다.
>
> 제3조 X국의 국적만 가진 사람을 내국인으로 본다.
>
> 제4조 처벌대상이 되는 동종 또는 이종의 범죄가 수회 범해진 경우, 개별 범죄에서 정한 형을 전부 합산하여 하나의 형을 선고한다. 이때 한 행위자가 동종의 범죄를 범한 경우, 1회의 범죄를 1개의 범죄로 본다.
>
> [Y국 규정]
>
> 제1조 ① 강간한 사람은 징역 6년형에 처한다.
> ② 전항은 Y국 영역 내에서 죄를 범한 내국인과 외국인 및 Y국 영역 외에서 죄를 범한 내국인에게 적용한다.
>
> 제2조 ① 해상에서 강도한 사람은 징역 9년형에 처한다.
> ② 전항은 Y국 영역 내·외에서 죄를 범한 내국인과 외국인에게 적용한다.
>
> 제3조 Y국의 국적을 가진 사람을 내국인으로 본다.
>
> 제4조 ① 처벌대상이 되는 동종 또는 이종의 범죄가 2회 범해진 경우에는 개별 범죄에서 정한 형 중 중한 형을 선택하여 그 형에 그 2분의 1을 더한 형만 선고하고, 3회 이상 범해진 경우에는 개별 범죄에서 정한 형 중 가장 중한 형을 선택하여 그 형에 그 3분의 2를 더한 형만 선고한다.
> ② 전항에서 한 행위자가 동종의 범죄를 범한 경우, 1회의 범죄를 1개의 범죄로 본다.
>
> 〈사례〉
>
> ○ X국 국적의 갑이 X국에서 1회 강간을 하고 1회 해상강도를 한 후 Y국에서 다시 1회 해상강도를 하였다. 갑은 Y국에서 재판을 받는다.
>
> ○ Y국 국적의 을이 Y국에서 2회 강간을 하고 X국에 가서 1회 강간을 하였다. 본국으로 강제 송환된 을은 Y국에서 재판을 받는다.
>
> ○ X국과 Y국의 국적을 모두 가진 병이 Y국에서 1회 해상강도를 한 후 X국에서 2회 강간을 하였다. 병은 X국에서 재판을 받는다.

① 10년 – 13년 6개월　② 10년 – 14년
③ 10년 – 15년　④ 12년 – 13년 6개월
⑤ 12년 – 14년

23

2022학년도 LEET 문14

[규정]에 따라 <사례>를 판단한 것으로 옳지 않은 것은?

> X국에서 유행성 독감이 급격히 확산하자 마스크 품귀 현상이 발생하였고 마스크 판매가격이 급등하였다. 이에 마스크 생산회사를 인수하여 마스크 공급을 독점하려는 동태가 감지되자 X국 정부는 [규정]을 제정하였다.
>
> [규정]
>
> 제1조(지분 보유 제한) 자연인 또는 법인(회사를 포함한다)은 단독으로 또는 제2조에 규정된 '사실상 동일인'과 합하여 마스크 생산회사 지분을 50%까지만 보유할 수 있다.
>
> 제2조(사실상 동일인) '사실상 동일인'이란 다음 각호 중 어느 하나에 해당하는 자를 말한다.
> 1. 해당 자연인의 부모, 배우자, 자녀
> 2. 해당 자연인이 50% 이상 지분을 보유하고 있는 법인
> 3. 해당 자연인이 제1호에 규정된 자와 합하여 50% 이상 지분을 보유하고 있는 법인
>
> 〈사례〉
>
> X국에서 마스크를 생산하는 P회사 지분은 갑이 15%, 마스크 생산과 무관한 Q회사가 20%를 보유하고 있고, 나머지는 제3자들이 나누어 보유하고 있다. Q회사 지분은 을, 병, 정이 각각 10%, 40%, 50%를 보유하고 있다. 병은 을의 남편이다.

① 병은 제3자들로부터 P회사 지분 30%를 취득할 수 있다.
② 을이 갑의 딸인 경우, 갑은 제3자들로부터 P회사 지분 35%를 취득할 수 있다.
③ 정이 갑의 딸인 경우, 정은 제3자들로부터 P회사 지분 15%를 취득할 수 있다.
④ 정이 병으로부터 Q회사 지분 10%를 취득하는 경우, 병은 제3자들로부터 P회사 지분 50%를 취득할 수 있다.
⑤ 갑이 정으로부터 Q회사 지분 50%를 취득하는 경우, 갑은 제3자들로부터 P회사 지분 35%를 취득할 수 있다.

24

2023학년도 LEET 문5

[규정]의 적용으로 옳은 것만을 <보기>에서 있는 대로 고른 것은?

[규정]

제1조 행정청은 무도장업자의 위반사항에 대하여 아래의 〈처분기준표 및 적용 방법〉에 따라 처분한다.

제2조 무도장업자가 그 영업을 양도하는 경우에는 행정청에 신고하여야 하며, 양수인은 그 신고일부터 종전 영업자의 지위를 이어받는다. 종전 영업자에게 행한 제재처분의 효과는 그 제재처분일부터 1년간 양수인에게 미치고, 제재처분을 하기 위한 절차가 진행 중인 경우 그 절차는 양수인에 대하여 계속하여 진행한다. 다만, 양수인이 양수할 당시에 종전 영업자의 위반사실을 알지 못한 경우에는 그 절차를 계속하여 진행할 수 없다.

〈처분기준표 및 적용 방법〉

위반사항	처분기준		
	1차위반	2차위반	3차위반
주류판매	영업정지 1개월	영업정지 3개월	영업정지 5개월
접대부 고용	영업정지 2개월	영업정지 5개월	등록취소
호객행위	시정명령	영업정지 10일	영업정지 20일

가. 위반사항이 서로 다른 둘 이상인 경우(어떤 위반행위에 대하여 제재처분을 하기 위한 절차가 진행되는 기간 중에 추가로 다른 위반행위가 있는 경우 포함)로서 그에 해당하는 각각의 처분기준이 다른 경우에는 전체 위반사항 또는 전체 위반행위에 대하여 하나의 제재처분을 하되 각 위반행위에 해당하는 제재처분 중 가장 무거운 것 하나를 택한다.

나. 어떤 위반행위에 대하여 제재처분을 하기 위한 절차가 진행되는 기간 중에 위반사항이 동일한 위반행위를 반복하여 한 경우로서 처분기준이 영업정지인 때에는 각 위반행위에 대한 제재처분마다 처분기준의 2분의 1씩을 더한 다음 이를 모두 합산하여 처분한다.

다. 위반행위의 차수는 최근 1년간 같은 위반행위로 제재처분을 받은 횟수의 순서에 따르고, 이 경우 기간의 계산은 위반행위에 대하여 제재처분을 받은 날과 그 처분 후 같은 위반행위를 하여 적발된 날을 기준으로 한다.

〈보기〉

ㄱ. 무도장업자 갑이 주류판매로 2019. 6. 20. 영업정지 1개월을 받은 후, 이를 알고 있는 을에게 2020. 6. 30. 그 영업을 양도하고 신고를 마쳤는데, 을이 2020. 7. 25. 접대부 고용과 주류판매로 적발되었다면, 행정청은 을에게 영업정지 3개월의 처분을 한다.

ㄴ. 호객행위로 2020. 3. 15. 시정명령을 받은 무도장업자 병이 2020. 5. 15. 호객행위로 적발되었고 제재처분 전인 2020. 5. 30. 또 호객행위로 적발되었다면, 이 두 위반행위에 대하여 행정청이 병에게 처분할 영업정지 기간의 합은 45일이 된다.

ㄷ. 주류판매로 2019. 5. 10. 영업정지 5개월을 받은 무도장업자 정은 2020. 5. 5. 접대부 고용으로 적발된 후 그 제재처분을 받기 전에 이를 모르는 무에게 2020. 5. 7. 이 무도장을 양도하고 신고를 마쳤다. 무가 이 무도장 운영 중 2020. 5. 15. 주류판매로 적발되었다면, 행정청은 무에게 영업정지 2개월의 처분을 한다.

① ㄱ ② ㄴ ③ ㄱ, ㄷ
④ ㄴ, ㄷ ⑤ ㄱ, ㄴ, ㄷ

25

2023학년도 LEET 문7

<견해>에 따라 <사례>에서 갑에게 부과되는 형의 범위로 옳은 것은?

[규정]

「범죄처벌법」 제1조(절도죄) 타인의 물건을 훔친 자는 6년 이하의 징역에 처한다.

제2조(반복범) 징역 이상의 형을 받아 그 집행을 종료하거나 면제를 받은 후 2년 이내에 징역 이상에 해당하는 죄를 범한 자의 형의 기간 상한은 그 죄의 형의 기간 상한의 1.5배로 한다.

「절도범죄처벌특별법」 제1조(절도반복범) 절도죄로 두 번 이상의 징역형을 받은 자가 다시 절도죄를 범한 경우에는 2년 이상 20년 이하의 징역에 처한다.

〈견해〉

견해1: 「범죄처벌법」에서 '형의 집행을 종료한 후'란 형의 집행 종료일 이후를 의미한다고 해석하여야 하므로 반복범의 기간 2년을 계산하는 시작점은 형의 집행 종료일 다음날이 되어야 한다.

견해2: 「범죄처벌법」에서 '형의 집행을 종료한 후'란 문언 그대로 형의 집행이 종료된 출소 이후를 의미한다고 해석하여야 하므로 반복범의 기간 2년을 계산하는 시작점은 형의 집행 종료 당일이 되어 종료 당일도 2년의 기간에 포함된다.

견해A: 「절도범죄처벌특별법」 제1조는 「범죄처벌법」 제2조와 별개의 규정이므로 절도반복범에 해당하는 경우, 「절도범죄처벌특별법」이 따로 규정한 형벌의 범위 내에서만 형이 부과되어야 한다.

견해B: 「절도범죄처벌특별법」의 절도반복범은 절도범에 대한 가중처벌이므로 이 법에 따라 처벌하고, 이어 「범죄처벌법」의 반복범에도 해당하면 그 법에 따라 다시 가중처벌해야 한다.

〈사례〉

갑은 절도죄로 징역 6월을 선고받아 2014. 3. 15. 형집행이 종료되었고 이후 다시 저지른 절도죄로 징역 1년을 선고받아 2017. 9. 17. 형집행이 종료되었는데 다시 2019. 9. 17. 정오 무렵에 절도를 저질렀다(기간 계산에 있어서 시작일은 하루로 계산한다).

① 견해1과 견해A에 따르면, 징역 2년 이상 30년 이하
② 견해1과 견해B에 따르면, 징역 2년 이상 30년 이하
③ 견해2와 견해A에 따르면, 징역 2년 이상 30년 이하
④ 견해2와 견해A에 따르면, 징역 9년 이하
⑤ 견해2와 견해B에 따르면, 징역 2년 이상 30년 이하

26

2023학년도 LEET 문10

[규정]을 <사례>에 적용한 것으로 옳은 것만을 <보기>에서 있는 대로 고른 것은?

주식시장에서는 [규정]에 의하여 체결 가격(이하 가격이라 한다)을 결정한다.

[규정]

제1조 가격은 10분마다 결정한다.

제2조 직전 가격 결정 후 10분간의 매도·매수주문에 따라 새로운 가격을 결정한다.

제3조 호가(매도·매수하려는 사람이 표시하는 가격) 중 체결가능수량이 가장 많은 호가를 가격으로 결정하여 거래가 체결된다. 이때 체결가능수량은 다음 ①과 ② 중에서 적은 것으로 한다.

① 해당 호가 이상의 매수주문 주식 수의 총합
② 해당 호가 이하의 매도주문 주식 수의 총합

제4조 가격이 결정되면 해당 가격의 체결가능수량은 그 가격에 전량 체결된다. 이때 그 체결가능수량이 매도주문 수량이면 해당 가격보다 높은 호가의 매수 수량부터, 매수주문 수량이면 해당 가격보다 낮은 호가의 매도 수량부터 먼저 체결된다.

〈사례〉

특정 시점에 A주식에 대한 주문은 다음과 같다. 이후 가격 결정 시점까지 갑 이외의 사람은 추가로 주문을 내지 않으며, 이미 낸 주문을 철회하지도 않는다(A주식의 호가별 차이는 50원이다).

매도·매수 / 호가	매도주문 수량(주)	매수주문 수량(주)
10,550원 이상	0	0
10,500원	20,000	8,400
10,450원	14,000	(㉠)
10,400원 이하	0	0

〈보기〉

ㄱ. ㉠이 17,000이고 갑이 만약 10,500원에 4,000주 추가 매수주문을 내면 10,500원에 12,400주 전량이 체결된다.
ㄴ. 갑이 만약 10,500원에 8,000주 추가 매수주문을 내면 ㉠과 관계없이 10,500원에 16,400주 전량이 체결된다.
ㄷ. 갑이 만약 10,450원에 10,000주 추가 매도주문을 내고 10,450원에 매도주문된 24,000주 전량이 체결되었다면, ㉠은 15,700이 될 수 있다.

① ㄱ　② ㄴ　③ ㄱ, ㄷ　④ ㄴ, ㄷ　⑤ ㄱ, ㄴ, ㄷ

27

2023학년도 LEET 문11

다음 글에 대한 분석으로 옳은 것만을 <보기>에서 있는 대로 고른 것은?

[X국 세법의 부동산보유세율]

부동산 가격	세율
5억 원 이하	0.5%
5억 원 초과 10억 원 이하	1.5%
10억 원 초과 20억 원 이하	2.5%
20억 원 초과	3.5%

〈상황〉

회사 갑과 회사 을은 P그룹에 속하고, 회사 병과 회사 정은 Q일가의 가족이 운영하고 있다. P는 기업등록부에 그룹으로 등록되어 있으며, Q는 그룹으로 등록되어 있지 않다. X국의 현행 세법에 따르면 각 회사별로 보유하고 있는 부동산에 대하여 개별과세한다. (P와 Q 자체는 부동산을 보유하고 있지 않다.)

〈견해〉

견해1: 과세는 경제공동체 단위로 이루어져야 한다. 기업등록부에 등록된 하나의 그룹 내 속한 회사들은 경제공동체로 볼 수 있다. 예컨대 P그룹에 속한 회사 중 갑만이 10억 원의 부동산을 소유하는 경우의 총과세액과 갑, 을 각각 5억 원의 부동산을 소유하는 경우의 총과세액이 현행 세법에 따르면 달라지는데 이는 경제공동체라는 점이 반영되지 않으므로 부당하다. P그룹 내 각 회사의 부동산 소유 개별 가격에 관계 없이 합산 부동산 가격에 대해 과세해야 경제공동체라는 점이 반영된다. 즉, P그룹 내 회사들의 소유 부동산에 대해 합산과세하여야 한다.

견해2: 과세는 경제공동체 단위로 이루어지는 것이 바람직하지만, 기업등록부에 등록된 그룹에 대해서만 부동산보유세 합산과세를 하는 경우에는 다음과 같은 문제점이 생긴다. 예컨대 Q일가가 운영하는 병과 정은 기업등록부에 그룹으로 등록된 회사가 아니므로 병과 정의 보유 부동산 가액은 과세 시 합산되지 않는다. P와 Q에 속한 각 회사들의 부동산 가액의 합이 같은 경우에는, P와 Q 모두 실질적으로 경제공동체의 속성을 가지고 있음에도 불구하고 P가 Q보다 세금을 더 내게 되어 불공평한 결과를 초래한다. 따라서 차라리 현행 세법에 따라 그룹 등록 여부와 무관하게 각 회사별로 개별과세하는 것이 옳다.

〈보기〉

ㄱ. P에 속한 회사들의 부동산 합산 가격이 5억 원 이하라면, 견해1에 의하여 과세하든 견해2에 의하여 과세하든 과세 총액이 달라지지 않는다.

ㄴ. P에 속한 회사들의 부동산 합산 가격이 20억 원을 초과한다면, 견해1에 의하여 과세하는 경우와 견해2에 의하여 과세하는 경우에 각 과세 총액이 같아지는 경우는 없다.

ㄷ. Q 등의 실질적인 경제공동체를 기업등록부에 등록된 그룹으로 보는 세법 개정이 이루어진다면, 견해2는 P에 대한 부동산보유세 합산과세에 반대하지 않을 것이다.

① ㄱ　② ㄴ　③ ㄱ, ㄷ　④ ㄴ, ㄷ　⑤ ㄱ, ㄴ, ㄷ

28

2024학년도 LEET 문3

다음으로부터 <사례>를 판단한 것으로 옳은 것만을 <보기>에서 있는 대로 고른 것은?

거래 당사자들은 특별한 경우에는 거래에 필요한 정보를 상대방에게 고지해야 한다.

객관적이고 평균적인 거래 당사자의 입장에서 보아 거래를 결정하는 데에 중요하지 않은 정보는 고지할 필요가 없다. 거래의 당사자 일방이 가지는 주관적 사정을 고려하면 중요한 정보이더라도 객관적이고 평균적인 거래 당사자에게 중요한 정보가 아니라면 고지할 필요가 없다. 거래의 당사자 일방이 상대방에게 의미가 있는 주관적인 사정을 인지하였더라도 마찬가지이다. 객관적이고 평균적인 거래 당사자의 입장에서 중요한 정보(이하 '객관적 정보')인지는 세대별 시장 가격 차이를 가져오는 요인을 통해 판단한다.

객관적 정보는 정보 보유자가 목적한 바에 따라 비용을 들여 조사한 결과로 취득한 것인지 아니면 우연히 취득한 것인지에 따라 고지의무 유무가 달라진다. 전자의 경우 정보 보유자가 거래 상대방에게 정보를 고지할 필요가 없지만 거래의 일방 당사자가 정보 취득을 위해 탐지 비용을 들인 경우에도 취득한 정보를 통해 이미 비용 지출 목적을 달성하였다면 정보를 고지해야 한다. 후자의 경우 고지의무를 부담하나 정보 제공에 의해 거래 상대방이 거래 가격을 상승시킬 유인이 된다면 그 정보를 고지할 필요가 없다. 또한 시장 가격보다 낮은 금액으로 거래할 경우 객관적 정보이더라도 거래 상대방에게 고지할 필요는 없다.

〈사례〉

거래 대상인 A지역 B아파트의 세대별 평(3.3m²)당 시장 가격은 아래 표와 같다.

	강 조망	숲 조망	도시 조망	기타 조망
평당 가격 (만 원)	2,000	1,800	1,600	1,400

〈보기〉

ㄱ. 갑이 우연히 B아파트가 재건축되어 시장 가격이 상승될 것임을 알게 된 후 B아파트의 도시 조망 세대를 평당 1,600만 원에 매수하는 경우, 갑은 매도인에게 이 정보를 고지할 의무가 있다.

ㄴ. 매수인이 강을 보는 것을 두려워한다는 사실을 밝혔음에도 B아파트 강 조망 세대의 소유자 을이 매수인에게 강 조망이라는 사실을 알리지 않고 평당 1,600만 원에 매도하였다면, 을은 고지의무를 위반한 것이다.

ㄷ. B아파트 숲 조망 세대의 소유자 병이 시장 가격 하락 요인인 바닥의 누수 여부를 확인하기 위해 비용을 들여 조사한 결과 바닥에 누수가 발생하였음을 확인한 후 이 정보를 알리지 않고 평당 1,800만 원에 매도하였다면, 병은 고지의무를 위반한 것이다.

① ㄱ ② ㄷ ③ ㄱ, ㄴ
④ ㄴ, ㄷ ⑤ ㄱ, ㄴ, ㄷ

29

2024학년도 LEET 문4

[규정]의 적용으로 옳은 것만을 <보기>에서 있는 대로 고른 것은?

[규정]

제1조 용도지역 또는 용도지구(이하 '용도지역등')에 있는 대지의 용적률(대지 면적에 대한 건물 각 층의 바닥 면적을 합한 전체 면적의 비율)과 건폐율(대지 면적에 대한 건물 바닥 면적의 비율)은 다음과 같다.

	용도지역		용도지구	
	주거지역	상업지역	고도지구	경관지구
용적률(%)	500	1,500	200	100
건폐율(%)	70	90	60	50

제2조 하나의 대지가 둘 이상의 용도지역등에 걸치는 경우에 다음 각호를 제외하고는 그 대지 중 가장 넓은 면적이 속하는 용도지역등에 관한 규정을 적용한다.

1. 각 용도지역등에 걸치는 부분 중 가장 작은 부분의 규모가 $400m^2$ 이하인 경우, 전체 대지의 용적률과 건폐율은 〈계산식〉에 따른 결과값(가중평균 용적률 또는 건폐율)을 적용한다. 다만 대지의 용도변경에 의해 각 용도지역등에 걸치는 부분 중 가장 작은 부분의 규모가 $400m^2$ 이하가 된 경우에는 종전보다 용적률과 건폐율이 모두 증가하는 경우에 한하여 〈계산식〉에 따른 결과값을 적용한다.
2. 대지 위 건축물이 고도지구에 걸치는 경우, 그 대지의 전부에 대하여 고도지구의 대지에 관한 용적률과 건폐율을 적용한다. 다만 건축물이 경관지구에도 걸치는 경우에는 대지의 절반은 경관지구로 나머지 절반은 고도지구로 보고, 전체 대지의 용적률과 건폐율은 〈계산식〉에 따른 결과값을 적용한다.

〈계산식〉

○ 가중평균 용적률(건폐율) = [각 용도지역등에 해당하는 토지 부분의 면적에 그 부분의 용적률(건폐율)을 곱한 값의 총합] ÷ [전체 대지 면적]

〈보기〉

ㄱ. $1,000m^2$의 대지가 상업지역 $600m^2$와 주거지역 $400m^2$로 걸치는 경우, 대지의 용적률은 1,100%이고 건폐율은 82%이다.

ㄴ. $1,000m^2$의 대지가 상업지역 $550m^2$와 주거지역 $450m^2$로 걸치고 대지 위 건축물이 고도지구와 경관지구에 걸치는 경우, 대지의 용적률은 150%이고 건폐율은 55%이다.

ㄷ. $1,000m^2$의 대지가 주거지역 $550m^2$와 상업지역 $450m^2$로 걸쳐 있었는데 관할관청의 용도변경으로 주거지역 $400m^2$와 상업지역 $600m^2$로 걸치게 되는 경우, 대지의 용적률은 500%이고 건폐율은 70%이다.

① ㄱ ② ㄷ ③ ㄱ, ㄴ
④ ㄴ, ㄷ ⑤ ㄱ, ㄴ, ㄷ

30

2024학년도 LEET 문5

다음으로부터 추론한 것으로 옳지 않은 것은?

계약은 당사자의 자율적 합의로 성립된다. 계약의 본질과 기능에 비추어 계약법은 당사자의 자율을 승인할 뿐만 아니라 이를 최대한 관철시키고 강화하는 규범체계라야 한다. 당사자의 자율은 어느 경우에 제한할 수 있는가? 이에 대해 세 가지 견해가 있다.

A: 자율은 그것이 가져오는 결과보다는 자율 그 자체에 가치가 있는 것이기에 보호되어야 한다. 당사자의 의사는 '원래' 존중할 가치가 있기 때문에, 당사자 일방이 의도했던 의사가 다르게 표시되어 상대방이 그 표시대로 믿었더라도 표시보다는 당사자 일방이 의도한 의사를 존중해야 한다. 국가의 후견적 관여는 자율의 행사가 오히려 자율 그 자체를 본질적으로 침해하는 정도에 이르러야 비로소 정당화된다.

B: 자율 그 자체의 가치보다는 자율이 당사자에게 가져다주는 효용에 주목하여 자율을 보호해야 한다. 자율을 제한함으로써 당사자에게 발생하는 비용(−)의 절댓값이 당사자에게 발생하는 효용(+)의 절댓값보다 작으면, 자율에 대한 제한은 정당화된다. 자율을 제한하여 당사자 이외의 제3자(국가나 사회 포함)의 효용을 높일 수 있다는 것만으로는 자율에 대한 제한이 정당화되지 않는다.

C: 자율 그 자체의 가치보다는 자율이 사회 전체에 가져다주는 효용에 주목하여 자율을 보호해야 한다. 이러한 사고는 효용을 평가할 때 당사자가 아닌 사회 전체에 초점을 맞춘다. 다만 자율을 제한함으로써 당사자에게 발생하는 비용(−)의 절댓값이 당사자에게 발생하는 효용(+)의 절댓값보다 큰 경우에는 그 차액만큼 국가 등이 보상해주어야 자율을 제한할 수 있다. 보상된 만큼 당사자의 효용은 증가된 것으로 본다.

① A에 따르면, 당사자 일방이 자신이 의도했던 의사가 ㉮임에도 실수로 ㉯로 표시하여 상대방이 ㉯로 인식한 경우에도 당사자 일방의 의사를 ㉮로 본다.
② B에 따르면, 당사자의 자율을 정당하게 제한함으로써 발생하는 당사자의 비용(−)과 효용(+)의 합은 항상 양(+)이다.
③ C에 따르면, 당사자의 자율을 제한하는 경우에 당사자의 비용(−)과 효용(+)의 합이 음(−)인 경우가 발생한다.
④ A와 C 중 어느 것에 따르든, 당사자의 자율을 제한하여 발생하는 당사자의 비용(−)과 효용(+)의 합이 양(+)이 되더라도 당사자의 자율을 제한할 수 없는 경우가 존재한다.
⑤ X국 규제기본법이 "사회 전체에 창출되는 효용의 총합이 자율을 제한하여 발생하는 비용을 초과하는 경우에만 당사자의 자율을 제한한다."라고 규정한다면, 이는 B보다는 C에 따라 입법된 것이다.

31

2024학년도 LEET 문7

[규정]의 적용으로 옳은 것만을 <보기>에서 있는 대로 고른 것은?

[규정]
제1조 ① 도로관리청은 도로와 도로구역을 관리한다.
② '도로'란 차도, 보도를 말하며, 도로의 부속물(도로관리청이 도로의 이용과 관리를 위하여 설치하는 주차장, 버스정류시설, 휴게시설 등)을 포함한다.
③ '도로구역'이란 도로를 구성하는 일단의 토지를 말한다.
제2조 ① 도로관리청은 도로 노선의 지정 또는 폐지의 고시가 있으면 해당 도로구역을 지정 또는 폐지하여야 한다. 도로구역의 지정 또는 폐지의 효력은 고시함으로써 발생한다.
② 도로(도로구역 포함)로 지정된 국유지 또는 사유지를 점용하려는 자는 도로관리청의 허가를 받아야 하고, 매월 일정한 토지점용료(이하 '월 토지점용료')를 납부하여야 한다.
제3조 ① 도로관리청은 도로점용허가를 받지 아니하고 도로를 점용(이하 '무단점용')한 경우 무단점용한 기간에 대하여 무단점용한 토지에 부과되어야 하는 월 토지점용료의 100분의 150에 상당하는 금액을 변상금으로 징수한다.
② 도로점용허가를 받은 자가 도로점용허가의 내용을 초과하여 도로를 점용(이하 '초과점용')한 경우 초과점용한 기간에 대하여 초과점용한 토지에 부과되어야 하는 월 토지점용료의 100분의 120에 상당하는 금액을 변상금으로 징수한다. 다만 초과점용이 도로 점용자의 고의·과실로 인한 것이 아닌 경우에는 도로관리청은 초과점용 부분에 대한 토지점용료 상당액을 징수한다.

〈보기〉

ㄱ. 도로의 초과점용에 대하여 6,000만 원의 변상금 부과처분을 하였으나, 고의·과실 없이 초과점용한 것으로 밝혀져 변상금 부과처분이 취소된 경우, 도로관리청이 초과점용을 이유로 부과할 토지점용료 상당액은 5,000만 원이다.
ㄴ. 신도로 완공 후, 구도로 노선의 도로구역으로 지정되었던 토지에 도로관리청의 도로점용허가 없이 농지를 조성한 경우가 변상금 부과처분 대상이 아닌 것으로 확정되었다면, 구도로 노선의 도로구역 폐지의 고시가 있었을 것이다.
ㄷ. 도로인 X국유지(월 토지점용료 1,200만 원)를 도로점용허가 없이 1개월간 점용한 경우 부과처분될 변상금액은, X국유지에 대하여 도로점용허가를 받은 후 인근의 도로구역인 사유지(월 토지점용료 1,500만 원)를 고의로 1개월간 초과점용한 경우 부과처분될 변상금액과 같다.

① ㄱ ② ㄷ ③ ㄱ, ㄴ
④ ㄴ, ㄷ ⑤ ㄱ, ㄴ, ㄷ

32

2024학년도 LEET 문8

[선발 규칙]과 [조정 규칙]의 적용으로 옳은 것만을 <보기>에서 있는 대로 고른 것은?

P사는 신입사원을 선발할 때 [선발 규칙]의 세 가지 안 중 하나를 적용하여 1,600명을 우선 선발하였고, [조정 규칙]을 적용하여 추가 선발하였다.

[선발 규칙]

1안: 공대 출신과 비공대 출신을 3:1로 선발한다.

2안: 공대 출신과 비공대 출신을 3:2로 선발하고, 경력자와 비경력자도 3:2로 선발한다. 이때 비공대 출신 경력자와 비공대 출신 비경력자는 같은 수가 되도록 한다.

3안: 공대 출신 경력자, 공대 출신 비경력자, 비공대 출신 경력자, 비공대 출신 비경력자를 1:1:1:1로 선발한다.

[조정 규칙]

1안: 비공대 출신 선발자 수의 4분의 1에 해당하는 비공대 출신을 추가로 선발한다. 추가 선발자 중 경력자와 비경력자는 같은 수가 되도록 한다.

2안: 선발된 경력자 수의 2분의 1에 해당하는 경력자를 추가로 선발한다. 추가 선발자 중 공대 출신과 비공대 출신은 같은 수가 되도록 한다.

〈보기〉

ㄱ. [선발 규칙] 1안에 따른 결과를 [조정 규칙] 1안에 따라 조정하였다면, 최종 선발자 중 경력자의 수는 1,650명을 넘을 수 없다.

ㄴ. [선발 규칙] 2안에 따른 결과를 [조정 규칙] 2안에 따라 조정하였다면, 최종 선발자 중 공대 출신의 수는 비공대 출신의 수의 1.5배를 초과한다.

ㄷ. [선발 규칙] 3안에 따른 결과를 [조정 규칙] 1안에 따라 조정하고 그 결과를 [조정 규칙] 2안에 따라 조정하였든, [선발 규칙] 3안에 따른 결과를 [조정 규칙] 2안에 따라 조정하고 그 결과를 [조정 규칙] 1안에 따라 조정하였든, 최종 선발된 공대 출신 비경력자의 수는 같다.

① ㄱ ② ㄴ ③ ㄱ, ㄷ
④ ㄴ, ㄷ ⑤ ㄱ, ㄴ, ㄷ

33

2024학년도 LEET 문9

[규정]과 <약관>으로부터 추론한 것으로 옳은 것만을 <보기>에서 있는 대로 고른 것은?

렌터카 사업을 하는 P사는 포인트 적립 계약과 관련한 〈약관〉을 두고 있었는데, 〈약관〉의 일부 조항을 개정하여 즉시 시행한다고 공지하자 기존 가입자 중 일부가 개정된 조항이 [규정]에 위반되는 불공정약관조항이라고 주장하고 있다.

[규정]

제1조 '불공정약관조항'이란 사업자에게만 이익이 되고 고객에게 일방적으로 불리한 내용을 정하고 있는 약관조항을 말한다.

제2조 위원회는 사업자가 제1조를 위반한 경우 사업자에게 해당 불공정약관조항의 삭제·수정 등 시정에 필요한 조치를 권고할 수 있다.

〈약관〉

1. 소비자는 렌터카를 이용하여 1년간 주행할 것으로 예상되는 거리에 따라 A, B 플랜 중 하나만 선택하여 가입할 수 있다.
2. 각 플랜의 계약기간은 1년으로 하고, 적립포인트의 유효기간은 각 플랜의 계약기간이 종료된 날로부터 2년으로 한다.
3. 포인트는 다음 표에 따라 적립된다. A 플랜에서는 기준거리를 초과한 경우에만 전체 주행거리에 대해서 포인트가 적립된다.

플랜	기준거리	적립포인트(km당)	
		개정 전	개정 후
A	1,000km	1.5	2.0
B	없음	1.0	0.5

〈보기〉

ㄱ. 〈약관〉 개정 후 A 플랜 계약자는 〈약관〉 개정 전과 동일한 포인트를 적립하기 위하여 25% 더 적은 거리를 주행하여도 충분하나, B 플랜 계약자는 100% 더 많은 거리를 주행하여야 한다.

ㄴ. 위원회가 개정된 〈약관〉의 '개정 후' 부분에 대해서 [규정] 제2조에 따라 시정조치를 권고하는 경우, 기존 가입자에게 개정된 〈약관〉을 잔여 계약기간에 적용할지를 선택할 수 있도록 함으로써 기존 가입자의 그 기간에 대한 불공정성을 완화할 수 있다.

ㄷ. 위원회의 시정조치 권고에 따라, 개정 후 〈약관〉의 B 플랜을 선택하는 계약자에게 1,000km를 초과한 부분에 대해서는 1.5포인트를 적립해주기로 한다면, 2,000km를 초과하여 운행해야만 개정 전 〈약관〉에 따라 B 플랜을 선택한 경우보다 더 많은 포인트가 적립된다.

① ㄱ ② ㄴ ③ ㄱ, ㄷ
④ ㄴ, ㄷ ⑤ ㄱ, ㄴ, ㄷ

34

2025학년도 LEET 문10

다음으로부터 추론한 것으로 옳은 것만을 <보기>에서 있는 대로 고른 것은?

P사는 2023. 8. 1. 출시한 제품 A를 2023. 8. 1.부터 2023. 8. 31.까지는 정가 15,000원에 판매하다가, 할인율을 표시하지 않고 2023. 9. 1.부터 2023. 9. 10.까지는 14,500원, 2023. 9. 11.부터 2023. 9. 20.까지는 13,500원, 2023. 9. 21.부터 2023. 9. 30.까지는 11,000원에 판매하였다. P사는 2023. 10. 1.부터 6개월간 신문 및 전단을 통하여 A에 대한 '1+1행사'를 한다고 광고하면서 A의 1개 판매가격을 15,000원으로 기재하였다. 규제기관 Q는 2024. 2. 1. P사의 '1+1행사' 광고가 [규정]을 위반하였다는 이유로 과태료를 부과하였다. Q는 ㉠ 판매방식과 관계없이 소비자들은 종전거래가격에 대비하여 50% 할인된 가격으로 구매한다고 생각하므로 '1+1행사'는 할인판매에 해당한다고 본 것이다.

[규정]

제○조(할인판매) ① 사업자가 상품의 할인판매를 하는 경우 할인율을 표시하고 광고 개시 직전 30일간의 종전거래가격을 기재한다. 다만, 30일간의 가격이 계속 변동된 경우에는 '30일간의 가격의 평균'과 '30일간의 가격 중 최저가격과 최고가격의 평균' 중 낮은 가격을 종전거래가격으로 기재한다.

② 제1항에도 불구하고 서로 다른 조건으로 연달아 할인판매를 하는 경우에는 최초의 할인판매 직전 30일간의 종전거래가격을 기재한다.

③ 제1항 또는 제2항을 위반한 경우에는 3,000만 원 이하의 과태료를 부과한다.

〈보기〉

ㄱ. P사의 '1+1행사'는 할인율을 직접 표시하지 않았으므로 15,000원을 판매가격으로 기재한 행위가 증정판매를 위한 것에 불과하다는 해석은 ㉠을 약화한다.

ㄴ. Q에 따르면, P사는 A의 판매가격을 13,000원으로 기재했어야 한다.

ㄷ. 할인율을 표시하지 않고 할인하여 판매한 경우도 할인판매로 본다면, P사의 '1+1행사'가 할인판매로 인정되더라도 P사가 이 행사에서 15,000원을 판매가격으로 기재한 것은 [규정] 위반이 아니다.

① ㄱ ② ㄴ ③ ㄱ, ㄷ
④ ㄴ, ㄷ ⑤ ㄱ, ㄴ, ㄷ

35

2025학년도 LEET 문12

다음으로부터 추론한 것으로 옳은 것만을 <보기>에서 있는 대로 고른 것은?

P사 주주는 12명이고 각 주주의 지분은 동일하다. 갑은 2022. 3. 1. P사 대표이사로 선임되었고 임기는 2022. 3. 1.부터 2024. 2. 29.까지였다. P사 [정관] 제1조 제2항에 따라 갑이 주주총회를 소집하고 주주총회 의안을 제안하면, 모든 주주가 출석하여 갑이 제안한 의안을 당일 의결하였다. 2023. 6. 30.까지는 9명, 2023. 7. 1.부터는 8명의 주주가 갑이 제안한 주주총회 의안에 찬성하였다. 갑은 임기 중 서로 다른 날에 〈의안1〉, 〈의안2〉, 〈의안3〉을 주주총회에 각 1회 제안하여 P사 [정관]을 개정함으로써 대표이사를 연임하였다.

[정관]

제1조 ① 대표이사 임기는 2년이고 연임할 수 없다.

② 대표이사는 주주총회를 소집할 수 있고 주주총회 의안을 제안할 수 있다.

제2조 정관 개정은 주주총회에서 전체 지분의 4분의 3 이상의 동의에 의한다.

제3조 ① 주주총회에서 정관 개정이 의결되면 그때부터 개정된 정관이 효력을 갖는다.

② 제1조 제1항은 개정되더라도 개정 당시 대표이사에게는 개정의 효력이 없다.

③ 제3조 제2항이 삭제되기 전에 제1조 제1항이 개정되더라도 개정 당시 대표이사에게는 제1조 제1항 개정의 효력이 없다.

〈의안 1〉 [정관] 제1조 제1항의 '없다'를 '있다'로 개정한다.
〈의안 2〉 [정관] 제2조의 '4분의 3'을 '3분의 2'로 개정한다.
〈의안 3〉 [정관] 제3조 제2항을 삭제한다.

〈보기〉

ㄱ. 〈의안 1〉과 〈의안 3〉이 2023. 7. 1. 이후에 제안되었다면, 〈의안 2〉는 2023. 6. 30. 이전에 제안되었을 것이다.

ㄴ. 〈의안 2〉가 2023. 7. 1. 이후에 제안되었다면, 〈의안 1〉과 〈의안 3〉은 2023. 6. 30. 이전에 〈의안 3〉, 〈의안 1〉의 순서로 제안되었을 것이다.

ㄷ. 〈의안 3〉이 2023. 6. 30. 이전에 제안되었고 〈의안 1〉이 2023. 7. 1. 이후에 제안되었다면, 〈의안 2〉는 2023. 7. 1. 이후에 〈의안 1〉보다 먼저 제안되었을 것이다.

① ㄴ ② ㄷ ③ ㄱ, ㄴ
④ ㄱ, ㄷ ⑤ ㄱ, ㄴ, ㄷ

정답 및 해설 p.10

2. 인문학

인문 제재의 언어 추리
① 지문 분석 중심: 지문의 논지와 필자가 주장하는 바를 파악하고 이에 대한 핵심 근거가 가정하고 있거나 함축하는 사항을 체크해야 한다.
② 모형화 유형: 지문의 정보로부터 도표나 그림 등의 모형화를 만들고 이로부터 추리되는 요소를 파악해야 한다.

인문 제재는 다양한 분야에서 출제되고 있다. 윤리학, 철학, 심리학, 역사학, 미학 등 인문학의 모든 분야가 그 대상이다. 한편 출제 유형에 있어서는 언어적인 지문 분석 능력을 기반으로 하는 함축된 의미 파악 및 귀결에 대한 문제가 다수를 이루고 있다. 또한 원리를 통한 사례 분석의 유형도 출제되고 있다.

1 분석 및 개념 기반

인문학이라는 제재의 특성에 의해서 지문에 대한 분석을 토대로 이루어지는 추리 유형이다. 정보를 도출하기 위해서 함축되어 있는 요소를 파악하거나 개념에 대한 의미를 파악해야 한다. 또한 지문의 논지 및 전체 흐름을 파악하여 문장이나 개념이 설정되는 데에 필요한 가정이나 전제가 되는 내용을 확인해야 한다.

2 원리 파악 및 적용

인문학에서 원리 적용의 유형은 정보를 보여주며 가설이나 이론, 상이한 판단 기준 등을 제시하면서 시작한다. 그리고 파악된 원리를 토대로 퍼즐과 같이 다양한 상황 안에서 그러한 기준이나 원리들을 통해 도출할 수 있는 경우를 추리해야 한다. 이러한 과정에서 도표나 그림과 같은 모형화가 요구되기도 한다. 또한 수리적인 요소가 포함된 자료를 활용하면서 계산을 통한 배열 과정의 정립 또는 상대적 우위성을 판단하고 추리하는 문제로 구성되기도 한다.

예제

2011학년도 LEET 문30

다음 글로부터 바르게 추론한 것만을 <보기>에서 있는 대로 고른 것은?

증언에 근거한 추론은 목격자의 보고가 사실과 일치하는지에 대한 관찰에 근거한다. 증언하는 사람이 거짓말을 자주 하던 사람이라거나 증언의 내용이 진기한 사건이라면 증언의 신뢰성은 낮아진다. 이제 증언의 내용이 단순히 진기한 사건이 아니라 기적적인 사건이라고 하고, 증언 자체는 의심의 여지가 없을 만큼 아주 신뢰할 만하다고 해 보자. 이 경우 강력한 증거에 반하는 또 다른 강력한 증거가 있는 셈이다. 우리는 이 가운데 더 강력한 증거가 있는 것을 받아들여야 할 것이다.

기적은 자연법칙의 위반이다. 일상적으로 일어나는 일이라면 기적이라 할 수 없을 것이다. 건강하던 사람이 갑자기 죽었다면 그것은 기적이 아니다. 그런 죽음도 가끔 일어나곤 하기 때문이다. 하지만 죽은 사람이 다시 살아났다면 그것은 기적이다. 그런 일은 어느 때도, 어디에서도 관찰된 적이 없기 때문이다. 따라서 모든 기적적인 사건에는 그것과 상반되는 '한결같은 경험'이 있기 마련이며, 그렇지 않다면 그 사건을 기적이라 부를 수 없을 것이다. 그런데 한결같은 경험은 기적의 존재를 부정하는 직접적이고도 강력한 증거이다.

누군가가 죽은 사람이 다시 살아난 것을 보았다고 말한다면, 나는 곧 그가 나를 속일 확률이 그 사건이 실제로 일어났을 확률보다 더 높은지를 가늠해 본다. 나는 하나의 기적과 다른 기적을 서로 저울질해 보고, 항상 더 기적적인 쪽을 버린다. 그의 증언이 거짓이라는 것이 그가 말하는 그 사건보다 더 기적적이라면, 그리고 그 경우여야 비로소 그는 나의 믿음이나 견해를 바꿀 수 있다. 우리가 내릴 수 있는 명백한 결론은 다음과 같다. "증언이 거짓이라는 것이 그 증언을 통해 확립하려는 사실보다 더 기적적이지 않은 이상, 어떤 증언도 기적을 입증할 수 없다."

〈보기〉

ㄱ. 글쓴이는 죽은 사람이 다시 살아났다는 사건이 참일 가능성보다 그 증언이 거짓일 가능성이 더 기적적이어야 부활을 믿을 것이다.
ㄴ. 글쓴이에 따르면, 증언을 토대로 어떤 기적이 발생했다고 믿는 사람은 자연법칙에 어긋나는 사건이 발생할 가능성보다 그 증언이 거짓일 가능성이 낮다고 믿어야 한다.
ㄷ. 1만 번에 1번 정도만 거짓말을 할 정도로 아주 신뢰할 만한 사람이 "동전 던지기를 1만 번 했는데 모두 앞면이 나왔다."고 증언했을 경우, 글쓴이는 그런 사건이 일어났다고 믿지 않을 것이다.

① ㄱ　② ㄴ　③ ㄱ, ㄷ
④ ㄴ, ㄷ　⑤ ㄱ, ㄴ, ㄷ

[정답] ⑤

ㄱ. (O) 지문에서 증언하는 바의 거짓 가능성이 참일 가능성보다 확률적으로 더 낮아야, 즉 '더 기적적'이어야 부활을 믿게 된다고 주장하므로 옳은 진술이다.
ㄴ. (O) 기적은 자연법칙의 위반인데, 속을 확률, 즉 기적이 일어나지 않을 가능성이 '더 기적적'이어야 믿게 된다. 결국 거짓일 가능성이 더 낮아야 한다. 따라서 옳은 진술이다.
ㄷ. (O) 증언자가 거짓말을 할 가능성은 1/10,000인데, 동전 던지기 1만 번에 모두 앞면이 나올 확률은 1/2의 10,000 제곱수로 증언이 거짓일 가능성보다 사실 자체가 더 기적적이므로 그런 사건이 일어났다고 믿지 않을 것이다. 따라서 옳은 진술이다.

실전 연습문제

01

2012학년도 LEET 문26

다음 글로부터 추론한 것으로 옳은 것만을 <보기>에서 있는 대로 고른 것은?

가정부 로봇에 대한 갑, 을, 병의 판단을 기준으로 하여, 몇 가지 가상 사례들에 대하여 동일성 여부를 판단해 보았다.

철수는 시점 t_1에 가정부 로봇을 하나 구입하였다. 인공지능 회로에 고장이 나서 t_2에 같은 종류의 새 부품으로 교체하였으며, t_3에 새로운 소프트웨어로 로봇을 업그레이드하였고, t_4에 로봇의 외형을 새로운 모습으로 바꾸었다. 화재로 t_4의 로봇이 망가지자 철수는 t_4 시점의 로봇을 복제한 새 로봇을 t_5에 구입하였다. 시점 t_1에서 t_5에 이르는 로봇의 동일성 여부에 대하여 갑, 을, 병은 각기 다른 기준에 따라 다음과 같이 판단하였다.

갑: 시점 t_1과 t_4의 로봇은 동일하지만, t_5의 로봇은 이들과 동일하지 않다.
을: 시점 t_2와 t_3의 로봇은 동일하지만, t_1의 로봇은 이들과 동일하지 않다.
병: 시점 t_3과 t_5의 로봇은 동일하지만, t_2의 로봇은 이들과 동일하지 않다.

우리는 인간의 신체와 정신의 관계에 대하여 다음 가정을 받아들이기로 한다.

○ 신체와 정신의 관계는 하드웨어와 소프트웨어의 관계와 같다. 두뇌를 포함한 인간의 신체가 하드웨어라면, 정신은 신체를 제어하는 소프트웨어이다.
○ 만약 두뇌가 복제되면, 정신도 함께 복제된다.

〈보기〉

ㄱ. 왕자와 거지의 심신이 뒤바뀌어서 왕자의 정신과 거지의 몸이 결합된 사람을 을은 거지라고, 병은 왕자라고 판단할 것이다.
ㄴ. 사고로 두뇌와 신체를 크게 다친 철수는 첨단 기술의 도움으로 인간과 기계가 결합된 사이보그가 되었다. 갑과 을은 둘 다 원래의 철수와 사이보그가 된 철수를 다른 사람이라고 판단할 것이다.
ㄷ. 한 개인의 신체에 관한 모든 정보를 다른 장소로 원격 전송한 다음에, 인근에 있는 분자를 이용하여 그 정보에 따라 신체를 똑같이 조합하였다. 원래의 존재와 조합된 존재를 갑은 다르다고, 병은 같다고 판단할 것이다.

① ㄱ ② ㄴ ③ ㄱ, ㄷ
④ ㄴ, ㄷ ⑤ ㄱ, ㄴ, ㄷ

02

2013학년도 LEET 문18

<판단>과 <원칙>에 대한 진술로 옳은 것만을 <보기>에서 있는 대로 고른 것은?

〈판단〉

A: 암환자의 극심한 고통을 감소시킨다는 좋은 결과를 위해 모르핀을 투여하는 행위는 기대수명을 단축하는 나쁜 결과를 낳을 수 있다. 다른 진통제의 효과가 없는 상황에서 암환자가 죽음이 임박한 상태라면 모르핀 투여 행위가 도덕적으로 허용될 수 있지만, 완치 확률이 높은 상태라면 도덕적으로 허용될 수 없다.

B: 생명을 구한다는 좋은 결과를 위해 신체 일부를 절단하는 행위는 불구가 된다는 나쁜 결과를 낳는다. 신체 일부를 절단하지 않으면 죽음에 이르게 될 확률이 대단히 높은 상황에서 신체 일부를 절단하는 행위는 도덕적으로 허용될 수 있지만, 약물치료를 통해 죽음을 피할 확률이 신체 일부를 절단해서 죽음을 피할 확률과 비슷하다면 도덕적으로 허용될 수 없다.

C: 어린이를 구하기 위해 달리는 자동차 앞으로 뛰어드는 행위는 어린이의 생명을 구한다는 좋은 결과를 의도한 행위이지만, 자신이 부상을 입거나 목숨을 잃는다는 나쁜 결과의 가능성도 있다. 급박한 상황에서 어린이를 구하기 위해 달리는 자동차 앞으로 뛰어드는 행위는 도덕적으로 허용될 수 있지만, 동일한 상황에서 어린이가 아니라 유기견을 구하기 위해 뛰어드는 행위는 도덕적으로 허용될 수 없다.

〈원칙〉

p: 의도된 좋은 결과가 일어날 확률이 예상되는 나쁜 결과가 일어날 확률보다 높아야 도덕적으로 허용될 수 있다.
q: 의도된 좋은 결과를 달성하면서 예상되는 나쁜 결과를 피할 수 있는 대안이 없어야 도덕적으로 허용될 수 있다.
r: 의도된 좋은 결과가 예상되는 나쁜 결과를 감수할 정도로 더 높은 가치를 가져야 도덕적으로 허용될 수 있다.

〈보기〉

ㄱ. A에서 도덕적 허용 가능성의 차이를 낳는 원칙은 r이다.
ㄴ. B에서 원칙 p는 적용되지 않았다.
ㄷ. C에서 도덕적 허용 가능성의 차이를 낳는 원칙은 q이다.

① ㄱ ② ㄷ ③ ㄱ, ㄴ
④ ㄴ, ㄷ ⑤ ㄱ, ㄴ, ㄷ

03

2020학년도 LEET 문16

다음으로부터 추론한 것으로 옳은 것만을 <보기>에서 있는 대로 고른 것은?

甲, 乙, 丙 세 사람 모두 약속 위반이 잘못된 행위이며 특별한 사정이 없는 한 그런 행위자를 도덕적으로 비난할 수 있다고 생각한다. 이들이 인정하는 특별한 사정이란 "당위는 능력을 함축한다"라는 근본적인 도덕 원리와 관련된 것으로서, 만약 약속을 지킬 수 있는 능력이 없는 경우라면 약속 위반자를 도덕적으로 비난하지 않겠다는 것이다. 이와 더불어 세 사람은 모두 행위자가 물리력을 행사하여 수행할 수 있는 범위 내에 있는 행위라면 '그 행위자에게 그 행위를 할 수 있는 능력이 있는 것'으로 간주한다. 하지만 행위 능력이 있더라도 행위자가 그 능력을 인지하는지 여부에 따라 추가로 특별한 사정이 생길 수 있다는 ㉠ 입장과 그런 여부와 상관없이 특별한 사정은 생기지 않는다는 ㉡ 입장이 갈릴 수 있다.

〈사례〉

丁은 오늘 정오에 戊를 공항까지 태워 주기로 약속했지만 끝내 제시간에 약속 장소에 나타나지 않았다. 밝혀진 바에 따르면, 丁은 약속을 분명히 기억하고 있었고 시간을 착각한 것도 아니면서 제때 방에서 나오지 않았다. 하지만 약속 위반자인 丁에게 특별한 사정이 있었을 수도 있다. 이제 다음 세 가지 상황을 고려해 보자.

〈상황〉

(1) 丁은 집주인이 방문을 잠가 놓았다는 사실을 알게 되었다. 밖에서 방문을 열어 주지 않는 한 그가 나갈 수 있는 방법은 전혀 없었고 외부와의 연락 수단도 없었다.

(2) 丁은 집주인이 방문을 잠가 놓았다는 사실을 알게 되었다. 밖에서 열어 주지 않는 한 방문을 열 수 있는 방법은 전혀 없었고 외부와의 연락 수단도 없었다. 하지만 방 안에는 丁이 전혀 모르는 버튼이 있는데, 그 버튼을 누르면 비밀 문이 열린다. 버튼을 누르는 일은 丁이 물리력을 행사하여 수행할 수 있는 범위 내에 있었다.

(3) 집주인이 방문을 잠가 놓았고 밖에서 방문을 열어 주지 않는 한 丁이 방에서 나갈 수 있는 방법은 전혀 없었다. 방에는 외부와의 연락 수단도 없었다. 하지만 丁은 귀찮아서 방을 나가려 하지 않았고 방문이 잠겨 있다는 사실을 전혀 몰랐다.

〈보기〉

ㄱ. 甲이 (1)과 (3)의 상황에서 丁에 대한 도덕적 판단이 서로 달라야 할 이유가 없다고 생각한다면, 甲은 ㉡을 채택한 것이다.

ㄴ. ㉡을 채택한 乙은 (2)의 상황에서 丁을 도덕적으로 비난하지 않을 것이다.

ㄷ. 丙은 ㉠을 채택하든 ㉡을 채택하든 (3)의 상황에서 丁이 도덕적 비난의 대상이 될 수 있다는 것을 설명할 수 없다.

① ㄱ　② ㄷ　③ ㄱ, ㄴ　④ ㄴ, ㄷ　⑤ ㄱ, ㄴ, ㄷ

04

2020학년도 LEET 문14

다음으로부터 추론한 것으로 옳은 것만을 <보기>에서 있는 대로 고른 것은?

〈이론〉

각 사람의 행복을 극대화하는 행동이 올바른 행동이다. 이를 판단하기 위해서 다음의 네 가지 원리가 있다. 단, X와 Y는 가능한 상황을, p와 q는 사람을 나타낸다.

원리1: p가 상황 X에서 누리는 행복보다 더 많은 행복을 누리게 될 다른 가능한 상황이 없다면, p는 X에서 나쁘게 대우받는 것은 아니다.

원리2: p가 X에서 존재하고 X에서보다 더 많은 행복을 누리게 되는 가능한 상황 Y가 존재하는 경우, Y에서 존재하는 사람 중에 Y보다 X에서 더 많은 행복을 누리게 되는 q가 존재하지 않는다면 p는 X에서 나쁘게 대우받는 것이고, 그러한 q가 존재한다면 p는 X에서 나쁘게 대우받는 것이 아니다.

원리3: p가 X에서 존재하지 않는다면, p가 존재하여 더 많은 행복을 누리게 될 가능한 상황이 있더라도 p가 X에서 나쁘게 대우받는 것은 아니다.

원리4: 원리1~3에 따라 X에서 누구도 나쁘게 대우받지 않는 경우에만 X는 도덕적으로 허용될 수 있다.

〈사례〉

남편인 甲과 아내인 乙에게 자녀 丙이 있다. 이 부부가 둘째 아이를 낳으면 甲의 행복도는 그대로인 반면 乙은 건강이 나빠져 행복도가 떨어지지만, 丙의 행복도는 알려져 있지 않다. A는 이 부부가 둘째 아이를 낳지 않는 상황이고, B는 이 부부가 둘째 아이 丁을 낳는 상황이다. 아래 표는 각각의 상황에서 甲, 乙, 丙, 丁의 행복도를 나타낸다. 단, 가능한 상황은 A와 B뿐이며, 甲, 乙, 丙, 丁 외에 다른 사람은 존재하지 않고, 상황 A에서 丁은 존재하지 않으므로 행복도는 0이라고 가정한다.

사람	A	B
甲	5	5
乙	5	3
丙	5	α
丁	0	5

〈보기〉

ㄱ. A에서 甲~丁 중 누군가 나쁘게 대우받는 것이 가능하다.

ㄴ. B에서 甲~丁 중 한 사람만 나쁘게 대우받고 있다면 α는 5보다 작다.

ㄷ. A, B가 모두 도덕적으로 허용 가능하다면 α는 5보다 크다.

① ㄱ ② ㄷ ③ ㄱ, ㄴ
④ ㄴ, ㄷ ⑤ ㄱ, ㄴ, ㄷ

05

2022학년도 LEET 문24

<사례>에 대한 분석으로 옳지 않은 것은?

행위는 인식과 목적 두 측면에서 합리적인 것으로 평가받을 수 있어야 진정으로 합리적이며, 그렇지 않으면 비합리적이다. 두 측면을 이해하는 방식에는 각각 논란이 있다. 행위의 인식 측면에서는, 행위자가 개인적으로 믿고 있는 정보를 기준으로 목적을 달성할 수 있는 행위를 수행한 경우 합리적이라고 평가된다는 입장과 실제로 참인 정보를 토대로 해야 합리적으로 평가된다는 입장이 대립한다. 전자를 '주관적' 입장, 후자를 '객관적' 입장이라고 하자.

행위의 목적 측면에서는, 행위를 수행하는 목적이 행위자 자신에 대한 직접적 해악과 무관하다면 합리적이라고 평가된다는 입장과 그 목적이 비판적으로 정당화되는 도덕이론의 관점에서 부당하지 않은 경우에만 합리적으로 평가된다는 입장이 대립한다. 전자를 '내재주의', 후자를 '외재주의'라고 하자. 이를 조합하면 행위는 '주관적 내재주의', '주관적 외재주의', '객관적 내재주의', '객관적 외재주의'의 네 가지 입장에서 평가할 수 있다.

〈사례〉

- A는 수분을 섭취하기 위해 병에 담겨 있는 액체를 이온음료라고 믿고 마셨지만 그것은 실제로는 벤젠이었고 그 결과 A는 심각한 상해를 입게 되었다.
- B는 이웃돕기 성금을 마련하기 위해 중고 거래 사이트에 허위매물을 올렸다. 그는 이 사이트의 거래 수단이 선입금 구매자의 보호에 취약하다는 사실을 잘 알고 있었다. 이 점을 이용하여 B는 판매 대금만 수령하고 물건은 보내지 않는 방식으로 이웃돕기 성금을 마련할 수 있었다.
- C는 금품 편취를 목적으로 동료에게 이메일을 보냈으나 이메일 주소를 잘못 알고 있었기에 그는 C에게 금품을 편취당하지 않았다.

① A와 C의 행위를 모두 비합리적이라고 평가하는 입장은 1개이다.

② 주관적 내재주의는 A와 B의 행위를 모두 합리적이라고 평가한다.

③ A의 행위의 합리성에 대한 주관적 외재주의와 주관적 내재주의의 평가는 일치한다.

④ 동료가 C에게 이메일 주소를 일부러 거짓으로 알려주었다 하더라도, C의 행위에 대한 합리성 평가는 어떤 입장에 따르더라도 변경되지 않는다.

⑤ 만약 외재주의가 행위의 목적뿐만 아니라 수단의 도덕성을 함께 고려하는 입장이라면, 주관적 외재주의와 객관적 외재주의는 B의 행위를 비합리적이라고 평가한다.

06

2025학년도 LEET 문14

다음으로부터 <사례>를 판단한 것으로 옳은 것만을 <보기>에서 있는 대로 고른 것은?

> 많은 철학자들은 "증거의 부재는 부재의 증거가 아니다."를 일반적인 ㉠ 격률로 받아들인다. 그러나 언제나 이 격률이 성립하는 것은 아니다. 어떤 사람이 천장에서 나는 소리를 들으려고 애썼지만 어떤 소리도 들리지 않는 경우를 생각해보자. 그는 천장에 쥐가 있다는 어떤 증거도 발견하지 못한다. 이 경우, 증거의 부재가 "천장에 쥐가 없다."는 부재 가설의 증거가 된다. 철학자 A는 다음의 두 조건이 모두 만족되면 증거의 부재가 부재 가설의 증거가 되며, 따라서 위 격률이 성립하지 않게 된다고 주장한다.
>
> ㅇ 조건 1: 부재 가설이 참일 확률은 100%보다 작아야 한다.
> ㅇ 조건 2: 부재 가설이 참일 때 '부재 가설이 거짓이라는 증거'를 획득할 확률은 부재 가설이 거짓일 때 '부재 가설이 거짓이라는 증거'를 획득할 확률보다 작아야 한다.
>
> 〈사례〉
> X산으로 등산을 떠난 갑은 혹시 X산에 멧돼지가 있을까 걱정했다. 하지만 X산에서 멧돼지 발자국을 찾아볼 수 없었다. 이를 바탕으로 갑은 X산에는 멧돼지가 없다고 추론하였다. (단, 멧돼지 유무의 증거는 발자국뿐이라고 가정한다.)

〈보기〉

ㄱ. A에 따르면, X산에 멧돼지가 존재할 확률이 0%일 때 갑의 추론에서 ㉠은 성립하지 않는다.
ㄴ. 갑이 등산하기 전에 누군가 먼저 X산을 깨끗이 정돈하여 모든 동물 발자국을 지워 놓았다면, 갑의 추론은 조건 1도 조건 2도 만족하지 않는다.
ㄷ. X산에 멧돼지가 있을 때 멧돼지 발자국이 발견될 확률이 X산에 멧돼지가 없을 때 멧돼지 발자국이 발견될 확률보다 더 큰 경우, 갑의 추론은 조건 2를 만족한다.

① ㄱ ② ㄷ ③ ㄱ, ㄴ
④ ㄴ, ㄷ ⑤ ㄱ, ㄴ, ㄷ

07

2025학년도 LEET 문19

다음 글에 대한 분석으로 옳은 것만을 <보기>에서 있는 대로 고른 것은?

> 어떤 행위를 하지 않을 도덕적 의무가 있는지에 관해 다음 원리가 제안되었다.
>
> A: 특정 행위로 타인이 해를 입거나 세상이 더 나빠진다면, 그 행위를 하지 않을 도덕적 의무가 있다.
> B: 모든 사람이 특정 행위를 할 경우 타인이 해를 입거나 세상이 더 나빠진다면, 그 행위를 하지 않을 도덕적 의무가 있다.
> C: 특정 행위가 모든 사람에게 허용될 경우 타인이 해를 입거나 세상이 더 나빠진다면, 그 행위를 하지 않을 도덕적 의무가 있다.
>
> 다음 사례를 보자.
>
> 〈사례 1〉
> 많은 사람이 운전을 즐기고 있다. 이는 지구 온난화를 가속시키며 결국 개발도상국의 취약 계층에게 큰 피해를 준다. 그러나 한 사람의 운전만으로는 지구 온난화에 영향을 미치지 않는다. 갑은 ㉠ 스포츠카 운전을 즐기기로 했다.
>
> 〈사례 2〉
> 지정된 흡연 구간에서 담배를 피는 행위는 타인에게 별 해를 입히지 않는다. 그러나 아파트에서의 실내 흡연은 이웃에게 피해를 준다. 아파트 20층에 사는 을은 평소 실내에서는 흡연을 하지 않지만 엘리베이터가 고장이 나자 ㉡ 실내 흡연을 하기로 했다.
>
> 〈사례 3〉
> 병은 아이가 없지만 영구 불임수술을 받을 계획이다. 그런데 모든 사람이 아이를 낳기 전 영구 불임수술을 받으면, 사회적 재앙이 될 것이다. 하지만 영구 불임수술이 허용되고 있음에도 불구하고 실제로 수술을 받는 사람은 많지 않아 세상은 나빠지지 않았다. 병은 ㉢ 영구 불임수술을 받기로 했다.

〈보기〉

ㄱ. A를 적용하면 갑은 ㉠을 하지 않을 도덕적 의무가 있다고 할 수 없지만, B를 적용하면 ㉠을 하지 않을 도덕적 의무가 있다.
ㄴ. A를 적용하든 B를 적용하든 을은 ㉡을 하지 않을 도덕적 의무가 있다.
ㄷ. B를 적용하면 병은 ㉢을 받지 않을 도덕적 의무가 있지만, C를 적용하면 그렇지 않다.

① ㄱ ② ㄴ ③ ㄱ, ㄷ
④ ㄴ, ㄷ ⑤ ㄱ, ㄴ, ㄷ

정답 및 해설 p.17

3. 사회과학

사회과학 제재는 경제 개념의 수적 관계와 사회 정치적 원리에 관한 내용을 주로 다룬다. 사회과학 제재에서 언어 추리는 주로 경제학과 사회학을 중심으로 출제되고 있다. 일부 문항에서는 경제적 개념이 익숙하지 못할 경우 개념 파악의 부족으로 인해 문제의 접근성이 떨어질 수 있기에 이에 대한 보완이 필요하다. 유형은 원리 파악 및 적용을 중심으로 출제되고 있다.

1 개념 및 원리 적용

지문의 형식은 대립적인 이론이나 다중 견해를 주고 하나의 상황에서 각각의 견해들로부터 추리할 수 있는 내용으로 선지나 보기가 구성되기도 하며 비교하여 추리하는 형식의 선지가 나타나기도 한다. 또한 관련 제재의 개념이나 이론을 보여주고 이를 비교하여 추리하거나 사례에 적용하여 추리하는 문항이 주어진다.

개별적인 원리가 나타날 때에는 구체적인 매칭을 추리해야 하며 현상 간에 나타나는 상관관계를 고려하여 판단하는 문항도 포함되어 있다. 경제학이나 사회학, 정치학 등에서 다양한 제재와 소재로 출제되고 있어서 기초 개념에 대한 선(先)이해가 필요한 경우도 있다.

다음으로부터 추론한 것으로 옳은 것은?

X국 정부는 암 치료제 개발에 대한 경제적 유인을 제공하기 위해, 암 치료제를 개발한 제약회사에 특허를 주어 20년간 제조 및 판매에 대한 배타적 권리를 인정해 주고 있다. 특허를 얻은 제품을 판매하기 위해서는 임상시험을 통과해야 한다.

암 치료제는 암의 진행 단계에 맞추어 설계된다. 어떤 약은 초기암에 더 효과적이고 어떤 약은 말기암에 더 효과적이다. 이른 시기에 치료를 시작할수록 암이 완치될 확률이 높아지므로 사회적 관점에서는 초기암 치료제의 가치가 말기암 치료제보다 더 높다. 그런데 X국에서 특허를 얻은 암 치료제의 종류를 조사한 한 연구에 따르면, 실제로 개발되어 출시되는 암 치료제는 초기암 치료제보다 말기암 치료제가 월등히 많았다. 이는 사회적으로 비효율이 존재함을 의미한다.

이 연구는 이러한 문제가, ㉠ 초기암 치료제의 임상시험에 소요되는 시간과 ㉡ 말기암 치료제의 임상시험에 소요되는 시간의 차이가 ㉢ X국에서 암 치료제에 대한 배타적 권리가 개시되는 시점에 대한 규정과 결합하여 발생한다고 결론지었다. 이 상황에서는 초기암 치료제보다 말기암 치료제를 개발하여 출시하는 것이 더 높은 이윤을 가져다준다는 것이다.

① ㉠이 ㉡보다 길고, ㉢은 특허를 얻은 시점이다.
② ㉠이 ㉡보다 길고, ㉢은 임상시험 통과 시점이다.
③ ㉡이 ㉠보다 길고, ㉢은 특허를 얻은 시점이다.
④ ㉡이 ㉠보다 길고, ㉢은 임상시험 통과 시점이다.
⑤ ㉠과 ㉡이 같고, ㉢은 임상시험 통과 시점이다.

[정답] ①

결과적으로 초기암 치료제보다 말기암 치료제를 개발하여 출시하는 것이 더 높은 이윤을 가져다준다는 귀결이 있어야 한다. 따라서 초기암 치료제의 임상시험에 소요되는 시간이 말기암 치료제의 그것보다 길어야 하며, 암 치료제에 대한 배타적 권리가 개시되는 시점은 특허를 얻은 시점이 된다.

실전 연습문제

01

2011학년도 LEET 문21

다음 글로부터 바르게 추론한 것만을 <보기>에서 있는 대로 고른 것은?

청과물의 거래 방식으로 밭떼기, 수의계약, 경매가 있고, 이 중 한 가지를 농가가 선택한다고 하자. 밭떼기는 재배 초기에 수집 상인이 산지에 와서 계약을 하고 대금을 지급한 다음, 수확기에 가져가 도매시장의 상인에게 파는 방식이다. 수의계약은 수확기에 농가가 도매시장 내 도매상과의 거래를 성사시킨 후 직접 수확하여 보내는 방식인데, 이때 운송 책임은 농가가 진다. 경매는 농가가 수확한 청과물을 도매시장에 보내서 경매를 위임하는 방식인데, 도매시장에 도착해서 경매가 끝날 때까지 최소 하루가 걸린다.

같은 해 동일 품목의 경우, 수의계약의 평균거래가격과 경매의 평균거래가격은 밭떼기의 거래가격과 같다고 가정한다. 단, 생산량과 소비량의 변동에 의해 가격변동이 발생하는데, 도매시장에서의 가격변동 폭은 경매가 수의계약보다 크다.

농가 A, B, C, D는 여름철 청과물을 생산하는데, 안정된 가격에 팔기 원하는지 여부와 거래가 완료될 때까지 신선도가 유지되는지 여부만을 고려하여 재배 초기에 거래 방식을 결정한다. 이들 농장에서 도매시장까지의 거리는 D가 가장 가깝고, A와 B가 동일하게 가장 먼데, 가장 먼 곳이라도 6시간이면 시장까지 도착한다.

A와 B는 하루 안에 거래를 마쳐야 할 정도로 빨리 시드는 청과물을 생산한다. A는 안정된 가격에 팔기 원하지만, B는 가격의 변동을 이용하여 평균가격보다 높게 팔려고 한다.

C와 D가 생산하는 청과물은 빨리 시들지 않아 거래에 일주일 이상의 여유가 있다. C와 D는 B와 마찬가지로 가격의 변동을 이용하여 평균가격보다 높게 팔려고 하는데, 그 정도는 C와 D가 동일하다.

〈보기〉

ㄱ. A와 B는 가장 선호하는 거래 방식이 다르지만, 가장 기피하는 거래 방식은 같다.

ㄴ. C와 D는 가장 선호하는 거래 방식이 같지만, 가장 기피하는 거래 방식은 다르다.

ㄷ. A~D가 각자 가장 선호하는 방식으로 거래할 때, 도매시장으로 오는 동안 발생하는 청과물의 품질 하락으로 인한 손실 가능성이 가장 적은 농가는 D이다.

① ㄱ　② ㄴ　③ ㄱ, ㄷ
④ ㄴ, ㄷ　⑤ ㄱ, ㄴ, ㄷ

02

2017학년도 LEET 문28

다음 글로부터 추론한 것으로 옳은 것만을 <보기>에서 있는 대로 고른 것은?

시장에 나온 상품의 양이 유효수요를 초과하는 경우, 그 상품가격의 구성부분들(지대, 임금, 이윤) 중 일부는 그 자연율 이하의 대가를 받을 수밖에 없다. 만약 그것이 지대라면, 토지 소유자의 이해관계는 즉시 그의 토지의 일부를 그 사업으로부터 거둬들이도록 할 것이고, 만약 그것이 임금 또는 이윤이라면 노동자 또는 고용주의 이해관계는 그들의 노동 또는 자본의 일부를 그 사업으로부터 줄이도록 할 것이다. 이리하여 시장에 나오는 상품의 양은 겨우 유효수요를 만족시키는 데 충분한 수준이 될 것이다. 따라서 상품가격의 모든 구성부분들은 그들의 자연율로 상승할 것이고, 상품의 가격은 자연가격으로 상승할 것이다.

이와는 반대로, 시장에 나오는 상품의 양이 유효수요보다 적다면, 상품가격의 구성부분들 중 일부는 그 자연율을 웃도는 대가를 받게 될 것이다. 만약 그것이 지대라면, 여타의 토지 소유자의 이해관계는 당연히 이 상품의 제조에 더 많은 토지를 제공하게 만들 것이고, 그것이 임금 또는 이윤이라면, 여타의 모든 노동자와 제조업자들의 이해관계는 그 상품을 제조하여 시장에 내보내는 데 더 많은 노동과 자본을 사용하게 만들 것이다. 그리하여 시장에 나오는 상품의 양은 곧 유효수요를 만족시키는 데 충분하게 될 것이다. 따라서 가격의 모든 구성부분들은 곧 그들의 자연율 수준으로 하락할 것이며, 전체 가격은 자연가격으로 하락할 것이다.

– 애덤 스미스, 『국부론』 –

〈보기〉

ㄱ. 궁극적으로 모든 토지의 소유주들이 얻는 지대는 그 자연율을 향해 움직이는 경향을 보인다.

ㄴ. 노동자들이 노동의 자연율 수준을 안다면, 이 수준을 자신의 노동을 어디에 투입할 것인지를 결정하는 하나의 준거로 삼을 수 있다.

ㄷ. 자동차 가격과 그 중간재인 철강 가격이 동시에 자연가격 이하로 떨어지는 경우, 자동차 산업의 자본 소유주는 자신의 자본을 자동차 산업에서 회수할 것이다.

① ㄱ　② ㄷ　③ ㄱ, ㄴ
④ ㄴ, ㄷ　⑤ ㄱ, ㄴ, ㄷ

03

2018학년도 LEET 문22

다음 글로부터 추론한 것으로 옳은 것을 <보기>에서 고른 것은?

> 15세 이상 인구를 생산가능인구라고 한다. 이 중 적극적으로 노동할 의사가 있는 사람들을 경제활동인구, 나머지를 비경제활동인구라고 한다. 경제활동인구는 다시 실업자와 취업자로 구분된다. 실업자에 대한 정의는 조사대상 1주일간에 수입이 발생하는 일에 전혀 종사하지 못하고, 적극적으로 구직활동을 했으며, 일자리가 생기면 즉시 일을 시작할 수 있는 사람을 말한다. 실업자를 뺀 나머지 경제활동인구를 취업자로 정의한다.
>
> 경제활동인구 가운데 실업자의 비율로 정의되는 '실업률'은, 일을 하고 싶지만 일자리가 없어서 일을 하지 못하는 사람이 어느 정도인지를 보여주는 것으로서 노동시장의 상태를 나타내는 대표적인 통계이다. 하지만 실업률은 오랫동안 일자리를 구하지 못해 구직을 단념한 '구직단념자', 구직을 위해 취업준비를 하는 사람들, 더욱 많은 시간 동안 일하고 싶지만 마땅한 일자리를 구하지 못하여 원하는 시간보다 짧은 시간만 일하고 있는 '불완전취업자' 등의 존재를 파악하지 못하는 한계가 있다. 이 때문에 노동시장의 상태를 나타내는 지표로 실업률과 함께 생산가능인구 중 경제활동인구 비율을 나타내는 '경제활동참가율'이나 생산가능인구 중 취업자 비율을 나타내는 '고용률'을 이용하기도 한다. 단기적으로 인구의 변화가 없는 경제에서 위 경제지표들의 상호 관계가 중요한 의미를 갖는다.

〈보기〉

ㄱ. 일자리가 증가함과 동시에 실업률이 상승할 수는 없다.
ㄴ. 실업률과 고용률을 통해 취업자 중 불완전취업자의 비중을 알 수 있다.
ㄷ. 구직단념자가 많아질수록 실업률은 하락하는 반면 고용률은 변화가 없다.
ㄹ. 실업률 하락과 고용률 하락이 동시에 발생하면 경제활동참가율도 하락한다.

① ㄱ, ㄴ　② ㄱ, ㄷ　③ ㄴ, ㄷ
④ ㄴ, ㄹ　⑤ ㄷ, ㄹ

04

2020학년도 LEET 문28

다음 글에 대한 분석으로 옳은 것만을 <보기>에서 있는 대로 고른 것은?

> 甲, 乙, 丙 세 사람이 상품 A, B, C를 소유한 사회를 고려하자. 세 사람이 각자 현재 소유한 상품과 가장 선호하는 상품은 다음과 같다.

사람	현재 소유한 상품	가장 선호하는 상품
甲	A	C
乙	B	A
丙	C	B

> 각 사람은 자신이 가장 선호하는 상품을 가질 때까지 다른 사람과 교환하며, 가장 선호하는 상품을 소유하면 더 이상 교환하지 않는다. 각 사람이 가장 선호하는 상품을 갖기 위해 다른 사람과 교환하여 잠시 보유하게 되는 상품은 그 사람에게 교환의 매개 도구 즉 화폐로 사용되는 것이다.

〈보기〉

ㄱ. 모든 상품이 화폐가 될 수 있다.
ㄴ. 甲이 화폐로 사용할 수 있는 상품은 B뿐이다.
ㄷ. 이 사회에서는 세 번의 교환이 발생할 수 없다.
ㄹ. 상품 A가 화폐로 사용된다면 乙과 丙이 가장 먼저 교환해야 한다.

① ㄱ, ㄴ　② ㄴ, ㄹ　③ ㄷ, ㄹ
④ ㄱ, ㄴ, ㄷ　⑤ ㄱ, ㄷ, ㄹ

05

2021학년도 LEET 문27

<사례>에 대해 판단한 것으로 옳은 것만을 <보기>에서 있는 대로 고른 것은?

어떤 개인이나 집단이 다른 개인이나 집단에 '기생'한다는 것과 '무임승차'한다는 것을 다음과 같이 정의한다.

○ 갑이 을에게 기생한다는 것은, 갑이 자신의 어떤 행위를 통해 순이익을 얻지만 그 행위로 인해 을이 순손실을 입는다는 것이다.

○ 갑이 을에게 무임승차한다는 것은, 갑이 병의 행위를 통해 순이익을 얻지만 그 행위로 인해 을이 순손실을 입는다는 것이다.

단, 순이익은 이익이 손실보다 큰 경우 발생하며 이익에서 손실을 뺀 값이다. 순손실은 그 반대이다.

〈보상원칙〉

갑이 기생이나 무임승차를 통해 순이익을 얻었고, 을이 그 순손실에 대해 어떤 보상도 받지 못했다면, 갑은 자신이 얻은 순이익과 을이 입은 순손실 중 적은 쪽에 해당하는 양만큼 을에게 보상해야 한다.

〈사례〉

X, Y, Z의 세 나라만이 있다. 각 나라에는 1901년부터 1980년까지 살았던 이전세대와 1981년부터 현재까지 살고 있는 현세대가 있다. 세 나라의 이전세대와 현세대를 통틀어 X의 이전세대만이 대기 중에 CO_2를 과다 배출하여 온실효과가 발생하는 A산업 행위를 했고 이로 인해 세 나라의 현세대가 손실을 입었다. A산업 행위로 인한 손실을 반영했을 때, 세 나라의 이전세대와 현세대가 A산업 행위로부터 얻은 순이익과 순손실은 다음과 같다.

	X	Y	Z
이전세대	순이익 10	순이익 6	순이익 0
현세대	순이익 7	순이익 3	순손실 4

〈보기〉

ㄱ. X의 이전세대는 Z의 현세대에 기생하며 Y의 이전세대는 Z의 현세대에 무임승차한다.

ㄴ. 〈보상원칙〉에 따르면, Z의 현세대가 A산업 행위로 인한 손실에 대해 어떤 보상도 받지 못했을 경우, Y의 현세대는 Z의 현세대에 4를 보상해야 한다.

ㄷ. 〈보상원칙〉을 '기생 또는 무임승차로 현세대가 얻은 순이익의 총합에서 순손실의 총합을 뺀 전체 순이익을 분배하여 각 나라의 현세대가 똑같은 순이익을 갖도록 해야 한다.'로 대체할 경우, X와 Y의 현세대가 Z의 현세대에 제공해야 할 순이익의 총합은 6이다.

① ㄱ ② ㄴ ③ ㄱ, ㄷ
④ ㄴ, ㄷ ⑤ ㄱ, ㄴ, ㄷ

06

2021학년도 LEET 문29

다음으로부터 추론한 것으로 옳은 것만을 <보기>에서 있는 대로 고른 것은?

주가의 수익률 변동성은 예측치 못한 상황으로 인한 수익률의 불확실성 정도를 의미한다. 일반적으로 수익률 변동성이 클수록 주식 투자에 따른 위험이 증가하는데, 투자자들은 위험한 주식을 보유하기를 꺼리므로 이런 주식에 투자할 유인이 생기려면 주가가 낮아 높은 기대 수익률이 보장되어야 한다.

수익률 변동성은 두 가지 특성을 가진다. 첫째, 수익률 변동성은 군집성을 가진다. 즉, 특정일의 변동성이 높으면 익일의 변동성도 높고, 변동성이 낮으면 익일의 변동성도 낮게 나타난다. 변동성의 군집성은 주가에 영향을 미치는 정보가 일정 기간 지속적으로 시장에 유입되기 때문에 나타난다.

둘째, 수익률 변동성은 주가가 상승할 때보다는 하락할 때 상대적으로 더 크게 나타나는 비대칭성을 가진다. 이러한 비대칭성을 설명하기 위한 가설로는 레버리지 효과 가설과 변동성 피드백 가설이 있다. 레버리지 효과 가설에 따르면, 주가 하락이 기업의 부채 비율인 레버리지를 상승시킴으로써 재무 위험이 증가하고 수익률 변동성을 높이는 반면, 주가 상승은 레버리지를 하락시켜 변동성을 낮춘다. 한편, 변동성 피드백 가설은 수익률 변동성의 증가로 주식 투자의 위험이 증가하므로 주식 보유 유인으로서의 위험 프리미엄*이 높아져 주가가 하락한다는 것이다. 두 가설은 수익률 변동성과 주가 간 음(−)의 상관관계를 예측한다는 점에서는 유사하나 인과 구조는 서로 상반된다.

* 위험 프리미엄: 위험 보상을 위한 추가 수익률

〈보기〉

ㄱ. 주가가 상승한 시기보다 하락한 시기에 수익률 변동성의 군집성이 더 오래 지속될 것이다.

ㄴ. 레버리지 효과 가설에 따를 경우, 부채 비율이 동일하게 유지되는 기업에서는 주가와 수익률 변동성 간 음(−)의 상관관계는 나타나지 않을 것이다.

ㄷ. 변동성 피드백 가설에 따를 경우, 수익률 변동성 증가로 인한 위험 프리미엄의 상승이 주식의 기대 수익률을 높이는 요인으로 작용할 것이다.

① ㄱ ② ㄴ ③ ㄱ, ㄷ
④ ㄴ, ㄷ ⑤ ㄱ, ㄴ, ㄷ

07

2021학년도 LEET 문30

빅셀의 주장으로부터 추론한 것으로 옳은 것만을 <보기>에서 있는 대로 고른 것은?

리카도는 어음, 수표와 같은 신용 수단은 화폐 사용을 절약하는 도구로만 인식하여 화폐의 범주에서 제외하였다. 그에 따르면 화폐량 증가는 이자율을 하락시키고 물가는 상승시키는 요인이 된다. 이에 반해 투크는 물가는 화폐량뿐만 아니라 신용 수단을 포함한 모든 형태의 신용에 의해 영향을 받는다고 반박하였다. 그는 물가 상승은 기업가의 이윤 동기를 자극하여 투자를 위한 신용 수요를 확대시킴으로써 이자율을 상승하게 만든다고 보았다.

빅셀은 이자율과 물가의 관계에 대한 리카도와 투크의 주장이 서로 배치되지 않음을 보이고자 하였다. 그는 리카도와 투크가 사용하는 이자율을 '화폐 이자율'이라 정의하고 이와는 별개로 '자연 이자율'이라는 새로운 개념을 도입하였다. 화폐 이자율은 은행 신용에 대한 수요와 공급을 일치시키는 이자율이고, 자연 이자율은 자본재에 대한 수요와 공급을 일치시키는 이자율이다. 그는 두 이자율이 같아질 때 경제 내 균형이 달성된다고 보았다.

화폐량 증가로 화폐 이자율이 자연 이자율을 하회하여 경제가 균형에서 이탈하는 상황이 발생하였다고 하자. 이 상황의 초기에는 자본재에 대한 기업들의 투자 수요가 늘어난다. 이런 투자를 실행하기 위해서는 소비재 생산에 투입되던 생산 요소들이 자본재 생산으로 이동하면서 소비재 공급이 감소하고 물가는 상승한다. 한편 시간이 경과하면서 소비재 물가의 상승에 따른 기업들의 이윤 동기가 자극되어 소비재 생산을 위한 투자 수요 역시 증가한다. 이 과정에서 기업들의 은행 신용에 대한 수요가 확대되고 화폐 이자율이 상승하여 장기적으로는 자연 이자율과 일치하는 수준에서 균형이 회복된다. 빅셀은 ㉠ 두 이자율 간 괴리가 발생하는 초기 상황 및 이후의 동태적 조정 과정을 통해 이자율과 물가의 관계에 대한 리카도와 투크의 주장이 서로 양립 가능함을 보였다.

〈보기〉

ㄱ. 자본재와 소비재 간 생산 요소의 이동이 빠를수록 리카도가 주장하는 물가와 이자율의 관계가 더 빨리 나타날 것이다.

ㄴ. 균형에서 벗어나 화폐 이자율이 자연 이자율을 상회할 경우, 은행이 신용 공급을 축소하여 자연 이자율을 상승시키면 두 이자율 간 균형이 회복된다.

ㄷ. ㉠에서 물가와 이자율의 관계는, 초기 상황에서는 리카도의 주장에 부합하고 이후의 동태적 조정 과정에서는 투크의 주장에 부합한다.

① ㄱ ② ㄴ ③ ㄱ, ㄷ
④ ㄴ, ㄷ ⑤ ㄱ, ㄴ, ㄷ

08

2013학년도 LEET 문25

A, B와 <조건>으로부터 바르게 추론한 것만을 <보기>에서 있는 대로 고른 것은?

A: 표적의 매력성이란 범죄자가 범행대상(표적)을 원하는 정도, 그 대상을 가치 있다고 생각하는 정도를 의미한다. 이는 범행가능성과 범행거리(범죄자의 거주지와 범행 현장 간의 거리)를 결정할 때 고려하는 이익요소이다. 범죄자는 매력 있는 표적에 가치를 두기 때문에 그러한 표적이 있는 지역으로 이동하게 될 것이다. 범죄자가 표적의 매력성을 중시하는 정도가 강할수록 범행할 가능성이 높고, 범행을 위해서 더 먼 거리를 이동하는 경향이 있다. 매력성을 중시하는 경향은 범행의 계획성이 높을수록 그리고 전과가 많을수록 강해진다.

B: 검거위험성이란 범죄자가 범행을 결정할 때 고려하는 손해요소로서 범행가능성과 범행거리에 영향을 미친다. 범죄자들은 범행을 위해 자신의 집에서 비교적 가까운 거리를 이동하려고 하는 특성을 가지고 있지만, 자신의 집으로부터 아주 가까운 지역에서는 범행을 피하려 한다. 자신을 알아보는 사람들이 많아 범행이 발각될 가능성을 우려하기 때문이다. 따라서 범행을 가장 많이 하는 지역은 주로 범죄자의 집에서 약간 떨어진 곳에 위치하며, 범죄자의 거주지로부터 이 지점에 이를 때까지 범행의 빈도는 거리가 늘어남에 따라 증가하지만 이 지점을 넘어선 다음부터는 거리가 늘어남에 따라 범행빈도가 감소한다. 또한 범죄자는 나이가 들수록 검거위험성을 표적의 매력성에 비해 더 많이 고려하는 경향이 있으며, 검거위험성을 매우 중시하면 검거위험성이 높다고 생각하는 곳에서는 표적의 매력성이 높더라도 범행을 하지 않는다.

〈조건〉

○ 다른 조건들이 동일할 때, 같은 유형의 범죄에서는 범행을 위한 이동 거리가 같다.
○ 재산범죄는 폭력범죄보다 계획성이 높다.
○ 범죄자는 자신의 거주지 근처의 지형에 대해 잘 알고 있다.

〈보기〉

ㄱ. 젊은 절도범은 같은 동네에 거주하는 나이 든 성폭행범보다 범행거리가 더 길 것이다.

ㄴ. 현재 주거지에 오래 거주한 강도범의 범행거리는 다른 동네에서 갓 이사 온 강도범의 범행거리보다 더 길 것이다.

ㄷ. 검거위험성을 매우 중시하는 두 명의 강도범 중 전과가 많은 쪽이 전과가 적은 쪽보다 보안시스템이 아주 잘 된 은행을 대상으로 범행을 저지를 가능성이 높을 것이다.

① ㄴ ② ㄷ ③ ㄱ, ㄴ
④ ㄱ, ㄷ ⑤ ㄱ, ㄴ, ㄷ

09

2019학년도 LEET 문21

다음으로부터 추론한 것으로 옳은 것만을 <보기>에서 있는 대로 고른 것은?

> 우리에게 미래 세대의 행복을 극대화해야 할 책임이 있다고 할 때, 우리는 행복 총량의 증대를 추구해야 할까, 아니면 행복 평균의 증대를 추구해야 할까? 인구가 고정되어 있다면 어느 쪽을 채택하든 결과가 같기 때문에 고민할 필요가 없다. 하지만 미래 인구의 변동을 고려해야 하는 상황이라면, 행복 총량과 행복 평균의 구분이 중요해진다.
>
> 먼저, 행복 총량 견해를 선택한다고 해 보자. 행복 총량을 증대하려면 가능한 한 많은 미래 세대를 낳아야 할 것이다. 사람들마다 누리는 행복의 크기는 다르겠지만, 적어도 전혀 행복을 누리지 못하는 사람들만 늘어나는 것이 아닌 한, 인구가 증가하면 어쨌든 행복 총량은 조금이라도 증대될 것이다. 하지만 이것은 행복 총량이 늘어나기만 하면, ㉠ 행복보다 고통이 더 큰 사람들이 무수히 많아지는 상황을 야기해도 상관없음을 함의한다. 한편, 행복 평균 견해를 선택해도 역시 당혹스러운 결론에 도달한다. 이 선택에 따르면 생활환경이 열악한 지역의 미래 세대는 행복 평균 증대에 도움이 안 될 개연성이 크므로 그런 곳의 인구 증가는 바람직하지 않다. 결국, 생활수준이 높은 지역만이 출산의 당위성을 확보하게 되고 ㉡ 낙후 지역의 출산율은 인위적으로 통제되는 상황이 이어질 수도 있다.

〈보기〉

ㄱ. 인구가 감소하면 행복 총량은 감소하고 행복 평균은 증대한다.

ㄴ. 만약 행복 총량 견해가 행복 총량에서 고통 총량을 뺀 소위 '순(純)행복' 총량의 극대화를 목표로 한다면, ㉠이 야기될 가능성이 낮아진다.

ㄷ. 먼저 행복 총량 견해를 선택하고 한 세대가 지난 후 행복 평균 견해로 변경하는 경우, 처음부터 행복 평균 견해만 선택하는 경우보다 ㉡의 확대 가능성이 더 낮아진다.

① ㄱ　② ㄴ　③ ㄱ, ㄷ　④ ㄴ, ㄷ　⑤ ㄱ, ㄴ, ㄷ

정답 및 해설 p.19

2 수리적 추론

수적인 기준과 수리적 계산을 요구하는 문제는 경제학 등 다양한 제재에서 출제되고 있다. 경제적 개념을 토대로 하여 현상과의 관련성에 근거한 상관관계의 파악, 이론을 소개하면서 나타나는 현상을 그래프를 통해 해석하고 자료를 분석하는 문제도 포함되어 출제되고 있다. 또한 개념을 활용하여 수리적인 사고가 가미된 문항이 출제되는데, 이전에는 수리 추리로 구분되었던 문제이지만 현재는 지문의 이론이나 개념의 의미를 확인하고 이를 토대로 사례에 적용하는 언어 추리의 형식으로 분류되고 있다.

수리적 요소가 가미된 문제에 접근하기 위해서는 수식과 도표 그리고 그림 등을 활용하여 정리하는 연습이 필요하다. 추리 영역 중 경제학 제재는 과목의 특성상 수리적인 개념이 포함되는 경우가 매우 많다. 따라서 기본적인 경제 개념과 수적인 판단으로 이론을 증명하거나 가설이 입증되는 방식을 고려하여 문제를 해결해야 한다.

환율이나 환산율 개념을 활용한 문제 및 범죄율이나 선거 득표 관련 소재의 문제가 출제되었으며, 가장 많이 출제되고 있는 것은 효율성 관련 소재이다. 이에 따른 기댓값 계산 및 효율적인 분배나 복지 비교, 득실의 효율 판단 등이 출제되고 있고 게임 이론 등을 활용하여 효율성을 파악하는 문항도 출제된 바 있다. 또한 그래프를 활용하여 제시된 이론이나 원리를 수리적으로 확인하는 문제도 출제되었다. 그래프 및 도표 유형은 수리 추리에서 초기에 출제된 바 있는데, 이를 언어 추리의 유형으로 변환하여 출제가 이루어지고 있다.

실전 연습문제

01 2010학년도 LEET 문33

다음 글을 근거로 판단할 때, 환율이 상승하는 요인만을 <보기>에서 있는 대로 고른 것은? (단, 화폐시장은 균형을 이룬다고 가정하며, 설명된 것 이외의 경로는 고려하지 않는다.)

> 환율은 자국 통화와 비교 대상 국가 통화 간의 교환 비율을 나타낸다. 이러한 환율은 두 나라의 상대적 물가에 의해서 결정된다. 가령 우리나라에서 1,200원에 살 수 있는 상품을 미국에서 1달러에 살 수 있다면 환율은 1달러에 1,200원이 된다. 그래서 한 나라의 물가가 오르면 그 나라의 환율도 오른다.
>
> 한 국가의 실질 화폐 공급량이 실질 화폐 수요량과 같을 때 화폐시장이 균형을 이루게 된다. 실질 화폐 공급량이란 명목 통화량을 물가로 나눈 것이다. 실질 화폐 수요량은 자국의 소득 및 이자율의 영향을 받아 결정되는데, 소득이 증가(감소)하면 화폐 수요량이 증가(감소)하고, 이자율이 상승(하락)하면 화폐 수요량이 감소(증가)한다. 그리고 화폐시장이 균형을 이루므로 물가는 명목 통화량을 실질 화폐 수요량으로 나눈 값과 같다. 두 나라에서 이러한 방식으로 결정되는 두 나라 물가의 비율이 환율과 같다.

〈보기〉

ㄱ. 자국의 이자율 상승
ㄴ. 자국의 명목 통화량 감소
ㄷ. 비교 대상 국가의 소득 증가

① ㄱ ② ㄴ ③ ㄱ, ㄷ
④ ㄴ, ㄷ ⑤ ㄱ, ㄴ, ㄷ

02 2015학년도 LEET 문25

다음 글로부터 추론한 것으로 옳은 것만을 <보기>에서 있는 대로 고른 것은?

> 한 경제의 노동량을 계산하는 것은 그 자체로 중요한 문제일 뿐 아니라 노동량의 변화 추이를 파악하거나 국가 간 노동량 비교를 위해서도 필요하다. 경제 전체의 노동량을 계산하기 위해서는 숙련도가 다른 노동을 적절한 비율로 환산할 필요가 있다. 숙련노동 1시간과 미숙련노동 1시간을 동일하게 취급할 수는 없기 때문이다. 숙련도가 다른 두 노동이 동일한 상품을 협업 없이 독립적으로 생산한다고 하자. 이 두 노동 간 환산에 관해 다음과 같은 제안이 있다. 단, 하나의 상품은 하나의 가격을 갖는다.
>
> A: 각 노동의 단위 시간당 보수를 계산하여 그 비율을 환산율로 삼는다.
> B: 각 노동의 단위 시간당 생산물의 시장 가치를 계산하여 그 비율을 환산율로 삼는다. (시장 가치 = 생산량 × 가격)

〈보기〉

ㄱ. A와 B에 따른 환산율이 동일할 수 있다.
ㄴ. 생산물 가격이 변동하면 B에 따른 환산율도 변한다.
ㄷ. 설비 증가에 따라 노동의 단위 시간당 생산량이 같은 비율로 증가할 때 그에 따른 잉여 증가분을 설비 소유자가 모두 가져간다면, A는 숙련도가 다른 두 노동 간의 숙련도 차이를 반영하지 못한다.

① ㄱ ② ㄴ ③ ㄷ
④ ㄱ, ㄴ ⑤ ㄱ, ㄴ, ㄷ

03

2019학년도 LEET 문26

다음으로부터 추론한 것으로 옳지 않은 것은?

〈제도〉

온실가스 배출권 거래 제도는 정부가 온실가스 배출 총량을 정해 온실가스를 배출하는 사업장에 연 단위 배출권을 할당하고, 사업장이 할당 범위 안에서 온실가스를 배출하거나 과부족 분량을 다른 사업장과 거래할 수 있도록 한 제도이다. 총량 설정을 통해 온실가스 배출량을 줄이되 거래 제도를 이용하여 효율성을 극대화한 것이 이 제도의 특징이다.

〈사례〉

갑국에는 온실가스를 연간 5단위씩 배출해 오던 기업 A와 B가 있는데 정부가 연간 배출권을 각각 2단위씩 할당했다. 즉 A와 B가 할당된 배출권대로 온실가스를 감축하면 각각 3단위씩 감축해야 한다. A와 B는 온실가스 배출량을 감축하는 설비를 갖추고 있고, 온실가스 배출량 한 단위를 감축하는 비용은 감축량에 정비례한다. A의 경우 첫째 단위 감축 비용은 2가 들지만 둘째 단위 감축 비용은 4가 들어, 단위가 늘어날 때 단위당 감축 비용은 2씩 증가한다. B의 경우 첫째 단위 감축 비용은 4가 들지만 둘째 단위 감축 비용은 8이 들어 4씩 증가한다. A, B 모두 감축 비용이 소요됨에도 불구하고 조업 수준은 유지하고자 한다.

배출권 거래는 한 번에 한 단위씩 A, B 사이에서만 가능하다고 하자. 거래가 성립하려면 A와 B 모두에게 이득이 될 수준에서 가격이 형성되어야 한다. 예컨대, A는 배출권 한 단위의 거래 가격이 배출량을 한 단위 더 감축하는 비용보다 높으면 파는 것이 이득이 되고, B는 구입한 배출권 덕분에 감축하지 않아도 되는 한 단위의 감축 비용보다 거래 가격이 낮으면 사는 것이 이득이 된다.

① 할당된 배출권대로 감축할 때 최종 단위 감축 비용은 A가 6, B가 12이다.
② 배출권 거래 가격이 10이라면 1단위 거래가 성립할 수 있다.
③ 배출권은 결과적으로 1단위만 거래될 것이다.
④ 거래가 종료된 결과 A의 총 감축 비용과 B의 총 감축 비용의 합은 34이다.
⑤ A, B 중 단위당 감축 비용이 더 낮은 기업이 온실가스 배출량을 더 많이 감축하게 된다.

04

2019학년도 LEET 문28

다음으로부터 추론한 것으로 옳은 것만을 <보기>에서 있는 대로 고른 것은?

소득곡선과 생존선을 함께 나타낸 그래프를 이용하면 경제성장의 역사를 간단하게 설명할 수 있다. 소득곡선은 인구가 생산에 투입되어 얻을 수 있는 소득을 보이는 것으로, 인구와 소득을 각각 가로축과 세로축에 표시한 평면에 나타내면 그림과 같다.

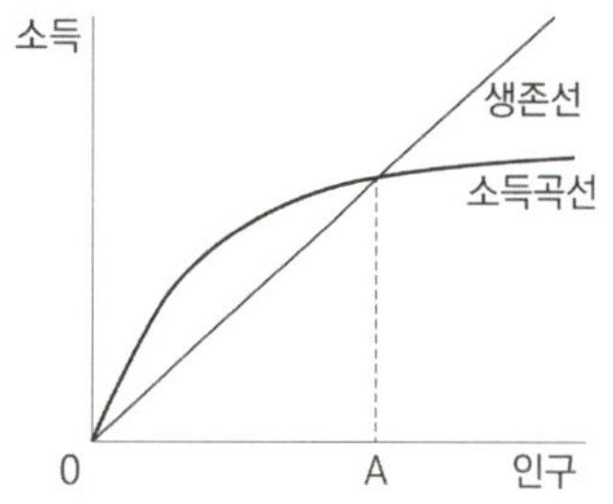

생존선은 주어진 인구가 생존하기 위해 필요한 최소한의 소득을 나타낸 것이다. 소득에 기여하는 요소는 인구, 자본, 기술이 있는데, 이 중 인구와 자본은 한계소득체감의 법칙을 따른다. 이 법칙은 다른 요소가 일정할 때 해당 요소가 증가할수록 소득이 증가하지만 소득의 증가 정도는 점점 줄어드는 법칙이다. 소득을 인구로 나눈 1인당 소득은 인구가 증가할수록 감소하는 것을 그림에서 알 수 있다. 기술은 한계소득체감의 법칙을 따르지 않는다.

두 선이 교차할 때의 인구 수준 A를 기준으로 인구가 적을 때는 소득곡선이 생존선 위에 있고 인구가 많을 경우에는 반대가 된다. 학자 M은 한 사회의 소득 수준이 생존 수준을 상회하면 인구가 늘어나고 하회하면 인구가 감소하는 경향이 있기 때문에 A를 중심으로 인구가 주기적으로 늘거나 주는 움직임이 반복된다고 주장했다. 이를 'M의 덫'이라고 하며, 자본과 기술이 일정할 때 일어나는 전근대적 현상이라 볼 수 있다. 이와 대조적으로 학자 K는 '근대적 경제성장'의 시기에는 인구와 소득이 함께 늘어날 수 있다고 설파했다. 이것은 소득곡선의 이동으로 설명할 수 있다. 예를 들어 자본이 축적되면 소득곡선이 위로 이동하여 생존선과 교차하는 점이 오른쪽 위로 바뀌고 소득과 인구가 동시에 증가하는 것이 가능해진다.

〈보기〉

ㄱ. 'M의 덫'에 빠져 있을 때 인구와 1인당 소득 사이에는 양(+)의 상관관계가 나타날 것이다.
ㄴ. 다른 요소가 일정할 때 자본이 축적될수록 추가되는 자본 단위당 소득곡선이 위로 이동하는 정도는 점점 줄어들 것이다.
ㄷ. 인구의 증가만으로는 K의 '근대적 경제성장'을 이룰 수 없을 것이다.

① ㄱ ② ㄴ ③ ㄱ, ㄷ
④ ㄴ, ㄷ ⑤ ㄱ, ㄴ, ㄷ

05

2021학년도 LEET 문28

<논쟁>에 대한 평가로 적절한 것만을 <보기>에서 있는 대로 고른 것은?

X국은 월별 가정용 전기 요금으로 다음과 같은 누진 요금제를 적용하고 있다.

구간별 사용량 (kWh)	기본 요금 (원)	단가 (kWh당 요금, 원)
1구간: 200 이하	900	90
2구간: 200 초과 400 이하	1,600	180
3구간: 400 초과	7,300	280

일례로 한 달에 300kWh의 전력을 소비한 가정은 기본 요금 1,600원에, 단가는 1구간에 90원, 2구간에는 180원이 적용되어 총 37,600원(=1,600 + 200×90 + 100×180)의 전기 요금을 부담하게 된다.

최근 X국은 여름철에 사용한 전기에 대해서는 사용량의 각 구간을 '300 이하', '300 초과 450 이하', '450 초과'로 변경하되, 구간별 요금 체계는 이전과 동일하게 하는 '쿨섬머 제도'를 도입하였다.

〈논쟁〉

A: 안정적인 전력 공급을 위해서는 시간당 전력 소비가 가장 클 때의 전력을 발전 설비가 감당할 수 있어야 한다. 쿨섬머 제도 도입으로 전력 공급의 안정성은 낮아질 것이다.

B: 냉방은 선택이 아닌 필수이다. 대부분 가정의 여름철 전기 요금 부담을 낮춰 주기 위해 쿨섬머 제도보다는 1,600원의 기본 요금에 단가를 180원으로 하는 단일 요금제로 변경하는 것이 낫다.

C: 모든 가정보다는 취약 계층 복지에 초점을 맞추는 것이 낫다. 쿨섬머 제도를 취약 계층에 한해 적용하도록 변경할 필요가 있다.

〈보기〉

ㄱ. X국의 시간당 전력 소비가 여름철에 가장 크게 나타난다는 자료는 A를 약화한다.

ㄴ. 대부분의 가정이 월 400~450kWh의 전력을 소비한다는 자료는 B를 약화한다.

ㄷ. 취약 계층의 대다수를 차지하는 독거노인들은 월 200kWh 이하의 전력만 사용한다는 자료는 C를 약화한다.

① ㄱ ② ㄴ ③ ㄱ, ㄷ
④ ㄴ, ㄷ ⑤ ㄱ, ㄴ, ㄷ

06

2021학년도 LEET 문34

다음 글에 대한 평가로 적절한 것만을 <보기>에서 있는 대로 고른 것은?

다음 가설을 검증하기 위해 [실험1]과 [실험2]가 이루어졌다.

(가설1) 사람은 자신의 기대 수익*을 최대화하는 행위를 선택한다.

(가설2) 사람은 자신에게 유리하지만 불공정한 행위가 상대방에게 발각되지 않을 가능성이 높다고 믿을수록, 그 행위를 할 가능성이 높아진다.

[실험1]

참가자를 무작위로 제안자와 반응자로 나눈다. 제안자는 실험자로부터 받을 1만 원의 돈을 반응자와 어떻게 나눌 것인지에 대해 다음 중 하나를 제안한다.

○ 5-5안: 제안자와 반응자가 5천 원씩 가진다.
○ 8-2안: 제안자는 8천 원, 반응자는 2천 원을 가진다.
○ 동전안: 공평한 동전을 던져 앞면이 나오면 5-5안, 뒷면이 나오면 8-2안에 따른다.

반응자는 제안자의 제안을 수용 또는 거부한다. 제안된 5-5안이나 8-2안을 반응자가 수용하면 제안한 안대로 금액을 나눈다. 동전안이 제안되고 반응자가 수용하면 실험자는 반응자가 보는 앞에서 동전을 던져 동전안대로 금액을 나누어 준다. 어떤 제안에 대해서든 반응자가 거부하면 제안자와 반응자 모두 0원을 받는다. 실험 규칙은 참가자들에게 미리 알려준다.

[실험2]

다음을 제외하면 나머지는 [실험1]과 동일하다. 제안자가 동전안을 선택하면, 실험자는 반응자가 모르게 동전을 던져 앞면이 나오면 5-5안이, 뒷면이 나오면 8-2안이 제안되었다고 반응자에게 알려준다. 예컨대 반응자는 8-2안을 제안받았을 때, 제안자가 직접 이 안을 제안한 것인지, 아니면 동전을 던져 뒷면이 나와 8-2안이 제안된 것인지 알 수 없다.

* 기대 수익: '행위로 인해 각 상황에서 얻게 될 수익'에 '해당 상황이 발생할 확률이라고 믿는 값'을 곱한 값을 모두 더한 값

〈보기〉

ㄱ. [실험1]에서 8-2안을 제안 받은 반응자의 60%가 제안을 거부했다면, (가설1)은 약화된다.

ㄴ. [실험1]에서 반응자가 5-5안, 8-2안, 동전안을 수용할 확률이 각각 100%, 20%, 80%라고 믿는 제안자가 동전안을 제안했다면, (가설1)은 강화된다.

ㄷ. 참가자들이 5-5안과 동전안은 공정하지만 8-2안은 불공정하다고 믿을 경우, [실험1]에서보다 [실험2]에서 8-2안을 선택하는 제안자의 비율이 더 높다면, (가설2)는 강화된다.

① ㄱ ② ㄷ ③ ㄱ, ㄴ
④ ㄴ, ㄷ ⑤ ㄱ, ㄴ, ㄷ

07

2023학년도 LEET 문30

다음으로부터 추론한 것으로 옳은 것만을 <보기>에서 있는 대로 고른 것은?

선출직과 임명직 공무원의 정책 결정 과정이 다른 경우는 흔하다. 선출직의 경우 장래 선거를 고려하여 ㉠ 주민 효용 극대화를, 임명직의 경우 조직의 확대를 고려하여 ㉡ 예산 극대화를 추구한다. 다음 상황을 생각해 보자.

공무원 갑은 다음 해 예산을 결정하기 위해 신규 예산안을 제출한다. 신규 예산 수준이 기존 예산 수준과 같으면 주민 투표 없이 제출된 안이 확정되고, 다르면 찬반 투표에 부쳐야 한다. 신규 예산안이 주민의 과반수 찬성을 얻어 통과되면 확정 예산이 되고, 부결되면 기존 예산이 확정 예산이 된다. 신규 예산안이 기존 예산보다 더 낮은 효용을 주지 않는 한 주민들은 찬성표를 던진다.

예산에 따른 주민의 효용은 아래 그림과 같다. 이를 알고 있는 갑은 어떻게 행동할까? 예를 들어, 기존 예산이 x_0라고 하자. 갑이 주민 효용 극대화를 추구한다면, 갑은 x^*를 제안하고 이 안은 주민 투표를 거쳐 확정될 것이다. 만약 갑이 예산 극대화를 추구한다면, 갑은 x_1을 제안함으로써 예산 확대를 꾀할 것이다.

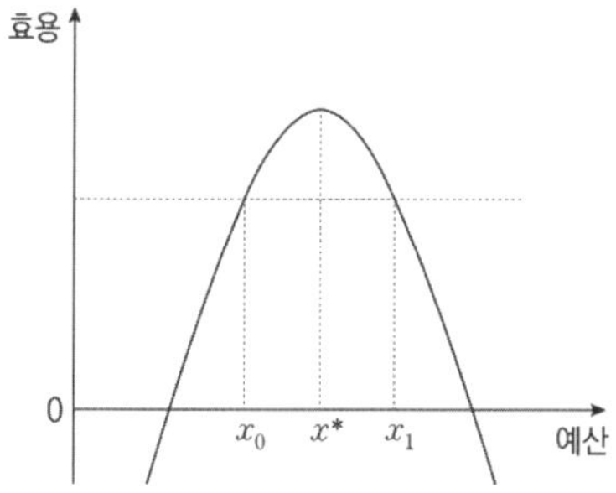

〈보기〉

ㄱ. 갑이 ㉠을 추구하고 기존 예산이 x_1이면, 신규 예산안은 주민 투표에서 통과될 것이다.

ㄴ. 갑이 ㉡을 추구하고 기존 예산이 x^*보다 크다면, 주민 투표에 부쳐진 신규 예산안은 항상 부결될 것이다.

ㄷ. 기존 예산이 x^*가 아니라면, 확정 예산은 갑이 ㉠을 추구할 때가 ㉡을 추구할 때보다 항상 작다.

① ㄱ ② ㄴ ③ ㄱ, ㄷ
④ ㄴ, ㄷ ⑤ ㄱ, ㄴ, ㄷ

08

2023학년도 LEET 문31

<상황>에 대해 추론한 것으로 옳은 것은?

정부의 정책 선택은 사회 구성원 개인의 효용에 영향을 미친다. 정부는 정책이 사회 구성원에게 미치는 영향을 종합적으로 평가해 정책을 선택해야 한다. 다음 평가 기준 A, B, C를 생각해 보자.

A: 사회 구성원 중 어떤 사람의 효용도 현재보다 낮추지 않으면서 적어도 한 사람의 효용을 높일 수 있다면 '개선'이다. 더 이상 '개선'을 이룰 수 없는 정책만 수용가능하다.

B: 사회 구성원 효용의 산술평균값이 가장 큰 정책이 바람직한 정책이다.

C: 사회 구성원 중 효용이 가장 낮은 사람의 효용이 가장 큰 정책이 바람직한 정책이다.

〈상황〉

두 집단 1과 2로 구성된 사회가 있다. 전체 인구에서 집단 1이 차지하는 비율은 α이고 집단 2가 차지하는 비율은 1 − α이다. (단, 0 < α < 1) 이 사회에서 선택 가능한 정책은 X, Y, Z만 있으며 각 정책에 따른 집단 구성원의 개인 효용은 다음과 같다. (단, $y > 0$)

		X	Y	Z
개인 효용	집단 1	1	y	3
	집단 2	5	$2y$	2

① $y = 2$인 경우, C에 따른 바람직한 정책은 하나뿐이다.

② A에 따른 정책의 수용가능 여부는 α값에 따라 달라진다.

③ $y = 2$인 경우, B에 따라 X가 바람직한 정책이라면 α = 0.5이어야 한다.

④ 집단 1과 2의 인구가 같을 경우, B와 C에 따른 바람직한 정책은 같다.

⑤ 집단 1과 2의 인구가 같을 경우, B에 따른 바람직한 정책은 A에 따라 항상 수용가능하다.

09

2021학년도 LEET 문32

<이론>에 따라 <사례>를 분석한 것으로 옳은 것만을 <보기>에서 있는 대로 고른 것은?

〈이론〉

복지 분배의 불평등이 최소화되어야 한다고 주장하는 평등주의 이론에는 두 사람 사이의 불평등 정도를 결정하는 방식과 관련하여 다음과 같은 견해들이 있다.

○ 생애 전체 견해: 두 사람이 생애 전체에서 얻는 복지의 총량이 서로 다르면, 그 차이만큼 복지의 분배는 불평등하다.

○ 동시대 부분 견해: 20년 단위로 동시대 부분들을 구분하여, 두 사람이 모두 생존해 있는 동시대 부분에서만 그들이 얻는 복지의 양을 서로 비교하여 차이를 구한다. 복지의 분배는 그 차이들을 모두 더한 만큼 불평등하다.

○ 해당 부분 견해: 개인의 생애를 유년기, 청년기, 중년기, 노년기로 구분하여, 두 사람이 각 해당 기간마다 얻는 복지의 양을 서로 비교하여 차이를 구한다. 복지의 분배는 그 차이들을 모두 더한 만큼 불평등하다.

〈사례〉

갑과 을은 각각 1921년과 1941년에 태어나 80년 동안 살았다. 각 생애는 20년 단위로 유년기, 청년기, 중년기, 노년기로 나뉜다. 다음은 가설적인 두 상황에서 각 기간에 개인이 얻은 복지의 양을 숫자로 나타내었다.

(상황1)

	1921~1940	1941~1960	1961~1980	1981~2000	2001~2020
갑	3	7	6	5	–
을	–	7	6	4	5

(상황2)

	1921~1940	1941~1960	1961~1980	1981~2000	2001~2020
갑	2	8	6	5	–
을	–	7	6	4	5

〈보기〉

ㄱ. 해당 부분 견해에 따르면, (상황1)의 불평등 정도와 (상황2)의 불평등 정도는 2만큼의 차이를 보인다.

ㄴ. (상황1)과 (상황2)의 불평등 정도를 비교한다면, 생애 전체 견해만이 두 상황의 불평등 정도가 같다고 판단할 것이다.

ㄷ. (상황2)의 갑과 을이 1941~1960년의 동시대 부분에서 얻은 복지의 양이 서로 바뀐 경우, 생애 전체 견해에 따르면 불평등 정도가 커지지만, 동시대 부분 견해에 따르면 그렇지 않다.

① ㄱ　② ㄷ　③ ㄱ, ㄴ　④ ㄴ, ㄷ　⑤ ㄱ, ㄴ, ㄷ

10

2022학년도 LEET 문27

다음으로부터 추론한 것으로 옳은 것만을 <보기>에서 있는 대로 고른 것은?

어떤 지역에 특정 범죄 예방 프로그램을 시행할 경우, 그 지역의 범죄는 줄어드는 대신 다른 지역의 범죄가 증가하기도 한다. 이런 현상을 '범죄전이'라 한다. 반면 어떤 지역을 겨냥한 범죄 예방 프로그램의 범죄 감소 효과가 이웃 지역에까지 미치기도 하는데, 이를 '혜택확산'이라 한다. 범죄전이지수(WDQ)는 특정 지역에 적용한 범죄 예방 프로그램의 긍정적 효과가 인근 지역으로까지 확산되는지 아니면 인근 지역에 범죄전이를 유발하는지를 파악하기 위한 지수이다. WDQ를 설명하기 위해서는 3개의 지역 설정이 필요하다. A는 범죄 예방 프로그램이 시행되는 실험 지역이고, B는 A를 둘러싸고 있으면서 A의 범죄 예방 프로그램으로 인해 범죄전이나 혜택확산이 나타날 것으로 예상되는 완충 지역이며, C는 A나 B에서 발생하는 변화에 영향을 받지 않는 통제 지역이다. WDQ는 C를 기준으로 한, A 대비 B의 범죄율 증감을 나타내며, 공식은 아래와 같다.

$$\mathrm{WDQ} = \frac{(B_1/C_1 - B_0/C_0)}{(A_1/C_1 - A_0/C_0)}$$

(A_0, B_0, C_0은 범죄 예방 프로그램 실시 전 A, B, C의 범죄율이며, A_1, B_1, C_1은 범죄 예방 프로그램 실시 후 A, B, C의 범죄율이다.)

A~C에서 다음과 같은 사실이 관찰되었다.

○ A에서 범죄 예방 프로그램을 실시한 결과 범죄 감소 효과가 나타났다.
○ B에 나타나는 범죄전이나 혜택확산 효과는 A에서 범죄 예방 프로그램을 시행한 결과이다.
○ 범죄 예방 프로그램 실시 이전 A~C 각 지역의 범죄율과 그 변화 추이는 동일했다.
○ 범죄 예방 프로그램이 A에서 시행되는 동안 범죄 예방 프로그램을 제외하고 범죄율에 영향을 미칠 수 있는 요인들의 변화는 A~C 어느 곳에서도 나타나지 않았다.

〈보기〉

ㄱ. WDQ가 1보다 크면, A의 범죄 감소 효과보다 B로의 혜택확산 효과가 크다.
ㄴ. WDQ가 −1보다 크고 0보다 작으면, B로의 범죄전이 효과는 A의 범죄 감소 효과보다 작다.
ㄷ. WDQ가 −1에 근접하면, A의 범죄 감소 효과와 B로의 혜택확산 효과가 거의 동일하다.

① ㄱ ② ㄷ ③ ㄱ, ㄴ
④ ㄴ, ㄷ ⑤ ㄱ, ㄴ, ㄷ

11

2022학년도 LEET 문31

다음 글에 대한 평가로 옳은 것만을 <보기>에서 있는 대로 고른 것은?

이기적 인간은 자신의 소비를 통한 효용만을 고려한다. 그렇다면 기부 행위는 왜 존재하는가? 자신의 기부를 받을 수혜자의 효용까지도 함께 고려하는 이타심 때문이다. 인간은 자신의 소비를 통한 효용뿐 아니라 수혜자의 효용까지 고려한다는 주장을 ㉠ 순수이타주의 가설이라 한다. 이 가설하에서 기부자는 수혜자가 필요한 총 기부액을 우선 결정한다. 만약 수혜자가 다른 기부자로부터 일정 금액의 기부를 받는 것을 알게 되면, 기부자는 정확히 그 금액만큼 기부액을 줄이게 된다. 한편, 기부 행위 자체를 통해 얻는 감정적 효용도 기부 행위에서 중요한 역할을 한다는 주장이 있다. 이를 ㉡ 비순수이타주의 가설이라 한다. 비순수이타주의 가설에서는 순수이타주의 가설에서 고려하는 기부자의 효용과 수혜자의 효용에 더하여 기부자 자신의 감정적 효용까지도 모두 고려한다.

위 두 가설을 검증하기 위해 다음과 같은 실험을 다수의 참가자에게 독립적으로 실시한다.

〈실험〉

각 참가자는 아래 표를 제공받아 a~f를 모두 결정한다. 이후, 각 참가자는 A~F 중 임의로 선택된 한 상황에서 해당하는 소득을 실제로 제공받고 결정했던 만큼의 기부를 한다.

상황	참가자의 소득	참가자의 기부액	자선 단체의 기부액
A	40	a	4
B	40	b	10
C	40	c	28
D	40	d	34
E	46	e	4
F	46	f	28

〈보기〉

ㄱ. 참가자 대부분에서 b = e − 6이면, ㉡을 강화한다.
ㄴ. 참가자 대부분에서 e − a < f − c이면, ㉠을 강화한다.
ㄷ. 참가자 대부분에서 0 < a − 30 < b − 24 < c − 6 < d 이면, ㉡을 강화한다.

① ㄱ ② ㄷ ③ ㄱ, ㄴ
④ ㄴ, ㄷ ⑤ ㄱ, ㄴ, ㄷ

12

2022학년도 LEET 문35

다음으로부터 추론한 것으로 옳은 것만을 <보기>에서 있는 대로 고른 것은?

신호탐지이론은 외부 세계를 신호와 잡음 두 상태로 나누고 그 상태에 따라 어떤 반응을 보여야 가장 좋은 효과를 얻을 수 있는가를 결정하는 이론이다. 레이더 기지에 새롭게 배치된 관측병 갑의 임무는 물체 X가 레이더에 나타났을 때 버튼을 눌러 아군 전투기를 출동시킬지 아니면 버튼을 누르지 않을지 결정하는 것이다. X가 사전에 신고되지 않은 비행기인 경우를 신호라 하고, X가 기타 물체, 예컨대 독수리인 경우를 잡음이라 하자. 신고된 비행기는 X와 다른 방식으로 레이더에 표시되므로 고려 대상이 아니다. 버튼을 눌렀을 때 신호이면 '적중'이고 잡음이면 '오경보'이다. 버튼을 누르지 않았을 때 신호이면 '누락'이고 잡음이면 '정기각'이다. 버튼을 누르거나 누르지 않는 것에 따른 갑의 득실은 아래와 같다.

	신호	잡음
버튼 누름	3	−3
버튼 누르지 않음	−3	2

기존의 데이터에 따르면 X가 신호일 확률은 0.8이다. 갑은 X에 관한 기존의 데이터에 따른 확률에 득실을 곱하여 X를 관측한다면 버튼을 누를지 말지 결정하려 한다. 예컨대, 적중의 기댓값은 2.4이다. 버튼을 눌렀을 때 기댓값의 합계가 버튼을 누르지 않았을 때 기댓값의 합계보다 크거나 같다면, 갑은 X를 관측했을 때 버튼을 누를 것이다.

〈보기〉

ㄱ. X가 신호일 확률이 0.1일 경우, 갑은 X가 레이더에 나타나면 버튼을 누르지 않을 것이다.

ㄴ. 누락의 득실만 −3에서 0으로 변경될 경우, 갑은 X가 레이더에 나타나면 버튼을 누를 것이다.

ㄷ. 오경보의 득실만 −3에서 −2로 변경될 경우, 갑은 X가 레이더에 나타나면 버튼을 누를 것이다.

① ㄴ ② ㄷ ③ ㄱ, ㄴ
④ ㄱ, ㄷ ⑤ ㄱ, ㄴ, ㄷ

13

2024학년도 LEET 문30

다음 글에 대한 분석으로 옳은 것만을 <보기>에서 있는 대로 고른 것은?

경제학에서는 경제주체의 효용이 다른 경제주체에 의해 영향을 받으면 외부성이 존재한다고 말한다. 남이 최소한의 소득 수준은 누리기를 내가 바라는 경우, 나의 소득이 어느 수준을 넘어서면 나의 효용은 오히려 감소할 수도 있다. 이러한 상황에서의 소득 배분을 보다 구체적으로 살펴보기 위해, 두 사람 갑과 을로 구성된 가상의 사회를 생각해 보자. 둘이 나눠 가지는 소득의 총량은 100으로 고정되어 있다. 각자의 소득은 정수이며 둘은 100을 남김없이 나눠 가진다고 하자. 이때 두 사람의 효용은 다음과 같이 정해진다. 갑, 을 모두 동일한 임계점 y_c가 있어(단 $y_c \geq 50$), 자신의 소득이 y_c 이하일 때는 소득이 그대로 효용이 되지만, 소득이 그보다 클 때는 소득이 y_c를 초과한 값을 y_c에서 뺀 값이 효용이 된다. 예를 들어 y_c가 70일 때, 만약 소득이 60이라면 효용은 60이지만, 소득이 90이라면 효용은 50이다. 이 사회에서 하나의 배분을 두 소득의 조합 (y_1, y_2)로 표시하자. 여기서 y_1과 y_2는 각각 갑과 을의 소득을 나타낸다.

위 상황에서 특정 배분을 평가하는 기준으로 효율성 개념을 이용할 수 있다. 임의의 배분 $y = (y_1, y_2)$에 대해 또 다른 배분 $y' = (y_1', y_2')$이 존재하여 y보다 y'에서 갑과 을 각각의 효용이 모두 더 높다면, y를 '비효율적 배분'이라고 정의한다. 반면 이러한 y'이 존재하지 않는다면, y를 '효율적 배분'이라고 정의한다.

〈보기〉

ㄱ. $y_c = 100$이면, 갑은 소득이 증가할수록 효용이 증가한다.

ㄴ. $y_c = 80$일 때 배분 (10, 90)은 효율적이다.

ㄷ. y_c가 커질수록 효율적인 배분의 개수는 줄어든다.

① ㄱ ② ㄴ ③ ㄱ, ㄷ
④ ㄴ, ㄷ ⑤ ㄱ, ㄴ, ㄷ

14

2024학년도 LEET 문32

다음 글에 대한 분석으로 옳은 것은?

공리 P는 선택 가능한 대안의 집합이 축소되는 경우 개인의 선택에 대해 적용되는 공리이다. 선택 가능한 대안 전체의 집합 T에서 x가 선택되었다고 하자. 또한 T의 한 부분집합 S에 대해 x가 여전히 S에 속한다고 하자. 그러면 P는 축소된 집합 S에서도 여전히 x가 선택되어야 할 것을 요구한다. P를 위배하는 선택은 직관적으로 매우 이상하게 느껴진다. 가령 짜장면을 주문하려는 사람에게 종업원이 "참, 오늘 볶음밥은 안 됩니다."라고 하자 이 사람이 주문을 짬뽕으로 바꾸었다고 하자. 이러한 선택은 상식적으로 납득하기 어렵다. P는 이러한 상식을 정식화한 것이다.

〈사례 1〉

한 선거에서 갑과 을만 입후보한 양자대결 구도에서는 갑이 우세했으나, 제3의 후보인 병이 등장하자 을이 선두를 차지했다.

〈사례 2〉

결선투표로 당선자를 뽑는 선거에 세 후보 A, B, C가 출마했다. 1차 투표에서 A가 1위를 차지하였으나 과반 획득에 실패하여, 2위를 차지한 B와 함께 결선투표에 진출하였다. 동일한 투표자가 참여한 결선투표에서 B가 과반을 얻어 당선되었다.

〈사례 3〉

한 아파트에서 단지 내 유휴지 사용을 위한 안으로 X, Y, Z를 선정하여 전체 주민 100명의 의견을 물었다. 1차 조사에서는 X, Y, Z를 선택한 사람이 각각 17명, 0명, 83명이었다. 2차 조사에서는 동일한 사람들에게 X와 Z만 제시하였는데, X와 Z를 선택한 사람은 각각 68명과 32명으로 집계되었다.

① 〈사례 1〉에는 P를 위배한 사람이 존재한다.
② 〈사례 2〉의 1차 투표에서 C를 선택한 사람 중 적어도 1명은 P를 위배하였다.
③ 〈사례 2〉의 1차 투표에서 B를 선택한 사람보다 A를 선택한 사람이 더 많이 P를 위배하였다.
④ 〈사례 3〉에서 P를 위배한 사람은 전체 주민의 절반을 넘지 않는다.
⑤ 〈사례 3〉에서 P를 위배하지 않은 사람의 비율이 15%일 수 있다.

15

2025학년도 LEET 문32

<상황>에 대한 추론으로 옳은 것만을 <보기>에서 있는 대로 고른 것은?

국가 간 거래가 급증하고 있는 상황에서 한 나라의 경제 활동을 나타내는 주요 지표로 무역수지와 무역의존도가 있다. 무역수지는 수출액에서 수입액을 뺀 값으로 양(+)이면 흑자, 음(−)이면 적자, 같으면 균형이다. 무역의존도는 국내총생산(GDP)에서 차지하는 무역액(수출액+수입액)의 비중을 나타내며, 무역액 대신 수출액을 넣으면 수출의존도, 수입액을 넣으면 수입의존도가 된다.

일반적으로 내수 기반이 취약하거나 부존자원이 부족한 국가들은 무역을 강화해 왔다. 하지만 이는 무역의존도를 높여 경제 안정성의 훼손 가능성을 높인다.

〈상황〉

갑국, 을국, 병국만 존재하는 상황에서 갑국과 을국 사이에는 교역이 존재하지 않는다. 표는 2023년과 2024년 갑국과 을국의 GDP, 수출의존도, 수입의존도를 나타낸다. 또한 병국의 2023년 GDP는 100억 달러이고 2024년 수출의존도는 35%이다.

구분 (단위)	갑국		을국	
	2023년	2024년	2023년	2024년
GDP (억 달러)	100	200	100	200
수출의존도 (%)	10	20	20	10
수입의존도 (%)	30	20	5	15

〈보기〉

ㄱ. 병국의 2024년 무역수지는 흑자이다.
ㄴ. 병국의 2024년 GDP는 200억 달러이다.
ㄷ. 무역의존도 기준으로 세 국가 모두 2024년에 전년 대비 경제 안정성의 훼손 가능성은 변화가 없다.

① ㄱ ② ㄷ ③ ㄱ, ㄴ
④ ㄴ, ㄷ ⑤ ㄱ, ㄴ, ㄷ

정답 및 해설 p.21

4. 과학기술

1 개념 및 용어: 기능 역할

과학적 용어는 일상생활에서 다루는 개념이기도 하지만, 대부분의 문제에서는 이론이나 원리로 제시되며 생소한 용어도 자주 등장한다. 이러한 용어의 의미는 대부분 지문에서 찾을 수 있다. 특히 과학적 용어가 어떤 의미가 있으며, 그러한 용어가 대상 안에서 어떠한 기능을 하는 것인지, 어떤 역할을 수행하는지를 파악해야 한다.

초기에는 익숙한 용어나 개념이 출제되었으나 현재에는 일반적으로 알기 어려운 전문적 용어와 개념들도 포함하여 출제되고 있다. 한동안 생명과학 개념이 중점적으로 출제되었지만 최근에는 물리학, 화학, 기술공학 등 다양한 제재와 소재에서 출제되고 있어 지문에서 그러한 개념이 무엇을 의미하는지 포착할 수 있는 훈련이 필요하다. 특히 단순히 개념이나 용어의 의미를 파악하는 데에 그치지 말고 설명하고자 하는 현상에서의 기능과 역할에 대해서도 확인해야 한다.

예제

다음으로부터 추론한 것으로 옳은 것만을 <보기>에서 있는 대로 고른 것은?

오늘날 기후 위기는 최근 급격하게 배출량이 늘고 있는 메테인(CH_4)과 이산화탄소(CO_2) 등의 온실기체의 영향이 크다. 특히 메테인은 대기 중 농도가 이산화탄소의 0.5%에 불과하지만 온실효과에 대한 기여도는 이산화탄소의 3분의 1에 달한다.

이산화탄소와 메테인 같은 기체와 온실효과 사이의 관계를 이해하기 위해서는 지구에 공급되는 태양의 복사 에너지가 어떤 경로로 나누어지고 저장되고 다시 우주로 돌아가는지를 살펴봐야 한다. 온도를 가진 물체는 그 온도에 해당하는 스펙트럼의 전자기파를 방출하며, 온도가 높을수록 많은 에너지를 방출한다. 지구는 태양에서 받는 에너지와 외부로 방출하는 에너지가 같은 상태가 되어 열적 평형 상태를 달성한다. 한편 태양은 자외선, 가시광선, 적외선을 포함한 다양한 스펙트럼의 전자기파를 우주로 보낸다. 지구에 도달한 태양의 전자기파 중 절반 정도가 대기를 통과해 표면에 도착한 후 흡수되어 지구의 온도를 일정하게 유지시킨다.

대기권을 구성하는 특정 분자들은 가시광선은 그대로 통과시키면서 지표면에서 방출되는 적외선은 매우 잘 흡수한다. 기체 분자들은 분자 구조에 따라 고유한 진동수로 진동한다. 즉, 에너지를 받아 들뜨면서 자신만의 고유한 춤을 추는 것이다. 지표면이 방출하는 적외선 에너지를 흡수해 그 장단에 맞춰 춤출 수 있는 기체가 바로 이산화탄소, 메테인과 같은 기체이다. 적외선을 흡수해 진동하는 분자들은 흡수한 적외선을 다시 사방으로 방출하는데, 일부는 지표면으로 향하고 나머지는 우주로 빠져나간다. 즉, 온실기체는 지구 밖을 향해 방출되어야 할 에너지의 일부를 붙잡아 다시 지구로 돌려보낸다. 지구로 되돌려진 만큼의 에너지는 결국에는 방출되어 지구는 열적 평형 상태에 도달한다. 이때 지구의 온도는 온실효과가 없을 때보다 높아진 상태로 유지된다.

〈보기〉

ㄱ. 지구 대기 중의 분자당 적외선 흡수량은 이산화탄소가 메테인보다 크다.
ㄴ. 지구의 현재 대기의 양과 구성 성분 비율이 고정된다면 지구의 온도는 점차 높아진다.
ㄷ. 다른 조건이 같을 때, 지구 대기에서 메테인이 완전히 사라진다면 온실효과는 완화된다.

① ㄱ　② ㄷ　③ ㄱ, ㄴ　④ ㄴ, ㄷ　⑤ ㄱ, ㄴ, ㄷ

[정답] ②

ㄱ. (X) 대기 중의 농도는 메테인이 이산화탄소의 0.5%에 불과하나 온실효과에 대한 기여도는 이산화탄소의 1/3이 된다. 온실효과는 적외선을 흡수한 기체가 흡수한 적외선을 다시 방출하여 나타나는 것이므로 메테인이 이산화탄소보다 더 크다는 것을 추론할 수 있다. 농도가 적음에도 온실효과 기여도가 높기 때문이다.
ㄴ. (X) 지구의 현재 대기의 양과 구성 성분 비율이 고정된다는 것은 더 이상 온실기체가 증가하지 않는다는 것이므로 열적 평형 상태가 지속될 것이다. 따라서 지구의 온도가 점차 높아진다고 추론할 수 없다.
ㄷ. (O) 메테인이 완전히 사라진다면 온실효과를 유발하는 온실기체가 줄어들기에 온실효과도 줄어들 것이다.

2 메커니즘과 모형화

과학기술 영역에서 매우 중요한 것은 현상에 대한 단계적 인과 해석이다. 첫 단계에서 어떤 것의 기능에 의해서 다음 단계로 진행하는지 그리고 그러한 진행의 원리인 메커니즘이 무엇인지 제시되기 때문이다. 특히 생물학이나 기술공학에서는 단계적 구분 및 알고리즘과 같은 메커니즘을 파악해야 인과적 설명이 가능한 경우가 대부분이다. 따라서 단계적 정리에 의한 메커니즘의 파악은 문제 해결을 위한 중요한 분석 대상이다. 메커니즘 파악 유형은 가장 많은 출제 범위를 지니고 있으며 특히 생명과학 분야에서 가장 많은 출제가 되고 있다.

과학기술 영역의 분석에 있어서 중요한 방법은 모형화이다. 특히 메커니즘이나 기능 또는 현상을 표현하는 정보가 있을 때에 단순히 문자적인 의미에서만 접근할 경우 추리에 어려움이 있게 된다. 단계별로 형성되는 과정을 파악해야 하는 경우에는 연속적인 경우와 변화되는 시점에 대한 파악이 있어야 하기 때문이다.

또한 사실이나 현상의 표현에 있어서도 과거와 현재의 변화 또는 원인 이전과 원인 발생 이후의 모습에 어떤 차이가 있는지를 밝히기 위해서는 그림과 같은 모형이 필요하게 된다. 따라서 문제의 접근에 있어서 이러한 정보가 있을 때에는 적절한 그림과 같은 모형을 표현하는 연습이 필요하다.

예제

2025학년도 LEET 문37

다음으로부터 추론한 것으로 옳은 것만을 <보기>에서 있는 대로 고른 것은?

표준환원전위(E_0)는 전자를 받아서 환원되려고 하는 물질의 경향성을 수치화하여 나타낸 것이다. E_0가 큰 물질일수록 전자를 받아 환원되려는 경향성이 크므로 E_0가 작은 물질로부터 큰 물질로 전자가 이동한다. 이때 나오는 에너지의 크기는 두 물질의 E_0 차이에 의해 결정되며 그 차이가 클수록 더 많은 에너지가 나온다.

사람과 대장균은 포도당에서 나온 전자를 NAD^+ 혹은 FAD를 거쳐 최종적으로 산소로 이동시켜 산소에 전자가 저장된 형태인 물을 생성하는 과정, 즉 산소의 환원 과정을 통해 에너지 저장 물질인 ATP를 생성할 수 있다. 포도당에서 나온 일부 전자는 NAD^+로 이동하여 NAD^+에 전자가 저장된 형태인 NADH를 생성하고, 일부는 FAD로 이동하여 FAD에 전자가 저장된 형태인 $FADH_2$를 생성한다. 이후 NADH와 $FADH_2$에 있던 전자들이 최종적으로 산소로 이동하면서 ATP가 합성된다. 예를 들어, NAD^+의 E_0는 -0.32V이고 산소의 E_0는 $+0.82$V이므로, 이들의 E_0 차이인 1.14V에 의해 NADH 1분자당 3분자의 ATP가 합성된다. 하지만 이 과정에서 $FADH_2$는 1분자당 2분자만의 ATP를 생성할 수 있다.

사람과 달리, 대장균은 무산소 호흡을 통해 에너지를 생산할 수 있다. 대장균은 산소가 있으면 산소를 최종 전자수용체로 이용하지만, 산소가 없으면 NADH나 $FADH_2$의 전자를 산소가 아닌 다른 물질로 최종적으로 이동시켜 에너지를 얻을 수 있다. 이러한 물질에는 질산염($E_0=+0.42$V)과 푸마르산($E_0=+0.03$V)이 있다.

〈보기〉

ㄱ. E_0가 작은 물질일수록 전자를 잃을 경향성이 크다.

ㄴ. FAD의 E_0는 -0.32V보다 더 클 것이다.

ㄷ. 산소가 없고 질산염과 푸마르산이 있는 경우, 대장균은 포도당으로부터 더 많은 에너지를 얻기 위해 최종 전자수용체로 푸마르산을 이용할 것이다.

① ㄱ　② ㄷ　③ ㄱ, ㄴ
④ ㄴ, ㄷ　⑤ ㄱ, ㄴ, ㄷ

[정답] ③

ㄱ. (O) E_0가 작은 물질로부터 큰 물질로 전자가 이동하므로 E_0가 작은 물질일수록 전자를 잃을 경향성이 크다.

ㄴ. (O) 산소의 E_0는 +0.82로 되어 있는데, NAD^+의 E_0는 −0.32로 산소와 1.14V의 차이의 에너지가 나와서 3분자의 ATP가 형성된다. 그런데 결과적으로 FAD에 전자가 저장된 형태인 $FADH_2$는 2분자만의 ATP를 생성하므로 E_0의 차이가 NAD^+보다 작다는 것을 추론할 수 있다. 따라서 FAD의 E_0는 −0.32보다 더 클 것이다.

ㄷ. (X) 산소가 없으면 대장균은 NADH나 $FADH_2$의 전자를 E_0의 차이가 큰 것을 전자수용체로 이용할 것이다. 그런데 FAD의 E_0는 NAD^+의 E_0인 −0.32보다 더 클 것이다. 따라서 차이값이 더 큰 질산염(+0.42)을 이용할 것이다.

3 실험 분석

과학기술 영역에서 다루는 이론은 거의 대부분 가설에 해당한다. 가설은 주어진 현상에 대한 원인을 규명하는 것이므로, 이에 대한 증명인 가설 추론에서는 직접적인 실험 및 관찰이 필요하다. 지문에서 실험이 제시되며 그로부터 나타나는 결과를 추론하거나 결과까지 제시한 후, 가설을 설정하는 방식도 출제되고 있다.

실험이 제시되는 경우에는 반드시 검증하고자 하는 가설이 무엇인지 그리고 그러한 가설과 실험의 의도 및 실험 결과와 매칭이 되는지도 확인해야 한다. 또한 실험의 결과로 제시되는 도표나 그림을 통해 수리적인 계산이나 비율 비교 등으로 출제되기도 하므로 수적 근거 여부도 함께 파악해야 한다.

예제

다음 글을 분석한 것으로 옳은 것만을 <보기>에서 있는 대로 고른 것은?

한 조직에서 합성되어 다른 조직으로 이동해 그 조직의 생리 활성을 조절하는 호르몬은 펩타이드계와 스테로이드계로 구분할 수 있다. 대부분의 스테로이드계 호르몬은 극성도가 낮아 세포막을 쉽게 투과하여 세포 내부에서 직접적으로 신호전달 물질로 작용하지만, 대부분의 펩타이드계 호르몬은 극성도가 높아 세포막을 투과하지 못한다. 따라서 세포막을 투과하지 못하는 펩타이드계 호르몬은 세포 표면에 존재하는 수용체에 결합하고, 이로 인한 수용체의 구조적 변화를 통해 세포 내부의 신호전달 단백질을 활성화시키는 메커니즘을 사용한다.

동물 스테로이드계 호르몬은 세포막을 쉽게 투과하지만, 식물의 생장을 촉진하는 식물 스테로이드계 호르몬인 브라시노라이드(BR)는 동물 세포와 식물 세포의 세포막에 큰 차이가 없음에도 불구하고 세포막을 쉽게 투과하지 못하는 것으로 알려져 있다.

〈실험〉은 BR이 펩타이드계 호르몬과 유사하게 세포 표면 수용체 및 신호전달 단백질을 이용하는 메커니즘을 규명한 연구의 일부이다.

〈실험〉

BR 생합성 유전자와 BR 수용체 유전자 중 하나에만 손상이 있는 애기장대 돌연변이 A와 돌연변이 B를 선별하였다. 둘 모두 야생형과 비교하여 생장이 저해된 표현형을 나타내었다. BR을 처리했을 때, A는 저해된 생장이 회복되지 않았지만, B는 회복되었다. BR 수용체의 구조적 변화를 인식하는 신호전달 단백질 유전자에만 돌연변이가 일어나 생장이 저해된 표현형을 가지는 애기장대 돌연변이 C를 선별하여, BR 처리 후의 표현형 변화를 관찰하였다.

〈보기〉

ㄱ. 동물과 식물 스테로이드계 호르몬의 세포막 투과도 차이가 극성에 의해서만 결정된다면, BR은 동물 스테로이드계 호르몬보다 극성도가 높을 것이다.

ㄴ. 〈실험〉은 "A는 BR을 합성하지 못하고, B는 BR 수용체에 이상이 있다"라는 가설을 강화한다.

ㄷ. BR 처리 후, B와 C는 유사한 표현형을 나타낼 것이다.

① ㄱ　　② ㄷ　　③ ㄱ, ㄴ　　④ ㄴ, ㄷ　　⑤ ㄱ, ㄴ, ㄷ

[정답] ①

ㄱ. (O) 펩타이드계 호르몬은 극성도가 높아 세포막을 투과하지 못하는데, BR 역시 세포막을 쉽게 투과하지 못한다. 그런데 극성에 의해서만 투과도 차이가 결정된다면, BR은 극성도가 스테로이드계 호르몬보다 높아서 세포막을 투과하지 못할 것으로 추론할 수 있다.

ㄴ. (X) 돌연변이 A는 BR을 처리할 경우 생합성 유전자가 공급되었지만 저해된 생장이 회복되지 않았다. 이는 수용체에 손상이 있기 때문임을 추론할 수 있다. 반면 돌연변이 B는 회복되었으므로 유전자에 손상이 있어서 BR을 합성하지 못했음을 추론할 수 있다.

ㄷ. (X) 돌연변이 C는 수용체에 문제가 있는 경우이므로 BR 처리가 되어도 저해된 표현형을 회복하지 못할 것이다. 한편 B는 회복된 경우이므로 B와 C의 표현형은 유사하지 못할 것이다.

실전 연습문제

개념 및 용어: 기능 역할

01

2018학년도 LEET 문35

다음으로부터 추론한 것으로 옳은 것만을 <보기>에서 있는 대로 고른 것은?

염색체에는 짧은 염기서열 단위가 여러 번 반복되는 STR(short tandem repeat)이라는 부위들이 존재한다. STR의 반복횟수는 개인에 따라 다양하며, 부모로부터 자식에게 유전된다. STR의 반복횟수를 검사 및 대조하여 유전자 감식에 이용한다. 예를 들어, 두 검체를 가지고 상염색체 STR을 통해 아버지와 자식 관계를 검사할 때, 부모의 STR 한 쌍 중 자식은 한쪽만을 받으므로 동일한 STR 부위에서 한 쌍 중 하나의 반복횟수는 반드시 동일해야 한다. 만약 그렇지 않으면 친자관계의 가능성은 배제된다. 성염색체인 Y염색체는 상염색체와는 달리 쌍을 이루지 않고 1개만 존재하며 아버지의 것이 아들에게 그대로 유전된다. 그러므로 아버지와 아들의 Y염색체 STR의 검사 결과는 동일하다. 반면 미토콘드리아 DNA는 염색체와는 무관하게 독립적인 유전을 하는데, 어머니의 것이 아들과 딸에게 그대로 유전되지만 아버지의 것은 자식에게 전해지지 않는다. 따라서 미토콘드리아 DNA 염기서열의 동일성 여부가 모계 추정에 활용된다.

비행기 추락 지역에 흩어진 다수의 시체 파편에 대해 DNA 감식이 시행되었다. 유가족 갑과 우선 발견된 유해 파편 검체의 DNA 감식 결과가 다음 〈표〉와 같았다. 각 STR 부위의 유전형은 반복횟수로 표기되며, 상염색체는 한 쌍이므로 두 개의 숫자로, Y염색체는 한 개이므로 한 개의 숫자로 표기된다. 예를 들어 어떤 상염색체 STR 부위의 유전형이 (9−11)이라면 (11−9)로 표기해도 무방하다. 미토콘드리아 DNA 감식 결과는 염기서열의 특징을 그리스 문자로 표기하였다.

〈표〉 갑과 검체들의 DNA 감식 결과

DNA 부위 이름	갑	검체 A	검체 B	검체 C
상염색체 STR1	15−15	10−15	13−13	12−15
상염색체 STR2	10−11	11−12	9−10	9−11
상염색체 STR3	7−9	8−9	5−7	8−8
Y염색체 STR1	8	8	10	8
Y염색체 STR2	12	12	12	12
Y염색체 STR3	10	10	8	12
미토콘드리아 DNA	α형	β형	α형	α형

〈보기〉

ㄱ. 검체 A는 갑의 친부일 가능성이 있다.
ㄴ. 검체 B는 갑의 이종사촌(이모의 자녀)일 가능성이 있다.
ㄷ. 검체 C는 갑의 이복형제일 가능성이 있다.

① ㄱ　② ㄷ　③ ㄱ, ㄴ
④ ㄴ, ㄷ　⑤ ㄱ, ㄴ, ㄷ

02
2019학년도 LEET 문38

다음으로부터 추론한 것으로 옳은 것만을 <보기>에서 있는 대로 고른 것은?

B형 간염 바이러스는 바이러스 DNA와 그것을 둘러싼 단백질들로 되어 있다. 이 바이러스 단백질들은 체내 면역시스템에 대한 항원으로 작용하여 바이러스에 감염된 사람은 이에 대한 항체를 만들게 된다. 단백질 항원은 바이러스 DNA로부터 만들어지며, 바이러스 DNA가 체내에서 완전히 사라지면 항원도 결국 사라지게 된다. B형 간염 바이러스는 HBs 항원과 HBc 항원을 가지고 있다.

HBs 항원은 바이러스 감염 시 1~10주 이내에 혈중에 나타나며 회복되는 경우 4~6개월 후 사라진다. 6개월 이후에도 증상이 지속되고 HBs 항원이 양성이면 '만성 B형 간염'으로 진단한다. HBs 항원이 양성이지만 간의 염증 등 다른 증상이 나타나지 않는 경우는 'B형 간염 보유자'로 정의한다. HBs 항원이 소실되면서 HBs 항체가 양성이 되는데, 이는 인체에서 지속적으로 방어 항체로서 기능한다.

HBc 항원은 감염된 간세포 내에 존재하여 혈중에서는 검출되지 않는다. 반면 이에 대한 항체인 HBc 항체는 혈중에서 감염 직후부터 나타나며, M형과 G형 항체로 구분된다. M형 항체는 바이러스 복제가 활발한 시기에 나타나고, G형 항체는 급성, 만성기는 물론 회복기를 거쳐 평생 동안 지속된다.

B형 간염을 예방하기 위한 백신은 HBs 항원만을 분리하여 제조한다. 이를 주사할 경우 간염 바이러스 없이 HBs 항체를 생성하여 바이러스의 감염을 방어하게 된다.

〈보기〉

ㄱ. HBs 항체가 양성이면서 HBc 항체가 음성이면 B형 간염 백신을 맞은 사람이다.
ㄴ. HBs 항체가 양성이면서 G형 HBc 항체가 양성인 사람은 과거에 B형 간염 바이러스에 감염된 적이 있다.
ㄷ. 만성 B형 간염 환자와 B형 간염 보유자의 차이는 체내 바이러스 DNA의 존재 유무이다.

① ㄱ ② ㄷ ③ ㄱ, ㄴ
④ ㄴ, ㄷ ⑤ ㄱ, ㄴ, ㄷ

03
2023학년도 LEET 문35

다음으로부터 추론한 것으로 옳은 것만을 <보기>에서 있는 대로 고른 것은?

일상적인 한국어 대화를 할 수 있는 프로그램 X가 개발되었다. 갑, 을, 병은 X의 한국어 능력과 한국어 원어민의 한국어 능력에 근본적인 차이가 있는지 논쟁 중이다.

갑: 들은 것 모두를 기억할 수 있는 영국인 로이가 있다고 하자. 한국어를 전혀 모르는 로이에게 X가 구사할 수 있는 모든 한국어 대화를 들려 줬다. 이제 로이는 일상적 대화 중 등장하는 한국어 단어나 문장이 연속적으로 관계할 수 있는 거의 모든 조합을 암기하였다. 로이와 대화를 나누는 평범한 한국인은 로이의 한국어가 유창하다고 생각할 것이다. 하지만 로이는 한국어의 의미는 이해하지 못한다. X와 로이의 한국어 능력은 유사하므로, X와 한국어 원어민은 한국어 능력에서 근본적인 차이가 있다.

을: 뇌과학자 민수가 자신의 뇌에 신경 프로그램을 이식했다고 가정하자. 이 신경 프로그램은 숫자와 연산자 같은 수학 기호를 사용하여 다양한 방정식의 해를 구하도록 설계되었으며, 민수가 그저 수식을 바라보기만 하면 그 해가 의식에 떠오르는 방식으로 작동한다. 민수가 신경 프로그램에 의존하지 않고 방정식의 해를 구하는 것과 신경 프로그램이 해를 구하는 것 사이에는 본질적으로 차이가 없다. 하지만 민수와 달리 신경 프로그램은 수학 기호의 의미, 예컨대 숫자 0의 의미를 이해하지 못한다. 그런데 X가 한국어를 구사하는 방식도 신경 프로그램이 수학 방정식을 푸는 방식과 원리상 다를 바 없기에 X의 한국어 능력과 신경 프로그램의 수학적 능력은 유사하다. 그러므로 X와 한국어 원어민은 한국어 능력에서 근본적으로 같다.

병: 물론 X 자체는 한국어의 의미를 이해하지 못한다. 하지만 다양한 감각 센서를 통해 세계를 지각하고 그에 따라 행동할 수 있는 장치에 X를 설치한 로봇 R를 생각해 보자. 이 경우, 예컨대, R가 실제 고구마를 본다면 R의 전자두뇌에서 '고구마'라는 기호가 활성화될 것이다. R는 일상적인 한국어 대화를 할 수 있을 뿐만 아니라 한국어 단어나 문장이 지시하는 실제 사물이나 현상에 적절히 반응할 수 있다. 한국어의 의미를 이해한다는 것은 이와 다르지 않은 것 같다.

〈보기〉

ㄱ. 갑에 따르면, 로이와 R가 실제 감자를 본다면 둘 다 '감자'라는 기호를 떠올릴 것이다.
ㄴ. 을은, R와 한국어 원어민이 한국어 능력에서 근본적인 차이가 없다는 데 동의할 것이다.
ㄷ. 갑과 을은 X가 한국어의 의미를 이해하지 못한다는 데 동의할 것이다.

① ㄱ ② ㄷ ③ ㄱ, ㄴ
④ ㄴ, ㄷ ⑤ ㄱ, ㄴ, ㄷ

04

2023학년도 LEET 문36

다음으로부터 추론한 것으로 옳은 것만을 <보기>에서 있는 대로 고른 것은?

DNA 분석에서는 특정 인구 집단에서 DNA가 우연히 일치할 확률을 고려하는데, 이러한 확률은 일부 사람의 DNA 분석만을 근거로 한 것이어서 범죄현장의 DNA가 용의자의 것일 가능성을 정확하게 반영하지 못한다. 이에 대한 보완책으로 다음의 방식을 생각해 볼 수 있다.

범죄현장에 남겨진 범인의 DNA와 용의자의 DNA가 일치할 때 그 용의자가 범인일 가능정도는 '용의자가 범인이 아닐 때 DNA가 일치할 확률(Q)'에 대한 '용의자가 범인일 때 DNA가 일치할 확률(R)'의 비로 나타낸다. 이때 범죄현장에 남겨진 범인의 DNA가 용의자의 것임을 전제로 하여 R를 1로 보게 된다면 그 가능정도는 ㉠ 1/Q이며, Q가 1/1,000이면 1/Q = 1,000이다. 흔히 이런 계산만으로 '용의자가 범인일 확률이 아닐 확률의 1,000배'라고 말하지만, 이는 범죄현장의 DNA가 용의자의 것이라는 전제하에 얻은 결과이므로 이처럼 단정할 수 없다. 그러므로 이를 보정하기 위해서 ㉡ '사전가능정도'를 알아야 한다. 이는 DNA 분석 이외의 범죄 정보에 따라 '용의자가 범인이 아닐 확률'에 대한 '용의자가 범인일 확률'의 비이며, DNA 분석 결과 이외의 수사에 따른 용의자의 범죄혐의 정도를 말한다. 사전가능정도를 반영하여 용의자가 범인일 가능정도를 계산한 것을 '사후가능정도'라고 한다. 이 사후가능정도는 'DNA 분석 결과를 반영한 용의자가 범인이 아닐 확률'에 대한 'DNA 분석 결과를 반영한 용의자가 범인일 확률'의 비로 나타내고, ㉠과 ㉡의 값을 곱하여 그 값을 얻을 수 있다.

〈보기〉

ㄱ. Q가 1/10,000일 때, 범죄현장에 남겨진 범인의 DNA와 용의자의 DNA가 일치한다면 그 범죄현장의 DNA가 용의자의 것일 확률은 용의자의 것이 아닐 확률의 10,000배이다.

ㄴ. 범죄현장에 남겨진 범인의 DNA가 용의자의 것과 일치해도 범행 시각에 용의자가 범행 장소가 아닌 다른 장소에 있었다는 사실이 입증되면 사후가능정도가 0이 될 수 있다.

ㄷ. 범죄현장에 남겨진 범인의 DNA와 용의자의 DNA가 일치하는 상황에서 Q가 1/1,000이고 사전가능정도가 1/100인 경우, 이를 근거로 '용의자가 범인일 확률은 범인이 아닐 확률의 10배이다'라고 말할 수 있다.

① ㄱ ② ㄷ ③ ㄱ, ㄴ
④ ㄴ, ㄷ ⑤ ㄱ, ㄴ, ㄷ

메커니즘과 모형화

05

2019학년도 LEET 문37

다음으로부터 추론한 것으로 옳은 것만을 <보기>에서 있는 대로 고른 것은?

인체에서 에너지는 주로 미토콘드리아의 전자전달계와 ATP 합성효소에 의해 생성된다. 전자전달계는 영양소를 분해할 때 생긴 전자가 단백질 복합체를 거쳐 최종적으로 산소에 전달되는 체계이다. 산소가 전자를 받으면 물이 되므로 전자전달계가 활성화되면 산소 소모량이 증가하게 된다.

1961년 미첼 박사는 전자전달계가 어떻게 ATP 합성과 연결되어 있는지에 대한 이론을 발표하였다. 이 이론에 따르면 전자전달계가 전자를 전달하는 동안 수소이온이 미토콘드리아 내막 바깥으로 투과되어 수소이온 전위차가 형성된다. 이 수소이온은 미토콘드리아 내막에 존재하는 ATP 합성효소를 통과하여 내막 안쪽으로 다시 들어온다. 이로써 전위차가 해소되고 효소가 활성화되어 ATP가 합성된다. 이처럼 전자전달계와 ATP 합성은 전위차를 통해 서로 연결되어 있다. 즉 전자전달이 일어나지 않으면 전위차가 형성되지 않아 ATP 합성이 일어날 수 없으며, 반면에 ATP 합성이 억제되면 전위차 해소가 일어날 수 없기 때문에 전자전달도 중지된다. 전위차가 해소되어야 지속적인 전자전달과 산소 소모가 이루어질 수 있기 때문이다. 이러한 이론은 전자전달계를 억제하는 약물 X 또는 ATP 합성효소 활성을 억제하는 약물 Y를 이용하여 다음과 같이 검증할 수 있다.

미토콘드리아를 분리하여 시험관에 넣은 후 반응을 일으키면 전자전달과 ATP 합성이 시작되어 산소 소모량과 ATP 합성량이 증가하게 된다. 일정 시간 경과 후에 약물 X 또는 약물 Y를 처리하여 변화를 관찰한다. 또한 약물 X 또는 약물 Y를 처리한 후 약물 Z를 처리하고 변화를 관찰한다. 약물 Z는 미토콘드리아 내막의 수소이온 투과도를 높임으로써 전자전달에 의한 전위차를 ATP 합성효소에 의하지 않고 급격하게 해소할 수 있는 약물이다. 약물 X, Y, Z는 모두 독립적으로 작용한다.

〈보기〉

ㄱ. 약물 X만 처리한 경우 ATP 합성에는 영향을 주지 못한다.

ㄴ. 약물 Y만 처리한 경우 산소 소모량은 감소한다.

ㄷ. 약물 Y에 이어 약물 Z를 처리한 경우, 약물 Y만 처리한 때에 비해 산소 소모량이 증가한다.

① ㄱ ② ㄴ ③ ㄱ, ㄷ
④ ㄴ, ㄷ ⑤ ㄱ, ㄴ, ㄷ

06

2010학년도 LEET 문32

다음 글에서 <조건>에 맞는 X, Y, Z는?

우리 눈의 망막에는 간상세포와 원추세포가 분포되어 있다. 눈으로 빛이 들어와 망막에 상이 맺히면 간상세포는 빛의 세기를 감지하고 원추세포는 세 가지 빛을 감지하여 '빛의 색'을 구분하도록 한다. 이 세 가지 빛의 색을 '빛의 3원색'이라고 한다.

반면 우리가 '물체의 색'이라고 말하는 것은 물체에 부딪힌 빛의 일부가 물체에 흡수되고 나머지 빛만이 반사되어 우리 눈에 들어와 감지된 결과이다. 예를 들어, 빨간색 물감이 빨갛게 보이는 것은 빨간색 빛만 반사되고 나머지 빛은 모두 흡수되기 때문이다. 물체의 색을 나타내는 세 가지 기본 색을 '색의 3원색'이라 한다.

빛의 3원색을 a, b, c라고 하자. 상대적 세기가 같은 a, b, c가 합쳐지면 백색광이 된다. 색의 3원색을 X, Y, Z라고 하면 X, Y, Z는 a, b, c 중 하나가 각각 흡수된 것이다.

〈조건〉
- X와 Y가 합쳐지면 a로 감지된다.
- Y와 Z가 합쳐지면 b로 감지된다.

	X	Y	Z
①	a, b	a, c	b, c
②	a, c	a, b	b, c
③	a, c	b, c	a, b
④	b, c	a, b	a, c
⑤	b, c	a, c	a, b

07

2014학년도 LEET 문15

다음 글로부터 추론한 것으로 옳은 것만을 <보기>에서 있는 대로 고른 것은?

콜레스테롤은 지용성 분자로 동물 세포에서 발견된다. 콜레스테롤은 세포막을 구성하는 주요 성분으로, 세포막을 통한 물질 이동과 관련된 세포막 유동성(fluidity)을 조절한다고 알려져 있다. 세포막 유동성은 일반적으로 온도가 올라갈수록 증가한다. 그런데 저온에서는 콜레스테롤이 있는 경우가 없는 경우보다 세포막 유동성이 크고, 고온에서는 콜레스테롤이 있는 경우가 없는 경우보다 세포막 유동성이 작다.

에르고스테롤은 진균의 세포막에 존재하는 물질로 세포막 유동성과 관련하여 콜레스테롤과 같은 기능을 한다. 다만 콜레스테롤과는 구조적인 차이가 있어서 이를 활용한 항진균제 개발이 가능하다. 대표적인 항진균제인 케토코나졸은 에르고스테롤의 생체 내 합성을 방해함으로써 세포막 유동성을 변화시켜 진균의 성장을 억제한다. 반면 또 다른 항진균제인 암포테리신-B는 세포막 유동성에는 거의 영향을 주지 않지만, 에르고스테롤과 결합하여 진균 세포막에 구멍이 나게 함으로써 진균의 성장을 억제한다.

〈보기〉

ㄱ. 진균의 세포막 유동성은 케토코나졸로 처리하면 증가할 것이다.

ㄴ. 암포테리신-B로 처리한 진균의 세포막 유동성은 고온보다 저온에서 더 클 것이다.

ㄷ. 암포테리신-B로만 처리할 때보다 케토코나졸과 암포테리신-B로 동시에 처리할 때, 진균 세포막에 구멍이 나는 정도가 줄어들 것이다.

① ㄴ　② ㄷ　③ ㄱ, ㄴ
④ ㄱ, ㄷ　⑤ ㄴ, ㄷ

08

2011학년도 LEET 문16

다음 글을 토대로 ㉠을 가장 잘 설명한 것은?

포유류의 성별은 성염색체인 X염색체와 Y염색체에 의해서 결정된다. 그런데 암컷의 체세포*에서 두 개의 X염색체 중 하나는 초기 발생 과정에서 극도로 응축되어 기능하지 않는다. 이는 X염색체에 존재하는 유전자에서 만들어지는 RNA 및 단백질의 양이 수컷에 비해 두 배로 나타나지 않게 하기 위함이다.

발생 과정은 정자와 난자가 합쳐진 수정란에서 시작하여 연속된 세포분열을 통해 이루어지는데, 발생 초기에 배아의 세포들은 성체가 된 후 있어야 할 위치로 움직인다. 이 세포들은 각각 연속된 세포분열을 통해 이웃 세포들을 만들고 이 이웃 세포들이 피부 등의 조직을 형성한다. 그러므로 성체의 조직에서 근거리에 위치하는 같은 종류의 세포들은 하나의 세포로부터 연속된 분열을 통하여 형성된 것이다.

A종(種) 고양이의 털색은 X염색체에 존재하는 유전자에 의하여 결정된다. X염색체에 존재하는 A종 고양이 털색 결정 유전자는 흰색을 내는 유전자와 검은색을 내는 유전자 두 가지가 있는데, 하나의 X염색체에는 이 두 가지 중 하나만 존재한다. A종 수코양이는 X염색체가 하나밖에 없으므로 흰색이나 검은색의 개체만 관찰된다. ㉠ 반면 A종 암코양이의 털색은 흰색, 검은색 그리고 아래 〈그림〉의 왼쪽과 같이 흰색과 검은색의 얼룩무늬로 나타나기도 한다. 하지만 〈그림〉의 오른쪽과 같이 흰 털과 검은 털이 고르게 섞여 회색으로 보이는 형태는 나타나지 않는다.

〈그림〉

* 체세포: 생식세포(예: 정자, 난자)를 제외한 세포

① X염색체 응축이 수정 이전에 어미의 난자에서 일어났기 때문이다.
② 두 개의 X염색체 중 하나가 응축되는 과정에서 털색 결정 유전자가 응축에서 제외되었기 때문이다.
③ 털을 만드는 세포들이 털이 나기 직전에 두 개의 X염색체 중 하나를 무작위로 응축시켰기 때문이다.
④ 두 개의 X염색체 중 어느 쪽이 응축되는가는 발생 초기에 각각의 세포에서 무작위로 정해졌기 때문이다.
⑤ 두 개의 X염색체가 서로 다른 털색 결정 유전자를 가지고 있을 경우에는 X염색체 하나가 응축될 필요가 없었기 때문이다.

09

2013학년도 LEET 문34

다음 글에 비추어 <보기> A의 다리 감각을 검사한 결과로 가장 적절한 것은?

척수는 31개의 분절로 이루어져 있으며, 각 분절에서 좌우 한 쌍의 척수신경이 뻗어 나간다. 척수는 뇌의 기저부에서 시작하여 아래로 내려가면서 차례로 목척수, 가슴척수, 허리척수, 천골척수로 구분된다. 팔과 다리의 감각 신호는 척수를 따라 위쪽으로 이동하면서 최종적으로 뇌로 전달되는데, 팔에서 발생한 감각 신호는 목척수로, 다리에서 오는 신호는 주로 허리척수를 통해 뇌로 전달된다. 또 왼쪽 팔과 다리에서 발생한 신호는 오른쪽 뇌에서, 오른쪽 팔과 다리에서 발생한 신호는 왼쪽 뇌에서 인식된다. 이를 감각의 좌우교차라고 한다.

좌우교차는 어떤 종류의 감각이냐에 따라 교차되는 위치가 다르다. 팔과 다리의 피부를 통해 감지된 촉각은 척수로 입력되어 같은 쪽의 척수를 타고 뇌에 입력된 후 좌우교차가 일어나는 반면, 통증과 차가운 온도 감각은 입력되는 척수에서 좌우교차가 먼저 일어난 후 척수를 타고 뇌에 전달된다. 예를 들어 왼쪽 팔에 통증이나 차가운 온도에 해당하는 감각 신호가 주어지는 경우, 이 신호는 척수에 입력되는 부위인 목척수에서 좌우가 교차하여 오른쪽 척수를 타고 뇌로 전달된다. 반면, 왼쪽 팔에 가볍게 만지는 촉각 신호가 주어지는 경우, 감각 신호는 왼쪽 척수를 타고 올라가 뇌로 입력되고 뇌 안에서 좌우가 교차되어 인식된다.

〈보기〉

A는 교통사고로 척수가 손상되었다. A는 사고 당시 의식을 잃지 않았으나 사고 직후 다리를 움직이지 못하였다. A의 척수 손상 위치를 확인하기 위해 MRI 검사를 시행한 결과 오른쪽 가슴척수가 절단되었음이 밝혀졌다. 그러나 왼쪽 척수는 전혀 손상되지 않았다.

① 왼쪽 다리를 핀으로 찌르자 아프다는 느낌이 있다.
② 왼쪽 다리를 얼음으로 문지르자 만지고 있다는 느낌이 있다.
③ 오른쪽 다리를 핀으로 찔러도 아프다는 느낌이 없다.
④ 오른쪽 다리를 얼음으로 문질러도 차갑다는 느낌이 없다.
⑤ 오른쪽 다리를 부드러운 솔로 문지르자 만지고 있다는 느낌이 있다.

10 2019학년도 LEET 문40

다음으로부터 추론한 것으로 옳은 것만을 <보기>에서 있는 대로 고른 것은?

대부분의 세포는 생명 활동을 위해 금속인 철을 필요로 한다. 세포 내에 철이 부족할 경우 철을 필수적으로 사용하는 효소들이 제대로 기능을 할 수 없고, 철이 많을 경우 세포를 손상시키기 때문에 세포는 적당한 수준의 세포 내 철 농도를 유지하는 것이 필요하다. 세포 내에 철이 부족할 경우, 세포 외부로부터 철을 세포 내로 수송하는 단백질 A는 생산되지만 세포 내에서 철과 결합해 철 농도를 낮추는 단백질 B는 생산되지 않는다. 반대로 세포 내에 철이 많을 경우, 단백질 A는 생산되지 않고 단백질 B는 생산된다. 전사인자 T는 철이 많을 경우 철과 결합하고 철이 부족할 경우 철과 결합하지 않는 단백질로서, 다음 (가)~(다) 단계를 거쳐 단백질 A와 B의 생산을 조절한다.

단계 (가): 전사인자 T와 DNA의 결합 여부는 다음 중 하나로 결정된다.
- ⓐ 철과 결합한 T는 DNA와 결합하고, 철과 결합하지 않은 T는 DNA와 결합하지 않는다.
- ⓑ 철과 결합한 T는 DNA와 결합하지 않고, 철과 결합하지 않은 T는 DNA와 결합한다.

단계 (나): RNA C는 T가 DNA와 결합하면 생산되고, 결합하지 않으면 생산되지 않는다.

단계 (다): 단백질 A와 B 각각의 생산 여부는 다음 중 하나로 결정된다.
- ⓒ RNA C가 있으면 생산되고, 없으면 생산되지 않는다.
- ⓓ RNA C가 있으면 생산되지 않고, 없으면 생산된다.

〈보기〉

ㄱ. 단백질 A의 생산 조절이 (가)의 ⓐ를 거칠 경우, (다)의 ⓓ를 거칠 것이다.

ㄴ. 단백질 B의 생산 조절이 (가)의 ⓐ를 거칠 경우, (다)의 ⓒ를 거칠 것이다.

ㄷ. 단백질 B의 생산 조절이 (다)의 ⓒ를 거칠 경우, T를 만드는 유전자를 제거한 돌연변이 세포 내에서는 철이 많은 경우라도 B는 생산되지 않을 것이다.

① ㄱ ② ㄷ ③ ㄱ, ㄴ
④ ㄴ, ㄷ ⑤ ㄱ, ㄴ, ㄷ

11 2010학년도 LEET 문27

다음 글로부터 추론한 것으로 옳은 것만을 <보기>에서 있는 대로 고른 것은?

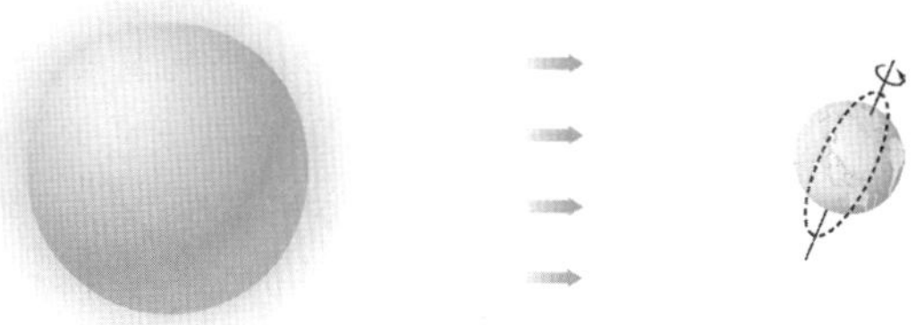

지구 상의 기온이 시간과 위치에 따라 변하는 원인은 지구가 자전한다는 사실, 자전축이 공전 면의 수직축에 대해서 기울어져 있다는 사실, 그리고 지구가 구형이라는 사실에 있다. 지구는 자전축을 중심으로 하루에 한 바퀴씩 회전하는데, 그 결과 구형의 지표면이 태양빛을 교대로 받게 된다.

태양빛과 지표면이 이루는 각도가 수직에 가까울수록 지표면에 도달하는 태양빛의 양이 많아진다. 태양이 지표면을 수직으로 비출 수 있는 위치는 봄과 가을에는 적도 주변, 여름에는 북반구, 겨울에는 남반구 지역이 된다. 이것이 계절이 생기는 이유이다. 만약 자전축이 기울어져 있지 않다면 태양이 연중 적도면만 수직으로 비추게 되어 태양빛이 각 위도의 지표면에 도달하는 양은 연중 변화가 없을 것이다.

대기의 영향을 무시한다면, 태양빛에 수직이 되도록 판을 세워두면 그 판에 도달하는 태양빛의 양은 위도에 관계없이 지구의 모든 지점에서 거의 같게 된다. 그러나 실제 지표면에 도달하는 태양에너지의 양은 위도에 따라 다른데, 그것은 지구가 구형이어서 위도에 따라 태양빛과 지표면이 이루는 각도가 다르기 때문이다.

〈보기〉

ㄱ. 지구가 더 빨리 자전한다면 낮과 밤의 기온차가 더 커질 것이다.

ㄴ. 자전축의 기울어짐이 작을수록 적도 지역의 연평균 기온은 더 높아질 것이다.

ㄷ. 지구가 남북으로 긴 타원체로 바뀐다면 고·저위도 간의 기온차가 작아질 것이다.

① ㄱ ② ㄴ ③ ㄱ, ㄷ
④ ㄴ, ㄷ ⑤ ㄱ, ㄴ, ㄷ

12

2012학년도 LEET 문28

다음 글로부터 추론한 것으로 옳은 것만을 <보기>에서 있는 대로 고른 것은?

겨울철 지상의 기압 변화는 지상온도에 의해 결정되는데, 지상온도가 낮으면 고기압이, 높으면 저기압이 잘 생성된다. 그래서 겨울철 북반구 지상에는 지상온도가 낮은 북극권에 고기압이, 상대적으로 온도가 높은 중위도 지역에는 저기압이 나타나며, 이 두 지역 간의 기압 차이는 두 지역 간 지상 기온의 차이가 클수록 커진다. 두 지역 간 기압 차이가 크면 북극권의 찬 공기는 중위도 지역으로 내려오지 못하고 기압 차이가 작으면 중위도의 일부 지역으로 내려오는데, 찬 공기가 남하한 중위도 지역에는 한파가 발생한다. 지난해 겨울 우리나라에 발생한 한파도 이런 사례에 해당한다.

중위도의 겨울 기후는 북극권 찬 공기의 흐름 변화에 의존하는데, 이것은 북극진동, 태평양진동, 엘니뇨와 같은 자연적 주기현상들의 작용에 의한 기압계 변화에 원인이 있다.

북극진동은 북극권과 중위도 지역의 기압차가 증감을 반복하는 현상이다. ⓐ 북극권이 중위도 지역보다 지상기온이 더욱 낮아지고 지상기압은 더욱 높아지는 모드와 ⓑ 그 반대의 모드가 대략 수십 년의 주기로 바뀐다.

태평양진동은 태평양의 중위도 서쪽에 있는 큰 규모의 해역과 동부 열대 태평양의 작은 규모의 해역이 수십 년의 주기로 상반된 온도 변화를 보이는 현상이다. ⓒ 동아시아가 포함된 중위도 서부 해역의 수온이 더욱 높아지고 동부 열대 태평양의 수온이 더욱 낮아지는 모드와 ⓓ 그 반대의 모드가 불규칙한 주기로 바뀐다.

태평양 적도 부근에는 북동풍이 불어 통상적으로 해수가 동쪽에서 서쪽으로 흐르고 있다. 그런데 수년에 한 번씩 북동풍이 약화되어 서쪽의 해수가 동쪽으로 역류하여 서쪽의 해수온도가 낮아지고 반대로 동쪽의 해수온도가 높아지는데, 이를 엘니뇨라고 한다. 엘니뇨가 발생하면 대체로 중위도 동아시아 지역에는 이상고온의 겨울이 된다.

〈보기〉

ㄱ. 북극진동, 태평양진동, 엘니뇨의 영향으로 중위도 동아시아 지역의 겨울 지상기압이 가장 높은 경우는 엘니뇨가 발생하고 ⓐ와 ⓒ가 공존할 때이다.

ㄴ. 북극진동과 태평양진동의 작용으로 중위도 동아시아 지역에 겨울 한파가 발생할 가능성이 가장 높은 경우는 ⓑ와 ⓓ가 공존할 때이다.

ㄷ. 엘니뇨의 해에 ⓓ가 발생하면 엘니뇨의 해에 나타나는 적도 태평양 동부 해역의 기온 변화 특성은 약화된다.

① ㄱ ② ㄴ ③ ㄷ
④ ㄱ, ㄴ ⑤ ㄴ, ㄷ

13

2013학년도 LEET 문35

다음 글로부터 바르게 추론한 것만을 <보기>에서 있는 대로 고른 것은?

1860년대에 새로운 이론으로 널리 알려진 기체 운동 이론에 따라 클라우지우스가 계산한 바에 따르면, 상온에서 기체 입자들은 평균적으로 초속 수백 미터의 순간 속도로 움직인다. 하지만, 이 속도는 우리의 경험적 사실과는 맞지 않는다. 예를 들어, 방의 한 쪽 구석에서 향수병의 뚜껑을 열면, 향기가 방의 다른 쪽 구석까지 전달되는 데는 기체 입자들의 순간 속도로 계산한 것보다 훨씬 더 오랜 시간이 걸린다.

클라우지우스는 이를 다음과 같이 설명했다. 기체 입자들은 다른 기체 입자들과 빈번하게 충돌해서 방향을 바꿔가며 이동한다. 이로 인해 기체 입자들이 이동해야 하는 거리가 늘어나게 되므로 기체 입자들이 이동하는 데 더 많은 시간이 걸리게 된다. 이때 평균적으로 기체 입자들이 한 번 충돌하고 나서 다음 번 충돌할 때까지 움직이는 거리를 평균 자유이동거리라고 한다. 만일 기체 입자들의 크기가 유클리드의 점과 같이 0이라면 서로 충돌하지 않을 것이므로, 평균 자유이동거리라는 개념에는 기체 입자가 유한한 크기를 갖는다는 중요한 가정이 들어 있다. 결국 클라우지우스의 설명에 따르면 기체 입자는 크기를 가진 존재이며, 그 크기에 따라 기체 입자의 충돌 횟수와 평균 자유이동거리가 변하게 되는 것이다.

〈보기〉

ㄱ. 다른 모든 조건이 동일하다면, 기체 입자들의 크기가 클수록 기체 입자들의 순간 속도의 평균은 클 것이다.

ㄴ. 다른 모든 조건이 동일하다면, 기체 입자들의 크기가 클수록 기체 입자들의 평균 자유이동거리는 짧을 것이다.

ㄷ. 다른 모든 조건이 동일하다면, 기체 입자들의 수가 많을수록 기체 입자들의 평균 자유이동거리는 길 것이다.

① ㄴ ② ㄷ ③ ㄱ, ㄴ
④ ㄱ, ㄷ ⑤ ㄱ, ㄴ, ㄷ

14

2013학년도 LEET 문32

다음 글로부터 추론한 것으로 옳은 것은?

> 제자리에서 높이뛰기를 하는 것보다 도움닫기를 한 후 높이뛰기를 할 경우 훨씬 더 높이 뛰어오를 수 있다. 그 이유를 물리학적으로 설명하면, 제자리높이뛰기를 하는 경우 우리 몸의 근육에 저장되어 있는 에너지가 위치에너지로 변환되지만, 도움닫기를 하는 경우에는 추가적으로 도움닫기 과정의 운동에너지가 위치에너지로 변환되기 때문이다. 이때 우리 몸의 질량, 도움닫기 시 달리는 속도, 중력가속도 및 뛰어오르는 높이를 사용하여 물리학적으로 물체의 운동에너지와 위치에너지를 정의할 수 있는데, 운동에너지는 질량에 속도 제곱을 곱한 양의 절반으로 정의되며, 위치에너지는 질량과 중력가속도, 그리고 높이의 곱으로 정의된다. 이상적인 상황에서 물체의 운동에너지가 모두 위치에너지로 변환된다면, 물체의 높이는 속도 제곱의 절반을 중력가속도인 $10m/s^2$로 나눈 값으로 나타낼 수 있다. 예를 들어 10m/s의 속도를 가진 물체의 운동에너지가 위치에너지로 변환될 경우 물체의 높이는 5m가 된다.
>
> 실제 상황에서는 운동에너지를 모두 위치에너지로 변환시킬 만큼 우리 몸의 근육과 뼈가 충분한 탄성과 강도를 지니고 있지 않고, 또한 마찰 등에 의한 에너지 손실이 있기 때문에 도움닫기로 얻어진 모든 운동에너지가 위치에너지로 변환되는 것은 아니다. 하지만 장대높이뛰기에서처럼 장대를 사용하게 되면 운동에너지를 위치에너지로 효율적으로 변환시킬 수 있기 때문에 같은 도움닫기를 하더라도 다리의 근육과 뼈를 이용한 일반적인 높이뛰기보다 더 높이 뛰는 것이 가능하다. 현재 장대높이뛰기의 세계기록은 6.14m이며 17명만이 6m 이상의 기록을 보유하고 있다고 알려져 있다.

① 같은 양의 운동에너지가 위치에너지로 변환된다면, 다른 모든 조건이 동일한 경우 중력가속도가 클수록 더 높이 뛸 수 있을 것이다.

② 뛰어오르기 직전의 달리기 속도가 10m/s 이하인 경우, 근육으로부터 나오는 에너지의 양이 얼마든 상관없이 장대높이뛰기 세계기록은 갱신될 수 없을 것이다.

③ 높이뛰기에 사용되는 에너지가 오로지 도움닫기에 의한 운동에너지뿐이라면, 다른 모든 조건이 동일한 경우 질량이 작을수록 더 높이 뛸 수 있을 것이다.

④ 두 장대높이뛰기 선수의 도움닫기 속도 및 근육으로부터 나오는 에너지의 총량이 각각 서로 같다면, 다른 모든 조건이 동일한 경우 질량이 작은 선수가 뛸 수 있는 높이는 질량이 큰 선수가 뛸 수 있는 높이 이상일 것이다.

⑤ 도움닫기와 장대의 도움이 있어도 키 높이의 3~4배 정도만 뛰어 오를 수 있는 인간과 달리 일부 곤충이 도움닫기 없이도 자신의 몸 크기의 수십 배 이상을 뛰어오를 수 있는 이유는 이들 곤충의 질량이 인간보다 작기 때문이다.

15

2014학년도 LEET 문17

다음 글로부터 추론한 것으로 옳은 것만을 <보기>에서 있는 대로 고른 것은?

> 대칭적 암호체계를 이용한 비밀 통신의 원리는 간단하다. 즉 송신자와 수신자 둘만이 공유하고 있는 하나의 열쇠를 이용해 송신자가 메시지를 암호화하여 보내면 수신자는 공유하고 있는 동일한 열쇠를 이용해서 암호화된 메시지를 해독하는 것이다.
>
> 그러나 동일한 열쇠를 오랜 기간 동안 반복해서 사용하게 되면, 외부에 열쇠가 노출될 위험이 커지는 문제가 발생한다. 오랜 기간 사용한 열쇠를 '장기열쇠'라고 한다. 장기열쇠가 노출되는 위험을 피하기 위해서 통신을 할 때 장기열쇠 외에 단기적으로 사용하는 열쇠, 즉 '단기열쇠'를 따로 설정해서 메시지를 암호화하게 된다.
>
> 채은과 유진 두 사람이 대칭적 암호체계를 이용해서 비밀 통신을 한다고 하자. 채은과 유진은 두 사람이 모두 동일한 장기열쇠와 단기열쇠를 공유하고 있는지를 확인할 필요가 있고 동시에 제3자가 단기열쇠를 알아채지 못하게 해야 할 필요가 있다. 이를 위해서 두 사람은 다음과 같은 단계들을 거쳐야 한다.
>
> 단계(1): 채은은 자신이 만든 임의의 메시지 M과 자신의 아이디(ID)를 유진에게 보낸다.
>
> 단계(2): 유진은 자신이 갖고 있는 장기열쇠를 이용하여 M과 자신이 임의로 지정한 단기열쇠 S를 암호화한 후 이를 채은에게 보내고, 채은은 자신이 갖고 있는 장기열쇠를 이용하여 이를 해독한 후 해독한 메시지에 M이 있는지 확인한다.
>
> 단계(3): 채은은 유진이 보낸 S를 이용하여 M을 암호화한 후 이를 보내고, 유진은 이를 해독한 메시지가 M과 동일한지 확인한다.

〈보기〉

ㄱ. 단계(2)가 완료되었을 때 유진은 자신과 채은이 S를 공유하게 되었음을 알 수 있다.

ㄴ. 단계(2)에서 채은이 해독한 메시지에 M이 없다면, 채은은 자신과 유진이 장기열쇠를 공유한다고 확신할 수 없다.

ㄷ. M과 유진이 사용한 장기열쇠를 알고 있는 제3자가 단계(2)에서 유진이 채은에게 전송한 메시지를 가로챈다면 그는 S를 알 수 있다.

① ㄱ ② ㄴ ③ ㄱ, ㄷ
④ ㄴ, ㄷ ⑤ ㄱ, ㄴ, ㄷ

16

2023학년도 LEET 문38

다음으로부터 추론한 것으로 옳은 것만을 <보기>에서 있는 대로 고른 것은?

물질들은 내부 에너지를 축적하는 능력이 서로 다르다. 시간당 물질이 흡수하는 열량이 같다는 가정하에 여러 물질의 온도를 높이는 다음 경우를 생각해 보자. 상온과 상압에서 물이 끓기 시작할 때까지 약 16분이 걸린다면 같은 질량의 철을 같은 온도만큼 높이는 데는 2분 정도밖에 걸리지 않는다. 은이라면 1분이 채 걸리지 않는다. 이렇게 정해진 질량의 물질을 같은 온도만큼 높이는 데 필요한 열량은 물질마다 다르다. 물질에 흡수된 에너지는 물질을 구성하는 원자나 분자에 여러 가지 방식으로 영향을 미치는데, 흡수된 에너지가 원자나 분자의 운동에너지를 증가시킬 때 물질의 온도가 올라간다. 어떤 물질 1g의 온도를 1℃ 높이는 데 필요한 열량을 비열이라고 하며, 어떤 물체의 온도를 1℃ 높이는 데 필요한 열량을 열용량이라고 한다. 여기서 물질과 물체는 다른 개념인데, 예를 들어 철 100g의 공과 철 200g의 공은 같은 물질로 된 두 물체이다.

〈보기〉

ㄱ. 10℃의 물질을 채워 만든 주머니로 사람의 체온을 낮추고자 할 때, 다른 조건이 같다면 비열이 더 작은 물질을 채워 만든 주머니가 체온을 더 낮출 것이다.

ㄴ. 1kg의 물, 철, 은 각각을 20℃에서 가열하여 30℃에 이르렀을 때, 공급된 열량이 가장 적은 것부터 순서대로 나열하면 은, 철, 물이 된다.

ㄷ. 물 100g과 은 1.5kg을 비교했을 때 비열과 열용량 모두 은보다 물이 더 크다.

① ㄱ　② ㄷ　③ ㄱ, ㄴ　④ ㄴ, ㄷ　⑤ ㄱ, ㄴ, ㄷ

17

2023학년도 LEET 문39

다음으로부터 추론한 것으로 옳은 것만을 <보기>에서 있는 대로 고른 것은?

이 방에서 뭔가 다른 감각이 느껴진다. 나는 근처의 시험관을 잡고 허공에 던져 본다. 시험관은 당연히 위로 올라갔다가 떨어진다. 하지만 왠지 신경이 거슬린다. 지금 이 순간에도 물체가 떨어지는 모습이 거슬린다. 이유를 알고 싶다.

뭘 가지고 알아보면 될까? 이 방에는 실험실이 있고, 나는 그 실험실을 사용할 줄 안다. 나는 줄자를 집어 들고 살펴본다. 눈금은 미터 단위로 되어 있다. 줄자를 사용해 실험대 높이를 잰다. 실험대는 바닥과 1m 떨어져 있다. 시험관을 실험대에 올려놓고 스톱워치를 준비한다. 한 손으로 실험대에서 시험관을 밀치며 다른 손으로 스톱워치를 작동시킨다. 시험관이 땅에 떨어질 때까지의 시간을 잰다.

0.4초다! 아무리 해 봐도 0.4초다. 거리는 가속도의 2분의 1에 시간의 제곱을 곱한 값이다. 숫자를 계산해 보고 얻은 결과가 마음에 들지 않는다. 원래 지구의 중력가속도는 $9.8m/s^2$이어야 하는데! 낙하하는 물체가 다르게 느껴지는 이유를 이제 알겠다.

〈보기〉

ㄱ. 만약 실험대와 바닥이 2m 떨어져 있었다면, 시험관이 땅에 떨어질 때까지의 시간은 0.8초로 측정됐을 것이다.

ㄴ. 만약 '이 방'이 지구 표면에 정지해 있다면, 1m 높이에서 시험관을 떨어뜨리는 동일한 실험을 했을 때 0.4초보다 큰 값을 얻게 된다.

ㄷ. 지구 표면에 정지한 상태로 용수철저울을 사용하여 '나'의 몸무게를 쟀을 때 눈금이 '60kg'으로 읽혔다면, '이 방'에서 같은 저울을 사용하여 몸무게를 재면 같은 값으로 읽힌다.

① ㄴ　② ㄷ　③ ㄱ, ㄴ　④ ㄱ, ㄷ　⑤ ㄱ, ㄴ, ㄷ

18

2024학년도 LEET 문39

다음으로부터 추론한 것으로 옳은 것만을 <보기>에서 있는 대로 고른 것은?

양자 역학에서 입자의 상태를 나타내는 함수를 '상태함수'라고 한다. 구별불가능한 두 전자 전체에 대한 상태함수는 두 전자를 맞바꾸는 연산을 고려하여 다음과 같이 주어진다. 1번 전자가 a 상태에 있고 2번 전자가 b 상태에 있을 상태함수 $\psi(1=a,\ 2=b)$와, 두 전자의 상태를 바꾼 상태함수에 −1을 곱한 것을 합한 것, 즉 $\psi(1=a,\ 2=b)-\psi(1=b,\ 2=a)$가 구별불가능한 두 전자 전체에 대한 상태함수이다. 그런데 전자는 운동량이나 위치와 같은 상태뿐만 아니라, '업'과 '다운' 중 하나의 스핀 상태를 갖는다. 스핀값이 다른 두 전자는 구별가능하지만, 스핀값이 같은 두 전자는 구별불가능하다. 구별가능한 두 전자의 경우, 그 상태함수는 $\psi(1=a,\ 2=b)$ 또는 $\psi(1=b,\ 2=a)$로 나타낼 수 있으므로, 두 전자를 맞바꾸는 연산을 고려할 필요가 없다.

모두 스핀 '업'인 두 전자가 서로를 향해 진행하여 산란하는 경우는 어떠한가? 〈그림 1〉과 같이 두 전자가 모두 처음 진행 방향과 θ의 산란각으로 산란하면 두 전자의 상태함수는 $f(\theta)$이다. 〈그림 2〉와 같이 산란 후 두 전자를 맞바꾸는 연산을 하면, 두 전자는 모두 처음 진행 방향과 $180^\circ-\theta$의 산란각으로 산란하며 두 전자의 상태함수는 $f(180^\circ-\theta)$이다. 따라서 두 전자 전체에 대한 상태함수는 $f(\theta)-f(180^\circ-\theta)$가 되고, 이때 스핀 '업' 전자를 각도 θ에서 발견할 확률은 $|f(\theta)-f(180^\circ-\theta)|^2$이다. 이는 계측기에 도착하는 전자가 왼쪽에서 왔는지 오른쪽에서 왔는지 알 수 없기 때문이라고 할 수 있다.

반면 산란 전 오른쪽에서 오는 전자만을 스핀 '다운' 전자로 바꾸어 산란시키면 스핀 '업' 전자를 각도 θ에서 발견할 확률은 $|f(\theta)|^2$이 된다. 이는 두 전자가 구별가능하여 스핀 '업' 전자가 왼쪽에서 왔다는 것을 확실히 알 수 있기 때문이다.

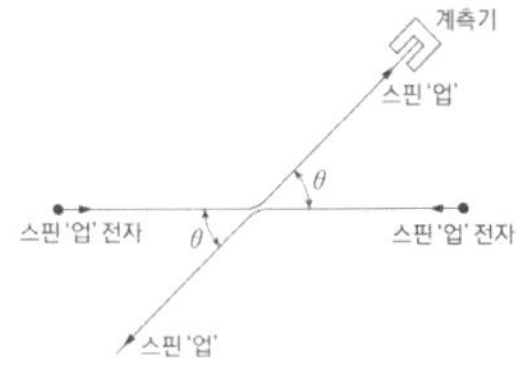

〈그림 1〉

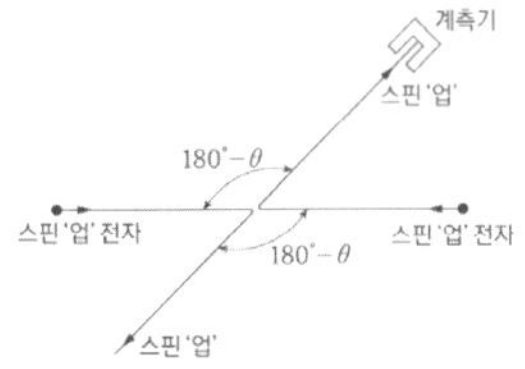

〈그림 2〉

〈보기〉

ㄱ. 스핀값이 다른 두 전자를 맞바꾸면, 두 전자의 상태함수는 달라진다.

ㄴ. 스핀 '다운'인 두 전자를 이용하여 산란 실험을 하면 각도 θ에서 스핀 '다운' 전자를 발견할 확률은 $|f(\theta)-f(180^\circ-\theta)|^2$이다.

ㄷ. 스핀값이 같은 두 전자를 맞바꾸는 연산을 하였을 때, 바꾸기 전의 상태함수 $\psi(1=a,\ 2=b)$가 바꾼 후의 상태함수 $\psi(1=b,\ 2=a)$와 같으면 두 전자 전체에 대한 상태함수는 0이다.

① ㄱ ② ㄴ ③ ㄱ, ㄷ
④ ㄴ, ㄷ ⑤ ㄱ, ㄴ, ㄷ

19

2025학년도 LEET 문38

<상황>에 대한 추론으로 옳은 것만을 <보기>에서 있는 대로 고른 것은?

물체가 움직일 때 물체의 질량과 속도를 곱한 물리량을 운동량이라고 한다. 하나 혹은 그 이상의 물체들로 구성된 어떤 계의 모든 물체의 운동량 합은 외부와의 상호작용이 없을 때 항상 보존된다.

에너지는 어떤 물체나 계가 일을 할 수 있는 능력 혹은 가능성으로, 일을 통해 다른 형태의 에너지로 전환될 수 있다. 다양한 형태의 에너지 중, 물체의 역학적 에너지는 운동에너지와 퍼텐셜에너지의 합으로 정의되며, 마찰이나 공기의 저항 등에 의한 에너지 손실이 없는 경우 역학적 에너지는 보존된다.

물체의 운동에너지는 운동량 크기의 제곱을 질량으로 나눈 값의 절반으로 정의된다. 퍼텐셜에너지는 위치 변화에 따르는 일을 할 수 있는 능력으로, 중력에 의한 퍼텐셜에너지, 용수철이 늘어나거나 압축될 때 원래의 위치로 돌아가려는 탄성력에 의한 퍼텐셜에너지 등이 있다. 중력에 의한 물체의 퍼텐셜에너지는 물체의 질량과 지표면에서의 높이 변화, 그리고 중력가속도(g)를 모두 곱한 값으로 정의된다.

〈상황〉

지표면과 평행한 평면에 질량이 각각 m_A와 m_B인 두 물체 A와 B 사이에 질량을 무시할 수 있는 용수철을 넣은 후 두 물체를 근접시켜 용수철을 압축시킨다. 처음 정지 상태에 있던 두 물체를 동시에 가만히 놓으면, 탄성력에 의한 퍼텐셜에너지가 운동에너지로 전환되어 서로 반대 방향으로 움직인다. 이때 A와 B의 속력이 각각 v_A와 v_B라면 운동에너지는 각각 $m_Av^2_A/2$과 $m_Bv^2_B/2$이다. 평면을 따라 움직이던 두 물체는, 평면의 양 끝에서 오르막 빗면을 오르게 된다. 물체와 평면, 물체와 빗면 사이의 마찰과 공기에 의한 저항 등은 무시할 정도로 작다. 물체가 출발한 평면 위의 지점을 기준으로 A와 B가 도달한 최고점의 높이는 각각 h_A와 h_B가 되는데, 이때 역학적 에너지 보존으로부터 $m_Agh_A=m_Av^2_A/2$과 $m_Bgh_B=m_Bv^2_B/2$이 각각 성립한다.

〈보기〉

ㄱ. h_A와 h_B의 비율은 용수철이 처음 압축된 정도와 무관하다.
ㄴ. m_A와 m_B의 비가 1:2라면, 분리된 순간 A와 B의 운동량 크기의 비는 1:2이다.
ㄷ. 두 물체를 놓기 직전의 탄성력에 의한 퍼텐셜에너지는 A와 B가 최고점에 올라갔을 때의 A, B의 중력에 의한 퍼텐셜에너지의 합과 같다.

① ㄱ ② ㄴ ③ ㄱ, ㄷ
④ ㄴ, ㄷ ⑤ ㄱ, ㄴ, ㄷ

실험 분석

20

2016학년도 LEET 문29

(라)에 대한 추론으로 옳은 것을 <보기>에서 고른 것은?

면역체계는 다양한 종류의 항원을 인식하고 파괴하는 방어메커니즘으로, 면역체계의 특징 중 하나는 기억 메커니즘을 가진다는 것이다. 즉, 특정 항원 P에 대한 면역 반응이 유도되면 이후에 이 항원과 동일하거나 유사한 항원은 기억 메커니즘에 의해 효율적으로 제거되고, 어떤 항원 Q가 그 기억 메커니즘에 의해서 효율적으로 제거되면 P와 Q는 동일하거나 유사한 항원이다.

면역체계는 외부 인자뿐 아니라, 암세포도 항원으로 인식하여 효율적으로 제거함으로써 암이 발생하는 것을 방지하는 역할을 수행한다. 암세포는 다양한 종류의 바이러스 혹은 화합물에 의해 유도될 수 있는데, 암 유발 물질의 종류에 따라 서로 같거나 다른 종류의 항원성을 가지는 암세포가 유도될 수 있다.

〈실험〉

(가) 바이러스 SV40으로부터 유발된 암세포 (A1, A2) 및 화합물 니트로벤젠으로부터 유발된 암세포 (B1, B2)를 분리하였다.
(나) 암세포에 노출된 적이 없어 암세포를 이식하면 암이 발생되는 4마리의 생쥐를 준비한 후, 2마리의 생쥐 (X1, X2)에는 A1을 이식하였고, 다른 2마리의 생쥐 (Y1, Y2)에는 B1을 이식하였다. 이들 암세포를 항원으로 하는 면역반응이 유도될 수 있는 충분한 시간이 지난 후, 수술을 통해 암세포로부터 형성된 암조직을 제거하여 암을 완치시켰다.
(다) 암이 완치된 2마리의 생쥐 (X1, Y1)에는 A2를, 암이 완치된 다른 2마리의 생쥐 (X2, Y2)에는 B2를 이식하였다. 이들 암세포를 항원으로 하는 면역반응이 유도될 수 있는 충분한 시간 동안 생쥐를 키우며 암 발생 여부를 관찰한 결과, X1에서만 암이 발생되지 않았다.
(라) (다)실험에서 암이 발생한 생쥐들은 암조직을 제거하여 암을 완치시킨 후, 이 생쥐들 (X2, Y1, Y2) 및 (다)실험에서 암이 발생하지 않은 X1에게 또 다시 암세포를 이식한 후 암 발생 여부를 관찰하였다.

〈보기〉

ㄱ. A1을 이식했다면 Y1과 Y2에서 암이 발생했을 것이다.
ㄴ. A2를 이식했다면 X2와 Y2에서 암이 발생했을 것이다.
ㄷ. B1을 이식했다면 X1과 X2에서 암이 발생했을 것이다.
ㄹ. B2를 이식했다면 X1과 Y1에서 암이 발생했을 것이다.

① ㄱ, ㄴ ② ㄱ, ㄷ ③ ㄱ, ㄹ
④ ㄴ, ㄹ ⑤ ㄷ, ㄹ

21

2017학년도 LEET 문35

다음 글로부터 추론한 것으로 옳은 것만을 <보기>에서 있는 대로 고른 것은?

세포 내에는 수천 가지 이상의 서로 다른 단백질들이 존재하는데, 이들은 서로 간의 작용, 즉 상호작용을 통해 다양한 생명현상에 관여한다. 단백질의 상호작용 중 가장 대표적인 것은 2개 이상의 서로 다른 단백질이 결합을 통해 상호작용하는 것이다. 이때 2개의 단백질이 서로 결합하는 경우 두 단백질은 직접적으로 결합하지만, 3개 이상의 서로 다른 단백질이 결합하여 상호작용하는 경우에는 이 중 두 단백질 사이에 직접적인 결합이 존재하지 않을 수 있다.

세포 내에 존재하는 어떤 단백질을 분리하기 위해 가장 널리 사용되는 방법 중 하나는 단백질과 결합할 수 있는 능력을 가진 항체를 이용하는 것이다. 단백질 A를 분리할 경우, 단백질 A에 결합할 수 있는 항체 X와, 자성(磁性)을 가지면서 항체 X에 결합할 수 있는 항체 Y를 이용한다. 먼저, 항체 X와 항체 Y를 단백질 A가 들어있는 용액에 첨가하여 결합반응을 유도한다. 이후 자성을 가진 물질이 금속에 붙는 성질을 이용하여 자성을 가진 항체 Y를 금속을 이용해 용액에서 분리하면, 항체 X뿐 아니라 항체 X에 결합된 단백질 A도 함께 분리할 수 있다.

〈실험 및 결과〉

단백질 A와 상호작용하는 세포 내 단백질이 무엇인지 알아보기 위해서 위의 항체 X와 항체 Y를 이용하여 실험을 수행한다. 실험군으로 세포 내의 모든 단백질을 포함하고 있는 세포추출물에 항체 X와 항체 Y를 첨가하여 결합 반응을 유도한 후, 금속을 이용해서 항체 Y를 분리하고 이와 함께 분리된 모든 단백질의 종류를 분석한다. 항체 X와의 결합이 아니라 금속 또는 항체 Y와의 결합으로 분리되는 단백질을 파악하기 위해, 대조군으로는 동일한 세포추출물에 항체 Y만 첨가하여 결합 반응을 유도한 후 실험군과 동일한 분리 및 분석을 수행한다.

실험 결과, 실험군에서는 항체 X 및 항체 Y와 더불어 단백질 A, B, C, D가 검출되었고, 대조군에서는 항체 Y와 단백질 B만 검출되었다. 항체 X와 단백질 사이의 결합을 분석한 결과, 항체 X는 단백질 A뿐 아니라 B에도 직접 결합했으며, 단백질 C와 D에는 직접 결합할 수 없었다.

〈보기〉

ㄱ. 단백질 A, C, D는 자성을 갖지 않는다.
ㄴ. 단백질 B가 대조군에서 검출된 이유는 자성을 갖기 때문이다.
ㄷ. 단백질 C와 단백질 D 둘 다 단백질 A와 직접 결합하는 단백질이다.

① ㄱ ② ㄷ ③ ㄱ, ㄴ
④ ㄴ, ㄷ ⑤ ㄱ, ㄴ, ㄷ

22

2020학년도 LEET 문39

다음으로부터 추론한 것으로 옳은 것만을 <보기>에서 있는 대로 고른 것은?

단백질의 전하량은 각 단백질에 고유한 단백질의 pI와 이 단백질이 들어 있는 완충용액의 pH에 따라 결정된다. 단백질의 pI는 단백질의 전하량이 0이 되도록 하는 완충용액의 pH를 측정함으로써 알 수 있다. 완충용액의 pH가 단백질의 pI보다 낮아질수록 단백질은 양전하를 더 많이 가지게 되고, 높아질수록 음전하를 더 많이 가지게 된다.

이온교환 크로마토그래피는 단백질의 전하량 차이를 이용하여 단백질을 분리하는 방법이다. 이는 음전하를 가진 양이온교환수지를 사용하는 양이온교환 크로마토그래피와 양전하를 가진 음이온교환수지를 사용하는 음이온교환 크로마토그래피로 구분된다. 이온교환 크로마토그래피로 단백질을 분리하기 위해서는, 먼저 적절한 pH의 완충용액을 이용하여 분리하고자 하는 단백질을 이 단백질과 상반되는 전하를 가진 이온교환수지에 결합시키고 이온교환수지와 결합하지 않은 단백질은 씻어 낸다. 이후 완충용액 속의 NaCl 농도를 증가시키면 Na^{+} 혹은 Cl^{-}가 이온교환수지에 결합해 있는 단백질과 교환됨으로써 단백질이 흘러나오게 된다. 단백질이 가진 전하량이 클수록 이온교환수지와의 결합력이 강해지기 때문에, 더 큰 전하량을 가진 단백질이 더 높은 농도의 NaCl에서 흘러나오게 된다.

〈보기〉

ㄱ. pI가 7인 단백질은 pH8인 완충용액에서 양이온교환수지보다 음이온교환수지와 더 잘 결합한다.
ㄴ. pI가 9인 단백질은 pH7인 완충용액보다 pH8인 완충용액에서 양이온교환수지와 더 잘 결합한다.
ㄷ. pH8인 완충용액을 이용하여 pI가 6인 단백질과 pI가 7인 단백질을 분리하고자 할 경우, 음이온교환 크로마토그래피보다 양이온교환 크로마토그래피를 사용하면 이 두 단백질을 서로 더 잘 분리할 수 있다.

① ㄱ ② ㄷ ③ ㄱ, ㄴ
④ ㄴ, ㄷ ⑤ ㄱ, ㄴ, ㄷ

23

2020학년도 LEET 문40

다음으로부터 추론한 것으로 옳은 것만을 <보기>에서 있는 대로 고른 것은?

> 갈바니 전지는 금속의 물리화학적 변화를 이용하여 전자를 이동시킴으로써 전기를 생산한다. 예컨대 황산아연 수용액에 들어 있는 아연 전극과 황산구리 수용액에 들어 있는 구리 전극을 이용할 경우, 아연 전극에서는 금속 아연(Zn)이 전자를 잃어 아연 이온(Zn^{2+})으로 변하는 산화 반응이 일어나서 아연 전극의 질량이 감소하고, 구리 전극에서는 구리 이온(Cu^{2+})이 전자를 얻어 금속 구리(Cu)로 변하는 환원 반응이 일어나서 구리 전극의 질량이 증가한다.
>
> 각 전극에서 일어나는 반응은 '표준환원전위'를 이용하면 알 수 있는데, 이 값이 큰 물질일수록 그 물질은 환원되려는 경향이 크다. $Zn^{2+} \rightleftharpoons Zn$의 표준환원전위는 −0.76V이고, $Cu^{2+} \rightleftharpoons Cu$의 표준환원전위는 +0.34V이므로 위와 같은 반응이 일어난다.
>
> 표준 조건에서 전지를 구성하는 두 전극의 전위차를 '표준전지전위'라 하며, 이 값은 환원 전극의 표준환원전위 값에서 산화 전극의 표준환원전위 값을 빼서 얻는다. 따라서 구리-아연 전지의 표준전지전위는 1.10V가 된다.
>
> 표준 조건에서 금속 A, B, C, D를 이용하여 다양한 종류의 갈바니 전지를 구성했을 때, 다음과 같은 사실이 알려졌다. 단, 각 전극에서 각 금속 원자 및 이온이 잃거나 얻는 전자의 수는 동일하다.
>
> ○ A~D에 대한 금속이온 ⇌ 금속의 표준환원전위는 모두 +1.20V 이하이다.
> ○ A에 대한 금속이온 ⇌ 금속의 표준환원전위는 +0.92V이다.
> ○ C와 A를 이용한 전지에서 환원 반응은 C전극에서 일어났다.
> ○ A와 B를 이용한 전지에서 양쪽 전극의 전위차는 1.05V이다.
> ○ C와 D를 이용한 전지에서 양쪽 전극의 전위차는 1.95V이다.

〈보기〉

ㄱ. D전극의 질량이 증가하는 갈바니 전지 구성이 적어도 하나 존재한다.
ㄴ. 가장 큰 표준전지전위를 갖는 갈바니 전지는 C와 D로 만든 전지이다.
ㄷ. A와 C를 이용한 전지의 표준전지전위는 B와 D를 이용한 전지의 표준전지전위보다 크다.

① ㄱ　② ㄴ　③ ㄱ, ㄷ
④ ㄴ, ㄷ　⑤ ㄱ, ㄴ, ㄷ

24

2021학년도 LEET 문38

다음으로부터 추론한 것으로 옳은 것만을 <보기>에서 있는 대로 고른 것은?

> 포유동물의 소화기관은 위-소장-대장의 순서로 되어 있는데, 일반적인 포유동물의 경우 위에서는 일부 단백질의 분해가 일어나고 소장에서는 단백질, 탄수화물, 지질 등이 분해된 후 소장 점막을 통해 흡수가 일어난다. 이후 대장에서는 수분과 일부 영양분의 흡수가 일어난 후, 나머지 성분들이 대변의 형태로 배출된다.
>
> 식물을 주 영양원으로 사용하는 초식동물들조차 식물의 주성분인 셀룰로오스를 분해하는 효소를 가지고 있지 않아서 미생물의 도움을 받아 셀룰로오스를 분해한다. 소와 같은 반추동물의 경우, 반추위에서 셀룰로오스를 분해하여 먹고 사는 다양한 종류의 미생물을 배양한다. 이후 셀룰로오스가 분해 및 발효된 성분과 배양된 미생물은 실질적 위에 해당하는 네 번째 위와 소장, 대장을 지나게 된다. 토끼와 같은 초식동물들은 반추위가 없기 때문에 대장의 일부인 맹장에서 미생물에 의한 셀룰로오스의 분해와 미생물의 배양이 일어난다. 토끼는 맹장에서 배양된 미생물 등을 작은 알갱이 형태의 식변으로 배출한 후, 자신의 변을 먹는 자기분식(cecotrophy)을 함으로써 음식물에 포함된 영양분을 효과적으로 섭취한다. 초식동물이지만 반추와 자기분식을 하지 않는 말의 경우에도 셀룰로오스 성분의 분해와 발효는 주로 맹장에서 미생물에 의해 일어나며, 그 결과물은 대장을 지나게 된다.

〈보기〉

ㄱ. 셀룰로오스가 주성분인 먹이를 섭취했을 때, 셀룰로오스로부터 유래된 영양분의 흡수가 주로 대장에서 일어나는 동물은 소, 말, 토끼 중 말일 것이다.
ㄴ. 소의 경우 소화된 영양분의 흡수는 주로 소장에서 일어나고, 토끼의 경우 소화된 영양분의 흡수는 주로 위에서 일어날 것이다.
ㄷ. 반추동물이 아니면서 자기분식을 하지 않는 육식성 포유동물인 고양이의 경우 섭취한 셀룰로오스의 대부분을 소장에서 분해하고 흡수할 것이다.

① ㄱ　② ㄷ　③ ㄱ, ㄴ
④ ㄴ, ㄷ　⑤ ㄱ, ㄴ, ㄷ

25

2021학년도 LEET 문39

다음으로부터 추론한 것으로 옳은 것만을 <보기>에서 있는 대로 고른 것은?

항원변이는 감염원이 자신의 표면에 존재하는 표면 항원을 변형시켜 숙주가 기존 감염을 통해 획득한 기억 면역시스템을 회피하는 메커니즘이다. 바이러스의 항원변이에는 항원연속변이와 항원불연속변이가 있는데, 항원연속변이는 하나의 바이러스 유전자에 돌연변이가 축적되는 과정을 통해 항원이 서서히 변하는 것이고, 항원불연속변이는 서로 다른 두 개 이상의 바이러스 유전자가 혼합되는 과정을 통해 항원이 급격하게 변하는 것이다.

항원변이에 대한 연구는 인플루엔자 바이러스 A와 B를 대상으로 주로 진행되어 왔다. 세균에 비해 인플루엔자 바이러스에서 돌연변이가 더 잘 일어나는 이유는 유전체의 복제 과정에서 교정기능이 없는 RNA 중합효소가 사용되기 때문이다. 돌연변이가 일어나는 정도는 인플루엔자 바이러스 사이에서도 차이가 있는데, 인플루엔자 바이러스 B보다 A에서 돌연변이가 더 잘 일어나는 것으로 알려져 있다.

인플루엔자 바이러스 A와 B는 8개의 절편으로 이루어진 유전체를 가지고 있기 때문에, 서로 다른 유전체를 가진 바이러스들이 한 세포를 감염시켜 새로운 바이러스가 만들어지는 경우 8개의 절편은 다양한 조합으로 재편성될 수 있다. 인플루엔자 바이러스 B는 주로 사람만 감염시키지만, 인플루엔자 바이러스 A는 사람뿐 아니라 돼지, 그리고 다양한 조류도 감염시키는 것으로 알려져 있다. 실제로 2009년에 전 세계적으로 대유행한 인플루엔자는 사람, 돼지, 조류 인플루엔자 바이러스의 유전자가 모두 섞인 새로운 형태로 밝혀졌다.

〈보기〉

ㄱ. 항원연속변이를 통한 항원의 변화는 인플루엔자 바이러스 A보다 B에서 더 크고, 항원불연속변이를 통한 항원의 변화는 인플루엔자 바이러스 B보다 A에서 더 클 것이다.

ㄴ. 어린 시절 특정 인플루엔자 바이러스 A와 B에 노출되어 각각에 대한 기억 면역이 생긴 사람의 경우, 성인이 되었을 때 인플루엔자 바이러스 B보다 A에 감염될 확률이 더 높다.

ㄷ. '평년보다 다소 증가한 인플루엔자의 소규모 유행'이 발생한 것이 아니라 '전 세계적인 인플루엔자의 대규모 유행'이 발생했다면, 이 유행은 항원불연속변이보다 항원연속변이에 의해 일어났을 확률이 높다.

① ㄴ ② ㄷ ③ ㄱ, ㄴ
④ ㄱ, ㄷ ⑤ ㄱ, ㄴ, ㄷ

26

2021학년도 LEET 문40

다음으로부터 추론한 것으로 옳은 것만을 <보기>에서 있는 대로 고른 것은?

웨스턴 블랏은 단백질 사이의 특이적인 상호작용을 이용하여 원하는 단백질을 검출하는 방법으로, 단백질인 항체를 이용하여 이 항체와 특이적으로 결합하는 표적단백질을 검출하는 것이다. 웨스턴 블랏은 먼저 단백질들을 크기별로 분리하고, 이 단백질들을 여과막에 결합시키는 블랏 과정을 거친 후, 최종적으로 항체를 이용하여 표적단백질을 검출한다.

블랏 과정에 사용되는 여과막에는 모든 종류의 단백질이 비특이적으로 결합할 수 있다. 따라서 블랏 과정과 항체를 이용한 단백질 검출 과정 사이에는, 분리된 단백질이 결합해 있지 않아 비어 있는 여과막 부분에 다른 단백질을 결합시키는 과정이 필요하다. 이를 '여과막 차단'이라 하며, 이 과정을 거치는 이유는 여과막의 비어 있는 부분에 항체가 비특이적으로 결합하여 표적단백질과 상관없는 '백그라운드 신호'를 발생시키는 것을 방지하기 위함이다.

여과막 차단 과정을 거친 후에는 검출을 원하는 표적단백질과 특이적으로 결합하는 1차 항체를 처리한 후, 이 1차 항체에 특이적으로 결합하는 2차 항체를 순차적으로 처리한다. 2차 항체에는 효소가 결합되어 있는데, 이 효소에 의한 신호를 확인함으로써 표적단백질을 검출할 수 있게 된다.

표적단백질 검출을 위해 1차 항체만을 사용하지 않고 추가적으로 2차 항체를 사용하는 이유는 크게 두 가지로 요약할 수 있다. 첫째, 여러 종류의 표적단백질 검출을 위한 다양한 종류의 1차 항체 각각에 효소를 결합시킬 필요가 없어지기 때문이다. 둘째, 1차 항체 1개당 여러 개의 2차 항체가 결합할 수 있기 때문에 최종적으로 검출 신호의 증폭이 일어나기 때문이다.

〈보기〉

ㄱ. 2차 항체가 1차 항체뿐 아니라 표적단백질에도 결합한다면, 백그라운드 신호가 증가할 것이다.

ㄴ. 여과막 차단에 사용된 단백질 중 2차 항체와 결합하는 능력을 가진 단백질이 존재한다면, 백그라운드 신호는 증가하지 않을 것이다.

ㄷ. 1차 항체에 단백질 검출을 위한 효소가 결합되어 있고 이 효소가 검출에 충분한 신호를 낸다면, 2차 항체를 사용하지 않고도 표적단백질 검출이 가능할 것이다.

① ㄱ ② ㄷ ③ ㄱ, ㄴ
④ ㄴ, ㄷ ⑤ ㄱ, ㄴ, ㄷ

27

2022학년도 LEET 문40

다음으로부터 추론한 것으로 옳은 것만을 <보기>에서 있는 대로 고른 것은?

최근에는 생쥐의 특정 유전자를 인위적으로 조작할 수 있게 되었다. 과학자들은 세포에 A라는 효소가 발현되어야만 특정 유전자가 조작될 수 있는 장치를 고안하였으며, 이를 이용하여 다음과 같이 조건적으로 유전자를 조작할 수 있게 되었다. 첫째는 조직별 조작 시스템으로, A효소 유전자 앞에 특정 조직에서만 작동하는 프로모터를 넣어 두면 이 프로모터가 작동하는 특정 조직에서만 A효소가 발현되어 목적한 유전자가 조작되며, 프로모터가 작동하지 않는 그 이외 조직에서는 유전자가 조작되지 않는다. 둘째는 시기별 조작 시스템으로, 보통 A효소 유전자 앞 프로모터가 어떤 약물이 있어야만 작동하게 설계한다. 이렇게 하면 약물을 투여하는 동안에만 A효소가 발현되어 비로소 목적한 유전자가 조작된다.

이러한 유전자 조작을 이용하여 동물 모델에서 지방 세포의 수와 크기의 증가를 관찰하기 위해 다음 실험을 디자인하였다.

〈실험〉

생쥐를 적당히 조작하여 특정 프로모터에 의해 A효소가 발현되도록 했으며, 이 프로모터가 X약물이 있는 상황에서만 작동하도록 하였다. 또한 A효소가 작동하면 유전자가 조작되어 세포는 파란색이 되며, 한번 파란색이 된 세포는 죽지 않으며 색깔도 잃지 않는다. 이 생쥐에 X약물을 일정 기간 동안 처리한 후 약물을 중단하고 고지방 식이로 비만을 유도하여 변화를 관찰한 실험 결과는 다음과 같다.

〈실험 결과〉

세포 종류	X약물 처리 후		고지방 식이 후	
	파란 세포 수	세포의 크기	파란 세포 수	세포의 크기
내장 지방 세포	100	정상	20	증가
피하 지방 세포	100	정상	100	증가
근육 세포	0	정상	0	정상

* 파란 세포 수: 임의의 세포 100개당 파란 세포의 수

〈보기〉

ㄱ. 고지방 식이를 하면 내장 지방 세포는 새로 만들어지지만 피하 지방 세포는 그렇지 않다.

ㄴ. 고지방 식이를 하면 체내 내장 지방의 부피는 증가하지만 피하 지방의 부피는 증가하지 않는다.

ㄷ. X약물을 처리한 경우 A효소는 내장 지방 세포와 피하 지방 세포에 발현되지만 근육 세포에서는 발현되지 않는다.

① ㄱ　② ㄴ　③ ㄱ, ㄷ　④ ㄴ, ㄷ　⑤ ㄱ, ㄴ, ㄷ

28

2023학년도 LEET 문40

다음으로부터 추론한 것으로 옳은 것만을 <보기>에서 있는 대로 고른 것은?

투명전극은 투명 디스플레이와 태양광 전지를 포함해 많은 전자 및 에너지 소자에 필수적인 소재이다. 투명전극으로 사용할 수 있는 물질은 가시광선 영역의 빛을 일정량 투과시켜야 하며, 이와 동시에 전기가 잘 흐르는 전도체의 성질을 가져야 한다. 투명전극의 성능지수 Φ는 T^{10}을 R_S로 나눈 값이며, 여기에서 T는 가시광선 영역의 빛의 평균 투과율, R_S는 면(面)저항을 의미한다. 불투명한 물질은 T가 0이며, 부도체는 R_S가 매우 크다. 전도체에서 전기가 잘 흐르는 이유는 전도체 안에 많은 자유전자가 있기 때문이다. 자유전자의 개수가 많아지면 R_S는 줄어들며, 이렇게 많은 자유전자는 가시광선 영역의 빛을 흡수하게 되어 T가 줄어들기 때문에, T와 R_S는 서로 양의 상관관계를 갖는다.

한편 이러한 상관관계는 단일 물질로 이루어진 투명전극의 두께 변화에 따른 T와 R_S 값들을 관찰해 보면 잘 확인할 수 있다. 투명전극의 두께가 두꺼워질수록 T가 지속적으로 줄어들며, 일정 두께 이상일 경우 0이 된다. 아래는 다양한 투명전극 후보 물질 M1~M4의 두께(nm)에 따른 T와 R_S의 측정 결과로부터 성능지수 Φ($\times 10^{-4}$)를 정리한 표이다.

M1		M2		M3		M4	
두께	Φ	두께	Φ	두께	Φ	두께	Φ
8	6	4	5	4	25	32	11
9	11	5	10	9	35	45	181
10	9	6	11	14	24	58	504
11	8	7	6	18	16	70	362
12	3	9	3	38	3	84	49

〈보기〉

ㄱ. Φ가 0이 아닐 때, 투명전극의 두께가 얇아지면 R_S는 커진다.

ㄴ. 만약 두께가 9nm로 동일한 M1과 M2가 같은 값의 T를 갖는다면, 이때 M2가 M1보다 전기가 잘 통한다.

ㄷ. 표의 측정값에 한정하여 가장 성능 좋은 투명전극 물질을 찾을 경우, 두께 30nm 미만에서는 M3를 선택할 것이고, 30nm 이상에서는 M4를 선택할 것이다.

① ㄱ　② ㄴ　③ ㄱ, ㄷ　④ ㄴ, ㄷ　⑤ ㄱ, ㄴ, ㄷ

29

2024학년도 LEET 문38

다음으로부터 추론한 것으로 옳은 것만을 <보기>에서 있는 대로 고른 것은?

사냥꾼 사이의 미시적 상호 작용의 한 모형으로서 평평한 원판 형태의 사냥터 안에서 무작위로 흩어져 있던 사냥꾼들이 사냥감을 쫓아가서 포획하는 경우를 생각해 보자. 사냥꾼과 사냥감은 모두 이 사냥터를 벗어날 수 없다. 사냥꾼 주위의 일정 거리 안으로 사냥감이 들어오면 사냥감은 포획되고, 사냥감의 개체수는 시간이 지남에 따라 점차 줄어들 것이다. 사냥꾼과 사냥감은 각각 일정한 속력으로 움직이고, 사냥감은 사냥꾼 혹은 사냥터 경계가 자신으로부터 일정 거리 안에 들어오면 그중 가장 가까운 대상으로부터 멀어지는 방향으로 움직인다. 사냥꾼이 '직접 추격 전략(D)'을 택하면 단순히 자기에게 가장 가까운 사냥감을 쫓아간다. 반면 '집단 추격 전략(G)'을 택하면 일정 거리 안에 있는 다른 사냥꾼들의 위치를 고려하여 사냥감이 자신을 포함한 사냥꾼 무리의 중심에 놓이게끔 자신의 운동 방향을 결정한다. 즉 G를 선택한 사냥꾼은 다른 사냥꾼들이 사냥감으로 접근할 때, 사냥꾼 집단이 사냥감을 더 잘 포위하도록 자신은 오히려 사냥감으로부터 물러날 때도 있다. 사냥꾼 각각은 D와 G 중 하나를 선택한다.

사냥꾼 50명이 사냥감 100마리를 사냥하는 모형을 시뮬레이션하였다. 표는 사냥꾼들이 모두 D를 선택한 경우와 모두 G를 선택한 경우, 시간에 따라 살아남은 사냥감의 개체수를 나타낸다. 사냥감의 속력은 1이다. 주어진 시간 t에서의 '사냥률'이란 시간 0부터 t까지 포획한 사냥감의 개체수를 t = 0에서의 사냥감의 개체수로 나눈 값이다.

속력 \ 시간(t)		0	20	40	60	80	100
전략 D 사냥꾼 속력	0.7	100	99	98	97	96	95
	0.8	100	98	96	95	93	92
	0.9	100	97	95	93	91	90
전략 G 사냥꾼 속력	0.7	100	92	86	78	72	68
	0.8	100	88	78	69	61	53
	0.9	100	83	71	60	50	41

〈보기〉

ㄱ. 전략이 D인 경우, 사냥꾼의 속력이 빠를수록 사냥률이 높다.

ㄴ. 사냥꾼들의 속력이 0.8이고 전략이 D인 경우 t = 100에서의 사냥률과, 속력이 0.7이고 전략이 G인 경우 t = 20에서의 사냥률은 같다.

ㄷ. 속력이 0.9인 사냥꾼 1명이 전략 D로 속력이 1인 사냥감 10마리를 사냥하는 모형을 시뮬레이션한다면, 사냥감은 대부분 사냥터 가운데에서 포획될 것이다.

① ㄱ ② ㄷ ③ ㄱ, ㄴ
④ ㄴ, ㄷ ⑤ ㄱ, ㄴ, ㄷ

30

2024학년도 LEET 문40

다음으로부터 추론한 것으로 옳은 것만을 <보기>에서 있는 대로 고른 것은?

결정 내 원자 배열 간격과 비슷한 파장의 X선을 결정에 쬐면 회절 현상을 관측할 수 있다. 물질의 미세 결정 구조를 정밀하게 관측하는 몇몇 장비들은 전자기파인 X선이 아니라 전자를 사용한다. 전자를 이러한 첨단 회절 장비에 사용하게 된 원인을 거슬러 올라가면 전자와 같은 입자도 파동성을 갖는다는 것을 처음 주장한 드 브루이와 마주치게 된다. 이 주장을 실험적으로 증명한 것은 A였다.

A는 처음에 진공상태에서 다결정 니켈 시료에 전자 빔을 쬐어 산란되는 전자를 이용하여 니켈 원자의 배열을 알아내려는 실험을 하고 있었다. 이 실험은 알파 입자의 입자성을 이용하여 핵에 대한 산란 실험을 했던 것과 같은 방식이었다. 이 과정에서 실수로 진공 장비 내에 공기가 새어 들어가 니켈 표면에 산화막이 형성되었다. 이 산화막을 없애기 위해 A는 고온 전기로에 시료를 넣고 가열하였다. 이 과정에서 원자 배열이 고르지 않던 기존의 다결정 니켈 시료가 원자 배열이 주기적인 단결정 구조로 변했는데, 정작 A는 그 사실을 인지하지 못했다. 고온 처리한 시료에서 전자에 의한 회절 패턴을 얻게 되자 A는 아예 니켈 단결정을 사용하여 실험을 수행하였다. 전자가 회절한다는 결과는 입자의 파동성을 증명하는 획기적 실험 증거였다.

〈보기〉

ㄱ. A는 처음에 전자의 입자성을 이용한 실험을 설계하였다.

ㄴ. 단결정 상태가 아닌 니켈 시료에 전자를 쬐면 전자는 산란하지 않는다.

ㄷ. 첨단 회절 장비에서 전자를 활용해 물질의 미세 결정 구조를 관측할 수 있는 것은 전자의 파동성 덕분이다.

① ㄱ ② ㄴ ③ ㄱ, ㄷ
④ ㄴ, ㄷ ⑤ ㄱ, ㄴ, ㄷ

정답 및 해설 p.25

한 번에 합격, 해커스로스쿨
lawschool.Hackers.com

유형 소개

논리 게임은 연역 추리를 사용하여 주어진 문제를 해결하는 유형으로 매년 일정 문항이 출제되고 있다. 연역 추리를 토대로 하므로 일부 게임 유형에서는 형식논리에서 다룬 추론 규칙이나 진릿값에 대한 이해가 필요하다. 퍼즐 유형의 문제는 다양한 형식을 지니고 있어서 처음부터 시간에 맞추어 풀어나가는 것은 어렵다. 따라서 기본 유형들부터 반복 연습하면서 시간 안에 해결할 수 있는 능력을 길러야 한다.

논리 게임은 다양한 형식으로 나타나지만 그 유형은 기본적으로 정형화되어 있으며, 복합적인 형태로도 출제되고 있다. 따라서 논리 게임의 유형에 따른 접근 방식을 기능적이고 반복적으로 훈련해야 한다. 논리 게임은 다음 다섯 가지 단계로 접근한다.

시나리오 파악	· 우선, 해결해야 하는 사항이 무엇이며 어떤 방향으로 접근해야 하는지를 파악한다. 문제에서 지시문의 형식으로 주어지는 요구 사항과 지문에 나타나는 상황을 통해 게임의 시나리오를 확인할 수 있다. 이를 통해 어떤 유형이며, 어떠한 전략으로 문제에 임해야 하는지 파악한다.
모형화	· 논리 게임의 접근 방식에서 가장 중요한 방식은 도식을 만드는 것이다. 문제마다 적절한 형식과 방법에 따라 도표나 부등식 등을 사용하여 시각적으로 모형화하는 것이 필요하다. · 이때 기준이 되는 것이 베이스인데, 베이스는 일반적으로 고정된 변수를 사용해야 한다. 가변적인 사항은 문제 해결에 경우의 수를 만들어 혼동을 줄 수 있기 때문이다. 베이스를 정한 후 변수에 따른 배열을 결정하여 도표를 만들거나, 순서를 정하는 형식을 취할 수 있다.
반드시 참 거짓 파악과 표시	· 지문에서 '반드시 인접하여 배치되어야 한다'는 등의 정보는 주어진 도식에 블록(block) 등으로 표시하거나 배열하여야 하며, 반대로 반드시 있어서는 안 된다는 배제 정보 역시 표시해야 한다.
조건·제한·규칙 확인	· 지문에 제시되는 정보 중 조건이나 제한이 있을 때는 그러한 조건을 따를 경우 나타날 수 있는 경우를 고려해야 하며, 공간이나 시간적 제한 그리고 그룹 제한 등이 있을 경우 이를 토대로 판단해야 한다. · 다양한 여러 규칙들이 제시될 때는 규칙 중 적용하기 쉬운 규칙을 우선적으로 적용하고 점차 복잡한 조건의 규칙을 적용한다.
경우의 수 확인	· 문제에서 요구하는 조건 및 정보를 적용할 경우 두 가지 이상의 경우의 수가 설정될 때는 각각의 템플릿(template)을 설정하여 판단해야 한다. 또한 정보로부터 배열이 완성되지 않을 경우 선택지를 직접 적용하여 제한적인 사항이나 조건을 주어 배열을 완성할 수도 있다. · 경우의 수가 나타나는 경우 하나의 경우가 참이라고 가정하여 다른 규칙을 적용한다. 이때 규칙에 어긋나는 모순이 발생할 경우, 그 경우는 이루어질 수 없으므로 배제하고 다른 경우를 선택하여 적용한다. 이를 귀류법적 방식이라고 한다.

III. 논리 게임

1. 배열·속성매칭

1 배열

배열 유형의 규칙: 패턴 설정
전체 변수를 대상으로 규칙이 설정되는 배열 유형을 패턴 게임이라고 한다. 변수들의 위치에 패턴이 존재하고, 패턴을 기반으로 하여 구체적인 규칙을 파악하고 적용하여 문제를 해결해야 한다.
[예] 다섯 명의 후보 Q, R, S, T, U가 있다. 그들은 세 번의 집회에 참석하여 한 번씩 연설할 것이다.

1. 유형 정의

이 유형은 모든 논리 게임의 기본이 되는 유형이다. 또한 다른 유형들도 배열 유형에 기반하여 이루어지기 때문에 논리 게임을 해결하기 위해 우선적으로 파악해야 하는 유형이다. 배열 유형의 논리 게임은 주어진 조건을 만족하는 적절한 순서를 파악하는 능력을 측정하기 위한 것이다. 시·공간적 배열을 중심으로 나타나며, 다양한 조건들이 첨가되어 출제된다. 배열 유형은 나열, 자리 배치, 순서 정하기 등의 종류로 나타난다. 문제의 접근에서부터 해결까지 논리 게임의 기본적인 구성을 따르기 때문에 그에 따른 접근이 필요하다.

예제 2013학년도 LEET 문12

한국화학회는 <시상규칙>에 따라 학술상을 수여한다. 어느 해 같은 계절에 유기화학과 무기화학 분야에 상을 수여하였다면, 그해의 시상에 대한 진술 중 참일 수 없는 것은?

〈시상규칙〉
○ 매년 물리화학, 유기화학, 분석화학, 무기화학의 네 분야에 대해서만 수여한다.
○ 봄, 여름, 가을, 겨울에 수여하며 매 계절 적어도 한 분야에 수여한다.
○ 각각의 분야에 매년 적어도 한 번 상을 수여한다.
○ 매년 최대 여섯 개까지 상을 수여한다.
○ 한 계절에 같은 분야에 두 개 이상의 상을 수여하지 않는다.
○ 두 계절 연속으로 같은 분야에 상을 수여하지 않는다.
○ 물리화학 분야에는 매년 두 개의 상을 수여한다.
○ 여름에 유기화학 분야에 상을 수여한다.

① 봄에 분석화학 분야에 수여한다.
② 여름에 분석화학 분야에 수여한다.
③ 여름에 물리화학 분야에 수여한다.
④ 가을에 무기화학 분야에 수여한다.
⑤ 겨울에 유기화학 분야에 수여한다.

[정답] ④

1) 시나리오 파악

- 문제의 출제 의도: 주어진 조건을 정리하여 답지에서 가능한 경우와 그렇지 않은 경우를 파악하는 문제로, 참일 수 없는 것 즉, 반드시 거짓이 되는 진술을 찾아야 한다.
- 계절별로 상을 배열해야 하며, 이 중 한 계절에 유기화학과 무기화학을 수여해야 한다.

2) 모형화

- 기준 설정: 계절에 따른 배열을 요구하기 때문에 base는 4개의 계절이 된다.
- 모형화

계절	과목
봄	
여름	
가을	
겨울	

3) 반드시 참 거짓 파악과 표시

- 마지막 정보: 여름에 유기화학을 수여한다.
- 발문에서 확인할 수 있듯이, 한 계절에 유기화학과 무기화학을 수여해야 하기에 다음과 같이 표시한다.

유기화학, 무기화학

4) 조건 및 제한 확인

- 최대 여섯 개까지 상을 수여한다.
- 두 계절 연속으로 같은 분야에 상을 수여하지 않는다.
- 물리화학은 매년 두 계절에 수여해야 한다.

위 조건을 충족하면서 가능한 경우를 파악해야 한다.

5) 경우의 수 확인: 선택지 적용

①, ③ (O)

계절	과목
봄	분석화학
여름	유기화학, 무기화학, 물리화학
가을	분석화학
겨울	물리화학

②, ⑤ (O)

계절	과목
봄	물리화학
여름	유기화학, 분석화학
가을	물리화학
겨울	유기화학, 무기화학

④ (X) 가을에 무기화학을 수여한 경우, 주어진 조건에 따르면 유기화학과 무기화학을 같은 계절에 수여해야 하는데, 이미 마지막 조건에서 유기화학이 여름에 수여되기에 어떤 경우가 되든지 두 계절 연속으로 유기화학 분야에 상이 수여되게 된다. 따라서 조건을 위배하게 된다.

계절	과목
봄	
여름	유기화학
가을	무기화학
겨울	

2. 배열의 다양한 유형

(1) 순서 정하기

이 유형에서는 모든 규칙들이 순서와 관련되어 나타난다. 이러한 유형에서는 변수들 사이의 관계가 상대적이며 다른 배열 유형과 다르게 변수들의 위치가 고정되어 있지 않다. 이에 대한 접근은 다음과 같이 한다.

① 부등식을 사용하여 상대적인 관계를 표현한다.
P는 T보다 빠르고 S보다는 느리다. → $S > P > T$

② 규칙에서 부정하는 내용이 있을 때에는 변수들 간의 동일한 정도도 가능하다.
A는 B보다 빠르지 않다. → $B \geq A$

③ 두 개의 규칙 이상에서 나타나는 변수들을 찾아 순서를 정할 때에는 변수들을 연결한다.
A는 B보다 빠르지 않고 B는 C보다 느리다. → $C > B \geq A$

④ 첫 번째와 마지막 위치를 표현하는 규칙을 통해 범위를 확인한다.

⑤ 순서 관계가 불확실할 경우 동시성을 표시한다.
A는 B와 C보다 빠르다. → $A > \frac{B}{C}$

(2) 원형 배열

원둘레의 공간에 일정한 수의 변수를 배열하는 게임이다. 접근 방식은 다음과 같다.

① 모형화: 원 둘레로 표시하거나 바큇살(spoke) 모양을 활용한다.

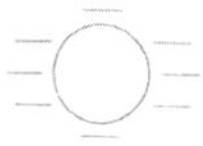

② 변수의 개수가 짝수일 경우 바큇살 모양이 적절하며, 홀수일 경우 인접한 쌍이 중요한 기준이 된다.
③ 배열 도식이 원이기 때문에 첫 번째 자리에 있는 사람과 마지막 자리에 있는 사람은 인접한다.
④ 반대편 변수와 관련된 규칙이 있을 경우, 그러한 변수를 우선 배치한다.

(3) 공간 배열: 지도 게임(Mapping Game)

대부분의 논리 게임은 수적인 관계를 활용하며 수적인 관계는 게임을 해결할 때에 중요한 역할을 한다. 지도 게임은 수적인 부분이 나타나지 않지만 수적으로 관계를 파악하고 적용할 수 있는 요소가 포함되어 있다. 접근 방식은 다음과 같다.

① 공간적 관계를 화살표나 선으로 도식화한다.
② 고정된 중심점을 찾고 이를 토대로 방향 관계를 사용하여 표시한다.
③ 문제에 제시된 다이어그램 등의 도식이나 그림을 활용한다.
④ 도식을 그릴 때에는 변수의 연결 방향, 직선 여부, 교차 가능성을 확인한다.

2 속성매칭

속성매칭 유형은 배열 유형과 함께 논리 게임의 가장 기본이 되는 유형이다. 속성매칭은 어떤 속성이 어떤 대상에 속하며, 그 대상이 어떤 집합에 속하는지를 파악하는 것이다. 이때 조건이 많거나 변수들이 다양하다면, 그 조건들을 일치시키며 전체를 조망하는 것이 중요하다. 그리고 주어진 조건들로부터 연역된 사실도 정리해야 한다.

조건의 정리에 있어서, 하나의 집합에 포함되는 요소가 무엇인지, 각각의 집합들이 공유하고 있는 것은 무엇인지, 총 경우의 수는 어떻게 되는지까지도 확정지어야 효율적이고 검증 가능한 도식화가 가능하게 된다.

속성매칭 유형에서 자주 사용되는 연역 추리는 선언문이다. 선언은 여러 선택지들 중 불가한 경우를 배제할 경우 나머지 조건이 매칭되는 관계이다. 이러한 선언적 연결에 기반한 추리를 활용하는 문항이 주로 출제되며, 조건과의 일치성에 의한 매칭, 기준을 통한 매칭 등을 파악하는 문항도 출제되었다.

속성매칭에서의 연역 추리
속성매칭에서는 대상과 속성 간의 매칭이기에 다양한 변수들이 나타날 수 있다. 그리고 그러한 변수들은 대부분 1:1의 대응 관계를 가지는 경우가 많다. 이때에는 이미 확정된 변수들을 배제하고 나머지 변수들을 고려하는 선언(disjunction) 논법이 사용된다.

예제

2015학년도 LEET 문19

다음으로부터 추론한 것으로 옳은 것은?

> 동물 애호가 A, B, C, D가 키우는 동물의 종류에 대해서 다음 사실이 알려져 있다.
>
> ○ A는 개, C는 고양이, D는 닭을 키운다.
> ○ B는 토끼를 키우지 않는다.
> ○ A가 키우는 동물은 B도 키운다.
> ○ A와 C는 같은 동물을 키우지 않는다.
> ○ A, B, C, D 각각은 2종류 이상의 동물을 키운다.
> ○ A, B, C, D는 개, 고양이, 토끼, 닭 외의 동물은 키우지 않는다.

① B는 개를 키우지 않는다.
② B와 C가 공통으로 키우는 동물이 있다.
③ C는 키우지 않지만 D가 키우는 동물이 있다.
④ 3명이 공통으로 키우는 동물은 없다.
⑤ 3종류의 동물을 키우는 사람은 없다.

[정답] ③

1) 시나리오 확인 및 모형화

주어진 정보를 매칭하는 표를 만들면 다음과 같다.

구분	개	고양이	토끼	닭
A				
B				
C				
D				

2) 반드시 참인 정보 확인

첫 번째 진술과 두 번째 진술을 통해 도표를 만들어 정리하면 다음과 같다.

구분	개	고양이	토끼	닭
A	O			
B			X	
C		O		
D				O

3) 조건에 의한 속성매칭 추리

· 세 번째 진술에 의해 A가 키우는 개는 B도 키운다는 것을 알 수 있으며, 이는 B가 키우지 않는 동물은 A도 키우지 않는다는 것을 의미하므로 A는 토끼를 키우지 않는다.

· 네 번째 진술에 의해 A가 키우는 개는 C가 키우지 않으며 C가 키우는 고양이를 A가 키우지 않음을 알 수 있다. 이를 정리하면 다음과 같다.

구분	개	고양이	토끼	닭
A	O	X	X	
B	O		X	
C	X	O		
D				O

· 다섯 번째 진술에서 A, B, C, D는 각각 2종류 이상의 동물을 키운다고 했으므로 A는 닭을 키우며, A가 키우는 동물은 B도 키우며 C는 키우지 않으므로, B는 닭을 키우며 C는 닭을 키우지 않는다. 이 경우 C는 두 종류를 키워야 하므로 토끼를 키운다.

구분	개	고양이	토끼	닭
A	O	X	X	O
B	O		X	O
C	X	O	O	X
D				O

4) 선택지 판단

① (X) 세 번째 진술에서 A가 키우는 동물은 B도 키우므로 B는 개를 키운다.
② (X) 위 진술만으로는 알 수 없다.
③ (O) 닭은 C는 키우지 않지만 D가 키우는 동물이다.
④ (X) 닭은 A, B, D 세 사람이 키우는 동물이다.
⑤ (X) B나 D가 가능하기에 추론할 수 없는 진술이다.

실전 연습문제

배열

01

2014학년도 LEET 문19

다음 글로부터 추론한 것으로 옳은 것만을 <보기>에서 있는 대로 고른 것은?

주상께서는 오제 가운데 저희 왕조를 낳아 주신 신께 남교에서 제사를 올려야 합니다. 오제는 적제, 흑제, 청제, 백제, 황제를 말하는데, 각기 오행(화, 수, 목, 금, 토)을 상징하는 신들입니다. 역대 각 왕조는 오덕종시설(五德終始說) 즉 오행의 상생 또는 상극의 순환 순서에 따라서 왕조 교체가 규칙적으로 이루어진다는 주장을 받아들여, 오덕 중 자신의 덕에 맞는 신에게 제사를 올렸던 것입니다. 그러나 상극설과 상생설에 따른 오행의 순환 순서에는 차이가 있습니다. 예를 들어 상극설에서는 화 다음에 수가 이어지지만, 상생설에서는 금 다음에 수가 이어집니다.

상생설과 상극설에 따른 오행의 순환 순서가 논란이 되자, 한(漢)왕조는 우선 자신을 중심으로 상생설과 상극설의 순환 순서를 결정하였습니다. 만약 한왕조가 상극설에 따라 토덕(土德)을 받들고 이후 여러 왕조에서 모두 상극설을 따랐다면, 저희 왕조는 한왕조가 망한 뒤 여섯 번째에 들어선 왕조이므로 목덕(木德)을 받들어야 했을 것입니다. 그러나 한왕조는 상생설에 따라서 화덕(火德)을 받들었고, 이후 여러 왕조에서는 모두 상생설을 따랐습니다. 한의 다다음 왕조는 금덕(金德)을 받들었는데, 한과 그 이후 왕조가 계속 상극설을 따랐어도 이는 마찬가지였을 것입니다. 저희 왕조도 한왕조 이후의 전례에 따라 상생설을 따르는 것이 좋으니, 원컨대 주상께서는 토덕을 받들어 황제(黃帝)께 제사 드리기를 바라옵니다.

〈보기〉

ㄱ. 현 왕조의 직전 왕조는 한왕조와 마찬가지로 화덕을 받들었을 것이다.
ㄴ. 한왕조부터 상극설이 채택되어 계속 유지되었다면 현 왕조의 전전 왕조는 황제에게 제사 지냈을 것이다.
ㄷ. 상생설과 상극설 중 한왕조가 어떤 설을 선택하든 그 설이 이후 왕조에서 계속 유지된다면, 현 왕조의 다음 왕조는 백제에게 제사 지낼 것이다.

① ㄱ ② ㄴ ③ ㄱ, ㄷ
④ ㄴ, ㄷ ⑤ ㄱ, ㄴ, ㄷ

02

2016학년도 LEET 문31

다음에서 추론한 것으로 옳은 것만을 <보기>에서 있는 대로 고른 것은?

어떤 국가는 A, B, C, D, E, F의 6개 주(州)로 구성되어 있다. 각 주는 하나의 덩어리 형태이며 다음과 같이 접경을 이루고 있다.

○ A는 C 이외의 모든 주와 접경을 이루고 있다.
○ B는 A, C, D, F와만 접경을 이루고 있다.
○ C는 B, D와만 접경을 이루고 있다.
○ D, E, F는 서로 접경을 이루지 않는다.

이제 빨강, 주황, 초록, 파랑, 보라의 5개 색을 사용하여 6개 주를 색칠하려고 한다. 각 주는 하나의 색만을 사용하여 색칠되어야 한다. 또한 아래와 같은 조건들이 주어진다.

〈조건1〉 A는 초록색으로 칠한다.
〈조건2〉 C와 F는 보라색으로 칠한다.
〈조건3〉 접경을 이룬 주끼리 같은 색을 사용해서는 안 된다.
〈조건4〉 파란색과 보라색은 접경을 이룬 주끼리 사용될 수 없다.
〈조건5〉 5개의 색이 모두 사용되어야 한다.

〈보기〉

ㄱ. E는 파란색이다.
ㄴ. B가 주황색이면 D는 빨간색이다.
ㄷ. 위의 조건들 중 〈조건5〉를 없애면 최소 3개의 색으로 6개의 주를 모두 색칠할 수 있다.

① ㄱ ② ㄷ ③ ㄱ, ㄴ
④ ㄴ, ㄷ ⑤ ㄱ, ㄴ, ㄷ

03

2017학년도 LEET 문21

다음으로부터 추론한 것으로 옳지 않은 것은?

아래 배치도에 나와 있는 10개의 방을 A, B, C, D, E, F, G 7명에게 하나씩 배정하고, 3개의 방은 비워두었다. 다음 〈정보〉가 알려져 있다.

1호		6호
2호		7호
3호		8호
4호		9호
5호		10호

〈정보〉
- ○ 빈 방은 마주 보고 있지 않다.
- ○ 5호와 10호는 비어 있지 않다.
- ○ A의 방 양옆에는 B와 C의 방이 있다.
- ○ B와 마주 보는 방은 비어 있다.
- ○ C의 옆방 가운데 하나는 비어 있다.
- ○ D의 방은 E의 방과 마주 보고 있다.
- ○ G의 방은 6호이고 그 옆방은 비어 있다.

① 1호는 비어 있다.
② A의 방은 F의 방과 마주 보고 있다.
③ B의 방은 4호이다.
④ C와 마주 보는 방은 비어 있다.
⑤ D의 방은 10호이다.

04

2017학년도 LEET 문22

다음으로부터 추론한 것으로 옳은 것만을 <보기>에서 있는 대로 고른 것은?

대형 전시실 3개와 소형 전시실 2개를 가진 어느 미술관에서 각 전시실 별로 동양화, 서양화, 사진, 조각, 기획전시 중 하나의 주제로 작품을 전시하기로 계획하였다. 설치 작업은 월요일부터 금요일까지 〈작업 계획〉에 따라 하루에 한 전시실씩 진행한다.

〈작업 계획〉
- ○ 동양화 작품은 금요일 이전에 설치한다.
- ○ 수요일과 금요일에는 대형 전시실에 작품을 설치한다.
- ○ 조각 작품을 설치한 다음다음날에 소형 전시실에 사진 작품을 설치한다.
- ○ 기획전시 작품을 설치한 다음다음날에 대형 전시실에 작품을 설치하는데, 그 옆 전시실에는 서양화가 전시된다.

〈보기〉

ㄱ. 서양화 작품은 수요일에 설치한다.
ㄴ. 동양화 전시실과 서양화 전시실은 옆에 있지 않다.
ㄷ. 기획전시가 소형 전시실이면 조각은 대형 전시실이다.

① ㄴ　② ㄷ　③ ㄱ, ㄴ
④ ㄱ, ㄷ　⑤ ㄱ, ㄴ, ㄷ

05

2018학년도 LEET 문27

다음에서 추론한 것으로 옳은 것만을 <보기>에서 있는 대로 고른 것은?

> 여러 개의 프로그램이 동시에 실행되면서 같은 작업을 수행하는 병렬 프로그래밍에서, 각 프로그램이 사용하는 데이터는 일정한 메모리 영역에 저장되고 공유된다. 프로그램 P1~P4와 이들이 사용하는 메모리 영역 M1~M4에 대하여 다음이 성립한다.
>
> ○ P1~P4만이 실행되고 각 프로그램은 M1~M4를 사용한다. 각 프로그램은 적어도 1개 이상의 메모리 영역을 사용하고 어떤 프로그램에 의해서도 사용되지 않는 메모리 영역은 없다.
> ○ 메모리 영역은 M1~M4의 순서대로 일렬로 연결되어 있다.
> ○ 전체 프로그램이 사용하는 메모리 영역의 개수의 합은 최대 6이다.
> ○ 어떤 프로그램도 연속되는 2개의 메모리 영역을 사용할 수 없다.
> ○ P1은 2개의 메모리 영역을 사용한다.
> ○ P2는 M2를 사용한다.
> ○ P4는 P2가 사용하는 메모리 영역을 1개 이상 공유한다.

〈보기〉

ㄱ. 만약 P2가 2개의 메모리 영역을 사용한다면 P3은 1개의 메모리 영역만을 사용한다.
ㄴ. M2가 3개의 프로그램에 의해서 사용될 수도 있다.
ㄷ. 만약 P4가 M4를 사용한다면 P4는 M2도 사용한다.

① ㄱ　② ㄷ　③ ㄱ, ㄴ
④ ㄴ, ㄷ　⑤ ㄱ, ㄴ, ㄷ

06

2018학년도 LEET 문28

다음에서 추론한 것으로 옳은 것만을 <보기>에서 있는 대로 고른 것은?

> A반 4명, B반 3명, C반 3명, D반 2명으로 구성된 동아리를 세 개의 팀으로 나누는데, 다음 조건을 만족한다.
>
> ○ 각 학생은 어느 한 팀에만 포함된다.
> ○ 각 팀은 최소한 3개의 반의 학생을 포함한다.
> ○ 특정 반의 학생 전체를 포함한 팀은 없다.

〈보기〉

ㄱ. 각 팀의 학생의 수가 모두 같을 수 있다.
ㄴ. A반, B반, C반으로만 구성된 6명인 팀이 있을 수 있다.
ㄷ. B반, C반, D반으로만 구성된 5명인 팀이 있을 수 없다.

① ㄱ　② ㄷ　③ ㄱ, ㄴ
④ ㄴ, ㄷ　⑤ ㄱ, ㄴ, ㄷ

07

2020학년도 LEET 문33

다음으로부터 추론한 것으로 옳은 것은?

어떤 교수가 피아노 연주회에서 자신이 지도하는 6명의 학생 甲, 乙, 丙, 丁, 戊, 己의 연주 순서를 정하는 데 다음 〈조건〉을 적용하고자 한다.

〈조건〉
- ○ 각자 한 번만 연주하며 두 명 이상이 동시에 연주할 수 없다.
- ○ 丙은 戊보다 먼저 연주해야 한다.
- ○ 丁은 甲과 乙보다 먼저 연주해야 한다.
- ○ 戊는 甲 직전 또는 직후에 연주해야 한다.
- ○ 己는 乙 직전에 연주해야 한다.

① 甲이 己 직전에 연주하면 丙과 丁의 순서가 결정된다.
② 乙이 丙 직전에 연주하면 甲과 戊의 순서가 결정된다.
③ 丙이 戊 직전에 연주하면 甲과 乙의 순서가 결정된다.
④ 丁이 甲 직전에 연주하면 丙과 己의 순서가 결정된다.
⑤ 戊가 己 직전에 연주하면 丙과 丁의 순서가 결정된다.

08

2021학년도 LEET 문23

다음으로부터 추론한 것으로 옳은 것은?

총 4번의 경주로 치러지는 육상 대회를 준비하는 한 팀의 코치는 5명의 주자 갑, 을, 병, 정, 무 중 4명을 선발하여 이들 각각이 몇 번째 경주에 참가할 것인지를 결정해야 한다. 선발된 4명의 주자 각각은 첫 번째, 두 번째, 세 번째, 네 번째 경주 중 꼭 하나의 경주에만 참가하고, 2명 이상의 주자가 같은 경주에 참가하지는 않는다.

코치의 주자 선발과 그에 따른 결정은 다음 조건을 만족시키고, 선발되지 않은 1명은 육상 대회에 참가하지 않는다.

- ○ 만약 을을 선발하면, 갑을 선발하지 않는다.
- ○ 무는 두 번째 경주에 참가하지 않는다.
- ○ 정은 병이 참가한 경주의 바로 다음 번 경주에 참가한다.
- ○ 만약 갑이 첫 번째 경주에 참가하지 않는다면, 을이 세 번째 경주에 참가한다.

① 갑은 첫 번째 경주에 참가한다.
② 을은 두 번째 경주에 참가한다.
③ 병은 첫 번째 경주에 참가한다.
④ 정은 세 번째 경주에 참가한다.
⑤ 무는 네 번째 경주에 참가한다.

09

2023학년도 LEET 문32

다음으로부터 추론한 것으로 옳은 것은?

가장 아래에서부터 위로 1부터 6까지 차례로 번호가 부여된 여섯 개의 상자가 쌓여 있다. 이 상자들에 대하여 다음이 성립한다.

- ○ 상자는 빨간 상자, 파란 상자, 하얀 상자 중의 하나이다.
- ○ 빨간 상자의 개수는 하얀 상자의 개수보다 많다.
- ○ 어떤 파란 상자는 모든 빨간 상자보다 아래에 있다.
- ○ 어떤 파란 상자 바로 아래에는 하얀 상자가 있다.
- ○ 상자 4는 빨간 상자이고, 상자 5와 상자 6의 색깔은 같다.

6
5
4
3
2
1

① 상자 1은 하얀 상자이다.
② 상자 2의 색깔과 상자 5의 색깔은 서로 다르다.
③ 상자 3이 빨간 상자이면 파란 상자는 1개이다.
④ 파란 상자의 개수는 하얀 상자의 개수보다 많다.
⑤ 하얀 상자 아래 파란 상자가 있으면 빨간 상자는 3개이다.

10

2023학년도 LEET 문34

다음으로부터 추론한 것으로 옳은 것만을 <보기>에서 있는 대로 고른 것은?

다음과 같이 다섯 대를 주차할 수 있도록 선이 그어져 있는 주차장 칸에 갑, 을, 병, 정, 무는 각각 자신의 차를 한 대씩 주차하였다.

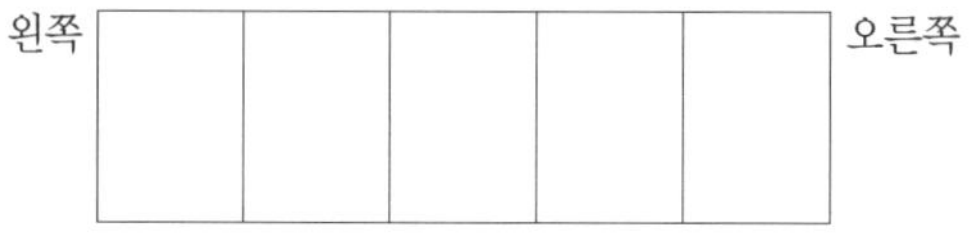

다음 진술 중 세 개는 참이고 한 개는 거짓이다.

갑: "내 차는 왼쪽에서 두 번째 칸에 주차되어 있다."
을: "내 차의 바로 옆 칸에는 정의 차가 주차되어 있다."
병: "내 차는 가장 오른쪽 칸에 주차되어 있다."
정: "내 차의 바로 양 옆 칸에는 갑의 차와 무의 차가 각각 주차되어 있다."

〈보기〉

ㄱ. 갑의 차 바로 옆 칸에 정의 차가 주차되어 있다면 정의 진술은 참이다.
ㄴ. 을과 병 중 한 명의 진술이 거짓이라면 을의 차는 가장 왼쪽 칸에 주차되어 있다.
ㄷ. 거짓을 진술한 사람의 차와 무의 차 사이에는 두 대의 차가 주차되어 있다.

① ㄱ ② ㄴ ③ ㄱ, ㄷ
④ ㄴ, ㄷ ⑤ ㄱ, ㄴ, ㄷ

속성매칭

11

2009학년도 LEET 문13

A~D의 의견을 추론한 것으로 옳지 않은 것은?

○ 사건 개요: 북위 선무제 때인 514년에 백성 갑은 모친이 사망했지만 가난하여 장례를 치를 수 없었기 때문에 7세 된 자식을 을에게 양민임을 알리고 노비로 팔았다.
○ 선무제의 판결: 그대들 네 명의 의견을 보면 갑에 대해 각각 사면, 1년 형, 5년 형, 사형으로 다 다르고, 역시 을에 대해 사면, 1년 형, 5년 형, 사형으로 다 다르오. 또한 갑과 을에 대해 동일한 처분을 내리자고 하는 사람도 없소. 갑을 사면하거나 사형에 처해야 한다는 의견을 내놓은 두 명은 을에게 1년 형이나 5년 형을 내려야 한다고 하는데 이 견해는 받아들이겠소. 갑은 모친의 장례를 치르고자 자식을 팔았으니 특별히 사면하도록 하시오. 하지만 을은 5년 형에 처하도록 하시오.

〈판결 이후 네 명의 대화〉
A: 결국 우리 중에서 황제의 판결과 완전히 일치하는 견해를 내놓은 사람은 없구려. 갑이나 을 누구도 사형시켜서는 안 된다는 내 의견을 다행히 황제께서 받아들이셨소.
B: 그 의견은 나도 올렸소. 다만 갑을 사면해서는 안 된다는 내 의견을 받아들이지 않으신 것은 안타깝구려.
C: 을을 사형시키자는 D의 의견도 받아들이지 않으셨소.
D: 그런데 내가 갑에 대해 주장한 처분이 공교롭게도 A가 을에 대해 주장한 처분과 같구려.

① A는 갑을 5년 형에 처하자고 했을 것이다.
② B는 을을 사면하자고 했을 것이다.
③ C는 갑을 사형에 처하자고 했을 것이다.
④ C는 을을 5년 형에 처하자고 했을 것이다.
⑤ D는 갑을 1년 형에 처하자고 했을 것이다.

12

2011학년도 LEET 문11

다음 글로부터 바르게 추론될 수 없는 것은?

> ○ A나라에서는 20등급의 작위를 두고, 전공을 세울 때마다 '작(爵)'을 수여하여 1급부터 최고 20급까지 승급시켰다. 전투에서 취해 온 적의 수급 수에 따라 '작'이 올라가는데, '작' 1급 당 수급 1개씩 요구되었다. 단, 4급으로 승급하려면 적의 장교 1명을 포로로 잡는 전공이 추가로 요구되었다.
>
> ○ '작'을 가진 사람이 누리는 권리에는 가족이 처벌을 받게 될 때 '작'을 반납하고 대신 형벌을 면제시켜주는 특권이 포함되었다. 본인을 포함하여 동거하고 있는 직계 가족과 배우자의 형벌 면제를 위해서는 1인당 '작' 1급씩, 동거하고 있지 않은 부모, 형제와 그 배우자 및 자녀의 형벌 면제를 위해서는 1인당 '작' 2급씩 반납해야 했다. 부모 중 1인이 면제되면 미성년 자녀 중 1인이 같이 면제될 수 있었다. 단 미성년자의 형벌 면제는 가족당 1인으로 제한되었으며, 미성년자의 기준은 신장 5척 미만에 12세 이하였다.
>
> ○ 형제인 갑, 을, 병은 따로 살고 있었는데, 각각 자녀 2명과 부인을 두었다. 그런데 이 세 가족 및 갑과 함께 살고 있는 부모가 모두 처벌될 상황에 처했다. 세 가족은 합쳐서 9급에 해당하는 '작'을 가지고 있었다. 갑은 부모와 세 가족의 자녀를 모두 면제시키려 하였고, 을은 자신의 가족 4인과 형제의 부인들을 모두 면제시키려 하였고, 병은 형제가 가진 '작'으로 가능한 한 많은 인원을 면제시키려 하였다. 세 형제는 마침내 9급에 해당하는 자신들의 '작'을 반납하면서 형제 모두가 만족할 수 있는 방안을 찾아냈다.

① 갑은 과거에 적의 장교 1명을 포로로 잡았을 것이다.
② 을은 과거에 적의 수급 3개 이상을 취해왔을 것이다.
③ 병은 과거에 적의 수급 2개 이상을 취해왔을 것이다.
④ 갑과 병 중 적어도 1명은 형벌을 면제받았을 것이다.
⑤ 자녀 중 신장 5척 미만이 3명 이상 있었을 것이다.

13

2013학년도 LEET 문13

다음으로부터 바르게 추론한 것만을 <보기>에서 있는 대로 고른 것은?

> (가)~(마)팀이 현재 수행하고 있는 과제의 수는 다음과 같다.
>
> (가)팀: 0
> (나)팀: 1
> (다)팀: 2
> (라)팀: 2
> (마)팀: 3
>
> 이 과제에 추가하여 8개의 새로운 과제 a, b, c, d, e, f, g, h를 다음 〈지침〉에 따라 (가)~(마)팀에 배정한다.
>
> 〈지침〉
> ○ 어느 팀이든 새로운 과제를 적어도 하나는 맡아야 한다.
> ○ 기존에 수행하던 과제를 포함해서 한 팀이 맡을 수 있는 과제는 최대 4개이다.
> ○ 기존에 수행하던 과제를 포함해서 4개 과제를 맡는 팀은 둘이다.
> ○ a, b는 한 팀이 맡아야 한다.
> ○ c, d, e는 한 팀이 맡아야 한다.

〈보기〉

ㄱ. a를 (나)팀이 맡을 수 없다.
ㄴ. f를 (가)팀이 맡을 수 있다.
ㄷ. 기존에 수행하던 과제를 포함해서 2개 과제를 맡는 팀이 반드시 있다.

① ㄱ　② ㄴ　③ ㄱ, ㄷ
④ ㄴ, ㄷ　⑤ ㄱ, ㄴ, ㄷ

14

2016학년도 LEET 문33

다음에서 추론한 것으로 옳은 것만을 <보기>에서 있는 대로 고른 것은?

일렬로 위치한 5개 사무실에 회사 A, B, C, D, E가 입주해 있다. 각 회사는 로고 색이 한 가지 색으로 되어 있고, 음료와 과자를 하나씩 생산하며, 수출대상국이 한 국가씩 있다. 5개 회사의 로고 색, 음료, 과자, 수출대상국은 모두 다르다.

로고 색: 연두색, 회색, 보라색, 하늘색, 검정색
음료: 생수, 커피, 이온음료, 녹차, 주스
과자: 와플, 전병, 비스킷, 마카롱, 쌀과자
수출대상국: 싱가포르, 중국, 태국, 일본, 대만

○ 생수를 생산하는 회사의 사무실은 정 가운데 위치한다.
○ C회사의 사무실은 가장 왼쪽에 위치하고, 보라색 로고의 회사 사무실 옆에 위치한다.
○ 연두색 로고의 회사는 커피를 생산하고, 그 사무실은 회색 로고의 회사 사무실 왼쪽에 붙어있다.
○ A회사의 로고는 하늘색이다.
○ 검정색 로고의 회사는 싱가포르로 수출하며, 와플을 생산하는 회사 사무실 옆에 위치한다.
○ 태국에 수출하는 회사의 사무실은 주스를 생산하는 회사의 사무실 오른쪽에 붙어있다.

〈보기〉

ㄱ. A회사는 생수를 생산한다.
ㄴ. 싱가포르에 수출하는 회사는 주스를 생산한다.
ㄷ. 보라색 로고의 회사는 중국에 수출한다.

① ㄱ ② ㄴ ③ ㄷ
④ ㄱ, ㄴ ⑤ ㄴ, ㄷ

15

2018학년도 LEET 문25

다음에서 추론한 것으로 옳은 것만을 <보기>에서 있는 대로 고른 것은?

컴퓨터 사용자 갑, 을, 병, 정의 아이디와 패스워드를 다음 규칙으로 정하고자 한다.

○ 아이디는 apple, banana, cherry, durian 중 하나이다.
○ 패스워드는 apple, banana, cherry, durian 중 하나이다.
○ 하나의 아이디를 두 명 이상이 같이 쓸 수 없다.
○ 하나의 패스워드를 두 명 이상이 같이 쓸 수 없다.
○ 사용자의 아이디와 패스워드는 같을 수 없다.
○ 을의 아이디는 cherry이다.
○ 정의 패스워드는 durian이다.
○ 병의 아이디는 아이디가 banana인 사용자의 패스워드와 같다.

〈보기〉

ㄱ. 정의 아이디는 apple이다.
ㄴ. 갑의 패스워드가 cherry라면 을과 병의 패스워드를 확정할 수 있다.
ㄷ. 아이디가 durian인 사용자의 패스워드로 banana를 쓸 수 있다.

① ㄱ ② ㄷ ③ ㄱ, ㄴ
④ ㄴ, ㄷ ⑤ ㄱ, ㄴ, ㄷ

정답 및 해설 p.31

2. 연결·그룹핑

연결 유형의 기호화 및 연역 추리
① 진리함수적 결합사를 활용한 기호화: 조건문, 선언문, 연언, 부정
② 연역 추리: 조건문의 진릿값, 추리 규칙을 활용한 추리

연결 유형에서 사용되는 일상어는 모두 단순한 형태로 기호화해야 쉽게 문제를 파악할 수 있다. 대부분의 경우 조건이 주어지며, 선택지에 나오는 사항도 조건으로 상정할 수 있어야 한다. 조건들을 기호화·도식화하면서, 동시에 연역적으로 추리할 수 있는 조건도 파악해야 한다.

연역 논리 관계를 진리표 및 규칙을 활용하여 추리하는 문항, 조건에 의한 분류를 연결하는 문항, 연결의 원리를 경우의 수를 가미하여 파악하는 문항이 출제된 바 있다. 최근에는 모순 개념에 의한 경우의 수 파악 및 상대적 개념을 통해 연쇄적으로 추리하는 문항도 출제된 바 있다.

그룹핑 게임에서는 주어진 대상들이 함께 묶일 수 있는지 분석하며, 변수를 그룹에 위치시키는 것을 목적으로 한다. 이 과정에서 주어진 조건이나 규칙에 논리적 관계가 포함되어 분석되는 경우도 있다.

연결·그룹핑 게임의 문제
① 연결 중심: 규칙을 중심으로 연역 추리가 활용된 문제
② 그룹핑 중심: 배열의 원리가 적용되면서 제한 조건을 규칙으로 하는 문제

1 연결·그룹핑 게임의 종류

1. 변수의 수가 고정되어 있는 경우와 그렇지 않은 경우

- 6명의 사람들이 회의에 참석할 것이다. (고정)
- 그 상점에는 다양한 종류의 의자를 판매하고 있다. (미고정)

2. 부분 고정: 변수의 최대·최솟값만 정해진 경우

10명의 학생 중 적어도 3명이 참석할 것이다.

3. 균형 게임: 일대일 대응

8명이 2명씩 4개의 조를 구성하고 있다.

4. 불균형 게임: 과잉, 부족

- 과잉: 4개의 조에 10명이 나누어 배치된다.
- 부족: 7일 동안 4명이 일하였다.

2 연결·그룹핑 게임의 접근 방식

1. 그룹 모형화

그룹이 결정되어 있는 상황에서 변수가 들어갈 수에 따라 수직 또는 수평으로 빈칸을 구성한다.

2. 규칙 기호 및 모형화

(1) 조건문의 경우, 역의 성립 가능성을 확인하고 대우의 경우도 표시하여 활용한다.

영희가 참석한다면, 철수도 참석한다. (P → Q)
= [대우: 논리적으로 동등] 철수가 참석하지 않는다면, 영희도 참석하지 않는다. (~Q → ~P)
≠ [역: 논리적으로 무관함] 철수가 참석한다면, 영희도 참석한다. (Q → P)

(2) 수직 수평적 그룹의 모형화에 맞추어 칸들을 정리하고 표시한다.

3개 그룹 A, B, C가 있는데, 철수와 영희는 같은 B 그룹에 속해 있다.

B
철수, 영희

3. 제한 조건 확인

게임에서 선택할 수 있는 경우의 수가 한정되는 조건을 확인해야 한다. 추론을 할 때에 가장 우선적으로 찾아야 하는 조건이다. 직접적으로 언급되는 제한이 있을 수 있고 동시에 규칙의 결합을 통해 추리할 수도 있다. 이러한 제한 조건은 모든 그룹핑 게임에 적용된다.

(1) 제한된 시간: 시간적인 한정을 통해 연결한다.

철수가 축구를 할 수 있는 날은 수요일뿐이다.

(2) 제한된 공간: 공간에 속할 수 있는 가능성을 제한하거나 공간의 제한을 통해 가능성을 축소한다.

- 우체국에 갈 수 있는 사람은 가영, 나희, 다영 모두 3명인데, 그중 가희와 나영은 다른 일 때문에 갈 수 없었다.
- 모든 학생들은 두 그룹에 속해야 하는데, 학생 A와 B는 동일한 그룹이 아니다.

(3) 조건을 통한 제한: 조건문을 활용하여 제한한다.

만약 라영이 그룹1에 있다면 마석도 그룹1에 있어야 한다.

(4) 수적 조건을 통한 제한: 다른 변수들의 반드시 참인 조건을 통해 수적 한정을 이용하여 추리한다.

A, B, C, D, E 다섯 명의 학생이 두 그룹으로 나뉘어 있다. 한 그룹은 3명이고 다른 그룹은 2명이다.
A와 B는 같은 그룹이 될 수 없으며, C와 D는 같은 그룹이다.

다음으로부터 추론한 것으로 옳은 것만을 <보기>에서 있는 대로 고른 것은?

오래 전에 바다에 침몰했던 배에서 총 6개의 유물 A, B, C, D, E, F가 발견되었다. 이 유물들은 각각 고구려, 백제, 신라 중 한 나라에서 만들었다고 한다. 역사학자들은 이 6개의 유물을 정밀 조사하여 다음과 같은 사실을 밝혀냈다.
○ C와 E는 같은 나라에서 만들었다.
○ A와 C는 다른 나라에서 만들었다.
○ 신라에서 만든 유물의 수는 백제에서 만든 유물의 수보다 크다.
○ B는 고구려에서 만들었고 F는 백제에서 만들었다.

〈보기〉

ㄱ. A는 백제에서 만든 유물이 아니다.
ㄴ. C가 고구려에서 만든 유물이면 D는 신라에서 만든 유물이다.
ㄷ. E를 만든 나라의 유물이 가장 많다.

① ㄱ ② ㄴ ③ ㄱ, ㄷ
④ ㄴ, ㄷ ⑤ ㄱ, ㄴ, ㄷ

[정답] ②

· 규칙
1) C와 E 같은 나라
2) A와 C 다른 나라
3) 신라 〉 백제
4) B: 고구려, F: 백제
· 추리: C, E 백제 아님-C, E가 백제일 경우 백제 유물이 3개가 되어 신라가 백제보다 유물이 많을 수 없음

ㄱ. (X) 다음과 같이 가능하다.

나라	고구려	백제	신라
유물	B	A, F	C, D, E

ㄴ. (O) 고구려가 3개 유물일 때 신라가 백제보다 많아야 하므로 A와 D는 신라 유물이 된다.

나라	고구려	백제	신라
유물	B, C, E	F	A, D

ㄷ. (X) 다음과 같이 E를 만든 나라의 유물이 가장 많지 않을 수 있다.

나라	고구려	백제	신라
유물	A, B, D	F	C, E

실전 연습문제

01 2010학년도 LEET 문29

A~E 사건 중 인질범이 투항할 가능성이 높은 것은?

> 인질협상팀은 '위압적 언동 약화', '범인·인질 간 대화 증가', '교섭 빈도 증가', '요구 수준 저하', '합의 사항 이행'이라는 5개 징후를 통해 인질범과의 협상 진전 여부를 판단한다. 이 5개 징후 사이에는 다음과 같은 〈관계〉가 있으며, 이 중 4개 이상의 징후가 나타나면 인질범이 투항할 가능성이 높은 것으로 본다. 인질사건 A, B, C, D, E에서 아래 〈상황〉이 나타났다.
>
> 〈관계〉
> ○ '위압적 언동 약화'와 '교섭 빈도 증가'는 동시에 나타난다.
> ○ '요구 수준 저하'가 나타나면 '범인·인질 간 대화 증가'가 나타난다.
> ○ '합의 사항 이행'이 나타나면 '범인·인질 간 대화 증가'와 '교섭 빈도 증가'가 나타난다.
>
> 〈상황〉
> ○ '위압적 언동 약화'가 A 사건에서 나타났다.
> ○ '범인·인질 간 대화 증가'가 B 사건에서 나타났고 C 사건에서는 나타나지 않았다.
> ○ '교섭 빈도 증가'가 C 사건과 D 사건에서 나타났다.
> ○ '요구 수준 저하'가 E 사건에서 나타났고 A 사건에서는 나타나지 않았다.
> ○ '합의 사항 이행'이 D 사건에서 나타나지 않았다.
> ○ 각 징후는 1개 이상 3개 이하의 사건에서 나타났다.

① A ② B ③ C
④ D ⑤ E

02 2011학년도 LEET 문23

다음 글로부터 바르게 추론될 수 없는 것은?

> A, B, C국 유권자들은 20세 이상이다. 이들은 다음 요인들을 고려하여 후보자를 선택하며, 하나의 요인을 결정 요소로 정하면 나머지 요인들은 배제한다.
>
> 우선 유권자는 자신의 집안이 전통적으로 지지해 왔던 정당의 후보에 그대로 투표하기도 한다. 이러한 '정당일체감 요인' 투표는 양당제가 제도화되어 있는 A국과 B국에서는 나타나지만, 다당제인 C국에서는 나타나지 않는다.
>
> 또한 유권자는 계급, 인종, 종교 등의 사회 균열 요인에 기초하여 '균열 요인' 투표를 할 수 있다. 국가에 따라 작용하는 균열 요인은 다르지만, 모든 국가에서 균열 요인 투표가 나타난다. 그런데 어느 국가든 20대 유권자에서는 균열 요인 투표가 나타나지 않으며, A국과 B국의 40대 이상 유권자는 모두 균열 요인 투표를 한다.
>
> 또한 유권자는 정책과 공약을 고려하여 자신의 이익을 가장 잘 대변해 줄 후보에게 투표하는 '정책 요인' 투표를 하기도 한다. B국과 C국의 경우, 30대는 예외 없이 정책 요인 투표를 하지만 50대 이상은 정책 요인 투표를 하지 않는다.

① A국의 경우, 20대에서 정책 요인 투표가 나타나지 않는다면 30대에서 정당일체감 요인 투표가 나타난다.
② A국의 경우, 20대에서 정당일체감 요인 투표가 나타나지 않는다면 30대에서 정당일체감 요인 투표가 나타난다.
③ B국의 20대에서 정당일체감 요인 투표가 나타난다.
④ B국과 C국에서 투표에 참여한 50대의 투표 성향은 같다.
⑤ C국에서 투표에 참여한 20대와 30대의 투표 성향은 같다.

03

2011학년도 LEET 문33

다음 글로부터 바르게 추론될 수 <u>없는</u> 것은?

> 용의자에 관한 정보를 2개의 서류철에 담아 관리하고 있다. 1번 서류철에는 용의자 A, B, C에 관한 서류가 있고, 2번 서류철에는 D, E, F에 관한 서류가 있다. 이 두 서류철을 근거로 해서 다음과 같이 추가로 두 개의 서류철을 만들었다.
>
> ○ 1번 서류철에 포함된 사람이 2번 서류철에 포함된 사람 중 2명과 만난 적이 있을 경우, 이 3명의 서류를 복사하여 3번 서류철에 넣는다.
> ○ 2번 서류철에 포함된 사람이 1번 서류철에 포함된 사람 중 2명과 만난 적이 있을 경우, 이 3명의 서류를 복사하여 4번 서류철에 넣는다.
>
> 다음과 같은 사실이 알려져 있다.
>
> ○ A가 만난 적이 있는 사람은 E뿐이다.
> ○ 3번 서류철은 C에 관한 서류와 D에 관한 서류를 포함한다.

① B와 E가 만난 적이 있다면 4번 서류철은 E에 관한 서류를 포함한다.
② C와 D가 만난 적이 없다면 4번 서류철은 A에 관한 서류를 포함한다.
③ C와 D가 만난 적이 없다면 3번 서류철은 F에 관한 서류를 포함하지 않는다.
④ C와 E가 만난 적이 있다면 4번 서류철은 E에 관한 서류를 포함한다.
⑤ C와 E가 만난 적이 없다면 C와 F는 만난 적이 있다.

04

2012학년도 LEET 문19

다음 글로부터 추론한 것으로 옳지 <u>않은</u> 것은?

> 어떤 회사의 직원은 A~G 7명이다. 그들은 다음과 같은 방법으로만 연락한다.
>
> ○ 바로 아래 하급 직원으로부터 연락받으면 자신의 바로 위 상급 직원 한 명에게만 연락한다.
> ○ 바로 위 상급 직원으로부터 연락받으면 자신과 같은 직급의 모든 직원에게 연락한다.
> ○ 같은 직급의 직원으로부터 연락받으면 같은 직급의 다른 직원 한 명에게만 연락한다.
>
> 다음과 같은 사실이 알려져 있다.
>
> ○ B는 D보다 직급이 한 등급 높다.
> ○ D가 B에게 연락하자 B는 A에게만 연락했다.
> ○ G가 C에게 연락하자 C는 B에게만 연락했다.
> ○ C가 F에게 연락하자 F는 D와 E에게 연락했다.

① C와 G가 같은 직급이고 D가 E에게 연락하면, E는 F에게만 연락할 수 있다.
② C와 G가 같은 직급이고 E가 C에게 연락하면, C는 A에게만 연락할 수 있다.
③ C와 G가 같은 직급이고 F가 G에게 연락하면, G는 A에게만 연락할 수 있다.
④ C와 G가 다른 직급이고 A가 B에게 연락하면, B는 C에게만 연락할 수 있다.
⑤ C와 G가 다른 직급이고 D가 C에게 연락하면, C는 G에게만 연락할 수 있다.

05

2013학년도 LEET 문15

다음으로부터 바르게 추론한 것만을 <보기>에서 있는 대로 고른 것은?

신입사원 선발에서 어학능력, 적성시험, 학점, 전공적합성을 각각 상, 중, 하로 평가하여 총점이 높은 사람부터 선발하기로 하였다. 합격선에 있는 동점자는 모두 선발하기로 하고, 상은 3점, 중은 2점, 하는 1점을 부여하였다. 지원자 A, C, D의 평가 결과는 다음과 같았다.

	어학능력	적성시험	학점	전공적합성
A	중	상	중	상
C	상	중	상	상
D	하	하	상	상

문서 전달의 실수로 인사 담당자에게 B의 평가 결과가 알려지지 않았다. 그 대신에 다음 사실이 알려졌다.

- B가 선발되지 않고 C가 선발된다면, A는 선발된다.
- D가 선발되지 않을 경우, 나머지 세 명의 지원자는 선발된다.

〈보기〉

ㄱ. A와 C는 반드시 선발된다.
ㄴ. 두 명을 선발하는 경우가 있다.
ㄷ. B는 상, 중, 하로 평가 받은 영역이 최소한 하나씩은 있다.

① ㄱ ② ㄴ ③ ㄱ, ㄷ
④ ㄴ, ㄷ ⑤ ㄱ, ㄴ, ㄷ

06

2014학년도 LEET 문21

다음으로부터 추론한 것으로 옳은 것만을 <보기>에서 있는 대로 고른 것은?

6명의 선수 A, B, C, D, E, F가 참가하는 어떤 게임은 다음 조건을 만족한다고 한다. 이 게임에서 선수 X가 선수 Y에게 우세하면 선수 Y는 선수 X에게 열세인 것으로 본다.

- A, B, C 각각은 D, E, F 중 정확히 2명에게만 우세하다.
- D, E, F 각각은 A, B, C 중 정확히 2명에게만 열세이다.
- A는 D와 E에게 우세하다.

〈보기〉

ㄱ. C는 E에게 우세하다.
ㄴ. F는 B와 C에게 열세이다.
ㄷ. B가 E에게 우세하면 C는 D에게 우세하다.

① ㄱ ② ㄴ ③ ㄷ
④ ㄱ, ㄷ ⑤ ㄴ, ㄷ

07

2016학년도 LEET 문35

<그림>의 라우터에서 입력포트에 대기 중인 패킷들이 모두 출력포트로 전달되는 데 걸리는 최소 시간은?

라우터는 입력포트로 들어오는 패킷을 목적지 방향에 연결된 출력포트로 전달하는 역할을 한다. 〈그림〉의 라우터는 어떤 패킷이 입력포트 A, B, C, D 중 하나로 들어와서 X, Y, Z 출력포트 중 하나로 나가는 구조를 가지고 있다. 입력포트 A, B, C, D에는 각각 4개의 패킷이 도착해 있고, 각각의 패킷은 자신의 출력포트인 X, Y, Z로 나가기 위해 대기 중이다.

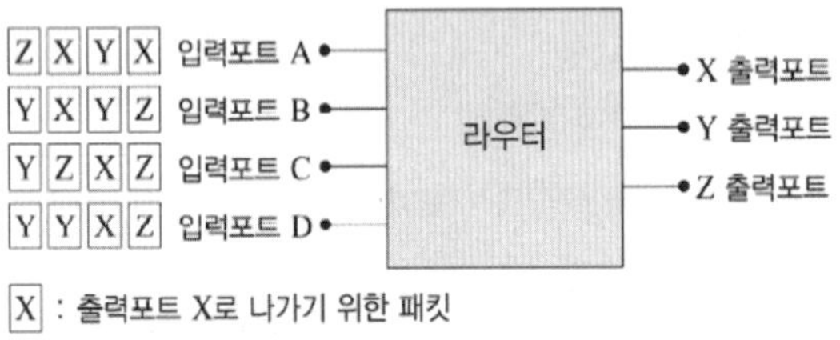

〈그림〉

라우터는 출력포트만 겹치지 않으면 서로 다른 입력포트에서 서로 다른 출력포트로 동시에 패킷을 전달할 수 있다. 예를 들어, 〈그림〉에서 입력포트 A, B의 첫 번째 패킷은 출력포트가 각각 X, Z이므로 동시에 전달될 수 있다. 그러나 입력포트 B, C, D의 첫 번째 패킷과 같이 출력포트가 같으면 동시에 전달되지 못하고 이들 중 하나만 무작위로 선택되어 출력포트로 전달되고 나머지 두 패킷은 앞선 패킷의 출력이 완료될 때까지 기다려야 한다. 그리고 한 입력포트에 대기 중인 패킷들은 입력포트에 들어온 순서에 따라 출력포트로 전달된다. 모든 패킷의 길이는 동일하고, 입력포트에 있는 하나의 패킷이 출력포트로 전달되는 데 걸리는 시간은 1ms(1/1000초)이다.

① 9ms ② 8ms ③ 7ms
④ 6ms ⑤ 5ms

08

2019학년도 LEET 문32

다음으로부터 추론한 것으로 옳은 것만을 <보기>에서 있는 대로 고른 것은?

> 사회관계망 서비스(SNS)는 온라인에서 사용자를 연결해 주는 기능을 제공한다. 두 사용자가 다른 사용자를 거치지 않고 연결되어 있는 경우 '직접 연결'되어 있다고 한다. 어느 SNS를 이용하는 일곱 명의 사용자 A, B, C, D, E, F, G는 다음과 같이 연결되어 있다.
>
> ○ A와 직접 연결되어 있는 사용자는 D, E를 포함하여 세 명이다.
> ○ B와 직접 연결되어 있지 않은 사용자는 D를 포함하여 두 명이다.
> ○ C와 직접 연결되어 있는 사용자는 F를 포함하여 세 명이다.
> ○ A와 C 둘 다에게 직접 연결된 사용자는 G뿐이다.
> ○ D와 직접 연결된 사용자는 한 명이다.
> ○ E와 직접 연결된 사용자는 두 명이고, F와 직접 연결된 사용자는 세 명이다.

〈보기〉

ㄱ. A와 F는 직접 연결되어 있지 않다.
ㄴ. C와 D 둘 다에게 직접 연결된 다른 사용자가 있다.
ㄷ. 팀의 구성원들 각자가 나머지 구성원들 모두와 직접 연결되어 있도록 팀을 만들 때, 가능한 팀의 최대 인원은 4명이다.

① ㄱ ② ㄴ ③ ㄱ, ㄷ
④ ㄴ, ㄷ ⑤ ㄱ, ㄴ, ㄷ

09

2025학년도 LEET 문35

다음으로부터 추론한 것으로 옳은 것만을 <보기>에서 있는 대로 고른 것은?

> 4개 법무법인 P, Q, R, S의 공동 프로젝트 수행을 위해, P는 5명, Q는 4명, R는 4명, S는 2명의 소속 변호사를 각각 파견하고, 이들을 A팀, B팀, C팀으로 나누어 배정하려고 한다. 그 배정 조건은 다음과 같다.
>
> ○ 어느 팀에도 배정되지 않는 변호사는 없고, 둘 이상의 팀에 배정되는 변호사도 없다.
> ○ 각 팀에는 최소 3개 법무법인의 변호사를 배정한다.
> ○ P의 변호사 중 3명을 C팀에 배정한다.
> ○ S의 변호사를 배정하는 팀에는 R의 변호사를 배정하지 않는다.
> ○ S의 변호사를 배정하는 팀에는 P의 변호사를 최소 2명 배정한다.

〈보기〉

ㄱ. S의 변호사는 서로 다른 팀에 배정된다.
ㄴ. P, Q, R의 변호사로 구성된 총원 7명인 팀은 없다.
ㄷ. A팀에 배정된 변호사가 6명이라면 B팀에 배정된 변호사는 3명이다.

① ㄱ ② ㄴ ③ ㄱ, ㄷ
④ ㄴ, ㄷ ⑤ ㄱ, ㄴ, ㄷ

정답 및 해설 p.36

3. 진실 혹은 거짓 게임

진실 혹은 거짓 게임 유형에서 출제되는 문제들은 주어진 조건에 따라 참 또는 거짓의 값을 부여하고 문제를 해결하는 형식을 갖고 있다. 진실 혹은 거짓 게임 유형은 논리학적인 방법이 필요한 유형이다. 참과 거짓을 가정할 때에 경우의 수와 귀류법이 사용되기 때문이다.

문제 해결에 있어서 가장 중요한 점은 가능한 경우의 수를 최소화하는 것이다. 경우의 수를 최소화하기 위해서는 모순 개념을 활용하는 방법이 가장 일반적이다. 진술들 중에서 모순이 되는 점을 찾아 그중 하나가 참일 경우, 다른 하나는 거짓임을 설정하여 조건에 맞추어 파악하면, 두 가지 경우만 고려해도 되기 때문이다. 이 과정에서는 모순을 찾아 제거시키는 귀류법적인 사고가 작동한다.

진실 혹은 거짓 게임의 전략
참이나 거짓을 가정하고 모형을 만들어 정리하면 정답을 찾는 데 시간을 줄일 수 있다.

진실 혹은 거짓 게임 유형은 하나의 가정을 설정한 후, 그에 맞추어 배열하거나 연결하는 과정을 거칠 수 있다. 이때에는 기존 배열, 속성매칭, 연결 유형과 동일한 해결 과정을 갖게 된다. 물론 이때에도 참과 거짓 여부를 통해 배열이나 속성매칭이 이루어져야 한다.

예제

다음으로부터 추론한 것으로 옳지 않은 것은?

> 네 명의 피의자 甲, 乙, 丙, 丁은 다음과 같이 진술하였다. 단, 이 네 명 이외에 범인이 존재할 가능성은 없다.
>
> 甲: 丙이 범인이다.
> 乙: 나는 범인이 아니다.
> 丙: 丁이 범인이다.
> 丁: 丙의 진술은 거짓이다.

① 범인이 두 명이면 범인 중 적어도 한 명의 진술은 거짓이다.
② 거짓인 진술을 한 사람이 세 명이면 乙은 범인이다.
③ 범인이 세 명이면 두 명 이상의 진술이 거짓이다.
④ 丙과 丁 중에 적어도 한 명의 진술은 거짓이다.
⑤ 乙이 범인이 아니면 두 명 이상의 진술이 참이다.

[정답] ③

1) 모순관계 확인

병의 진술이 참이면 정은 범인이다. 그런데 정의 진술에 의하면 병은 거짓을 말하기에 정은 범인이 아니다. 따라서 병과 정은 모순 관계에 있다. 그러므로 병의 진술이 참이면 정의 진술은 거짓이며, 정의 진술이 참이면 병의 진술은 거짓이다.

2) 경우의 수를 고려한 선택지 파악

① (O)
- 모든 경우는 정이 범인이거나 범인이 아니므로, 어떤 경우에도 적어도 한 명의 진술은 거짓이다.
  - 정이 범인: 병 참, 정 거짓
  - 정이 범인 아님: 병 거짓
- 범인이 두 명인 경우는 모두 6가지인데, 모두 적어도 한 명은 거짓이다.
  - [갑, 을]: 을 거짓
  - [갑, 병]: 병 거짓
  - [갑, 정]: 갑 거짓
  - [을, 병]: 을, 병 거짓
  - [을, 정]: 을 거짓
  - [병, 정]: 정 거짓

② (O) 병 또는 정 둘 중 한 명은 거짓, 한 명은 참이다. 그런데 거짓 진술을 한 사람이 셋이면, 나머지 갑과 을도 거짓이다. 따라서 을의 말은 거짓이므로 을은 범인이다.

③ (X) 정이 거짓이면 병은 참이다. 그리고 이때 갑과 을이 참이면, 갑, 병, 정이 범인이다. 따라서 범인이 세 명일 때에 두 명 이상의 진술이 거짓이 되는 것은 아니다. 그리고 피의자들 진술의 참과 거짓 여부에 따라 범인이 결정되는 것은 아니다. 범인이라도 참인 진술을 할 수 있다.

④ (O) 병과 정의 진술은 동시에 참이 불가하기에 둘 중 적어도 한 명은 거짓이다.

⑤ (O) 을이 범인이 아니면 을의 진술은 참이며, 병과 정 둘 중 한 명은 참이기 때문에 두 명 이상의 진술이 참이 된다.

실전 연습문제

01

2011학년도 LEET 문35

다음 글로부터 바르게 추론한 것은?

우리는 어떤 질문에 대해서 동료들이 어떻게 답변하는가에 관심을 가질 뿐 아니라 그들이 그 질문에 대해 내가 어떻게 답변할 것으로 예상하는가에 대해서도 관심을 가진다. 물론 동료들의 실제 답변이나 예상 답변에 얼마나 영향을 받는가는 사람의 성향에 따라 달라질 수 있다. 다음과 같은 네 가지 유형을 그 예로 들 수 있다.

○ 소심형: 자신을 제외한 동료 집단의 과반수가 한 실제 답변을 알게 되면 이를 자신의 실제 답변으로 삼는 유형
○ 눈치형: 자신을 제외한 동료 집단의 과반수가 할 것으로 자신이 예상하는 답변을 자신의 실제 답변으로 삼는 유형
○ 순종형: 자신을 제외한 동료 집단의 과반수가 예상하고 있는 자신의 답변을 알게 되면 이를 자신의 실제 답변으로 삼는 유형
○ 반대형: 자신을 제외한 동료 집단의 과반수가 예상하고 있는 자신의 답변을 알게 되면 그와 정반대되는 답변을 자신의 실제 답변으로 삼는 유형

한 사무실의 동료 집단을 구성하는 갑, 을, 병, 정은 회사의 새로운 규정에 대해 찬반을 묻는 두 질문을 받게 되었다. 첫 번째 질문에서는 동료 집단의 의견과는 상관없이 자신이 그 규정에 찬성하는가 반대하는가를 답변하도록 했고, 두 번째 질문에서는 동료 3명이 각각 그 규정에 찬성할 것인가 반대할 것인가를 예상하여 그 예상 답변들을 적도록 했다. 갑, 을, 병, 정의 순서로 두 질문에 비공개로 답변을 하게 한 후, 이들에게 답변 결과를 모두 알려 주고 역시 갑, 을, 병, 정의 순서로 첫 번째 질문에 대한 자신의 답변을 바꿀 수 있도록 했다.

다음과 같은 사실이 알려져 있다.

○ 갑은 소심형, 을은 눈치형, 병은 순종형, 정은 반대형이다.
○ 첫 번째 질문에서 을과 병은 찬성이라고 답변했고, 갑과 정은 반대라고 답변했다.
○ 두 번째 질문에서 갑은 다른 동료 모두 반대 답변을 할 것으로 예상했고, 을과 병은 정이 찬성 답변을 할 것으로 예상했다.
○ 첫 번째 질문에 대한 답변을 바꾼 사람은 한 명이다.

① 두 번째 질문에서 을은 갑이 반대 답변을 할 것으로 예상했다.
② 두 번째 질문에서 을은 병이 반대 답변을 할 것으로 예상했다.
③ 두 번째 질문에서 병은 갑이 찬성 답변을 할 것으로 예상했다.
④ 두 번째 질문에서 병은 을이 찬성 답변을 할 것으로 예상했다.
⑤ 두 번째 질문에서 정은 병이 찬성 답변을 할 것으로 예상했다.

02

2013학년도 LEET 문14

다음으로부터 바르게 추론한 것은?

이번 학기에 4개의 강좌 〈수학사〉, 〈정수론〉, 〈위상수학〉, 〈조합수학〉이 새로 개설된다. 수학과장은 강의 지원자 A, B, C, D, E 중 4명에게 각 한 강좌씩 맡기려 한다. 배정 결과를 궁금해 하는 A~E는 다음과 같이 예측했다.

A: "B가 〈수학사〉 강좌를 담당하고 C는 강좌를 맡지 않을 것이다."
B: "C가 〈정수론〉 강좌를 담당하고 D의 말은 참일 것이다."
C: "D는 〈조합수학〉이 아닌 다른 강좌를 담당할 것이다."
D: "E가 〈조합수학〉 강좌를 담당할 것이다."
E: "B의 말은 거짓일 것이다."

배정 결과를 보니 이 중 한 명의 진술만 거짓이고, 나머지는 참임이 드러났다.

① A는 〈수학사〉를 담당한다.
② B는 〈위상수학〉을 담당한다.
③ C는 강좌를 맡지 않는다.
④ D는 〈조합수학〉을 담당한다.
⑤ E는 〈정수론〉을 담당한다.

03

2014학년도 LEET 문33

다음으로부터 추론한 것으로 옳은 것만을 <보기>에서 있는 대로 고른 것은?

> 한 아파트에서 발생한 범죄 사건의 용의자로 유석, 소연, 진우가 경찰에서 조사를 받았다. 사건이 발생한 아파트에서 피해자와 같은 층에 사는 사람은 이 세 사람뿐인데, 이들은 각각 다음과 같이 차례로 진술하였다. 이 중 진우의 두 진술 ⓔ와 ⓕ는 모두 참이거나 또는 모두 거짓이다.
>
> 유석
> - ⓐ: "범행 현장에서 발견된 칼은 진우의 것이다."
> - ⓑ: "나는 피해자를 만나본 적이 있다."
>
> 소연
> - ⓒ: "피해자와 같은 층에 사는 사람은 모두 피해자를 만난 적이 있다."
> - ⓓ: "피해자와 같은 층에 사는 사람 중에서 출근이 가장 늦은 사람은 유석이다."
>
> 진우
> - ⓔ: "유석의 두 진술은 모두 거짓이다."
> - ⓕ: "소연의 두 진술은 모두 참이다."

〈보기〉

ㄱ. ⓑ가 거짓이면, 범행 현장에서 발견된 칼은 진우의 것이다.

ㄴ. ⓒ가 참이면, 범행 현장에서 발견된 칼은 진우의 것이다.

ㄷ. ⓐ가 거짓이고 ⓓ가 참이면, 소연과 진우 중 적어도 한 사람은 피해자를 만난 적이 없다.

① ㄱ ② ㄴ ③ ㄱ, ㄷ
④ ㄴ, ㄷ ⑤ ㄱ, ㄴ, ㄷ

04

2015학년도 LEET 문20

다음으로부터 추론한 것으로 옳은 것은?

> 어떤 회사가 A, B, C, D 네 부서에 한 명씩 신입 사원을 선발하였다. 지원자는 총 5명이었으며, 선발 결과에 대해 다음과 같이 진술하였다. 이중 1명의 진술만 거짓으로 밝혀졌다.
>
> 지원자 1: 지원자 2가 A 부서에 선발되었다.
> 지원자 2: 지원자 3은 A 또는 D 부서에 선발되었다.
> 지원자 3: 지원자 4는 C 부서가 아닌 다른 부서에 선발되었다.
> 지원자 4: 지원자 5는 D 부서에 선발되었다.
> 지원자 5: 나는 D 부서에 선발되었는데, 지원자 1은 선발되지 않았다.

① 지원자 1은 B 부서에 선발되었다.
② 지원자 2는 A 부서에 선발되었다.
③ 지원자 3은 D 부서에 선발되었다.
④ 지원자 4는 B 부서에 선발되었다.
⑤ 지원자 5는 C 부서에 선발되었다.

05

2022학년도 LEET 문34

다음으로부터 추론한 것으로 옳은 것만을 <보기>에서 있는 대로 고른 것은?

> 어떤 사건에 대하여 네 명의 용의자 갑, 을, 병, 정에게 물었더니 다음과 같이 각각 대답하였다.
>
> 갑: "병은 범인이다. 범인은 두 명이다."
> 을: "내가 범인이다. 정은 범인이 아니다."
> 병: "나는 범인이다. 범인은 나를 포함하여 세 명이다."
> 정: "나는 범인이 아니다. 갑은 범인이다."
>
> 각각 두 문장으로 구성된 갑, 을, 병, 정 네 사람 각자의 대답에서 한 문장은 참이고 다른 한 문장은 거짓이라고 한다.

〈보기〉

ㄱ. 갑의 대답 중 "범인은 두 명이다."는 거짓이다.
ㄴ. 을은 범인이다.
ㄷ. 병과 정 중에서 한 명만 범인이면 갑은 범인이 아니다.

① ㄱ ② ㄴ ③ ㄱ, ㄷ
④ ㄴ, ㄷ ⑤ ㄱ, ㄴ, ㄷ

06

2025학년도 LEET 문34

다음으로부터 추론한 것으로 옳은 것만을 <보기>에서 있는 대로 고른 것은?

> 갑, 을, 병, 정 네 사람이 각자 사과를 가지고 있었는데, 그 개수는 4개 이상 7개 이하로 각각 달랐다. 네 사람은 자신이 가지고 있는 사과를 1개 또는 2개 먹었고, 각자에게 남은 사과의 개수는 각각 달랐다. 이들은 사과를 먹은 후 다음과 같이 말했는데, 이 중 사과를 1개 먹은 사람이 한 말은 참, 2개 먹은 사람이 한 말은 거짓으로 밝혀졌다.
>
> 갑: 정이 먹은 사과는 1개야.
> 을: 갑에게는 4개의 사과가 남아있어.
> 병: 내가 먹은 사과의 개수와 정이 먹은 사과의 개수를 합하면 3개야.
> 정: 을은 사과를 2개 먹었어.

〈보기〉

ㄱ. 갑이 처음에 가지고 있던 사과는 5개이다.
ㄴ. 을에게 남은 사과는 6개이다.
ㄷ. 병이 먹은 사과의 개수와 정이 먹은 사과의 개수는 같다.

① ㄱ ② ㄴ ③ ㄱ, ㄷ
④ ㄴ, ㄷ ⑤ ㄱ, ㄴ, ㄷ

정답 및 해설 p.40

4. 수학적 퍼즐

수학적 퍼즐이란 논리 게임의 해결에 있어서 수학적 계산과 수리적 사고가 필요한 문제를 의미한다. 외형은 퍼즐의 형태로 나타나면서 동시에 수리적인 요소가 포함된 문제이며, 문제의 상황과 조건, 정보, 규칙이나 원리가 지문에서 제공된다. 따라서 주어진 조건을 파악하고 그것을 기초적인 수학적 원리에 대응하여 문제를 해결해야 한다.

논리 게임 중 가장 많은 출제 비중을 보이고 있으며 수리 추리의 이산 수학 및 게임 이론 영역과 매우 유사한 출제 경향을 보이고 있다. 수학적 퍼즐은 수적 배열과 승패 게임 두 가지 유형으로 출제되고 있다.

1 수적 배열 및 연결

수적 배열 및 연결 유형은 논리 게임의 배열이나 속성매칭 유형을 기반으로 한다. 따라서 맥락에 따른 모형화와 제한 및 조건에 따른 배열이 이루어진다. 다만, 조건과 규칙에 있어서 수적인 차원의 배열 원리가 제시된다. 수적 원리에 따라 배열과 연결을 할 때 최솟값을 구하는 최적화 문제와 경우의 수를 고려하여 적용하는 문제도 출제되고 있다.

2 승패 게임

승패 게임은 게임의 상황을 주고 게임 당사자들 간의 승패를 게임의 규칙이나 원리, 제한이나 조건에 의해 판단하는 문제를 말한다. 승패 게임에서 가장 중요한 것은 게임의 상황에 대한 이해이다. 어떠한 상황과 조건에서 게임이 진행되는가를 파악하고, 이에 따라 게임을 진행시켜야 올바른 결과를 추리할 수 있기 때문이다.

게임의 결과로 나타나는 승패나 우승자에 대한 정보를 보여주고 이로부터 게임 당사자 간의 승패를 추리하는 문제, 경우에 따라 서로 다른 게임의 결과를 추리하는 문제가 주로 출제되었다. 또한 구체적인 점수에 대한 정보를 통해 추리할 수 있는 진술을 찾는 문제도 있었다.

승패 게임의 접근 방식

① 게임의 진행: 게임의 종류 및 진행 과정 파악
② 게임 참여자: 게임 당사자들의 자격 및 조건, 참여 방식 확인
③ 수적 규칙: 수치적 계산이 적용되는 규칙에 대한 파악과 적용
④ 결과: 게임의 결과 확인, 결과로부터 추리, 규칙으로부터 결과 도출

다음으로부터 추론한 것으로 옳은 것만을 <보기>에서 있는 대로 고른 것은?

아래 그림과 같이 크기가 모두 같고 번호가 한 개씩 적혀 있는 빈 상자 12개가 일렬로 나열되어 있다.

1	2	3	4	5	6	7	8	9	10	11	12

이 중 5개의 상자에 5개의 구슬 A, B, C, D, E를 담는다. 한 개의 상자에는 한 개의 구슬만 담을 수 있고, 서로 다른 두 상자 사이에 놓여 있는 상자의 개수를 그 두 상자의 '거리'로 정의한다. 예를 들면 4번 상자와 8번 상자의 거리는 3이다.

이때 다음 정보가 알려져 있다.

○ 구슬이 담겨 있는 임의의 두 상자의 거리는 모두 다르다.
○ 구슬 A와 D가 각각 담겨 있는 두 상자 사이에 구슬이 담겨 있는 상자는 한 개뿐이다.
○ 구슬 A와 E가 각각 담겨 있는 두 상자의 거리는 0이다.
○ 구슬 B와 D가 각각 담겨 있는 두 상자의 거리는 1이다.
○ 구슬 C와 E가 각각 담겨 있는 두 상자의 거리는 2이다.

〈보기〉

ㄱ. 구슬 A와 B가 각각 담겨 있는 두 상자 사이에는 구슬이 담겨 있는 상자가 없다.
ㄴ. 구슬 C가 담겨 있는 상자의 번호는 구슬 D가 담겨 있는 상자의 번호보다 크다.
ㄷ. 7번 상자와 8번 상자는 모두 비어 있다.

① ㄱ ② ㄴ ③ ㄱ, ㄷ
④ ㄴ, ㄷ ⑤ ㄱ, ㄴ, ㄷ

[정답] ①

경우를 종합하면 다음과 같이 두 가지만 가능하다.

구분	1	2	3	4	5	6	7	8	9	10	11	12
[1]	C			E	A					B		D
[2]	D		B					A	E			C

ㄱ. (O) A와 B 사이는 구슬은 없다.
ㄴ. (X) [1]의 경우가 가능하기에 옳지 않다.
ㄷ. (X) [1]의 경우가 가능하기에 옳지 않다.

실전 연습문제

01 2009학년도 LEET 문26

다음 제도 하에서 현재 나이 10세인 수험생이 축년(丑年)인 올해부터 공부를 시작하여 한 번 이상 시험에서 떨어진다고 가정하고, 최단 기간에 제3차 시험까지 합격했을 경우에 대하여 추론한 것으로 옳지 않은 것은?

> 과거 시험 제도에 따르면 제1차 시험은 자년(子年)과 오년(午年)에 『시경』 등 세 과목을, 묘년(卯年)에는 『주례』 등 네 과목을, 유년(酉年)에는 『좌씨전』 등 세 과목을 치른다.
>
> 제2차 시험은 미년(未年)에 주희 등에 대한 여섯 과목을, 술년(戌年)에는 『오기』 등 두 과목을, 축년(丑年)에는 『순자』 등 네 과목을, 진년(辰年)에는 『관자』 등 네 과목을 치른다.
>
> 제3차 시험은 해년(亥年)에 『삼사』 등 세 과목을, 인년(寅年)에는 『삼국지』 등 세 과목을, 사년(巳年)에는 『오대사』 등 두 과목을, 신년(申年)에는 『송사』 등 두 과목을 치른다.
>
> ○ 수험생은 매년 한 과목만 공부할 수 있지만, 수험생이 시험을 치르는 해에는 공부할 수 없고, 한 과목은 반드시 1년간 공부해야 합격할 수 있다.
>
> ○ 자년과 오년에 치르는 제1차 시험을 제외하고 어떤 시험에서든 과목이 겹치는 경우는 없다. 어느 해의 시험을 보든 그 시험 한 번만 합격하면 그 차수의 시험은 합격한 것이다.
>
> ○ 시험은 제1차를 시작으로 순차적으로 치러야 한다. 제2차 시험은 제1차 시험에 합격한 바로 다음 해에, 제3차 시험은 제2차 시험에 합격한 바로 다음 해에 응시해야 한다. 어느 차수에서든 시험에 떨어지면 제1차 시험부터 다시 치러야 한다.

연도	자	축	인	묘	진	사	오	미	신	유	술	해
차수	1	2	3	1	2	3	1	2	3	1	2	3
과목 수	3	4	3	4	4	2	3	6	2	3	2	3

① 『시경』을 공부했을 것이다.
② 『순자』를 공부했을 것이다.
③ 제1차 시험에서는 한 번만 떨어졌을 것이다.
④ 제3차 시험에 합격했을 때의 나이는 23세일 것이다.
⑤ 두 과목만 공부하면 합격하는 시험을 치렀을 것이다.

02 2010학년도 LEET 문31

무작위로 선정된 10명이 배심원으로 출석할 것을 통보받았다. <배심원단 구성 규정>과 <인적 구성>을 근거로 판단할 때, 10명 중 배심원으로 출석해야 하는 인원이 최소로 되는 경우 그 인원은?

> 〈배심원단 구성 규정〉
>
> (가) 배심원은 10년 이상 자국에 거주하고 금고형 이상을 받지 않은 성인이어야 하며, 출석 통보를 받더라도 이 자격을 갖추지 않으면 배심원으로 출석할 수 없다.
>
> (나) 배심원 출석을 통보 받은 사람 중 1명에 한하여 이유를 밝히고 출석을 거부할 수 있으나, (가)에서 규정된 자격을 갖춘 여성 또는 경로 우대자는 출석을 거부할 수 없다.
>
> (다) 검사는 배심원 출석을 통보 받은 사람 중 1명의 출석 금지를 요청할 수 있고 재판부는 이 요청을 받아들여야 하지만, (나)에 위반될 때에는 이 요청을 받아들이지 않아야 한다.
>
> 〈인적 구성〉
>
> ○ 10년 이상 자국에 거주한 성인이 9명 있다.
>
> ○ 여성이 6명 있다.
>
> ○ 경로 우대자가 2명 있다.
>
> ○ 금고형 이상을 받은 사람이 2명 있다.

① 4명 ② 5명 ③ 6명
④ 7명 ⑤ 8명

03

2012학년도 LEET 문29

다음 글로부터 추론한 것으로 옳은 것만을 <보기>에서 있는 대로 고른 것은?

번역사 P는 고객 A, B, C로부터 문서를 의뢰받아 번역 일을 한다. P는 하루에 10쪽씩 번역한다. 모든 번역 의뢰는 매일 아침 업무 시작 전에 접수되며, A, B, C가 의뢰를 처음 시작하는 날짜는 동일하다. 고객들은 다음과 같이 일정한 주기로 일정한 분량을 의뢰하고, 모든 문서에는 각각 작업 기한이 있다.

○ A는 3일 주기로 10쪽의 문서를 의뢰하고, 기한은 3일이다.
○ B는 4일 주기로 20쪽의 문서를 의뢰하고, 기한은 4일이다.
○ C는 5일 주기로 10쪽의 문서를 의뢰하고, 기한은 5일이다.

P는 다음 원칙에 따라 번역한다.
○ 남은 기한이 짧은 문서를 우선 번역한다.
○ 남은 기한이 같으면 먼저 의뢰받은 문서를 우선 번역한다.
○ 우선순위가 더 높은 문서가 들어오면 현재 번역 중인 문서는 보류하고 우선순위가 높은 문서를 먼저 번역한다.

〈보기〉

ㄱ. P는 5일째 되는 날 A의 두 번째 문서를 번역한다.
ㄴ. P는 8일째 되는 날 C의 문서를 번역한다.
ㄷ. P는 60일째 되는 날, 그날까지 의뢰받은 A, B, C의 모든 문서를 번역할 수 있다.

① ㄱ ② ㄴ ③ ㄱ, ㄴ
④ ㄱ, ㄷ ⑤ ㄴ, ㄷ

04

2015학년도 LEET 문17

다음으로부터 추론한 것으로 옳은 것만을 <보기>에서 있는 대로 고른 것은?

디지털 통신에서 0과 1로 구성된 데이터 비트들을 전송하다 보면 오류로 인해 일부 데이터가 0에서 1로 혹은 1에서 0으로 바뀌어 전달될 수 있다. 송신자(sender)는 수신자(receiver) 쪽에서 오류를 탐지하는 데 도움을 주고자 부가 비트를 붙여 전송한다. 〈그림 1〉에서 행렬의 5행과 5열이 부가 비트에 해당하고, 그 이외의 비트는 데이터 비트에 해당한다. 송신자는 데이터의 각 행과 각 열에서 1의 개수를 세어 1의 개수가 홀수이면 1을, 짝수이면 0을 부가 비트로 부여한다. 이렇게 만들어진 부가 비트를 데이터 비트들과 함께 전송하면 수신자는 부가 비트를 포함하여 각 행과 열의 1의 개수를 세어 짝수이면 정상 수신, 홀수이면 오류로 간주한다. 〈그림 2〉와 같이 2행 2열의 데이터 비트가 전송 중 1에서 0으로 변경되면 수신자 측에서는 2행과 2열에서 1의 개수가 홀수가 되어 오류가 났음을 알 수 있다. 그러나 행과 열 각각에서 짝수 개의 데이터 비트들이 변경될 경우 부가 비트를 사용하더라도 수신자 측에서 오류를 탐지해 내지 못한다. 〈그림 2〉의 A 영역에 있는 4개의 데이터 비트가 모두 0에서 1로 바뀌는 경우에는 3행, 4행, 3열, 4열에서 각각 1의 개수가 짝수이므로 오류를 탐지해 내지 못한다.

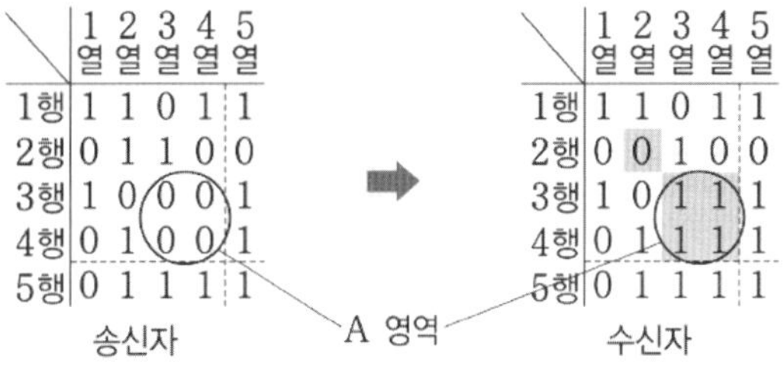

〈그림 1〉 〈그림 2〉

수신자가 〈그림 3〉과 같은 정보를 수신하였고 부가 비트에는 오류가 없다고 가정하자.

	1열	2열	3열	4열	5열
1행	0	1	0	1	0
2행	1	0	1	0	1
3행	1	0	0	1	1
4행	0	1	1	1	1
5행	1	0	1	1	1

수신자

〈그림 3〉

〈보기〉

ㄱ. 〈그림 3〉의 2행과 3행에서 오류가 발생하였다.
ㄴ. 〈그림 3〉의 2열과 4열에서는 오류가 발생하지 않았다.
ㄷ. 〈그림 3〉에서 오류가 발생한 데이터 비트는 4개 이상이다.

① ㄱ ② ㄴ ③ ㄷ
④ ㄱ, ㄷ ⑤ ㄴ, ㄷ

05

2016학년도 LEET 문24

다음에서 추론한 것으로 옳은 것만을 <보기>에서 있는 대로 고른 것은?

유권자들이 오로지 후보자의 정치성향만을 고려하여 투표한다고 가정할 때, 다음과 같은 한 지역구의 선거 상황을 생각해 보자.

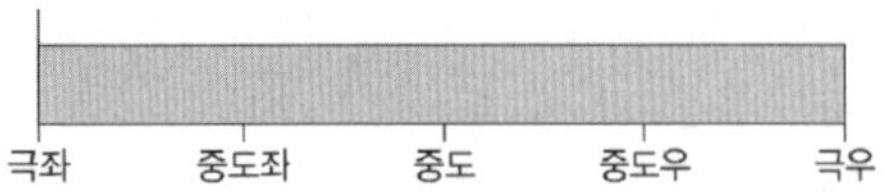

이 지역구에는 매우 많은 유권자가 존재하는데, 정치성향에 따른 이들의 분포는 위의 그림과 같다. 즉 이 지역구의 유권자들은 극좌에서 극우까지 연속적으로 동일한 비율로 균등하게 분포되어 있다. 후보자들은 위에 제시된 5가지의 정치성향 중 하나만을 선택하여 공표할 수 있고, 유권자는 자신의 정치성향과 가장 가까운 정치성향을 공표한 후보자에게 투표한다. 극좌, 중도좌, 중도, 중도우, 극우 간의 간격은 동일하고, 동일한 정치성향을 선택한 후보자가 둘 이상이면 해당 득표를 균등하게 나누어 갖는다. 가령 두 후보자 A, B가 출마하고 A는 '중도좌', B는 '극우'를 선택한다면, A는 5/8를 득표하고 B는 3/8을 득표하게 된다. 당선 결과는 가장 많은 표를 얻는 후보자가 당선되는 다수결 원칙으로 결정되며, 최다 득표자가 둘 이상이면 임의로 승자를 결정한다.

그런데 각 후보자는 하나의 정치성향을 반드시 공표해야 하며, 다른 후보자의 선택에 대응하여 자신의 당선 가능성을 극대화하는 방향으로 자신의 정치성향을 바꾼다고 하자. 가령 앞의 예에서 B는 자신의 성향을 '중도'로 바꿈으로써 자신의 득표를 3/8에서 5/8로 바꾸어 당선 가능성을 극대화할 수 있다. 만약 정치성향의 변경이 당선 가능성에 변화를 가져오지 않는다면 더 이상 정치성향을 바꾸지 않는다. 모든 후보자가 더 이상 자신의 정치성향을 변경할 유인이 없어지면 균형에 이르렀다고 한다.

〈보기〉

ㄱ. 후보자가 2명인 경우, 두 후보자 모두 '중도'를 선택하는 것이 균형이다.
ㄴ. 후보자가 3명인 경우, 균형에서 각 후보자의 당선 가능성은 모두 같다.
ㄷ. 후보자가 4명인 경우, 균형에서 모든 후보자가 같은 정치성향을 선택한다.

① ㄱ　② ㄷ　③ ㄱ, ㄴ
④ ㄱ, ㄷ　⑤ ㄴ, ㄷ

06

2017학년도 LEET 문29

다음 글로부터 추론한 것으로 옳은 것만을 <보기>에서 있는 대로 고른 것은?

세 명의 위원 갑, 을, 병으로 구성된 위원회에서 세 명의 후보 a1, a2, b 중 한 사람을 선발하는 상황을 고려해 보자. a1과 a2는 동일한 A당(黨)에 속한 사람이고, b는 다른 B당 사람이다. 각 위원의 후보에 대한 선호는 다음과 같이 알려져 있다. (예를 들어, a1 > b는 a1을 b보다 선호한다는 의미다.)

위원	선호
갑	a1 > a2 > b
을	a2 > a1 > b
병	b > a1 > a2

위원회의 결정은 다수결 투표에 따른다. 각 위원은 자신의 선호에 따라 정직하게 투표에 임할 수도 있고, 전략적으로 투표에 임할 수도 있다. 전략적 투표란 자신이 더 선호하는 후보가 선발되게 만들기 위해 정직하지 않게 투표를 하는 행위다. 예를 들어, 위원 갑이 a1이 최종 선발될 가능성이 없다고 판단하여 자신이 가장 싫어하는 b가 당선되는 경우를 막기 위해 a2에게 투표하는 것이 이에 해당한다.

〈보기〉

ㄱ. 1차 투표에서 후보 세 명을 대상으로 투표한 후 만약 승자가 없다면 갑이 최종 결정한다고 하자. 이 경우 전략적 투표를 허용하더라도 정직하게 투표한 결과와 같다.
ㄴ. A당의 두 후보 중 한 사람을 1차 선발하고, 그 승자를 b와 결선하여 최종 승자를 결정하는 방식을 고려하자. 이 경우 위원 을은 전략적 투표를 할 유인이 있다.
ㄷ. A당과 B당 중 하나를 1차 투표로 결정하고, 만약 A당이 선택되면 a1과 a2의 결선의 승자를, 만약 B당이 선택되면 b를 최종 승자로 결정하는 방식을 고려하자. 이 경우 전략적 투표를 허용하면 b가 선발될 것이다.

① ㄱ　② ㄷ　③ ㄱ, ㄴ
④ ㄴ, ㄷ　⑤ ㄱ, ㄴ, ㄷ

07

2019학년도 LEET 문31

다음으로부터 추론한 것으로 옳은 것만을 <보기>에서 있는 대로 고른 것은?

8개의 축구팀 A, B, C, D, E, F, G, H가 다음 단계 1~3에 따라 경기하였다.

단계 1: 8개의 팀을 두 팀씩 1, 2, 3, 4조로 나눈 후, 각 조마다 같은 조에 속한 두 팀이 경기를 하여 이긴 팀은 준결승전에 진출한다.
단계 2: 1조와 2조에서 준결승전에 진출한 팀끼리 경기를 하여 이긴 팀이 결승전에 진출하고, 3조와 4조에서 준결승전에 진출한 팀끼리 경기를 하여 이긴 팀이 결승전에 진출한다.
단계 3: 결승전에 진출한 두 팀이 경기를 하여 이긴 팀이 우승한다.

무승부 없이 단계 3까지 마친 경기 결과에 대하여 갑, 을, 병, 정이 아래와 같이 진술하였다.

갑: A는 2승 1패였다.
을: E는 1승 1패였다.
병: C는 준결승전에서 B에 패했다.
정: H가 우승하였다.

그런데 이 중에서 한 명만 거짓말을 한 것으로 밝혀졌다.

〈보기〉

ㄱ. 을의 진술은 참이다.
ㄴ. 갑이 거짓말을 하였으면 H는 준결승전에서 E를 이겼다.
ㄷ. H가 1승이라도 했다면 갑 또는 병이 거짓말을 하였다.

① ㄴ ② ㄷ ③ ㄱ, ㄴ
④ ㄱ, ㄷ ⑤ ㄱ, ㄴ, ㄷ

08

2019학년도 LEET 문30

다음으로부터 추론한 것으로 옳은 것만을 <보기>에서 있는 대로 고른 것은?

다음과 같이 10개의 숫자가 사각형 안에 적혀 있다.

1	2	3
4	5	6
7	8	9
	0	

숫자가 적혀 있는 두 사각형이 한 변을 서로 공유할 때 두 숫자가 '인접'한다고 하자. 서로 다른 6개의 숫자를 한 번씩만 사용하여 만든 암호에 대하여 다음 정보가 알려져 있다.

○ 4와 인접한 숫자 중 두 개가 사용되었다.
○ 6이 사용되었다면 9도 사용되었다.
○ 8과 인접한 숫자 중 한 개만 사용되었다.

〈보기〉

ㄱ. 8이 사용되었다.
ㄴ. 2와 3은 모두 사용되었다.
ㄷ. 5, 6, 7 중에 사용된 숫자는 한 개이다.

① ㄱ ② ㄴ ③ ㄱ, ㄷ
④ ㄴ, ㄷ ⑤ ㄱ, ㄴ, ㄷ

09

2009학년도 LEET 문6

다음은 '갑', '을', '병' 세 사람이 벌인 탁구 시합의 진행 방법과 결과이다. 이에 대한 추론으로 옳은 것만을 <보기>에서 있는 대로 고른 것은?

〈진행 방법〉
○ 첫 시합을 할 두 선수는 제비뽑기로 정한다.
○ 두 사람이 시합을 하고 나머지 한 사람은 대기한다.
○ 시합에서 이긴 사람은 대기한 사람과 시합을 한다.
○ 7번을 이긴 사람이 처음 나올 때까지 시합을 계속한다.
○ 무승부는 없다.

〈결과〉
갑과 병이 첫 시합을 하였다. 모든 시합이 끝났을 때, 갑은 7번을, 을은 6번을, 병은 2번을 이겼다. 을과 병 두 사람 사이의 시합에서는 서로 이긴 횟수가 같았다.

〈보기〉

ㄱ. 총 시합 수는 30이다.
ㄴ. 갑은 병과 모두 4번 시합을 하였다.
ㄷ. 을과 병 사이의 전적은 2승 2패이다.

① ㄴ ② ㄷ ③ ㄱ, ㄴ
④ ㄱ, ㄷ ⑤ ㄴ, ㄷ

10

2009학년도 LEET 문5

어떤 시합에 대한 다음의 설명으로부터 추론한 것으로 옳은 것만을 <보기>에서 있는 대로 고른 것은?

> 갑, 을, 병은 A에서 동시에 출발하여 B를 거쳐 C까지 경주한다. 출발선에서 갑, 을, 병은 각각 구두, 등산화, 운동화를 신고 있다. 등산화와 운동화를 신었을 때 구두의 경우에 비해 각각 2배와 4배의 속도로 달린다.
>
> B에 도착한 사람은 신고 있던 신발을 앞 사람이 벗어 놓고 간 신발로 갈아 신고 가는 방식으로 경기를 진행한다. B에 처음 도착한 사람은 미리 놓여 있는 운동화로 갈아 신는다. 신발을 갈아 신는 데 모두 같은 시간을 사용한다.
>
> 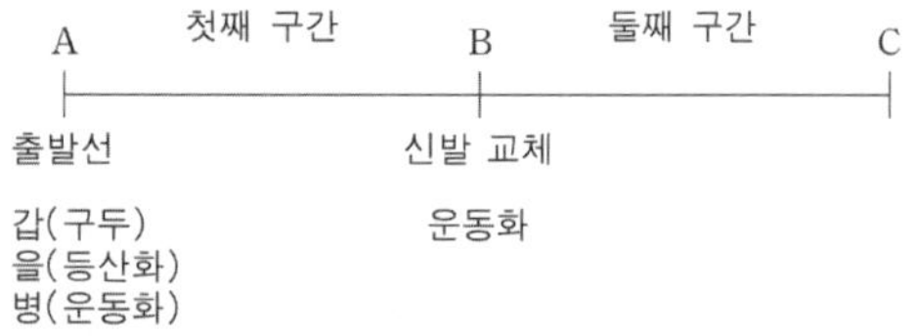
>
>
> 첫째 구간에서 갑은 쉬지 않고 B까지 달렸고, 을은 B에 도달하는 데에 걸린 시간 중에서 40%를 쉬는 데에 사용하였으며, 병은 걸린 시간의 80%를 쉬는 데에 사용하였다.
>
> B부터 C까지 가는 데에 걸린 시간은 세 사람 중 두 명이 같았으며, 이 구간에서 세 사람 중 한 명만이 중간에 쉬었다. 결승점 C에 을이 가장 먼저 들어오지는 않았다.

〈보기〉

ㄱ. B에 가장 먼저 도착한 사람은 을이다.
ㄴ. 병은 둘째 구간에서 쉬지 않았다.
ㄷ. C에 가장 먼저 도착한 사람은 갑이다.

① ㄱ ② ㄷ ③ ㄱ, ㄴ
④ ㄴ, ㄷ ⑤ ㄱ, ㄴ, ㄷ

11

2014학년도 LEET 문35

다음으로부터 추론한 것으로 옳은 것만을 <보기>에서 있는 대로 고른 것은?

> A, B, C, D 네 팀이 서로 한 번씩 상대하여 총 6번 경기를 치르는 축구 리그전에서 각 팀이 2번씩 경기를 치렀다. 각 팀은 다음 〈규칙〉에 따라 승점을 얻는다.
>
> 〈규칙〉
> ○ 이기면 승점 3점, 비기면 승점 1점, 지면 승점 0점을 얻는다.
> ○ 승부차기는 없다.
>
> 4번의 경기를 치른 결과가 다음과 같다.

팀	승점	득점	실점
A	4	3	2
B	4	2	1
C	3	3	2
D	0	0	3

〈보기〉

ㄱ. A와 B는 0:0으로 비겼다.
ㄴ. B는 C와 아직 경기를 하지 않았다.
ㄷ. C는 D에 2:0으로 이겼다.

① ㄱ ② ㄴ ③ ㄱ, ㄷ
④ ㄴ, ㄷ ⑤ ㄱ, ㄴ, ㄷ

12

2015학년도 LEET 문34

다음으로부터 추론한 것으로 옳은 것만을 <보기>에서 있는 대로 고른 것은?

> 심사단 100명이 가수 A, B, C, D의 경연을 보고 이중 제일 잘했다고 생각하는 한 명에게 투표한다. 각 심사자는 1표를 행사하며 기권은 없다. 이런 경연을 2번 실시한 뒤 2번의 투표 결과를 합산하여 최종 순위가 결정되고, 최하위자는 탈락한다. 1차와 2차 경연에 대해 다음 사실이 알려져 있다.
>
> ○ 1차 경연 결과 순위는 A, B, C, D 순이고, A는 30표, C는 25표를 얻었다.
> ○ 2차 경연 결과 1등은 C이고 2등은 B이며, B는 30표, 4등은 15표를 얻었다.
> ○ 각 경연에서 동점자는 없었다.

〈보기〉

ㄱ. 탈락자는 D이다.
ㄴ. A의 최종 순위는 3등이다.
ㄷ. 2차 경연에서 C가 얻은 표는 35표를 넘을 수 없다.

① ㄱ ② ㄷ ③ ㄱ, ㄴ
④ ㄴ, ㄷ ⑤ ㄱ, ㄴ, ㄷ

13

2020학년도 LEET 문31

<성적 산출 기준>으로부터 추론한 것으로 옳지 <u>않은</u> 것은?

> 어떤 교수가 수업 시간에 문제1과 문제2의 두 문제로 구성된 쪽지 시험을 실시하고 그 채점 결과로 성적을 산출한다. 각 문제의 채점 결과는 정답, 오답, 무답 중 하나만 가능하다. 정답, 오답, 무답에 따른 다음의 〈성적 산출 기준〉을 반영하여 각 학생에게 A, B, C, D 중 하나의 성적을 부여하고자 한다.
>
> 〈성적 산출 기준〉
> ○ 문제1과 문제2의 채점 결과가 모두 정답이면 A를 부여한다.
> ○ 문제1의 채점 결과가 정답이 아니고 문제2의 채점 결과도 정답이 아닌 경우 D를 부여한다. 단, 이때 문제1과 문제2의 채점 결과 중 적어도 하나가 무답이 아니면 풀이 내용에 따라 C를 부여할 수도 있다.

① 甲이 C를 받을 가능성이 없다면 B를 받을 수 없다.
② 乙이 두 문제 모두 무답으로 제출한 경우 반드시 D를 받는다.
③ 丙이 B를 받았다면 두 문제의 채점 결과 중 반드시 어느 한 쪽이 정답이어야 한다.
④ 丁의 답안지에서 문제1의 채점 결과가 오답, 문제2의 채점 결과가 정답이면 C를 받을 수 없다.
⑤ 戊가 문제2를 무답으로 제출한 경우, 문제1의 채점 결과가 정답이 아닌 한 B를 받을 수 없다.

14

2024학년도 LEET 문33

다음으로부터 추론한 것으로 옳은 것만을 <보기>에서 있는 대로 고른 것은?

> 갑, 을, 병, 정, 무로 구성된 위원회는 안건의 통과 여부를 다음 방식에 따라 결정한다.
>
> ○ 각 위원은 기권할 수는 없고, 찬성이나 반대 중에서 하나를 선택하여야 한다.
> ○ 각 위원은 찬성하는 경우 1점, 2점, 3점, 4점, 5점 중 하나를 부여하고, 반대하는 경우 0점을 부여한다.
> ○ 각 위원이 부여한 점수의 합이 17점 이상이면 안건은 통과된다.
>
> 안건 P에 대하여 갑, 을, 병 중에서 찬성한 위원은 짝수 점수를 부여하였고, 정, 무 중에서 찬성한 위원은 홀수 점수를 부여하였다고 한다.

〈보기〉

ㄱ. 을이 부여한 점수가 정이 부여한 점수보다 클 때, P가 통과되었다면 갑은 찬성하였다.
ㄴ. P에 대하여 다섯 명의 위원이 부여한 점수의 합이 13점이면 반대한 위원도 있고 4점을 부여한 위원도 있다.
ㄷ. 반대한 위원이 병이고 P가 통과되었다면 다섯 명의 위원이 부여한 점수의 합은 18점이다.

① ㄴ ② ㄷ ③ ㄱ, ㄴ
④ ㄱ, ㄷ ⑤ ㄱ, ㄴ, ㄷ

15

2024학년도 LEET 문34

다음으로부터 추론한 것으로 옳은 것만을 <보기>에서 있는 대로 고른 것은?

> A, B, C, D, E, F, G 종류의 LED 전구로 다음과 같은 네 개의 전광판을 만들었다.

A	B	C	E
A	C	D	F
B	D	E	G
C	E	F	G

> 이 LED 전구들은 다음 규칙에 따라 켜지거나 꺼진다.
>
> ○ 각 전광판에 켜진 LED 전구의 개수는 0 또는 2 또는 4이다.
> ○ 같은 종류의 LED 전구는 한꺼번에 켜지거나 한꺼번에 꺼진다.
> ○ A, B, C 중에서 켜져 있는 종류는 하나이다.

〈보기〉

ㄱ. A 종류의 LED 전구는 켜져 있다.
ㄴ. 켜져 있는 LED 전구의 종류가 3가지이면 D 종류의 LED 전구는 켜져 있다.
ㄷ. F 종류의 LED 전구가 켜져 있으면 G 종류의 LED 전구도 켜져 있다.

① ㄱ ② ㄷ ③ ㄱ, ㄴ
④ ㄴ, ㄷ ⑤ ㄱ, ㄴ, ㄷ

16

2024학년도 LEET 문35

다음으로부터 추론한 것으로 옳지 않은 것은?

연구자가 2021년과 2022년에 어느 고등학교 학생들의 혈액형을 조사하였더니 다음과 같았다. (단, 모든 학생은 A형, B형, AB형, O형 중 하나의 혈액형을 가진다.)

○ 여학생 수와 남학생 수의 비는 2:3에서 1:2로 변했다.
○ 여학생 수는 변화가 없었다.
○ AB형 학생 수는 변화가 없었다.
○ B형 여학생 수는 감소하였고 O형 남학생 수는 변화가 없었다.
○ 남학생 수에 대한 AB형 남학생 수의 비율은 변화가 없었다.
○ B형 학생 수에 대한 B형 남학생 수의 비율은 변화가 없었다.

① 남학생 수가 증가하고 여학생 수도 증가한 혈액형은 1개이다.
② A형 여학생 수가 감소하였다면 O형 여학생 수는 증가하였다.
③ 남학생 수가 감소한 혈액형의 여학생 수는 감소하였다.
④ 여학생 수가 증가한 혈액형은 AB형이 아니다.
⑤ B형 남학생 수는 감소하였다.

17

2025학년도 LEET 문33

다음으로부터 추론한 것으로 옳은 것만을 <보기>에서 있는 대로 고른 것은?

갑, 을, 병, 정 네 사람은 2024. 7. 6.부터 2024. 7. 9.까지 각각 다른 날 구치소에 구금되었고, 2024. 7. 10.부터 2024. 7. 13.까지 각각 다른 날 석방되었다. 여기서 네 사람의 구금 및 석방 일자와 구금 일수에 관하여 다음과 같은 사실이 알려졌다. (단, 구금 일수는 구금 일자부터 석방 일자까지의 일수로 한다. 예를 들어, 구금된 다음 날 석방되면 구금 일수는 2일이다.)

○ 네 사람 중 갑의 구금 일수가 가장 적고 정의 구금 일수가 가장 많다.
○ 을과 병의 구금 일수는 같고, 이 두 사람만 구금 일수가 같다.
○ 정의 석방 일자는 2024. 7. 13.이 아니다.
○ 정이 구금된 날, 병은 이미 구금되어 있었다.

〈보기〉

ㄱ. 을의 구금 일수는 5일이다.
ㄴ. 정은 2024. 7. 8.에 구금되었다.
ㄷ. 갑이 병보다 먼저 석방되었다.

① ㄱ ② ㄴ ③ ㄱ, ㄷ
④ ㄴ, ㄷ ⑤ ㄱ, ㄴ, ㄷ

정답 및 해설 p.42

유형 소개

수리 추리는 수리적인 추리 능력을 측정하고자 하는 의도를 지니고 있으며, 논리 게임의 수학적 퍼즐과도 유사한 형식을 지니기도 한다. 수리 추리는 수리적인 능력에 초점이 있는 것이 아니라 추리에 초점이 있다. 주어진 상황과 조건을 파악하고 그에 따라 추리되는 요소들을 정리하고 문제를 해결할 때 수리적인 능력이 부차적으로 요구되는 것이기 때문이다. 수리 추리는 다음 네 가지 유형으로 구성되어 있다.

대수 및 연산	· 수리적인 자료로부터 수리적으로 이루어지는 계산이나 추리 · 간단한 수 계산이나 방정식을 포함한 대수식을 이용하여 해결할 수 있는 문제
도형 및 기하	· 도형의 성질이나 도형들의 관계를 이용하여 해결할 수 있는 문제
게임 이론 및 이산 수학	· 경우의 수를 따져보거나 게임 이론의 간단한 보수 행렬 계산이나 비교를 통하여 해결할 수 있는 문제
표·그래프·다이어그램	· 표나 그래프, 다이어그램 등으로 주어진 자료에서 필요한 정보를 추출, 추리하는 문제

수리 추리는 간단한 수 계산이나 방정식을 포함한 대수식을 이용하거나, 주어진 조건에 맞는 경우의 수를 구하여 일상생활에서 접하기 쉬운 수리 문제를 해결하는 능력을 기르고, 도형의 성질이나 도형들의 관계를 이용하여 해결할 수 있는 문제를 풀어보고, 표·그래프·다이어그램의 형태로 주어진 자료에서 필요한 정보를 추출하거나 추리하는 능력을 기르는 방법으로 학습하는 것이 필요하다.

Ⅳ. 수리 추리

1. 대수 및 연산

수리연산은 수학에서 기초에 해당되는 양의 정수, 분수, 소수 등의 계산과 양이나 비율과 비례 관계 등을 사용하는 계산을 의미한다. 그리고 대수학은 수 대신에 문자를 사용하거나 간단한 수학법칙을 활용하는 것으로 방정식이 여기에 해당된다. 이러한 형식의 문제는 주로 간단한 수리연산과 함께 방정식과 부등식을 사용하는 문제로 출제된다. 또한 확률을 비율적으로 계산하는 유형도 출제된바 있다. 문제는 이러한 계산을 언제 어떠한 형태로 사용할 것인가를 지문이나 주어진 정보를 통해 추리해야 한다. 이를 결정하기 위해서는 복잡한 문제 상황에 대해 정확히 파악하고 정리할 수 있는 이해력이 필요하다. 또한 필요한 정보를 수식으로 나타낼 수 있는 능력과 여러 수식들의 관계를 종합적으로 파악하는 능력이 요구된다.

대수 및 연산 유형

① 비율적 관계: 비율을 활용한 수적 접근
② 연산: 정보로부터 사칙연산 및 방정식 계산
③ 수리 개념: 약수, 소수 등의 개념 활용

실전 연습문제

01

2009학년도 LEET 문8

다음 글로부터 제품 X와 Y에 대해서 추론한 것으로 옳은 것만을 <보기>에서 있는 대로 고른 것은?

제품 X와 Y는 원료 a, b, c, d 중에서 한 가지 이상의 원료를 1g 단위로 사용하여 전체가 10g이 되도록 섞어서 만들었다. 원료들이 섞이면 a와 b는 질량비 1:1로 반응하고 c와 d도 질량비 1:1로 반응하는데, 반응하는 물질 중에서 어느 한쪽 원료가 완전히 소진될 때까지 이 반응이 일어난다. 이 외의 경우에는 어떤 원료들 사이에도 반응이 일어나지 않는다. 제품의 부피는 반응 전 원료들의 총부피에서 반응한 원료 2g당 1mL씩 감소한 값이 된다. 제품의 이익은 사용된 원료에 따라 1g당 a는 10원, b는 20원, c는 100원, d는 200원 발생한다.

- X의 부피는 사용된 원료의 총부피보다 5mL 작고, 이익은 150원 발생했다.
- Y의 부피는 사용된 원료의 총부피보다 2mL 작고, 이익은 690원 발생했다.

〈보기〉

ㄱ. X에 a가 사용되었다.
ㄴ. X에 세 가지 원료만이 사용되었다.
ㄷ. Y에 a는 3g만 사용되었다.

① ㄱ ② ㄴ ③ ㄱ, ㄷ
④ ㄴ, ㄷ ⑤ ㄱ, ㄴ, ㄷ

02

2009학년도 LEET 문28

다음은 학습의 원리와 가상 실험에 대한 설명이다. 실험 결과에 대한 옳은 진술만을 <보기>에서 있는 대로 고른 것은?

파블로프는 개에게 먹이를 주면서 침 분비와 관련 없던 종소리를 반복해서 들려주었더니, 나중에는 먹이 없이 종소리만 들려주어도 침을 흘린다는 것을 발견하였다.

어떤 연구자가 이 원리를 검증하기 위해 개에게 실험을 하였다. 실험 조건을 살펴보면, 종소리를 들려준 후 먹이를 주는데, 종소리 열 번 중 여덟 번의 비율로 먹이를 주는 경우(Aa라 함)와 종소리 열 번 중 여섯 번의 비율로 먹이를 주는 경우(Ab라 함)로 나누었다. Aa와 Ab 각각은 종소리를 들려준 후 몇 초 만에 먹이를 주는지에 따라 네 조건(1초, 2초, 3초, 4초)으로 세분되었다. 예를 들어, 종소리 열 번 중 여덟 번의 비율로 먹이를 주면서, 종소리를 들려주고 1초 후 먹이를 주면 Aa 1초 조건이 된다. 그밖에도 매번 먹이를 주고 1초 후 종소리를 들려주는 B조건, 종소리와 먹이를 동시에 주는 C조건이 있었다.

각 조건에 따라 20회 시행 후 먹이 없이 종소리만 들려주는 시행을 반복하였다. 먹이 없이 종소리만 들려준 횟수와 침을 흘리는 횟수의 비율을 학습률이라고 할 때, 실험 결과 Aa 1초, 2초, 3초, 4초 조건으로 갈수록 학습률이 20%씩 등간격으로 감소하였다. 또한 Aa에서 네 조건의 학습률의 평균은 50%였다. Ab에서 네 조건 각각의 학습률은 Aa의 같은 시차 조건의 학습률과 비교하여 그 절반이었다. B조건의 학습률은 Ab 3초 조건의 학습률과 같았고, C조건의 학습률은 Aa 2초 조건의 학습률과 같았다.

〈보기〉

ㄱ. Aa 3초 조건의 학습률은 Ab 1초 조건의 학습률과 같다.
ㄴ. B조건의 학습률은 Aa 4초 조건의 학습률과 같다.
ㄷ. C조건의 학습률은 Ab 2초 조건의 학습률과 Ab 3초 조건의 학습률을 합한 값과 같다.

① ㄱ ② ㄷ ③ ㄱ, ㄴ
④ ㄴ, ㄷ ⑤ ㄱ, ㄴ, ㄷ

03

2011학년도 LEET 문15

다음 대화와 <표>로부터 바르게 추론한 것은?

철수: 왜 돼지고기 삼겹살의 기름은 상온에서 고체인데 기름장의 참기름은 상온에서 액체일까?

영희: 동물성 지방과 식물성 지방의 포화지방산 대 불포화지방산 조성 비율이 서로 다르기 때문이야.

철수: 포화지방산과 불포화지방산의 차이가 뭐지?

영희: 지방산은 지방의 구성 성분으로, 여러 개의 탄소가 선형으로 길게 연결되어 있는 구조로 되어 있어. 지방산의 탄소와 탄소 사이는 단일결합 또는 이중결합으로 연결되어 있지. 탄소와 탄소 사이가 모두 단일결합으로 이루어진 지방산이 포화지방산이고 하나 이상의 이중결합이 있는 지방산이 불포화지방산이야.

〈표1〉 포화지방산의 탄소 개수와 녹는점의 관계

탄소 개수	10	12	14	16	18
녹는점(℃)	32	45	54	63	70

〈표2〉 탄소 개수 18인 지방산의 이중결합수와 녹는점의 관계*

이중결합수	0	1	2	3
녹는점(℃)	70	16	5	−11

* 이 관계는 모든 지방산에 유사하게 나타난다.

① 탄소 개수 12인 포화지방산이 탄소 개수 14인 불포화지방산보다 녹는점이 낮을 가능성이 높다.

② 같은 탄소 개수로 이루어진 지방산이라면 이중결합을 많이 가지고 있을수록 상온에서 고체로 존재할 가능성이 높다.

③ 탄소 개수 16인 포화지방산과 탄소 개수 16이고 이중결합 1개를 가진 불포화지방산 사이의 녹는점의 차이는, 탄소 개수 14이고 이중결합 1개를 가진 불포화지방산과 탄소 개수 14이고 이중결합 2개를 가진 불포화지방산 사이의 녹는점의 차이보다 클 가능성이 높다.

④ 상온에서 액체인 식물성 지방을 원료로 빵에 발라 먹을 수 있는 고체 마가린을 만들기 위해서는 식물성 지방의 불포화지방산의 탄소와 탄소 사이에 좀 더 많은 이중결합을 만들어야 한다.

⑤ 동물성 지방은 식물성 지방보다 불포화지방산의 함량이 일반적으로 높다.

04

2011학년도 LEET 문20

다음 글로부터 바르게 추론한 것만을 <보기>에서 있는 대로 고른 것은?

국내산 유제품만을 소비하는 P국의 모든 청소년들은 우유만 1l씩 매일 마시는 부류와 요구르트만 1l씩 매일 먹는 부류 중 한쪽에 속한다.

P국의 유제품 가공공장들은 자국의 젖소 사육 농가들이 공급하는 원유(原乳)만을 이용하는데, 원유 1l로 우유를 만든다면 1l가 생산되고 요구르트를 만든다면 0.5l가 생산된다. 원유의 공장 구매 가격은 정부가 규제하는데, 현재는 우유용 원유와 요구르트용 원유의 가격이 동일하다.

다음 두 경우를 가정해 보자.

(가) 우유를 마시면 키가 커진다는 연구 결과가 발표되자, 요구르트만 먹던 청소년 중 50%가 우유만 마시게 되었다.

(나) 요구르트를 먹으면 예뻐진다는 연구 결과가 발표되자, 우유만 마시던 청소년 중 50%가 요구르트만 먹게 되었다.

〈보기〉

ㄱ. (가)의 경우, 우유용 원유의 가격을 2배로 올리면 농가의 원유 매출액이 소비 변화 이전보다 줄지 않는다.

ㄴ. (가)의 경우, 요구르트용 원유의 가격을 2배로 올리면 농가의 원유 매출액이 소비 변화 이전보다 줄지 않는다.

ㄷ. 우유용 원유의 가격을 2배로 올리는 것이 (가)의 경우보다 (나)의 경우에 농가의 원유 매출액을 더 늘린다.

① ㄴ ② ㄷ ③ ㄱ, ㄴ ④ ㄱ, ㄷ ⑤ ㄱ, ㄴ, ㄷ

05

2011학년도 LEET 문34

세 상품 A, B, C에 대한 선호도 조사를 실시했다. 조사에 응한 사람은 가장 좋아하는 상품부터 1~3순위를 부여했다. 두 상품에 같은 순위를 표시할 수는 없다. 조사의 결과가 다음과 같을 때 C에 3순위를 부여한 사람의 수는?

- ○ 조사에 응한 사람은 20명이다.
- ○ A를 B보다 선호한 사람은 11명이다.
- ○ B를 C보다 선호한 사람은 14명이다.
- ○ C를 A보다 선호한 사람은 6명이다.
- ○ C에 1순위를 부여한 사람은 없다.

① 8 ② 7 ③ 6 ④ 5 ⑤ 4

06

2014학년도 LEET 문18

다음 글로부터 추론한 것으로 옳은 것만을 <보기>에서 있는 대로 고른 것은?

17세기 중국의 사상가 황종희는 국가 재정이 넉넉해지려면 지금 국가가 지고 있는 군대 부양(扶養)의 부담을 줄여야 하는데, 이를 위해서는 직업 군인제 대신 병농 일치의 군사 제도를 채택해야 한다고 주장하였다. 그는 구체적으로 다음과 같은 방안을 제안했다.

(1) 병사는 마땅히 구(口)에서 취해야 하고, 병사 부양은 마땅히 호(戶)에서 취해야 한다. 구에서 취한다는 말은 50인마다 훈련병 1인과 복무병 1인을 차출한다는 것이다. 호에서 취한다는 말은 10호마다 1인의 복무병을 부양토록 한다는 것이다. 지금 천하 호구(戶口)의 숫자를 보면 구가 약 6,000만 인, 호가 약 1,000만 호이니, 충분한 병력을 확보하면서도 백성의 부담은 무겁지 않게 할 수 있다. 병역을 지는 남자는 만 20세에 의무를 시작하여 만 30년 동안 의무를 지고, 훈련병의 훈련은 생업에 지장이 없게 실시하여 따로 부양할 필요가 없도록 한다.

(2) 궁성 수비는 수도가 위치한 강남 지방의 군현에 거주하는 병역 의무자 중에서 차출하여 충당한다. 먼저 강남 지방의 병역 의무자 전원을 복무병 2개 조, 훈련병 2개 조로 나누고, 각 조의 병력 수를 같도록 한다. 이 중 복무병의 첫 번째 조 10만 명은 각자 소속된 군현을 지키게 하고, 두 번째 조 10만 명은 궁성을 수비하게 한다. 이듬해에는 군현을 지키던 자로 궁성을 지키게 하고, 궁성을 수비하던 자는 돌아가서 군현을 지키게 한다. 그 다음 해에는 훈련병을 동원하여 복무하게 하고, 복무병은 귀가하여 훈련만 받게 한다.

〈보기〉

ㄱ. 17세기 중국의 인구 중 약 6분의 1이 강남 지방에 거주하고 있었다.

ㄴ. 국가 재정의 부담 없이 유지할 수 있는 복무병은 최대 100만 명이다.

ㄷ. 강남 지방의 병역 의무자가 일생 동안 궁성 수비를 맡는 기간은 최대 5년이다.

① ㄴ ② ㄱ, ㄴ ③ ㄱ, ㄷ
④ ㄴ, ㄷ ⑤ ㄱ, ㄴ, ㄷ

07

2014학년도 LEET 문34

다음으로부터 추론한 것으로 옳은 것만을 <보기>에서 있는 대로 고른 것은?

어떤 경비업체는 보안 점검을 위탁받은 한 건물 내에서 20개의 점검 지점을 지정하여 관리하고 있다. 보안 담당자는 다음 〈규칙〉에 따라서 20개 점검 지점을 방문하여 이상 여부를 기록한다.

〈규칙〉

○ 첫 번째 점검에서는 1번 지점에서 출발하여 20번 지점까지 차례로 모든 지점을 방문한다.

○ 두 번째 점검에서는 2번 지점에서 출발하여 한 개 지점씩 건너뛰고 점검한다. 즉 2번 지점, 4번 지점, …, 20번 지점까지 방문한다. 또한 세 번째 점검에서는 3번 지점에서 출발하여 두 개 지점씩 건너뛰고 점검한다. 즉 3번 지점, 6번 지점, …, 18번 지점까지 방문한다.

○ 이런 식으로 방문이 이루어지다가 20번째 점검에서 모든 점검이 완료된다.

〈보기〉

ㄱ. 20번 지점은 총 6회 방문하게 된다.

ㄴ. 2회만 방문한 지점은 총 8개이다.

ㄷ. 한 지점을 최대 8회 방문할 수 있다.

① ㄱ ② ㄷ ③ ㄱ, ㄴ

④ ㄴ, ㄷ ⑤ ㄱ, ㄴ, ㄷ

08

2015학년도 LEET 문14

다음 글로부터 추론한 것으로 옳은 것만을 <보기>에서 있는 대로 고른 것은?

옛날 주나라는 정전제를 실시하여 토지를 분배하였다. 요즘 학자들은 그렇게 분배할 만큼 토지가 풍족하지 않다거나 전국 사유지의 소유권을 모두 바꿀 수는 없다는 이유로 정전제의 부활이 불가능하다고 말한다. 그러나 지금 군호(軍戶)를 상대로 실시하고 있는 둔전제의 원리를 전국에 확대하면 정전제의 부활도 불가능하지 않다.

둔전제에서는 군호마다 토지 50무(畝)를 경작하는데, 전국의 둔전은 약 70만 경(頃)으로 전국 토지 면적 약 700만 경의 10분의 1이나 된다. 이를 나머지 10분의 9의 토지에 확대하는 개혁은 결코 불가능한 일이 아니다. 또한 전국적으로 둔전이 아닌 일반 토지 가운데 3분의 1은 국유지이므로, 사유지의 소유권을 건드리지 않고도 많은 민호(民戶)에게 토지를 분배할 수 있다. 물론 지금 전국의 민호는 약 1,000만 호를 헤아리니, 1호마다 50무씩 지급하려면 국유지만으로는 토지가 부족하다. 그렇다고 하더라도 모든 사유지의 소유권을 죄다 바꿀 필요는 없다. 1호마다 50무씩 분배한 뒤에도 1억 3천만 무에 달하는 사유지가 남기 때문이다.

〈보기〉

ㄱ. 군호는 약 140만 호일 것이다.

ㄴ. 둔전이 아닌 전국의 국유지는 약 420만 경일 것이다.

ㄷ. 개혁의 실시로 소유권 변동이 일어날 수 있는 사유지는 전국 사유지 면적의 절반을 넘지 않을 것이다.

① ㄱ ② ㄷ ③ ㄱ, ㄴ

④ ㄱ, ㄷ ⑤ ㄴ, ㄷ

09

2015학년도 LEET 문15

다음 글로부터 추론한 것으로 옳은 것만을 <보기>에서 있는 대로 고른 것은?

> 고대 아테네의 클레이스테네스는 지연과 혈연에 따른 참주의 출현을 방지하기 위해 다음과 같이 행정을 개편하였다. 모든 아테네인들을 총 139개의 데모스에 등록하게 한 다음, 아테네를 세 지역(도시, 해안, 내륙)으로 나누어 각 지역에 데모스를 할당하였다. 그 방식은 우선 각 지역에 균등하게 데모스를 할당하되, 남는 데모스는 도시 지역에 포함시키는 것이었다.
>
> 다음으로 각 지역마다 10개씩의 트리튀스를 만들고, 그 안에 데모스를 할당하였다. 그 방식은 우선 각 트리튀스에 균등하게 데모스를 할당하되, 남는 데모스는 1개의 트리튀스에 포함시키는 것이었다.
>
> 그런 다음 추첨으로 각 지역마다 트리튀스 1개씩을 뽑아 3개의 트리튀스로 1개의 필레를 구성하였다. 그리고 각 필레에서 추첨으로 50명씩 뽑아 평의회를 구성하였다. 역사가 A는 필레에 포함된 데모스 1개의 정원을 100명으로 가정할 경우, 각 지역에 거주하는 아테네인이 평의회에 뽑힐 확률을 분석하였다.

〈보기〉

ㄱ. 트리튀스는 최소 4개의 데모스를 포함한다.
ㄴ. 필레는 최대 31개의 데모스를 포함한다.
ㄷ. A의 가정에 따르면, 평의회에 뽑힐 확률이 가장 낮은 사람은 도시 지역 거주자이다.

① ㄱ ② ㄷ ③ ㄱ, ㄴ
④ ㄴ, ㄷ ⑤ ㄱ, ㄴ, ㄷ

10

2015학년도 LEET 문16

다음 글로부터 추론한 것으로 옳은 것만을 <보기>에서 있는 대로 고른 것은?

> 고대 로마 공화정에서는 전투 단위인 켄투리아가 민회를 구성하는 역할도 하였다. 민회에서 1켄투리아는 1표를 행사하였다. 켄투리아의 수는 최고 등급인 기병이 18개였고, 보병은 재산 등급에 따라 1등급 80개, 2등급 20개, 3등급 20개, 4등급 20개, 5등급 30개였으며, 재산이 기준에 미달하는 최하 등급이 5개로 편제되어, 총 투표수는 193표였다. 투표는 높은 등급인 기병부터 등급 순서대로 찬반 투표를 시행하였다. 각 등급의 투표는 한꺼번에 이루어졌는데, 그 결과 찬성표나 반대표가 과반을 넘는 순간 투표는 중지되었다. 그러다가 기원전 241년 경, 켄투리아의 개편이 단행되었다. 개편 이후, 기병 켄투리아와 최하 등급 켄투리아의 수는 이전과 동일하였으나, 1등급부터 5등급까지는 70개씩의 켄투리아를 두게 되었다.
>
> 역사가 A와 B는 켄투리아의 개편 이후 민회의 투표 방식을 추론하는 데에 이견을 보였다. A는 개편 이후에도 이전처럼 1켄투리아가 1표를 행사하는 방식으로 투표하였다고 가정하였다. 반면 B는 개편에도 불구하고 총 투표수는 개편 이전과 마찬가지로 193표였고, 개편 이후 2등급에서 4등급의 투표수는 과거와 같았지만 1등급 중 10표가 줄고 이 10표가 5등급에 가산되었다고 보았다.

〈보기〉

ㄱ. 개편 이전에 2등급 켄투리아는 투표하지 못할 수도 있었다.
ㄴ. A의 가정에 따를 경우, 3등급 켄투리아는 투표하지 못할 수도 있었다.
ㄷ. B의 가정에 따를 경우, 3등급 켄투리아는 투표하지 못할 수도 있었다.

① ㄱ ② ㄷ ③ ㄱ, ㄴ
④ ㄱ, ㄷ ⑤ ㄴ, ㄷ

11

2022학년도 LEET 문33

다음으로부터 추론한 것으로 옳지 않은 것은?

이웃한 네 국가 A, B, C, D는 지구 온난화로 발생하는 환경 문제를 개선하고자 2,000억 달러의 기금을 조성하기로 하였다. 1차와 2차로 나누어 각각 1,000억 달러의 기금을 만들기로 하였으며 경제 규모와 환경 개선 기여도를 고려하여 국가별 분담금을 정하였다. 합의된 내용 중 알려진 사실은 다음과 같다.

○ 국가별 1차 분담금은 A, B, C, D의 순서대로 많고, B는 260억 달러, D는 200억 달러를 부담한다.
○ 국가별 2차 분담금은 B가 가장 적고, 250억 달러를 부담하는 C가 그 다음으로 적고, 가장 많은 금액을 부담하는 국가의 분담금은 300억 달러이다.

① 가장 많은 분담금을 부담하는 국가는 A이다.
② B의 분담금은 460억 달러 이하이다.
③ A의 분담금이 570억 달러이면, D의 분담금은 500억 달러이다.
④ C의 분담금과 D의 분담금의 차이는 50억 달러 이하이다.
⑤ 어떤 국가의 1차 분담금과 2차 분담금이 같으면, A의 분담금은 600억 달러 이하이다.

12

2023학년도 LEET 문33

다음으로부터 추론한 것으로 옳은 것만을 <보기>에서 있는 대로 고른 것은?

P회사는 연말에 각 직원의 실적을 A, B, C, D 중의 하나의 등급으로 평가한 후, 다음과 같이 성과급을 지급한다.

A등급	B등급	C등급	D등급
2,000만 원	1,500만 원	1,000만 원	500만 원

연말에 재무팀의 직원 갑, 을, 병, 정과 홍보팀의 직원 무, 기, 경, 신의 실적을 평가하였더니 다음과 같았다. (단, 재무팀과 홍보팀의 직원은 갑, 을, 병, 정, 무, 기, 경, 신 8명뿐이다.)

○ 재무팀에서 A등급을 받은 사람은 많아야 1명이고 정은 D등급을 받았다.
○ 홍보팀에서 D등급을 받은 사람은 없고 A등급을 받은 사람은 무뿐이다.
○ 재무팀에 지급한 성과급의 총액과 홍보팀에 지급한 성과급의 총액은 같다.

〈보기〉

ㄱ. 홍보팀에 지급한 성과급의 총액은 5,000만 원이다.
ㄴ. 재무팀에서 갑이 C등급을 받았다면 홍보팀의 기, 경, 신이 받은 등급은 모두 같다.
ㄷ. 재무팀과 홍보팀의 직원 8명 중에서 B등급을 받은 사람의 수와 C등급을 받은 사람의 수는 다르다.

① ㄱ ② ㄴ ③ ㄱ, ㄷ
④ ㄴ, ㄷ ⑤ ㄱ, ㄴ, ㄷ

정답 및 해설 p.48

2. 도형 및 기하

도형의 성질이나 도형들의 관계를 이용하여 해결할 수 있는 문제 유형을 말한다. 기하는 도형이나 공간의 수리적 성질을 이용하여 문제를 해결하는 방식이다. 이 유형은 다양한 형태의 문제가 출제 가능하다. 기하학의 이론과 관련된 도형 문제도 출제 가능하며, 원 방정식이나 삼각함수 이론 등이 출제될 수 있다. 원칙적으로 주어진 조건에서 공식이나 문제를 해결할 수 있는 정보를 제공하고, 그것을 이용하는 문제가 출제된다. 또한 과학적 진술이나 사실적 정보를 통해 도형적 사고를 유도할 수도 있다.

도형 및 기하 역대 기출

① 지도의 모형 작성 및 거리와 시간 계산
② 바둑판 모양의 모형 작성 및 거리에 따른 배열
③ 바둑판 모양의 공간 개념 파악을 통한 도형 추리

실전 연습문제

01
2012학년도 LEET 문35

<자료>와 <사실>로부터 추론한 것으로 옳은 것만을 <보기>에서 있는 대로 고른 것은?

〈자료〉

산수(汕水)는 금강산 절경인 만폭동 서북쪽에 있는 말휘령에서 발원하여 서쪽으로 110리를 흘러 보리진에 이른다. 말휘령에서 만폭동까지는 육로로 50리 떨어져 있다.

산수는 보리진에서 다시 남쪽으로 60리를 흘러 다경진에 이르며, 다경진 앞에서 북동쪽에서 흘러온 통구수(通溝水)와 합류한다. 통구수의 발원지는 금강산 가는 길목에 있는 단발령이다. 통구수의 길이는 70리이며, 단발령에서 만폭동까지는 육로로 40리이다.

산수는 다경진에서 다시 동남쪽으로 50리를 흘러 합관진에 이르러, 만폭동에서 발원하여 120리를 흘러온 만폭수(萬瀑水)를 받아들인다. 만폭수는 경사가 급하고 여울이 많아 배가 다니지 못하며, 대신 물길을 따라 육로가 나 있다.

〈사실〉

경신년 가을, 선비 갑과 을은 각기 다른 길로 금강산 만폭동을 유람하였다. 보리진에 사는 갑은 배를 타고 말휘령까지 간 뒤, 육로로 만폭동에 갔으며 같은 길로 되돌아왔다. 합관진에 사는 을은 배를 타고 다경진과 통구수를 거쳐 단발령까지 간 뒤 육로로 만폭동에 갔으며, 가장 시간이 적게 걸리는 길로 합관진으로 귀가하였다.

이동 시간은 상류에서 내려올 때는 수로가 육로의 절반, 상류로 거슬러 올라갈 때는 수로가 육로의 두 배이다.

〈보기〉

ㄱ. 갑의 이동 거리가 을보다 길었을 것이다.
ㄴ. 을의 이동 시간이 갑보다 더 걸렸을 것이다.
ㄷ. 을은 귀가할 때 육로만 이용하였을 것이다.

① ㄴ ② ㄷ ③ ㄱ, ㄴ
④ ㄱ, ㄷ ⑤ ㄱ, ㄴ, ㄷ

02
2014학년도 LEET 문32

다음 글로부터 추론한 것으로 옳은 것만을 <보기>에서 있는 대로 고른 것은?

당(唐)의 수도 장안은 사각형의 성벽으로 둘러싸인, 마치 바둑판과 같은 형태의 도성이었다. 그 내부 구조를 자세히 묘사하면 다음과 같다.

(1) 도성은 황궁, 시장, 일반인 거주지인 방(坊)으로 이루어져 있었고, 남북으로 뻗은 주작대로를 중심으로 좌우 대칭이었다. 황궁, 시장, 방은 사면이 모두 도로에 둘러싸인 구역이었다. 황궁은 1곳, 시장은 동시와 서시 2곳, 방은 110개로 그 크기가 일률적이지 않았다.
(2) 동서로는 14개의 도로가, 남북으로는 11개의 도로가 있었는데, 성벽의 바로 안쪽부터 도로가 나 있었다. 도로가 황궁과 시장을 관통할 수 없어서 도로가 이어지지 않는 경우도 있었다.
(3) 황궁의 위치는 가장 북쪽에 있는 1번째 동서 도로부터 5번째 도로인 동서대가까지, 그리고 남북 도로 중 서쪽에서 4번째에서 8번째 도로까지의 구역을 차지하고 있었다. 황궁의 정남향에는 오로지 방만 존재하였다.
(4) 시장인 동시와 서시는 주작대로를 중심으로 대칭적 위치에 있었다. 서시는 북쪽으로는 동서대가에, 남쪽으로는 7번째 동서 도로에 접해 있었으며, 남북 도로 중 서쪽부터 2번째 도로에 접해 있었다.

〈보기〉

ㄱ. 황궁의 정서쪽에 있는 방은 모두 12개이다.
ㄴ. 동시의 정동쪽에 있는 방은 모두 4개이다.
ㄷ. 동시와 서시 사이의 남북 도로는 모두 4개이다.

① ㄱ ② ㄷ ③ ㄱ, ㄴ
④ ㄴ, ㄷ ⑤ ㄱ, ㄴ, ㄷ

03

2016학년도 LEET 문34

다음에서 추론한 것으로 옳은 것만을 <보기>에서 있는 대로 고른 것은?

도시의 두 지점 사이를 건물을 가로지르지 않고 도로만으로 이동하였을 때의 최단 거리를 '도로거리'라 하고, 두 지점 간에 장애물이 없는 최단 거리를 '직선거리'라고 한다. 직선거리가 적용되는 공간을 유클리드 공간이라고 하고, 도로거리가 적용되는 공간을 도로 공간이라고 한다. 모든 도로는 같은 크기의 정사각형으로 이루어진 바둑판 모양이고 도로 공간에서의 모든 지점은 도로의 교차점에서만 정의된다고 가정한다.

아래 그림에서 실선은 A지점에서 B지점까지의 직선거리를, 점선은 도로거리를 표시한다.

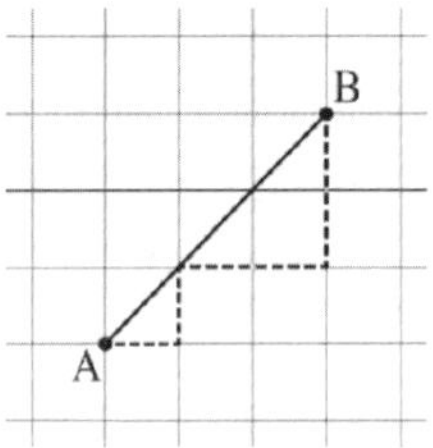

〈보기〉

ㄱ. A지점까지의 도로거리와 B지점까지의 도로거리가 같은 모든 지점들은 유클리드 공간에서 한 직선 위에 있다.
ㄴ. 서로 같은 도로거리에 있는 세 지점을 유클리드 공간에서 선분으로 서로 연결하면 정삼각형 모양이 된다.
ㄷ. 한 지점에서 같은 도로거리에 있는 모든 지점을 유클리드 공간에서 정사각형 모양이 되도록 연결할 수 있다.

① ㄱ　② ㄴ　③ ㄷ
④ ㄱ, ㄴ　⑤ ㄱ, ㄷ

정답 및 해설 p.52

3. 게임 이론 및 이산 수학

1 게임 이론

게임 이론이란 상충적(相衝的)이고 경쟁적(競爭的)인 조건에서의 경쟁자 간의 경쟁상태를 모형화하여 참여자의 행동을 분석함으로써 최적전략(最適戰略)을 선택하는 것을 이론화하려는 것이다. 게임 이론은 1944년 J.폰 노이만과 O.모르겐슈테른의 공저『Theory of Games and Economic Behavior』에서 이론적 기초가 마련되어, 제2차 세계대전 당시 잠수함 전투에 이 이론을 이용한 미국의 물리학자인 P.모스에 의해서 더욱 발전되었다. 이렇게 게임 이론은 주로 군사학에서 적용되어 왔으나, 경제학·경영학·정치학·심리학 분야 등에도 널리 적용되고 있다. 게임 이론에 있어서는 게임 당사자를 경쟁자라 하고, 경쟁자가 취하는 대체적 행동(代替的行動)을 전략(戰略)이라 하며, 어떤 전략을 선택했을 때 게임의 결과로서 경쟁자가 얻는 것을 이익 또는 성과(成果)라고 한다. 이에 대한 대표적 설명으로는 '죄수의 딜레마'와 '내쉬균형'이 있다.

게임 이론의 정의와 종류

① 정의: 경쟁 주체가 상대편의 대처행동을 고려하면서 자기의 이익을 효과적으로 달성하기 위해 합리적으로 수단을 선택하는 행동을 수학적으로 분석하는 이론을 말한다. 한 집단, 특히 기업에 있어서 어떤 행동의 결과가 게임(놀이)에서와 같이 참여자 자신의 행동에 의해서만 결정되는 것이 아니고 동시에 다른 참여자의 행동에 의해서도 결정되는 상황하에서, 자기 자신에게 최대의 이익이 되도록 행동하는 것을 분석하는 수리적 접근법이다.

② 종류: 어떤 경쟁자가 어떤 전략을 선택하느냐에 따라 좌우되는 것이므로 각 경쟁자는 상대방이 어떤 전략을 선택하더라도 자기의 이익(성과)을 극대화시킬 수 있는 전략을 선택하게 된다. 게임은 경쟁자의 수에 따라 2인 게임(예: 장기·바둑), 다수 게임(예: 포커 등으로 흔히 n인 게임이라 한다)으로 분류된다. 가장 많이 나타나는 게임의 형태는 2인 영합(零合) 게임(zero-sum game)인데, 영합이라는 말은 상반되는 이해를 가지는 2인 게임의 경우, 한쪽의 이익은 상대방의 손실을 가져오게 되어 두 경쟁자의 득실(得失)을 합하면 항상 영(zero)이 된다는 것을 의미한다. 또, 경쟁자가 취하는 전략의 수가 유한(有限)인 개수의 경우를 유한게임이라 하고 무한인 경우를 연속(連續)게임이라 하는데, 유한 영합 2인 게임이 이론적으로 가장 널리 전개된다.

2 이산 수학

이산 수학은 이산적 대상물(discrete object)을 연구하는 수학의 한 분야이다. 여기서 '이산'은 어떤 연속적인 값을 가지지 않는, 서로 다르거나 관계되지 않는 원소들로 구성되어 있는 것을 의미한다. 따라서 이산 수학은 일련의 단계와 그 관계에 대한 사고를 발전시키며 측정할 수 있다. 구체적으로 선택과 배열, 알고리즘, 의사결정과 최적화 등이 이에 해당된다. 결국 이산 수학의 범위에는 게임 이론도 포함되기에 이들은 동일 범주로 분류되고 있다.

실전 연습문제

01

2012학년도 LEET 문30

상자 A, B, C에 금화 13개가 나뉘어 들어 있다. 금화는 상자 A에 가장 적게 있고, 상자 C에 가장 많이 있다. 각 상자에는 금화가 하나 이상 있으며, 개수는 서로 다르다. 이 사실을 알고 있는 갑, 을, 병이 아래와 같은 순서로 각 상자를 열어 본 후 말하였다. 이들의 말이 모두 참일 때 상자 A와 C에 있는 금화의 총 개수는?

갑이 상자 A를 열어 본 후 말하였다.
"B와 C에 금화가 각각 몇 개 있는지 알 수 없어."

을은 갑의 말을 듣고 상자 C를 열어 본 후 말하였다.
"A와 B에 금화가 각각 몇 개 있는지 알 수 없어."

병은 갑과 을의 말을 듣고 상자 B를 열어 본 후 말하였다.
"A와 C에 금화가 각각 몇 개 있는지 알 수 없어."

① 10 ② 9 ③ 8 ④ 7 ⑤ 6

02

2015학년도 LEET 문35

다음으로부터 추론한 것으로 옳은 것만을 <보기>에서 있는 대로 고른 것은?

A, B, C가 추리논증 영역 35문항을 풀었다. 세 명이 모두 25문항씩 정답을 맞혔으며 아무도 정답을 맞히지 못한 문항은 없었다. 한 명만 정답을 맞힌 문항을 '어려운 문항', 세 명 모두 정답을 맞힌 문항을 '쉬운 문항'이라 한다.

〈보기〉

ㄱ. 쉬운 문항이 어려운 문항보다 5개 더 많다.
ㄴ. 어려운 문항의 개수는 최대 10개이다.
ㄷ. 두 명만 정답을 맞힌 문항의 개수는 최소 2개이다.

① ㄱ ② ㄴ ③ ㄱ, ㄷ
④ ㄴ, ㄷ ⑤ ㄱ, ㄴ, ㄷ

03

2010학년도 LEET 문30

<가설>과 <조건>으로부터 예상되는 범죄 발생 건수와 범죄 두려움 지수 모두가 아래 <그래프>의 수치보다 낮은 달은?

〈가설〉

강력사건 보도와 방범활동 강화가 범죄 발생 건수와 범죄 두려움 지수에 미치는 영향은 다음과 같이 요약된다.

	강력사건 보도	방범활동 강화
효과 발생 시기	보도 즉시	활동 종료 시점에서 1개월 후
효과 내용	보도 전월에 비해 범죄 발생 건수는 반으로 감소하고, 범죄 두려움 지수는 2배로 증가	효과 발생 전월에 비해 범죄 발생 건수와 범죄 두려움 지수가 각각 반으로 감소
효과 지속 기간	1개월	1개월
효과 종료 후	범죄 발생 건수와 두려움 지수는 보도 이전 수준으로 회복 후 지속	범죄 발생 건수와 두려움 지수는 효과 발생 전월 수준으로 회복 후 지속

〈조건〉

- 8월 이후의 예상수치는 아래 〈그래프〉가 보여주는 7월의 실제 범죄 발생 건수와 실제 범죄 두려움 지수를 기준으로 작성한다.
- 7월 이전에는 강력사건 보도나 방범활동 강화가 없었다.
- 8월 1일에 강력사건 발생이 언론에 보도되었다.
- 9월 한 달 동안 방범활동이 강화되었다.

〈그래프〉

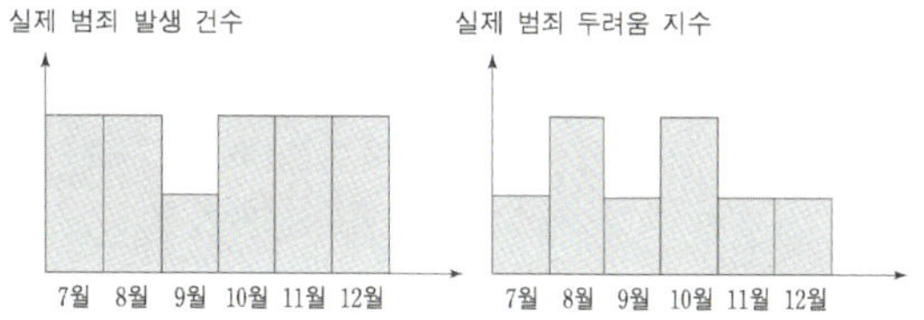

① 8월 ② 9월 ③ 10월 ④ 11월 ⑤ 12월

정답 및 해설 p.54

4. 표·그래프·다이어그램

표와 그래프, 다이어그램 등은 자료를 해석할 때에 사용하는 수단이다. 이는 하나의 결과를 나타내며, 그러한 결과가 도출될 수 있는 원인과 이유를 분석하고 그 타당성을 검증할 수 있다. 따라서 이를 통해 통계 처리와 해석 능력, 수치 자료의 처리와 분석, 정보화 능력 등을 측정할 수 있다.

표와 그래프는 수리적 요소 분석을 위해 출제되었으며, 주로 사회학과 경제학 분야에서 출제되고 있다. 경제 주체들의 편익 분석에 따른 그래프 분석이 가장 많은 비중을 차지하고 있으며, 범죄 경향 예측이나 노인 문제 또는 농산물 가격에 대한 도표의 비교 분석도 출제된 바 있다. 사망률과 출생률, 1인당 국민소득의 증가 그래프도 출제되었다.

표·그래프·다이어그램의 활용

① 통계표: 개별 정보의 효과적 집약, 전체 정보 파악

② 그래프: 통계 자료를 시각화하여 나타냄, 통계 그래프 및 함수 그래프

③ 다이어그램: 복잡한 구조나 개념의 파악 위해 사용

실전 연습문제

01

2009학년도 LEET 문37

다음 글로부터 추론한 것으로 옳은 것만을 <보기>에서 있는 대로 고른 것은? (단, 정화 기술 개선에 따르는 초기 투자 비용은 고려하지 않는다.)

다음 그림은 어느 기업의 오염 정화 시설 가동과 관련한 비용 구조를 나타낸다. 이 기업은 생산 과정에서 발생하는 오염 물질의 발생량에서 일부를 정화하고 나머지를 배출한다. 다음 그림은 오염 물질의 발생량이 일정한 경우를 가정하며, e_1과 e_2는 각각 배출량을 나타내는 동시에 정화량을 나타낸다. 정화비용곡선은 오염 물질을 추가적으로 정화할 때마다 추가된 비용을 연결한 선이므로, 총정화비용은 정화량까지의 곡선 아래 면적이 된다. 예를 들어, 그림에서 e_1만큼 오염 물질을 배출했을 때, 총정화비용은 정화비용곡선$_1$의 경우 D + E이다. 이 기업은 비용을 절감할 수 있다면 정화 기술을 개선하는데, 이 경우 비용곡선은 정화비용곡선$_1$(기술 개선 이전)로부터 절감된 비용만큼 아래쪽에 위치한 정화비용곡선$_2$(기술 개선 이후)로 이동한다.

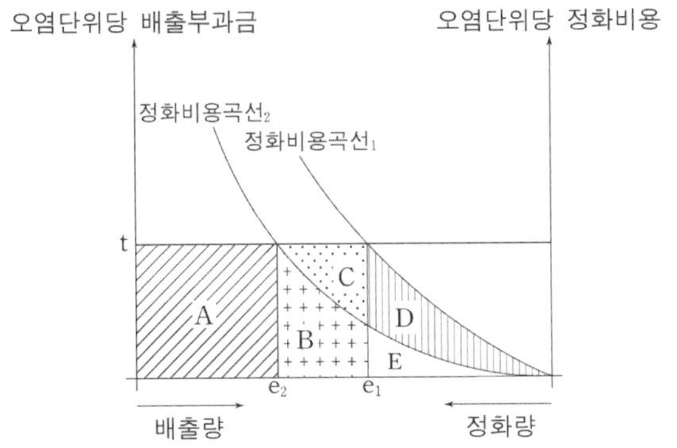

정부는 기업에 대해 배출부과금제를 시행하고 있다. 이 제도 하에서 정부는 오염단위당 배출부과금인 t원을 배출량의 규모에 곱하여 총부과액을 결정한다. 이때 기업은 특정 시점에서 발생하는 추가적인 오염단위당 정화비용과 t원을 비교하여 배출량의 규모를 결정한다. 즉, 오염 물질을 추가적으로 정화할 때마다 추가될 오염단위당 정화비용이 t원보다 크다면 정화량을 줄이고 배출량을 늘릴 것이며, 반대로 t원보다 작다면 정화량을 늘릴 것이다. 그러므로 정부가 기술 개선 이전의 정화비용곡선$_1$에 해당하는 기업에 t원의 단위당 배출부과금을 적용하면, 이 기업은 e_1의 배출량 및 정화량을 선택함으로써 A + B + C만큼의 총부과액과 D + E만큼의 총정화비용을 부담해야 한다.

〈보기〉

ㄱ. 이 기업이 정화 기술을 개선한 후, 총정화비용이 절감되려면 D가 B보다 커야 한다.

ㄴ. 이 기업이 정화 기술을 개선하여 배출량을 e_1에서 e_2로 줄일 때 얻게 되는 순이익은 C이다.

ㄷ. 이 기업이 정화 기술을 개선한 후, 기술 개선 이전에 납부하던 총부과액 중 B가 총정화비용의 일부로 전환된다.

① ㄱ　② ㄴ　③ ㄷ　④ ㄱ, ㄴ　⑤ ㄱ, ㄷ

02

2011학년도 LEET 문28

다음 설명과 표로부터 바르게 추론한 것만을 <보기>에서 있는 대로 고른 것은?

A지역 노인들의 건강 상태 차이를 만드는 요인들의 관계와 효과를 분석하였다. 배경 요인인 '배우자 유무'와 '소득 수준'이 '건강 위험 행동(과음, 흡연 등)'과 '자녀관계 만족도'에 영향을 미치며, 이 네 요인은 다시 '신체 건강'과 '정신 건강'에 영향을 미치는 것으로 나타났다. 이를 표로 나타내면 다음과 같다.

설명하는 요인 \ 설명되는 요인		건강 위험 행동	자녀관계 만족도	신체 건강	정신 건강
남자	배우자 유무	ⓐ −	+		
	소득 수준	−	ⓑ +	+	+
	건강 위험 행동			−	−
	자녀관계 만족도				+
여자	배우자 유무		−		−
	소득 수준		−	−	−
	건강 위험 행동			−	
	자녀관계 만족도				+

+는 정(正)의 관계, −는 부(否)의 관계이며, 빈칸은 유의미한 관계가 아님을 의미한다. 예를 들어, ⓐ는 "배우자가 있을 때 건강 위험 행동을 덜 하고 배우자가 없을 때 건강 위험 행동을 많이 한다."라고 해석하며, ⓑ는 "소득이 많을수록 자녀관계 만족도가 높고 소득이 적을수록 자녀관계 만족도가 낮다."라고 해석한다.

〈보기〉

ㄱ. 남자는 소득이 많을수록 신체 건강이 좋은 반면 여자는 소득이 많을수록 신체 건강이 나쁘고, 남자와 여자 모두 자녀관계 만족도가 신체 건강에 영향을 주지 않는다.
ㄴ. 남자는 배우자가 있을 때 자녀관계 만족도가 높고 이를 매개로 정신 건강이 향상되지만, 여자는 배우자가 없을 때 자녀관계 만족도가 높고 이를 매개로 정신 건강이 향상된다.
ㄷ. 남자는 배우자가 있을 때 건강 위험 행동을 덜 하고 이를 매개로 신체 건강이 좋아지는 데 반해, 여자는 배우자 유무가 신체 건강에 영향을 주지 않는다.

① ㄱ　② ㄴ　③ ㄱ, ㄷ　④ ㄴ, ㄷ　⑤ ㄱ, ㄴ, ㄷ

03

2013학년도 LEET 문26

다음 글에 비추어 바르게 판단한 것만을 <보기>에서 있는 대로 고른 것은?

우리가 의사결정을 할 때 선택의 결과가 미래에 나타나는 경우에는 선택에 따른 이익을 미리 정확히 아는 것이 불가능하다. 이때 실제로 실현된 이익이 기대했던 이익보다 작을수록 선택의 위험은 커진다. 이처럼 미래의 결과를 미리 알 수 없을 때는 기대이익과 위험을 동시에 고려해 의사결정을 해야 한다.

〈그림 1〉은 어떤 사람이 이러한 상황에서 여러 대안들을 놓고 어떤 선호관계를 갖는지를 보여준다. 〈그림 1〉에서 곡선 *OE*는 위험과 기대이익의 수준이 다르더라도 이 사람이 선호의 차이가 없다고 판단하는 대안들을 연결한 선이다. 따라서 이 사람에게 *B*와 *C*는 차이가 없는 대안들이 된다. 그리고 *A*와 *B*의 관계에서는 두 대안의 기대이익은 같지만 *B*의 경우 위험이 더 작으므로 *B*가 *A*보다 선호되며, *A*와 *C*의 관계에서는 두 대안의 위험은 같지만 *C*의 경우 기대이익이 더 크므로 *C*가 *A*보다 선호된다. 따라서 어느 대안이 다른 대안에 비해 더 큰 기대이익과 더 작은 위험을 동시에 갖는다면 이 대안은 그 다른 대안보다 선호된다. 한편 곡선 *OE*는 위험에 대한 이 사람의 태도도 알려준다. 이 사람은 기대이익을 $X_2 - X_1$만큼 늘리려 할 때는 $Y_2 - Y_1$의 추가적인 위험을 감수할 의사가 있다. 그리고 이 상태에서 동일한 크기의 기대이익($X_3 - X_2$)을 추가로 늘리기 위해 감수할 의사가 있는 추가적인 위험의 크기($Y_3 - Y_2$)는 이전에 비해 작다. 이처럼 기대이익의 크기가 커질수록 감수하려는 추가적인 위험의 크기가 줄어든다는 것은 이 사람이 위험을 기피하는 정도가 커짐을 의미한다.

〈그림 2〉는 위험에 대한 태도가 상이한 갑과 을 두 사람이 갖고 있는 기대이익과 위험 사이의 선호관계를 동시에 나타낸 것이다. 곡선 *OP*(실선)와 *QR*(점선)은 각각 갑과 을 두 사람이 차이가 없다고 판단하는 대안들을 연결한 선이다.

〈그림 1〉

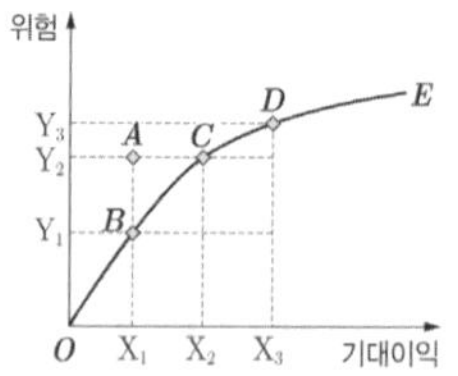

〈그림 2〉

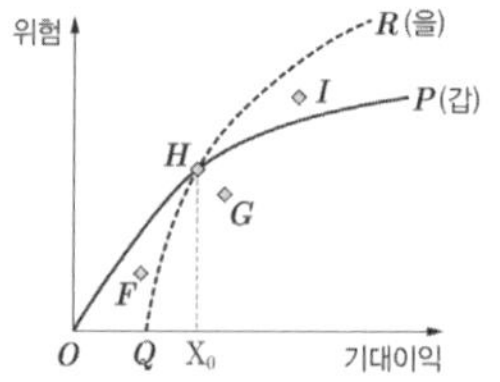

〈보기〉

ㄱ. 갑은 *G*보다 *I*를 선호한다.
ㄴ. 을은 *F*보다 *H*를 선호한다.
ㄷ. 기대이익이 X_0보다 큰 영역에서 갑보다 을이 더 위험기피적 태도를 보인다.

① ㄱ　② ㄴ　③ ㄱ, ㄷ　④ ㄴ, ㄷ　⑤ ㄱ, ㄴ, ㄷ

04

2012학년도 LEET 문34

다음 글로부터 추론한 것으로 옳은 것만을 <보기>에서 있는 대로 고른 것은?

다음은 오염 물질을 방류하는 기업과 어로 행위를 하는 어부와 관련된 그림이다. 가로축은 기업의 생산량을 나타내며, 생산량이 증가함에 따라 오염 배출량도 증가한다. 기업의 편익곡선은 기업이 생산량을 증가시킴에 따라 추가로 얻는 편익을, 어부의 피해곡선은 오염 배출량이 증가할 때마다 어부가 추가로 입는 피해를 나타낸다. 기업에게 배출권이 있으면 어부의 규제권은 인정되지 않으며, 기업의 생산량은 Q가 된다. 반대로 어부에게 규제권이 있으면 기업의 배출권은 인정되지 않으며, 기업의 생산량은 0이 된다.

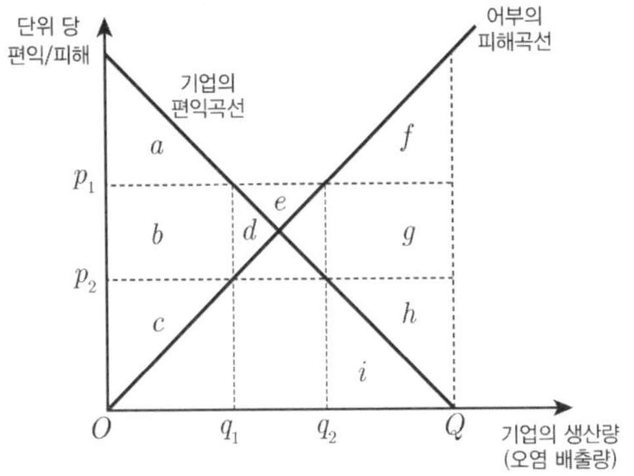

그런데 권리가 있는 쪽이 없는 쪽으로부터 보상을 받는 대가로 권리 행사를 제한하기로 한다면, 서로에게 이득이 되기도 한다. 보상 가격은 권리가 없는 쪽에서 제안하며 생산량은 권리가 있는 쪽에서 결정한다.

예컨대, 기업에게 배출권이 있는 경우 어부가 먼저 생산량 감축에 대한 보상 가격 p_2를 제시하면, 기업은 그 가격에서 최선인 q_2까지의 생산량 감축을 제안한다. 이때 양자가 합의하면 어부는 기업에게 $h + i$를 지불하지만 $f + g + h + i$ 만큼 피해가 감소하므로 $f + g$만큼 이득을 얻게 되며, 기업은 어부로부터 $h + i$만큼 받으므로 생산량 감축에 따른 편익 감소분 i를 빼고도 h만큼 이득을 얻는다. 어부에게 규제권이 있는 경우는 기업이 먼저 보상 가격을 제시하고 어부는 그 가격에서 최선인 허용 생산량을 제안하며, 기업은 제시한 보상 가격과 허용 생산량을 곱한 금액을 어부에게 지급한다.

협상 시 기업과 어부는 각기 자신의 편익 또는 피해 정보만 알고 있으며, 상대방의 피해나 편익 및 기타 비용은 고려하지 않는다.

〈보기〉

ㄱ. 어부에게 규제권이 있고 기업이 제안한 p_1을 어부가 받아들여 합의한 경우, 어부는 $b + c + d + e$만큼 이득이다.

ㄴ. 기업에게 배출권이 있고 어부가 제안한 p_1을 기업이 받아들여 합의한 경우, 어부는 $f - d - e$만큼 이득이다.

ㄷ. 어부에게 규제권이 있고 기업이 제안한 p_2를 어부가 받아들여 합의한 경우, 기업은 $a + b$만큼, 어부는 c만큼 이득이다.

① ㄱ ② ㄴ ③ ㄱ, ㄷ
④ ㄴ, ㄷ ⑤ ㄱ, ㄴ, ㄷ

05

2013학년도 LEET 문27

다음 글에 비추어 <표>를 바르게 해석한 것만을 <보기>에서 있는 대로 고른 것은?

K국에는 농산물 안전 관리를 위해 우수인증, 저농약인증, 유기농인증 제도가 있다. 우수인증은 농약, 중금속 등 위해요소들이 기준치를 넘지 않게 관리한 농산물에, 저농약인증은 농약과 화학비료를 기준치의 절반 이하로 사용한 농산물에, 유기농인증은 농약과 화학비료를 전혀 쓰지 않은 농산물에 부여하는 인증이다.

아래의 〈표〉는 농산물 유통에 참여하는 각 주체들을 대상으로 그들이 각 유통 단계별로 거래 현장에서 실제 접하는 현재 가격과 그들이 적절하다고 생각하는 적정가격을 조사한 것인데, 숫자들은 각 유통 단계별로 일반 농산물 가격을 100으로 했을 때의 환산가격이다. 예를 들어 생산농의 경우 일반 농산물의 현재 판매가격이 2만원이고 우수인증 농산물의 현재 판매가격이 2만2천원이라면, 일반 농산물의 환산가격은 100, 우수인증 농산물의 환산가격은 110이 된다. 〈표〉를 통해 생산농은 인증 농산물들이 적정한 가격을 받지 못하고 있다고 보며, 우수인증 농산물의 현재 판매가격에 불만이 가장 크다는 것을 알 수 있다.

〈표〉

유통 참여 주체	가격	일반 농산물	우수 인증 농산물	저농약 인증 농산물	유기농 인증 농산물
생산농	현재 판매가격	100	110	115	125
	적정 판매가격	100	122	124	130
도매상	현재 판매가격	100	105	105	131
	적정 판매가격	100	(가)	120	138
소매상	현재 판매가격	100	110	113	135
	적정 판매가격	100	112	126	140
소비자	현재 판매가격	100	110	113	135
	적정 판매가격	100	110	112	130

〈보기〉

ㄱ. 소매상은 인증 농산물 중 우수인증 농산물의 현재 판매가격에 불만이 가장 크다.

ㄴ. 저농약인증 농산물과 유기농인증 농산물의 현재 가격 수준이 낮다는 데에 모든 유통 참여 주체들이 인식을 공유하고 있다.

ㄷ. 모든 유통 참여 주체들이 인증 농산물간 적정가격 서열에 대해 동일하게 판단하고 있다면 (가)에 들어갈 수 있는 숫자에 105가 포함된다.

① ㄱ　② ㄷ　③ ㄱ, ㄴ
④ ㄴ, ㄷ　⑤ ㄱ, ㄴ, ㄷ

06

2015학년도 LEET 문26

다음으로부터 추론한 것으로 옳은 것만을 <보기>에서 있는 대로 고른 것은?

아래 그림은 Z국의 1인당 실질 소득과 사망률 및 출생률을 나타낸다. Z국의 1인당 실질 소득은 꾸준히 증가했으며, 사망률은 꾸준히 감소했고 출생률은 처음에는 증가하다가 나중에는 감소하는 추세를 보였다. B는 출생률에서 사망률을 뺀 값이 가장 큰 점이다. 단, 인구의 유출입은 없었다.

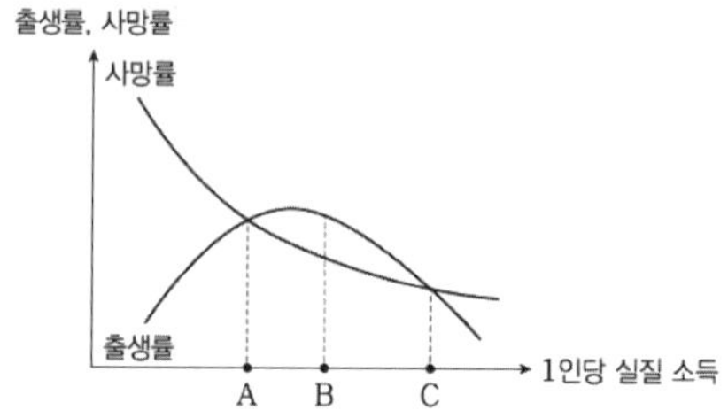

〈보기〉

ㄱ. 인구는 B에서 최대가 되었다.

ㄴ. A~C 구간에서 인구는 꾸준히 증가했다.

ㄷ. Z국 전체의 실질 소득은 꾸준히 증가했다.

① ㄱ　② ㄴ　③ ㄷ
④ ㄱ, ㄷ　⑤ ㄴ, ㄷ

정답 및 해설 p.55

영역 소개

논증(Argumentation) 영역은 비판적 사고(Critical Thinking) 능력을 측정하고자 하는 목적을 지니고 있다. 법학적성에서 주장과 법적 근거로 이루어진 논증에 대한 분석과 비판은 법적 사고와 법적 논변에서 필수적으로 이루어질 수밖에 없는 사항들이다. 이에 추리논증 영역에서도 논리적 논증에 대한 분석 능력과 비판 능력을 측정하고 있다.

논증 영역은 내용학적인 면에서 모든 제재를 포괄하고 있어 인문, 사회, 자연과학, 법학 등 모든 분야로 확장되지만, 인지 유형에 있어서는 그 틀이 정해져 있기에 이에 적합한 이론과 그 적용이라는 기능적 훈련이 필요하다. 물론 논증과 비판적 사고는 풍부한 독서로 준비할 수 있을 것이다. 하지만 이와 동시에 문제를 실질적으로 해결하기 위해 기본 이론들을 학습하고 이를 문제에 적응시킬 수 있는 연습도 필요하다.

논증 영역은 논증 분석, 논쟁 및 반론, 논증 평가로 구성되어 있다. 주어진 지문에서 논증을 찾아 명시적 요소 및 암묵적 요소를 분석하고 구조를 파악하는 것이 'Ⅰ. 논증 분석'이다. 논쟁 상황에서 각각의 주장을 분석하고 어떤 방식으로 대응하고 반박하는지를 파악하는 것은 'Ⅱ. 논쟁 및 반론'에 해당한다. 또한 논증이 정당한지를 살펴보고, 논증이 강화되거나 약화되는 요소를 확인하고 주어진 문제 상황에 대한 해결 방안을 제시하는 것이 'Ⅲ. 논증 평가'이다.

최근 출제경향은 법·규범학에서 2~4문항, 인문학에서 10~12문항, 사회과학에서 2~3문항, 과학기술에서 1~2문항으로 인문학 중심의 출제가 이루어지고 있으며, 고난도 문제가 3~4문항 정도 포함되는 경우도 있다. 난도가 낮은 문항도 물론 포함되지만 중간 이상 난도 문항의 비중이 증가하여 시간 내에 해결해야 하는 압박감도 증가하고 있다. 따라서 자신에게 취약한 내용학 제재에 대한 기본 개념 확충 및 문제 해결을 위한 비판적 사고 이론에 대한 기본 능력 함양이 필요하다.

PART 02

논증 영역

유형 소개

논증은 필자 또는 화자가 주장하는 바와 이를 뒷받침하는 근거로 구성되어 있다. 설명과 다르게 필자 또는 화자가 말하고자 하는 확실한 목적을 가진 글이 논증이다. 따라서 논증 분석에서 우선시되어야 하는 것은 필자 또는 화자의 생각이다. 그래서 논증을 파악할 때 가장 우선해야 할 사항은 논지를 파악하는 것이다. 논지란 필자가 논하고자 하는 취지 및 의도를 말한다. 따라서 논지를 파악한다는 것은 필자가 주장하는 바와 그렇게 주장하려고 하는 의도까지도 포괄하는 것이다. 단순히 보이는 용어나 개념에 한정해서는 안 되며 논의하는 대상과 논의하고자 하는 논점, 논의가 진행되는 맥락 등 논의 영역에 대해서도 확인할 필요가 있다.

결국 논증의 형식을 지닌 지문이 활용된 문제에서는 필자가 궁극적으로 주장하고자 하는 바를 찾고, 이에 대한 근거가 어떻게 뒷받침하고 있는지 확인해야 한다. 또한 논증이 연역 논증의 구조를 지니고 있는지, 일반화·유비·가설 등의 귀납 논증의 설득력을 지닌 논증인지도 확인해야 한다. 필자 또는 화자가 결정적인 증거라 믿고 그로부터 필연적으로 본인의 주장이 참임을 말하는 것인지, 경험적 근거를 통해서 자신의 주장이 참일 개연성이 높다는 것을 주장하는지에 따라 논증의 구조와 설득력에 대한 분석이 이루어지기 때문이다. 그러므로 논증을 구성하는 쟁점이나 논의 대상, 논의 방식 등도 파악해야 한다.

논증 분석에서는 주장이나 근거의 관련성 및 암묵적 전제에 대한 문항이 출제된 바 있으며, 최근에는 비교 분석 유형이 주로 출제되고 있다. 하나의 논의에 대한 파악에서 더 나아가 다양한 견해를 제시하고 각각의 견해를 분석하고 견해 간에 공통점과 차이점을 분석하는 능력을 요구하고 있다. 그리고 복합적이고 연쇄적인 논증을 제시하고 이 논증의 구조를 파악하는 데에 논증 다이어그램을 통한 분석력을 지속적으로 검증하고자 한다.

I. 논증 분석

1. 비교 분석

1 주장과 근거

'논증(argument)'이란, 어떤 주장을 요구하기 위해 그러한 주장을 받아들여야만 하는 이유를 제시하는 일련의 문장들의 묶음을 말한다. 이때 '주장'을 뒷받침하는 이유가 되는 것을 '근거'라고 한다. 주어진 논증에 명시적으로 근거와 주장 모두가 나타나는 경우도 있으며, 일부 근거만을 제시하고 생략된 전제를 파악하는 문제도 나타난다.

논증의 전체 흐름이나 구조를 파악할 때에 주장 간의 논리적 관계를 고려하여 당연한 것으로 여기고 명시적으로 언급하지 않은 내용이 있을 수 있다. 또는 논증의 배경이 되거나 맥락이 되는 바를 명시적으로 생략한 경우도 발생할 수 있다. 그런데 이렇게 생략된 암묵적 요소들은 논증의 완성도를 떨어뜨려 그러한 논증을 반대하는 사람들에게 반례의 기회를 제공할 수 있다. 따라서 이러한 요소들을 보완하여 논증의 완성도를 높여야 한다. 이렇게 생략된 전제가 포함되어 있는 논증을 '잠재적 논증'이라 하며, 생략된 요소를 보완하여 재구성하였을 때의 논증을 '실재적 논증'이라고 한다.

일반적으로 논증에서는 어떤 의미에서 가정되는 요소가 있기 마련이다. 필자나 화자가 명시적으로 언급하지 않았지만 당연한 것으로 받아들이는 '숨은 가정'이 있기 때문이다. 이렇게 암묵적으로 가정하는 바를 확인하기 위해서는 논증을 하고자 하는 필자나 화자의 의도를 고려해야 한다. 논증은 언제나 특정 맥락 안에서 제시된다. 맥락에는 가정, 추정, 배경지식, 해석에 도움이 되는 정보들, 규범 등이 모두 포함된다. 그렇기 때문에 주장이나 논증의 신뢰성은 제시된 맥락에 따라 영향을 받기도 하며, 맥락은 그 주장의 의미를 해석하는 데 도움을 주기도 한다. 따라서 주어진 논증의 역사적 배경이나 배후에 가정되거나 경험하는바, 가치관 등을 고려하여 주장의 맥락을 파악할 필요가 있다.

논증에서 결론을 제시할 때 전형적으로 사용하는 용어를 '결론 지시어'라고 한다. 또한 전제를 제시할 경우 전형적으로 사용하는 용어를 '전제 지시어'라고 부른다. 논증에서 주장이나 결론은 논증의 앞부분이나 뒷부분 어디에서나 나타날 수 있다. 특히 시간의 제한이 있는 적성 검사에서 결론 지시어는 필자가 주장하는 바를 빠르게 찾는 데에 많은 도움이 될 수 있다.

2 비교 분석

논증을 분석함에 있어서 우선적으로 찾아야 하는 것은 논증의 대상이다. 이때의 대상은 전체적인 소재 안에 더 구체적인 논의가 무엇인지를 보여주는 것이다. 그리고 이러한 논증의 논의되는 영역 안에서 필자는 무엇을 주장하며 설득하고자 하는가를 명시적으로 설정할 수 있다.

문제에서는 이러한 상황에서 나타날 수 있는 다양한 견해들을 소개하고, 각 견해가 주장하는 구체적인 내용이 무엇인지, 주어진 상황 안에서 각 견해에 따르면 어떠한 주장을 할 수 있는지를 분석하는 선택지가 제시된다. 그리고 견해 간에 공통점이나 차이점을 토대로 하여 상황을 분석하는 내용도 포함된다.

예제

2024학년도 LEET 문13

<견해>에 대한 분석으로 옳은 것만을 <보기>에서 있는 대로 고른 것은?

우리의 직관에 따르면 살인은 도덕적으로 정당화되지 못하며 살인자에게 도덕적 책임이 있다. 아래 두 상황을 살펴보자.

(상황 1) 은행강도를 계획한 마피아 조직의 책임자 갑이 조직원 을에게 은행 보안담당자를 죽이라고 지시하였다. 을은 갑의 지시에 따라 보안담당자를 저격하여 살해하였다.
(상황 2) 적과 치열한 교전 중 지휘관 병이 부하 정에게 적의 저격수를 사살하라고 지시하였다. 정은 병의 지시에 따라 적의 저격수를 사살하였다.

위 두 상황에서 을과 정의 행위에 대해 도덕적 책임을 평가하는 원리와 관련하여 아래와 같은 두 견해가 있다.

〈견해〉

A: (상황 1)과 (상황 2)는 살인 행위가 발생하였다는 점에서 차이가 없다. 따라서 (상황 1)과 (상황 2)에서 살인에 대한 도덕적 책임을 평가하는 원리가 달라야 할 이유는 없다. 도덕적 책임을 평가하는 원리 P를 "자기방어가 아닌 어떠한 살인도, 살인 명령도, 살인 명령의 수행도 해서는 안 되며 이를 위반한 행위에 대해 도덕적 책임이 있다."라고 하자. (상황 1)의 을과 (상황 2)의 정의 살인에 대해 도덕적 책임을 평가할 때 P를 똑같이 적용할 수 있어야 한다.

B: 전쟁에서의 폭력과 일상생활에서의 폭력은 분명히 다르므로, 일상생활에서 살인에 대한 도덕적 책임을 평가하는 원리와는 다른 특수한 도덕적 원리가 전쟁에서 요구된다. 따라서 (상황 1)의 을과 (상황 2)의 정의 행위에 대한 도덕적 책임을 평가하기 위해서는 적어도 두 가지 원리가 필요하다. 전쟁에서의 살인에 대한 도덕적 책임을 적절히 평가하기 위해서는 일상생활에서 적용되는 도덕적 원리가 아닌 다른 도덕적 원리를 적용할 수 있어야 한다.

〈보기〉

ㄱ. P에 의해 을에게 도덕적 책임이 있지만 정에게 도덕적 책임이 없다는 결론이 도출된다면, A는 약화된다.
ㄴ. A에 따라 (상황 2)에서 P에 의해 정에게 살인에 대한 도덕적 책임이 있다고 주장하기 위해서는 정의 행위가 자기방어에 해당하지 않는 것임을 입증해야 한다.
ㄷ. B에 따르면 을과 정 모두에게 도덕적 책임이 있다는 결론은 도출될 수 없다.

① ㄴ ② ㄷ ③ ㄱ, ㄴ
④ ㄱ, ㄷ ⑤ ㄱ, ㄴ, ㄷ

[정답] ①

ㄱ. (X) P에 의하면 도덕적 책임 여부는 자기방어 행위인지 여부에 달려 있다. 따라서 을의 행위는 자기방어가 아닌 살인에 해당하므로 도덕적 책임이 있지만 정은 적과 치열한 교전 중이기에 자기방어 행위에 해당하므로 도덕적 책임이 없다. 결국 이러한 결론은 A를 약화하지 않는다.
ㄴ. (O) P는 자기방어 행위가 아닐 때에 도덕적 책임이 있다는 원리이므로, 정에게 도덕적 책임이 있기 위해서는 그 행위가 자기방어 행위에 해당하지 않는다는 것을 입증할 필요가 있다.
ㄷ. (X) B가 주장하는 바는 전쟁에서의 폭력과 일상생활에서의 폭력을 구분하고 도덕적 책임을 평가하는 원리도 달라야 한다는 것이다. 각각의 원리에 따라 도덕적 책임 여부가 동일할 수도 있기 때문에 옳지 않다.

실전 연습문제

01 2022학년도 LEET 문2

다음으로부터 <견해>를 분석한 것으로 옳은 것만을 <보기>에서 있는 대로 고른 것은?

특정한 사안에 적용할 법을 획득하는 방법에는 '법의 발견'과 '법의 형성'이 있다. 전자는 '법률 문언(文言)의 가능한 의미' 안에서 법률로부터 해당 사안에 적용할 법을 발견하는 작업인 반면에, 후자는 해당 사안에 적용할 법적 기준이 존재하지 않는 법률의 흠결을 '법률 문언의 가능한 의미'의 제한을 받지 않는 법적 판단을 통하여 보충하는 작업이다. 후자는 법률 문언에 반하지만 법률의 목적을 실현하기 위한 법 획득 방법이다. 양자의 차이는 적극적 후보, 중립적 후보, 소극적 후보라는 개념으로 설명할 수 있다. 적극적 후보란 어느 단어가 명백히 적용될 수 있는 대상을 말하고, 소극적 후보란 어느 단어가 명백히 적용될 수 없는 대상을 말하며, 중립적 후보란 앞의 둘에 속하지 않는 대상을 말한다. '법의 발견' 중 하나인 '축소해석'은 법률 문언의 적용범위를 중립적 후보에서 적극적 후보로 좁히는 것인 반면에, '법의 형성' 중 하나인 '목적론적 축소'는 그 경계가 확실한 '법률 문언의 가능한 의미'에 포함되는 어느 적극적 후보를 해당 법률의 목적에 따라 소극적 후보로 만들어 그 적용범위에서 제외하는 것이다.

〈견해〉

X국에서 '차'는 동력장치가 있는 이동수단을 의미하고, 승용차, 버스 등이 그에 해당하는데, 동력장치가 있는 자전거가 그에 해당하는지는 명확하지 않다. '차'라는 법률 문언의 적용범위에 대해 다음과 같이 견해가 나뉜다.

갑: '차'라는 법률 문언의 적용범위에는 동력장치가 없는 자전거도 포함된다.

을: '차'라는 법률 문언의 적용범위에는 승용차만 포함되고 버스는 포함되지 않는다.

병: '차'라는 법률 문언의 적용범위에는 동력장치가 있는 자전거가 포함되지 않는다.

〈보기〉

ㄱ. 갑의 견해는 법률 문언에 반하여 법률의 목적을 실현할 필요가 있어야 정당화되고, 을의 견해는 그렇지 않더라도 정당화된다.

ㄴ. 병의 견해는 동력장치가 있는 자전거를 중립적 후보에서 소극적 후보로 만들어 법을 형성하고자 한 것이다.

ㄷ. 주차공간을 확보하기 위하여 집 앞에 설치하는 '주차금지' 팻말의 '차'의 적용범위에서 자기 소유의 승용차를 제외하는 것은, 을이 법을 획득하기 위하여 사용한 방법과 같다.

① ㄴ ② ㄷ ③ ㄱ, ㄴ
④ ㄱ, ㄷ ⑤ ㄱ, ㄴ, ㄷ

02

2012학년도 LEET 문8

A국의 생명윤리법 규정 및 관련 논의에 대한 설명으로 옳지 않은 것은?

인간 배아의 법적 지위와 관련하여, 제1견해는 인간의 생명은 수정된 때부터 시작되므로 배아를 완전한 인간으로 인정해야 한다고 본다. 제2견해는 배아는 단순한 세포덩어리로서 인간성을 인정할 수 없으며, 물질로서 소유자의 이용과 처분에 따르게 된다고 본다. 제3견해는 배아는 성장하면서 점차 도덕적 지위를 얻게 되며, 배아를 인간과 완전히 동등한 존재 내지 생명권의 주체로서 인격을 지니는 존재라고 볼 수 없다고 본다. 이처럼 배아의 법적 지위에 대해 다양한 견해가 존재하고 있는 상황에서, A국의 생명윤리법 규정은 "임신 목적으로 생성된 배아의 보존기간은 5년으로 하고, 보존기간이 경과한 잔여 배아는 폐기하여야 한다. 다만 잔여 배아는 발생학적으로 원시선이 나타나기 전까지에 한하여 체외에서 동의권자의 동의를 전제로 연구 목적으로 이용할 수 있다."라고 규정하고 있다.

위 규정이 정자 및 난자 제공자인 배아생성자의 권리를 침해하여 헌법을 위반하는지의 여부에 대해, A국의 헌법재판소는 다음과 같은 취지로 결정하였다.

> 배아에 대한 배아생성자의 결정권은 명문으로 규정되어 있지는 않지만 헌법으로부터 도출되는 권리이다. 다만 출생 전 형성 중에 있는 생명인 배아의 법적 보호를 위하여, 공공복리 및 사회윤리라는 측면에서 배아생성자의 권리는 그 본질적 내용을 침해하지 않는 범위에서 법률로 제한하는 것이 가능하다. 배아에 대한 부적절한 이용가능성을 방지하여야 할 공익적 필요성의 정도가 배아생성자의 자기결정권이 제한됨으로 인한 불이익의 정도에 비해 작다고 볼 수 없으므로, 생명윤리법 규정이 헌법에 위반된다고 볼 수 없다.

① A국의 헌법재판소는 배아에 대한 배아생성자의 권리와 배아가 부적절한 연구 목적으로 부당하게 사용되는 것을 방지해야 할 공익을 서로 비교하고 있다.
② A국의 생명윤리법에 따르면, 발생학적으로 원시선이 나타나기 전까지의 잔여 배아는 연구자가 임의로 처분할 수 있는 연구의 대상이 아니다.
③ A국의 헌법재판소는 배아생성자의 권리보다 배아의 권리가 보호할 만한 가치가 크다는 것을 전제로 판단하고 있다.
④ 착상 전 배아에 손상을 주는 연구는 제1견해에 따르면 원칙적으로 금지된다.
⑤ A국의 헌법재판소 결정은 제3견해와 부합한다.

03

2012학년도 LEET 문18

다음 논증에 대한 분석으로 옳지 않은 것은?

정의가 없는 왕국이란 거대한 강도떼가 아니고 무엇인가? 강도떼도 나름대로는 작은 왕국이 아닌가? 강도떼도 사람들로 구성되어 있다. 그 집단도 두목 한 사람의 지배를 받고, 공동체의 규약에 의해 조직되며, 약탈물을 일정한 원칙에 따라 분배한다. 만약 어느 악당이 무뢰한들을 거두어 모아 거대한 무리를 이루어서 일정한 지역을 확보하고 거주지를 정하거나, 도성을 장악하고 국민을 굴복시킬 지경이 된다면 아주 간편하게 왕국이라는 이름을 얻게 된다. 그런 집단은 야욕을 억제해서가 아니라 야욕을 부리고서도 아무런 처벌을 받지 않는다는 사실만으로도 당당하게 왕국이라는 명칭과 실체를 얻는 것이다. 사실 알렉산드로스 대왕의 손에 사로잡힌 어느 해적이 대왕에게 한 답변에서 이런 현실이 적나라하게 드러났다. 해적에게 무슨 생각으로 바다에서 남을 괴롭히는 짓을 저지르고 다니느냐고 문초하자, 해적은 알렉산드로스 대왕에게 거침없이 이렇게 대꾸했다고 한다. "그것은 폐하께서 전 세계를 괴롭히시는 생각과 똑같습니다. 단지 저는 작은 배 한 척으로 그 일을 하는 까닭에 해적이라 불리고, 폐하께서는 대함대를 거느리고 다니면서 그 일을 하시는 까닭에 대왕이라고 불리시는 점이 다를 뿐입니다!"

– 아우구스티누스, 『신국론』 –

① 정의가 없는 왕국과 강도떼의 차이를 명칭과 규모의 관점에서 설명하고 있다.
② 정의가 없는 왕국과 강도떼가 야욕과 처벌의 측면에서 동일하다고 설명하고 있다.
③ 정의가 없는 왕국과 강도떼의 공통점을 지배 체제와 공동체의 조직 원리에서 찾고 있다.
④ 강도떼가 발전하여 정의가 없는 왕국이 될 가능성을 제시하여 둘의 차이를 좁히는 전략을 쓰고 있다.
⑤ 알렉산드로스 대왕과 해적의 대화를 통해 정의가 없는 왕국과 강도떼의 유비(類比)의 설득력을 높이는 전략을 쓰고 있다.

04

2017학년도 LEET 문14

다음 글에 대한 분석으로 옳은 것만을 <보기>에서 있는 대로 고른 것은?

우리 행위가 우리 자신의 자유로운 선택의 결과일 때에만 우리는 그 행위에 도덕적 책임을 진다. 그러나 만약 인간 행위가 결정론적 인과 법칙에 의해 전적으로 지배된다면, 어떻게 내 행위가 자유로운 행위였다 할 수 있는지의 질문이 제기될 수 있다. 이에 대해 "우리가 자유 의지를 가지고 있고 자유롭게 행위한다는 것을 우리는 누구보다 잘 알고 있습니다. 여기에는 아무 문제가 없습니다."라고 주장하는 것은 문제의 해결이 아니다. 만약 우리가 우리의 의지가 자유롭다는 것을 정말로 안다면, 우리의 의지가 자유롭다는 것은 참일 수밖에 없다. 사실이 아닌 어떤 것을 알 수는 없기 때문이다. 그러나 "우리의 의지는 자유롭지 않으므로 어느 누구도 우리 의지가 자유롭다는 것을 알지 못한다."는 주장 역시 가능하다. 사람들이 자신들이 자유롭게 행위한다고 믿는다는 것은 분명한 사실이다. 그러나 자유롭게 행위한다고 느낀다는 것이 우리가 실제로 자유롭다는 점을 입증하지는 못한다. 그것은 단지 우리가 행위의 원인에 대해 인식하고 있지 못함을 보여줄 뿐이다.

〈보기〉

ㄱ. 이 글에 따르면, 자유로운 선택에 의한 것이지만 도덕적 책임을 지지 않는 행위는 있을 수 없다.

ㄴ. 이 글에 따르면, 우리가 무언가를 안다는 것은 그것이 참임을 함축한다.

ㄷ. 우리가 자유롭게 행했다고 여기는 많은 행위들을 인과 법칙적으로 설명할 수 있다면, 이 글의 논지는 약화된다.

① ㄴ ② ㄷ ③ ㄱ, ㄴ
④ ㄱ, ㄷ ⑤ ㄱ, ㄴ, ㄷ

05

2018학년도 LEET 문24

㉠에 대한 근거로 적절한 것만을 <보기>에서 있는 대로 고른 것은?

화재가 발생하여 화재의 기전에 의해 사망하는 것을 화재사라고 한다. 화재 현장에서 불완전연소의 결과로 발생한 매연(煤煙)을 들이키면 폐 기관지 등 호흡기 점막에 새까맣게 매(煤)가 부착된다. 화재 현장에서 생성되는 다양한 유독가스 중 일산화탄소는 피해자의 호흡에 의해 혈류로 들어가 헤모글로빈에 산소보다 더 강하게 결합하여 산소와 헤모글로빈의 결합을 방해한다. 생체의 피부에 고열이 작용하면 화상이 일어나는데 그중 가장 경미한 정도인 1도 화상에서는 손상에 대한 생체의 반응으로 피부로의 혈액공급이 많아져 발적과 종창이 나타난다. 더 깊이 침범된 2, 3도 화상에서는 피부의 물집, 피하조직의 괴사 등이 나타난다. 불길에 의해 고열이 가해지면 근육은 근육 단백질의 형태와 성질이 변하여 위축되는 모양을 띤다. 근육의 위축은 그 근육에 의해 가동되는 관절 부위의 변화를 가져오게 되는데 관절을 펴는 근육보다는 굽히는 근육의 양이 더 많으므로 불길에 휩싸여 열변성이 일어난 시신은 대부분의 관절이 약간씩 굽은 모습으로 탄화된다.

한편, 화재 현장에서 변사체가 발견되어 부검이 시행되었다. 부검을 마친 법의학자는 ㉠ <u>희생자가 생존해 있을 때에 화재가 발생하여 화재의 기전에 의해 사망하였다고 판단</u>하였다.

〈보기〉

ㄱ. 불에 탄 시체의 관절이 약간씩 굽어 있다.

ㄴ. 얼굴에 빨간 발적이나 종창이 일어난 화상이 있다.

ㄷ. 혈액 내에 일산화탄소와 결합한 헤모글로빈 농도가 높다.

① ㄱ ② ㄴ ③ ㄱ, ㄷ
④ ㄴ, ㄷ ⑤ ㄱ, ㄴ, ㄷ

06

2019학년도 LEET 문24

이론 A~C에 대한 분석으로 옳은 것은?

> A: 범죄를 저지르는 사람은 주류 사회가 받아들이지 않는 일련의 기준을 따르는 사람이다. 인간의 다른 모든 행동과 마찬가지로 범죄도 학습된다. 그래서 범죄에 친화적인 생각, 태도, 행동을 학습하여 그러한 행동을 하게 된다고 봐야 한다. 물론 범죄에 부정적인 생각, 태도, 행동도 학습되며, 이는 주류 사회의 일반적 규범을 내면화하는 것이다. 하지만 이보다 범죄에 친화적인 생각, 태도, 행동을 더 많이 접촉하고 학습하면 범죄를 저지르게 된다. 따라서 어떤 규범을 얼마나 내면화했는가가 행동을 결정한다. 결국 인간은 자신이 사회화한 문화의 가치와 규범에 따라 행동하기 마련이다.
>
> B: 모든 인간은 사회의 구성원으로서 사회화 과정을 통해 그 사회의 공통 규범을 공유한다. 하지만 개인에 따라 규범을 사회화하는 정도는 차이가 있기 때문에 도덕성의 정도가 사람에 따라 다를 수 있다. 그리고 규범의 사회화 정도는 사회에 대한 개인의 유대 정도와 깊은 관계가 있다. 사회에 대한 유대가 약한 사람들은 규범을 어기는 행위를 비교적 자유롭게 하게 된다. 따라서 범죄의 원인은 사회 유대의 결여 내지는 약화이다.
>
> C: 인간은 사회의 공통 규범을 따르며 사회가 규정하는 가치를 추구하려고 한다. 하지만 규범에 순응해서는 이러한 가치 추구의 정당한 욕망이 충족될 수 없을 때, 범죄를 저지르게 된다. 누구나 성공을 욕망하지만 모든 사람이 성공하는 것은 아니다. 사회에는 엄연히 불평등 구조가 존재하기 때문이다. 어떤 사람들은 규범에 순응하면서도 성공을 하지만, 많은 사람들은 합법적인 방법으로는 목표를 달성하지 못한다. 이는 내적 긴장 상황을 야기하고 이로 인한 좌절과 절박함은 사람들로 하여금 규범을 어겨서라도 목표를 달성하려고 하게 만든다.

① A는 인간 본성이 어떤지에 대한 가정을 하지만, C는 그러한 가정을 하지 않는다.

② B는 사회 구성원들이 사회의 공통 규범을 내면화한다고 가정하지만, C는 그렇지 않다.

③ B는 범죄를 저지르게 하는 외부적 동기나 압력을 중시하지만, A와 C는 그렇지 않다.

④ B는 개인에 따라 규범을 내면화하는 정도에 차이가 있다고 가정하지만, A는 그렇지 않다.

⑤ A는 한 사회에서 서로 다른 문화가 갈등한다고 가정하지만, B는 서로 갈등하는 다른 문화의 존재를 고려하지 않는다.

07

2020학년도 LEET 문30

다음 글에 대한 분석으로 옳은 것만을 <보기>에서 있는 대로 고른 것은?

> 이동통신 사업자들이 서로 경쟁하는 수단에는 단말기 보조금(이하 보조금이라 한다)과 통신 서비스 요금(이하 요금이라 한다)이 있다. 현재 정부는 이동통신 사업자들이 설정된 상한을 넘겨 보조금을 지급하지 못하도록 보조금상한제를 실시하고 있다. 보조금상한제가 요금 인하에 미치는 영향에 대해 다음과 같은 논쟁이 있다.
>
> 甲: 사업자들은 통신 서비스 가입자를 유치하는 경쟁에서 높은 보조금을 이용한다. 보조금이 높으면 소비자가 더 쉽게 사업자를 전환할 수 있기 때문이다. 그런데 높은 보조금에 끌려 소비자가 통신 사업자를 전환할지 고려하다 보면 요금에 대한 소비자의 반응도 더 민감해질 수 있다. 그 결과 사업자 간 요금 경쟁이 더욱 활발해질 것이다.
>
> 乙: 경쟁이 보조금과 요금 중 어느 하나에 집중되면 다른 하나의 경쟁은 약화된다. 또한 한 영역의 경쟁을 제한하면 경쟁은 다른 쪽으로 옮겨 간다. 보조금 경쟁이 과열될수록 요금 경쟁이 약화될 것이므로, 정부가 법으로써 보조금 수준을 제한하면 요금 경쟁이 활성화되어 요금이 낮아질 것이다.
>
> 丙: 더 많은 가입자를 유치하기 위해 높은 보조금을 지급하는 것이 사업자에게는 전반적인 비용 상승 요인이 된다. 이를 보전하기 위해 요금은 높아질 것이다.

〈보기〉

ㄱ. 보조금상한제 시행 후 소비자가 통신 사업자를 전환하는 비율이 증가했다는 사실은 甲의 주장을 강화한다.

ㄴ. 乙의 주장은 정부가 요금 인하를 위해 보조금상한을 낮추는 정책의 근거가 될 수 있다.

ㄷ. 요금 인하 효과의 측면에서 甲은 보조금상한제를 반대하고 丙은 찬성할 것이다.

① ㄱ ② ㄴ ③ ㄱ, ㄷ
④ ㄴ, ㄷ ⑤ ㄱ, ㄴ, ㄷ

08

2021학년도 LEET 문13

다음 글에 대한 분석으로 옳은 것만을 <보기>에서 있는 대로 고른 것은?

갑은 오늘 고속도로에서 과속 운전을 할 계획이다. 이런 계획을 좌절시킬 어떠한 환경적 요인도 없고 갑의 결심도 확고하다. 또한 갑은 한 번 마음을 먹으면 절대로 마음을 되돌리지 않는다. ㉠ 이 모든 것을 알고 있는 경찰은 갑이 오늘 고속도로에서 과속할 것이라는 것을 알고 있다. 갑은 실제로 고속도로에서 과속 운전을 하였다. 이런 경우에 갑이 고속도로에 진입하기 전에 경찰이 미리 과속 벌금을 부과하는 것이 정당한가? 즉, 아직 벌어지지 않은 일에 대해서 그것이 벌어질 것을 안다고 해서 사전 처벌하는 것이 정당한가?

A: 처벌의 의의는 어떤 사람에 의해서 잘못이 행해진다면 그에 상응하는 해를 그 사람에게 입혀 그 균형을 맞추는 데에 있다. 잘못이 행해진다는 것이 알려진 한, 처벌의 시점은 전혀 중요하지 않다. TV를 구입할 때 그 비용을 TV를 인수하기 전에 지불하든 후에 지불하든 상관이 없는 것과 같은 이치이다. 경찰이 사전에 벌금을 부과하든 부과하지 않든 갑은 과속을 할 것이 틀림없고 경찰은 그것을 알고 있다. 그렇기 때문에 그에 대한 균형을 맞추기 위한 경찰의 사전 처벌은 정당화될 수 있다.

B: 무고한 사람을 처벌하는 것은 어떤 경우에도 정당화될 수 없다. 갑의 결심이 확고하다고 해도 마지막 순간에 마음을 고쳐먹어 과속을 하지 않을 능력이 그에게 있다는 것을 부정할 수 없다. 갑이 그런 능력을 가지고 있는 한, 과속을 하기 전의 갑은 엄연히 무고한 사람이다. 따라서 갑에 대한 사전 처벌은 정당화될 수 없다.

〈보기〉

ㄱ. ㉠이 거짓이라면, A의 결론은 따라 나오지 않는다.

ㄴ. 행위자가 어떤 행위를 하느냐 마느냐를 결정할 능력이 있다면, 그가 그 행위를 할지에 대해서 타인이 미리 아는 것이 불가능하다는 견해가 있다. 이런 견해가 옳다면, B는 ㉠과 양립 불가능하다.

ㄷ. 테러리스트가 시민들을 죽음으로 몰아넣을 공격을 준비하고 있고, 경찰은 이 테러리스트를 그대로 두면 이 공격이 성공할 것이라는 사실을 알고 있다. 이에 경찰은 그 테러리스트를 가두고 그 공격으로 발생할 수 있는 피해에 상응하는 처벌을 미리 내려 테러 공격을 막는 데 성공한다. A에 따르면, 이 경우에도 사전 처벌은 정당화될 수 있다.

① ㄱ ② ㄷ ③ ㄱ, ㄴ
④ ㄴ, ㄷ ⑤ ㄱ, ㄴ, ㄷ

09

2022학년도 LEET 문21

다음 글에 대한 분석으로 옳은 것만을 <보기>에서 있는 대로 고른 것은?

일상에서 역사적 인물의 이름인 ‘나폴레옹’을 사용할 때, 이 이름은 실존 인물 나폴레옹을 지칭한다. 그런데 나폴레옹이 등장인물로 나오는 소설『전쟁과 평화』와 같은 허구 작품에서 사용된 이름 ‘나폴레옹’ 역시 실존 인물 나폴레옹을 지칭하는가? 우리는 그렇다는 자연스러운 직관을 갖는다.

하지만 나폴레옹이 아메리카노로 등장하여, 커피 친구들과 모험을 하는 극단적인 허구 작품을 상상해 보자. 여기에 등장하는 나폴레옹은 실존 인물 나폴레옹과 전혀 유사하지 않으므로 이 작품에서 사용되는 ‘나폴레옹’은 단지 허구 속에 나타나는 등장인물을 지칭하는 것이지, 실존 인물을 지칭하는 것은 아니라고 결론 내릴 수 있다.

이처럼 적어도 어떤 허구 작품들에서 사용되는 ‘나폴레옹’은 실존 인물을 지칭하지 않는다는 주장을 받아들인다면, 우리는 다음 둘 중 하나를 받아들여야 한다.

(1) 어떤 허구 작품들에서 사용되는 ‘나폴레옹’은 실존 인물을 지칭하지 않지만, 어떤 다른 허구 작품들에서 사용되는 ‘나폴레옹’은 실존 인물을 지칭한다.

(2) 모든 허구 작품들에서 사용되는 ‘나폴레옹’은 실존 인물을 지칭하지 않는다.

여기에서 이론의 단순성과 통일성을 고려한다면 (2)의 견해에 어떤 심각한 문제점이 나타나지 않는 이상 우리는 (1) 대신 (2)를 취해야만 할 것이다.『전쟁과 평화』에서 사용되는 ‘나폴레옹’이 실존 인물 나폴레옹을 지칭한다는 직관이 (2)와 상충하여 문제된다고 생각할 수 있겠지만, 이는 다음과 같이 설명할 수 있다.『전쟁과 평화』에서 사용되는 ‘나폴레옹’ 역시 허구 속의 등장인물 나폴레옹을 지칭하며, 이 허구 속의 등장인물 나폴레옹이 실존 인물 나폴레옹과 유사한 특징을 가졌기에, 우리는 그 이름이 실존 인물을 지칭하는 것이라는 잘못된 직관을 갖는 것이다.

〈보기〉

ㄱ. 이 글에 따르면, 만일 누군가의 글 속에서 사용된 어떤 이름 ‘N’이 실존 인물을 지칭하는 경우, 그 글은 허구 작품이 아니다.

ㄴ. 만일 모든 허구 작품들에서 사용되는 ‘나폴레옹’이 실존 인물을 지칭한다는 견해에 어떤 문제점도 없다면, 이 글의 논증은 약화된다.

ㄷ. 이 글의 논증은, “허구 작품에서 사용되는 등장인물의 이름이 실존 인물을 지칭하지 않는다면, 그 등장인물과 실존 인물은 어떤 유사성도 갖지 않는다.”가 참이라 가정하고 있다.

① ㄱ ② ㄷ ③ ㄱ, ㄴ
④ ㄴ, ㄷ ⑤ ㄱ, ㄴ, ㄷ

10

2022학년도 LEET 문25

<상황>에 대한 분석으로 옳은 것만을 <보기>에서 있는 대로 고른 것은?

정부는 소위 '부드러운 간섭'을 사용함으로써 사람들이 최선의 이익이 되는 선택을 할 가능성을 높일 수 있다. 부드러운 간섭이란 정책 설계자가 선택지를 줄이거나 행위를 직접 금지 또는 허용하지 않고, 선택지가 제시되는 순서나 배치만을 변경함으로써 사람들의 결정에 영향을 끼치는 것을 말한다. 그런데 부드러운 간섭 정책은 사람들의 비합리성을 이용하는 것이므로 개인의 합리성을 존중하지 못한다는 비판이 존재한다. 이 비판은 주로 ㉠ 합리성을 '이상적 합리성'으로 이해하는 견해에 토대를 두고 있다. 이 관점에서 개인이 합리성을 발현한다는 것은 최선의 이익을 가져다주는 항목이나 우선순위를 찾아 주는 최선의 절차를 발견하고 이에 따르는 것이다. 그런데 사람들은 가능한 선택지 중에서 부주의한 습관에 따르거나 눈에 잘 띠는 것을 고르는 등, 비합리적 성향에 따라 자신의 이익과 관련된 결정을 수행하기도 한다. 이때 공동체 구성원의 이익을 위해 부드러운 간섭을 수행하는 정부는 이와 같은 인간의 비합리적 성향에 맞추어 선택지의 설계를 조정함으로써 구성원이 최선의 이익이 되는 선택을 하도록 유인한다. 최선의 이익을 성취하는 이런 과정에서 정부는 구성원을 비합리적인 존재로 취급하게 된다.

그러나 ㉡ 합리성을 '환경적 합리성'으로 바라보는 견해는 부드러운 간섭을 보다 관용적으로 평가한다. 이 견해는 어떤 결정이 합리적 결정이 되는지 여부를 저마다의 상이한 여건에 따라 상대적으로 고려한다. 사람들은 정보의 제약, 긴급한 사정과 같은 이상적 결정을 내릴 수 없는 저마다의 환경에 처해 있지만, 이와 같은 환경적 제약에 의한 이상적이지 않은 결정도 충분히 합리적이라고 평가할 수 있다. 정부의 부드러운 간섭이 선택 과정에서의 불리한 환경적 제약을 극복하려는 범위에서 이루어지는 한, 이는 구성원의 합리적 선택을 방해하는 것이 아니다.

〈상황〉

선택지 x, y, z가 있고 최선의 이익에 가까운 순서는 x-y-z이다.

〈보기〉

ㄱ. ㉡에 따르면, z를 선택하는 행위도 합리적일 수 있다.

ㄴ. ㉠에 따르면, 어떤 사람이 부드러운 간섭 때문에 y를 선택한다면 그 사람은 자신의 비합리적 성향에 따라 결정한 것이다.

ㄷ. ㉠에 따르면, 어떤 사람이 최선의 이익에 가까운 순서를 y-z-x라고 판단하는 경우, x-y-z의 순서로 선택하도록 조장하는 부드러운 간섭은 그 사람의 합리성을 존중하고 있는 것이다.

① ㄱ ② ㄷ ③ ㄱ, ㄴ

④ ㄴ, ㄷ ⑤ ㄱ, ㄴ, ㄷ

11

2023학년도 LEET 문23

다음 글에 대한 분석으로 가장 적절한 것은?

즐거움에 대한 이론 A에 따르면, 즐거움이란 우리가 좋아하는 어떤 느낌, 즉 쾌감 자체이고, 고통이란 우리가 싫어하는 불쾌한 느낌이다. 한편, 이론 B에 따르면, 즐거움은 우리가 느끼는 쾌감과 상관이 없으며, 주체의 능력과 제반 조건이 그 능력이 발휘되는 대상과 서로 잘 맞을 때 생겨난다. 즉, 즐겁게 행위한다는 것은 주체가 좋은 조건에서 자기 능력에 걸맞은 일을 탁월하게 하는 것을 말한다. 반면, 고통은 주체의 능력과 조건이 능력 발휘의 대상과 서로 잘 맞지 않을 때 생겨난다. A는 즐거움과 고통에 동반되는 느낌에 호소한다는 점에서 직관적인 설득력을 지닌다. 하지만 B는 즐거움이나 고통은 느낌이 아니라 즐겁거나 고통스러운 활동을 특징짓는 적합성에 의해 설명되어야 한다고 주장한다. 최근 한 인터뷰에서 수학계의 오랜 난제를 해결한 탁월한 수학자 갑, 을, 병은 수학의 즐거움에 관해 다음과 같이 말했다.

갑: 저는 이 해묵은 난제를 풀기 위해 오랫동안 준비해 왔습니다. 계획적으로 집중력을 기울여 매진했지요. 물론 숱한 어려움이 있었고 좌절도 있었죠. 때로는 고통스러웠어요. 하지만 자신을 믿고서 그 문제를 해결하는 과정은 정말 즐거운 경험이었습니다.

을: 다년간의 집중적인 노력으로 결국 이 난제를 풀었습니다. 그 순간 짜릿하긴 했지요. 정말 고생했으니까요. 그러나 순간의 쾌감보다 갈피를 잡지 못하는 동안의 고통이 더 크게 느껴졌습니다. 차라리 저는 집중력이 필요 없는 쉬운 문제를 여럿 해결할 때 더 큰 쾌감을 느낍니다.

병: 수학이 즐겁냐고요? 공부가 좋아서 하는 학생이 없듯이, 저에게 수학은 그저 업일 따름입니다. 특히 어려운 문제로 고민할 때는 고통스러웠죠. 의무감으로 열심히 하다 보니 수학을 잘하게 되었고 결국 집중적인 노력으로 그 난제를 해결할 수 있었습니다.

① A에 따르면, 어려운 문제를 집중하여 풀어낸 경험에서 을과 병은 모두 즐거움을 느끼지 못했다.

② B에 따르면, 을이 쉬운 문제를 풀 때의 즐거움은 갑의 즐거움에 못지않다.

③ A와 B에 따르면, 을이 경험했다고 말하는 고통은 즐거움이다.

④ A와 B에 따르면, 을이 쉬운 문제를 풀어낸 경험은 즐거운 것이다.

⑤ A에 따르면, 병에게 수학은 즐겁지 않지만, B에 따르면, 병에게 수학은 즐거운 작업이다.

12

2016학년도 LEET 문12

아래 글의 저자가 암묵적으로 전제하는 것으로 옳지 않은 것은?

> 육식을 정당화하는 사람들은 동물들이 서로 잡아먹는 것을 근거로 들 때가 있다. '그래, 너희들이 서로 먹는다면, 내가 너희들을 먹어서는 안 될 이유가 없지'라고 생각하는 것이다. 그러나 이런 주장에 대해 제기될 수 있는 반박은 명백하다. 먹기 위해 다른 동물을 죽이지 않으면 살아남을 수 없는 많은 동물들과 달리, 사람은 생존을 위해 반드시 고기를 먹을 필요가 없다. 나아가 동물은 여러 대안을 고려할 능력이나 식사의 윤리성을 반성할 능력이 없다. 그러므로 동물에게 그들이 하는 일에 대한 책임을 지우거나, 그들이 다른 동물을 죽인다고 해서 죽임을 당해도 괜찮다고 판정하는 것은 타당하지 않다. 반면에 인간은 자신들의 식사습관을 정당화하는 일이 가능한지를 고려하지 않으면 안 된다.
>
> 한편 어떤 사람들은 동물들이 서로 잡아먹는다는 사실은 일종의 자연법칙이 있다는 것을 의미하는 것으로 간주하곤 한다. 그것은 더 강한 동물이 더 약한 동물을 먹고 산다는 일종의 '적자생존'의 법칙을 말한다. 그들에 따르면, 우리가 동물을 먹는 것은 이러한 법칙 내에서 우리의 역할을 하는 것일 뿐이다. 그러나 이런 견해는 두 가지 기본적인 잘못을 범하고 있다. 첫째로, 인간이 동물을 먹는 것이 자연적인 진화 과정의 한 부분이라는 주장은 더 이상 설득력이 없다. 이는 음식을 구하기 위해 사냥을 하던 원시문화에 대해서는 참일 수 있지만, 오늘날처럼 공장식 농장에서 가축을 대규모로 길러내는 것에 대해서는 참일 수 없다. 둘째로, 가임 여성들이 매년 혹은 2년마다 아기를 낳는 것은 의심할 여지없이 '자연스러운' 것이지만, 그렇다고 해서 그 과정에 간섭하는 것이 그릇된 것임을 의미하지는 않는다. 우리가 하는 일의 결과를 평가하기 위해서 우리에게 영향을 미치는 자연법칙을 알 필요가 있음을 부정할 필요는 없다. 그러나 이로부터 어떤 일을 하는 자연적인 방식이 개선될 수 없음이 따라 나오지는 않는다.

① 반성 능력이 없는 존재에게는 책임을 물을 수 없다.
② 자신의 생존에 위협이 되는 행위는 의무로 부과할 수 없다.
③ 어떤 행위의 대안을 고려할 수 있는 존재는 윤리적 대안이 있는데도 그 행위를 하는 경우라면 그것을 정당화해야 한다.
④ 공장식 농장의 대규모 사육은 자연스러운 진화의 과정이 아니다.
⑤ 자연적인 방식이 개선되면 기존의 자연법칙은 더 이상 유효하지 않다.

13

2013학년도 LEET 문24

A, B에 공통으로 필요한 전제만을 <보기>에서 있는 대로 고른 것은?

> A: 많은 범죄예방 프로그램은 구체적인 목적을 가지고 특정한 대상(지역, 범죄유형, 시간대 등)에 한정하여 시행되며, 그 대상의 범죄감소를 목표로 한다. 하지만 범죄예방 프로그램들은 의도한 효과와 더불어 의도하지 않은 결과를 초래하기도 한다. 예를 들어, 어떤 지역에 적용된 범죄예방 프로그램으로 인해 그 지역의 범죄는 줄어들지만 동시에 그로 인해 다른 지역의 범죄가 증가하기도 한다. 야간 주거침입절도를 줄이기 위한 프로그램이 시행됨에 따라 낮 시간의 주거침입절도가 증가하기도 하며, 침입경보기를 설치하는 주택이 늘어나면 이를 설치하지 않은 주택의 범죄피해가 증가하기도 한다. 이처럼 특정 범죄예방 프로그램의 시행은 다른 지역이나 다른 표적, 혹은 다른 시간에 의도하지 않게 범죄의 증가를 가져오기도 한다. 범죄 발생이 범죄예방 활동에 반응하여 단순히 이동할 뿐이라면 전체적인 수준에서의 범죄율의 변화는 나타나지 않을 것이다.
>
> B: 범죄자를 교도소에 구금하는 정책이 범죄자의 출소 후 재범을 막기는 어려울 수도 있지만, 적어도 교도소에 구금되어 있는 동안 그가 사회를 대상으로 범죄를 저지르는 것을 제한할 수는 있다. 나이가 많아지면 범죄를 더 이상 저지르지 않는 경우가 많기 때문에 대부분의 사람들의 범죄경력 기간은 제한된다. 따라서 한창 때의 범죄자를 교도소에 가둬 둘 경우 범죄기회를 줄일 수 있다. 범죄기회가 주어지는 기간이 짧을수록 그 기간만큼 범죄를 덜 저지르게 되고, 따라서 전체적인 범죄는 그들이 구금되지 않았다면 발생했을 만큼 감소할 것이다. 예를 들어 마약 남용자 200명이 1년 동안 교도소에 구금된다면 그들이 상당수의 범죄를 저지를 수 없어 1천 건의 노상강도, 4천 건의 주거침입절도, 1만 건의 상점절도, 3천 건 이상의 다른 범죄가 감소할 것이다.

〈보기〉

> ㄱ. 범죄자는 필요한 정보를 사용하여 자유의지에 의해 범죄행동을 선택할 수 있는 합리적 행위자이다.
> ㄴ. 어떤 범죄자의 범행이 좌절되거나 억제되었을 때 다른 범죄자가 그 자리를 채워 범행을 하지 않는다.
> ㄷ. 범죄자의 범행욕구는 비탄력적이어서 범죄자는 일정 기간 동안 일정한 정도의 범죄를 저지르도록 동기부여되어 있다.

① ㄱ ② ㄷ ③ ㄱ, ㄴ
④ ㄴ, ㄷ ⑤ ㄱ, ㄴ, ㄷ

14

2013학년도 LEET 문29

다음 논증에 대한 분석으로 가장 적절한 것은?

"'과학의 힘'이란 사실상 '주술의 효력'과 비슷한 수준에서 평가될 수 있는 표현"이라고 주장하는 이들이 있다. 주술도 과학도 모두 특정 사회와 문화의 산물이라는 이유에서다. 그들은 아리스토텔레스의 운동이론보다 뉴턴의 운동이론을, 또는 창조론보다 다윈의 이론을 선호해야 할 이유를 자연 자체에서는 찾을 수 없다고 본다. 중세 유럽인이나 오스트레일리아 원주민의 자연관과 마찬가지로 과학이 제공하는 이론들도 특정 사회의 정치적, 경제적 목적과 결부된 문화적 산물일 뿐만 아니라 과학이론에 대한 평가 역시 특정한 사회적 배경의 제약을 벗어날 수 없다는 것이다. 그러나 과학과 사회의 관계에 관한 이런 주장은 두 가지 점에서 타당하지 않다. 먼저, 문학이나 예술과 마찬가지로 과학 역시 특정한 사회적 환경 속에 존재하는 개인이나 집단에 의해 산출되지만, 과학은 그런 개인의 특성이나 사회 환경에 의해 속박되지 않는다. 『햄릿』이나 「B단조 미사」는 셰익스피어와 바흐가 없었더라면 영원히 존재하지 않았겠지만 과학은 이와 다르다. 뉴턴이 어려서 죽는 바람에 1687년에 『프린키피아』가 저술되지 않았다고 해도 필시 다른 누군가가 몇 년 혹은 늦어도 몇 십 년 뒤에 그 책에 담긴 역학의 핵심 내용, 즉 보편중력의 법칙과 운동 3법칙에 해당하는 것을 발표했을 것이다. 여러 명의 과학자가 같은 시기에 서로 독립적으로 동일한 과학적 발견에 도달하는 동시발견의 사례들이 이를 간접적으로 입증한다. 또 과학적 발견을 성취해 낸 과학자가 지닌 고유한 품성은 설령 그것이 그 발견에 중요한 역할을 한 경우라 해도 그 성과물이 일단 그의 손을 떠나고 난 뒤에는 과학자들의 연구 활동에 아무런 영향도 미치지 않는다. 둘째로, 근대 이후 과학이 확산된 모습을 보라. 16세기 이후 최근에 이르기까지 실질적으로 모든 과학적 발견은 유럽 문명의 울타리 안에서 이루어졌지만 그 열매인 과학 이론은 전 세계에 확산되어 활용되고 있다. 모든 문화권이 이렇게 과학을 수용한 것과 대조적으로 유럽의 정치체제나 종교나 예술이 그처럼 보편적으로 수용된 것은 아니다. 과학은 특정한 개인들이 특정한 문화 속에서 만든 것이지만 이처럼 개인과 문화를 초월하는 보편적인 것이다. 과학 이외에 이런 특성을 지니는 것은 없는 듯하다.

① 뉴턴의 과학적 성과가 역학의 몇몇 핵심 법칙에 국한되지 않고 『프린키피아』에 나타난 문체와 탐구정신 같은 요소들까지 포함한다고 보면 논증의 설득력은 커진다.

② 글쓴이는 과학과 사회적 배경의 관계를 평가할 때 과학 이론이 탄생하는 과정보다 그 이론이 수용되고 사용되는 맥락이 더 중요하다고 전제하고 있다.

③ 유럽의 정치체제나 사회사상이 유럽의 과학보다 먼저 세계의 다른 지역에 전파된 경우가 확인된다면 논증의 설득력은 약화된다.

④ 글쓴이는 과학적 업적의 탄생 과정에 과학자의 개인적 특성이나 문화적 환경은 영향을 미치지 않는다고 전제하고 있다.

⑤ 과학에서 동시발견이 이루어진 사례들이 특정 문화권에 국한되어 있음이 입증되는 경우 논증의 설득력은 커진다.

15

2014학년도 LEET 문28

갑의 추론이 설득력을 갖기 위해 전제되어야 하는 것만을 <보기>에서 있는 대로 고른 것은?

A국 범죄학자 갑은 형사 사법 기관이 작성한 공식 범죄 통계를 이용하여 전체 범죄 및 범죄 유형별 발생 건수의 추이를 분석하였다. 그는 범죄 유형별 범죄 신고율을 과학적으로 밝혀내기가 매우 어렵다고 판단하여, 그 비율을 이용하여 공식 범죄 통계로부터 실제 범죄 발생 건수를 계산하지는 않았다. 대신 공식 범죄 통계의 추이로부터 직접적으로 전체 범죄 건수와 범죄 유형별 범죄 건수의 추이를 추정하였다. 공식 범죄 통계를 분석한 결과, 2009년 대비 2010년의 성폭력 범죄 발생 건수는 2% 증가했으나 2010년 대비 2011년의 성폭력 발생 건수는 30% 증가한 것으로 나타났다. 갑은 이런 분석 결과를 기초로 2010년과 2011년 사이에 A국의 성폭력 범죄가 폭발적으로 증가했다고 주장하였다.

하지만 이런 갑의 주장에는 문제가 있다. 일반적으로 공식 범죄 통계는 경찰 혹은 검찰이 직접 인지하거나 범죄 피해자 혹은 목격자가 신고한 사건을 기초로 하여 작성된다. 그렇지만 공식 범죄 통계는 암수(暗數) 범죄, 즉 실제 발생하기는 했지만 통계의 집계에서 누락된 범죄를 포착하지 못한다. 사람들이 사건을 신고하지 않거나, 신고하더라도 이를 경찰이 통계에 포함하지 않는다면 암수 범죄의 문제가 발생한다. 이 문제를 고려하지 않은 갑의 주장을 신뢰하기는 어렵다.

〈보기〉

ㄱ. 암수 범죄의 전년 대비 증가율은 매년 일정하다.

ㄴ. 발생한 범죄 사건 중 신고된 사건의 비율은 범죄 유형별로 매년 일정하다.

ㄷ. 형사 사법 기관이 신고를 받거나 인지한 사건들을 범죄 통계에 반영하는 기준과 방식에 일관성이 있다.

① ㄴ　② ㄷ　③ ㄱ, ㄴ

④ ㄱ, ㄷ　⑤ ㄴ, ㄷ

16

2014학년도 LEET 문30

(가)와 (나)에 대한 분석으로 적절한 것은?

(가) 분류학자들은 생물 종을 분류하기 위해, 종을 규정하는 형태가 종을 구성하는 개체들 사이에서 충분히 일정하게 유지되고 다른 종의 형태와 분명히 확인될 수 있을 만한 차이를 보이는지 여부와, 만약 그런 차이가 있다면 새로운 종으로 이름을 부여할 만큼 그 차이가 충분히 중요한 것인지 여부만을 결정하면 된다. 후자의 결정은 현재 받아들여지고 있는 것보다 종 지위 결정에 있어서 훨씬 더 본질적인 사안이 될 것이다. 왜냐하면 그 둘을 연결해 주는 중간 형태가 없다면, 두 형태 사이의 차이가 아무리 사소하더라도 대부분의 분류학자들은 두 형태 각각에 종의 지위를 부여하는 것이 마땅하다고 생각할 것이기 때문이다. 그러므로 우리는 한 종과 그 종과는 뚜렷이 구별되는 변종을 식별하는 유일한 기준은, 변종은 현 상태에서 중간 형태를 통해 특정 종과 연결된다고 알려져 있거나 믿어지는 데 반해, 서로 다른 종들 사이에는 그러한 방식의 연결이 오직 과거에만 있었다는 점임을 인정해야만 한다.

(나) 종이라는 용어가 서로 닮은 개체들의 집합에 대해 편의상 임의적으로 붙인 것이라는 점, 그리고 종이라는 용어가 변종이라는 용어와 본질적으로 다른 것이 아니라는 점은 이제 분명하다. 단지 변종에 속하는 개체는 같은 종에 속한다고 보기에는 다른 개체와의 차이가 큰 형태이면서도, 종으로 분류하기에는 그 차이의 정도가 좀 덜 분명한 것일 뿐이다. 그런 점에서 종과 변종을 구별하는 차이는 같은 종에 속하는 개체들 사이의 차이와 비교할 때 편의상 임의적으로 구별한 것에 불과하다. 이런 생각은 분류학자들에게 기분 좋은 소식이 아닐 것이다. 하지만 우리는 이 견해를 따름으로써, 적어도 아직 발견되지 않은 그리고 발견될 수 없을 종의 본질을 헛되이 찾는 일로부터는 자유롭게 될 것이다.

– 찰스 다윈, 『종의 기원』 –

① (가)는 종이란 분류의 편리함을 위해 임의적으로 이름 붙인 것에 불과하다고 주장하고 있다.

② (나)는 종과 변종의 차이는 그 둘 사이의 연결 고리가 현재 존재하는지의 여부라고 주장하고 있다.

③ (가)와 (나)는 종의 본질을 찾는 노력이 헛된 일이라는 견해를 받아들이지 않을 것이다.

④ (가)와 (나)는 종이 다른 종들과 구별될 수 있는 불변하는 속성을 가지고 있다는 견해를 받아들이지 않을 것이다.

⑤ (가)와 (나)는 종과 변종 사이의 차이가 개체들 사이의 차이보다 그 정도가 큰 것일 뿐이라는 견해를 받아들이지 않을 것이다.

17

2016학년도 LEET 문19

다음을 분석한 것으로 옳지 않은 것은?

ⓐ A국 식약청은 특정 질환에 대한 신약을 출시하려는 제약 회사에게 위약시험을 통해 신약의 효능을 입증하도록 요구한다. 즉, 치료약인 것처럼 제시되지만 실제 약효가 전혀 없는 가짜 약품(위약)으로 치료받은 환자들과 비교하여 신약으로 치료받은 환자들의 치료 효과가 우월해야 신약의 출시가 허용된다. 이미 해당 질환에 대한 치료 효능이 입증되어 신약과 비교 가능한 약품이 존재하더라도, 신약 제조사는 신약에 대한 위약시험을 거쳐야 한다.

반면 ⓑ H선언은 기존 약품 중 효능이 가장 좋은 것과 신약의 효능을 비교하는 동등성시험으로 신약의 효능 입증 시험을 해야 한다고 요구한다. H선언의 윤리적 기준에 따르면, 효과적인 치료법이 있는 경우 의사는 환자에게 그것을 제공할 윤리적·법적 의무를 갖는다. 동등성시험으로 신약의 효능을 검증하는 것은 환자에게는 치료를 제공하고 의사에게는 안전성과 효능에 대한 비교 가능한 정보를 제공한다.

이러한 윤리적 원칙들에도 불구하고 ⓒ 몇몇 의사들은 향정신성 의약품에 대한 임상 시험에는 다른 기준이 적용되어야만 한다고 주장한다. 이들에 따르면, 향정신성 의약품의 효능을 검증하는 것은 어려운데, 특히 우울증의 경우, 치료의 성패는 대개 환자 개인의 주관에 따라 결정된다. 때문에 동등성시험으로 신약 효과를 평가하는 방법은 부적절하다는 것이다. 이런 주장은 만약 위약이 약리 효과를 검증하는 항상적 기준을 제공하는 것으로 가정할 수 있다면 타당할 수도 있다. 하지만 ⓓ 시험 참가자들이 평가하는 위약의 효과는 일정치 않고 상당히 가변적인 것으로 알려지고 있다. 정신과 치료의 경우에 위약 효과는 특히 가변적이고 예측 불가능할 수 있는데, 신약의 약리적 평가에 상대적으로 큰 영향력을 미치는 개인의 주관이 위약에 대한 효과의 평가에도 동일하게 개입하기 때문이다. 이러한 결과는 약품의 실질적 효능을 측정할 수 있다고 가정되는 확고한 준거점으로서의 위약 개념에 의문을 제기한다.

① 기존 시판 약품과 비교해서 신약의 효능이 더 우월하다고 입증되었을 경우에도, ⓐ는 이 신약의 출시를 불허할 수 있다.

② 동등성시험 대신 위약시험에 참여하는 환자들이 그 기간 동안 효과적인 약품으로 치료받을 수 있는 기회를 박탈당한다는 점은 ⓑ가 위약시험으로 신약의 효능을 검증하는 방식을 비판하는 논거가 된다.

③ 알레르기 치료제로 속인 위약을 먹은 환자 집단의 알레르기 증상이 실제 완화되었다면, 이는 ⓑ가 주장하는 동등성시험의 필요성을 약화하는 근거가 된다.

④ ⓒ는 향정신성 의약품의 경우 위약시험이 동등성시험보다 환자의 주관적 판단이 초래하는 오류로부터 상대적으로 자유롭다고 전제하고 있다.

⑤ 무작위로 선정된 대상자가 치료 효과를 주관적으로 평가하는 50차례 위약시험 결과, 50개 신약 치료 집단 간 응답의 분포 및 평균값에는 유의미한 차이가 없었고 50개 위약 치료 집단 간 응답의 분포 및 평균값에는 유의미한 차이가 있었다면, 이는 ⓓ를 지지하는 근거가 된다.

18

2020학년도 LEET 문21

다음 글에 대한 분석으로 옳은 것만을 <보기>에서 있는 대로 고른 것은?

> 한 명제가 다른 명제를 필연적으로 함축한다면 전자가 참일 가능성은 후자가 참일 가능성을 필연적으로 함축한다. 예를 들어 지구에 행성이 충돌하는 것이 인간이 멸종하는 것을 필연적으로 함축한다면, 지구에 행성이 충돌할 가능성은 인간이 멸종할 가능성을 필연적으로 함축한다. 왜 그럴까? ㉠ 지구에 행성이 충돌한다는 것이 인간 멸종을 필연적으로 함축하지만, 그런 충돌 가능성이 있는데도 인간 멸종의 가능성은 없다고 가정해 보자. 사람들은 지구에 행성이 충돌하는 일이 실제로 일어나겠느냐고 의심할지 모르지만, 그런 충돌이 가능하다고 가정했기 때문에, 그런 일이 실제로 일어나는 상황이 있다고 해도 아무런 모순이 없다. 그리고 그런 일이 실제로 일어난다는 것은 인간 멸종을 필연적으로 함축하므로, 그 상황에서는 인간이 멸종한다. 그런데 인간이 멸종하는 상황은 없다고 가정했으므로 모순이 발생한다. 그러므로 ㉡ 지구에 행성이 충돌한다는 것이 인간 멸종을 필연적으로 함축한다면, 행성 충돌의 가능성은 인간 멸종의 가능성을 필연적으로 함축한다.

〈보기〉

ㄱ. ㉡을 도출하는 과정에서 인간 멸종이 가능하지 않다는 것과 인간이 멸종하는 상황이 없다는 것을 동일한 의미로 간주하고 있다.

ㄴ. 지구에 행성이 충돌할 가능성이 실제로는 없다고 밝혀지더라도, ㉠으로부터 ㉡을 추론하는 과정에 아무런 문제가 없다.

ㄷ. ㉠으로부터 ㉡으로의 추론은, 어떤 가정으로부터 모순이 도출된다면 그 가정의 부정은 참이라는 원리를 이용한다.

① ㄱ　② ㄴ　③ ㄱ, ㄷ
④ ㄴ, ㄷ　⑤ ㄱ, ㄴ, ㄷ

19

2023학년도 LEET 문26

다음 글에 대한 분석으로 옳은 것만을 <보기>에서 있는 대로 고른 것은?

> 투표소 출구조사는 유권자가 아니라 실제 투표자를 조사함으로써 투표 결과 예측의 정확도를 높이는 방법이다. 선거구 안에서 조사 대상 투표구를 어떻게 선정하느냐가 출구조사에서 중요하다. 투표구가 선정되면 해당 투표구에 속한 투표소에서 조사가 이루어진다. 출구조사 방법으로 A, B, C가 있다.
>
> A: 직전 선거에서 해당 선거구의 전체 개표 결과와 각 투표구별 개표 결과를 비교하여, 그 차이가 가장 작은 투표구의 투표소를 대상으로 조사한다.
>
> B: 직전 선거에서 정당별 투표 결과가 유사한 투표구들을 층위가 있는 몇 개의 집단으로 묶어 구분하고, 각 층의 유권자 비율에 따라 일정 수의 투표구를 무작위로 선정하여, 해당 투표구의 투표소를 대상으로 조사한다.
>
> C: 투표구를 미리 정하여 그곳에서 투표 시간 내에 조사하는 것이 아니라, 선거구 내 투표구를 모두 순회하면서 조사한다. 한 투표구에서 일정 시간 조사한 후 다음 투표구로 이동하여 일정 시간 조사하는 방식으로 투표구들을 순회하는 것이다. 투표구별 표본 크기는 유권자의 수에 비례하여 결정된다.

〈보기〉

ㄱ. 직전 선거 이후 투표구의 인구 사회적 특성에 심한 변화가 있을 경우, A는 활용하기 어렵다.

ㄴ. B는 유권자의 정치적 성향 측면에서 동일 선거구 내 투표구들은 대체로 동질적일 것이라고 가정하고 있다.

ㄷ. C에는 해당 선거구의 투표구별 직전 선거 득표 자료가 필수적이다.

① ㄱ　② ㄷ　③ ㄱ, ㄴ
④ ㄴ, ㄷ　⑤ ㄱ, ㄴ, ㄷ

20

2024학년도 LEET 문21

다음 글에 대한 분석으로 옳은 것만을 <보기>에서 있는 대로 고른 것은?

> 예술비평은 예술작품을 평가하는 언어적 활동이다. 비평가는 작품의 구조적 특징이나 재현적·표현적 성질에 주목하고, 이를 바탕으로 작품의 의미를 발굴하는 등의 활동을 통해 작품에 대한 예술적 가치평가의 근거가 되는 이유들을 제시한다. 다음 〈비평〉을 놓고 갑과 을이 견해를 개진한다.
>
> 〈비평〉
> ○ 평가: 미켈란젤로의 〈피에타〉는 훌륭하다.
> ○ 이유: 미켈란젤로의 〈피에타〉는 실물 같다.
>
> 갑: 〈비평〉의 평가가 타당하다고 여기는 누군가는 "만약 예술작품 W가 실물 같다면, W는 훌륭하다."라는 기준이 〈비평〉에 적용됐다고 주장할 수 있을 것이다. 그러나 이 기준은 워홀의 〈브릴로 상자〉에는 적용될 수 없다. 〈브릴로 상자〉가 실제 세제 상자와 동일한 외관을 지녔지만, 그 때문에 훌륭한 것은 아니기 때문이다. "예술작품 W에 대해서 속성 F가 W에 귀속된다면, W는 훌륭하다."라는 비평의 기준은 확립될 수 없다.
>
> 을: 모든 예술작품에 예외 없이 적용될 수 있는 일반화된 비평 기준은 없다. 그러나 예술작품은 최소한 하나 이상의 범주에 속하는 것으로 분류될 수 있다. 그렇다면 우리는 각각의 범주에서 그것의 목적을 실현한다는 의미에서 작품의 훌륭함을 보장하는 일반화된 비평 기준, 즉 "범주 C에 속하는 예술작품 W에 대해서 속성 F가 C의 목적에 기여한다면, F는 W를 훌륭하게 만든다."를 찾아낼 수 있다. 〈비평〉의 평가는 "르네상스 조각에 속하는 예술작품 W에 대해, '실물 같음'이라는 속성이 르네상스 조각의 목적에 기여하는 한, '실물 같음'은 W를 훌륭하게 만든다."라는 기준이 적용된 것으로 볼 수 있다.

<보기>

ㄱ. 갑에 따르면, 비평의 기준은 어떤 방식으로도 일반화될 수 없으므로 평가는 언제나 개별 작품의 관점에서만 이루어져야 한다.
ㄴ. 회화 작품을 평가할 때, "통일성 있는 예술작품은 모두 훌륭하므로 이 작품은 훌륭하다."라는 평가는 을이 주장하는 '일반화된 비평 기준'이 적용된 것이다.
ㄷ. "극의 훌륭함을 저해하는 전형적인 속성인 '개연성 없는 플롯'이 부조리극의 목적에는 기여하더라도, 부조리극 비평의 일반화된 기준은 있을 수 없다."라는 주장은 갑의 견해와는 모순되지 않지만, 을의 견해와는 모순된다.

① ㄱ　② ㄷ　③ ㄱ, ㄴ
④ ㄴ, ㄷ　⑤ ㄱ, ㄴ, ㄷ

21

2025학년도 LEET 문17

다음 글에 대한 분석으로 옳은 것만을 <보기>에서 있는 대로 고른 것은?

> 내기 참가자에게 1불과 10불 중 하나를 선택하여 가지되 후회할 선택을 해보라고 하자. 후회할 선택을 하는 경우에만 100불이 추가로 지급된다는 것을 참가자에게 미리 알려준다. 더 많은 돈을 얻는 선택이 합리적인 선택이며, 이런 선택에 대해서는 후회하지 않고, 그렇지 않은 선택에 대해서는 후회한다고 하자. 얼핏 보면 ㉠ 이 내기에서 합리적인 선택은 1불을 선택하는 것이다. 10불을 마다하고 1불을 갖는 것은 후회할 선택이므로 100불이 지급될 것이기 때문이다. 하지만 그렇게 되면 1불을 선택한 행위는 후회할 선택이 아니게 되고, 그러므로 100불은 지급되지 않을 것이다. 선택은 한 번 이루어졌지만 그것이 후회할 선택인지 여부는 계속 변하며, 100불은 지급과 미지급 사이를 끝없이 오가게 된다. 10불을 선택해도 결과는 마찬가지이다. 1불 대신 10불을 선택한 것은 후회할 선택이 아니므로 100불이 지급되지 않는다. 그러면 그 선택은 후회할 선택이 되므로 100불은 지급될 것이다. 하지만 그러면 다시 10불의 선택이 후회할 선택이 아니게 된다. 이번에도 100불은 지급과 미지급 사이를 끝없이 오가게 된다. 이 내기에서 무엇이 합리적 선택인지 말할 수 없는 것이다.
>
> 이 내기의 구조를, 어떤 선택을 할지 고민하는 시점 0부터 자신의 선택을 돌아보는 시점 2까지의 흐름에서 살펴보자. 1불 또는 10불의 선택이 이루어지는 시점은 시점 0과 2 사이인 시점 1이다. 그 선택의 의도는 시점 2에서 후회를 하는 것이다. 의도의 대상은 아직 일어나지 않은 미래이다. 반면에 후회의 대상은 이미 일어난 과거이다. 내기의 참가자는 자신이 시점 1에서 한 선택을 시점 2에서 후회할 것을 시점 0에서 의도했다. 하지만 그 의도가 실현되었다는 바로 그 이유로 시점 1에서 자신이 했던 후회할 선택은 후회하지 않을 선택이 된다. 그리고 이 과정은 끝없이 반복된다. ㉡ 시점 0에서 시점 2를 바라볼 때의 의도와 ㉢ 시점 2에서 시점 1을 바라볼 때의 후회가 역설적인 결과를 도출한 것이다.

<보기>

ㄱ. 참가자가 1불과 10불 중 어느 쪽을 선택하더라도 100불을 추가로 지급하는 것으로 내기의 규칙을 바꾼다면, 후회할 선택을 하는 것은 불가능하다.
ㄴ. 자신의 선택을 후회하지 않는 경우에만 100불을 추가로 지급하는 것으로 내기의 규칙을 바꾼다면, ㉠은 10불을 선택하는 것이다.
ㄷ. 내기에서 1불을 선택하는 경우의 ㉡과 10불을 선택하는 경우의 ㉡은, 둘 다 ㉢을 발생시키려는 것이라는 점에서 차이가 없다.

① ㄱ　② ㄴ　③ ㄱ, ㄷ
④ ㄴ, ㄷ　⑤ ㄱ, ㄴ, ㄷ

22

2025학년도 LEET 문31

다음 글에 대한 분석으로 옳은 것만을 <보기>에서 있는 대로 고른 것은?

중앙정부가 지방정부에 제공하는 재정 지원인 교부금은 무조건부교부금과 조건부교부금으로 나눌 수 있다. 무조건부교부금은 중앙정부가 지방정부와 세입을 공유한다는 입장에서 아무런 조건 없이 제공하고, 지방정부는 이를 주민들의 조세 경감을 포함해 원하는 어떤 방식으로든 사용할 수 있다.

이와 달리 조건부교부금은 특정한 조건을 달아 제공하는 교부금이다. 조건부교부금은 중앙정부가 지방정부의 특정 활동을 장려하기 위해 제공하는 경우가 많고, 구체적인 지급 형식에 따라 대응교부금과 비대응교부금으로 나눌 수 있다. 지방정부가 어떤 사업을 수행할 때, 대응교부금은 중앙정부가 비용의 일정 비율을 부담하는 방식으로 지급되며 사업 수행 시 직면하는 가격을 낮추는 효과가 있다. 비대응교부금은 특정 공공서비스 공급에 써야 한다는 조건을 붙이는 경우이다. 대응교부금이 가격보조라면 비대응교부금은 소득보조로, 상대가격은 유지되지만 지방정부의 소득을 인상시키는 효과가 있다. 비대응교부금은 소득보조 형태를 띤다는 점에서 무조건부교부금과 유사하지만 용도가 지정되어 있고 주민들의 조세 경감에 쓰일 수 없다는 점에서 차이가 있다.

교부금이 소득보조 형식으로 지급되면 주민들의 소득이 증가되는 것과 마찬가지이다. 따라서 주민들의 의사가 제대로 반영된다면, 이론적으로 이러한 형태의 교부금 지급이 해당 지역의 공공서비스 공급량에 미치는 영향은 주민 전체 소득이 교부금만큼 증가한 경우의 영향과 같아야 한다. 그런데 연구 결과에 따르면 이러한 이론적 예측은 잘 맞지 않는 것으로 나타난다. 일반적으로 ㉠ <u>공공서비스의 생산에 사용되는 부분의 비중은 주민 전체 소득이 증가한 경우보다 소득보조 형태로 교부금을 얻은 경우에 더 높게 나타난다</u>.

〈보기〉

ㄱ. 무조건부교부금과 대응교부금은 모두 사업 수행 시 지방정부가 직면하는 가격을 인하하는 효과를 갖는다.

ㄴ. 지방정부 관료가 주민들의 선호를 반영하기보다는 그가 담당하는 정책의 예산 규모를 늘리는 데 관심이 있다면, ㉠ 현상이 심화될 것이다.

ㄷ. 올해 받을 무조건부교부금 규모가 전년도 무조건부교부금 중 공공서비스 생산에 사용된 비중에 비례한다면, ㉠ 현상이 심화될 것이다.

① ㄱ ② ㄴ ③ ㄱ, ㄷ
④ ㄴ, ㄷ ⑤ ㄱ, ㄴ, ㄷ

정답 및 해설 p.58

2. 구조 분석

논증은 근거로부터 결론이 도출되는 구조를 지니고 있다. 그런데 실제 논증을 분석할 때에 이러한 구조가 명확하게 진행되지 않는 경우가 대부분이다. 이미 알려져 있다고 생각되는 암묵적 요소가 생략되는 경우가 많고 결론이 논증 처음 또는 중간, 마지막 등에 배치되는 경우도 있다. 또한 인문 사회 영역에서 결론을 도출하는 방식과 과학기술 영역에서 주장을 도출하는 방식이 다르기도 하다.

그런데 논증의 근거와 결론 간의 연관성을 제대로 파악하지 못한다면 우리는 논증에서 필자가 궁극적으로 말하고자 하는 취지 및 의도에 접근하기 어렵게 된다. 이는 실제 문제 해결에 있어서도 얼핏 쉬워 보이는 논증 문항이 상당한 고난도로 다가오는 결과를 가져오게 한다. 이에 논증의 구조에 대한 엄밀하고 정확한 접근 방식을 세울 필요가 있다.

1 논증 다이어그램: 연쇄 논증

논증 다이어그램은 연쇄 논증의 구조 파악을 위해 사용된다. 주어진 지문이 여러 개의 논증으로 구성되어 있을 때, 각 논증의 분석과 더불어 궁극적으로 필자가 주장하는 바를 찾아야 한다. 하나의 논증에서 밝혀진 결론이 다시 다른 논증의 전제가 되어 다른 주장을 뒷받침할 수 있기 때문이다.

논증의 구조 파악은 논증 다이어그램의 파악과 문장들 간의 관계 분석 유형으로 출제되고 있다. 먼저 논증 다이어그램은 전제로부터 결론으로 화살표를 내려서 표시한다. 그리고 동일한 결론을 뒷받침하는 전제들은 동일한 선에 위치시킨다. 논증 다이어그램에 대한 규칙을 정리하면 다음과 같다.

① 지시어의 구별: 전제 지시어에서 결론 지시어로 화살표를 연결하며, 연언 관계에서는 동일선상에 위치시킨다.
- 전제 지시어: 왜냐하면 ....이기 때문이다, 그 이유는 등
- 결론 지시어: 그러므로, 따라서, 그렇기 때문에, 그 결과 등
- 연언: 그리고, 또한, 그렇지만, 하지만, 그러나 등

② 추론 규칙: 추론 규칙이 사용될 경우, 전제와 결론으로 구별하여 전제로부터 결론을 화살표로 표시한다.

논증 다이어그램(논증 구조도) 문제에서 출제되는 지문은 그 자체로 완성도를 고려하여 내용적으로도 연결되도록 원칙적으로 서술된다. 그러나 대부분 고전 지문 내지 논문을 토대로 하여 문제의 출제 의도에 맞추어 재구성 또는 변형되어 구성된다. 따라서 지문 자체로부터 내용을 이해하면서 파악하는 것이 아니라, 출제 의도에 따라 분석 방법을 결정해야 한다. 그 방법은 선택지 배제 방식에 있으며 다음의 방식을 따르면 효율적으로 문제 해결과 분석이 가능하다.

① 결론(주장) 확정: 선택지에서는 대부분의 경우 2가지의 가능성을 준다. 이때 두 문장을 비교하여 더 포괄적이거나 귀결에 해당하는 것을 결론으로 결정하여 선택지를 배제한다.

② 소논증 파악: 지문에서는 많은 논증이 나오기 때문에, 소규모의 부분 논증의 구조가 있을 때 이를 우선적으로 파악한다. 대부분 사례는 뒷받침하는 근거가 되기에 이를 통해 근거와 주장으로 구성된 문장 간의 관계를 파악하고 소논증을 구분할 수 있다. 이때 결론 지시어를 기준으로 하여 결론을 파악한다. 결론의 내용과 관련된 문장들이 근거로 구성된다. 다수의 소논증이 있으므로 소논증 하나마다 선택지에서 옳게 구조가 적용되는지 확인하고 판단한다.

③ 추리 규칙의 적용: 문제에 따라서 긍정논법이나 부정논법, 선언논법, 삼단논법 등의 추리 규칙이 적용될 경우 전제와 결론을 구분하여 논증의 구조를 판단한다.

예제 2025학년도 LEET 문21

다음 논증의 구조를 분석한 것으로 가장 적절한 것은?

> ㉠ 인간과 사회 현상을 탐구하는 사회과학은 자연현상을 다루는 자연과학과 같다고 할 수 없다. ㉡ 둘의 설명 논리에서 차이가 없거나 방법론에서 차이가 없다면, 사회과학도 과학이므로 자연과학과 별 차이가 없을 것이다. ㉢ 의도와 목적을 가진 능동적 주체의 행동에 대한 설명 논리는 자연현상의 설명 논리와 분명히 다르다. ㉣ 우리는 이유를 들어 사람의 행위를 설명한다. ㉤ 이유에 의한 행위 설명의 중요한 특징은 정당화 차원을 가진다는 것이다. 가령 ㉥ 철수가 왜 창문을 열었는지를 신선한 공기를 원했다는 이유를 들어 설명할 때, 이는 그 상황에서 해야 마땅한 행위였음을 드러낸다. ㉦ 행위 설명의 규범적 차원은 기체 팽창을 온도 상승을 통해 설명하는 것과 같은 인과적 설명에서는 찾을 수 없다. ㉧ 만약 모든 인간 행동과 사회 현상이 일종의 물리 현상일 뿐이라면, 사회과학과 자연과학은 방법론에서 유사하다고 볼 수 있다. ㉨ 이 세계의 다양한 현상이 모두 물리 현상으로 환원된다는 주장은 설득력이 없다. 따라서 ㉩ 사회과학과 자연과학의 방법론 사이에 차이가 없다고 볼 이유는 없다.

①
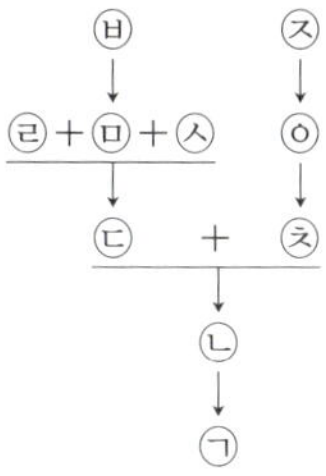

②
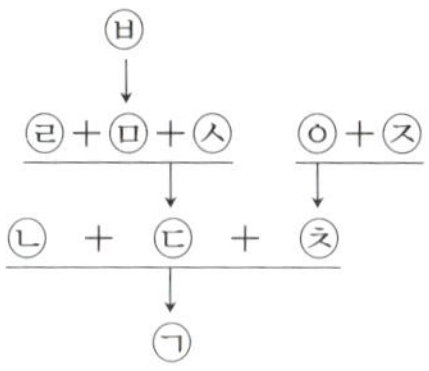

③
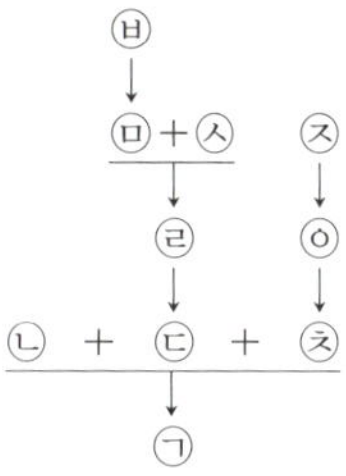

④
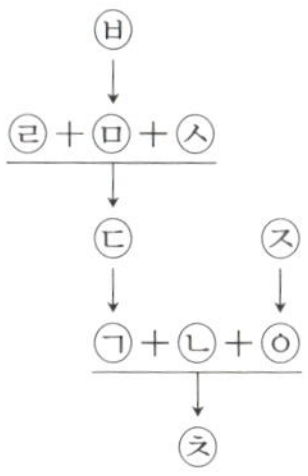

⑤
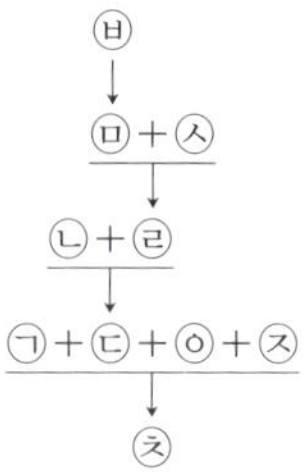

[정답] ②

1) 이 글의 결론은 ㉠이다. ㉩은 사회과학과 자연과학의 방법론이 동일하지 않다는 견해이며, 이를 근거로 하여 ㉠에서 사회과학과 자연과학이 같지 않다고 주장하기 때문이다.
2) ㉥은 ㉤을 뒷받침하는 사례로 근거가 된다.
3) ㉣과 ㉤은 사람의 행위는 이유를 들어 설명하는데 이러한 이유에 의한 설명은 정당화 차원을 갖는다고 말한다. 그러나 ㉦에서 행위 설명 차원에서는 자연현상처럼 인과적 설명에서는 찾을 수 없다. 이로부터 ㉢의 행동 설명과 자연현상 설명 논리는 다르게 됨을 도출할 수 있다.
4) ㉧에서 인간의 모든 행동과 사회 현상이 물리 현상일 뿐이라면 사회과학과 자연과학은 방법론에서 유사할 것이다. 그런데 ㉨에서 다양한 현상이 모두 물리 현상으로 환원되는 것은 아니기에 ㉩ 사회과학과 자연과학의 방법론에는 차이가 존재한다는 것을 알 수 있다. 따라서 ㉧과 ㉨이 ㉩을 지지한다.
5) ㉡ 설명 논리 차이가 없거나 방법론 차이가 없다면, 사회과학과 자연과학은 별 차이가 없을 것이다. 그러나 ㉢ 설명 논리에 차이가 있으며 ㉩ 방법론에도 차이가 있다. 따라서 ㉠ 사회과학과 자연과학이 같다고 할 수 없다는 결론이 도출된다.

2 복합 논증

논설문은 일반적으로 단 하나의 논증으로 진행되지 않는다. 여러 가지 논증들을 통해 하나의 주장을 도출시키는 복합 논증의 구조를 지니고 있다. 문제는 이러한 복합 논증의 구조를 묻는 문항으로 구성되어 있다.

복합 논증의 분석 유형에서는 우선 주장과 근거의 관계를 묻는 선택지가 있다. 이 경우 단순히 내용적인 확인뿐 아니라, 연역 논증의 구조로도 구성될 수 있기에 반복되는 문장이나 동일한 의미의 문장은 동일 명제로 판단하여 추론 규칙이 사용되는지 여부도 확인해야 한다.

실전 연습문제

논증 다이어그램: 연쇄 논증

01

2009학년도 LEET 문18

다음 논증의 구조를 가장 잘 표현한 것은? (단, 기호 '↓'는 글쓴이가 위 진술을 바로 아래 진술을 주장하는 근거로 사용하고 있다는 것을 의미하며, 기호 '+'는 앞뒤의 진술들이 합쳐짐으로써 그 진술들이 지지하는 진술에 대한 근거를 구성한다는 것을 의미한다.)

> ⓐ 인구는, 제한되지 않으면, 기하급수적으로 증가한다. ⓑ 식량은 기껏해야 산술급수적으로 증가한다. ⓒ 인구의 증가율과 식량의 증산율의 차이를 피할 수 없다. ⓓ 사람이 사는 데 식량이 필요하다는 것은 자연의 법칙이다. ⓔ 따라서 우리는 어떻게 해서든지 인구의 증가율과 식량의 증산율을 같게 해야 한다. ⓕ 결과적으로 인구는 식량 부족 때문에 지속적으로 강력하게 제한될 수밖에 없다. ⓖ 인구가 제한될 수밖에 없다면 이것은 대부분의 사람들에게 심각한 위협이 될 수밖에 없다. ⓗ 많은 사람들에게 심각한 위협이 있는 사회는 모든 구성원이 편안하고 행복하게 사는 완전한 사회가 아니다. ⓘ 그러므로 모든 구성원이 편안하고 행복하게 사는 완전한 사회란 있을 수 없다.

①
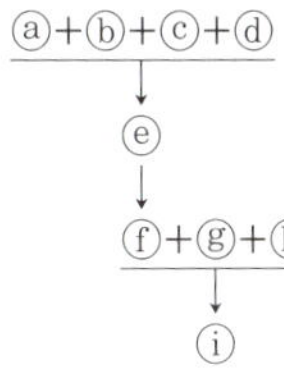

②
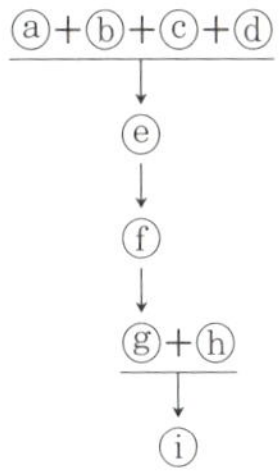

③
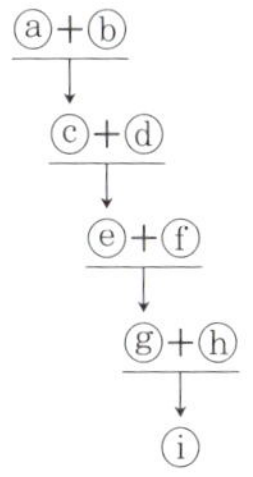

④
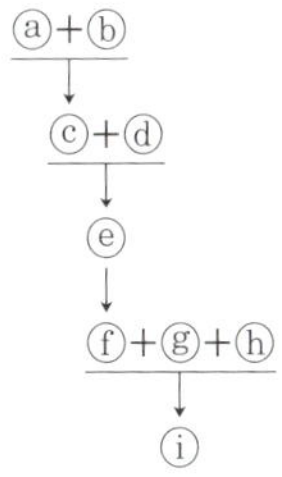

⑤
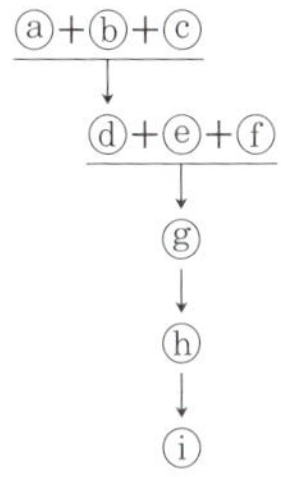

02

2019학년도 LEET 문20

다음 논증의 구조를 가장 적절하게 분석한 것은?

> ⓐ 행복을 추구하는 인간의 성향도, 자비심과 같은 도덕적 감정도 보편적 윤리의 토대가 될 수 없다. ⓑ 행복 추구의 동기가 올바른 삶을 살아야 하는 당위의 근거가 될 수는 없다. ⓒ 우선 윤리적으로 살면 언제나 행복해진다는 것은 참이 아니다. ⓓ 더욱이 행복한 삶을 산다는 것과 올바른 삶, 선한 삶을 산다는 것은 완전히 다른 것이기에, ⓔ 옳고 그름의 근거를 구할 때 자기 행복의 원칙이 기여할 부분은 없다. ⓕ 가장 중요한 점은 행복 추구의 동기가 오히려 도덕성을 훼손하고 윤리의 숭고함을 파괴해 버린다는 것이다. ⓖ 자기 행복의 원칙에 따라 행하라는 명법은 이해타산에 밝아지는 법을 가르칠 뿐 옳고 그름의 기준과 그것의 보편성을 완전히 없애버리니 말이다. ⓗ 인간 특유의 도덕적 감정은 자기 행복의 원칙보다는 윤리의 존엄성에 더 가까이 있긴 하지만 여전히 도덕의 기초로서 미흡하다. ⓘ 개인에 따라 무한한 차이가 있는 인간의 감정을 옳고 그름의 보편적 잣대로 삼을 수는 없다.

①
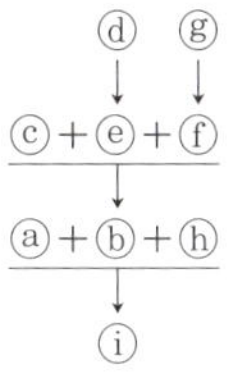

②
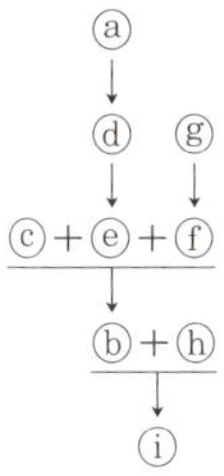

③
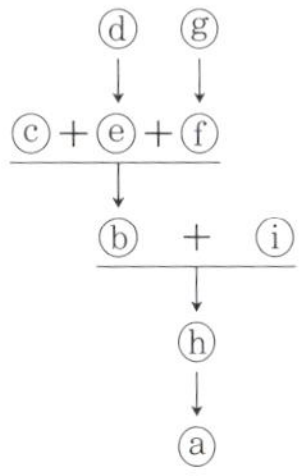

④
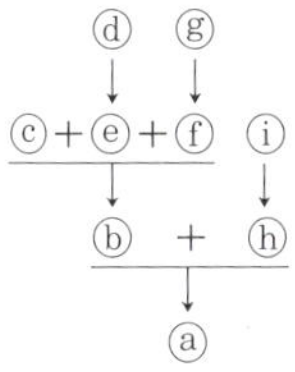

⑤
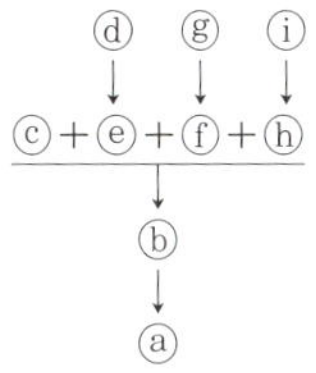

03

2010학년도 LEET 문16

다음 논증의 구조를 분석한 것으로 가장 적절한 것은? (단, '↓'는 글쓴이가 위 진술을 아래 진술의 근거로 사용하고 있음을 의미하며, '+'는 앞뒤의 진술들이 합쳐짐으로써 아래 진술에 대한 근거를 구성함을 의미한다.)

> ⓐ 영혼의 동일성을 확인할 길은 없다. 예를 들어 나의 영혼과 소크라테스의 영혼이 같은지 다른지 확인할 길이 없다. ⓑ 영혼은 물질적인 것이 아닌 신비로운 것이기 때문이다. ⓒ 이것이 행위의 책임 소재를 영혼의 동일성에서 찾을 수 없는 이유이다. 그런데 ⓓ 행위주체와 책임주체가 동일한 육체를 가지고 있는지 여부는 경험적으로 확인할 수 있다. 그렇다면 ⓔ 주체의 동일성을 육체의 동일성에서 찾을 수 있는 것처럼 보인다. ⓕ 육체의 동일성이 유지된다 하더라도 기억상실증 환자처럼 의식이 동일하지 않을 수 있는데, 의식이 전혀 다른 주체의 행위에 대해 책임을 지는 것은 부당하다. 따라서 ⓖ 단지 행위주체와 육체가 동일하다는 이유만으로 과거 행위에 대해 책임을 져야 한다고 말할 수 없다. ⓗ 의식의 동일성이 유지되지 않으면 주체의 동일성이 유지된다고 말할 수 없기 때문이다. ⓘ 의식의 동일성은 경험적으로 확인할 수 있다. 그러므로 ⓙ 영혼의 동일성이나 육체의 동일성이 아니라 의식의 동일성이 유지되어야 행위에 대한 책임을 물을 수 있다.

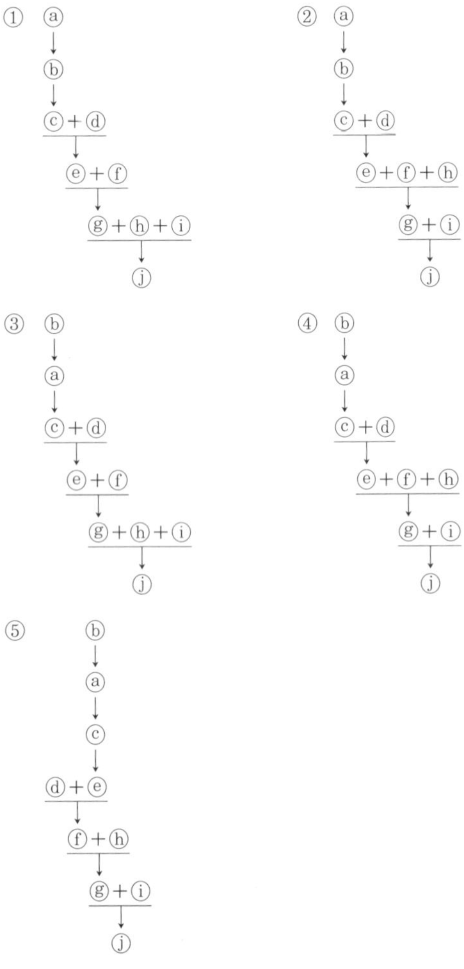

04

2020학년도 LEET 문20

다음 논증의 구조를 가장 적절하게 파악한 것은?

> ㉠ 선(善)을 정의하려는 시도는 성공할 수 없다. ㉡ 선을 정의할 수 있으려면 그것을 자연적 속성과 동일시하거나, 아니면 형이상학적 속성과 동일시해야 한다. ㉢ 선을 쾌락이라는 자연적 속성과 동일시하여 "선은 쾌락이다"라고 정의를 내릴 수 있다고 한다면, "선은 쾌락인가?"라는 물음은 "선은 선인가?"라는 물음과 마찬가지로 동어반복으로서 무의미한 것이 되어야 한다. ㉣ 그러나 "선은 쾌락인가?"라는 물음은 무의미하지 않다. ㉤ 쾌락 대신에 어떠한 자연적 속성을 대입하더라도 결과는 마찬가지이므로, ㉥ 선을 자연적 속성과 동일시하는 모든 정의는 오류이다. ㉦ 선을 형이상학적 속성과 동일시하는 정의들은 사실 명제로부터 당위 명제를 추론한다. ㉧ 즉 어떠한 형이상학적 질서가 존재한다는 사실로부터 "선은 무엇이다"라는 정의를 이끌어 낸다. ㉨ 그런데 당위는 당위로부터만 도출되기 때문에 사실로부터 당위를 끌어내는 것은 가능하지 않다. ㉩ 따라서 선을 형이상학적 속성과 동일시하는 정의들은 모두 오류이다.

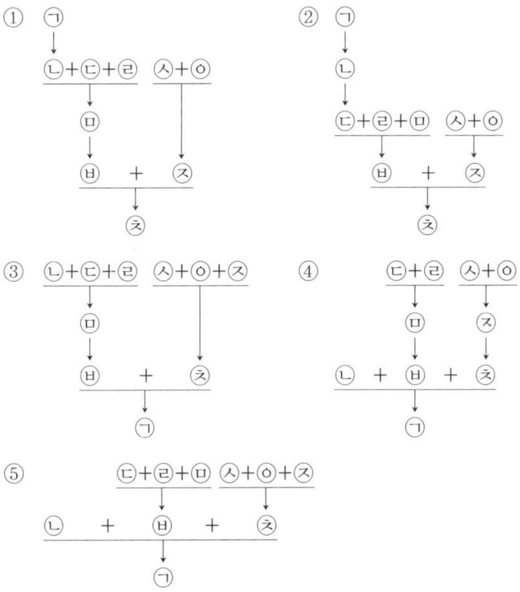

05
2022학년도 LEET 문36

다음 논증의 구조를 가장 적절하게 분석한 것은?

> ㉠ 사람들은 종종 마치 로봇이 사람인 것처럼 대하는데, 이와 같은 현상에는 동서양의 차이가 존재하며 그러한 차이는 문화 또는 문화적 요인을 통해 이루어지는 진화, 즉 문화선택에 의한 것으로 보인다. ㉡ 한 연구 결과에 따르면, 사람의 행동에 반응하여 로봇 개 아이보가 꼬리를 살랑거리며 빙글빙글 도는 모습을 피실험자에게 보여 주었을 때, 서양인 피실험자보다 한국인 피실험자가 더 강한 정도로 사람과 로봇이 친구가 될 수 있다고 답하였다. ㉢ 어린이가 아이보의 꼬리를 부러뜨리려는 장면을 피실험자에게 보여 주고 그 어린이에게 아이보를 괴롭히지 말라는 도덕 명령을 내릴 것이냐고 물었을 때에도, 서양인 피실험자보다 한국인 피실험자가 더 강한 긍정적인 답을 내놓았다. ㉣ 이는 로봇을 마치 사람처럼 대하는 현상이 서양인보다 한국인에게서 더 강하게 나타난다는 것을 보여 준다. ㉤ 묵가에 의하면, 우정 같은 감정은 대상이 나에게 실질적인 이득을 가져다 줄 것이라는 판단을 내렸을 때에만 발생할 수 있다. ㉥ 유가에 의하면, 도덕 판단의 근거는 판단 주체에게 내재한 모종의 원칙이 아닌 대상과의 감정적 관계에 있다. ㉦ 묵가와 유가 이론을 사람과 로봇 관계에 적용한다면, 사람들은 아이보가 자신에게 즐거움을 준다고 판단할 때 아이보를 친구로 여길 수 있게 되고 아이보를 불쌍하다고 느낄 때 아이보를 도덕 판단의 대상으로 여길 수 있게 된다. ㉧ 한국 사회 전반에서 묵가와 유가 전통을 통한 문화선택이 발생했으며, 그에 따라 한국인 일반의 감정과 도덕성에 관한 사회적 측면이 부분적으로 결정되었다는 연구 결과가 있다.

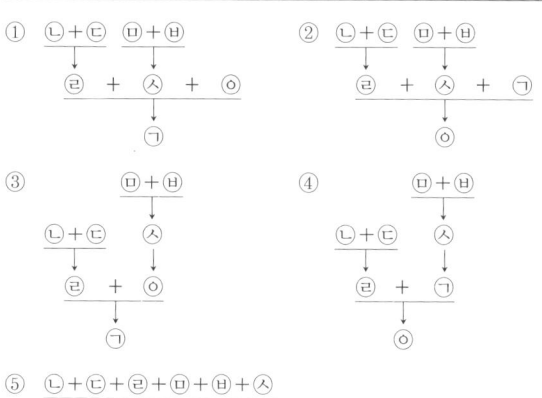

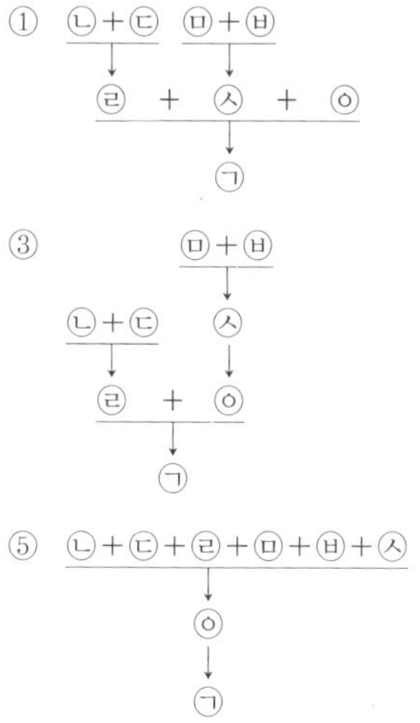

06
2023학년도 LEET 문19

다음 논증의 구조를 가장 적절하게 분석한 것은?

> ㉠ 철학에서 중요한 문제로 다루어져 온 자의식이 유용하다면, 그것은 그 자체로 유용한 것이거나 유용한 다른 뭔가를 낳는 것이다. ㉡ 알고 보면 자의식은 그 자체로는 전혀 유용하지 않다. ㉢ 자의식은 그 자체로는 번민만 일으키기 때문이다. ㉣ 자의식이 자신과 다른 유용한 것을 낳는다면, 자의식이 낳는 유용한 것은 마음 안에 있거나 마음 밖에 있다. ㉤ 자의식은 마음 밖에 있는 어떤 유용한 것도 낳지 못한다. ㉥ 자의식이 마음 밖에 뭔가를 낳을 수 있다면, 자의식이 인과적 영향을 미칠 수 있는 것이 마음 밖에 있어야 한다. 하지만 ㉦ 자의식이 인과적 영향을 미칠 수 있는 것은 모두 마음 안에 있다. 게다가 ㉧ 자의식이 마음 안에 낳는 유용한 것이란 존재하지 않는다. ㉨ 마음 안에 있는 유용한 것이란 결국 마음 안의 좋은 상태와 다르지 않다. ㉩ 이런 상태들이 생겨나기 위해서는 자의식이 필요치 않다. ㉪ 어떤 것이 생겨나기 위해서 자의식이 필요치 않다면 그것은 자의식이 낳는 것이 아니다. 결국 ㉫ 자의식은 유용한 다른 어떤 것도 낳지 않는다. 그러니까 ㉬ 자의식은 전혀 유용하지 않은 것이다.

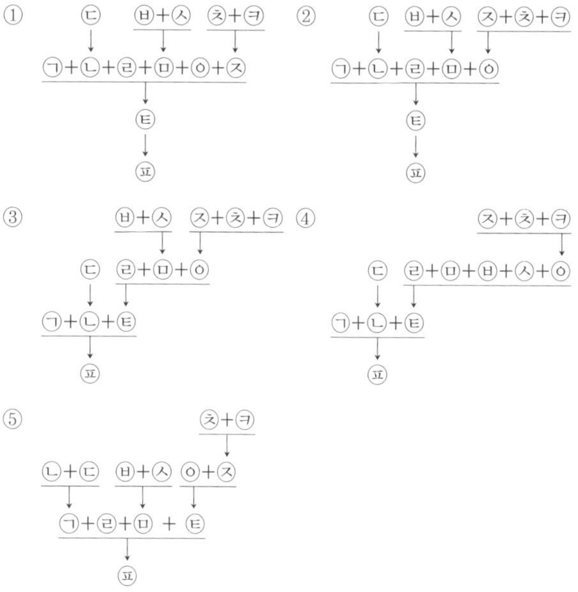

07

2024학년도 LEET 문25

다음 논증의 구조를 분석한 것으로 가장 적절한 것은?

> ㉠ 인간 이성의 본성으로부터 윤리 규범이나 가치의 필연성을 도출해 낼 수는 없다. ㉡ 규범이나 가치는 사회적, 역사적 우연성을 반영한다. ㉢ 우리가 지금과 다른 사회·문화적 조건에 처해 있었더라면, 우리는 지금과 다른 실천적 문제에 직면했을 것이고 다른 규범 및 가치 체계를 지녔을 것이기 때문이다. ㉣ 어떠한 윤리 규범도 우리가 이성적 존재라는 사실에서만 비롯한 것일 수 없으며, 모든 가치는 우리의 평가적 관점에 의존한다. ㉤ 윤리 규범은 인간 이성의 본성으로부터 도출해 낼 수 있는 '이성의 사실'이 아니다. ㉥ 우리가 이성의 법칙으로부터 순수 논리학과 수학의 법칙을 이끌어 낼 수 있을지 모르지만, 우리가 참으로 여기는 도덕 법칙을 마찬가지로 연역해 낼 수 있는 것은 아니다. ㉦ 가치의 원천은 특정 행위자의 평가적 태도에서 찾아야 한다. ㉧ 어떤 것을 가치 있게 만드는 것은 결국 우리가 그것을 가치 있는 것으로 여긴다는 데에 있기 때문이다.

①
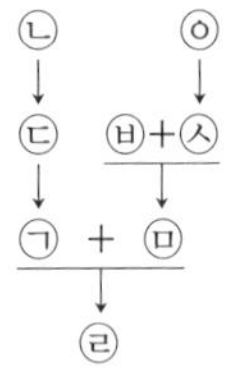

②
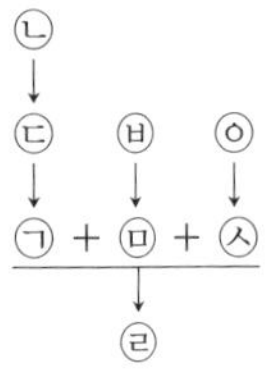

③
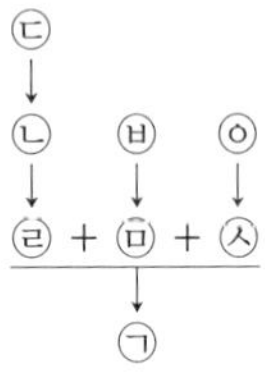

④
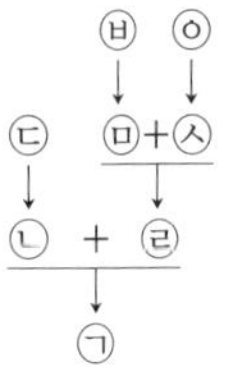

⑤
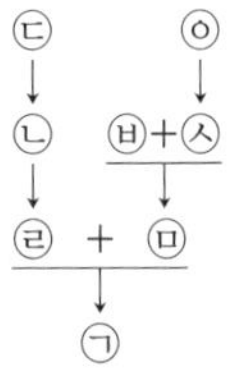

복합 논증

08

2015학년도 LEET 문13

다음 글을 분석한 것으로 옳지 않은 것은?

> 가장 강한 자라고 하더라도 자기의 힘을 권리로, 복종을 의무로 바꾸지 않고서는 언제나 지배자 노릇을 할 수 있을 만큼 강하지는 않다. 따라서 '강자의 권리'라는 구절이 언뜻 반어적인 의미를 가진 것으로 보이면서도 실제로 하나의 근본 원리인 것처럼 여겨지는 것에 대하여 뭔가 설명이 필요하다. ⓐ 힘이란 물리력인데, 물리력이 어떻게 도덕적 결과를 가져올 수 있는지 나는 이해할 수 없다. ⓑ 힘에 굴복하는 것은 어쩔 수 없어서 하는 행동이요 기껏해야 분별심에서 나온 행동이지 의무에서 나온 행동은 아니다.
>
> ⓒ 만일 강자의 권리라는 것이 있어서, 힘이 권리를 만들어 낸다고 해보자. 그렇다면, 원인이 바뀜에 따라 결과도 달라지므로, 최초의 힘보다 더 강한 힘은 최초의 힘에서 생긴 권리까지도 차지해 버릴 것이다. 힘이 있어서 불복한다면 그 불복종은 정당한 것이 되며 강자는 언제나 정당할 터이므로 오직 중요한 점은 강자가 되는 것뿐이다. ⓓ 힘이 없어질 때 더불어 없어지고 마는 권리란 도대체 무엇인가? ⓔ 강도가 덮쳤을 때 내가 강제로 지갑을 내주어야 할 뿐만 아니라 지갑을 잘 감출 수 있을 때에도 강도의 권총이 권력이랍시고 양심에 따라 지갑을 내줄 의무가 있는 것은 아니다. ⓕ 어쩔 수 없어서 복종해야 한다면 의무 때문에 복종할 필요는 없으며 복종을 강요받지 않을 경우에는 복종할 의무도 없다. 권리에 복종하라는 말이 만약 힘에 복종하라는 말이라면, 이는 좋은 교훈일지는 몰라도 하나마나한 말로서, ⓖ 나는 그러한 교훈이 지켜지지 않는 일은 결코 없으리라고 장담할 수 있다. ⓗ '강자의 권리'라는 말에서 '권리'는 '힘'에 덧붙이는 것이 없으며, 따라서 공허한 말이다.
>
> – 루소, 「사회계약론」 –

① ⓑ가 ⓐ를 뒷받침하려면 '물리적인 것'과 '도덕적인 것'의 구별이 전제되어야 한다.
② ⓒ~ⓗ에서 글쓴이는 '강자의 권리'라는 구절로부터 불합리한 귀결이 나옴을 보임으로써 '강자의 권리'를 부정하는 논증을 펴고 있다.
③ ⓔ는 ⓑ의 예시이다.
④ ⓖ에서 글쓴이가 '장담'하는 근거는 ⓕ이다.
⑤ ⓓ와 ⓗ는 둘 다 힘에서 나오는 '권리'라는 것은 무의미한 말임을 지적하고 있다.

09

2017학년도 LEET 문19

다음 논증의 지지 관계를 분석한 것으로 적절하지 않은 것은?

㉠ 자연권이란 개개인이 자신의 생명을 보존하기 위해 원할 때는 언제나 자신의 힘을 사용할 수 있는 자유를 의미하는 것으로, 모든 사람에게 동등하게 보장된 것이다. 반면 ㉡ 자연법이란 이성에 의해 발견된 계율 또는 일반규칙으로서, 그러한 규칙의 하나에 따르면 인간은 자신의 생명을 보존하는 수단을 박탈하거나, 자신의 생명 보존에 가장 적합하다고 생각되는 행위를 포기하는 것이 금지된다. 권리는 자유를 주는 반면, 법은 자유를 구속한다.

㉢ 인간의 자연 상태는 만인에 대한 만인의 전쟁 상태이며, ㉣ 이 상태에서 모든 이성적 인간은 적에 맞서 자신의 생명을 보존하는 데 도움이 되는 것은 어떤 것이든 사용할 수 있다. 따라서 ㉤ 그런 상태에서는 모든 사람은 모든 것에 대해, 심지어는 상대의 신체에 대해서도 권리를 갖게 된다. ㉥ 상대의 신체에 대한 권리는 그 신체를 훼손할 권리까지 포함하므로, ㉦ 모든 것에 대한 이러한 자연적 권리가 유지되는 한 인간은 누구도 안전할 수 없다. 그런데 자연법은 생명의 안전한 보존에 가장 적합하다고 생각되는 행위를 결코 포기해서는 안 된다고 명하고 있으므로, ㉧ 모든 사람은 평화를 이룰 희망이 있는 한 그것을 얻기 위해 노력하지 않으면 안 된다. 그렇다면 이성이 우리에게 명하는 또 하나의 계율은 이렇게 요약될 수 있다. ㉨ 평화와 자기 방어에 필요하다고 생각하는 한 우리는 모든 사물에 대한 자연적 권리를 기꺼이 포기하고, 우리가 다른 사람에게 허용한 만큼의 자유에 스스로도 만족해야 한다.

① ㉠이 ㉣의 근거로 제시되고 있다.
② ㉢과 ㉣이 ㉤의 근거로 제시되고 있다.
③ ㉤이 ㉥의 근거로, 그리고 이 ㉥이 다시 ㉦의 근거로 제시되고 있다.
④ ㉡이 ㉧의 근거로 제시되고 있다.
⑤ ㉦과 ㉧이 ㉨의 근거로 제시되고 있다.

정답 및 해설 p.62

한 번에 합격, 해커스로스쿨

lawschool.Hackers.com

유형 소개

논쟁 상황은 법적 대립 상황에서는 필연적으로 나타날 수밖에 없으며, 이러한 상황에서 각자의 대립되는 주장을 파악하고 이에 적절한 판단을 할 수 있는 능력은 법학 적성에서 매우 중요한 사항이 된다. 이를 문제화하면서 나타난 것이 논쟁 및 반론 유형이다. 주어진 논증을 분석하고 이에 대한 반론 설정을 통해 논쟁으로 나아갈 수 있기에 논리 비판적 사고에 의한 반론을 마련하고 쟁점에 대한 논의가 이루어지도록 분석하는 것이 이 유형에서 측정하고자 하는 내용이다.

논쟁 및 반론 유형에서는 우선적으로 반론 및 반박이 적절한지를 묻고 있다. 단순히 결론이나 주장하는 바를 부정한다고 해서 논의에서 정당한 반론이 되지 않는다. 단순 부정으로는 상대방이 계속해서 자신의 주장을 유지할 수 있는 경우가 많기 때문이다. 따라서 상대방의 논증에 대한 분석을 통해 이에 대항할 수 있는 반론의 적절성을 판단할 수 있어야 한다.

논쟁 상황은 대부분 하나의 주제에 대해 대립적인 견해가 충돌하면서 진행된다. 그런데 이러한 상황은 다양하게 나타나며 2명의 화자로 논쟁이 진행되기도 하고 다수의 견해가 충돌하면서 논의가 지속되기도 한다. 그래서 문제에서는 이러한 다양한 논쟁 상황을 제시하고 각각의 견해를 정확하게 분석하거나 비교하는 선택지가 나타난다.

II. 논쟁 및 반론

1. 반론 및 반박

반론을 하고자 할 때 우선적으로 논의의 대상이 무엇인지를 파악해야 하는데, 이를 쟁점 파악이라고 한다. 쟁점은 비판의 대상이나 논의 대상, 직접적인 찬반의 논점 등으로 표출된다. 특히 공통적으로 전제가 되는 사항도 쟁점이 되어 논쟁 분석의 기준이 된다.

제시된 주장과 그에 따른 반론의 쟁점이 무엇인가를 찾는 이유는 주어진 논증을 판단하기 위한 기준을 알아야 올바른 비판과 반론이 성립할 수 있기 때문이다. 그리고 주어진 논증에 직접적으로 나타나지 않지만 반론을 위한 판단 기준이 공통적으로 가정하고 있는 원리나 대전제에 기초한다는 사실도 숙지해야 할 것이다. 그리고 그러한 가정과 전제에는 일반상식부터 논증이 기반하는 상황이나 맥락, 도덕 원리 및 규범 등이 포함된다.

반론 및 반박의 목적은 상대방의 주장을 무마시키는 데에 있다. 그러나 단순히 주장만 부정해서는 안 된다. 왜냐하면 상대방의 논증에서 주장하는 바가 기반하고 있는 근거나 생략된 전제를 확인하지 않는다면, 상대방은 그러한 근거에 의존하여 자신의 주장을 지속적으로 정당화할 수 있기 때문이다. 그래서 상대방 논증의 전제로부터 결론이 도출되는 연결을 끊을 수 있을 때에 효과적인 반론이 될 수 있다.

1 전제의 신뢰성 공략

논증에서 전제가 실제로 참이 아님을 보이는 것이 우선적으로 취할 수 있는 반론 및 반박 방식이 될 수 있다. 이는 뒷받침하는 전제의 신뢰성을 문제 삼는 방식으로 전제가 일반적으로 알고 있는 상식이나 지식에 위배된다는 것을 밝힘으로써 진행된다.

1. 생략된 전제 공략

논증에서 가장 먼저 공략할 수 있는 대상은 바로 [숨은 전제]이다. 숨은 전제 곧 생략된 전제를 공략하여 결론의 타당성을 문제시할 수 있다. 이는 논증에 주어진 전제만으로는 결론이 도출될 수 없다는 것을 밝히는 방법으로, 생략되어 있는 암묵적 요소가 참이 아니라는 점을 들어 반박할 수 있다.

2. 가정 및 대전제 문제 제기

논증이 진행되고 있는 맥락이나 외적 상황은 일반적으로 가정되어 있는 것으로 대전제의 역할을 하고 있다. 따라서 이러한 측면에서 논증이 기반하고 있는 가정이나 대전제가 참이 아님을 밝힐 경우, 주어진 논증에 대한 반론이 성립될 수 있다.

3. 명시적 전제의 신뢰성 공략

논증에서 사용되는 전제(또는 근거)가 참이 아니라는 것을 밝히는 방법이다. 일반적으로 논증은 제시하는 결론을 뒷받침하는 전제나 근거가 참이라는 것을 함축한다. 따라서 거짓 전제로부터 도출되는 결론이 참이 될 수 없다는 것을 밝히면서 반론을 형성할 수 있다.

일반적으로 전제의 내용적인 문제는 두 가지로 접근할 수 있다. 먼저 우리가 알고 있는 상식이나 지식으로 판단할 때 참이 아님이 명백한 경우가 있다. 그런데 어떤 경우에는 그러한 사실이나 견해가 존재하지만, 그것이 명확하게 참이라는 것이 입증되지 않는 경우도 발생한다. 이러한 경우에는 반론의 근거를 통해 논증에 반론을 제기할 수 있다. 다른 하나는 전제가 되는 자료나 사실을 왜곡되게 해석하는 경우이다. 이때에는 논증이 근거하고 있는 사실적 자료의 문제보다는 그러한 자료로부터의 해석이 참이 아니라는 것을 밝혀야 할 것이다.

2 반례(counter example) 설정

전제가 결론과 관련이 없다는 것을 알 수 있다면, 전제가 결론을 뒷받침하지 않는다는 것을 찾을 수 있다. 물론 전제와 결론의 진술 내용이 관련 있다고 해서 반드시 결론을 뒷받침한다고 할 수도 없다. 전제나 근거에 의해서 결론의 진술이 얼마나 합당한지도 확인해야 하기 때문이다.

논증의 전제는 참으로 만들지만 결론은 거짓으로 만드는 어떤 사례가 있다면, 그러한 사례는 그 논증을 부당하게 만드는 사례로서, 이러한 사례를 그 논증의 반대 사례 또는 반박 사례의 준말로 '반례'라고 한다. 타당한 논증에는 이러한 반대 사례가 없지만, 부당한 논증에는 반대 사례가 존재한다. 상대방의 논증에 대해 전제는 참이지만 결론은 거짓이 되는 사례를 제시하여 반론 또는 반박을 펴는 것이 반례 설정에 의한 반박 방식이 된다.

예제 2024학년도 LEET 문22

B의 논증에 대한 반론이 될 수 있는 것만을 <보기>에서 있는 대로 고른 것은?

A: 감정은 언제나 적절한 평가적 믿음을 요구한다. 어떤 대상에 대한 두려움은 그 대상이 나에게 위험하다는 믿음에 근거하고, 어떤 일에 대한 슬픔은 그 일이 나에게 큰 손실이라는 믿음을 기초로 삼는다. 만약 내가 이러한 평가적 믿음과 모순되는 믿음을 가진다면, 이 경우 나는 감정을 느끼는 것이 아니거나 하나의 주장을 긍정하는 동시에 부정하고 있는 것이다.

B: 적절한 평가적 믿음을 갖지 않고도 감정을 경험하는 것은 충분히 가능할 뿐 아니라, 실제로 흔한 일이다. 어떤 사람은 눈앞에 있는 거미가 자신에게 위험하지 않다고 굳게 믿으면서도, 그 거미에 대해 두려움을 느낄 수 있다. 나아가, 동물이나 영유아도 명백히 두려움 같은 감정을 느낄 수 있다. 그러나 언어능력이 없는 동물이나 영유아는 '위험'과 같은 평가적 개념을 아예 갖고 있지 않으며, 그러므로 뭔가가 자신에게 위험하다는 믿음을 가질 수도 없다.

〈보기〉

ㄱ. 모순되는 믿음들을 가지는 것은 충분히 가능할 뿐만 아니라 흔한 일이다. 모순되는 믿음들을 지니는 것과, 평가적 믿음과 그에 모순되는 감정을 가지는 것 사이에는 그 가능성이나 빈도 면에서 큰 차이가 없다.

ㄴ. 감정이 언제나 적절한 평가적 믿음을 요구한다는 주장은 그러한 평가적 믿음만 있으면 그에 따른 감정을 느끼게 된다는 주장이 아니다. 즐거움이나 고통과 같은 감각들도 감정의 필수 요소이고, 동물이나 영유아도 이런 감각들은 충분히 느낄 수 있다.

ㄷ. 어떤 개념을 갖는다는 것이 그 개념을 언어적으로 표현할 능력이 있다는 것을 의미하지는 않는다. 포식자가 접근할 때 재빠르게 도망치는 성향을 지닌 동물이 있다면, 이 동물이 '위험'이라는 단어를 아는지와 무관하게 포식자의 위험성에 대한 믿음을 지닌다고 볼 수 있다.

① ㄱ ② ㄷ ③ ㄱ, ㄴ
④ ㄴ, ㄷ ⑤ ㄱ, ㄴ, ㄷ

[정답] ②

ㄱ. (X) 모순되는 믿음을 가질 수 있다는 내용이 B를 반박하는 것은 아니다. B가 모순되는 믿음을 가질 수 없다고 주장하는 것은 아니며, 단지 평가적 믿음을 갖지 않고도 감정을 경험할 수 있다고 주장할 뿐이다.

ㄴ. (X) 감각만으로도 감정을 가질 수 있다는 내용은 B를 반박하지 않는다. 오히려 B의 주장처럼 믿음 없이도 감정이 가능하기 때문이다.

ㄷ. (O) B가 사례로 든, 언어능력이 없는 동물이나 영유아는 평가적 믿음을 가질 수 없다고 주장하는 것에 대한 반박에 해당한다.

01

2015학년도 LEET 문29

다음 논증에 대한 반론이 될 수 있는 것만을 <보기>에서 있는 대로 고른 것은?

신경학적 불균형이나 외상 때문에 뇌 기능이 잘못될 수 있고, 이것이 폭력 행위나 범죄 행위의 원인이라고 설명할 수도 있다. 이 경우 사람들은 그러한 원인 때문에 특정 행동을 한 사람에게 책임을 지울 수 없게 될지 우려한다. 그런데 이러한 우려는 보통 사람들의 경우에도 마찬가지로 적용된다. 신경 과학은 우리가 어떤 결정을 내리는 것을 의식적으로 자각할 때, 그때는 이미 뇌가 그것이 발생하도록 만든 후라는 사실을 알려준다. 이는 다음의 질문을 제기하도록 만든다. 내 스스로의 의도적인 선택에 의해 자유롭게 행동한다는 것은 환상이며, 우리는 개인적 책임이라는 개념을 포기해야 하는가? 나는 그렇지 않다고 생각한다. 사람과 뇌는 구분될 수 있다. 뇌는 결정되어 있지만, 책임 개념은 뇌에 적용될 수 있는 것이 아니다. 뇌와 달리 사람들은 자유롭고, 따라서 그들의 행위에 책임이 있다.

신경 과학을 통해서 어떤 행동의 원인을 궁극적으로 뇌 기능의 차원에서 설명할 수 있게 될 것이다. 그렇다고 하더라도, 어떤 행동을 한 사람의 책임이 면제되는 것은 아니다. 나는 최신의 신경 과학적 지식과 법적 개념이 갖고 있는 가정들에 기반을 두고서 다음의 원칙을 믿는다. 뇌는 자동적이고 법칙 종속적이며 결정론적 도구인 반면, 사람들은 자유롭게 행동하는 행위자들이다. 교통 상황이 물리적으로 결정된 자동차들이 상호작용을 할 때에 발생하는 것처럼, 책임은 사람들이 상호작용을 할 때에 비로소 발생한다. 책임이란 사회적 차원에서 존재하는 것이지 개인 안에 존재하는 것이 아니다. 만약 당신이 지구에 존재하는 유일한 사람이라면 책임이라는 개념은 존재하지 않을 것이다. 책임이란 당신이 타인의 행동에 대해 그리고 타인이 당신의 행동에 대해 부과하는 개념이다. 사람들이 함께 생활할 때 규칙을 따르도록 만드는 상호작용으로부터 행동의 자유라는 개념이 발생한다.

〈보기〉

ㄱ. 우리의 선택이나 그에 따른 행위는 미시적인 차원에 속하는 뇌의 작용에서 비롯된다. 미시적 요소들을 완전히 이해하더라도, 그것으로부터 거시적인 차원에서 어떤 행동이 발생할지 아는 것은 원리적으로 불가능하다.

ㄴ. 나는 나의 육체와 구별되지 않는다. 뇌가 결정론적으로 작동한다면 나의 행동 역시 결정되어 있다고 보아야 한다. 만약 모든 이의 행동이 각기 결정되어 있다면, 물리적 세계 속에서 일어나는 그것들의 상호작용 또한 결정되어 있을 것이므로, 우리 모두는 달리 행동할 여지를 갖지 않는다.

ㄷ. 사람들의 행동에 책임을 부과하는 것은 관행에 불과하며, 그런 사회적 관행은 인간이 자유롭다는 것을 전제하고 있을 뿐, 인간이 실제로 자유롭다는 것을 보여주지는 않는다.

① ㄱ ② ㄷ ③ ㄱ, ㄴ
④ ㄴ, ㄷ ⑤ ㄱ, ㄴ, ㄷ

02

2015학년도 LEET 문24

<이론>을 반박하는 관찰 결과만을 <보기>에서 있는 대로 고른 것은?

증후군 A는 손가락이 굳는 증상에서 시작하여 피부가 딱딱해져서 끝내는 몸 전체가 굳는 증상을 보이는 희귀 질환이다. 이 질환은 대개 45세에서 55세 사이에 발병하는데, 심한 경우 혈관과 폐까지 경화가 진행되어 사망한다. 이 질환의 정확한 발병 원인이 알려져 있지 않다. 최근 한 연구팀은 증후군 A에 걸린 여성의 혈액을 조사하였다. 이 여성은 27년 전 출산한 적이 있는데, 임신 당시 태아에서 유래한 세포('태아 유래 세포')가 27년이 지난 시점에도 이 여성의 혈액에 잔존하고 있었다. 이를 발견한 연구 팀은 다음 〈이론〉을 제시하였다.

〈이론〉

여성이 임신을 하게 되면 면역 체계가 태아 유래 세포를 외부 침입자로 인식하여 제거하지만, 산모의 세포와 태아 유래 세포가 유사할 경우 태아 유래 세포 중 일부가 면역 체계에 의하여 제거되지 않고 남아 있을 수 있다. 이 경우 이 세포들은 산모의 혈액 속을 떠돌다가 다양한 세포로 분화하는데 이 과정에서 면역 체계는 더 이상 이 태아 유래 세포를 외부 침입자로 여기지 않는다. 시간이 흘러 원인 불명의 계기로 산모의 면역 체계에 특정한 변화가 생기는 경우가 있을 수 있는데, 이 경우 면역 체계가 이 세포들을 외부 침입자로 인식하여 공격하게 되면 증후군 A가 발병한다. 현재까지 알려진 증거로 볼 때 증후군 A는 이와 같은 경로 이외로는 발병할 수 없다.

〈보기〉

ㄱ. 임신 경험이 있는 증후군 A 환자의 혈액에서 태아 유래 세포가 발견되지 않았다.

ㄴ. 임신 경험은 있지만 증후군 A의 증상은 없는 여성의 혈액에서 태아 유래 세포가 발견되었다.

ㄷ. 임신 경험이 있고 면역 체계에 문제가 있는 여성에게서 증후군 A의 증상이 나타나지 않았다.

① ㄱ ② ㄴ ③ ㄱ, ㄷ
④ ㄴ, ㄷ ⑤ ㄱ, ㄴ, ㄷ

03

2015학년도 LEET 문31

을이 갑을 비판하는 근거로 적절한 것만을 <보기>에서 있는 대로 고른 것은?

X시는 A, B 두 인종으로 이루어져 있으며, A인종의 비율이 더 높다. 갑과 을은 X시 성인들을 대상으로 시민권에 대한 태도를 묻는 설문조사를 실시한 후 그 자료를 분석하여 다음과 같이 주장하였다. (분석에 사용된 X시 설문조사 자료는 대표성이 있으며, 자료의 인종 및 계급 분포는 X시 성인 전체의 인종 및 계급 분포와 동일하다.)

갑: 설문조사 자료를 분석하면 〈표 1〉을 얻을 수 있는데, 〈표 1〉은 X시의 경우 하층계급이 중간계급보다 시민권에 대해 더 긍정적인 태도를 가진다는 것을 보여준다.

을: 동일한 자료를 분석하면 〈표 2〉를 얻을 수 있으므로 〈표 1〉만 놓고 갑과 같은 결론을 내려서는 안 된다. 〈표 2〉는 중간계급이 하층계급보다 시민권에 대해 더 긍정적인 태도를 가진다는 것을 보여준다.

〈표 1〉 사회계급에 따른 시민권에 대한 태도

시민권에 대한 태도	긍정적	부정적	계
중간계급	37%	63%	100%
하층계급	45%	55%	100%

〈표 2〉 사회계급과 인종에 따른 시민권에 대한 태도

시민권에 대한 태도		긍정적	부정적	계
중간계급	A인종	70%	30%	100%
	B인종	30%	70%	100%
하층계급	A인종	50%	50%	100%
	B인종	20%	80%	100%

〈보기〉

ㄱ. 중간계급 중 A인종이 더 많기 때문에 〈표 1〉은 X시 성인들의 시민권에 대한 태도를 제대로 드러내지 않는다.

ㄴ. 하층계급 중 A인종이 더 많기 때문에 〈표 1〉은 X시 성인들의 시민권에 대한 태도를 제대로 드러내지 않는다.

ㄷ. B인종 중 하층계급이 더 많기 때문에 〈표 1〉은 X시 성인들의 시민권에 대한 태도를 제대로 드러내지 않는다.

① ㄱ ② ㄴ ③ ㄷ
④ ㄱ, ㄴ ⑤ ㄱ, ㄷ

04

2016학년도 LEET 문21

<주장>을 비판하기 위한 논거로 적절한 것만을 <보기>에서 있는 대로 고른 것은?

아래 그림은 2010년경에 33개 OECD 회원국이 시장소득과 처분가능소득이라는 두 가지 기준에서 자국에 대해 조사한 지니계수를 함께 나타낸 것이다. 여기에서 '지니계수'란 소득분배의 불평등 정도를 나타내는 수치로서, 0은 완전평등, 1은 완전불평등한 상태이며 수치가 클수록 불평등이 더욱 심한 소득분배 상황을 나타낸다. '시장소득'은 정부의 개입 없이 애당초 시장에서 획득한 소득을 말하며, '처분가능소득'은 정부에 세금을 납부하거나 보조금을 받은 이후의 재분배된 소득이다.

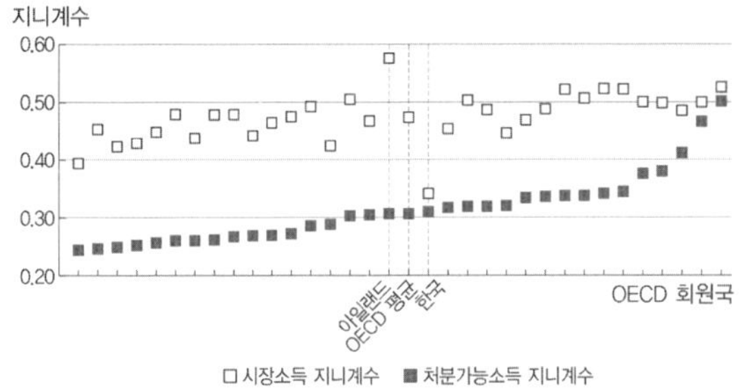

〈주장〉

한국은 소득이 상당히 평등하게 분배되어 있는 나라이다. 시장소득 기준으로는 OECD 회원국 중에서 가장 평등한 나라이며, 처분가능소득 기준으로도 OECD 회원국 가운데 중위권에 속한다. 한국 사회에서 소득이 불평등하게 분배되고 있다는 일부의 주장은 현실과 거리가 먼 것이다. 따라서 우리나라에서 소득불평등을 개선하기 위한 추가적인 재분배 정책은 필요하지 않다.

〈보기〉

ㄱ. 시장소득 지니계수가 가장 높은 아일랜드의 경우, 시장소득 지니계수와 처분가능소득 지니계수의 차이가 가장 크다.

ㄴ. 소득세 자료가 아니라 가계설문조사에 기초한 우리나라 소득분포통계의 경우에는 상층 소득자에서 표본의 누락이 심각하며 금융소득의 경우도 상당히 과소 보고된다고 알려져 있다.

ㄷ. 소득분포통계 조사 방법이 나라마다 다르다는 점을 감안한다면 지니계수를 국가 간에 비교하는 것은 큰 의미가 없고 시장소득 지니계수와 처분가능소득 지니계수 사이의 차이가 중요하다.

① ㄱ ② ㄷ ③ ㄱ, ㄴ ④ ㄴ, ㄷ ⑤ ㄱ, ㄴ, ㄷ

05

2017학년도 LEET 문12

㉠에 대한 반론으로 적절한 것만을 <보기>에서 있는 대로 고른 것은?

인간은 생각하고, 대화하는 등의 '인지 기능'도 하고, 음식을 소화시키고, 이리저리 움직이는 등의 '신체 기능'도 한다. 이 두 기능 모두 인간의 몸이 하는 기능이다. 인간에게 죽음이란 인간의 몸이 하는 기능이 멈추는 사건이다. 그런데 사람에 따라서는 인지 기능은 멈추었지만 신체 기능은 멈추지 않은 시점을 맞기도 한다. 이 시점의 인간은 죽은 것인가? 인간의 몸이 가진 두 기능 중 죽음의 시점을 정하는 데 결정적인 기능은 무엇인가?

죽음의 시점을 정하는 데 결정적인 요소는 인지 기능이라는 견해를 취해 보자. 이 견해에 따르면 죽음은 인지 기능의 정지이다. 하지만 예를 들어 어젯밤 당신은 아무런 인지 작용도 없는 상태에서 꿈도 꾸지 않는 깊은 잠에 빠져 있었다고 해보자. 죽음이 인지 기능의 정지라면, 당신은 어젯밤에 죽어 있었다고 해야 한다. 하지만 당신은 오늘 여전히 살아 있다. 이런 반례를 피하기 위해서 이 견해를 수정할 필요가 있다. 즉, 죽음은 인지 기능이 일시적으로 정지하는 것이 아니라 영구히 정지하는 것이다. 이 ㉠ 수정된 견해에 따르면 당신은 어젯밤 죽은 상태에 있지 않았다. 왜냐하면 오늘 당신은 살아 있기 때문이다.

〈보기〉

ㄱ. 철수는 어제 새벽 2시부터 3시까지 꿈 없는 잠을 자고 있다가, 3시에 심장마비로 사망했다. 3시부터 철수는 인지 기능과 함께 신체 기능도 멈추게 된 것이다. ㉠에 따르면 철수는 어제 새벽 2시부터 이미 죽어 있었다. 하지만 이때 철수는 분명 살아 있었다고 해야 한다. 그때 철수를 깨웠다면 그는 일어났을 것이기 때문이다.

ㄴ. '부활'은 모순적인 개념이 아니다. 죽었던 철수가 부활했다고 상상해 보자. 부활한 철수는 다시 인지 기능을 갖게 될 것이다. ㉠에 따르면, 철수는 부활 이전에도 죽어 있던 것이 아니라고 해야 한다. 하지만 철수는 부활 이전에 죽어 있었다. 그렇지 않았다면 철수가 '죽음에서 부활했다'고 말할 수조차 없고 '부활'은 모순적인 개념이 되고 만다.

ㄷ. 철수가 주문에 걸려서 인지 기능이 작동하지 않는 상태로 잠을 자게 되었다고 해보자. 그런데 이 주문은 영희가 철수에게 입맞춤을 하면서 풀려 버렸다. ㉠에 따르면, 철수는 주문에 걸려 있던 동안 죽은 것이다. 하지만 잠에 빠져든 후에도 철수는 분명 살아 있다고 해야 한다. 영희의 입맞춤으로 철수는 깨어났기 때문이다.

① ㄱ ② ㄷ ③ ㄱ, ㄴ ④ ㄴ, ㄷ ⑤ ㄱ, ㄴ, ㄷ

06

2019학년도 LEET 문25

다음 주장에 대한 반론이 될 수 있는 것만을 <보기>에서 있는 대로 고른 것은?

> 모든 인간은 인류 진화의 결과로 고착된 일체의 생물학적 특성과 자질이 동일한 상태로 태어난다. 그래서 아기들은 어디에서 태어나든 기본적인 특성과 자질 면에서 모두 같다. 하지만 성인들은 행동적·정신적 조직화(패턴화된 행동, 지식 등) 면에서 상당히 다르다는 사실이 일관되게 관찰된다. 성인에게서 발견되는 행동적·정신적 조직화의 내용은 유아에게 결여되어 있으므로, 유아는 성장 과정에서 그것을 외부로부터 획득할 수밖에 없다. 그 외부 원천은 사회문화적 환경이다. 인간 생활의 내용을 복잡하게 조직화하고 풍부하게 형성하는 것은 바로 이 사회문화적 환경인 것이다. 복잡한 사회질서를 만드는 것은 인간 본성이나 진화된 심리처럼 선천적으로 주어진 그 무엇이 아니라 개인의 외부에 있는 사회 세계이다. 결국 인간 본성과 같이 선천적으로 주어진 생물학적 특성과 자질은 인간 생활의 조직화에 아무런 중요한 역할을 못하는 빈 그릇과 같다. 인간 정신은 사회문화적 환경에 따라 거의 무한정하게 늘어나는 신축적인 특성을 지니기 때문이다.

〈보기〉

ㄱ. 갓 태어났을 때는 치아가 없지만 성숙하면서 사람마다 다른 형태로 생겨나는 것처럼, 진화된 심리적 기제가 동일 사회문화적 환경에서도 각자 복잡하고 다양한 형태의 행동적·정신적 조직화로 발현된다.

ㄴ. 사회현상의 원인으로서 생물학적 요인과 사회환경적 요인은 서로 배타적이지 않다. 인간의 진화된 심리적 구조를 고려하지 않고 사회현상을 설명하려고 할 때 오류에 빠질 가능성이 늘 존재한다.

ㄷ. 태어나자마자 떨어져 서로 다른 문화권에서 자란 일란성 쌍둥이가 성인이 된 이후에도 매우 유사한 행동적·정신적 특성을 갖는 경우가 많은데, 그 이유는 태어날 때부터 동일한 생물학적 특성과 자질을 공유하기 때문이다.

① ㄱ ② ㄷ ③ ㄱ, ㄴ
④ ㄴ, ㄷ ⑤ ㄱ, ㄴ, ㄷ

07

2023학년도 LEET 문2

<주장>에 대한 반대 논거가 될 수 있는 것만을 <보기>에서 있는 대로 고른 것은?

> [A법]
> 제1조 3심제의 최종심인 상고심은 대법원이 담당한다.
> 제2조 대법원은 상고 신청의 이유가 적절하지 않다고 인정되는 때에는 재판을 열지 않고 판결로 상고를 기각한다.
> 제3조 제2조에 따라 상고를 기각하는 판결에는 이유를 기재하지 않을 수 있다.
>
> 〈주장〉
> A법 제2조는 대법원에 상고가 남용되는 상황을 예방하고 사건에 대한 신속한 처리를 통하여 적절한 신청 이유를 가진 당사자의 재판 받을 권리를 충실히 보장하기 위한 규정으로서 입법 취지 및 규정 내용 등에 비추어 그 합리성이 충분히 인정된다. A법 제3조는 제2조를 실현하기 위해 요구되는 절차적 규정이다. 즉 상고기각 판결에 이유를 기재하는 것은 대법원에 불필요한 부담만 가중하고 정작 재판이 필요한 사건에 할애해야 할 시간을 낭비하는 것이기 때문에 제3조의 취지 또한 정당화된다. 일반적으로 판결에 이유 기재를 요구하는 목적은 당사자에게 법원의 판단 과정을 납득시키고 불복수단을 강구하도록 하려는 것이나, 소송금액이 적은 사건처럼 경미한 사건을 신속하게 처리하기 위하여 판결이유를 생략하는 것이 인정되는 것과 같이, 이유 기재는 판결의 필수적인 요소가 아니라 법원이 그 여부를 선택할 수 있는 사항이다. 게다가 대법원이 존재한다고 하여 모든 사건에 대해 대법원에서 재판받을 기회가 보장되어야 하는 것은 아니기 때문에, 판결이유 기재를 비롯한 대법원의 재판에 대한 구체적인 제도의 내용은 대법원의 재량범위에 속한다.

〈보기〉

ㄱ. 재판을 받을 권리는 재판이라는 국가적 행위를 청구하는 권리이고, 청구권에는 청구에 상응하는 상대방의 의무가 반드시 결부되며 그 의무에는 청구에 응할 의무와 성실히 답할 의무가 포함된다.

ㄴ. 재판을 받을 권리는 재판절차에의 접근성 보장과 절차의 공정성 보장 등을 주된 내용으로 하는 기회 보장적 성격을 가지며, 법원의 판결의 정당성은 그 판결에 대한 근거 제시에 의해 좌우된다.

ㄷ. 대법원의 판결은 국민이 유사한 사안을 해석하고 규범적 평가를 내리는 사실상의 판단기준으로서 기능하며, 판결의 결론뿐만 아니라 그 논증 과정 역시 동일한 기능을 수행한다.

① ㄱ ② ㄴ ③ ㄱ, ㄷ
④ ㄴ, ㄷ ⑤ ㄱ, ㄴ, ㄷ

정답 및 해설 p.65

2. 논쟁 분석

논쟁은 서로 다른 견해를 가진 사람들의 대화나 견해의 대립 형태로 나타난다. 그러므로 논쟁을 파악하기 위해서는 쟁점을 우선적으로 포착해야 한다. 그리고 논쟁이 진행되는 논리적 흐름을 파악해야 한다. 반론과 재반론의 과정을 겪으면서 논의의 초점이 변할 수 있기 때문이다. 그리고 한 사람이 어떤 방식으로 자신의 일관된 주장을 유지하는지 그 전략을 확인해야 한다.

논쟁 분석은 주로 비교 분석의 유형을 지니고 있다. 논쟁에서는 최소한 2가지 이상의 견해가 나타나며, 이들 각각의 견해에 대한 명시적 요소 분석과 암묵적 요소 분석이 이루어진다. 그리고 그러한 견해들의 공통점과 차이점을 파악하는 문제, 또는 하나의 공통 상황에 대한 서로 다른 대응을 분석하는 질문들로 구성된다.

1 대립식 논쟁

대립식 논쟁에는 상반된 두 견해가 제시된다. 문제 상황에 대한 해결이나 하나의 쟁점에 대해 서로 다른 견해를 제시하는데, 주로 반대되는 해결점을 제시하거나 상대방의 견해를 비판하며 자신의 주장이 옳다는 점을 강조한다. 한편 두 견해가 대립되는 쟁점을 지니고 있을 때에도 공통적으로 인정하는 가정이나 전제가 있을 수 있다. 따라서 대립 견해의 분석을 할 때에는 각각의 견해의 대립되는 쟁점을 토대로 두 견해 간의 공통점과 차이점을 분석해야 한다.

대립 유형의 논쟁에서는 상반된 견해에 대한 논증이 제시된다. 이때 서로의 견해에 문제를 제기하는 반론의 형식을 취한다. 상대의 견해를 뒷받침하는 경험적 증거나 원리의 신뢰성을 지적하며, 반증 사례를 제시하거나 새로운 정보를 통해 문제를 지적하기도 한다. 한편 서로 다른 시각을 가지고 있지만 공통적으로 받아들이는 전제도 있기에 주어진 견해들이 어떤 점에서 유사하고 어떤 측면에서 대립하는지 확인해야 한다.

예제

2022학년도 LEET 문17

A, B에 대한 평가로 옳은 것만을 <보기>에서 있는 대로 고른 것은?

A: 악(惡)이 존재가 아니라 결여에 불과하다고 주장하는 사람들이 있다. 그런데 결여에 대해서는 더함과 덜함을 말할 수 없다. '이것이 빠져 있다'라는 진술과 '이것이 빠져 있지 않다'라는 진술은 모순 관계에 있기 때문이다. 모순 관계에서는 중간의 어떤 것이 허용되지 않는다. 반면, 존재에 대해서는 더함과 덜함을 말할 수 있다. 존재에는 완전함의 정도 차이가 있을 수 있기 때문이다. 그렇다면 악은 어떤가? 악한 것들 중에서 어떤 것은 다른 것보다 더 악하다.

B: 우리가 어떤 것이 다른 것보다 더 악하거나 덜 악하다고 말할 때, 우리는 그것들이 선(善)으로부터 얼마나 떨어져 있는가를 말하는 것이다. 이런 의미에서, 예컨대 '비동등성'과 '비유사성'처럼 결여를 내포하는 개념에 대해서도 더함과 덜함을 말할 수 있다. 즉, 동등성에서 더 멀리 떨어져 있는 것에 대해서 우리는 '더 비동등하다'라고 말하고, 유사성에서 더 떨어져 나온 것은 '더 비유사하다'라고 말한다. 따라서 선을 더 많이 결여한 것은, 마치 선에서 더 멀리 떨어져 있는 것처럼 '더 악하다'라고 말할 수 있다. 결여는 결여를 일으키는 원인의 증가 또는 감소에 의해서 더해지거나 덜해질 뿐 그 자체로 존재하는 어떤 성질이 아니다. 어둠은 그 자체로 존재하거나 그 자체로 강화되는 것이 아니다. 다만, 빛이 더 많이 차단될수록 더 어두워지고 밝음에서 더 멀어지게 되는 것이다.

〈보기〉

ㄱ. B는 A와 달리 악이 결여라고 주장한다.
ㄴ. A는 악에 정도의 차이가 있다는 것을 인정하고 B도 그것에 동의한다.
ㄷ. 악 없이 존재하는 선은 가능해도 선 없이 존재하는 악은 불가능하다는 관점은 A보다 B에 의해 더 잘 지지된다.

① ㄱ　② ㄷ　③ ㄱ, ㄴ
④ ㄴ, ㄷ　⑤ ㄱ, ㄴ, ㄷ

[정답] ⑤

ㄱ. (O) A는 악은 결여가 아니라 존재라는 견해이나, B는 악은 결여라고 판단하고 있다.
ㄴ. (O) A는 악한 것들 중에서 어떤 것은 다른 것보다 더 악하기에 정도의 차이가 있다고 인정한다. 또한 B도 더 비동등성과 비유사성과 같이 더함과 덜함의 정도 차이를 인정한다.
ㄷ. (O) A는 악의 존재 자체를 주장하나, B는 선의 결여 개념으로 악을 정의하기에 선 없이 존재하는 악은 불가능하다는 관점은 B에 의해 더 잘 지지된다.

2 다중 견해식 논쟁

이 유형은 하나의 쟁점에 대한 세 가지 이상의 서로 다른 견해를 제시하는 유형이다. 세 가지 견해들이 제시되는 경우 주로 두 가지 견해가 상반되며, 나머지 견해는 중립적이거나 두 견해를 부분적으로 수용하는 견해에 해당한다. 따라서 세 견해 간의 공통적인 요소와 차이점을 파악하고, 제3의 정보가 주어졌을 때 각각의 견해에 따른 판단이 적절한지 분석해야 한다.

한편 네 가지 이상의 견해에서는 동일한 논지를 가진 견해들을 분류하여 분석하는 문제가 출제되고 있다. 또한 각각의 서로 다른 관점을 파악하고 이를 상황이나 사건에 대입하여 나타날 수 있는 요소를 분석하거나 그러한 결과를 비교하여 판단하는 문항도 포함되어 있다.

예제 2022학년도 LEET 문5

다음 논쟁에 대한 분석으로 옳은 것만을 <보기>에서 있는 대로 고른 것은?

80년 전 K섬이 국가에 의해 무단으로 점유되어 원주민 A가 K섬에서 강제로 쫓겨나 타지에서 어렵게 살게 되었다. A가 살아 있다면 국가가 저지른 잘못에 대해서 A에게 배상이 이루어져야 하겠지만 A는 이미 사망하였다. A의 현재 살아 있는 자녀 B에게 배상이 이루어져야 할지에 대해서 다음과 같은 논쟁이 벌어졌다.

갑: 배상은 어떤 잘못에 의해서 영향받은 사람에게 이루어져야 하는데, ㉠ 잘못된 것 X에 대해 사람 S에게 배상을 한다는 것은, X가 일어나지 않았더라면 S가 누렸을 만한 삶의 수준이 되도록 S에게 혜택을 제공하는 것이다. 피해자의 삶의 수준을 악화시킨 경우 그리고 그런 경우에만 배상이 이루어져야 한다. 따라서 80년 전 K섬의 무단 점유가 없었더라면 B가 누렸을 삶의 수준이 되도록 B에게 혜택을 제공하는 배상이 이루어져야 한다.

을: 갑의 주장에는 심각한 문제가 있다. K섬의 무단 점유가 없었더라면 B의 아버지는 B의 어머니가 아니라 다른 여인을 만나 다른 아이가 태어났을 것이고 B는 아예 존재하지 않았을 것이다. 따라서 그 섬의 무단 점유가 없었더라면 B가 더 높은 수준의 삶을 누렸을 것이라고 말하는 것은 옳지 않으며, 그런 상황에서 B가 누렸을 삶의 수준이 어느 정도인지의 질문에 대해 애초에 어떤 답도 없다.

병: B의 배상 원인이 되는 잘못은 80년 전 발생한 K섬의 무단 점유가 아니라, B가 태어난 후 어느 시점에서 K섬의 무단 점유에 대해 A에게 배상이 이루어지지 않았다는 사실이다. 만약 그런 사실이 없었더라면, 다시 말해 B가 태어난 후 K섬의 무단 점유에 대해 A에게 배상이 이루어졌더라면, A는 B에게 더 나은 교육 기회와 자원을 제공하였을 것이고 B는 더 나은 삶을 살았을 것이다. 그러나 과거에 그런 배상이 이루어지지 않았기 때문에 B에게 배상이 이루어져야 하는 것이다.

〈보기〉

ㄱ. 갑이 "80년 전 K섬의 무단 점유가 없었더라면, A는 그가 실제로 누렸던 것보다 훨씬 더 높은 수준의 삶을 누렸겠지만 B는 오히려 더 낮은 수준의 삶을 누렸을 것이다."라는 것을 받아들이게 된다면, 갑은 B에게 배상이 이루어져야 한다는 주장에 동의하지 않을 것이다.

ㄴ. 을이 ㉠의 원리를 받아들인다면, 그는 80년 전 K섬의 무단 점유에 대해 B에게 배상이 이루어져야 한다는 주장에 동의할 것이다.

ㄷ. 병은 ㉠의 원리에 동의하지 않지만, B에게 배상이 이루어져야 한다는 것에 대해서는 갑과 의견을 같이한다.

① ㄱ ② ㄴ ③ ㄱ, ㄷ
④ ㄴ, ㄷ ⑤ ㄱ, ㄴ, ㄷ

[정답] ①

ㄱ. (O) B의 입장에서는 오히려 무단 점유가 일어나지 않았더라면 더 낮은 수준의 삶을 누렸을 것이므로 ㉠의 원리에 의할 때 배상이 제공될 이유가 없다. 따라서 갑은 동의하지 않을 것이다.

ㄴ. (X) ㉠의 원리를 을이 받아들이더라도 무단 점유가 없었을 경우 B는 존재하지 않았기에 누릴 만한 삶 자체에 대한 진술은 옳지 않게 된다. 따라서 배상에 동의하지 않을 것이다.

ㄷ. (X) 병 역시 A에게 배상이 이루어졌더라면 A는 B에게 더 나은 교육 기회와 자원을 제공하였을 것이고 B는 더 나은 삶을 살았을 것이라고 주장한다. 따라서 병은 ㉠의 원리에 동의할 것이기에 옳지 않은 분석이다.

3 대화식 논쟁

대화식 논쟁은 주로 대립되는 견해를 가진 두 사람의 대화를 통해 이루어진다. 커다란 하나의 주제에 대한 토론의 형태를 취하고 있으며, 구체적인 쟁점에 관한 논의로 구성되어 있다. 이러한 대화식 논쟁에서는 하나의 구체적 사항에 대한 대립이 나타나며, 상대방의 반론에 대한 재반론의 과정이 나타난다. 그리고 쟁점의 변화도 이루어지기에 그 흐름을 파악하는 것이 중요하다.

상대방의 주장에 대한 재반론을 성립하면서 동시에 자신의 기존 논지를 유지하기 위해 이전에 사용한 근거나 개념에 어떠한 변형이 나타나기 때문에 어떤 방식으로 관점의 이동 및 확장이 이루어지는가를 파악해야 한다. 이 과정에서 신뢰성 및 반례가 사용되는 양상을 확인하면서 상대방에 대한 반론이 성립하는가를 평가할 수 있다.

대화식 논쟁에서는 근거의 구성도 확인해야 한다. 사례나 예시를 근거로 사용하는 주장의 경우, 상대방은 반론에서 반례를 통해 이를 극복하려고 한다. 한편 소견 논거나 추상적 논의를 진행할 경우 새로운 정보를 제시하며 화제를 전환하거나 반론하는 경우도 나타난다. 대화식 논쟁에서는 논쟁 상황에서 주장하는 바를 따를 경우 추론될 수 있는 내용을 확인하거나, 그에 적합한 사례나 예시를 파악하는 능력을 평가한다.

예제 2022학년도 LEET 문18

다음 논쟁에 대한 분석으로 옳은 것만을 <보기>에서 있는 대로 고른 것은?

갑: 얘야. 내일이 시험인데 왜 공부를 하지 않니?
을: 어머니, 좋은 질문이네요. 저는 공부를 하지 않기로 선택했어요.
갑: 왜 그런 놀라운 선택을 했는지 납득이 되도록 설명해 주지 않으련?
을: 제가 볼 시험은 1등부터 꼴등까지 응시생들의 순위를 매기도록 고안되어 있습니다. 다른 응시생들은 조금이라도 등수가 오르면 기뻐한다는 사실을 저는 발견했어요. 하지만 저는 등수가 오르는 것이 전혀 기쁘지 않습니다. 그리고 저는 더 많은 사람들이 기쁨을 누릴 수 있기를 원합니다. 그러니 제가 공부를 하지 않는 것이 다른 응시생을 기쁘게 만들지 않겠습니까? 제가 공부를 하지 않으면 더 많은 응시생들의 등수가 오르거든요. 따라서 저는 공부를 하지 않는 것이 정당합니다.
갑: 넌 공부를 하지 않을 뿐인데 그게 어떻게 다른 사람들의 기쁨의 원인이 될 수 있다는 말이냐? 내가 보기에 너는 아무것도 안 하면서 남들을 기쁘게 할 수 있다는 놀라운 주장을 하는구나. 다른 사람들이 자신의 등수 때문에 기뻐한다면 그건 그들이 공부를 했기 때문이 아니겠니? 네가 뭘 하지 않는 것과는 상관이 없어.
을: 아니죠, 어머니. 제가 만일 공부를 한다면 제가 공부를 하지 않았을 때보다 더 많은 사람들이 저보다 낮은 점수를 받게 되겠죠. 그 경우 저의 노력으로 인해 사람들이 기쁨을 느낄 기회를 잃게 되지 않겠어요?

〈보기〉

ㄱ. 무언가를 원한다고 해서 그것을 획득하는 모든 수단이 정당화되지는 않는다면, 을의 논증은 약화된다.
ㄴ. 을이 공부를 할 경우 공부를 하지 않을 경우에 비해서 을의 점수가 오른다는 것이 참이라면, 을이 공부를 하지 않을 경우 더 많은 응시생들의 등수가 오른다는 을의 전제도 참이다.
ㄷ. 공부를 하지 않는 것이 타인으로 하여금 기쁨을 누리게 하는 원인이 될 수 없다는 갑의 주장이 참이려면, 무언가를 하지 않는 것이 다른 것의 원인이 될 수 없다는 가정이 참이어야 한다.

① ㄱ ② ㄴ ③ ㄱ, ㄷ
④ ㄴ, ㄷ ⑤ ㄱ, ㄴ, ㄷ

[정답] ①

ㄱ. (O) 을은 더 많은 사람들이 기쁨을 누릴 수 있기를 원하기 때문에 자신이 공부를 하지 않는 수단을 정당화하고 있다. 그러나 그러한 수단이 정당화되지는 않는다면 을의 논증은 약화된다.
ㄴ. (X) 을이 공부를 하지 않을 때 다른 응시생들도 공부를 하지 않을 수 있다. 이 경우 을이 공부를 하지 않아도 많은 응시생들의 등수가 오르지 않을 수 있으므로 을의 전제가 참이 아닐 수 있다.
ㄷ. (X) 갑은 '다른 사람들이 자신의 등수 때문에 기뻐한다면 그건 그들이 공부를 했기 때문이 아니겠니?'라고 진술한다. 즉 다른 사람들이 자신의 등수 때문에 기쁨을 누리게 된 원인은 그들이 공부를 했다는 것에 있다. 그러므로 '을이 공부를 하지 않는 것'이 타인으로 하여금 기쁨을 누리게 하는 원인이 될 수 없다는 갑의 주장이 참이 될 수 있다. 따라서 갑의 주장이 참이기 위해서 무언가를 하지 않는 것이 다른 것의 원인이 될 수 없다는 가정이 반드시 참일 필요는 없다.

실전 연습문제

대립식 논쟁

01

2019학년도 LEET 문5

다음 글에 대한 분석으로 옳은 것만을 <보기>에서 있는 대로 고른 것은?

F국의 박물관에서 보석으로 장식된 여신상을 도난당하였다. 조사 결과 G국의 절도단이 이 여신상을 훔쳐 본국으로 밀반출한 것으로 밝혀졌다. G국 경찰은 절도단을 체포하고 해당 여신상을 압수하였다. G국 정부는 F국 정부의 요청에 따라 여신상을 F국에 반환하려고 하였다. 그런데 G국의 A시가 여신상에 대한 소유권을 주장하며 F국으로 반환하지 말 것을 요청하였다. A시가 제출한 기록에 의하면 해당 여신상은 원래 약 2000년 전에 시민들이 모금하여 제작한 것으로, A시 중앙에 위치한 신전 내에 봉헌되었다. 여신상이 신전에서 언제, 어떻게 없어졌는지 그 경위는 불확실하다. A시는 과거 긴 전쟁, 전후 혼란기 등의 시기에 F국 군인들이 G국의 문화재를 약탈한 사례가 많이 있었기 때문에, 해당 여신상도 같은 경위로 F국으로 반출되었을 것이라고 주장하였다. 이에 관하여 아래와 같은 두 가지 의견이 있다.

갑: A시가 여신상을 소유하고 있었다는 확실한 기록이 있어. 그리고 역사적으로 F국은 G국의 문화재를 탈취해 왔지. 여신상의 적법한 반출 경위를 확인할 수 없다면, 마찬가지로 약탈당한 것으로 봐야 하지 않을까. 비록 해당 여신상이 불법적인 방법에 의해 G국에 반입되었지만, 원래의 정당한 소유자라는 증거가 있는 A시에 돌려주는 것이 옳은 것 같아.

을: 기록을 보면 A시의 신전에 여신상이 안치되어 있던 것은 사실인 것 같아. 하지만 그 사실이 인정된다고 하더라도 해당 여신상의 약탈 여부는 알 수 없잖아. A시가 친선의 목적으로 여신상을 F국 유력자에게 선물하였거나, 매도했을 수도 있지. 그런 합법적 경로를 통하여 F국으로 반출되었을 가능성도 분명히 있기 때문에, 불법적인 방법으로 여신상을 G국으로 가져오는 것은 문제가 있어. 여신상은 F국에 돌려주는 것이 맞아.

〈보기〉

ㄱ. '여신상이 G국에서 F국으로 불법적으로 반출되었을 가능성이 매우 높더라도 G국은 밀반입된 여신상을 F국에 돌려주어야 한다'는 견해에 갑은 동의하지 않지만, 을은 동의한다.

ㄴ. 'A시가 여신상을 반환받기 위하여, 해당 여신상이 F국으로 불법적으로 반출되었다는 것이 먼저 증명되어야 한다'는 견해에 갑은 동의하지 않지만, 을은 동의한다.

ㄷ. '여신상을 A시로 반환할지의 여부를 결정하기 위한 전제로서 A시의 신전이 그 여신상을 소유하였다는 사실이 인정되어야 한다'는 견해에는 갑, 을 모두 동의한다.

① ㄱ　② ㄴ　③ ㄱ, ㄷ
④ ㄴ, ㄷ　⑤ ㄱ, ㄴ, ㄷ

02

2020학년도 LEET 문18

다음으로부터 추론한 것으로 옳은 것만을 <보기>에서 있는 대로 고른 것은?

甲: 신은 완전한 존재이다. 이는 첫째로 신이 전능함을 함축한다. 따라서 신은 자신이 원한다면 무슨 일이든지 할 수 있을 것이다. 기적을 일으켜 자연법칙을 거스를 수도 있고 이미 지나가 버린 과거를 바꿀 수도 있다. 둘째로 신의 완전함은, 신이 이 세상을 완벽하게 창조했으며 자신이 계획한 그대로 역사를 진행시킨다는 것을 함축한다. 신의 이러한 계획에 개입할 수 있는 존재는 없다.

乙: 甲의 주장에는 문제가 있다. 우선 甲의 두 주장은 서로 상충한다. 신이 완벽하게 과거 현재 미래를 이미 결정한 채 역사를 진행시키고 있다는 것이 사실이라면, 신이 그렇게 진행되어 온 과거를 결코 바꾸지 않을 것이다. 게다가 각 주장도 거짓이라 볼 이유가 있다. 첫째, 신은 엄청난 능력을 가지고 있기는 하나 무엇이든지 다 할 수 있다고 보는 것은 문제가 있다. 신은 아직 결정되지 않은, 장차 벌어질 사건들에서는 무한한 능력을 발휘할 수 있다. 하지만 신조차도 시간의 흐름만은 통제할 수 없기에, 과거로 거슬러 올라가 이미 벌어진 사건을 바꿀 수는 없다. 둘째, 만일 신이 자신이 계획한 대로 역사를 진행시킨다면, 우리가 신에게 기도하는 현상을 설명할 수 없다. 우리는 기도를 통해 우리가 신의 계획에 영향을 줄 수 있다고 믿는다. 이 믿음이 옳다면, 신이 세상을 계획에 따라 창조했더라도 신의 계획은 변경될 수 있을 것이다.

〈보기〉

ㄱ. 甲과 乙은 둘 다 기적이 있을 수 있다고 믿는다.

ㄴ. 甲과 乙은 신이 역사를 진행시키는 방식에 대한 견해가 다르다.

ㄷ. 乙은 신이 과거를 바꾼다는 것은 신의 계획이 완전하지 않음을 의미한다고 여긴다.

① ㄱ ② ㄴ ③ ㄱ, ㄷ
④ ㄴ, ㄷ ⑤ ㄱ, ㄴ, ㄷ

03

2016학년도 LEET 문15

다음 논쟁으로부터 적절하게 추론할 수 있는 것은?

갑: 자유지상주의자는 출생과 같은 행운에 의한 이득은 사기, 절도 등 권리침해로 취한 것이 아니므로, 각 개인이 가질 자격을 갖는다고 본다. 그러나 타고난 재능에 의한 불평등을 그냥 개인들의 문제로 치부하는 것은 도덕적으로 무책임한 태도이다. 사회·경제적 불평등은 가장 불리한 사회구성원들에게 혜택을 주는 경우에만 허용되어야 한다. 그런데 타고난 재능은 오직 우연에 의해 개인의 것이 되었으며, 그러한 우연적 자산에 혜택을 주는 것은 개인이 노력한 결과에 혜택을 주는 것과 달리 최소수혜자의 복지를 증진하는 데 아무런 기여도 하지 않는다. 따라서 이러한 자산은 본질적으로 공동의 것이며, 사회는 그것을 활용해 얻은 결과물에 대해 우선적으로 소유권을 주장할 수 있어야 한다.

을: 당신이 기반하고 있는 원칙은 사실상 ⓐ 정체불명의 '우리'를 가정하고 있다. 우연히 '여기'에 놓인 자산에 대해 한 개인이 우선적 소유권을 주장할 수 없다고 해서, 그것이 곧바로 이 세상 모든 사람들이 동등한 소유권을 주장할 수 있음을 의미하지는 않는다. 이 점에서 당신의 원칙은 공리주의와 마찬가지로 일종의 공유 원칙이다. 왜냐하면 공리주의 역시 개인들을 모두의 행복을 위한 수단으로 사용하고, 공리의 최대화에 기여한다는 계산에 바탕해서만 개인의 권리와 개인 간의 차이를 옹호하기 때문이다. 하지만 이러한 원칙은 개인들에 우선하는 도덕적 연대를 전제해야 한다. 협동적인 공동체가 우리의 이상임은 분명하다. 하지만 그 공동체는 개인의 덕을 존중하는 공동체여야 한다. 그렇다면 사회적 공유의 범위는 상당히 제한될 수밖에 없다. 또한 공동선을 이유로 개인들의 다원성과 독자성을 위반할 가능성 역시 경계하지 않을 수 없다. 이 점에서 당신은 공리주의와 똑같은 반론에 부딪힐 수밖에 없다.

① ⓐ가 한 사회 속의 특정 집단이나 계층이 아니라 그 사회 전체를 의미하는 것이라면, 갑은 을의 비판에서 벗어날 수 있다.

② 갑은 공리주의자와 마찬가지로 공동체 전체의 이익 총량을 증대할 수 있다면 소유에 관한 개인의 권리는 어느 정도 제한될 수 있다고 본다.

③ 을은 우연적 재능으로 얻은 혜택에 대해 개인이 우선적 소유권을 가질 수 있음을 부정하지 않는다.

④ 을은 개인의 다원성과 독자성이 공유 원칙과 충돌하지 않을 경우 전자를 우선하지만, 충돌할 경우 후자를 우선해야 한다고 본다.

⑤ 을이 개인의 우연적 자산을 사회의 공동 자산으로 삼는 견해에 반대하는 까닭은 그것을 공동의 자산으로 공유해도 이것이 최소수혜자의 복지 증진으로 이어지는 것은 아니라고 보기 때문이다.

04

2021학년도 LEET 문17

다음 글에 대한 분석으로 옳은 것만을 <보기>에서 있는 대로 고른 것은?

A: 내가 불충분한 증거에 근거해서 믿음을 갖게 된다면, 그 믿음 자체로는 큰 해가 되지 않을지도 모른다. 그 믿음이 궁극적으로 사실일 수도 있고, 결코 외부적인 행동으로 나타나지 않을지도 모른다. 그러나 나 자신을 쉽게 믿는 자로 만드는, 인류를 향한 범죄를 저지르는 것은 피할 수 없다. 한 사회가 잘못된 믿음을 가졌다는 것 자체도 큰 문제이나, 더 큰 문제는 사회가 속기 쉬운 상태가 되고, 증거들을 검토하고 자세히 조사하는 습관을 잃어서 야만의 상태로 돌아간다는 것이다. ㉠ 불충분한 증거에서 어떤 것을 믿는 것은 언제나 어디서나 누구에게나 옳지 않다.

– 윌리엄 클리포드, 『믿음의 윤리학』 –

B: "진리를 믿어라!", "오류를 피하라!" 이는 인식자에게 가장 중요한 명령입니다. 그러나 이 둘은 별개의 법칙입니다. 그리고 이들 사이에서 어떤 선택을 하느냐에 따라서 우리의 지적인 삶 전체가 달라질 수 있습니다. 진리의 추구를 가장 중요한 것으로 여기고 오류를 피하는 것을 부차적인 것으로 여길 수도 있고, 반대로 오류를 피하는 것을 가장 중대한 것으로 보고 진리를 얻는 것을 부차적인 것으로 여길 수도 있습니다. 클리포드는 우리에게 후자를 선택하도록 권고하고 있습니다. 그는 불충분한 증거에 기초해서 거짓을 믿게 되는 끔찍한 위험을 초래하기보다는, 아무것도 믿지 말고 마음을 보류 상태에 두라고 말하고 있는 것입니다. 나 자신은 클리포드 편을 들지 못할 것 같습니다. 어떤 경우든 우리가 잊지 말아야 할 것은, 진리 또는 오류에 관련된 의무에 대해서 우리가 갖고 있는 이런 태도는 증거에 기초한 것이 아니라 정념에 기초한 것이라는 점입니다. "거짓을 믿기보다는 영원히 믿지 않는 편이 낫다!"라고 말하는 클리포드 같은 사람은 순진하게 속는 것에 대한 두려움을 표현하고 있을 뿐입니다.

– 윌리엄 제임스, 『믿음에의 의지』 –

〈보기〉

ㄱ. A는 A의 결론대로 행하지 않을 경우에 발생하게 될 바람직하지 않은 결과를 지적함으로써 그 결론을 뒷받침하고 있다.
ㄴ. B에 따르면, ㉠에 대한 클리포드의 믿음은 충분한 증거에 기초하고 있지 않다.
ㄷ. B의 논증은 '충분한 증거에 기초한 믿음이라도 오류일 수 있다'는 전제를 필요로 한다.

① ㄱ ② ㄷ ③ ㄱ, ㄴ
④ ㄴ, ㄷ ⑤ ㄱ, ㄴ, ㄷ

05

2021학년도 LEET 문18

다음 글을 분석한 것으로 옳은 것만을 <보기>에서 있는 대로 고른 것은?

A: '인식적 객관성'은 어떤 주장의 참 거짓 여부보다 그 주장을 어떤 방식으로 정당화했느냐 하는 측면과 관계가 있다. 주장을 제기하는 과정에서 자신을 포함해 그 누구의 것이든 편향성, 선입견, 동조심리, 개인적인 희망사항 등 주관적인 요소들의 개입으로 인해 이성의 건전한 상식과 합리성이 굴절되는 일이 없도록 해야 한다는 것이다. 이런 의미에서 인식적 객관성을 확보한 판단은 일반적인 설득력을 지닌다.

B: 예술작품이 의도된 효과를 발휘하기 위해서는 어떤 특정한 관점에서 감상되어야 한다. 비평가의 상황이 작품이 요구하는 상황에 적합하지 않으면 그 비평가는 작품에 대해 적절하게 판단할 수 없다. 가령 변론가는 특정한 청중을 향해 연설하기에, 그 청중에게 고유한 특질, 관심, 견해, 정념, 선입견을 고려해야 한다. 만일 다른 시대 혹은 다른 나라의 비평가가 이 변론을 접한다면, 이 변론에 대해 올바른 판단을 내리기 위해 이러한 모든 상황을 고려하여 자기 자신을 당시의 청중과 동일한 상황에 대입해야 한다. 예술작품의 경우도 마찬가지이다. 설사 비평가 자신이 예술가와 친구라 할지라도, 혹은 적대하고 있다고 해도, 그는 이러한 특수한 상황에서 벗어나 이 작품이 전제로 하는 관점을 취할 필요가 있다.

〈보기〉

ㄱ. 두 사람이 어떠한 주장에 대해 동일한 판단을 내렸다면, A에 따를 때 그들의 판단은 인식적 객관성을 가진다.
ㄴ. A에 따를 때, B의 비평가가 예술작품에 대해 내리는 판단은 인식적 객관성을 갖지 않는다.
ㄷ. 서로 다른 시대나 나라에 살았던 어떤 두 비평가가 동일한 예술작품에 대해 동일한 판단을 내렸다면, B에 따를 때 그들의 판단은 그 작품이 전제로 하는 관점에서 이루어진 것이다.

① ㄱ ② ㄴ ③ ㄱ, ㄷ
④ ㄴ, ㄷ ⑤ ㄱ, ㄴ, ㄷ

06

2022학년도 LEET 문22

다음 논쟁에 대한 분석으로 옳은 것만을 <보기>에서 있는 대로 고른 것은?

'맛있다' 혹은 '재밌다'와 같은 사람들의 취향과 관련된 술어를 취향 술어라고 한다. 취향 술어를 포함한 문장에 관하여 갑과 을이 다음과 같이 논쟁하였다.

갑: "곱창은 맛있다."라는 문장은 사실 'x에게'라는 숨겨진 표현을 언제나 문법적으로 포함한다. 이때 'x'는 변항으로서, 특정 맥락의 발화자가 그 값으로 채워진다. 예를 들어, 곱창을 맛있어 하는 지우가 "곱창은 맛있다."라고 말한다면, 지우의 진술은 〈곱창은 지우에게 맛있다〉라는 명제를 표현하는 참인 진술이 된다. 반면, 곱창을 맛없어 하는 영호가 동일한 문장을 말한다면, 영호의 진술은 〈곱창은 영호에게 맛있다〉라는 다른 명제를 표현하는 거짓인 진술이 된다.

을: 지우가 "곱창은 맛있다."라고 말하는 경우, 영호는 "아니, 곱창은 맛이 없어!"라고 반박할 수 있고, 그렇다면 둘은 이에 대해 논쟁하기 시작할 것이다. 하지만 만일 갑의 견해가 맞는다면, 지우는 단지 〈곱창은 지우에게 맛있다〉라는 명제를 표현하고, 영호는 그와는 다른 명제의 부정을 표현하는 것이므로, 이 둘은 진정한 논쟁을 하는 것이 아니다. 그러나 분명히 두 사람은 이러한 상황에서 진정한 논쟁을 할 수 있으며, 이는 갑의 견해에 심각한 문제가 있음을 보여 주는 것이다. 이를 해결하기 위해서는, "곱창은 맛있다."라는 문장은, 누가 말하든지 〈곱창은 맛있다〉라는 명제를 표현한다고 간주해야 한다.

〈보기〉

ㄱ. 갑에 따르면, 곱창을 맛있어 하는 사람들의 진술 "곱창은 맛있다."는 모두 같은 명제를 표현하지만, 이는 곱창을 맛없어 하는 사람들의 진술 "곱창은 맛있다."가 표현하는 명제와는 다르다.

ㄴ. 영호가 곱창을 맛없어 하는 경우, 영호의 진술 "곱창은 맛있다."는, 갑에 따르면 참이 될 수 없지만 을에 따르면 참이 될 수 있다.

ㄷ. 을의 논증은, 같은 명제에 대해 두 사람의 견해가 불일치한다는 사실이 그들의 논쟁이 진정한 논쟁이 되기 위한 필요조건임을 가정하고 있다.

① ㄱ　② ㄴ　③ ㄱ, ㄷ
④ ㄴ, ㄷ　⑤ ㄱ, ㄴ, ㄷ

07

2023학년도 LEET 문18

다음 논쟁에 대한 분석으로 옳은 것만을 <보기>에서 있는 대로 고른 것은?

갑: 소설 『주홍색 연구』에서 "홈즈는 탐정이다."라는 진술이 명시적으로 나타나며, 따라서 〈홈즈는 탐정이다〉는 이 소설에서 명시적으로 참인 명제이다. 그런데 『주홍색 연구』의 어디에도 홈즈의 콧구멍 개수에 대한 명시적인 진술은 나타나지 않는다. 하지만 작품 내에서 홈즈는 사람이며, 사람은 보통 두 개의 콧구멍을 가지고 있다는 것은 상식이므로, 〈홈즈의 콧구멍은 두 개다〉와 같은 명제 역시 『주홍색 연구』에서 참이 된다. 사실, 명시적인 진술로 표현되지 않았지만, 〈지구는 둥글다〉, 〈모든 사람은 죽는다〉와 같은, 『주홍색 연구』에서 암묵적으로 참인 명제들은 많이 있다.

을: 허구에서 암묵적으로 참이 되는 명제가 있다는 것을 받아들이는 것은 불합리한 귀결을 낳는다. 우선 허구 작품들의 속편이 나타날 수 있다는 것에 주목해 보자. 속편은 전작에 명시되지 않은 것들의 참을 결정하는 힘을 갖는다. 예를 들어, 소설 『호빗』에서는 빌보가 소유한 반지가 무엇인지 명시되지 않지만, 그 속편들인 반지의 제왕 시리즈에서 그 반지가 절대반지라는 것이 명시된다. 이 경우 빌보가 소유한 반지가 절대반지라는 것은 『호빗』에서도 참이라고 보는 것이 합당하다. 이제 다음을 가정해 보자. 코난 도일은 『주홍색 연구』의 속편 『빨간색 연구』를 썼으며, 그 소설에서는 "사실 태어날 때부터 세 개의 콧구멍을 가졌던 홈즈는 냄새를 잘 맡을 수 있었다."라는 명시적 진술이 나타난다. 이때, 〈홈즈의 콧구멍은 세 개다〉라는 명제가 『빨간색 연구』뿐만 아니라 『주홍색 연구』에서도 명시적 참이라고 보는 것이 합당할 것이다. 하지만 만일 〈홈즈의 콧구멍은 두 개다〉가 『주홍색 연구』에서 암묵적으로 참이라면, 『주홍색 연구』에서 홈즈의 콧구멍 개수는 두 개인 동시에 세 개가 되어야만 할 것이다. 이는 명백히 불합리한 귀결이다. 따라서 허구에서 명시적 참 이외에 암묵적 참과 같은 것은 없다고 결론 내릴 수 있다.

〈보기〉

ㄱ. 갑은, 어떤 명제도 특정 허구에서 참이거나 거짓 둘 중 하나여야 한다는 것을 전제하고 있다.

ㄴ. 을에 따르면, 명제 〈홈즈의 콧구멍은 두 개다〉는 『주홍색 연구』에서 참이었다가 나중에 거짓으로 바뀔 수도 있다.

ㄷ. 을에 따르면, "지구는 둥글다."라는 진술이 『주홍색 연구』에 명시되지 않은 경우에도, 명제 〈지구는 둥글다〉가 『주홍색 연구』에서 참이 되는 상황이 있을 수 있다.

① ㄱ　② ㄷ　③ ㄱ, ㄴ
④ ㄴ, ㄷ　⑤ ㄱ, ㄴ, ㄷ

08

2018학년도 LEET 문16

A~C에 대한 분석으로 적절한 것만을 <보기>에서 있는 대로 고른 것은?

대개 우리는 사실 판단과 당위 판단을 엄격히 구분한다. 예컨대 '약속한다'거나 '선언한다'고 할 때 '~한다'는 행위는 누군가가 어떤 시점에 어떤 것을 말한다는 사실의 문제인 반면, 그 말을 한 사람이 이후에 무언가를 '해야 한다'는 것은 사실의 문제와는 다른 당위의 문제라고 생각한다. 그런데 다음 논증을 보자.

(1) 존은 다음과 같이 말한다. "나는 스미스에게 5달러를 지불하기로 약속한다."
(2) 따라서 존은 스미스에게 5달러를 지불하기로 약속한 것이다.
(3) 따라서 존은 스미스에게 5달러를 지불해야 한다.

사실로부터 시작해 당위를 최종 결론으로 이끌어내는 이 논증에 대해 세 사람 A, B, C는 각각 아래와 같이 평가하였다.

A: 이 논증은 (2)에서 (3)으로 나아가는 과정은 문제가 없지만, (1)에서 (2)로 나아가는 과정에 논리적 결함이 있다. 단순히 연극의 대사나 문법책의 예문을 읊은 경우라면 (1)로부터 (2)가 도출되지 않는다. 이런 예외적인 경우가 아니라면 (1)로부터 (2)가 도출되며, 이때는 존이 (3)과 같은 의무를 지닌다고 할 수 있다.

B: 이 논증은 존이 보통의 상황에서 약속을 했다고 할 때 (1)에서 (2)로 나아가는 과정은 문제가 없지만, (2)에서 (3)으로 나아가는 과정에 논리적 결함이 있다. (2)로부터 (3)이 바로 도출되는 것은 아니다. 그것이 도출되려면 사실과 당위를 연결해주는 암묵적 전제를 새로 추가해야 한다.

C: 이 논증은 (2)에서 (3)으로 나아가는 과정에 논리적 결함이 있다. '약속한다'는 말은 때로 당위를 의미하기도 하지만 때로 누구와 어떤 약속을 한다는 객관적 사실을 표현하기도 한다. 이처럼 '약속한다'는 말은 다의적이며, (2)에서 그것이 당위를 의미한다는 보장이 없는 한 (3)으로 나아가는 과정은 문제가 된다.

〈보기〉

ㄱ. A가 (2)를 당위 판단으로 여기는지 여부는 알 수 없다.
ㄴ. B는 (2)를 사실 판단으로 여기는 반면 C는 (2)를 당위 판단으로 여긴다.
ㄷ. A는 사실 판단에서 당위 판단이 도출될 수 있다고 보지만 C는 그렇지 않다.

① ㄴ　② ㄷ　③ ㄱ, ㄴ
④ ㄱ, ㄷ　⑤ ㄱ, ㄴ, ㄷ

09

2021학년도 LEET 문2

<논쟁>에 대한 분석으로 옳은 것만을 <보기>에서 있는 대로 고른 것은?

〈논쟁〉

X국의 『형법』은 음란물의 제작·배포를 금지하는 한편, 『저작권법』은 문화 및 관련 산업의 향상과 발전을 위해 인간의 사상 또는 감정을 표현하는 창작물을 저작물로 보호하고 있다. 음란물을 『저작권법』상 저작물로 보호해야 하는지를 두고 논쟁이 있다.

갑: 『저작권법』은 저작물의 요건으로 창의성만 제시할 뿐 도덕성까지 요구하지는 않는다. 창작의 장려와 문화의 다양성을 위해서는 저작물로 인정함에 있어 가치중립적일 필요가 있다.

을: 『형법』에서는 음란물 제작·배포를 금지하면서, 그 결과물인 음란물은 저작물로 보호하는 것은 법이 '불법을 저지른 더러운 손'에 권리를 부여하고, 불법행위의 결과물에 재산적 가치를 인정하여 보호할 가치가 없는 재산권의 실현을 돕는 꼴이 된다. 이는 법의 통일성 및 형평의 원칙에 반한다.

병: 아동포르노나 실제 강간을 촬영한 동영상 등 사회적 해악성이 명백히 확인되는 음란물은 저작물로 인정하지 않고, 그 외의 음란물에 대해서는 저작물로 인정함으로써 음란물 규제로 인한 표현의 자유와 재산권의 침해를 최소화할 필요가 있다.

〈보기〉

ㄱ. 갑은 음란한 표현물에 대해서는 창의성을 인정할 수 없다는 것을 전제로 한다.
ㄴ. 을은 법적으로 금지된 장소에 그려진 벽화나 국가보안법에 위반하여 대중을 선동하는 작품을 저작권법의 보호대상으로 보지 않는다.
ㄷ. 병은 같은 시대, 같은 지역에서도 배포의 목적, 방법, 대상에 따라 음란성에 대한 법적 평가가 달라질 수 있다는 것을 전제로 한다.

① ㄱ　② ㄴ　③ ㄱ, ㄷ
④ ㄴ, ㄷ　⑤ ㄱ, ㄴ, ㄷ

10

2022학년도 LEET 문26

다음 논쟁에 대한 분석으로 적절한 것만을 <보기>에서 있는 대로 고른 것은?

어떤 사람 P가 육식 행위 A와 동물보호단체에 기부하는 행위 B를 각각 수행하거나 수행하지 않을 능력이 있으며, 편의상 다른 행위를 할 가능성은 없다고 하자. A의 수행 여부와 B의 수행 여부 사이의 상호적 영향을 고려하지 않고 각각의 결과만을 고려하는 경우, A를 수행하면 나쁜 결과(−80)가 발생하고 B를 수행하면 좋은 결과(+100)가 발생한다. A와 B를 수행하지 않는 경우의 결과는 각각 0이다. 이때, P가 하거나 하지 않을 수 있는 행위들로 구성된 '행위조합'은 4개가 될 것이다. 각 행위조합 역시 독자적인 결과값을 가지게 되는데 이는 행위조합을 구성하고 있는 행위들의 결과값을 모두 더한 것이다. 예를 들어, P가 A를 수행하면서도 B를 수행하지 않는 경우의 행위조합의 결과값은 4개의 행위조합 중 최솟값인 −80이다. 일정한 조건을 충족하는 경우 해당 행위조합에 속하는 행위는 모두 용인되기 때문에 단독으로는 음의 결과값을 가지는 A도 용인될 수 있다. 행위조합에 속한 행위가 용인되는 이 조건에 대해 갑, 을, 병은 각각 다음과 같이 주장하고 있다.

갑: 한 사람의 행위는 자신의 능력에 따라 가능한 행위들로 구성된 행위조합들 중에서 최대의 결과값을 산출하는 조합에 속하는 경우, 그리고 오직 그 경우에만 용인된다.

을: 한 사람의 행위는 그가 현실에서 하려고 할 행위조합들 중에서 최대의 결과값을 산출하는 조합에 속하는 경우, 그리고 오직 그 경우에만 용인된다. 그런데 P에게 A의 수행 여부와 B의 수행 여부를 각각 선택할 능력이 있는 것은 사실이지만, A를 하지 않으면서 B를 수행하는 행위조합은 결코 P가 현실에서 선택하려고 할 조합은 아니다.

병: 한 사람의 행위는 자신의 능력에 따라 가능한 행위들로 구성된 행위조합들 중에서 결과값이 0이거나 양의 값을 가지는 조합에 속하는 경우, 그리고 오직 그 경우에만 용인된다.

〈보기〉

ㄱ. 갑과 을에 따르면 P의 A는 어떤 경우에도 용인될 수 없다.
ㄴ. 병에 따르면 P의 A는 용인될 수 있다.
ㄷ. 병에 따르면 용인될 수 있는 P의 행위조합은 2개이다.

① ㄱ ② ㄴ ③ ㄱ, ㄷ
④ ㄴ, ㄷ ⑤ ㄱ, ㄴ, ㄷ

11

2023학년도 LEET 문13

다음 논쟁에 대한 분석으로 옳은 것만을 <보기>에서 있는 대로 고른 것은?

위험은 현실화될 때도 있고 안 그럴 때도 있다. 주식 투자에는 원금 손실의 위험이 따르며 실제로 위험이 현실화되어 원금 손실이 발생할 때도 있고 안 그럴 때도 있는 것이다. 후자처럼 현실화되지 않은 위험을 '순(純)위험'이라고 하는데, 타인에게 순위험만 안긴 행위도 도덕적으로 그른지를 놓고 갑~정이 논쟁을 벌였다.

갑: 타인에게 위험을 안긴 행위는 위험의 현실화 여부와 상관없이 당연히 그 자체로 도덕적으로 그른 거야. 누구든 위험을 떠안으면 그로 인해 그 사람은 일단 해악을 입게 되는 거야. 정비 부실로 추락 사고의 위험이 있는 비행기에 탑승한 승객을 생각해 봐. 비록 추락 위험이 현실화되지 않았고 그런 위험을 당사자가 몰랐다고 하더라도, 생명의 위협에 장시간 노출되었다는 사실 그 자체로 그 승객은 해악을 입었다고 말할 수 있지.

을: 하지만 순위험을 안긴 행위를 무작정 도덕적으로 비난하는 것은 잘못이야. 순위험을 안긴 행위가 도덕적으로 그르다 할 수 있는 경우는 그런 위험이 있다는 것을 알았다면 당사자의 자율적 행위 선택이 바뀔 수도 있는 경우로 한정하는 것이 옳아.

병: 그건 아니지. 만약 그런 식으로 범위를 한정하면, 직관에 어긋나는 사례가 많이 생겨날 거야. 혼수상태에 빠진 사람이나 갓난아기에게 순위험을 안긴 행위도 도덕적으로 잘못일 때가 있잖아. 하지만 그런 사람들은 애초에 자율적 선택 능력이 없으니 선택이 바뀔 일도 없지 않겠어?

정: 내 생각은 달라. 어떤 자동차가 신호 위반을 했는데 길을 건너던 행인이 간신히 피했다고 해 봐. 비록 교통사고의 위험이 현실화되지는 않았지만, 그 행인이 상당한 정신적 충격을 입었을 수 있어. 순위험의 경우에는 이처럼 어떤 부수적인 해악이 실제로 발생했을 때만 도덕적으로 그르다고 해야 한다고 생각해.

〈보기〉

ㄱ. 갑과 병은 혼수상태에 빠진 사람에게 순위험을 안긴 행위가 도덕적으로 그를 수 있다는 것을 인정한다.
ㄴ. 순위험을 안긴 어떤 행위에 대해 을이나 정이 도덕적으로 그르다고 판단했다면, 갑도 그렇게 판단할 것이다.
ㄷ. 순위험을 안긴 행위가 타인의 자율적 선택을 침해했을 때 그 행위가 도덕적으로 그른지에 대해 을과 병의 의견이 다르다.

① ㄱ ② ㄷ ③ ㄱ, ㄴ
④ ㄴ, ㄷ ⑤ ㄱ, ㄴ, ㄷ

12

2023학년도 LEET 문3

다음 논쟁에 대한 분석으로 옳은 것만을 <보기>에서 있는 대로 고른 것은?

갑: 형사절차에서 추구해야 할 진실은 사건의 진상, 즉 '객관적 진실'이다. 그리고 객관적 진실을 발견하기 위해서 사건 당사자(피고인, 검사) 못지않게 판사의 적극적인 진실발견의 활동과 개입이 필요하다. 따라서 진실발견을 위해 필요한 경우, 중대한 절차 위반이 없다면 판사가 사건 당사자의 주장이나 청구에 제약을 받지 않고 직접 증거를 수집하거나 조사하는 것도 가능하다.

을: '사건의 진상' 또는 '객관적 진실'은 오직 신(神)만이 알 수 있다. 사건 당사자들이 주장하는 사실과 제출된 증거들을 통해 판사가 내리는 결론도 엄밀히 말하면 판사의 주관적 진실에 불과하다. 다만 판사의 주관적 진실을 '판결'이라는 이름으로 신뢰하고 규범력까지 인정하는 이유는 그것이 단순히 한 개인의 주관적인 진실이 아니라, 공정한 형사절차를 통해 도출된 결론이기 때문이다. 따라서 형사절차에서 추구해야 하는 것은 '절차를 통한 진실'이고, 이를 위해 사건 당사자들이 법정에서 진실을 다툴 수 있는 공정한 기회가 보장되어야 한다. 이때 판사의 역할도 진실을 담보해 내기 위해 절차를 공정하고 엄격하게 해석·적용·준수하는 것이어야 한다. 즉 판사는 정해진 절차 속에서 행해지는 사건 당사자들의 주장과 입증을 토대로 중립적인 제3자의 지위에서 판단자의 역할을 수행해야 한다.

병: 객관적 진실은 존재하고, 형사절차는 그러한 객관적 진실에 최대한 가까이 접근하고자 마련된 절차이다. 따라서 형사절차에서 사건의 진상을 명백히 밝힘으로써 객관적 진실을 추구해야 한다는 것에는 기본적으로 동의한다. 하지만 객관적 진실의 발견은 전적으로 사건 당사자들의 증거제출과 입증에 맡겨야 하고, 이러한 진실발견의 과정에 판사가 직접적·적극적으로 개입하는 것은 바람직하지 않다. 따라서 판사는 원칙적으로 제3자의 입장에서 중립적인 판단자의 역할을 수행하되, 인권침해를 통해서 얻어낸 객관적 진실은 정당성을 획득할 수 없으므로 판사는 형사절차의 진행 과정에서 인권침해가 발생하지 않도록 감시하고, 인권침해가 발생했을 경우에는 이를 바로잡는 역할과 의무도 함께 부담한다.

〈보기〉

ㄱ. 범죄를 조사하기 위해 구속기간 연장의 횟수 제한을 없애자는 법률개정안에 대해 갑과 병은 찬성할 것이다.

ㄴ. '법이 정한 적법한 절차를 위반하여 수집된 증거는 설사 그것이 유죄를 입증할 유일하고 명백한 증거라 하더라도 예외 없이 유죄의 증거로 사용할 수 없다'는 법원칙에 대해 을은 찬성하지만, 갑은 반대할 것이다.

ㄷ. '피고인이 재판에 출석하지 아니한 때에는 특별한 규정이 없으면 재판을 진행하지 못한다'는 법원칙에 대해 을과 병은 찬성할 것이다.

① ㄱ ② ㄴ ③ ㄱ, ㄷ
④ ㄴ, ㄷ ⑤ ㄱ, ㄴ, ㄷ

대화식 논쟁

13

2021학년도 LEET 문14

다음 글에 대한 분석으로 옳은 것만을 <보기>에서 있는 대로 고른 것은?

〈이론〉

행위가 어떤 사람에게 '손해를 준다'는 것은, 만약 그 행위가 일어나지 않는다면 그 사람이 더 나은 상태에 있게 된다는 것이다. 행위가 어떤 사람에게 '이익을 준다'는 것은, 만약 그 행위가 일어나지 않는다면 그 사람이 더 못한 상태에 있게 된다는 것이다.

〈이론〉을 두고 다음과 같이 갑과 을이 논쟁하였다.

갑1: 친구에게 아무 이유 없이 5만 원을 줄 수 있었지만, 나는 그렇게 하지 않았어. 그렇게 했다면 친구는 더 나은 상태에 있었겠지. 〈이론〉에 따르면 나는 친구에게 손해를 주는 행위를 한 거야. 하지만 이는 불합리해.

을1: 〈이론〉은 그런 함축을 갖지 않아. '친구에게 5만 원을 주지 않는 것'과 같이 아무 것도 하지 않고 가만히 있는 것은 행위라고 볼 수 없기 때문이야.

갑2: 〈이론〉의 '행위'를 그런 식으로 제한하는 것은 또 다른 불합리한 귀결을 낳게 돼. 어떤 사람이 아이가 물에 빠져 허우적대는 걸 보게 됐고 그 사람은 아이를 구조할 능력이 있었다고 해봐. 그 사람은 아이를 구조하지 않았고 아이는 물에 빠져 죽게 되었어. 아이를 구조하지 않은 것은 명백하게 아이에게 손해를 준 것이지.

을2: 하지만 이 경우는 달라. 그 사람이 아이를 구조하지 않은 것은 의도적으로 구조를 회피하고자 한 결심의 결과로 일어난 하나의 사건이야. 그렇다면 아이를 구조하지 않은 것은 하나의 행위로 보아야 해.

갑3: 그렇다면 이런 경우는? A가 B에게 줄 선물을 샀다고 해봐. 그런데 A는 그 선물에 대한 욕심이 생겨서 자신이 그것을 갖기로 결심하고 B에게 선물을 주지 않았어. 이 경우에 선물을 주지 않은 것은 의도적인 결심의 결과이지만, A가 B에게 손해를 준 것은 아니잖아.

〈보기〉

ㄱ. 〈이론〉에 대한 갑1의 해석에 따를 때, 내가 친구를 때려서 코를 부러뜨릴 수 있었지만 그렇게 하지 않았다면, 내가 친구를 때리지 않은 것은 친구에게 이익을 준 것이다.

ㄴ. 갑2와 을2는 아이를 구하지 않은 것이 아이에게 손해를 준 것인지 여부에 대해 판단을 달리 한다.

ㄷ. 을이 갑3에 대한 대답으로 'A가 B에게 선물을 주지 않은 것은 B에게 손해를 준 것이 맞다'고 주장한다면, 이는 을의 입장을 비일관적으로 만들 것이다.

① ㄱ　　② ㄴ　　③ ㄱ, ㄷ
④ ㄴ, ㄷ　　⑤ ㄱ, ㄴ, ㄷ

14

2010학년도 LEET 문9

다음 논쟁의 A1~B2를 분석한 것으로 옳지 않은 것은?

A_1: 황금률은 도덕적 옳고 그름을 판정하는 원칙이 될 수 없다. "네게 사람들이 해주기를 네가 원하는 것을 사람들에게 행하라."라는 황금률은 마조히스트(피학성 성도착자)로 하여금 사디스트(가학성 성도착자)적 행위를 하라고 명령하기 때문이다. 마조히스트는 자기에게 사람들이 해주기를 원하는 것, 즉 가학적 행위를 사람들에게 해야 하는 것이다.

B_1: 황금률의 본뜻은 처지를 바꾸어 파악되는 상대방의 욕구를 존중하라는 것이다. 그래서 본뜻을 반영한 교정된 황금률은 "네가 상대방의 입장에 처한다면 네게 행해지기를 원하는 것을 그 상대방에게 행하라."이다.

A_2: 교정된 황금률도 부도덕한 욕구를 배제하지 못한다. 만일 상대방이 부도덕한 욕구를 가지고 있다면 입장을 바꾸어 파악된 상대방의 욕구에 따라 행위해야 하기 때문이다.

B_2: 교정된 황금률에서 '네가 상대방의 입장에 처한다면'의 의미는 실제로 상대방이 된다는 것이 아니라 '상대방과 같은 상황에 있다고 상상해 본다면'을 의미한다. 이러한 상상적 상황은 상대방뿐만 아니라 상대방의 행위와 관련된 사람들까지 포함하는 상황이며, 교정된 황금률은 이러한 상황에 내가 처했을 때 관련된 모든 사람을 고려하여 내가 원하는 것을 행하라는 것이다.

① A_1의 황금률 비판에 따르자면 "네가 당하기를 원하지 않는 것을 사람들에게 행하지 말라."라는 원칙도 남을 도울 의무를 정당화하지 못한다. 내가 남의 도움을 받기 싫어한다면 나도 남을 도와서는 안 될 것이기 때문이다.

② A_1의 황금률 비판에 따르자면 "네가 당하기를 원하지 않는 것을 사람들에게 행하지 말라."라는 원칙도 '옳지 못한 행위를 벌하는 것'을 불가능하게 한다. 부정행위를 한 벌로 F 학점을 주려는 교수에게 "선생님께서 F 학점 받기를 원하지 않으신다면 제게 F 학점을 주시면 안 됩니다."라고 학생이 주장할 수 있기 때문이다.

③ B_1의 교정된 황금률에 따르자면 내가 마조히스트라 하더라도 나의 욕구가 아니라 입장을 바꾸어 파악된 상대방의 욕구에 따라 행위해야 하기 때문에 내게 행해지기 원하는 것이 반드시 사디스트적 행위여야 하는 것은 아니다.

④ A_2에 따르면 교정된 황금률을 따를 경우, 내가 입장을 바꾸어 생각해 보아야 할 상대방이 마조히스트라고 할 때, '내가 그의 입장이라면, 내게 행해지기를 원하는 것'을 내가 행해야 하므로 나도 마조히스트가 되어야 한다.

⑤ 교정된 황금률에 대한 B_2의 해석에 따르자면 내가 마조히스트의 입장에 처한다는 것은 마조히스트적 욕구뿐만 아니라 관련된 모든 당사자들의 욕구를 고려한다는 것을 의미하므로 내가 원하는 것이 반드시 사디스트적 행위여야 하는 것은 아니다.

15

2021학년도 LEET 문20

다음 논쟁에 대한 분석으로 옳은 것만을 <보기>에서 있는 대로 고른 것은?

갑: 과학 이론의 변화가 '진정한 진보'인지는 분명치 않다. 물론 과학의 역사를 보면, 후속 이론이 더 많은 수의 사실을 설명하고 예측함으로써 선행 이론을 대체한 경우들도 있다. 그러나 이는 후속 이론이 '진정으로 진보적'이라는 주장의 근거는 되지 못한다. 그 사례들은 후속 이론이 단지 더 많은 사회적 지원을 받았다거나 더 많은 과학자들이 연구에 참여했다는 것만을 보여줄 뿐이다.

을: 이론의 과거 성취에 그러한 외재적 요소의 영향이 있었더라도, 진보에 대한 판단이 불가능한 것은 아니다. 왜냐하면 진보 여부에 대한 판단은 과거 성취와 더불어 미래에 달성할 수 있는 성취에도 달려있기 때문이다. 그리고 이론이 미래에 달성할 수 있는 성취는 그런 외재적 요소의 영향을 받지 않는다.

갑: 이론의 과거 실적을 비교하는 것은 가능하다. 그러나 이론이 미래에 달성할 설명과 예측의 범위, 즉 이론의 장래성을 비교하는 것은 어렵다. 우리는 한 이론이 미래에 가지게 될 모든 귀결을 알 수는 없기 때문이다.

을: 우리는 종종 두 이론의 장래성을 비교할 수 있다. 두 이론 T1과 T2에 대해, T2를 구성하는 진술들로부터 T1을 구성하는 진술들을 연역적으로 도출할 수 있지만 그 역은 성립하지 않는다고 하자. 그러면 T2는 T1의 모든 예측에 덧붙여 새로운 예측을 할 것이다. 이 경우, T2는 T1보다 '더 일반적'이므로 더 장래성이 있다.

〈보기〉

ㄱ. 과학 이론의 변화가 '진정한 진보'이려면 어떤 이론의 성공이 사회적 요소로만 해명되어서는 안 된다는 데 갑과 을은 동의한다.

ㄴ. 과학 이론의 변화는 과거 이론의 설명과 예측을 보존하고 그에 더하여 새로운 설명과 예측을 제공하는 방식으로 이루어져 왔다는 데 갑과 을은 동의한다.

ㄷ. 뉴턴 이론이 잘못 예측했던 부분에 대해 상대성 이론이 옳게 예측했다면, 상대성 이론이 뉴턴 이론보다 '더 일반적'인 이론이라는 데 을은 동의한다.

① ㄱ ② ㄴ ③ ㄱ, ㄷ
④ ㄴ, ㄷ ⑤ ㄱ, ㄴ, ㄷ

16

2023학년도 LEET 문14

다음 대화에 대한 분석으로 옳은 것만을 <보기>에서 있는 대로 고른 것은?

갑: 죽은 사람이 물리적으로 해를 입을 수는 없지만, 여전히 그에게 무언가 이롭거나 해로운 일을 할 수 있다고 잘못 생각하는 경우가 있어. 죽은 사람에 관해 거짓 소문을 비열하게 퍼뜨리는 것이 그에게 실제로 해를 끼치지는 않아. 다만 그와 관련된 살아 있는 사람들, 즉 그의 자손이나 그를 존경하는 다른 사람들의 마음에는 상처가 될 수 있지.

을: 하지만 살아 있는 사람들이 왜 마음에 상처를 입겠니? 비열한 소문이 고인에게도 해를 끼쳤다고 그들은 생각할 거야. 가령, 어떤 어머니가 생전에 자신이 살던 집을 절대 팔지 않겠다고 단언했고, 자신이 죽고 난 후에도 그럴 일이 없기를 희망했다고 해 보자. 어머니가 돌아가신 후 집을 상속받은 딸이 어머니의 뜻에 따라 집을 매각할 생각이 전혀 없다면, 그 이유는 그렇게 하면 어머니가 좋아하지 않는다고 생각하기 때문일 거야. 이 경우, 딸의 행동은 어머니가 생전에 갖고 있었지만 현존하지 않는 욕구를 실현한 거야. 어떤 사람의 욕구 충족을 돕는 일은 그 사람의 생사와 무관하게 그에게 이로운 일이 아닐까?

갑: 그렇지 않을 거야. 과거에 있었던 것이든 미래에 있을 것이든, 현존하지 않는 욕구는 언제 충족되더라도 그 사람에게 이로울 리 없어. 딸의 행동은 돌아가신 어머니에게 이롭지도 해롭지도 않다고 보아야 하는 게 맞지.

을: 그럼 이런 사례는 어떨까? 부모가 스무 살 아들에게 앞날을 대비하여 전문직 자격증을 따라고 권하지만, 아들은 지금 돈에 대한 욕구는 전혀 없고 봉사활동을 하고 싶어 해. 부모는 몇 년 안에 아들의 마음이 분명히 바뀌어 돈을 원하게 될 것이라고 예측하면서, 그때 가면 자격증을 따지 않은 것을 후회하게 될 것이라고 말하지. 고민 끝에 아들은, 여전히 돈에 대한 욕구는 없지만, ㉠ <u>부모의 예측에 동의하면서 지금 자신이 해야 할 일은 자격증을 따는 것이라고 판단</u>하지.

〈보기〉

ㄱ. ㉠이 합리적이라고 인정된다면, 갑의 주장은 약화된다.

ㄴ. 시신을 훼손하는 행위가 죽은 당사자에게 해를 입히는 행위인지에 대해 갑과 을의 견해는 같다.

ㄷ. 을은 어떤 사람에게 이롭거나 해로운 일이 그 사람의 욕구 충족과 관련이 있다고 주장하지만, 갑은 이 주장에 동의하지 않는다.

① ㄱ ② ㄴ ③ ㄱ, ㄷ
④ ㄴ, ㄷ ⑤ ㄱ, ㄴ, ㄷ

정답 및 해설 p.67

유형 소개

추리논증 영역에서 출제되는 논증 평가 유형은 주로 귀납 논증에 대한 평가를 의미한다. 문제에서는, 귀납 논증의 유형에 따른 평가 기준을 적용하여 해결할 수 있는 형식이 있으며, 또한 귀납 논증의 고유한 형식 기준뿐 아니라 내용학과 논증의 목적에 따라 다중적인 기준이 적용되는 문제도 있다.

귀납 논증은 근거로부터 주장이 개연적으로 도출되기 때문에 그 개연성을 높이면 '강화(Strong)'되며 개연성을 낮출 경우 '약화(Weak)'된다. 그런데 논증마다 목적하는 바가 상이하며 제재마다 고유한 특성이 있으므로 이를 모두 고려하여 평가를 판단해야 한다.

Ⅲ. 논증 평가

1. 귀납 논증의 평가 기준

귀납 논증은 연역 논증과 달리 전제로부터 결론이 필연적으로 도출되지 않는다. 귀납 논증에서 전제는 결론을 개연적(probably)으로 뒷받침하기 때문이다. 귀납 논증이 목적으로 하는 바는 전제의 참을 가정하여 형식적인 진위를 찾는 것이 아니라, 관찰 및 실험과 같은 사실 경험으로부터 실제로 입증되거나 반증될 수 있는 내용을 확인하는 것에 있다. 그러므로 실질적인 입증이 가능한지 여부가 귀납 논증의 평가 기준이 된다.

1 귀납적 일반화

귀납적 일반화는 개별적인 것들에 관한 관찰을 토대로 일반적인 결론을 이끌어내는 귀납 추론이다. 귀납적 일반화에는 보편 일반화와 통계적 일반화가 있다. 보편 일반화는 단칭 진술로부터 보편 진술로 나아가는 논증을 말하며, 통계적 일반화는 여론 조사와 같이 모집단의 표본으로부터 확률적인 개연성을 결정하는 일반화 논증을 뜻한다.

귀납적 일반화에 있어서 평가 기준은 표본의 크기, 표본의 다양성 등이 고려된다. 전자를 충족시키지 못할 경우 성급한 일반화의 오류, 후자의 경우 편향된 자료의 오류에 빠지게 된다. 또한 결론이 무엇을 주장하고 있는가도 중요하다. 왜냐하면 결론이 보편적일 때 구체적일 때보다 개연성이 떨어지기 때문이다.

통계적 일반화의 경우 표본이 지니는 대표성도 중요한 평가 기준이 된다. 표본의 대표성은 표본의 크기 및 다양성과 관련되며, 표본의 크기가 클수록 그리고 표본의 다양성이 높을수록 표본의 대표성은 높아지게 된다.

예제

2018학년도 LEET 문19

A의 계획에 대한 평가로 옳은 것만을 <보기>에서 있는 대로 고른 것은?

연구자 A는 우리나라 기독교인들의 특성을 알아보기 위해 설문조사를 시행하려고 한다. 이를 위해서는 우리나라 기독교인을 대표할 수 있는 표본을 뽑아야 한다. 이 표본으로부터 얻은 정보에서 모집단인 우리나라 전체 기독교인의 정보를 추론하려는 것이다. 이를 위해서는 A가 뽑은 표본의 총체적 특성이 모집단인 전체 기독교인의 총체적 특성에 거의 근접해야 하며, 이러한 표본을 대표성 있는 표본이라고 한다. 표본의 대표성을 확보하기 위해서는 전국의 모든 기독교인들이 표본으로 뽑힐 확률을 동일하게 해야 한다. 또한 표본의 대표성은 많은 수의 기독교인을 뽑을수록 높아질 것이다. 만약 우리나라 모든 기독교인의 명단이 있다면, 이로부터 충분히 많은 수의 교인을 무작위로 뽑으면 된다. 하지만 그러한 명단은 존재하지 않는다. 대신 초대형교회부터 소형교회까지 전국의 모든 교회를 포함하는 교회 명단은 존재하므로, A는 이 명단으로부터 일정 수의 교회를 무작위로 뽑기로 하였다. 다음 단계로 이 교회들의 교인 명단을 확보하여 이 명단으로부터 각 교회 당 신도 일정 명씩을 무작위로 뽑기로 하였다. 이렇게 하여 A는 1,000명의 표본을 대상으로 설문조사를 실시하려고 계획한다. 여기서 고려할 점은 집단의 구성원들이 동질적일수록 그 집단으로부터 뽑은 표본은 그 집단을 더 잘 대표할 것이며, 교회처럼 자연스럽게 형성된 집단에 속한 사람들은 전체 모집단에 속한 사람들과 비교할 때 일반적으로 더 동질적이라는 사실이다.

〈보기〉

ㄱ. 이 표본은 전국의 모든 기독교인들이 뽑힐 확률을 동일하게 하였으므로 대표성이 높다.
ㄴ. 뽑을 교회의 수를 늘리고 각 교회에서 뽑을 신도의 수를 줄이는 것보다, 뽑을 교회의 수를 줄이고 각 교회에서 뽑을 신도의 수를 늘리는 것이 표본의 대표성을 더 높인다.
ㄷ. 표본의 대표성을 높이기 위해서는 교회가 뽑힐 확률을 교인 수에 비례하여 정해야 한다.

① ㄱ ② ㄷ ③ ㄱ, ㄴ
④ ㄴ, ㄷ ⑤ ㄱ, ㄴ, ㄷ

[정답] ②

ㄱ. (X) 초대형교회부터 소형교회까지 포함된 명단을 표본으로 하고, 초대형교회든 소형교회든 뽑힐 확률이 동일하기에 대표성이 높다고 할 수 없다. 대형교회의 교인이 소형교회의 교인보다 추출확률이 작기에 전국의 모든 기독교인들이 뽑힐 확률이 동일하지 않기 때문이다.
ㄴ. (X) 지문에서 밝히듯 교회의 구성원들은 동질성이 높기 때문에 적은 수로도 대표성이 높을 수 있다. 따라서 교회의 수를 늘리고 신도의 수를 줄이는 것이 교회의 수를 줄이고 신도의 수를 늘리는 것보다 대표성을 높일 수 있는 방안이 된다.
ㄷ. (O) 초대형교회에는 신도의 수가 많고 소형교회에는 신도의 수가 적기 때문에 이를 고려하기 위해서는 교인 수에 비례하여 교회가 뽑힐 확률을 정하는 것이 적절하다.

2 유비 논증

1. 대상의 수

일반적으로 대상의 수, 즉 경험의 횟수가 많으면 많을수록 그 논증은 더욱 강화된다.

> [예시] 과거에 구매한 신발이 만족스러웠다. 이 신발은 과거 구매한 신발과 동일한 상표의 신발이므로 역시 만족스러울 것이다.

한편 유비에서 대상의 수와 결론의 개연성 사이에 단순한 수적 비례가 존재하는 것은 아니다. 위 [예시]에서 과거에 구매한 신발이 6개인 경우가 과거에 구매한 신발이 2개인 경우보다 3배 높은 개연성을 지녔다는 결론이 나오지는 않기 때문이다.

2. 사례의 다양성

[예시]에서 이전에 구매했던 신발의 구입 장소가 다양했고, 생산지가 서로 다른 곳이었으며, 구입 방법도 다양했다면, 만족감의 원인이 신발 자체에 있다고 확신할 수 있다. 이렇게 유비 논증의 전제에 포함된 사례가 다양할수록 그 논증은 더욱 강화된다.

3. 유사성의 수

결론에서 말하는 대상이 전제의 대상과 유사한 측면이 많을수록 결론의 개연성은 높아진다. 또한 다음과 같이 [추가 정보]가 있을 때에 [예시]에서 유사성의 수가 충분한지를 통해 유비 논증의 개연성을 높일 수도 있다.

> [추가 정보] 이전에 구입한 신발들은 동일한 스타일이었고 동일한 가격과 동일한 종류의 가죽으로 만들어진 것이다.

4. 관련성

사례의 전제와 결론이 유사성을 갖는 측면이 어떤 종류인지는 유사성의 수 못지않게 중요하다. 유사성의 측면들이 관계가 있다면 논증을 강화할 것이고, 무관한 유사성이 많은 것보다 관련성이 높은 하나의 요소가 오히려 논증의 개연성을 높일 수 있기 때문이다.

> · 이전에 구매한 신발과 새 신발은 모두 화요일에 구매한 것이다.: 무관한 유사성
> · 이전의 신발과 새 신발은 동일한 제조회사에서 만든 것이며, 스타일과 가격, 재료가 같다.: 관련성이 높은 유사성

5. 반유비(dis-analogy)

반유비란 상이점을 말한다. 추론에서 어떤 사례가 그 논증이 근거하고 있는 사례로부터 구별 가능한 측면을 가질 때 이에 해당한다. 반유비는 유비 논증을 약화시킨다. 이를 통해 결론으로 주장되는 바가 이전의 사례들과 중요한 점에서 다르다는 것으로부터 결론의 주장이 참이 아닐 가능성이 있다는 것을 보여줄 수 있다.

> [예시 1] 투자자들은 이전의 성공적인 실적에 근거하여 개방형 투자신탁증권을 구매하였다. 이전의 구매가 주가 상승의 결과를 가져왔기 때문에 이후의 구매 역시 그럴 것으로 추측했기 때문이다. 그런데 자금을 운용하여 이익을 남겼던 담당직원이 교체되었다는 사실이 알려졌다.

반유비는 유비 논증을 공격하는 논거이기에, 잠재적인 반유비를 피할 수 있다면 반대로 그 논증을 강화할 수 있다. 즉 전제에 나타난 사례들이 다양할수록 반유비에 의한 논증 약화 가능성을 줄일 수 있다는 것이다.

> [예시 2] 철수와 비슷한 성적으로 고등학교를 졸업한 10명의 다른 학생들이 있다. 그들은 철수와 동일한 대학에 입학하였고 대학을 이수하고 학위를 취득했다. 또 그들은 고등학교 성적 이외에 경제적 배경이나 가족관계, 종교 등에서 서로 간에 다양한 차이를 보이고 있었다. 그렇다면 철수도 대학과정을 이수하고 학위를 취득했을 것이다.

반유비는 유비 논증을 약화시키지만 전제들 간의 상이점은 유비 논증을 강화한다. 반유비는 결론의 사례와 전제들의 사례 간에 관련된 상이한 측면이 있다는 사실을 보여주고자 한다. 반면에 전제들 사이의 상이점은 문제의 속성과 인과적으로 관련되어 있다고 생각될 수 있는 것이 실제로는 전혀 관련이 없다는 사실을 보여주고자 한다.

6. 결론의 강도

논증은 전제들이 결론을 받아들일 수 있는 이유나 근거를 제시한다. 결론이 주장하는 것이 많을수록 그것을 뒷받침해야 하는 전제들도 많아야 한다. 즉 결론이 주어진 전제로부터 도출될 가능성이 높을수록 유비 논증의 결론의 강도가 높아진다.

을의 입장에 대한 분석으로 옳은 것만을 <보기>에서 있는 대로 고른 것은?

갑: 민사소송에서의 확인소송은 원고의 법적 지위가 불안하거나 위험할 때 확인판결을 받는 것이 그러한 불안이나 위험을 제거하기 위하여 실효적인 경우에만 인정되고, 다른 소송방법에 의하여 효과적인 권리구제가 가능한 경우에는 인정되지 않는다는 보충성의 원칙이 요구된다. 예컨대, 특정한 의무의 이행을 직접적으로 청구하는 소송을 할 수 있는데도 불구하고 그러한 방법에 의하지 않고, 단지 확인만을 구하는 소송을 하는 것은 분쟁의 종국적인 해결방법이 아니어서 소송을 할 이익이 없다. 행정소송에서의 무효확인소송도 확인소송의 성질을 가지므로, 민사소송에서처럼 보충성의 원칙이 요구된다.

을: 행정소송은 행정청의 위법한 처분 등을 취소하거나 그 효력 유무 등을 확인함으로써 국민의 권리 또는 이익의 침해를 구제하는 것을 목적으로 하므로, 대등한 주체 사이의 사법상(私法上) 생활관계에 관한 분쟁을 심판대상으로 하는 민사소송과는 목적, 취지 및 기능 등을 달리한다. 또한 행정소송법은 무효확인소송의 판결의 효력에 있어서 그 자체만으로도 권리구제의 실효성을 담보할 수 있는 여러 특수한 효력을 추가적으로 인정하고 있기 때문에 권리구제방법으로서 효과적인 다른 소송수단이 있다 하더라도 무효확인소송을 제기할 수 있다.

〈보기〉

ㄱ. 을은 민사소송에서의 확인소송은 보충성의 원칙이 요구되지 않는다는 것을 전제하고 있다.
ㄴ. 을은 행정소송에서의 무효확인소송의 성질이 확인소송임을 부인하고 있다.
ㄷ. 을은 확인소송의 보충성의 원칙을 민사소송에만 한정하고자 한다.

① ㄱ ② ㄴ ③ ㄷ
④ ㄴ, ㄷ ⑤ ㄱ, ㄴ, ㄷ

[정답] ③

ㄱ. (X) 을은 행정소송에서의 확인소송은 보충성의 원칙이 요구되지 않는다고 전제하고 있을 뿐, 민사소송에서의 확인소송이 보충성의 원칙이 요구되지 않음을 전제하고 있지는 않다.
ㄴ. (X) 을은 행정소송에서의 무효확인소송이 보충성의 원칙이 적용되지 않는다고 주장할 뿐이다.
ㄷ. (O) 을은 행정소송은 민사소송과 목적, 취지 및 기능 등이 다르므로 보충성의 원칙이 민사소송처럼 적용될 수 없다는 입장이다. 따라서 을은 확인소송의 보충성의 원칙을 민사소송에만 한정한다.

3 인과 논증

원인으로 규정을 할 때 필수적인 조건은 시간적 선행성이다. 원인은 결과를 발생하게 만들어주는 요인이기에 시간의 선행성이 있어야 한다. 그러나 단순히 시간이 앞선다고 해서 무조건 원인이 되는 것은 아니다. 이들 간의 관련성이 있어야 하기 때문이다. 이러한 관련성의 기준에 의해 다양한 원인에 대한 의미가 나타나게 된다. 일반적으로 인과 논증의 평가는 원인과 결과의 관련성을 통해 이루어진다. 따라서 귀납적 논증이 인과관계를 확립하는 것을 목표로 할 경우, 그러한 논증을 구성하는 경험적 문장들이 참이라는 것을 보이려면, 이 문장들을 확립하기 위한 적절한 절차가 있어야 한다.

"x는 y의 원인이 된다"는 형식의 문장은 일반적으로 ① x는 y에 선행하고, ② 유사한 어떤 경우들에 있어 만약 y가 존재한다면, 그리고 오직 그럴 때에만 x는 항상 존재한다는 것을 함축한다.

P라는 결과에 대한 원인을 Q라고 파악했다고 가정해보자. 이때 '만약 원인 Q가 있으면 반드시 결과 P가 나타난다.'는 조건을 충족하였을 경우, Q는 P의 원인이라고 규정할 수 있다. 이때 우리는 충분조건으로서의 원인 파악을 하고 있는 것이다. 원인 Q가 있다는 것이 결과 P가 발생하는 데 충분한 조건으로 고려되기 때문이다. 한편 '만약 원인 Q가 없다면 결과 P가 나타나지 않는다.'는 기준으로 원인을 파악할 수도 있다. 이때 우리는 결과 P가 나타나기 위해서 원인 Q가 꼭 필요하다는 '필요조건'으로서 원인을 파악하고 있는 것이다. 이 두 조건은 인과관계를 입증하기 위한 중요 방법에 해당한다.

· 충분조건으로서의 원인: 원인이 있다면 결과는 발생할 것이다. · 필요조건으로서의 원인: 원인이 없다면 결과도 발생하지 않을 것이다.

예제

01

2017학년도 LEET 문16

다음 논쟁에 대한 분석으로 옳은 것만을 <보기>에서 있는 대로 고른 것은?

설거지를 하던 철수는 수지로부터의 전화벨 소리에 깜짝 놀라고 접시를 깨뜨린다. 접시를 깬 이유가 무언지 생각해본 철수는 '수지가 자신에게 전화를 건 사건'이 '자신이 깜짝 놀란 사건'의 원인이며, '자신이 깜짝 놀란 사건'이 '자신이 접시를 깬 사건'의 원인이라고 추론한다. 왜냐하면 철수는 다음의 원리를 받아들이기 때문이다.

원리A: 임의의 사건 a, b에 대하여, a가 b의 원인이라는 것은 a가 발생하지 않았더라면 b가 발생하지 않았다는 것이다.

이어서 철수는 다음의 원리를 통해 '수지가 전화를 건 사건'이 '자신이 접시를 깬 사건'의 원인이라고 결론 내린다.

원리B: 임의의 사건 a, b, c에 대하여, a가 b의 원인이고 b가 c의 원인이라면, a는 c의 원인이다.

철수는 자신이 접시를 깬 것은 수지 때문이라며 수지를 원망한다. 이에 수지는 다음의 사례를 들어 반박한다. 사실 어젯밤 철수의 집에 누군가 몰래 침입하여 폭탄을 설치하였다. 오늘 아침 수지가 다행히 폭탄을 발견하였고 이를 제거하였다. 철수는 무사히 출근할 수 있었다. 수지는 다음과 같이 말한다.

"'만약 누군가가 폭탄을 설치하지 않았더라면, 내가 폭탄을 제거할 일이 없었을 것'이라는 점은 당연하지. 그렇다면 원리A에 의해 '누군가 폭탄을 설치한 사건'이 '내가 그 폭탄을 제거한 사건'의 원인이라 해야 할 거야. 마찬가지 방식으로 '내가 폭탄을 제거한 사건'이 '네가 출근한 사건'의 원인이라고 해야 하겠지. 그런데 원리B에 의하면, '누군가 폭탄을 설치한 사건'이 '네가 출근한 사건'의 원인이라고 말해야 할거야. 누군가 폭탄을 설치했기 때문에 네가 출근할 수 있었다는 게 말이 된다고 생각하니?"

〈보기〉

ㄱ. '철수가 접시를 구입하지 않았더라면, 철수는 접시를 깨지 않았을 것'이라는 것은 당연하다. 하지만 '철수가 접시를 구입한 것'이 '철수가 접시를 깬 사건'의 원인이라고 말하는 것은 부적절해 보인다. 그렇다면 이는 원리A를 약화한다.
ㄴ. 철수의 추론은 '수지가 자신에게 전화 걸지 않았더라면, 자신은 접시를 깨지 않았을 것'이라는 전제를 사용한다.
ㄷ. 수지의 추론은 '자신이 폭탄을 제거하지 않았더라면, 철수는 출근하지 못했을 것'이라는 전제를 사용한다.

① ㄱ ② ㄴ ③ ㄱ, ㄷ
④ ㄴ, ㄷ ⑤ ㄱ, ㄴ, ㄷ

[정답] ③

ㄱ. (O) 원리A에 대한 반례에 해당하기에 옳은 진술이다.

ㄴ. (X) 철수의 추론은 다음과 같은 연쇄를 지닌다.

[결론: 원인 파악] 수지가 자신에게 전화를 건 사건은 철수가 깜짝 놀란 사건의 원인이다.

[전제: 원리A 적용] 수지가 자신에게 전화를 걸지 않았더라면, 철수가 깜짝 놀라지 않았을 것이다.

[결론: 원인 파악] 철수가 깜짝 놀란 사건은 철수가 접시를 깬 사건의 원인이다.

[전제: 원리A 적용] 철수가 깜짝 놀라지 않았더라면, 철수가 접시를 깨지 않았을 것이다.

[결론: 원인 파악] 수지가 자신에게 전화를 건 사건은 철수가 접시를 깬 사건의 원인이다.

[전제: 원리B 적용] 수지가 자신에게 전화를 건 사건이 철수가 깜짝 놀란 사건의 원인이고, 철수가 깜짝 놀란 사건이 철수가 접시를 깬 사건의 원인이라면, 수지가 자신에게 전화를 건 사건이 철수가 접시를 깬 사건의 원인이다.

이와 같이 철수가 사용한 [전제]에 '수지가 자신에게 전화를 걸지 않았더라면, 자신은 접시를 깨지 않았을 것이다.'라는 전제를 사용하지는 않았다. 이는 철수의 추론의 결론으로 볼 수 있을 뿐이다.

ㄷ. (O) 수지는 원리A에 의해 '내가 폭탄을 제거한 사건'이 '네가 출근한 사건'의 원인이라고 추론하고 있다. 따라서 수지는 원리A를 적용하여 '내가 폭탄을 제거하지 않았더라면, 철수는 출근하지 못했을 것'이라는 전제를 사용하고 있다.

02

2019학년도 LEET 문36

다음으로부터 추론한 것으로 옳은 것만을 <보기>에서 있는 대로 고른 것은?

질병의 원인을 어떻게 추정할 수 있을까? 19세기 과학자 K가 제안한 단순한 초기 가설에 따르면, 어떤 병원균의 보균 상태가 아님에도 어떤 질병이 발병하거나 그 병원균의 보균 상태임에도 그 질병이 발병하지 않는다면, 그 병원균은 그 질병의 원인이 아니다. 이를테면 결핵 환자들 중에 어떤 병원균의 보균자인 사람도 있고 아닌 사람도 있다면 그 병원균을 결핵의 원인으로 추정할 수 없으며, 어떤 병원균의 보균자들 중에 결핵을 앓고 있는 사람도 있고 아닌 사람도 있다면 그 병원균 역시 결핵의 원인으로 추정할 수 없다는 것이다. 이를 엄밀하게 표현하면 아래와 같다.

다음 두 조건을 모두 만족하는 경우에, 병원균 X를 질병 Y의 원인으로 추정할 수 있다.
조건 1: Y를 앓는 모든 환자가 X의 보균자이다.
조건 2: 누구든 X의 보균자가 되면 그 때 반드시 Y가 발병한다.

〈보기〉

ㄱ. 질병 D를 앓는 모든 환자들이 병원균 α와 β 둘 다의 보균자이고, 누구든 α와 β 둘 다의 보균자가 되면 그 때 반드시 D가 발병하는 경우, α도 조건 2를 만족하고 β도 조건 2를 만족한다.

ㄴ. 질병 D를 앓는 환자에게서 병원균 α와 β가 함께 검출되는 경우가 없다면, α와 β 중 기껏해야 하나만 위 두 조건을 모두 만족할 수 있다.

ㄷ. 질병 D를 앓는 모든 환자에게서 병원균 α와 β 중 적어도 하나가 검출된다면, α와 β 중 적어도 하나는 조건 1을 만족한다.

① ㄱ　　② ㄴ　　③ ㄱ, ㄷ　　④ ㄴ, ㄷ　　⑤ ㄱ, ㄴ, ㄷ

[정답] ②

ㄱ. (X) D → (α&β), (α&β) → D: D를 앓는 모든 환자는 조건 1에 의해 α와 β의 보균자가 된다. 그러나 α의 보균자라고 해서 반드시 D가 발생하는 것은 아니며, β의 보균자라고 해서 반드시 D가 발생한다고 할 수도 없다.

1) 내용적으로는 D를 앓는 모든 환자에게서 α나 β 중 적어도 하나는 검출된다는 것으로 이는 D를 앓는 환자 중 일부는 α, 일부는 β를 보균하고 있다는 것도 의미하기에, D를 앓는 모든 환자가 α를 보균하거나 D를 앓는 모든 환자가 β를 보균한다고 추론할 수 없기 때문에 타당하지 않은 진술이다.

2) 기호화를 통해 파악하면 다음과 같다.
- 전건: (∀x)(Dx → (αx∨βx))
- 후건: (∀x)(Dx → αx)∨(∀y)(Dy → βy)

그러나 전건으로부터 후건을 도출할 수 없기에 ㄱ은 적절하지 않다.

ㄴ. (O) D → ~(α&β) = D → (~α∨~β): D를 앓는 환자에게서는 최대 둘 중 하나의 조건만 만족할 수 있다.

ㄷ. (X) D → (α∨β): D를 앓는 환자들은 둘 중 적어도 하나가 검출될 뿐이다. 이에 따라 D를 앓는 환자 중에 어느 하나의 보균자만 가지는 사람이 있을 수 있다. 따라서 D를 앓는다고 해서 α 보균자라고 확정할 수 없으며, D를 앓는다고 해서 β 보균자라고 확실하게 말할 수도 없다.

03

2024학년도 LEET 문18

다음 논쟁에 대한 분석으로 옳은 것만을 <보기>에서 있는 대로 고른 것은?

갑1: 종이에 쓰인 '개'라는 기호는 개에 관한 것이야. 마찬가지로 우리 머릿속의 개-생각 또한 개에 관한 것이지. 그런데 '개'라는 임의의 기호가 왜 개에 관한 것인지를 설명할 때와 마찬가지로, 개-생각이 어떻게 개에 관한 것인지를 설명하기도 까다로운 것 같아.

을1: 그건 간단히 설명할 수 있어. 만약 대상 X가 어떤 생각을 인과적으로 야기하고, 그리고 X가 있을 때만 그 생각이 인과적으로 야기된다면, 그 생각은 X에 관한 것이지. 승강기 지시등을 생각해봐. 7층 지시등은 승강기가 7층에 도달하면 그리고 오직 그 경우에만 켜지잖아. 7층 지시등이 7층에 관한 것임과 똑같은 방식으로 개-생각은 개에 관한 것이야.

갑2: 너의 견해는 만족스럽지 않아. 예를 들어 병이 개를 본다고 해봐. 개에서 병의 개-생각까지 이어지는 인과적 경로는 매우 길어. 빛이 개의 털에 반사되어 병의 망막으로 들어오지. 망막은 특정한 양식으로 활성화되고 그 정보는 시신경을 통해 뇌에 전달돼. 마지막으로 개-생각이 병의 뇌 깊은 데서 형성되지. ㉠ 병의 망막 위의 활성화 양식을 'd-양식'이라 하자. 그렇다면 개가 아닌 d-양식이라는 대상에 의해, 그리고 오직 그 대상이 있을 때만 병의 개-생각이 인과적으로 야기된다고 말할 수 있지.

을2: 하지만 그 d-양식을 인과적으로 야기한 대상의 인과관계를 계속 거슬러 올라가면 마지막에는 항상 개가 있지. 그러므로 병의 개-생각은 여전히 개에 관한 것임에 변함이 없어.

갑3: 그러면 병이 안개 낀 저녁에 양을 개로 오인하고 '저 안개 너머에 개가 있다.'라고 생각했다고 해볼까? 지금 병의 개-생각은 양에 의해서 야기되었어. 반면 정상적인 상황에서는 양이 아닌 개가 병의 개-생각을 야기하겠지. 개-생각은 양에 의해 야기되기도 하고 개에 의해 야기되기도 해. 그렇다면 개-생각은 개 또는 양에 의해 야기된다고 해야 해. 그러므로 너의 견해가 옳다면 병의 개-생각은 개가 아닌 개-또는-양이라는 대상에 관한 것이라는 결론에 도달해.

〈보기〉

ㄱ. ㉠까지 이어지는 인과적 경로의 출발점이 개 전체가 아니라 개의 일부라고 가정하더라도 갑2의 결론은 똑같이 도출된다.

ㄴ. 을2는 대상 a, b, c에 대해서 만약 a가 b를 인과적으로 야기하고 b가 c를 인과적으로 야기한다면 a는 c를 인과적으로 야기한다는 원리를 전제한다.

ㄷ. 갑2와 갑3에 제시된 논증은, 만약 을1의 견해를 수용한다면 병의 개-생각이 개가 아닌 다른 무언가에 관한 것일 수 있다는 것이다.

① ㄱ ② ㄷ ③ ㄱ, ㄴ
④ ㄴ, ㄷ ⑤ ㄱ, ㄴ, ㄷ

[정답] ⑤

ㄱ. (O) 갑2가 말하는 ㉠은 개의 털에 반사되어 망막으로 들어와 형성된 것으로 개 전체가 아니라 일부라 가정하더라도 동일한 결론이 도출된다.

ㄴ. (O) 을2는 개를 보고 d-양식이 나타나고 그로 인해 개-생각이 야기된다는 것으로부터 개-생각은 개로부터 야기된다는 주장이다. 따라서 인과적 연쇄를 통한 인과를 의미하므로 옳은 분석이다.

ㄷ. (O) 갑2와 갑3은 을1의 견해를 수용할 때에 나타나는 귀결이 을이 말하는 것처럼 개-생각이 아닌, 각각 d-양식, 개-또는-양이 된다는 주장으로 옳은 판단이다.

4 가설 추론

가설은 주어진 현상에 관해, 그러한 현상이 일어나는 이유나 원인을 예측하거나 추측한 진술을 말한다. 가설은 원인이나 이유를 일반화하여 그러한 원인이나 이유로 인해 주어진 현상이 일어났다는 것을 주장하는 것이다. 이때 그러한 가설의 근거로 경험적 사실 즉, 실험이나 관찰 그리고 통계적 자료 등을 제시할 때에 이를 '가설 추론'이라고 한다.

가설 연역법
가설 추론에 있어서 기존에 이미 증명된 이론이나 원리를 기반으로 하여 가설을 설정하고, 이를 관찰 및 실험 등의 경험 사실을 근거로 제시하는 방법을 가설 연역법이라고 한다. 이미 검증된 이론이나 원리를 사용하는 것은 연역적인 증명으로 진행되기에 '연역'이라는 명칭이 가설과 함께 사용된다. 일반적으로 과학적 가설을 밝히는 데 사용된다.

1. 경험적 증거의 신뢰성

가설 추론에서는 주어진 경험적 증거가 무엇이며, 그러한 증거가 신뢰할만한 것인지 확인하고, 제시되는 가설과 경험적 증거와의 정합성을 밝혀야 한다. 동일한 경험적 자료도 주어진 조건이나 상황, 맥락에 따라 다른 결과가 나타날 수도 있기 때문이다.

2. 경쟁 가설

주어진 현상과 관련된 다른 가설들과도 비교할 필요가 있다. 다른 관찰이나 실험 결과로 인해 주장하는 가설이 영향을 받을 수 있기 때문이다. 이때에는 다른 가설이 경쟁 가설이 되어 주어진 가설 추론의 약화를 가져올 수도 있다.

3. 대조 사례 및 반증 사례

주어진 가설을 대상으로 하여 확증 또는 입증될 수 있는 새로운 증거가 있을 경우 이를 통해 가설 자체가 강화되거나, 그 반대로 반확증되어 반증되는 경우인지를 확인해야 한다. 원리를 뒷받침하는 다른 지식을 제공하거나 가설의 내용을 입증하는 사례를 통해 가설을 강화할 수 있다. 이때 일반적으로 대조 사례를 제시하여 기존 가설을 강화할 수 있다.

반대로 반증 사례를 통해 약화를 시도하거나 원리의 신뢰성이 문제가 되어 약화될 수 있다. 과학적 가설은 대부분 어떤 현상에 대한 원인을 일반화하여 하나의 원리 및 원칙으로 제시하는 예측 또는 추측이다. 따라서 논증에서 밝히는 결론은 실제로 그러한 상황이나 맥락에서는 언제나 입증 또는 확증되어야 한다. 만약 반증 사례가 존재한다면 주어진 가설은 약화된다.

예제

01

2018학년도 LEET 문30

다음으로부터 추론한 것으로 옳지 않은 것은?

자료와 가설 사이에 성립하는 증거 관계는 자료가 가설의 확률을 어떻게 변화시키느냐에 의해 정의된다. '자료가 어떤 가설에 대해 긍정적 증거'라는 말은 그 자료가 해당 가설이 참일 확률을 높인다는 뜻이다. 마찬가지로 '자료가 어떤 가설에 대해 부정적 증거'라는 말은 그 자료가 해당 가설이 참일 확률을 낮춘다는 뜻이다. 또한 '자료가 어떤 가설에 대해 중립적 증거'라는 말은 그 자료가 해당 가설이 참일 확률을 높이지도 낮추지도 않는다는 뜻이다. 이를 통해 하나의 자료가 서로 양립할 수 없는 여러 경쟁가설들과 어떤 관계에 있는지 추적할 수 있다. 이를 위해 경쟁가설들로 이루어진 집합을 생각해 보자. 참일 수 없는 가설은 고려할 가치가 없으므로 우리가 고려하는 경쟁가설의 확률은 모두 0보다 크다고 할 수 있다. 또한 경쟁가설 집합에 속한 가설들은 동시에 참이 될 수 없으며, 그 가설들 중 하나는 참이라고 상정한다. 그러므로 경쟁가설 집합에 속한 각 가설들이 참일 확률의 합은 1이 된다. 물론 경쟁가설 집합의 크기는 다양할 수 있다. 위 정의에 따라 경쟁가설 집합에 속한 가설들과 자료 사이의 관계를 규명할 수 있다. 가령, 경쟁가설 집합에 H1과 H2라는 두 개의 가설만 있는 경우를 생각해 보자. 이 경우 H1이 참일 확률과 H2가 참일 확률의 합은 1로 고정되어 있어 하나의 확률이 증가하면 다른 것의 확률은 감소할 수밖에 없다. 따라서 H1에 대해 긍정적 증거인 자료는 H2에 대해 부정적 증거가 된다. 비슷한 이유에서, H1에 대해 중립적 증거인 자료는 H2에 대해서도 중립적 증거가 된다.

① 어떤 자료가 세 개의 가설 각각에 대해 부정적 증거라면, 이 세 가설이 속하는 경쟁가설 집합에는 또 다른 가설이 적어도 하나는 있어야 한다.
② 어떤 자료가 경쟁가설 집합에 속한 한 가설의 확률을 1로 높이면, 그 자료는 그 집합에 속한 다른 가설에 대해 중립적 증거일 수 있다.
③ 경쟁가설 집합에 속한 어떤 가설에 대해 긍정적 증거인 자료는 그 집합에 속한 적어도 한 개의 다른 가설에 대해 부정적 증거가 된다.
④ 경쟁가설 집합 중에서 어떤 자료가 긍정적 증거가 되는 경쟁가설의 수와 부정적 증거가 되는 경쟁가설의 수는 다를 수 있다.
⑤ 경쟁가설 집합에 세 개의 가설만 있는 경우, 그 집합에 속한 가설 중 단 두 개에 대해서만 중립적인 자료는 있을 수 없다.

[정답] ②

① (O) 경쟁가설 집합에서 어떤 가설에 대해 부정적 증거라면 어떤 다른 가설에는 긍정적 증거가 되어야 한다. 세 개 가설이 모두에게 부정적 증거가 되어 가설들 모두의 확률을 낮추게 되면, 경쟁가설들의 합이 1이 될 수 없기 때문이다.
② (X) 한 가설의 확률을 1로 높일 경우, 그 가설에 대해서 긍정적 증거가 되며 다른 가설들의 확률은 0이 된다. 따라서 다른 가설에는 중립적 증거가 될 수 없다.
③ (O) 경쟁가설 집합에서 하나의 가설에 긍정적인 자료는 그 가설의 확률을 높인다. 그런데 경쟁가설 집합 내의 가설들의 합은 1이 되어야 해 다른 가설의 확률을 반드시 낮출 수밖에 없으므로 적어도 하나의 가설에 대해 부정적 증거가 된다.
④ (O) 경쟁가설의 집합의 크기는 다양할 수 있다.
⑤ (O) 세 개의 경쟁가설로 이루어진 집합에서 두 개의 가설에는 중립적이며 나머지 하나의 확률만 변화시키는 자료는 있을 수 없다. 하나의 가설 확률이 변화하는 경우 전체의 합이 1이어야 하기에 적어도 다른 하나의 가설 확률은 반드시 변해야 하기 때문이다.

02

다음으로부터 추론한 것으로 옳은 것만을 <보기>에서 있는 대로 고른 것은?

가설과 증거 사이에는 다양한 관계가 성립한다. 증거는 가설을 강화하기도 하고 약화하기도 하며 그 정도는 다양하다. '구리를 가열했더니 팽창했다'는 증거가 '모든 금속은 가열하면 팽창한다'는 가설을 강화하는 정도는 그 증거가 '어떤 금속은 가열하면 팽창한다'는 가설을 강화하는 정도와 다르다.

어떤 이론가들은 이런 강화 및 약화의 정도 사이에 다음과 같은 대칭성이 성립한다고 주장한다.

○ 증거－대칭성: 증거 E가 가설 H를 강화하는 정도와 증거 E의 부정이 가설 H를 약화하는 정도는 같다.

한편, 이런 강화 및 약화의 정도에는 최댓값이 있다. 주어진 배경 지식과 함께 증거 E가 가설 H를 논리적으로 함축하면 증거 E는 가설 H를 최대로 강화한다. 마찬가지로 주어진 배경 지식과 함께 증거 E가 가설 H의 부정을 논리적으로 함축하면 증거 E는 가설 H를 최대로 약화한다. 그리고 증거 E가 가설 H를 최대로 강화하고 E의 부정이 H를 최대로 약화하면, E가 H를 강화하는 정도와 E의 부정이 H를 약화하는 정도는 같다.

〈배경 지식〉

이번 살인 사건의 용의자는 갑, 을, 병 세 사람이다. 그리고 이 중 한 사람만 범인이다.

〈보기〉

ㄱ. '갑이 범인이다'라는 증거는 '을이 범인이 아니다'라는 가설을 최대로 강화하지만, '갑이 범인이 아니다'라는 증거는 '을이 범인이 아니다'라는 가설을 최대로 강화하지 않는다.

ㄴ. 병이 범인이 아니라는 사실이 〈배경 지식〉에 추가된다면, '갑이 범인이다'라는 증거는 '을이 범인이다'라는 가설을 최대로 약화하고, '갑이 범인이 아니다'라는 증거는 '을이 범인이 아니다'라는 가설을 최대로 약화한다.

ㄷ. 병이 범인이 아니라는 사실이 〈배경 지식〉에 추가된다면, '갑이 범인이다'라는 증거와 '을이 범인이 아니다'라는 가설 사이에는 증거－대칭성이 성립한다.

① ㄱ　② ㄴ　③ ㄱ, ㄷ
④ ㄴ, ㄷ　⑤ ㄱ, ㄴ, ㄷ

[정답] ⑤

ㄱ. (O) 갑, 을, 병 세 사람 중 한 사람만 범인이므로 갑이 범인이다'라는 증거는 '을이 범인이 아니다'라는 가설을 논리적으로 함축하기 때문에 최대로 강화한다. 하지만 '갑이 범인이 아니다'라는 증거는 '을이 범인이 아니다'라는 가설을 최대로 강화하지 않는다. '갑이 범인이 아니다'라는 증거는 '을이 범인이 아니다'라는 진술을 논리적으로 함축하지 않기 때문이다.

ㄴ. (O) 병이 범인이 아닐 때, '갑이 범인이다'라는 증거는 '을이 범인이다'라는 진술을 최대로 약화한다. 왜냐하면 '갑이 범인이다'라는 증거는 '을이 범인이다'라는 진술의 부정을 논리적으로 함축하기 때문이다. 그리고 '갑이 범인이 아니다'라는 증거는 '을이 범인이다'라는 진술을 논리적으로 함축하기 때문에 즉, '을이 범인이 아니다'라는 진술의 부정을 논리적으로 함축하기 때문에 최대로 약화한다.

ㄷ. (O) 병이 범인이 아니라는 진술이 추가될 경우, 범인은 갑과 을 둘 중 한 명이다. 이때 '갑이 범인이다'라는 증거는 '을이 범인이 아니다'라는 것을 최대로 강화하고, '갑이 범인이다'를 부정하는 진술 즉, '갑이 범인이 아니다'라는 진술은 '을이 범인이 아니다'라는 진술을 최대로 약화한다. 따라서 이들 간에는 증거-대칭성이 성립한다.

2. 강화와 약화

귀납 논증은 전제가 결론을 절대적으로 보증하지 못하며, 단지 개연적으로 결론을 뒷받침하기에 전제가 결론을 옹호하는 정도에 따라 강한(strong) 논증과 약한(weak) 논증으로 구분된다. 귀납 논증에 있어서 논증의 개연성을 높일 때에 이를 '강화'라고 하며, 그 반대의 경우 '약화'라고 한다. 한편 연역 논증에서는 전제로부터 결론이 필연적으로 도출되므로 이러한 기준은 적용되지 않는다.

강화는 증거가 가설이나 주장을 확증 또는 입증한다는 의미를 지니고 있다. 가설은 사건이나 현상, 상황에 대한 예측을 위해 고안된 것으로, 관찰이나 실험 등의 경험적 증거와 이미 검증된 배경지식이나 이론 등을 활용해 만들어진다. 경험적 증거가 가설을 효과적으로 뒷받침할 경우 그러한 증거는 가설을 확증(confirm)하게 되는데, 이를 강화라고 한다. 한편, 경험적 증거가 가설이 옳지 않다는 것을 뒷받침할 경우 반입증(disconfirm)이라고 할 수 있으며, 이를 '약화'라고 한다.

귀납 논증의 평가
① 강화: 효과적인 경험적 증거로 인한 확증, 새로운 증거로 인한 논증 입증
② 약화: 경험적 증거가 결론을 효과적으로 뒷받침하지 못하는 반확증, 새로운 증거로 인한 반증

한편 기존에 있는 증거나 자료 등의 전제로부터 결론의 설득력을 평가하기도 하지만, 대부분의 문제에서는 새로운 정보나 사실로 이루어진 상황을 설정하여 새롭게 전제를 제시한다. 그리고 이렇게 추가된 전제로부터 결론의 강도가 달라질 경우를 평가하게 한다.

강화와 약화를 판단하는 문제는 대부분 두 가지의 형식을 취하고 있다. 먼저 하나의 이론을 소개하고 그러한 이론에 대한 평가가 이루어지는 경우이다. 이론에 대한 평가는 그와 관련된 상황이나 사건, 사실을 통해 기존에 소개한 이론이 강화되는지 또는 약화되는지를 판단하면서 이루어진다.

다른 하나의 방식은 비교 및 대립 유형이다. 한 가지 주제나 쟁점에 대한 다른 견해들을 보여주면서, 각각의 이론이나 견해들에 대한 비교와 더불어 주어진 상황이나 사건이 있을 때에 각기 다른 견해들의 설득력은 어떻게 변화되는지를 측정한다.

강화와 약화의 출제유형은 다음과 같다.

① 이론 평가: 강화와 약화를 판단하는 문제는 대부분 두 가지의 형식을 취하고 있다. 먼저 하나의 이론을 소개하고 그러한 이론에 대한 평가가 이루어지는 경우이다. 이론에 대한 평가는 그와 관련된 상황이나 사건, 사실을 통해 기존에 소개한 이론이 강화되는지 또는 약화되는지를 판단하면서 이루어진다.
② 비교 대립: 다른 하나의 방식은 비교 및 대립 유형이다. 한 가지 주제나 쟁점에 대한 다른 견해들을 보여주면서, 각각의 이론이나 견해들에 대한 비교와 더불어 주어진 상황이나 사건이 있을 때에 각기 다른 견해들의 설득력은 어떻게 변화되는지를 측정한다.
③ 제3의 정보: 주어진 지문의 정보 이외에 선택지에서 추가 정보를 주고, 이러한 정보가 기존 이론에 어떤 영향을 주는지를 평가하게 하는 유형이다. 이론을 평가하거나 비교 대립을 할 때에도 제3의 정보가 추가되어 강화 및 약화를 평가하게 하는 문제가 대다수의 강화 약화 문제를 구성한다.

1 법·규범학

법·규범학 영역에서는 주로 논쟁 형식의 문제가 출제되고 있으며, 대립 견해가 자주 등장하고 있다. 법학적 특성이 고려되고 있어서 어떤 것이 쟁점이 되고 논의가 되는지를 구체적으로 포착하는 것이 중요하다. 최근에 법·규범학이 추리 영역에서 수리적 계산 유형의 비중이 높아지고 있고 논증 영역은 그 비중이 많지 않지만 난도가 일정 수준으로 높게 형성되어 있기에 주의가 필요하다.

1. 문제 유형 및 접근 방식

(1) 비교 및 대조

대립적인 견해가 제시되고 이에 대한 쟁점 파악이 우선적으로 이루어져야 할 것이다. 그리고 그러한 논의가 어떤 방식으로 해석되거나 주장되는지를 확인하고 이에 대한 구체적인 근거가 무엇인지를 파악한다. 특히 각각 주장하는 바의 차이점이 어떤 것이며 판단의 기준이 서로 다른가를 함께 찾아야 할 것이다. 그리고 비교 및 대조 형식에서는 같은 문제의식 안에서 서로 다른 해결방식을 찾는 경우도 많기에 유사성에 대한 파악도 필요하다.

예제 2025학년도 LEET 문2

<견해>에 대한 분석으로 옳은 것만을 <보기>에서 있는 대로 고른 것은?

학교폭력 피해가 날로 심각해지는 현실에서도 현행 규정이 피해학생의 보호와 신속한 권리 구제에 미흡하다는 여론이 높아지자 개정안이 국회에 제출되었다.

현행	개정안
제○조(가해학생의 재심청구) 자치위원회가 내린 가해학생에 대한 모든 조치에 대하여 이의가 있는 가해학생 또는 그 보호자는 그 조치를 받은 날부터 15일 이내에 시·도학생징계조정위원회에 재심을 청구할 수 있다.	제○조(가해학생의 재심청구) 자치위원회가 내린 가해학생에 대한 조치 중 전학 또는 퇴학 조치에 대하여 이의가 있는 가해학생 또는 그 보호자는 그 조치를 받은 날부터 15일 이내에 시·도학생징계조정위원회에 재심을 청구할 수 있다.

이에 대해 다음과 같은 〈견해〉가 제시되었다.

〈견해〉

부모는 미성년 자녀의 교육 과정에 참여할 권리가 있으므로 학교가 학생에게 불리한 조치를 할 경우 이에 대한 의견을 제시할 권리도 갖는다. 개정안은 전학 및 퇴학의 경우를 제외하고는 재심을 허용하지 않음으로써 ㉠ 학부모의 이러한 권리를 침해한다. 또한 전학 또는 퇴학 조치를 받은 가해학생에게만 재심을 허용하고 있어 ㉡ 그 밖의 조치를 받은 가해학생과 그 보호자를 부당하게 차별하는 결과를 초래한다. 그러므로 현행 규정을 유지하여야 한다.

〈보기〉

ㄱ. 재심이 허용되지 않는 조치에 대해 다른 방법을 통한 법적 구제가 가능하다면, ㉠은 강화된다.

ㄴ. 가해학생에게 내려진 전학 또는 퇴학 조치는 다른 조치와 달리 추후 별도의 소송을 통해 번복되더라도 그 조치에 따른 가해학생의 피해가 회복 불가능하다면, ㉡은 약화된다.

ㄷ. 모든 가해학생에게 재심 기회를 부여하여 모범적인 사회인으로 성장할 수 있도록 하는 것이 학교와 사회의 책임이라면, ㉠은 약화되고 ㉡은 강화된다.

① ㄴ ② ㄷ ③ ㄱ, ㄴ
④ ㄱ, ㄷ ⑤ ㄱ, ㄴ, ㄷ

[정답] ①

ㄱ. (X) 재심이 허용되지 않는 조치에 대한 다른 법적 구제가 가능하다면, ㉠의 견해처럼 권리 침해를 주장하지 못하기에 강화하지 않는다.

ㄴ. (O) 전학 또는 퇴학 조치에 따른 가해학생의 피해 정도가 다른 조치를 받은 학생보다 피해의 심각성이 크기에 재심을 허용하는 것으로 볼 수 있다. 따라서 그러한 조치는 차별은 아니므로 ㉡은 약화된다.

ㄷ. (X) 모든 학생에게 기회가 제공되어야 한다면, 전학 및 퇴학의 경우를 제외하고는 재심을 허용하지 않아서 학생에게 불리한 조치에 대한 의견 제시 권리를 침해한다는 ㉠을 약화하지 않는다.

(2) 문제 제기에 따른 해결 방안 설정

해결 방안을 설정해야 하는 논의인 경우 논의되는 영역의 구체적인 범위와 조건을 확인해야 한다. 조건으로 제시되는 가정이나 전제가 반드시 이루어져야 하는 필요조건인지 아니면 하나의 조건만 충족되면 이루어질 수 있는 사항인지 확인해야 문제에 대한 평가가 가능한 경우도 존재하므로 주의해야 한다. 이때 논리적인 용어가 사용될 수 있는데 법·규범학에서 자주 사용되는 용어는 '...하지 않는 한'이다. 이는 '...일 때에만'으로 바꾸어 파악될 수 있는 필요조건임을 추리할 수 있어야 한다.

(3) 다중 견해 및 대화식 논의

법조문에 대한 다양한 해석을 제시하고 이들 간에 비교 평가하는 유형이나 대화 유형으로 평가하는 문항으로 출제되는 경우가 있다. 이때에는 해석 기준과 선택지에서 비교하는 구체적인 내용이나 쟁점을 파악하여 각각의 견해가 이루어질 수 있는 구체적인 범위가 어디까지 설정되는지를 확인해야 한다.

예제

<견해>에 대한 분석으로 옳은 것만을 <보기>에서 있는 대로 고른 것은?

갑과 을은 각자 누군가를 살해할 악한 의도로 치밀한 계획을 세워 살해를 시도했으나, 갑은 살인에 성공했고 을은 살인에 실패했다. 이 경우 갑이 훨씬 더 무겁게 처벌된다. 이는 정당화될 수 있을까? 이에 대해 다음과 같은 〈견해〉가 있다.

〈견해〉

A: 갑과 을 모두 살해 의도를 가지고 있었음에도 갑의 시도가 성공하고 을의 시도가 실패한 것은 '운'이 작용한 탓이다. 자신이 어찌할 수 없는 운에 의한 결과에 따라 둘에 대한 처벌의 경중이 달라지는 것은 정당화될 수 없다. 왜냐하면 그렇게 처벌의 경중이 달라지는 것은 둘을 동등하게 대우하는 것이 아니기 때문이다. 따라서 갑과 을을 다르게 처벌해서는 안 된다.

B: 처벌의 경중은 범죄자에게 얼마나 악한 의도가 있었느냐에 따라 결정되어야 하지만 그것을 정확히 파악하기는 어렵다. 이런 상황에서 살해의 성공 여부는 그 의도의 악랄함의 정도를 보여주는 좋은 지표가 된다. 의도가 악랄할수록 더 용의주도하게 살인을 계획할 것이고 성공할 확률이 높을 것이기 때문이다. 그러므로 성공한 살인을 실패한 살인보다 더 무겁게 처벌해야 한다.

C: 갑을 을보다 더 무겁게 처벌하는 것은 '운에 의한 처벌'이라고 할 수 있으며 이런 처벌은 동등한 대우를 실현하는 길일 수 있다. 예를 들어, 고대에는 반역자들을 처벌할 때 제비뽑기를 통해 '운이 없는' 몇 사람만을 처벌하였다. 모든 반역자에 대해서 같은 승률의 제비뽑기를 통해 처벌 여부를 결정했기 때문에 이는 반역자들을 동등하게 대우했다고 할 수 있다. 이와 마찬가지로 살해 성공이라는 '제비뽑기'에 따라 갑과 을을 다르게 처벌하는 것은 동등한 대우를 실현하는 길이다.

〈보기〉

ㄱ. A에 따르면, 누군가를 죽일 의도는 없었으나 난폭운전을 해서 행인을 죽인 사람과 누군가를 죽일 의도로 난폭운전을 해서 행인을 다치게 한 사람을 동일하게 처벌해야 한다.

ㄴ. 의도가 악랄할수록 감정에 휩쓸려 판단력이 떨어진다는 것과 판단력이 떨어질수록 계획의 성공 가능성이 낮아진다는 것이 모두 사실이라면, B의 입장은 약화된다.

ㄷ. A와 C는 갑과 을을 동등하게 대우하여 처벌해야 한다는 것에는 동의하지만 어떤 처벌을 해야 하는지에 대해서는 의견을 달리한다.

① ㄱ　② ㄴ　③ ㄱ, ㄷ
④ ㄴ, ㄷ　⑤ ㄱ, ㄴ, ㄷ

[정답] ④

ㄱ. (X) A는 살해 의도를 모두 가지고 있었다면 결과에 무관하게 동일하게 처벌되어야 한다고 주장한다. 그런데 의도와 관계없이 동일한 처벌을 주장하는 것은 아니기에 옳지 않은 분석이다.

ㄴ. (O) B에 의하면 악랄할수록 더 용의주도하게 살인을 계획하고 성공 확률도 높을 것이다. 이에 반하는 사실이므로 B는 약화된다.

ㄷ. (O) 동등하게 대우하여 처벌해야 한다는 것은 A와 C의 공통점이다. 하지만 A는 그렇기 때문에 처벌의 경중도 동일해야 한다는 입장인 반면, C는 처벌의 경중은 제비뽑기에 따라 다를 수 있다는 입장이므로 이에 차이점이 있다.

(4) 추가 정보 제시

선택지나 보기에서는 주로 추가 정보를 제시하여 기존의 논증에 대한 평가를 묻는다. 이때 추가되는 정보가 주어진 논증을 입증하는 사례가 될 수도 있지만, 그렇지 않고 단순히 소재만 일치하는 정보가 되어 이로 인해 혼동이 될 수 있기에 논의되는 범위에 대한 명확한 인식이 필요하다.

예제 2025학년도 LEET 문8

<견해>에 대한 분석으로 옳은 것만을 <보기>에서 있는 대로 고른 것은?

공공재는 공중이 공동으로 이용할 수 있는 재화로서 그 소유권은 국민이 가진다. 공공재는 누구나 그것에 접근하여 이용할 수 있고 누구도 그것의 이용을 금지시킬 수 없다. 그런데 공공재는 관리가 안 되면 필연적으로 그 가치가 감소하게 된다. 이러한 편익감소를 막기 위해 국가가 '행정'이라는 이름으로 공공재를 관리한다. 그러나 이러한 경우에는 효율성이 떨어지는 문제가 있어 국가가 공공재를 관리하는 방법에 관하여 다음과 같은 〈견해〉가 제기되었다.

〈견해〉

A: 국민이 공공재에 대한 관리를 전적으로 국가에 위임하였으므로 국가는 공공재를 직접 관리하거나 제3자에게 관리하게 할 수 있다. 국가는 효율적으로 공공재를 관리하여 이용가격에 합당한 서비스 품질을 보장하기 위해 공공재의 관리를 민영화할 필요가 있다. 다만 국민은 공공재를 국가가 직접 관리하는 경우에 자기가 부담하는 비용을 초과하여 부담하지 않는 것을 조건으로 국가에 관리방법의 재량을 부여한 것이다. 국가는 이 조건을 충족시켜야 한다.

B: 민영화는 영리성을 고려할 수밖에 없으므로 종전에 국가가 관리하던 공공재 서비스 이용가격이 종국적으로 인상되거나 종전 가격 대비 서비스의 질적 하락을 가져온다. 따라서 국가는 민영화의 대안으로 '협치'를 채택하여야 한다. 국가는 편익감소를 막아야 하는 경우를 제외하고는 공공재의 관리에 직접 관여해서는 안 되며, 공공재를 이용하는 사회 구성원들이 그에 의해 발생하는 문제를 자치적으로 해결할 수 있도록 해야 한다. 시민사회의 협치가 실패하면 공공재가 관리되지 않는 상태가 된다. 따라서 사회 구성원들은 협치가 실패하지 않도록 노력해야 한다.

〈보기〉

ㄱ. A에 의하면, 공공재 X의 민영화 이후 이용가격이 국가가 직접 관리하였다면 국민이 부담하였을 이용가격보다 오른 경우, 국가는 초과된 부분을 국민이 부담하게 할 수 없다.

ㄴ. B에 의하면, 사회 구성원들에 의한 협치가 실패한 경우에는 국가는 공공재의 관리에 직접 관여할 수 있다.

ㄷ. 민영화를 하는 경우에 국가가 공공재 이용가격을 통제하면서 서비스의 질적 저하를 막을 수 있다는 연구 결과는 A를 강화하고 B를 약화한다.

① ㄱ ② ㄴ ③ ㄱ, ㄷ
④ ㄴ, ㄷ ⑤ ㄱ, ㄴ, ㄷ

[정답] ⑤

ㄱ. (O) A에 의하면, 민영화할 경우 국가가 직접 관리하는 경우에 자기가 부담하는 비용을 초과하여 부담하지 않을 것을 조건으로 하기에, 초과된 부분을 국민이 부담하게 할 수 없다.

ㄴ. (O) B에 의하면, 협치가 실패하면 공공재가 관리되지 않는 상태가 되며 이는 편익 감소가 되기에 국가가 직접 관여할 수 있게 된다.

ㄷ. (O) A는 민영화의 경우에도 국가가 직접하는 경우보다 비용이 초과되지 않도록 통제한다는 조건이 있으므로, 공공재 이용 가격을 통제하면 질적 저하를 막을 수 있다는 것은 A를 강화한다. 하지만 B는 민영화는 질적 하락을 가져온다는 주장이므로 그런 사실은 B를 약화한다.

2. 강화

주어진 주장의 개연성을 높이는 사례를 제시할 경우 강화된다. 또한 주장에 부합하는 사례가 되면 주장을 입증할 수 있으므로 이 경우 논증은 강화된다. 그리고 가설을 지지하는 통계적 관찰 비율을 제시할 경우에도 기존 논증은 강화된다.

오답 유형

주장에서 논의하는 영역을 벗어나는 사례는 논증을 강화시키지 않는데, 이를 통해 논증이 강화된다고 나타나는 오류가 이에 해당한다.

3. 약화

주장에 부합하지 않는 사례도 정당함을 보일 때에 기존 주장은 약화된다. 즉 주장하는 바대로 상황이 설정되어도 문제가 해결되지 않음을 보이는 방식으로 논증을 약화하는 것이다. 이는 가설에 대한 통계적 관찰 결과를 근거로 하는 논증에서도 반론으로 사용할 수 있다. 기존 관찰과 다른 결과를 가져오는 사례가 반례가 되기 때문이다. 또한 주장에 따른 판단이 논증에서 전제로 사용되는 법조문의 개념에 해당되지 않음을 보여 약화를 하는 경우도 있다.

오답 유형

주장하는 바를 충족하는 사례인데도 이를 약화로 평가하는 선택지인 경우 오류가 된다.

실전 연습문제

01

2020학년도 LEET 문25

A~D에 대한 평가로 옳은 것만을 <보기>에서 있는 대로 고른 것은?

〈연구 목적〉

X국에서 차량 과속 단속에 걸린 운전자 중 특정 인종의 비율이 높은 것으로 나타났다. 甲은 그러한 현상이 특정 인종이 실제 과속을 많이 하기 때문인지 아니면 경찰이 과속한 차량을 모두 단속하지 않고 인종적 편견에 따라 차별적으로 일부 차량만 단속했기 때문인지 궁금해졌다. 이에 甲은 "경찰이 과속하는 차량들 중 어떤 차는 세워 단속하고 어떤 차는 무시할지를 결정하는 데 운전자의 인종이 중요한 요인으로 작용한다"라는 ㉠ 가설을 세우고 이를 검증하고자 한다.

〈연구 설계〉

甲은 경찰의 과속 단속에서 어떤 인종 차별도 개입하지 않을 때 기대되는 특정 인종 집단에 대한 단속률과 경찰에 의해 실제 단속이 행해진 특정 인종 집단에 대한 단속률을 비교한다. 구체적인 연구 설계는 다음과 같다.

A: 고속도로 요금소를 통과하는 운전자 모집단 중 특정 인종 비율과 고속도로에서 과속으로 경찰에 의해 단속된 운전자들 중 특정 인종의 비율을 비교한다.

B: 주간과 야간의 과속 단속 결과에서 단속된 운전자의 인종별 비율을 비교한다.

C: 경찰의 6개월간 과속 운전자 단속 자료의 인종 분포를 같은 기간 동일한 조건(시간대, 장소 등)에서 甲이 객관적으로 직접 관찰한 과속 운전자의 인종 분포와 비교한다.

D: 관할 구역 거주민 모집단에서 특정 인종이 차지하는 비율과 경찰에 의해 단속된 운전자들 중에서 특정 인종이 차지하는 비율을 비교한다.

〈보기〉

ㄱ. A는 ㉠의 타당성을 검증하지 못한다.

ㄴ. B를 통해 ㉠의 타당성을 검증하려면, 운전자의 인종을 구별할 수 있는 외양적 특징이 주·야간에 다르게 드러난다는 조건이 충족되어야 한다.

ㄷ. C에서 경찰 단속 결과에 나타난 과속 운전자의 인종 비율과 甲의 관찰 결과에 나타난 과속 운전자의 인종 비율이 유사하다면, 이는 ㉠을 약화한다.

ㄹ. D에서 만약 관할 구역 거주민 모집단 중 특정 인종 비율이 15%이고 단속된 운전자들 가운데 특정 인종 비율이 25%였다면, 이는 ㉠의 타당성을 뒷받침하는 논거가 된다.

① ㄱ, ㄹ　② ㄴ, ㄷ　③ ㄴ, ㄹ
④ ㄱ, ㄴ, ㄷ　⑤ ㄱ, ㄷ, ㄹ

02

2016학년도 LEET 문4

다음에 대한 평가로 옳은 것만을 <보기>에서 있는 대로 고른 것은?

자유를 박탈하는 징역형의 경우, 기간이 동일하다면 신분, 경제력 등의 차이와 무관하게 범죄자들이 느끼는 고통은 동일하다고 간주되고 있다. 때문에 형벌 기간이 범죄자의 책임에 비례하도록 한다면, 동일한 범죄에 대해서는 동일한 고통을 부과해야 한다는 '고통평등의 원칙'뿐만 아니라, 형벌은 범죄자의 책임의 양과 일치해야 하며 이를 초과해서 안 된다는 '책임주의 형벌원칙'을 모두 충족할 수 있다.

그러나 벌금형에 있어서 총액벌금형제를 채택하고 있는 A국 형법은 '고통평등의 원칙'이 적용되기 어렵다. 총액벌금형제란 벌금을 부과할 때 단순히 법률에 규정된 형량의 범위 내에서 벌금액을 결정하여 선고하는 것을 말한다. 이 경우 불법과 책임이 동일한 행위에 대하여 동일한 벌금을 부과할 수 있을 것이다. 하지만 범죄자마다 경제적 능력이 다르기 때문에 실제로는 경제적 능력이 작은 사람이 더 큰 고통을 받게 되어 '고통평등의 원칙'에 반하게 된다. 물론 법원이 선고할 때에는 범행의 동기, 범죄자의 연령과 지능 등 범죄자의 행위와 관련된 책임의 정도를 추론할 수 있는 것들을 참작하여 형량을 조정할 수 있다. 하지만 범죄자의 경제적 능력은 이러한 사유에 해당하지 않기 때문에 총액벌금형제의 문제점을 극복할 수 없다.

이러한 이유로 일수벌금형제의 도입이 요구된다. 일수벌금형제란 행위의 불법 및 행위자의 책임의 크기에 따라 벌금 일수(日數)를 정하고, 고통평등의 원칙을 충족시키기 위해 행위자의 경제적 능력에 따라 일일 벌금액을 차별적으로 정한 뒤 이를 곱하여 최종벌금액을 산정하는 벌금부과 방식이다.

〈보기〉

ㄱ. 범죄예방 효과는 형벌이 주는 고통에 비례한다고 전제한다면, 경제적 능력이 높은 사람에 대한 범죄예방 효과는 총액벌금형제보다 일수벌금형제가 클 것이다.

ㄴ. 경제적 능력이 같더라도 동일한 벌금을 통해 느끼는 고통의 정도는 다를 수 있다는 점은 일수벌금형제 도입론을 약화한다.

ㄷ. 일수벌금형제 도입론은 징역형에서 기간을 정할 때 충족되는 원칙들이 벌금형에서 일수를 정하는 것만으로도 충족된다고 본다.

① ㄱ ② ㄷ ③ ㄱ, ㄴ
④ ㄱ, ㄷ ⑤ ㄱ, ㄴ, ㄷ

03

2016학년도 LEET 문2

다음 견해들에 대한 평가로 옳지 않은 것은?

X국 헌법 제34조는 "모든 국민은 인간다운 생활을 할 권리를 가진다."라고 정하고 있는데, 이 조항의 해석으로 여러 견해가 제시되고 있다.

A: 법적 권리는 그 내용이 구체적이고 의미가 명확해야 한다. 그런데 '인간다운 생활'이라는 말은 매우 추상적이고, 사람마다 그 의미를 다르게 해석할 수 있는 여지를 광범위하게 제공한다. 따라서 위 조항은 국민에게 법적 권리를 부여하는 것이 아니라 모든 국민이 인간다운 생활을 할 수 있도록 노력하라고 하는 법률 제정의 방침을 제시하고 있을 뿐이며, 그것을 재판의 기준으로 삼을 수는 없다.

B: 위 조항은 국민에게 법적 권리를 부여하고 있다. 하지만 그 자체로는 아직 추상적인 권리에 불과하기 때문에 그에 근거하여 국가기관을 상대로 구체적인 요구를 할 수는 없고, 입법부가 그 권리의 내용을 법률로 구체화한 다음에라야 비로소 국민은 국가기관에 주장하여 실현할 수 있는 구체적인 법적 권리를 가지게 된다.

C: 위 조항은 국민에게 법적 권리를 부여하지만, 그 권리의 구체적인 내용은 잠정적이다. 그 권리의 확정적인 내용은 국민이나 국가기관이 구체적인 사태에서 다른 권리나 의무와 충돌하지는 않는지, 충돌할 경우 어느 것이 우선하는지, 그 권리를 실현하는 데 재정상황 등 사실적인 장애는 없는지 등 여러 요소를 고려하여 판단한다. 국민은 이렇게 확정된 권리를 국가기관에 주장하여 실현할 수 있다.

D: 위 조항에 규정된 '인간다운 생활'의 수준은 최소한의 물질적인 생존 조건에서부터 문화생활에 이르기까지 여러 층위로 나누어 생각할 수 있다. 위 조항은 그중에서 적어도 최소한의 물질적인 생존 조건이 충족되는 상태에 대하여는 어떤 경우에도 구체적인 법적 권리를 인정하는 것이며, 사회의 여건에 따라서는 이를 넘어서는 상태에 대한 구체적인 법적 권리도 바로 인정할 수 있다.

① A에 대하여는, 헌법 제34조의 문언에 반하는 해석을 하고 있다는 비판을 할 수 있다.

② B에 의하면, 국가가 그 권리의 구체적인 내용을 법률로 정하지 않을 경우 국민은 자신의 권리를 실현할 수 없다.

③ C에 대하여는, 헌법 제34조의 구체적인 내용을 사람마다 달리 이해할 수 있어서 권리의 내용이 불안정하게 된다고 비판할 수 있다.

④ D가 인정하는 구체적인 법적 권리가 실현될 수 있을지는 사회 여건에 따라 다를 수 있다.

⑤ A, B, C는 국가의 다른 조치가 없다면 헌법 제34조를 근거로 법원에 구체적인 권리 주장을 할 수 없다는 점에 견해를 같이한다.

04

2019학년도 LEET 문2

다음 논쟁에 대한 평가로 적절한 것만을 <보기>에서 있는 대로 고른 것은?

A국은 마약류(마약·향정신성의약품 및 대마를 통칭함)로 인한 사회적 폐해를 방지하기 위하여 마약류의 제조 및 판매에 관한 '유통범죄'뿐 아니라 마약류의 단순 '사용범죄'까지도 형벌을 부과하는 정책을 시행하고 있다.

갑과 을은 이러한 자국의 마약류 정책에 대하여 다음과 같은 논쟁을 벌였다.

갑1: B국을 여행했는데 B국은 대마초 흡연이 합법이라 깜짝 놀랐어. 대마초의 성분은 중추신경에 영향을 주어 기분을 좋게 하고, 일단 이를 접한 사람은 끊을 수 없게 만드는 중독성이 있잖아. 이러한 폐해를 야기하는 대마초 흡연은 처벌하는 것이 맞아.

을1: 어떤 개인이 자신에게만 피해를 주는 행위를 했다는 이유로 처벌을 받아야 한다는 것이 이해가 되지 않아. 인간은 타인에게 피해를 주지 않는 한 자신의 생명과 신체, 건강에 대해서 스스로 결정할 자기 결정권을 가지고 있는데 그 권리 행사를 처벌하는 것은 최후의 수단이 되어야 할 형벌의 역할에 맞지 않아.

갑2: 그건 아니지. 마약을 사용하는 것은 스스로를 해치는 행위이기도 하지만, 마약을 사용한 상태에서는 살인, 강간 등의 다른 범죄를 저지를 가능성이 높아져. 타인에게 위해를 가할 위험성을 방지하기 위한 형벌은 필요해.

을2: 그 위험성을 인정하더라도 그런 행위는 타인을 위해할 목적으로 일어난 것이 아니라 중독 상태에서 발생하는 것이잖아. 중독은 치료와 예방의 대상이지 처벌의 대상이어서는 안 된다고 생각해.

갑3: 중독은 사회 전체의 건전한 근로 의식을 저해하기 때문에 공공복리를 위해서라도 형벌로 예방할 필요가 있어.

<보기>

ㄱ. 전쟁 중 병역 기피 목적으로 자신의 신체를 손상한 사람을 병역법 위반으로 형사처벌하는 A국 정책이 타당성을 인정받는다면 을1의 주장은 약화된다.

ㄴ. 자해행위에 대한 형사처벌은 그 행위가 타인에게 직접 위해를 가하는 경우에만 정당화될 수 있고 위해의 가능성만으로 정당화되어서는 안 된다는 견해가 타당성을 인정받는다면 갑2의 주장은 약화된다.

ㄷ. 인터넷 중독과 관련하여 예방교육과 홍보활동을 강조하며 형벌을 가하지 않는 A국 정책이 타당성을 인정받는다면 을2의 주장은 약화된다.

① ㄴ ② ㄷ ③ ㄱ, ㄴ
④ ㄱ, ㄷ ⑤ ㄱ, ㄴ, ㄷ

05

2013학년도 LEET 문1

다음 글에 비추어 판단한 것으로 옳지 <u>않은</u> 것은?

〈상황〉

민주주의를 채택하고 있는 A국은 다수결 원칙에 따른 직접선거로 입법부, 행정부(대통령), 사법부를 구성한다. 문서화된 헌법을 보유하고 있으며 입법부에 대한 견제의 일환으로 사법부 외에 별도의 헌법재판기관을 두어 법률이 헌법에 합치하는지를 심사하도록 하고 있다. 헌법재판기관의 구성원은 국민에 의하여 직접 선출되지 않으며 대통령의 결정에 따라 임명되는데 종신직위를 보장받는다. 최근 A국에서는 선거를 통하여 입법부와 행정부에 있어 정권교체가 이루어졌고 이후 새로운 입법부가 다수의 개혁 법안을 통과시켰다. 하지만 구(舊)정권에 의하여 임명된 헌법재판기관의 구성원들은 이러한 법률들이 위헌이라는 결정들을 내렸다. 이에 다음과 같은 비판이 헌법재판기관에 제기되었다.

〈비판〉

(가) A국의 헌법재판기관의 구성은 민주주의 체제에 부합하지 않는다. 헌법재판기관이 민주적 정당성을 갖추려면 그 구성에 있어 국민의 의사가 반영되어야 한다. 정기적인 선거를 통하여 국민이 직접 헌법재판기관을 구성하고 그 구성원에 정치적 책임을 추궁할 수 있어야 헌법재판기관은 민주적 정당성을 갖출 수 있다.

(나) A국의 헌법재판기관은 구성뿐만 아니라 활동도 민주주의 체제에 부합하지 않는다. 헌법재판기관의 심사대상은 국민이 직접 선출한 입법부의 결정인 법률이다. 국민들이 선출한 대표들의 결정이기 때문에 법률은 당연히 국민 의사의 반영이다. 이에 대하여 위헌결정을 내리는 경우 헌법재판기관은 입법부에 반영된 국민의 의사에 반대하게 되어 민주적 정당성을 갖추지 못한다.

① 헌법재판기관 구성원의 선출 방식을 직선제로 변경하는 것으로 (가)는 해소된다.

② 헌법재판기관이 법률들에 대하여 합헌 결정을 내렸더라도 (가)는 해소되지 않는다.

③ (나)에 따라 헌법재판 제도 자체가 입법부에 대한 견제 수단으로 적절하지 않다고 주장할 수 있다.

④ (나)에서는 헌법재판기관 구성과 관련된 대통령의 결정이 국민 의사의 반영이라고 이해하지 않는다.

⑤ (가), (나) 모두 '국민의 의사'라는 용어를 다수결로 정해진 국민의 의사라는 의미로 사용하고 있다.

06

2024학년도 LEET 문1

<견해>에 대한 평가로 옳은 것만을 <보기>에서 있는 대로 고른 것은?

〈견해〉

A: 불법행위는 본래 존재하던 정의로운 상태 또는 형평상태를 파괴하는 행위이다. 따라서 불법행위법은 불법행위로 인하여 파괴된 본래 상태를 회복하여 피해자를 구제하는 시스템이다. 불법행위법에서 회복을 지향하는 것은 정의 또는 윤리에 기초한 요청이고, 그것이 사회의 효용증진에 이바지하거나 기능적으로 유용하기 때문이 아니다. 나아가 가해자나 제3자(사회공동체 포함)가 아닌 피해자의 관점에서 불법행위 이전의 상태로 완전하게 회복되지 않는 한 진정한 피해자 구제는 실패한 것이다.

B: 불법행위는 사람이 고의나 과실로 저지르는 위법행위라는 점에 본질이 있다. 따라서 불법행위법은 불법행위로 말미암은 손해의 회복과 더불어 불법행위의 예방을 목표로 하여야 한다. 불법행위법은 사회 구성원들에게 행위지침을 제시하고 바람직한 행위로 나아갈 인센티브를 부여하여야 한다. 예방을 위한 메시지는 가해자에게만이 아니라, 가해자를 포함한 공동체 구성원 전원에게 발신되어야 한다. 어떠한 메시지를 전달할 것인가를 정할 때도 무엇이 공동체에 최고의 선인가를 진지하게 고려하여야 한다.

〈보기〉

ㄱ. 불법행위로 물건을 파손한 사안에서 수리비가 그 물건의 교환가치를 초과한 경우에도 수리비 전액을 피해자에게 배상하도록 X국 법원이 판결하였다면, A는 약화된다.

ㄴ. 회사의 영업비밀 자료를 경쟁사에 넘겨 이득을 취하였으나 회사에는 현실적 손해가 발생하지 않은 사안에서 그 이득을 손해로 보아 회사에 배상하도록 X국 법원이 판결하였다면, B는 강화된다.

ㄷ. 비하적 표현을 반복적으로 사용하여 명예를 훼손하였으나 피해자가 용서한 사안에서 그러한 비하적 표현을 용인하는 것이 사회의 자유로운 토론을 저해함을 이유로 제3자에게 배상하도록 X국 법원이 판결하였다면, A는 약화되고 B는 강화된다.

① ㄱ ② ㄷ ③ ㄱ, ㄴ
④ ㄴ, ㄷ ⑤ ㄱ, ㄴ, ㄷ

07

2024학년도 LEET 문6

<견해>에 대한 평가로 옳은 것만을 <보기>에서 있는 대로 고른 것은?

X국에서 드론을 이용하여 고층 아파트 거실을 무단으로 촬영한 사건이 발생하였고, ㉠ 타인의 주거 내부를 외부에서 무단으로 촬영한 행위를 [규정]에 따라 처벌할 수 있는지가 문제되고 있다.

[규정]

제1조(비밀탐지죄) 공개되지 아니한 타인의 주거나 건조물 내부를 녹음 또는 청취 등의 방식으로 탐지한 자는 5년 이하의 징역에 처한다.

제2조(불법수색죄) 타인의 주거나 건조물을 권한 없이 수색한 자는 3년 이하의 징역에 처한다.

〈견해〉

A: ㉠은 비밀탐지죄에 해당한다. '탐지'는 주거 내부의 정보를 알아내어 거주자가 누리는 사생활의 안전감을 침해하는 것이고, '녹음 또는 청취 등의 방식'은 반드시 음향적 또는 청각적 방식에 제한되지 않으므로 녹화 또는 조망의 방식을 포함한다.

B: ㉠은 불법수색죄에 해당한다. '수색'은 사람이나 물건을 발견하기 위하여 일정한 장소를 조사하는 것이다. 기존에 불법수색죄는 주거나 건조물에 적법하게 들어간 사람이 권한 없이 수색하는 경우를 처벌해왔지만, 불법수색죄의 문언 자체는 주거나 건조물에 들어간 경우만으로 제한하고 있지 않다. 따라서 불법수색죄는 위법하게 주거나 건조물에 들어가 권한 없이 수색한 사람도 처벌할 수 있고 주거나 건조물 밖에서 그 내부를 권한 없이 수색한 사람도 처벌할 수 있다고 보아야 한다.

〈보기〉

ㄱ. 외부에서 창문을 통해 육안으로 타인의 주거를 들여다보는 것만으로는 비밀탐지죄의 '탐지'에 해당하지 않는다고 X국 법원이 판결하였다면, A는 약화된다.

ㄴ. 타인의 주거에 위법하게 들어가 정보를 획득하는 행위가 적법하게 들어가 정보를 획득하는 행위보다 더 위법하다는 것이 [규정] 제1조와 제2조의 형량을 다르게 정한 입법 취지라면, B는 강화된다.

ㄷ. 경찰이 수배자 갑을 찾기 위해 드론으로 영장 없이 을의 주거를 외부에서 촬영한 행위가 사생활의 안전감을 침해하지는 않았으나 위법한 '수색'에는 해당한다고 X국 법원이 판결하였다면, A는 약화되고 B는 강화된다.

① ㄱ ② ㄴ ③ ㄱ, ㄷ
④ ㄴ, ㄷ ⑤ ㄱ, ㄴ, ㄷ

정답 및 해설 p.70

2 인문학

인문학 제재는 최근 매우 높은 비중으로 출제되고 있는 영역이다. 최근 5년 동안 법·규범학보다도 더 많이 출제되는 내용학에 해당되기 때문이다. 그리고 인문학은 그 범위가 매우 넓기에 근본적인 준비라 할 수 있는 기본 개념에 대한 이해력을 확장하기 위해서는 장기간의 준비가 필요하다. 철학과 윤리학을 중심으로 하여 심리학, 미학, 역사학에 더해 인지과학 및 기술공학 등 인문과 과학기술의 통섭 영역까지 출제가 이루어지고 있으며 매년 그 비중을 다르게 하여 출제되고 있다.

1. 문제 접근 방식

(1) 이론 및 개념 파악

인문학 영역에서 가장 중요한 분석 포인트에 해당한다. 지문에서 주어진 이론이나 개념이 논의되는 영역을 확인하고 구체적인 주장을 파악해야 한다. 이때 주의할 점은 인문학은 일반적으로 알고 있는 상식의 영역에서 이해할 수 있기에 일반적인 상식에 기반한 선(先)판단은 주의해야 한다. 예를 들어 '공리주의'라고 할 때에 우리가 이미 알고 있는 양적 공리주의에 기반하여 사고할 수 있는데, 실제 문제에서는 여기에 더해 추가적인 조건에 따른 판단을 해야 해서 오류를 범할 수도 있다.

또한 지문의 논증에서 필자의 의도를 확인해야 한다. 필자의 논지가 단순히 사실적 근거를 보여주고자 하는 의도만 있는지 그에 대한 윤리적 평가도 포함하는지 확인할 필요가 있는 문제도 출제되기 때문이다.

다음 글의 ㉠과 ㉡에 대한 평가로 옳은 것만을 <보기>에서 있는 대로 고른 것은?

누군가가 길거리에서 어려움에 빠져 도움이 필요한 상황에서 어떤 행인은 그 사람을 돕는 친사회적인 행동을 하고 어떤 행인은 그냥 지나친다. 도움에 관한 행인의 행동을 예측하려면 무엇을 파악해야 할까? 그 행인의 성격이 너그러운지 아니면 쌀쌀맞은지를 알아야 할까? 아니면 성격 이외의 외부적인 다른 요소를 파악해야 할까?

심리학자 갑이 이를 알아보기 위해 다음과 같은 실험을 수행하였다. 갑은 피실험자 중 50%의 사람들이 길을 걸어가는 중 빵 냄새를 맡아 기분이 좋아지게 했고, 나머지 50%의 사람들에게는 빵 냄새를 맡게 하지 않았다. 그런 직후 행인 역할을 맡은 조수에게 피실험자 앞에서 서류철을 떨어뜨리게 하였다. 그 결과 빵 냄새를 맡은 사람들의 87.5%가 그 행인을 도와주었고, 그렇지 않은 사람들의 4%가 그 행인을 도와주었다. 이로써 갑은 다음과 같이 결론짓게 되었다. 사람의 성격과 상관없이, 빵 냄새를 맡았는지 여부가 그 사람의 행동을 결정하게 된다. 즉, 사람들의 행동을 예측하는 근거는 성격이 아닌 상황적 요소에 있다. 갑은 이 메커니즘을 설명하기 위해서 ㉠ <u>사람의 행동을 좌우하는 결정적 요인은 성격보다는 상황적 요소라는 가설</u>을 세웠다. 이 가설에 따르면, 빵 냄새를 맡았다는 상황적 요소가 피실험자의 기분을 좋게 만들었고 이에 따라 피실험자는 타인을 돕고자 하는 동기를 가지게 되었다. 예기치 않은 작은 행운이 그 사람을 너그럽게 만들었다는 것이다. 갑은 위 실험을 근거로 '친사회적 행동'과 '상황적 요소' 사이에 상관성이 있다고 주장하였다. 성격이 아닌 상황적 요소가 행동을 결정하는 요인이라는 것도 놀랍지만 더 놀라운 것은 ㉡ <u>친사회적 행동을 유발한 요인이 아주 사소하거나 하찮은 것일 수도 있다</u>는 것이다.

〈보기〉

ㄱ. 갑의 실험에서 행인을 도와주지 않은 사람 중 대부분이 평소에도 이기적으로 행동한다고 알려진 사람들이었다는 것이 밝혀지면, ㉠은 강화된다.

ㄴ. 갑의 실험에 참여한 사람 가운데 평소 이타적인 성격을 지녔다고 알려진 사람이 그렇지 않은 사람보다 압도적으로 많은 것으로 밝혀지면, ㉠은 약화된다.

ㄷ. 빵 냄새를 맡게 하는 대신에 피실험자 중 50%는 고가의 경품에 당첨되도록 하고 나머지 50%는 아무것도 당첨되지 않도록 실험의 설정을 변경하였음에도 도움을 주는 사람들의 비율이 갑의 빵 냄새 실험에서 나타난 비율과 유사하다면, ㉠은 강화되나 ㉡은 약화되지 않는다.

① ㄱ ② ㄷ ③ ㄱ, ㄴ
④ ㄴ, ㄷ ⑤ ㄱ, ㄴ, ㄷ

[정답] ②

ㄱ. (X) 평소에도 이기적인 행동을 하는 사람들이기에 그러한 결과가 나타난 것으로 볼 수 있으므로 행동을 좌우하는 결정적 요인이 성격이라는 것을 뒷받침할 수 있는 사례이다. 따라서 ㉠을 강화하지 않는다.

ㄴ. (X) 갑의 실험에 참여한 사람 중 이타적 성격을 지녔다고 알려진 사람이 압도적으로 많았음에도 실험 결과는 빵 냄새를 맡았는지 여부에 따라 매우 달랐다. 그러므로 성격보다 상황적 요소가 행동을 좌우한다는 ㉠을 약화하지 않는다.

ㄷ. (O) 고가의 경품이 당첨되는 여부에 따라 결과가 다르게 나타났다는 것은 상황적 요소가 행동을 좌우한다는 ㉠에 부합하는 사례가 되어 강화한다. 한편 친사회적 행동을 유발한 요인이 아주 사소하거나 하찮은 것일 수도 있다는 ㉡을 약화하는 것은 아니다. 친사회적 행동을 유발한 요인이 아주 사소하거나 하찮은 것이 아니라는 반례에 해당하는 것은 아니기 때문이다.

(2) 비교 및 대조

대립적 견해 유형이 대표적인 비교 및 대조 문항에 해당한다. 두 견해 사이의 쟁점을 파악하고, 각각의 견해 및 주장을 통해 그러한 견해에 따른 상황 및 사례의 적합성을 파악한다. 세 가지 이상의 다중 견해에서도 비교 및 대조 선택지와 보기가 자주 출제되고 있는데, 각각의 견해에 근거하여 사례를 평가하는 문제로 출제되고 있다.

비교 및 대조 유형에서 주의할 점은 가정 및 전제 파악에 있다. 특히 인문학의 내용학적 특성상 각각의 견해에서 서로 다르게 가정되거나 조건화되는 사항이 무엇인지 파악하는 것이 중요하다. 동일한 견해라도 가치관이나 윤리적 규범은 다를 수 있기 때문이다.

(3) 추가 정보 적용

선택지나 보기에서 추가되는 정보를 주고 이에 따른 기존 주장 및 이론을 평가하도록 하는 유형이 강화 약화 평가에서 출제되는 대부분의 문제에 해당한다. 그래서 추가되는 정보가 기존에 주장하는 이론이나 가설에 부합하는 귀결을 가져오는지 확인하여 평가한다.

(4) 관찰 및 실험 결과

과학기술 영역에서 자주 나타나는 유형인데, 일부 인문학 지문에서도 출제되고 있는 관찰 및 실험 결과에 따른 평가 유형이다. 주어진 실험이나 관찰 결과가 주어진 가설에 부합하는 것인지 확인하여 평가한다.

다음 글에 대한 분석으로 옳은 것만을 <보기>에서 있는 대로 고른 것은?

코마에서 회복한 뇌 손상 환자가 정상 기능을 회복하기 위해 필요한 최소한의 기능상태를 최소의식이라 한다. 최소의식은 하향 인지조작 능력 유무를 통해 진단할 수 있다. 하향 인지조작 능력이란 특정 목적을 가지고 정보를 처리하여 행동할 때 사용하는 인지능력이다. 뇌 손상 환자가 "왼쪽 검지를 움직이세요"라는 지시를 이해해서 지시된 바를 수행한다면 그 환자는 최소의식상태에 있다고 할 수 있다. 그러나 최소의식상태에 있음에도 불구하고 마비로 인해 행동 반응을 보이지 못할 수 있다.

자기 신체를 실제로 움직일 때와 마찬가지로 심적 행동, 즉 자신의 움직임을 상상하는 것만으로도 보조운동피질이 반응한다는 ㉠ 가설을 적용해, 갑은 행동 반응이 없는 뇌 손상 환자 A와 B를 대상으로 최소의식상태를 확인하려고 했다. 갑은 A에게 "양발 발가락을 오므렸다 펴는 상상을 하세요"라고 지시했다. 그러자 A의 보조운동피질이 반응했다. 갑은 A가 최소의식상태에 있다고 결론을 내렸다. 갑은 B에게 같은 실험을 진행했지만 보조운동피질은 반응하지 않았다. 갑은 B가 최소의식상태에 있지 않다는 결론을 내렸다.

〈실험〉

뇌 손상을 입지 않은 실험 참가자에게 다음과 같은 과제를 수행하게 하였다. 먼저 "양발 발가락을 오므렸다가 펴세요"라고 지시하고, 발가락이 움직이는 것을 확인했다. 다음으로 "양발 발가락을 오므렸다가 펴는 행동을 상상만 하세요"라고 지시했다. 이어 "탁구를 하는 상상을 하세요"라고 지시했다.

〈보기〉

ㄱ. 〈실험〉에서 세 경우 모두 보조운동피질이 반응했다면, A에 대한 갑의 결론은 강화된다.
ㄴ. 〈실험〉에서 실제로 움직이라고 한 경우와는 달리 움직이는 상상만 하라고 했을 때 보조운동피질의 반응이 없었다면, B에 대한 갑의 결론은 강화된다.
ㄷ. 〈실험〉에서 탁구를 하는 상상을 하라는 지시를 받았을 때 보조운동피질 반응이 없었지만 실험 참가자가 다른 사람이 탁구 하는 모습을 상상한 것이었음이 밝혀졌다면, ㉠은 강화된다.

① ㄱ ② ㄴ ③ ㄱ, ㄷ
④ ㄴ, ㄷ ⑤ ㄱ, ㄴ, ㄷ

[정답] ①

ㄱ. (O) 갑은 상상만으로도 보조운동피질이 반응한다는 가설을 적용하기에 A와 동일한 실험 결과는 갑의 견해를 강화한다.
ㄴ. (X) 갑은 B가 보조운동피질이 반응하지 않아서 최소의식상태가 아니라고 결론을 내렸다. 그런데 최소의식상태가 있는 정상 피험자들도 반응하지 않았으므로 그러한 갑의 결론은 강화되지 않는다.
ㄷ. (X) ㉠은 자신의 움직임을 상상하는 것만으로도 보조운동피질 반응이 된다는 가설이다. 이는 다른 조건이 충족되지 못해도 자신의 움직임을 상상하기만 해도 보조운동피질 반응이 일어난다는 주장이다. 그런데 사례에서는 자신의 움직임을 상상하지 않는 경우이며 다른 조건의 충족 여부는 알 수 없다. 따라서 자신의 움직임을 상상하지 않았고 보조운동피질 반응이 일어나지 않았다고 해서 ㉠을 입증하는 것은 아니므로 강화되지 않는다.

2. 강화

주어진 논증의 강화를 파악하는 가장 단순한 형식은 주장에 직접적으로 부합하는 사례를 제시하는 경우이다. 그래서 정확한 주장의 범위와 논의되는 사항, 그리고 논지를 파악하고 이에 따른 부합 여부를 입증 사례로 사용하는지를 확인하여 평가한다. 또한 특별하게 수적 비율이나 비중을 통해 주장에 부합되는지를 파악하는 문제가 출제된 바도 있다.

오답 유형

인문학 평가 문제에서 자주 나타나는 오답은 무관성에 기반한 선지들이다. 이는 사실상 중립적인데 강화된다고 평가하는 오류에 해당한다. 주로 나타나는 오류 유형은 다음과 같다.

① 제3의 상황 설정: 동일한 논지로부터 귀결되는지 확인할 수 없는 경우

② 수적 비교: 가능한 상황에 대한 상대적 비교가 필요한데 절대적 수치만으로 판단하는 경우

③ 입증 불가: 제시되는 정보만으로 주장을 뒷받침하거나 주장하는 바가 참임을 입증하지 못하는 경우

④ 논의 영역: 논증에서 다루는 범위를 벗어나는 내용, 다른 상황에서의 논의인 경우

3. 약화

(1) 근거의 신뢰성 관련

기존 논증에서 제시된 근거가 참이 아님을 밝혀 논증을 약화시키는 방식이다. 또한 근거가 되는 기준에 따른 판단과 상반되는 귀결이 나타남을 보여서 근거로부터 주장이 도출될 수 없음을 밝힌다. 일반적으로 논증은 참인 근거로부터 주장이 도출된다는 가정을 지니고 있는데, 근거가 거짓 또는 설득력이 떨어질 경우 주장 역시 참이라고 주장할 수 없기 때문이다. 그리고 주장에서 필요조건이라 하지만 실제 필요조건이 아님을 밝힐 경우에도 약화가 된다.

(2) 반례

반례 설정은 동일한 상황에서 주장하는 바와 상반되는 사례를 제시하는 방식이다. 근거에서 사용한 동일 범주에 속한 다른 개념을 활용하여 주장하는 바와 상반된 결론이 나타날 수 있음을 밝히는 약화 방식도 반례 설정에 해당한다. 또한 관찰 및 실험 결과가 주어진 경우 논증에서 사용된 수적 비율이나 비중이 주장에 따른 귀결을 보이지 않거나 반대되는 결과가 나타남을 제시할 경우 기존 논증에 대한 반례가 되어 주장을 약화한다. 즉 수적 사례를 통해 주장에 반박하는 사례의 수를 제시하여 약화하는 방식도 이에 포함된다.

오답 유형

선택지나 보기의 오답에서는 강화를 약화로 오판하는 경우가 나타난다. 근거에 부합하는 추가 정보가 있을 때에는 강화이지 약화는 아니기 때문이다. 또한 생략된 전제를 약화로 오판하는 경우도 있다. 주어진 논증에서 가정되거나 생략된 정보로 이미 인정하고 있는 정보가 주장을 약화하는 것은 아니기에 오류가 된다. 빠른 시간 안에 판단하고 평가해야 하는 적성시험에서는 혼동을 일으키는 경우로 다양한 견해들을 주고 이들 간에 대립적 상황을 잘못 설정하게 하는 방식도 자주 출제된다. 또한 단순 일치를 기준으로 하여 판단할 경우 동일한 의미의 용어나 개념에 대한 이해를 잘못 판단하는 경우도 있을 수 있으므로 주의해야 한다.

실전 연습문제

01 2020학년도 LEET 문17

다음으로부터 평가한 것으로 옳은 것만을 <보기>에서 있는 대로 고른 것은?

사람들의 행위 동기를 연구하기 위해 다음 실험이 수행되었다.

〈실험〉

보상이 기대되는 긍정적인 업무와 아무런 보상도 기대할 수 없는 중립적 업무가 참가자에게 각각 하나씩 제시된다. 참가자에게 참가자가 아닌 익명의 타인이 한 명씩 배정되고, 참가자는 두 개의 업무를 그 타인과 본인에게 하나씩 할당해야 한다. 할당 방식에는 두 가지가 있다. A방식은 참가자 본인의 임의적 결정으로 업무를 할당하는 것이며, B방식은 참가자가 동전 던지기를 통해 업무를 할당하는 것이다. 참가자는 둘 중 하나의 방식을 공개적으로 선택하지만, 선택이 끝난 후 업무를 할당하기까지의 전 과정은 공개되지 않는다.

〈결과〉

40명의 참가자를 대상으로 실험한 결과, 20명의 참가자가 A방식을 선택하였고 이들 중 17명이 긍정적 업무를 자신에게 할당하였다. 긍정적 업무를 타인에게 할당한 참가자는 3명이었다. 한편 나머지 20명의 참가자는 B방식을 선택했는데, 이들 중 18명이 자신에게 긍정적 업무를 할당하였고 타인에게 긍정적 업무를 할당한 참가자는 2명이었다.

동전 던지기에서 통상적으로 기대되는 결과와 비교할 때 B방식에 따른 이런 할당 결과는 매우 이례적인 것이어서 이를 설명하기 위해 다음 가설들이 제시되었다.

가설1: B방식을 택한 대부분의 사람들은 원래는 공정하게 업무를 할당할 의도가 있었지만, 실제로 동전을 던져서 자신에게 불리한 결과가 나왔을 때 이기적인 동기가 원래의 공정한 의도를 압도하면서 결과를 조작한 것이다.

가설2: B방식을 택한 대부분의 사람들은 원래부터 공정하게 업무를 할당할 의도가 없었으며, 단지 결과 조작을 통해 업무 할당의 이득을 안전하게 확보할 수 있고 사람들에게 공정한 사람처럼 보일 수 있는 추가 이득까지 얻을 수 있기 때문에 이 방식을 택한 것뿐이다.

〈보기〉

ㄱ. B방식을 택한 참가자들 대부분이 A방식도 B방식만큼 공정하다고 사람들이 생각하리라 믿었다면, 가설2는 약화된다.

ㄴ. B방식을 택한 참가자들 중 결과를 조작한 사람들 대부분이 자신의 업무 할당이 공정하지 않았음을 인정한다면, 가설1은 약화되고 가설2는 강화된다.

ㄷ. B방식에서 동전 던지기를 통한 업무 할당 과정이 공개되도록 실험 내용을 수정하여 동일한 수의 새로운 참가자들을 대상으로 실험한 후에도 B방식을 선택하는 참가자의 수에 큰 변화가 없다면, 가설1은 강화되고 가설2는 약화된다.

① ㄱ ② ㄴ ③ ㄱ, ㄷ
④ ㄴ, ㄷ ⑤ ㄱ, ㄴ, ㄷ

02

2011학년도 LEET 문10

다음 논증에 대한 평가로 옳은 것만을 <보기>에서 있는 대로 고른 것은?

전쟁의 원인에 관한 세 가지 다른 수준에서의 분석이 있다. 먼저 전쟁의 원인은 인간의 본성 때문이라는 분석이 있다. 이는 인간이 근본적으로 사악하다고 가정하고, 전쟁은 사악한 인간의 권력에 대한 욕구로부터 발생한다고 주장한다. 그러나 우리는 역사를 통해서 특정한 지역이나 시대에만 전쟁이 빈번하게 발생했음을 알 수 있다. 만약 인간의 사악한 권력욕이 전쟁의 원인이라면, 전쟁의 편중된 발생을 설명할 도리가 없다.

다른 한편으로 전쟁의 원인을 국가의 속성, 즉 한 국가의 정치체제에서 찾으려는 분석이 있다. 민주 정치체제가 그 민주성으로 인해 비민주 정치체제에 비하여 전쟁이라는 극단적인 결정을 하기가 상대적으로 어렵다는 것이다. 하지만 민주국가인 미국이 20세기 후반 크고 작은 전쟁에 지속적으로 연루되었다는 사실은 어떻게 설명하겠는가? 정치체제의 성격과 국제 분쟁의 발발 사이에는 제한적인 관계만 있을 뿐이며, 이러한 관계는 대부분의 전쟁 사례에서 그 원인을 밝혀 주지 못한다.

그렇다면 국제 분쟁의 궁극적 원인은 국제적 무정부 상태라고 규정되는 국제체제의 상황에 있다고 보아야 한다. 전쟁은 국제적으로 인정된 어떤 권위나 공동체 의식의 부재로 인해 평화적인 분쟁 해결의 효과적인 방법들이 결여된 국제체제에 기인하는 것이다. 이러한 국제체제에서 국가 간의 전쟁가능성은 국제 제도를 통해 완화될 수 있다.

〈보기〉

ㄱ. "유엔 안전보장이사회의 무기금수 조치를 통해 국가 간의 전쟁을 억지할 수 있다."는 주장이 참이라면, 이 논증의 설득력은 높아진다.

ㄴ. "인간의 덕스러움은 교육과 훈련을 통해서 문명에 따라 차별적으로 신장될 수 있다."는 주장이 참이라면, 이 논증의 설득력은 낮아진다.

ㄷ. "공산주의에서 자본주의로의 경제체제의 전환 혹은 독재국가로부터 민주국가로의 전환이 전쟁 방지에 도움이 된다."는 주장이 참이라면, 이 논증의 설득력은 낮아진다.

① ㄴ ② ㄷ ③ ㄱ, ㄴ
④ ㄱ, ㄷ ⑤ ㄱ, ㄴ, ㄷ

03

2023학년도 LEET 문21

다음 글에 대한 평가로 옳은 것만을 <보기>에서 있는 대로 고른 것은?

결정론은 인간의 마음 상태와 행위를 포함해 모든 사건이 이전 사건들에 의해 완전히 결정된다는 견해이다. 결정론하에서도 행위자가 한 일에 대해 도덕적 책임을 부과할 수 있을까? 그럴 수 없다고 주장하는 견해가 양립 불가론이다. 결정론을 받아들이면 자유의지가 존재할 여지가 없기 때문이다. 반면, 결정론을 받아들여도 누군가에게 도덕적 책임을 부과할 수 있다고 주장하는 견해가 양립론이다. 행위자의 마음 상태가 행위 발생의 원인이기만 하면, 어쨌거나 행위의 발생에 영향을 미쳤다고 말할 수 있고, 그러면 도덕적 책임을 부과하기에 충분하다는 것이다.

양립론자 갑은 사람들이 바로 그 점을 이해하지 못해 양립 불가론을 주장하는 것으로 판단하였다. 이에 갑은 다음 가설을 제시했다.

〈가설〉

결정론적 세계에서도 행위자의 마음 상태가 행위 발생에 영향을 미칠 수 있다는 사실을 인정하면, 양립론을 받아들일 가능성이 크다.

갑은 이 가설을 검증하기 위해 100명의 실험 대상자에게 아래 시나리오에 등장하는 우주가 실제로 존재한다고 가정할 때 [진술1]과 [진술2]에 대해 각각 동의하는지 동의하지 않는지 둘 중 하나로만 답하게 했다.

〈시나리오〉

생성소멸의 전 과정이 되풀이되는 우주가 있다. 이 우주에서는 과정이 되풀이될 때마다 모든 사건이 똑같이 발생하게끔 결정돼 있다. 이 우주에서 톰이라는 사람이 특정 시각에 특정 반지를 훔치기로 결심하고 실제로 훔친다. 과정이 되풀이될 때마다 톰은 똑같이 결심하고 똑같이 행동한다.

[진술1] 반지를 훔치겠다는 톰의 결심은 반지를 훔친 그의 행위에 영향을 미친다.

[진술2] 반지를 훔친 톰에게 도덕적 책임이 있다.

〈보기〉

ㄱ. [진술1]에 동의하지 않는 사람은 모두 양립 불가론자이며, [진술2]에 동의하는 사람은 모두 양립론자이다.

ㄴ. [진술1]과 [진술2]에 모두 동의하는 실험 대상자가 두 진술 중 어느 것에도 동의하지 않는 실험 대상자보다 훨씬 더 많다면, 〈가설〉은 강화된다.

ㄷ. [진술2]에 동의하지 않은 실험 대상자 50명 중 거의 전부가 [진술1]에 동의하고, [진술2]에 동의한 실험 대상자 50명 중 거의 전부가 [진술1]에 동의하지 않는다면, 〈가설〉은 약화된다.

① ㄱ ② ㄷ ③ ㄱ, ㄴ
④ ㄴ, ㄷ ⑤ ㄱ, ㄴ, ㄷ

04

2023학년도 LEET 문22

다음 글에 대한 평가로 옳지 않은 것은?

㉠ 개념 역할 의미론에 따르면, 단어의 의미 이해는 그 단어의 사용 규칙을 따를 줄 아는 능력에 의존한다. 단어의 사용 규칙을 따른다는 것은 단지 그 규칙대로 단어를 사용한다기보다 그 규칙에 대한 이해를 기반으로 사용한다는 것을 의미한다. 그렇다면, 단어의 사용 규칙을 이해하지 못하고 있다는 것은 곧 그 단어의 의미를 이해하지 못한다는 말이 된다.

하지만 이 이론을 반박하기 위해 ㉡ 다음 논증이 제기되었다. 가령 '뾰족하다'라는 단어의 의미를 이해하려 한다고 해보자. 이 이론에 근거할 때, 그 단어의 의미를 이해하려면 그 단어의 사용 규칙을 이해해야 한다. 그런데 그런 이해가 성립하려면, 우선 그 규칙이, 이를테면, ㉢ "'뾰족하다'는 무언가를 뚫을 수 있는 끝이 매우 가느다란 사물에 적용하라"와 같이 언어적으로 명료하게 표현되어야 할 것이다. 하지만 문제는 이 규칙을 표현하는 데에도 여러 개의 단어가 사용되었다는 것이다. 이 규칙을 이해하려면 그런 여러 단어의 의미를 모두 이해해야 할 것이며, 예를 들어, 이 규칙에 들어 있는 '뚫다'의 의미를 이해하지 못한다면 이 규칙을 이해할 수 없을 것이다. 그렇다면 '뚫다'의 의미를 이해하기 위해 무엇이 필요한가? 바로 그 단어의 사용 규칙에 대한 이해이다. 그런데 '뚫다'라는 단어의 사용 규칙도 여러 단어로 구성되어 있을 것이고, 그 규칙을 이해하기 위해서는 그 규칙을 표현하는 데 사용된 단어들의 의미를 또 이해해야 할 것이며, 이런 식의 퇴행은 무한히 거듭될 것이다. 이런 퇴행이 일어난다는 것은 궁극적으로 우리가 '뾰족하다'라는 단어의 의미를 이해하지 못한다는 뜻이며, 그런 문제는 다른 모든 단어에 똑같이 발생할 것이다. 따라서 개념 역할 의미론을 받아들이면, 우리가 사용하는 그 어떤 단어에 대해서도 그 의미를 이해하는 사람은 아무도 없다는 매우 불합리한 결론을 얻게 된다.

① 한국인 못지않게 한국어를 완벽히 구사하는 인공지능이 등장하더라도, ㉠은 약화되지 않는다.
② 단어의 사용 규칙이 반드시 언어적으로 표현되어야 하는 것이 아니라면, ㉡은 약화된다.
③ ㉢에 들어 있는 모든 단어의 의미를 이해하고 있는 사람이 실제로 있다면, ㉠은 강화된다.
④ 어떤 진술 안에 의미를 이해하지 못하는 단어가 포함되어 있어도 그 진술의 의미를 이해하는 것이 가능하다면, ㉡은 약화된다.
⑤ 어떤 단어의 의미를 이해하지 못하는 행위자가 그 단어를 사용 규칙대로 쓰고 있는 모습이 관찰되더라도, ㉠은 약화되지 않는다.

05

2017학년도 LEET 문27

다음 논쟁에 대한 평가로 옳은 것만을 <보기>에서 있는 대로 고른 것은?

A: 인간은 이기적인 존재다. 인간은 주어진 상황에서 자신의 이익을 극대화하려고 노력한다. 다음과 같은 가상적 상황을 생각해 보자. 1천 원을 갑과 을이 나눠 가져야 한다. 먼저 갑이 각자의 몫을 정해 을에게 제안한다. 을이 이 제안을 받아들이면 그 제안대로 상황은 종료된다. 하지만 만약 을이 이 제안을 받아들이지 않으면 갑과 을 모두 한 푼도 받지 못하고 상황은 종료된다. 인간이 이기적이라면, 을은 제안을 거절해서 한 푼도 받지 못하는 것보다 돈을 조금이라도 받는 것을 선호할 것이므로 갑이 아무리 적은 돈을 제안해도 받아들일 것이다. 이를 예상한 갑은 당연히 을에게 최소한의 돈만 제안할 것이다. 따라서 갑은 허용되는 최소한의 액수, 예를 들어 10원만을 을에게 주고 나머지 990원을 자신이 가질 것이다.

B: 인간은 이기적인 존재만은 아니다. 위와 같은 이기적인 결과를 실제 실험에서는 거의 찾아보기 힘들다. 갑의 역할을 하는 사람이 돈을 거의 전부 차지하겠다고 제안하는 사례는 극히 드물었다. 많은 경우 상대방에게 40% 이상의 몫을 제안하는 관대함을 보였다.

C: 이제 조금 ㉠ 변형된 실험을 고려해 보자. 위와 같이 갑이 먼저 제안하지만 을은 이 제안을 거부할 수 없으며 이를 갑이 알고 있다. 이때 갑의 제안 금액이 달라지는지를 관찰하였다.

〈보기〉

ㄱ. 만약 ㉠에서 갑이 10원만을 제안한다면 B의 주장이 약화된다.
ㄴ. 만약 갑이 을을 이기적인 사람이라고 확신한다면 ㉠에서 10원만을 제안할 것이다.
ㄷ. ㉠의 결과를 통해 B에서 갑의 관대한 행동의 원인이 을의 거부 가능성에 영향을 받는지 알아볼 수 있다.

① ㄱ ② ㄴ ③ ㄱ, ㄷ
④ ㄴ, ㄷ ⑤ ㄱ, ㄴ, ㄷ

06

2018학년도 LEET 문33

다음의 가설과 실험에 대한 평가로 옳은 것만을 <보기>에서 있는 대로 고른 것은?

교통사고로 뇌 손상을 입은 어떤 환자는 사고 후 의사나 가족들, 친구들에게 자신의 아내가 가짜라고 말하지만 여전히 아내와 함께 식사를 하고 같은 집에 살면서 일상을 함께 보낸다. 이 환자는 자신의 아내가 가짜라고 믿고 있는가? 사람들이 이 질문에 답하는 데에 무엇을 고려하는지 알기 위해, 실험으로 다음 가설들을 평가하였다.

〈가설 1〉

사람들은 다른 사람이 어떤 믿음을 갖는지 판단할 때, 그 사람의 언어적 행동과 일치하는 믿음을 갖는다고 판단한다.

〈가설 2〉

사람들은 다른 사람이 어떤 믿음을 갖는지 판단할 때, 그 사람의 비언어적 행동과 일치하는 믿음을 갖는다고 판단한다.

〈실험 1〉과 〈실험 2〉에서 실험 참가자들에게 교통사고로 뇌 손상을 입은 K에 관한 이야기를 해 주고 "K는 그의 아내가 가짜라고 믿고 있는가?"라고 질문하였다.

〈실험 1〉

실험 참가자 120명을 무작위로 A 그룹과 B 그룹으로 나누었다. A 그룹에게는 K가 아내를 가짜라고 말하지만 사고 전과 동일하게 아내와 일상을 보내고 있다고 이야기해 주었다. B 그룹에게는 K가 아내를 가짜라고 말하면서 사고 전과 달리 아내와 일상을 보내기를 거부한다고 이야기해 주었다.

〈실험 2〉

실험 참가자 90명을 무작위로 A 그룹과 B 그룹으로 나누었다. A 그룹에게는 K가 사고 후 단 한 번 아내에게 "당신은 가짜다."라고 말했지만 사고 전과 동일하게 아내와 일상을 보내고 있다고 이야기해 주었다. B 그룹에게는 사고 후 아내에게 "당신은 가짜다."라는 말을 매일 한다는 점에서만 A 그룹에게 해 준 것과 다른 K의 이야기를 해 주었다.

〈보기〉

ㄱ. 〈실험 1〉의 결과 A 그룹과 B 그룹 모두에서 질문에 '예'라고 답한 사람의 비율이 95% 이상이라면, 〈가설 2〉는 약화된다.

ㄴ. 〈실험 1〉의 결과 A 그룹에서 질문에 '예'라고 답한 사람의 비율은 20% 이하지만 B 그룹에서 '예'라고 답한 사람의 비율은 90% 이상이라면, 〈가설 2〉는 강화된다.

ㄷ. 〈실험 2〉의 결과 A 그룹에서 질문에 '예'라고 답한 사람의 비율은 10% 이하지만 B 그룹에서 '예'라고 답한 사람의 비율은 90% 이상이라면, 〈가설 1〉은 약화된다.

① ㄴ ② ㄷ ③ ㄱ, ㄴ
④ ㄱ, ㄷ ⑤ ㄱ, ㄴ, ㄷ

07

2019학년도 LEET 문22

A, B에 대한 평가로 옳은 것만을 <보기>에서 있는 대로 고른 것은?

사람들의 미적 감각이 결코 우열을 가릴 대상이 아님을 당연시하는 오늘날의 상식은 흔히 ㉠ <u>미적 취향의 보편적 기준을 부정하고 모든 이의 미적 취향을 동등하게 인정하는 태도</u>로 이어지곤 한다. 하지만 때로는 상식이 정반대의 견해를 옹호하는 것처럼 보이기도 한다. 우리는 흔히 예술가의 우열 구분에 쉽게 동의하곤 하는데, 미켈란젤로가 위대한 예술가라는 믿음은 실제로 상식이 아닌가. 이럴 때는 마치 상식이 미적 취향의 보편적 기준을 인정하는 것처럼 보인다. 그렇다면 상식은 한편으로는 미적 취향의 보편적 기준은 없다고 판단하면서 다른 한편으로는 그런 보편적 기준이 있다고 판단하는 셈이다.

A: 인간의 자연 본성에는 미적 취향과 관련하여 고정된 공통 감정이란 것이 있다. 편견이나 선입견 때문에 나쁜 작품이 일정 기간 명성을 얻을 수 있으나 그런 현상이 결코 지속될 수 없는 것도 바로 이 공통 감정 때문이다. 편견이나 선입견은 결국 인간의 올바른 감정의 힘에 굴복하게 되어 있다.

B: 사회 지배층이 자신들의 탁월성을 드러내고 피지배자들과의 차별성을 부각하는 과정에서 미적 취향의 기준이 생성된다. 미적 취향은 이런 사회적 관계가 체화된 것일 뿐 인간의 자연 본성에 근거한 것이 아니다. 사회적 관계가 늘 변할 수 있듯이 그런 미적 취향의 기준도 항상 변화할 수 있다.

〈보기〉

ㄱ. A는 ㉠을 거부한다.

ㄴ. B는 '사회를 구성하는 모든 이의 미적 취향을 동등하게 인정해야 한다'는 주장에 동의한다.

ㄷ. A도 B도 '피카소가 위대한 예술가라는 현재의 평가가 미래에는 달라질 수 있다'는 주장과 모순되지 않는다.

① ㄱ ② ㄴ ③ ㄱ, ㄷ
④ ㄴ, ㄷ ⑤ ㄱ, ㄴ, ㄷ

08

2022학년도 LEET 문19

다음 글에 대한 평가로 옳은 것만을 <보기>에서 있는 대로 고른 것은?

> 연구팀은 철학자 집단과 일반인 집단을 대상으로 다음 세 문장에 대한 동의 여부를 조사하였다.
>
> (가) 어떤 주장이 누군가에게 참이라면, 그것은 모든 사람에게 참이다.
> (나) 모든 사람이 어떤 주장에 동의한다면, 그 주장은 참이다.
> (다) 어떤 주장이 참이라면, 그것은 사실을 나타낸다.
>
> 두 집단 모두에서 (다)에 대해 '동의함'의 비율이 80%를 웃돌았다. (나)에 대해서는 두 집단 모두에서 '동의하지 않음'의 비율이 훨씬 우세했고 '동의함'의 비율은 철학자에서 더 높았다. 흥미로운 것은 (가)이다. 철학자는 83%가 (가)에 동의한 반면, 일반인은 그 비율이 40%를 약간 넘었고 동의하지 않는다는 응답의 비율이 오히려 더 높았다. (가)를 둘러싼 이 차이는 어디서 비롯되었을까? 연구팀에 따르면, (가)는 다음 둘 중 하나로 읽힌다.
>
> [독해 1] 어떤 주장이 참임이 결정되었다면, 그것의 참임은 객관적이다.
> [독해 2] 만약 누군가가 어떤 주장이 참이라고 생각한다면, 모두가 그에게 동의할 것이다.
>
> 주장의 참임이 객관적이라는 것은, 그것의 참이 각자의 관점에 상대적이지 않다는 뜻이다. 연구팀은 "㉠ 일반인에게서 (가)에 동의하는 의견의 비율이 철학자에 비해 현격히 낮았던 이유는, 철학자는 (가)를 [독해 1]로, 일반인은 [독해 2]로 읽는 경향이 있기 때문이다."라고 말한다. 연구팀은 이 차이에도 불구하고 ㉡ 참임의 객관성에 대해서는 일반인과 철학자의 의견이 일치한다고 생각한다. 왜냐하면 (가)와 (다)는 참임의 객관성을 긍정, (나)는 부정하는 문장인데, (다)에 대해 일반인과 철학자의 '동의함' 의견의 비율이 비슷하게 높았고, (나)에 동의하지 않는 비율도 철학자와 일반인이 비슷하게 높았기 때문이다.

〈보기〉

ㄱ. 추가 조사 결과 철학자 대다수가 [독해 2]에 대해 '동의하지 않음'으로 응답했다면, ㉠은 강화된다.
ㄴ. 추가 조사 결과 일반인 대다수가 [독해 1]에 대해 '동의함'으로 응답했다면, ㉡은 강화된다.
ㄷ. (나)에 대해 동의하는 응답의 비율에서 일반인과 철학자 사이에 차이가 있는 것으로 나타난 이유가, '동의하지 않음' 의견을 지닌 일부 철학자가 '동의함'으로 잘못 응답한 실수 때문이었음이 밝혀진다면, ㉡은 강화된다.

① ㄱ ② ㄴ ③ ㄱ, ㄷ
④ ㄴ, ㄷ ⑤ ㄱ, ㄴ, ㄷ

09

2017학년도 LEET 문11

A~C에 대한 분석으로 옳은 것만을 <보기>에서 있는 대로 고른 것은?

> A: 유용성의 원리가 의미하는 바는, 한 행위가 그것과 관련되는 사람들의 행복을 증가시키느냐 아니면 감소시키느냐에 따라서 그 행위를 용인하거나 부인한다는 점이다. 오직 유용성의 원리만이 구체적이고, 관찰 가능하며, 검증 가능한 옳은 행위의 개념을 산출할 수 있다. 어떤 범위와 기간까지 고려하여 유용성을 평가할 것인지도 각 행위가 행해지는 상황을 통해 충분히 결정 가능하다. 따라서 행위자의 개별 행위에 직접 적용되는 유용성의 원리만이 도덕적 고려의 대상이 되어야 한다.
>
> B: 유용성의 원리는 개별 행위보다는 행위 규칙과 연관되어야 한다. 한 행위가 아니라, "거짓말을 하지 말라."와 같은 행위 규칙이 유용한지 아닌지를 물어야 한다. 거짓말을 허용하는 것보다 허용하지 않는 규칙이 장기적인 관점에서 더 많은 유용성을 산출한다면, 당장 거짓말하는 행위가 유용하다 할지라도 이를 금하고 그 규칙을 따르도록 해야 한다. 유용성이 입증된 행위 규칙들이 마련되면, 행위자는 매 행위의 유용성을 일일이 계산할 필요 없이 그 규칙에 부합하는 행위를 하는 것만으로 옳은 행위를 수행할 수 있다.
>
> C: 유용성의 원리는 하나의 통일적 삶, 즉 하나의 전체로서 파악하고 평가할 수 있는 삶 속에서만 판단되고 적용되어야 한다. 인간은 그가 만들어내는 허구 속에서 뿐만 아니라 자신의 행위와 실천에 있어서도 '이야기하는 존재'이다. "나는 무엇을 해야만 하는가?"라는 물음은 이에 선행하는 물음, 즉 "나는 어떤 이야기의 부분인가?"라는 물음에 답할 수 있을 때에만 제대로 답변될 수 있다. 나는 나의 가족, 나의 도시, 나의 부족, 나의 민족으로부터 다양한 부채와 유산, 기대와 책무들을 물려받는다. 이런 것들은 나의 삶에 주어진 사실일 뿐만 아니라, 나의 행위가 도덕적이기 위해 부응해야 할 요소이기도 하다.

〈보기〉

ㄱ. A와 B에 따르면, 한 명의 전우를 적진에서 구하기 위해 두 명의 전우가 죽음을 무릅쓰는 행위가 도덕적일 수 있다.
ㄴ. A와 C에 따르면, 거짓말을 하는 것이 상황에 따라 옳을 수 있다.
ㄷ. A, B, C 모두 유용성의 원리를 도덕적 판단의 기준으로 고려한다.

① ㄱ ② ㄷ ③ ㄱ, ㄴ
④ ㄴ, ㄷ ⑤ ㄱ, ㄴ, ㄷ

10

2024학년도 LEET 문14

㉠에 대한 평가로 옳은 것은?

여론 형성 과정에서 진실보다 개인적인 신념이나 감정이 더 큰 영향력을 발휘하는 현상이 만연하고 있다. 개인적인 감정에 기초하여 작성된 누리소통망 글이 사실과 다름에도 사회적으로 큰 영향력을 끼치는 현상이 한 가지 예이다. 이러한 현상은 여러 유형으로 나타나는데, 그중 하나는 정보의 진위를 확인할 수 있음에도 확인하지 않고 진실인 것처럼 주장하는 경우이다. 우리는 그러한 경우 화자에게 책임이 귀속된다고 단순하게 생각하기 쉽다. 하지만 A에 따르면 ㉠ 그러한 경우라 하더라도 언제나 화자에게 책임이 귀속되는 것은 아니다.

가령 정상적인 관찰 조건에서 갑이 높은 빌딩 옥상에서 내려다보니 빌딩 옆 광장에 사람들이 많이 모여 있는 듯 보였다고 하자. 그래서 갑은 "광장에 사람들이 많이 모여 있다." 라고 주장한다. 그런데 실은 광장에 있는 것은 사람이 아니라 행사를 위해 설치한 사람 모양의 인형들이었다. 갑에게 자신의 관찰은 분명한 것으로 느껴졌기에, 갑은 1층으로 내려가 정확한 정보를 확인하는 간단한 조치도 하지 않았다. 갑 스스로 증거가 미심쩍다고 여겼거나 타인으로부터 확인을 요구받았더라면 갑은 확인했을 것이지만, 굳이 그럴 필요를 느끼지 않았을 만큼 자신의 경험을 확신했던 것이다.

A에 따르면 이 경우 갑의 주장이 진실이 아니더라도 갑에게 책임을 귀속시키기 어렵다. A는 어떤 행위가 그 자체로 비난의 대상이 되는 오직 그 경우에만 그 행위자에게 책임이 귀속된다는 전제를 받아들인다. A에 따르면 위 예에서 "광장에 사람들이 많이 모여 있다."라는 갑의 주장 행위는 그 자체로는 비난의 대상이 아니다. 갑의 주장 행위는 인지적 착각에 불과하기 때문이다. 따라서 갑에게는 책임이 귀속되지 않는다. A는 진실이 아닌 것을 진실이라고 믿거나 주장하는 행위에서 중요한 부분은 위의 예와 같은 허용 가능한 수준의 태만이나 인지적 실수가 아니라, 의도적으로 정보의 습득을 회피하거나 거부하는 적극적인 회피 태도라고 말한다. 그러한 태도를 지닌 주체에게 책임이 귀속됨은 물론이다. 아주 간단한 확인 절차만으로 무엇이 진실인지를 알 수 있음에도 확인을 의도적으로 거부하면서 가짜 뉴스를 신봉하여 전파하는 사람에게 책임이 귀속되는 것은 자명하다.

① 그 자체로 비난의 대상이 아닌 행위는 어떤 것도 인지적 착각이 아니라면, ㉠은 약화된다.
② 가짜 뉴스를 신봉하여 전파하는 사람에게 언제나 책임이 귀속되는 것은 아니라면, ㉠은 약화된다.
③ 그 자체로 비난의 대상이 아닌 행위의 행위자에게 책임이 귀속되지 않는 경우가 있다면, ㉠은 약화된다.
④ 정상적인 관찰 조건에서의 거짓 주장은 언제나 적극적인 회피 태도에서 비롯한 것이라면, ㉠은 강화된다.
⑤ 진실 여부를 확인하는 것이 불가능한 상황에서는 인지적 착각에 불과한 행위가 일어날 수 없다면, ㉠은 강화된다.

11

2024학년도 LEET 문15

<견해>에 대한 평가로 옳은 것만을 <보기>에서 있는 대로 고른 것은?

A, B, C 세계가 있다고 하자.

A: 1억 명이 산다. 이들 모두는 각자 100단위의 높은 복지를 누린다.

B: 100억 명이 낮은 수준이지만 살 만한 가치가 있는 각자 5단위의 복지를 누리며 살고 있었는데, A에 살고 있던 1억 명이 이주해 왔다. A에서 이주한 1억 명은 각자 105단위의 복지를 누린다. B에 본래 살고 있던 100억 명은 각자 5단위의 복지를 그대로 누린다.

C: 아무도 살지 않던 C로 B에 살고 있던 101억 명이 모두 이주하였다. C에 사는 101억 명 모두 각자 10단위의 복지를 누린다.

〈견해〉

갑: A에 살다가 B로 이주한 사람들은 A에 살았을 때보다 복지 수준이 높아졌다. 또한 B에 사는 나머지 사람들은 살 만한 가치가 있는 각자 5단위의 복지 수준을 그대로 누리고 있다. 따라서 B가 A보다 좋다.

을: C에는 완전한 평등이 있고, C가 B보다 복지 평균도 높다. 따라서 C가 B보다 좋다.

병: 복지 총합은 C가 A보다 크지만, 복지 평균은 A가 C보다 높다. 따라서 A가 C보다 좋다.

〈보기〉

ㄱ. 불평등이 더 적은 세계가 더 좋은 세계라면, 갑의 결론은 부정되고 을의 결론은 부정되지 않는다.
ㄴ. 을이 C가 B보다 좋다고 주장하는 이유를 적용한다면, 을은 병의 결론에는 동의하고 갑의 결론에는 동의하지 않을 것이다.
ㄷ. 복지 평균이 더 높은 세계가 더 좋은 세계라면 갑의 결론은 부정되며, 복지 총합이 더 큰 세계가 더 좋은 세계라면 을의 결론은 부정되지 않고 병의 결론은 부정된다.

① ㄱ ② ㄷ ③ ㄱ, ㄴ
④ ㄴ, ㄷ ⑤ ㄱ, ㄴ, ㄷ

정답 및 해설 p.71

3 사회과학

사회과학 영역에서는 경제나 정치, 사회적 상황에서의 논쟁 등이 출제되고 있으며 최근 문제에서는 지속적으로 논증 평가 문항이 출제되고 있다.

1. 문제 유형 및 접근방식

(1) 반론 제기 유형

논증의 의도가 기존 이론이나 주장에 대한 반론을 제기하기 위한 것에 있다. 그래서 논증에서의 쟁점을 정확하고 구체적으로 파악하는 데 필자의 논지와 그러한 논의가 진행되는 영역을 찾아야 한다. 또한 반증 사례를 제시하는지, 근거가 부당하다고 주장하는지, 어떠한 반론의 형식을 취하는지 확인해야 한다.

(2) 추가 정보를 통한 이론 및 주장 평가

사회과학의 특성상 제도에 따른 영향력의 유무에 대한 비교가 자주 등장하며, 이를 위한 추가 정보를 선택지에서 제시하고 이에 따라 평가하는 문항이 대다수이다. 또한 양립 가능성에 대한 평가도 나타나는데, 주장과 다른 논의 영역에서의 논의는 동시에 참이 가능하며, 이때 논증이 이루어지는 논의 영역에 대한 판단은 주장과 관련하여 파악해야 한다.

(3) 비교 평가

서로 다른 가설에 대한 평가에 있어서, 가설 파악 및 가설 입증 여부가 어떤 방식으로 결정되는지 확인해야 하며, 다중 견해를 제시하고 이에 대한 평가가 이루어질 경우에는 각 견해에서 주장하는 개념 및 제도에 대한 이해가 필요하다.

예제

2025학년도 LEET 문28

다음 글에 대한 분석으로 옳은 것만을 <보기>에서 있는 대로 고른 것은?

얼굴에 나타난 정서 표정의 차이가 기억에 주는 효과를 검증하는 경험적 연구들은, 연구 대상자들에게 화내거나 우는 등의 부정적 표정이나 무표정한 중성적 표정의 사진을 학습시키고 일정한 시간이 지난 후에 여러 사람들의 사진들 중 이전에 본 사람의 얼굴을 찾는 방식으로 이루어진다. 이때 학습 시의 사진 속 표정과 기억 검사 시의 사진 속 표정 사이의 차이로 인해 기억률의 차이가 발생할 수 있다. 따라서 정서 표정이 얼굴 기억에 미치는 효과를 검토하기 위해서는 학습 단계와 검사 단계에서의 정서 표정의 차이에 따른 기억률의 변화를 고려해야 한다. 이에 다음과 같은 〈가설〉을 검증하기 위한 〈실험〉을 구성하였다.

〈가설〉
A: 부정적 표정을 지닌 얼굴에 대한 기억률이 중성적 표정에 대한 기억률보다 높다.
B: 부정적, 중성적 표정의 차이보다, 학습 시와 검사 시 표정의 일치 여부가 기억률에 미치는 영향이 더 크다.

〈실험〉
실험 1: 참가자들은 무작위로 두 집단으로 나뉘어 한 집단은 부정적 표정의 얼굴을, 다른 집단은 중성적 표정의 얼굴을 학습한 후 검사 단계에서 학습 단계와 동일한 표정으로 기억 검사를 받았다.
실험 2: 참가자들은 모두 부정적 표정의 얼굴을 학습한 후 검사 단계에서 무작위로 두 집단으로 나뉘어 각각 부정적 표정과 중성적 표정으로 기억 검사를 받았다.

〈보기〉

ㄱ. 실험 1의 결과, 두 집단의 기억률이 유사하다면 A는 약화된다.
ㄴ. 실험 2의 결과, 두 집단의 기억률이 유사하다면 A는 약화된다.
ㄷ. 실험 1의 결과, 두 집단의 기억률이 유사하고, 실험 2의 결과, 검사 시 부정적 표정을 본 집단의 기억률이 검사 시 중성적 표정을 본 집단의 기억률보다 높다면 B는 강화된다.

① ㄱ　② ㄴ　③ ㄱ, ㄷ
④ ㄴ, ㄷ　⑤ ㄱ, ㄴ, ㄷ

[정답] ③

ㄱ. (O) A는 부정적 표정을 지닌 얼굴에 대한 기억률이 중성적 표정에 대한 기억률보다 높다는 주장이다. 그런데 실험 1의 결과 기억률이 유사하다면 A를 약화한다.
ㄴ. (X) 실험 2는 부정적 표정의 얼굴 학습 후에 이루어졌기에 표정의 일치 여부에 따라 기억률이 달라진다는 B를 평가하기 위한 것이다. 따라서 두 집단의 기억률이 유사하다면 B를 약화하지만 A와는 관련이 없다.
ㄷ. (O) B는 A가 주장하듯 부정적, 중성적 표정 차이가 아닌 학습과 검사 시 표정의 일치 여부로 기억률 차이를 판단한다. 따라서 실험 1의 기억률이 유사할 경우 A는 약화되며 실험 2의 기억률 차이는 B에 부합하기에, 결과적으로 B를 강화한다.

(4) 수적 결과

사회과학 제재의 특성상 자료를 통해 수치를 제공하고 이에 따라 수적 비교를 통한 가설을 평가하는 문항이 다수 출제된 바 있다. 우선적으로 자료를 통해서 주장하려는 바를 파악하고 이에 부합하는 사례 여부를 추가 정보를 통해 파악할 수 있다.

예제 2025학년도 LEET 문29

<실험>에 대한 평가로 옳은 것만을 <보기>에서 있는 대로 고른 것은?

남성 비율이 큰 작업장 내 성별 불평등에 관한 다양한 연구들은 여성이 실제 능력과 성과에 비해 남성보다 상대적으로 적은 기회를 얻고 낮은 평가를 받는다는 것을 보여 준다. 여성이 처한 이러한 구조적 상황은 창조성이 요구되는 프로젝트를 공동으로 수행하는 팀에서 능력 발휘를 어렵게 한다. 창조적 프로젝트는 팀원들이 함께 모여 활발한 상호작용을 함으로써 시너지를 발휘한다. 하지만 팀 활동 중에 여성이 창조성을 발휘할 기회가 제한되거나 창조성의 표현 자체가 평가절하된다면, 여성들은 팀 활동에서 역량을 충분히 발휘하지 못할 것이다. 이러한 맥락에서 ㉠ 여성은 남성들과 함께 모여서 작업하는 환경에서보다, 남성들과는 따로 작업하는 환경에서 창조성을 더 잘 발휘할 것이다. 이를 검증하기 위해 다음과 같은 〈실험〉을 하였다.

〈실험〉

남성 가수와 여성 가수 각각 40명을 섭외해서, 남성 가수 한 명과 여성 가수 한 명을 무작위로 짝을 지어 40쌍의 듀엣을 결성하였다. 40쌍의 듀엣 중 20쌍은 무작위로 통제집단으로 배정되어 각 쌍은 연주자들과 같이 녹음실에서 합주하여 동일한 노래를 녹음하였다. 나머지 20쌍은 실험집단으로 배정되어 각 쌍의 남성 가수는 녹음실에서 연주자들과 합주하여 통제집단과 같은 노래를 녹음하였고, 여성 가수는 혼자 녹음실에서 남성 가수와 연주자들의 녹음본을 들으며 자신이 맡은 부분을 녹음하여 곡을 완성하였다. 연주자는 5명으로 모두 남성이었으며, 40쌍의 듀엣에서 연주자는 같았다. 녹음이 끝난 곡을 남녀 동수의 전문가들에게 들려준 후, 남녀 가수들의 창조적 표현을 점수로 평가하게 하였다.

〈보기〉

ㄱ. 여성 가수의 점수가 통제집단보다 실험집단에서 높았다면 ㉠은 강화된다.
ㄴ. 여성 가수 전체 점수의 합이 남성 가수 전체 점수의 합보다 높았다면 ㉠은 강화된다.
ㄷ. 통제집단에서 여성 가수의 점수가 남성 가수에 비해 약간 낮았으나 실험집단에서 여성 가수의 점수가 남성 가수에 비해 높았다면 ㉠은 약화된다.

① ㄱ ② ㄷ ③ ㄱ, ㄴ
④ ㄴ, ㄷ ⑤ ㄱ, ㄴ, ㄷ

[정답] ①

ㄱ. (O), ㄷ. (X) 실험집단에서는 여성이 따로 작업하는 환경이며 이때 창조적 표현 점수가 통제집단보다 높았다면 ㉠은 강화된다.
ㄴ. (X) 전체 점수의 합의 비교만으로 ㉠을 판단할 수 없다. ㉠에서는 통제집단에서보다 실험집단에서 여성의 창조성이 상대적으로 더 잘 발휘된다는 내용이기 때문이다.

2. 강화

주장하는 바와 직접적으로 일치하는, 부합하는, 관련있는 사례가 제시되는 경우 논증을 강화하는데, 주장과 관련되는 구체적인 증거인지 파악해야 한다. 또한 통계적 자료가 제시된 문항에서는 자료에 의한 수적 대비를 통해 주장을 뒷받침하는지 확인해야 한다.

오답 유형

소재만 일치할 뿐, 무관한 사례가 제시되는 경우가 있으며, 주장이나 이론에 구체적인 영향을 주지 않는 사례가 제시될 경우에도 강화되지 않는다. 또한 주장과 반대되는 통계적 자료가 제시되면 강화되지 않으며 입증을 위한 다양한 조건 중 어느 하나만으로 입증이 가능하다고 평가하는 것도 오류에 해당한다.

3. 약화

주장에 영향을 주지 않는 관련 없는 사례는 무관한 중립적 사례이므로 약화되지 않는다. 또한 소재와 관련되지만, 주장과 관련이 없는 인과적 사례가 제시되는 경우도 약화로 볼 수 없다.

실전 연습문제

01

2011학년도 LEET 문24

'지능지수(IQ)가 높을수록 범죄를 저지를 가능성이 낮고 지능지수가 낮을수록 범죄를 저지를 가능성이 높다'는 연구 결과에 대한 반론 A와 B에 대한 판단으로 옳은 것만을 <보기>에서 있는 대로 고른 것은?

A: 기존 연구는 지능과 범죄 행위 자체의 관계가 아니라 지능과 범죄에 관한 공식 통계라는 기록의 관계를 보여 줄 뿐이다. 지능이 낮은 청소년이 반드시 더 많은 범죄를 저지르는 것은 아니다.

B: 지능과 범죄의 관계를 입증하기 위해 지능지수라는 척도를 사용하는 것 자체가 문제가 있다. 지능 검사는 선천적인 지능을 검사하는 것이 아니며, 그 점수는 피검사자의 문화적, 교육적 배경 등의 영향을 받는다. 예를 들어, 미국에서 백인보다 흑인의 지능지수가 낮게 나오는 것은 백인이 다수인 중산층에게 보다 익숙한 용어와 내용으로 검사지가 작성되어 있기 때문이다.

〈보기〉

ㄱ. 지능이 낮은 청소년이 체포되어 유죄 판결을 받기 쉬우며, 지능이 높은 청소년은 설령 체포되더라도 자신에게 불리한 증거를 경찰이나 검찰 등 형사사법기관에 노출시키지 않는다는 연구 결과는 A의 설득력을 높여 준다.

ㄴ. 전국 소년교도소에서 무작위로 16~18세 소년범죄자 500명을 뽑아 지능 검사를 실시한 결과 '저지능자'의 비율이 70%이고, 같은 연령대의 범죄 경력이 없는 청소년 500명을 무작위로 뽑아 동일한 지능 검사를 실시한 결과에서는 '저지능자'의 비율이 10%였다는 연구 결과는 A의 설득력을 낮추지 않는다.

ㄷ. 사회 계층과 인종을 제외한 다른 조건들이 유사한 중산층 흑인 범죄 청소년과 하류층 백인 범죄 청소년에 대해 동일한 검사지로 지능지수를 측정한 결과, 흑인의 평균 지능지수가 백인보다 더 높았다면, B의 설득력은 낮아진다.

① ㄴ ② ㄷ ③ ㄱ, ㄴ
④ ㄱ, ㄷ ⑤ ㄱ, ㄴ, ㄷ

02

2018학년도 LEET 문20

㉠을 지지하는 사례로 옳은 것만을 <보기>에서 있는 대로 고른 것은?

사람들의 선호는 항상 일정해서 변하지 않는 것이 아니라 시간의 경과에 따라 변할 수 있고 이런 현상을 '시간적 비정합성'이라고 부른다. 미래의 결과들 A, B에 대해 처음에는 A를 B보다 더 선호하다가 시간이 경과함에 따라 선호가 역전되거나 선호의 차이가 좁혀지는 현상이다. 이러한 현상을 설명하는 이론으로 ㉠ 시간해석이론이 있다. 이 이론에 따르면, 사람은 어떤 대상의 가치를 평가할 때 마음속으로 해석하여 선호를 결정하며, 동일한 대상이라도 시간적으로 멀리 있는 경우와 가까운 경우에 대상을 바라보는 관점이 달라진다는 것이다. 사람들은 시간적으로 멀리 있는 대상에 대해서는 더 본질적인 점에 주목하는 '고차원적 수준'의 해석에 상대적으로 강하게 의지하고, 시간적으로 가까운 대상에 대해서는 더 부수적인 점에 착안하는 '저차원적 수준'의 해석에 집착한다. 예를 들어, 미래 이익에 대한 평가에서 이익의 크기 변화는 고차원적 수준이고, 그 실현 시점의 다소간 차이는 저차원적 수준이다. 결국 시간적 거리에 따라 대상에 대한 해석 수준이 달라지면서 시간적 비정합성이 발생한다고 본다.

〈보기〉

ㄱ. 5천 원인 노트를 반값에 구매하기 위해 20분 동안 운전할 용의는 있지만, 202만 원인 냉장고를 200만 원에 구매하기 위해 20분 동안 운전하려 하지 않는다.

ㄴ. 여행 출발이 많이 남은 시점에서는 좋은 경치, 맛있는 음식 등을 상상하면서 기대에 부풀지만, 여행 출발이 다가올수록 준비물, 교통수단 등 세부 사항을 걱정하게 된다.

ㄷ. "60일 후에 배달 예정인 냉장고를 배달이 하루 늦어지면 5% 할인해 주겠다."는 제안을 받아들이지만, "내일 배달 예정인 냉장고를 배달이 하루 늦어지면 5% 할인해 주겠다."는 제안은 거부하였다.

① ㄱ ② ㄴ ③ ㄱ, ㄷ
④ ㄴ, ㄷ ⑤ ㄱ, ㄴ, ㄷ

03

2022학년도 LEET 문1

다음 글에 대한 평가로 옳은 것만을 <보기>에서 있는 대로 고른 것은?

머지않은 미래에 신경과학이 모든 행동의 원인을 뇌 안에서 찾아내게 된다면 법적 책임을 묻고 처벌하는 관행이 근본적으로 달라질 것이라고 생각하는 사람들이 있다. 어떤 사람의 범죄 행동이 두뇌에 있는 원인에 의해 결정된 것이어서 자유의지에서 비롯된 것이 아니라면, 그 사람에게 죄를 묻고 처벌할 수 없다는 것이 이들의 생각이다. 그러나 이는 법에 대한 오해에서 비롯된 착각이다. 법은 사람들이 일반적으로 합리적 선택을 할 수 있는 능력을 가지고 있다고 가정한다. 법률상 책임이 면제되려면 '피고인에게 합리적 행위 능력이 결여되어 있다는 사실'이 입증되어야 한다는 점에 대해서는 일반적으로 동의한다. 여기서 말하는 합리적 행위 능력이란 자신의 믿음에 입각해서 자신의 욕구를 달성하는 행동을 수행할 수 있는 능력을 의미한다. 범행을 저지른 사람이 범행 당시에 합리적이었는지 아닌지를 결정하는 데 신경과학이 도움을 줄 수는 있다. 그러나 사람들이 이러한 최소한의 합리성 기준을 일반적으로 충족하지 못한다는 것을 신경과학이 보여 주지 않는 한, 그것은 책임에 관한 법의 접근 방식의 근본적인 변화를 정당화하지 못한다. 법은 형이상학적 의미의 자유의지를 사람들이 갖고 있는지 그렇지 않은지에 대해서는 관심을 두지 않는다. 법이 관심을 두는 것은 오직 사람들이 최소한의 합리성 기준을 충족하는가이다.

〈보기〉

ㄱ. 인간의 믿음이나 욕구 같은 것이 행동을 발생시키는 데 아무런 역할을 하지 못한다는 것을 신경과학이 밝혀낸다면, 이 글의 논지는 약화된다.

ㄴ. 인간이 가진 합리적 행위 능력 자체가 특정 방식으로 진화한 두뇌의 생물학적 특성에서 기인한다는 것을 신경과학이 밝혀낸다면, 이 글의 논지는 약화된다.

ㄷ. 범죄를 저지른 사람들 중 상당수가 범죄 유발의 신경적 기제를 공통적으로 지니고 있다는 것을 신경과학이 밝혀낸다면, 이 글의 논지는 강화된다.

① ㄱ　② ㄷ　③ ㄱ, ㄴ　④ ㄴ, ㄷ　⑤ ㄱ, ㄴ, ㄷ

04

2022학년도 LEET 문29

다음 글에 대한 평가로 옳은 것만을 <보기>에서 있는 대로 고른 것은?

미국에서 1960년대 이래 폭발적으로 증가해 왔던 폭력 범죄와 재산 범죄는 1990년대 초반 이후로 급격한 감소 추세에 들어섰다. 1991년부터 2012년 사이에 폭력 범죄는 49%, 재산 범죄는 44% 감소하였다. 더욱이 이런 감소 현상은 모든 지역과 모든 인구 집단에서 나타났으며, 그 추이는 2020년 현재까지 지속되고 있다. 이와 관련하여 ㉠ 미국의 범죄 감소가 납과 밀접한 관련이 있다는 주장이 있다. 이에 따르면, 제2차 세계대전 후부터 1970년대 초반까지 자동차의 납 배출이 증가하면서 폭력 범죄가 뒤따랐다. 하지만 1970년대에 휘발유에서 납이 제거되기 시작하면서 이후 폭력 범죄는 감소하였다. 사에틸납(tetraethyl lead)은 가솔린 기관의 노킹 방지를 위해 1920년대에 개발되었는데, 전후 시기부터 자동차 열풍과 함께 그 사용이 폭발적으로 증가하였다. 폭력과 재산 범죄율은 10대 후반에서 20대 초반에 가장 높은데, 청소년이나 성인과 달리 아동의 경우에는 납에 노출되는 것이 뇌 발달과 미래의 범죄 가능성에 영향을 미친다. 특히 납은 공격성과 충동성 등의 증가를 유발하는 것으로 알려져 있다.

〈보기〉

ㄱ. 미국의 1~5세 아동의 2000년 평균 혈중 납 농도가 1990년의 절반 수준으로 낮아졌다는 사실은 ㉠을 강화한다.

ㄴ. 미국의 폭력 범죄가 급격하게 감소하기 시작하는 시기가 1970년대가 아닌 1990년대라는 사실은 ㉠을 약화한다.

ㄷ. 미국에서 범죄를 저지른 청소년이 그렇지 않은 청소년보다 뼈 안의 납 농도가 4배 높다는 연구 결과는 ㉠을 강화한다.

① ㄱ　② ㄴ　③ ㄱ, ㄷ　④ ㄴ, ㄷ　⑤ ㄱ, ㄴ, ㄷ

05

2016학년도 LEET 문20

<가설>과 <실험>의 관계에 대한 진술로 옳은 것만을 <보기>에서 있는 대로 고른 것은?

〈가설〉

인적 자본 가설은 기업에 채용될 남녀의 확률이 다르게 나타나는 현상을 생산성을 나타내는 인적 자본의 성별 차이로 써 설명한다. 인적 자본은 교육 수준, 직무 경험, 직무에 대한 능력 및 헌신 등 업무 수행에 필요한 인적 특성을 뜻하는데, 이 가설은 여성이 남성에 비해 이러한 인적 자본이 부족하다는 점을 강조한다. 기업의 입장에서 낮은 인적 자본은 낮은 생산성으로 이어지기 때문에 여성 대신 남성을 선호한다는 것이다.

이에 반해 차별 가설은 교육 수준이 동일하고 직무 경험도 비슷하며 유사한 능력을 갖췄다고 하더라도 같은 직무에 지원할 경우 여성이 남성보다 채용될 확률이 낮은 현상에 주목한다. 차별 가설은 여성이 특정 업무에 적합하지 않으며 업무 수행 능력 등이 남성보다 뒤떨어진다는 고용주의 편견과 고정 관념으로 인해 채용상의 불이익을 받는다고 설명한다.

〈실험〉

갑은 오케스트라 단원 채용에 관한 자료를 가지고 두 가설을 검증해 보았다. 채용 시험은 서류 심사와 연주 심사라는 두 단계로 이루어진다. 우선 서류 심사로 일정 배수의 지원자를 뽑는다. 서류 심사를 통과한 지원자들은 연주 능력 등 오케스트라 단원으로서 요구되는 최소한의 인적 자본을 갖추고 있는 것으로 간주된다. 최종 합격 여부는 서류 심사를 통과한 지원자를 대상으로 한 연주 심사 점수에 의해 결정된다.

갑이 모은 자료를 보면 연주 심사는 두 가지 형태가 있었는데, 하나는 평가자들이 지원자의 성별을 파악할 수 있는 공개 평가 방식이었고, 다른 하나는 연주자를 커튼으로 가려 성별을 알 수 없게 하는 방식이었다. 자료 검토 결과, 지원자들은 두 방식에 무작위로 배정되었다고 간주할 수 있었다. 갑은 각 방식에 따라 연주 심사에 응한 남성과 여성의 수를 파악한 후 채용된 남성과 여성의 수를 분석하였다.

* 서류 심사에서는 지원자의 성별이 노출되지 않으며, 연주 심사의 평가는 지원자의 인적 자본 변인들이나 성별에 의해서만 이루어진다고 가정한다.

** 남성 합격률 = (남성 합격자 수/연주 심사에 응한 남성 지원자 수) × 100
여성 합격률 = (여성 합격자 수/연주 심사에 응한 여성 지원자 수) × 100

〈보기〉

ㄱ. 공개 연주 심사의 여성 합격률이 커튼으로 가린 연주 심사의 여성 합격률보다 유의미하게 높다는 결과는 인적 자본 가설을 지지한다.

ㄴ. 공개 연주 심사에서 여성 합격률이 남성 합격률보다 유의미하게 낮다는 결과는 차별 가설을 지지한다.

ㄷ. 커튼으로 가린 연주 심사에서 여성의 합격률이 남성의 합격률보다 유의미하게 낮다는 결과는 인적 자본 가설을 지지한다.

① ㄱ ② ㄴ ③ ㄷ
④ ㄴ, ㄷ ⑤ ㄱ, ㄴ, ㄷ

06

2023학년도 LEET 문27

다음 논증에 대한 평가로 옳은 것만을 <보기>에서 있는 대로 고른 것은?

2020년 1월부터 유행하기 시작한 COVID-19로 인해 출생률이 감소할 것이라는 주장이 있다. 그 근거는 다음과 같다.

첫째, 강력한 사회적 거리두기로 인해 자유로운 만남과 연애가 상대적으로 어려워졌다. 다중시설 이용과 출입국에 큰 제약이 생김으로써 결혼을 미루거나 포기하는 경우가 많아졌다.

둘째, 특히 상대적으로 출생률이 높은 저소득 계층과 청년층에서 취업률이 하락하고 소득이 줄어들면서 경제적 어려움이 커졌다. 출산과 양육의 경제적 부담이 큰 만큼 소득의 감소는 출산의 감소로 이어질 것이다.

셋째, 비대면 노동과 재택근무의 확산으로 일과 가정의 구분이 애매해져 많은 노동자가 스트레스를 호소하고 있다. 게다가 학교나 유치원, 어린이집 같은 보육 시설이 폐쇄되거나 제한적으로 운영되면서 자녀 양육이 더 어려워졌다. 어린 자녀를 키우고 있는 가정뿐만 아니라 아직 자녀가 없는 가정에서도 이러한 보육과 양육의 문제로 인해 출산 계획을 미루거나 포기할 것이다.

〈보기〉

ㄱ. 전체 영유아 인구는 2019년 7월보다 2022년 7월에 감소했지만 1세 이하 인구에는 차이가 없었다면, 이 논증은 강화된다.

ㄴ. 2019년의 1인당 국내총생산은 31,929천 원이었으며 2020년의 1인당 국내총생산은 31,637천 원으로 별 차이가 없었다면, 이 논증은 약화된다.

ㄷ. 2019년 8월 현재 임신 중이라고 답한 비율이 경제활동 여성과 비경제활동 여성에서 10%로 동일했으며, 2021년 8월에 이루어진 같은 조사에서도 그 비율 수치에 거의 변화가 없었다면, 이 논증은 약화된다.

① ㄴ　② ㄷ　③ ㄱ, ㄴ
④ ㄱ, ㄷ　⑤ ㄱ, ㄴ, ㄷ

07

2022학년도 LEET 문28

다음 글에 대한 평가로 옳은 것만을 <보기>에서 있는 대로 고른 것은?

피해자 영향 진술(VIS) 제도는 재판의 양형 단계에서 피해자에게 범죄로부터 받은 영향을 표현할 수 있도록 기회를 제공한다. 그런데 VIS가 없는 경우보다 있는 경우에 형량이 더 무거운 경향이 있는데, 그 이유와 관련하여 두 가지 견해가 제시된다. A 견해에서는 VIS의 유무가 아니라 피해의 심각성이 무거운 형량을 유도한다고 본다. 이에 따르면, 피해가 심각할수록 형량이 무거워지는데, 주로 심각한 피해를 입은 피해자들이 공소장에 적시된 피해 내용을 부각하기 위해 VIS를 제시하고 피해가 심각하지 않은 피해자들은 VIS를 제시하지 않으므로, VIS와 양형 간에 유의미한 관계가 있는 것처럼 보인다는 것이다. B 견해에서는 판사나 배심원들이 피해자가 VIS를 통해 부각하고자 하는 피해 내용에 의해 영향을 받을 뿐만 아니라 피해자가 VIS를 통해 표출하는 강한 감정으로부터도 영향을 받기 때문에, VIS가 무거운 형량을 유도한다고 주장한다. 각 견해의 타당성을 검증하기 위해 연구 방법 P, Q를 구상하였다.

P: 무작위로 추출된 모의 배심원을 세 집단으로 구분한 뒤 사건에 대한 객관적 정보를 제공한다. [집단1]에는 일반적인 기대를 뛰어넘는 심각한 내용의 정서적 상해가 기술된 VIS를 제공하고, [집단2]에는 일반적인 기대에 미치지 않는 정서적 상해가 기술된 VIS를 제공하며, [집단3]에는 VIS를 제공하지 않는다. 이후 각 집단이 제시한 평균 형량을 비교한다.

Q: 무작위로 추출된 모의 배심원을 세 집단으로 구분한 뒤 사건에 대한 객관적 정보를 제공한다. [집단1]에는 피해자가 감정적으로 매우 고조된 상태로 심각한 내용의 VIS를 낭독하는 재판 영상을 제공하고, [집단2]에는 동일한 내용의 VIS를 피해자가 차분하게 낭독하는 재판 영상을 제공하며, [집단3]에는 앞의 경우보다 덜 심각한 내용의 VIS를 피해자가 차분하게 낭독하는 재판 영상을 제공한다. 이후 각 집단이 제시한 평균 형량을 비교한다.

〈보기〉

ㄱ. P에서 [집단1]의 평균 형량이 [집단2]의 평균 형량보다 유의미하게 높고 [집단2]의 평균 형량이 [집단3]의 평균 형량보다 유의미하게 높으면, A 견해는 강화된다.

ㄴ. Q에서 [집단1]의 평균 형량이 [집단2]의 평균 형량보다 유의미하게 높고 [집단2]의 평균 형량이 [집단3]의 평균 형량보다 유의미하게 높으면, B 견해는 강화된다.

ㄷ. Q에서 연구 방법을 수정하여 [집단1]과 [집단2]만을 비교할 경우, 두 집단의 평균 형량에 유의미한 차이가 없다면, A 견해는 약화된다.

① ㄱ　② ㄴ　③ ㄱ, ㄷ
④ ㄴ, ㄷ　⑤ ㄱ, ㄴ, ㄷ

08

2016학년도 LEET 문13

다음 견해들에 대한 분석으로 옳은 것만을 <보기>에서 있는 대로 고른 것은?

온실가스의 배출이 국제적으로 기후변화와 자연재해를 일으킨다고 알려져 있다. 다음은 기후변화에 대응하기 위해 온실가스의 배출을 제한하는 경우 그 부담을 각국에 공정하게 분배하기 위한 견해들이다.

A: 지구상의 모든 사람들은 평등한 대기 이용 권리를 가지므로 각 개인이 배출할 권리를 갖는 온실가스의 양은 동등해야 한다. 따라서 각 국가가 가지는 온실가스 배출권은 그 국가의 인구에 비례해서 주어져야 한다.

B: 과거에 온실가스를 많이 배출한 국가들은 온실가스를 저장할 수 있는 대기의 능력 중 자신의 몫의 일부를 이미 사용한 것이므로 그만큼 장래 온실가스를 배출할 권리를 적게 가져야 한다.

C: 국제적으로 온실가스 배출량을 제한함으로써 얻을 이익이 더 큰 국가들, 즉 온실가스로 인한 자연재해의 피해가 배출 제한 이후 더 많이 경감되는 국가들이 그 이익의 양에 비례해서 국제적 비용을 더 많이 지불하도록 해야 한다.

※ 각 국가는 자기 이익을 극대화하려는 성향을 가진다고 가정한다.

〈보기〉

ㄱ. 사치성 소비를 위한 온실가스 배출 권리와 필수 수요 충족을 위한 온실가스 배출 권리에 차별을 두는 것이 합당하다면 A는 약화된다.

ㄴ. 과거 세대의 행위에 대해 현재 세대에게 책임을 지울 수 없다는 이유로 B를 비판한다면, B는 과거 화석 연료를 이용한 산업화 과정을 거친 국가들이 현재 1인당 국민총생산도 일반적으로 높다는 사실을 들어 이 비판을 약화할 수 있다.

ㄷ. 온실가스로 인해 자연재해의 피해를 크게 입은 국가와 온실가스를 많이 배출한 국가가 일치하지 않고, 현재 인구가 많은 국가일수록 과거에 온실가스를 더 많이 배출했다면, 현재 인구가 많은 국가는 A보다는 C에 더 동의할 것이다.

① ㄴ ② ㄷ ③ ㄱ, ㄴ
④ ㄱ, ㄷ ⑤ ㄱ, ㄴ, ㄷ

09

2024학년도 LEET 문28

다음 글에 대한 평가로 옳은 것만을 <보기>에서 있는 대로 고른 것은?

〈이론〉

사람들은 익숙한 순서대로 정보가 주어질 때 정보 처리가 수월하다고 느낀다. 정보 처리가 수월하다는 느낌은 대상에 대한 친숙함으로 이어지고, 이에 따라 대상의 호감도가 높아진다. 주재료와 최종 제품은 정보 자체에 시간적 흐름의 개념을 내포하고 있으므로, 소비자에게 제품의 주재료를 먼저 제시하고 그 이후에 그 재료로 만들어지는 최종 제품을 제시하면, 역순으로 정보를 제공하는 경우보다 제품에 대한 소비자의 호감도를 높일 수 있을 것이다. 하지만 이러한 효과는 누구에게나 같은 강도로 나타나는 것은 아니다. 제품에 대한 친숙도가 낮을수록 효과가 커지고, 높을수록 작아질 것이다.

〈실험〉

무작위로 선정된 남녀 각 60명을 대상으로 먼저 올리브 비누에 대한 친숙도를 조사하였다. 조사 결과 대체로 남성은 친숙도가 낮았고 여성은 친숙도가 높았다. 남녀를 각각 두 집단으로 나눈 뒤, 한 집단에는 올리브 비누의 재료인 올리브 오일이 올리브 비누보다 먼저 나오는 광고를, 다른 집단에는 올리브 비누가 올리브 오일보다 먼저 나오는 광고를 보여 주었다. 이후 네 집단 각각에 대해 올리브 비누에 대한 정보 처리의 수월성 정도와 제품 호감도를 측정하였다.

〈보기〉

ㄱ. '올리브 비누–올리브 오일' 순으로 정보가 제시될 때보다 역순으로 제시될 때, 남성은 올리브 비누에 대한 호감도가 유의미하게 높았다면 〈이론〉은 강화된다.

ㄴ. '올리브 비누–올리브 오일' 순으로 정보가 제시될 때보다 역순으로 제시될 때, 여성은 정보 처리가 더 수월하다고 느꼈지만 남성은 그렇지 않았다면 〈이론〉은 강화된다.

ㄷ. 모든 집단에서 올리브 비누에 대한 친숙도가 유사한 사람들을 대상으로 제품 호감도를 비교했을 때, 남녀 사이에 유의미한 차이가 없었다면 이 결과는 〈이론〉과 양립 가능하다.

① ㄱ ② ㄴ ③ ㄱ, ㄷ
④ ㄴ, ㄷ ⑤ ㄱ, ㄴ, ㄷ

정답 및 해설 p.74

4 과학기술

1. 문제 유형 및 접근 방식

(1) 상관관계

가설에 대한 평가가 이루어질 때에 과학기술 분야에서 많이 사용하는 것은 확률적인 입증이다. 확률적으로 그러한 개연성이 높은지를 파악하면서 입증 여부를 결정하는데 이때 상관관계 해석 여부가 중요한 판단 기준으로 작동한다.

(2) 실험 결과

실험은 가설의 근거로 제시되는 것으로, 가설의 논의 대상과 실험에 따른 귀결이 일치하는지로 입증을 평가한다. 이때 구체적으로 지시하는 가설에 집중하여 사례를 파악해야 한다. 과학기술 영역에서는 가설을 ㉠이나 ⓐ로 밑줄을 그어서 제시되는 경우가 많다. 이러한 문제에서는 항상 지시되는 부분에 집중하여 판단해야 한다. 강화나 약화는 바로 지시되는 부분에 대한 평가이기 때문이다.

평가는 가설에서 언급한 대상이 사례에 해당하는지 매칭하면서 이루어지며, 실험 분석 결과를 통해서 밀의 귀납법을 활용하여 판단하는 선지도 자주 등장한다. 특히 일치법과 차이법, 공변법을 활용할 수 있는지 선지의 추가 정보로부터 찾아야 한다.

또한 서로 다른 실험들을 비교하여 가설을 평가하는 문항도 출제된 바 있는데, 하나의 실험 결과를 주지 않고 보기의 선지마다 다른 결과를 주기에 선지에서 언급하는 사항만으로 어떠한 귀결을 보이는지 확인해야 한다.

(3) 이론 및 개념 파악

과학기술 분야에서는 일반적으로 우리가 일상에서 접해본 용어나 개념을 활용하는 경우도 많지만 생소한 이론이나 전문적인 용어가 등장하기도 한다. 이때에는 용어의 의미에 집중하지 말고 필자가 의도하는 것이 무엇인지에, 그러한 용어가 어떤 기능과 역할을 하는지에 집중하여 파악해야 하며 설정하는 이론 및 개념에 대한 정확한 파악 및 사례 적용을 해야 한다. 물론 과학기술 분야에 대한 기본적인 개념이 부족할 경우 이를 위한 개념 이해도 필요하다.

(4) 도식 및 그림 해석

과학기술 영역에서는 자주 수식이나 표, 그림, 그래프 등이 활용되어 출제되고 있다. 도식이 제시된 경우 수식에 대한 파악을 통해 상관관계 등을 활용하여 해결하며, 방향이 설정된 가설인 경우 지도 등 그림을 활용하여 평가해야 한다. 그리고 표나 그래프는 이론에 대한 결과를 보여주는 것이므로 우선적으로 이론이 무엇이며 그러한 이론에 따른 결과가 어떤 것인지 파악하고 선지를 판단해야 한다.

2. 강화

가설과 부합하는 사례는 논증을 강화하며 이때 선지에서 사용된 과학적 개념에 대한 이해가 필요하다. 주어진 논증에 사용된 용어나 개념이 일반화된 것인지, 동일한 의미를 지닌 것인지 확인해야 한다.

> **오답 유형**
> 대부분의 오답은 무관성에 기반하여 나타난다. 논의 대상과 다른 범주의 사례가 제시되거나, 제시된 대상이 가설에서 표현하는 개념에 해당되지 않을 때에는 강화되지 않는다.

3. 약화

가설에 대한 반증 사례와 근거에 대한 신뢰성 공략 방식으로 주로 나타난다. 가설에 따른 귀결과 다른 결과를 보이는 사례는 약화에 해당하며 주어진 실험 결과와 다른 결과가 제시되는 경우에도 약화된다. 또한 단계를 제시하여 진행과정을 설명하는 가설에서 그 단계별 진행이 다를 경우 약화된다.

> **오답 유형**
> 약화는 반론 반박에 해당되기 때문에 무관한 유사 개념을 활용한 사례는 약화에 해당되지 않는다. 특히 과학기술 영역에서 절대성에 대한 주장을 상대성으로 파악하는 것은 오류이다. 그래서 주장하는 바에 대한 반박이 되지 않는 정보는 약화가 아니다.

실전 연습문제

01 2017학년도 LEET 문34

(A)와 (B)에 대한 평가로 옳은 것만을 <보기>에서 있는 대로 고른 것은?

대부분의 포유동물은 다섯 가지 기본적인 맛인 단맛, 쓴맛, 신맛, 짠맛 그리고 감칠맛을 느낄 수 있으며, 이 맛들은 미각 세포에 존재하는 맛 수용체에 의해 감지된다. 많은 포유동물들은 단맛과 감칠맛을 선호하는데, 일반적으로 단맛은 과일을 포함한 식물성 먹이에 대한 정보를 제공하고, 감칠맛은 단백질 성분의 먹이에 대한 정보를 제공한다. 단맛과 감칠맛과는 달리, 쓴맛은 몸에 좋지 않은 먹이에 대한 정보를 제공한다.

사람과 달리 고양이는 단맛을 가진 음식을 선호하지 않는데, 고양이의 유전자 분석 결과 단맛 수용체 유전자에 돌연변이가 일어나 기능을 할 수 없다는 사실이 밝혀졌다. 육식동물로 진화한 고양이는 단맛 수용체 유전자가 작동하지 않아도 사는 데 지장이 없기 때문이라는 진화론적 설명이 가능하다. 즉, (A) 생명체는 게놈의 경제학을 통해 유전자가 필요 없을 경우 미련 없이 버린다는 것이다.

이후 연구자들이 진화적으로 가깝지 않은 서로 다른 종에 속하는 육식 포유동물들의 단맛 수용체 유전자를 연구한 결과, 단맛 수용체 유전자에 돌연변이가 일어나 단맛 수용체가 정상적으로 기능을 할 수 없음을 확인하였다. 단맛 수용체 유전자의 돌연변이가 일어난 자리는 종마다 달랐는데, 이는 서로 다른 종의 동물들이 육식에만 전적으로 의지하는 동물로 진화해 가는 과정에서 독립적으로 유전자 변이가 일어났음을 의미한다. 즉, 단맛 수용체 유전자의 고장은 수렴진화의 예로서, (B) 진화적으로 가깝지 않은 서로 다른 종의 생물이 적응의 결과, 유사한 형질이나 형태를 보이는 모습으로 진화했다는 것이다.

〈보기〉

ㄱ. 진화적으로 서로 가깝지 않은 다른 종의 잡식동물인 집돼지와 불곰은 쓴맛 수용체 유전자의 개수가 줄어든 결과로 보다 강한 비위와 왕성한 식욕을 가지게 되었다는 사실이 밝혀졌다. 이는 (A)를 약화하고 (B)를 강화한다.

ㄴ. 진화적으로 서로 가깝지 않은 다른 종의 육식동물인 큰돌고래와 바다사자는 먹이를 씹지 않고 통째로 삼키는 형태로 진화한 결과로 단맛 수용체 유전자뿐 아니라 감칠맛 수용체 유전자에도 돌연변이가 일어나 기능을 할 수 없게 되었다는 사실이 밝혀졌다. 이는 (A)와 (B) 모두를 강화한다.

ㄷ. 사람과 오랑우탄의 공동조상은 과일 등을 통해 충분한 양의 비타민C를 섭취할 수 있도록 진화한 결과로 비타민C 합성 유전자에 돌연변이가 일어나 기능을 할 수 없게 되었으며, 이로 인해 진화적으로 서로 가까운 사람과 오랑우탄이 비타민C를 합성하지 못한다는 사실이 밝혀졌다. 이는 (A)를 강화하고 (B)를 약화한다.

① ㄱ　② ㄴ　③ ㄱ, ㄷ
④ ㄴ, ㄷ　⑤ ㄱ, ㄴ, ㄷ

02

2016학년도 LEET 문26

다음에서 제시된 논증의 설득력을 약화하는 것만을 <보기>에서 있는 대로 고른 것은?

> 지금껏 지구에 존재했던 다양한 생물종들이 모두 하나의 원시 조상으로부터 유래했다는 다윈의 주장은 합리적인 근거를 가지고 있다. 그것은 바로 지구의 모든 생물들이 DNA라는 공통 유전물질을 가지고 있다는 것이다. 이 DNA는 네 가지 뉴클레오티드로 구성되어 있으며, 이들에 담긴 생명체의 유전 정보가 세대 간 전달된다. 수천만 개를 훨씬 상회하는 분자들 중, DNA만이 유전 정보의 보존과 복제를 가능하게 하는 구조를 가지고 있다는 점은 무척 놀라운 일이다. 왜냐하면 생명체가 유전 정보를 후대에 전달하기 위하여 DNA를 사용해야 할 어떤 필연적인 이유도 없기 때문이다. 그럼에도 불구하고 지구에 현존하는 모든 생물종은 DNA를 통해 그 정체성을 유지하고 있다. 이것이 바로 다윈의 주장이 설득력을 갖는 이유다.

〈보기〉

ㄱ. 남극에서 화석의 형태로 발견된 어느 고생물을 조사한 결과 그것의 유전물질은 DNA와 다른 구조를 지녔던 것임이 밝혀졌다.

ㄴ. 생물학적으로 가능한 모든 형태의 생명체들은 유전물질로 DNA를 사용할 수밖에 없다는 사실이 밝혀졌다.

ㄷ. 지구에 존재하는 생명체들은 DNA가 유전물질의 역할을 하는 여러 외계 생명체들로부터 기원했다는 사실이 밝혀졌는데, 그중 하나는 다른 모든 것들의 조상이었다.

① ㄴ　② ㄷ　③ ㄱ, ㄴ
④ ㄱ, ㄷ　⑤ ㄱ, ㄴ, ㄷ

03

2018학년도 LEET 문32

㉠~㉢에 대한 평가로 적절한 것만을 <보기>에서 있는 대로 고른 것은?

> 대뇌피질에는 운동을 전담하는 영역, 시각을 전담하는 영역 등이 있다. 그럼 대뇌피질 속 이런 전담 영역들을 결정하는 것은 무엇인가? 최근 연구 결과에 따르면, 각 영역의 겉모습이나 구조에 의해 그 전담 영역이 결정되는 것이 아니다. 그보다 대뇌피질 영역들 사이의 연결 방식과 대뇌피질 영역과 중추신경계의 다른 영역 사이의 연결 방식에 따라 각 대뇌피질의 전담 영역이 결정된다. 즉 ㉠ <u>대뇌피질의 전담 영역은 각 영역이 가진 고유한 물리적 특징에 의해 결정되는 것이 아니라 다른 영역들과의 연결 양상에 의해 결정된다.</u>
>
> ㉡ <u>대뇌피질로 들어오는 입력의 유형은 근본적으로 똑같다.</u> 물론 청각과 시각은 그 성질이 다르다. 소리는 파동의 형태로 공기를 통해 전달되고, 시각은 빛의 형태로 전달된다. 그리고 시각은 색깔·결·형태를, 청각은 음조·리듬·음색을 지닌다. 이런 점들 때문에, 각 감각기관들은 서로 근본적으로 분리된 상이한 실체로 생각되곤 한다. 그러나 그런 상이한 감각이 관련 기관에서 활동전위로 전환되고 나면, 각 기관이 뇌로 전달한 신호는 모두 똑같은 종류의 활동전위 패턴에 불과해진다. 우리 뇌가 아는 것이라곤 이들 패턴들뿐이며, 우리 자신을 비롯하여 우리가 인식한 외부 세계의 모습은 모두 그런 패턴들로부터 구축된다.
>
> 결국, ㉢ <u>뇌에 의해 파악된 외부 세계와 몸 사이의 경계는 바뀔 수 있다.</u> 활동전위의 패턴이 전달되면, 뇌는 전달된 패턴들에 정합성을 주는 방식으로 몸의 경계를 파악한다. 이때 패턴이 흔히 몸의 일부라고 여겨지는 것에서 유래되었는지 그렇지 않은지는 중요하지 않다. 패턴이 정합적으로 전달되기만 하면, 뇌는 그 패턴만을 이용해서 그것이 유래된 것을 몸의 일부로 통합하게 된다. 외부 세계와 우리 몸에 대한 지식은 모두 패턴들로부터 구축된 하나의 모형일 뿐이다.

〈보기〉

ㄱ. 대뇌피질 전체가 겉모습이나 구조 면에서 놀라울 정도로 균일하다는 사실은 ㉠을 강화한다.

ㄴ. 뇌기능 영상촬영 기법들을 이용하여 특정 과제가 수행될 때 평소보다 더 활성화되는 부위를 검출함으로써 얼굴인식 영역, 수학 영역 등과 같은 특화된 영역들을 확인하였다는 사실은 ㉡을 약화한다.

ㄷ. 다른 감각을 차단한 채, 작은 갈퀴를 손에 쥐고 무엇인가를 건드리도록 한다면 뇌는 작은 갈퀴를 우리 몸의 일부로 여긴다는 사실은 ㉢을 강화한다.

① ㄱ　② ㄴ　③ ㄱ, ㄷ
④ ㄴ, ㄷ　⑤ ㄱ, ㄴ, ㄷ

04

2018학년도 LEET 문34

㉠을 평가한 것으로 적절한 것만을 <보기>에서 있는 대로 고른 것은?

종양억제유전자는 정상세포가 암세포로 전환되는 것을 억제한다. 대표적인 종양억제유전자인 p53 유전자는 평상시에는 소량 발현되지만, DNA 손상 등의 외부 자극에 반응하여 발현량이 증가한다. p53 유전자의 발현에 의해 생성되는 p53 단백질은 세포 내에서 세포자살 유도, 세포분열 정지, 물질대사 억제 등의 기능을 수행한다. ㉠ 발현량이 증가된 p53 단백질의 물질대사 억제 기능이 암 발생을 억제한다는 가설을 검증하려 한다.

〈실험〉

A, B, C 형태의 p53 돌연변이 단백질을 각각 발현하는 생쥐 실험군 a, b, c와 함께, 대조군으로 정상 생쥐와 p53 유전자가 제거된 생쥐 x를 준비하였다. 모든 실험 대상 생쥐에 대해 DNA를 손상시키는 조작을 가하였고 실험 대상 생쥐에서 p53 단백질의 발현량을 측정하고, 발현된 p53 단백질의 세포 내 기능을 확인하였다. 이후 일정 기간 동안의 암 발생률을 확인하였다.

〈실험 결과〉

○ DNA를 손상시키는 자극에 반응하여 정상 생쥐의 p53 단백질과 생쥐 실험군 a, b의 A, B 돌연변이 p53 단백질의 발현량은 증가한 반면, 생쥐 실험군 c의 C 돌연변이 p53 단백질의 발현량은 변화가 없었다.

○ 생쥐 실험군 a는 암 발생률이 정상 생쥐와 동일하였고, 생쥐 실험군 b, c와 x는 정상 생쥐에 비해 암 발생률이 높았다.

〈보기〉

ㄱ. 실험군 a의 p53 단백질에서 세포자살 유도 기능은 사라졌지만 세포분열 정지, 물질대사 억제 기능은 여전히 남아 있다면 가설은 약화된다.

ㄴ. 실험군 b의 p53 단백질에서 물질대사 억제 기능은 사라졌지만 세포자살 유도, 세포분열 정지 기능은 여전히 남아 있다면 가설은 강화된다.

ㄷ. 실험군 c의 p53 단백질에서 세포자살 유도, 물질대사 억제 기능은 사라졌지만 세포분열 정지 기능은 여전히 남아 있다면 가설은 강화된다.

① ㄱ　② ㄴ　③ ㄱ, ㄷ
④ ㄴ, ㄷ　⑤ ㄱ, ㄴ, ㄷ

05

2019학년도 LEET 문39

㉠에 대한 평가로 옳은 것만을 <보기>에서 있는 대로 고른 것은?

초파리의 장에는 많은 종류의 세균이 존재하는데, 이들 세균은 초파리를 죽이는 병독균, 병독균의 성장을 저해하여 초파리에게 도움을 주는 유익균, 그 외의 일반균으로 구분된다. 이들 세균의 성장은 초파리의 장세포가 분비하는 활성산소에 의해 조절되며, 활성산소의 분비는 세균이 분비하는 물질에 의해 조절된다. 활성산소가 적정량 분비될 때는 초파리에게 해를 끼치지 않지만 다량 분비될 때는 초파리의 장세포에 염증을 일으킨다. 초파리 장내세균의 종류와 이를 조절하는 메커니즘을 알기 위해 장내세균이 전혀 없는 무균 초파리에 4종류의 세균 A~D 혹은 이들 세균이 분비하는 물질 X를 주입하여 다음과 같은 실험 결과를 얻었다. 단, 세균 B와 D는 물질 X를 분비한다.

장내 주입물	활성산소 분비	초파리 생존
물질 X	분비됨	건강하게 생존
세균 A	분비되지 않음	건강하게 생존
세균 B	적정량 분비됨	건강하게 생존
세균 C	분비되지 않음	죽음
세균 D	다량 분비됨	생존했으나 만성 염증
세균 A + 세균 C	분비되지 않음	죽음
세균 B + 세균 C	적정량 분비됨	건강하게 생존

이 실험 결과로부터 ㉠ '초파리의 장세포가 분비하는 활성산소는 병독균의 성장을 저해한다'는 가설을 도출하고 추가 실험을 실시하였다.

〈보기〉

ㄱ. 세균 A와 세균 B를 주입했을 때 활성산소가 적정량 분비되고 초파리는 건강하게 생존했다는 추가 실험 결과는 ㉠을 강화한다.

ㄴ. 물질 X와 세균 C를 주입했을 때 활성산소가 적정량 분비되고 초파리는 건강하게 생존했다는 추가 실험 결과는 ㉠을 강화한다.

ㄷ. 세균 C와 세균 D를 주입했을 때 활성산소가 다량 분비되고 초파리는 생존했지만 만성 염증이 발생했다는 추가 실험 결과는 ㉠을 강화한다.

① ㄱ　② ㄴ　③ ㄱ, ㄷ
④ ㄴ, ㄷ　⑤ ㄱ, ㄴ, ㄷ

06

2020학년도 LEET 문37

㉠과 ㉡에 대한 판단으로 옳은 것만을 <보기>에서 있는 대로 고른 것은?

의태란 한 종의 생물이 다른 종의 생물과 유사한 형태를 띠는 것이다. 의태 중에서 가장 잘 알려진 것 중 하나는 베이츠 의태로, 이는 독이 없는 의태자가 독이 있는 모델과 유사한 경고색 혹은 형태를 가짐으로써 포식자에게 잡아먹히는 것을 피하는 것이다. 서로 형태가 유사하지만 독성이 서로 다른 2종의 모델, 즉 약한 독성을 가진 모델 A와 강한 독성을 가진 모델 B가 동시에 존재하는 경우에 의태자 C가 어떻게 의태할지에 대해서는 여러 가지 가설이 제시되었다. 그 중 ㉠ C가 A보다 B의 형태로 진화하는 것이 생존에 유리하다는 가설이 지배적이었다.

하지만 최근에 '자극의 일반화'라는 현상을 기반으로 ㉡ C가 B보다 A의 형태로 진화하는 것이 생존에 유리할 것이라는 가설이 제시되었다. 자극의 일반화란 자신에게 좋지 않은 약한 자극에 노출된 경우에는 포식자가 이후에 이와 동일한 자극만 회피하려고 하지만, 자신에게 좋지 않은 강력한 자극에 노출된 경우에는 포식자가 이후에 이 자극과 동일 종류의 자극뿐 아니라 유사한 종류의 자극도 회피하려고 한다는 것이다. 이로 인해 C가 A를 의태할 경우에는 A 또는 B에 대한 학습 경험이 있는 포식자 모두로부터 잡아먹히지 않지만, B를 의태할 경우에는 B에 대한 학습 경험만 있는 포식자로부터만 잡아먹히지 않는다는 것이다.

〈보기〉

ㄱ. 독에 대한 경험이 없던 닭들이 개구리의 형태로 독성을 판단하여 강한 독을 가진 개구리는 잡아먹으려고 시도하지 않지만 약한 독을 가진 개구리는 잡아먹으려고 시도한다는 사실은 ㉠을 강화하고, ㉡을 약화한다.

ㄴ. 독에 대한 경험이 없던 닭들 중 강한 독이 있는 나방을 잡아먹은 닭들은 모두 죽었으나, 약한 독이 있는 나방을 잡아먹은 닭들은 죽지 않고 이후에 약한 독이 있는 나방과 동일하게 생긴 독이 없는 나방을 잡아먹지 않으려고 한다는 사실은 ㉠과 ㉡ 모두를 약화한다.

ㄷ. 독에 대한 경험이 없던 닭들이 아주 강력한 독이 있는 나방을 잡아먹은 이후에 이와 유사하게 생긴 독이 없는 나방은 잡아먹으려 하지 않지만, 전혀 다르게 생긴 독이 있는 개구리는 잡아먹으려고 시도한다는 사실은 ㉡을 약화한다.

① ㄱ ② ㄷ ③ ㄱ, ㄴ
④ ㄴ, ㄷ ⑤ ㄱ, ㄴ, ㄷ

07

2021학년도 LEET 문35

<이론>에 대한 평가로 적절한 것만을 <보기>에서 있는 대로 고른 것은?

〈이론〉

A의 개념은 A를 정의하는 특성들, 즉 어떤 것이 A가 되기 위한 필요충분조건에 해당하는 특성들로 구성된다. 예를 들어, 어떤 대상이 총각이기 위한 필요충분조건이 미혼 남성이라면, 어떤 대상이 총각이기 위해서는 미혼이면서 남성이어야 하고, 미혼이면서 남성인 모든 대상은 총각이다. 이 경우 총각의 개념은 미혼이라는 특성과 남성이라는 특성으로 이루어진다. 만일 어떤 사람이 A의 개념을 가지고 있다면, 그는 어떤 대상이 A에 속하는지 아닌지 판단하는 데 A의 개념을 사용할 것이다. A의 개념을 사용해 어떤 대상이 A에 속하는지 판단하는 데 걸리는 시간은, A를 정의하는 각 특성을 그 대상이 가지는지 확인하는 데 소요되는 시간의 합이다.

〈실험〉

과학자들은 실험참여자들에게 다양한 종류의 동물들을 예로 들어 그것이 새인지 판단하는 과제를 수행하도록 했다. 그들은 실험참여자들에게 "x는 새입니까?"와 같은 질문을 던진 후 답하는 데 걸리는 시간을 측정했다. 그 결과, 참새가 새라고 답변하는 데 걸리는 시간은 평균 0.4초였던 반면, 펭귄의 경우 평균 1.4초였다.

〈보기〉

ㄱ. 실험참여자들이 새의 개념을 가지지 않아서 '참새'와 '펭귄'의 언어표현이 주는 느낌에 의거해 답변을 했다면, 〈실험〉의 결과는 〈이론〉을 약화하지 않는다.

ㄴ. 새의 개념을 구성하는 각각의 특성에 대해, 참새와 펭귄이 그 특성을 가지는지 여부를 확인하는 데 걸리는 시간이 서로 다르다면, 〈실험〉의 결과는 〈이론〉을 약화한다.

ㄷ. 인간의 개념은 이성적 동물로 정의된다고 생각하는 사람들이 어떤 대상을 동물이라고 판단하는 데 걸리는 시간보다 그 대상을 인간이라고 판단하는 데 걸리는 시간이 더 짧다면, 〈이론〉은 약화된다.

① ㄱ ② ㄴ ③ ㄱ, ㄷ
④ ㄴ, ㄷ ⑤ ㄱ, ㄴ, ㄷ

08

2022학년도 LEET 문38

다음 글을 평가한 것으로 적절한 것만을 <보기>에서 있는 대로 고른 것은?

아이에게 생기는 자폐증의 주요한 원인 중 하나는 임신 중 엄마의 비정상적인 면역 활성화로 여겨지고 있다. 엄마의 장에 존재하는 수지상 세포(dendritic cell, DC)는 체내에 바이러스가 감염되면 활성화된다. 이 DC는 장에 존재하는 T_H17 면역 세포를 활성화시키는데, 이때 T_H17에서 분비되는 IL-17 단백질이 태아에 전달되어 뇌 발달을 저해한다는 것이다. 최근 ㉠ 엄마의 장에 공생하는 특정 장내 세균의 존재 유무가 이러한 비정상적 면역 활성화에 중요하다는 가설이 제기되었다. 장내 세균의 명확한 역할은 알 수 없지만, 엄마에게 특정 장내 세균이 없을 때에는 위와 같은 면역 활성화가 일어나지 않는다는 것이다. 이를 검증하기 위해 다음 실험을 계획하였다.

〈실험〉

○ 다음과 같이 네 종류의 임신한 생쥐 군(X1, X2, Y1, Y2)을 준비하였다.

생쥐 군	장내 특정 공생 세균	바이러스 감염 여부
X1	있음	감염됨
X2	있음	감염되지 않음
Y1	없음	감염됨
Y2	없음	감염되지 않음

○ 일정 시간 후 각 생쥐의 장에서 DC와 T_H17 세포를 분리하였다. 각 세포에는 바이러스나 세균이 섞이지 않도록 하였다. 분리된 각 DC와 T_H17을 섞어 배양한 후 IL-17의 분비량을 측정하였다.

○ 각 생쥐에서 태어난 새끼들의 자폐 성향을 분석하였다.

〈보기〉

ㄱ. X1의 DC를 X2의 T_H17과 배양했을 때 IL-17이 생산되고 X1의 DC를 Y2의 T_H17과 배양했을 때 IL-17이 생산되지 않는다면, ㉠이 강화된다.

ㄴ. X1의 DC를 Y2의 T_H17과 배양했을 때 IL-17이 생산되고 Y1의 DC를 Y2의 T_H17과 배양했을 때 IL-17이 생산되지 않는다면, ㉠이 강화된다.

ㄷ. X1에서 태어난 새끼들은 자폐 성향을 보이고 Y2에서 태어난 새끼들은 자폐 성향을 보이지 않는다면, ㉠이 강화된다.

① ㄱ ② ㄷ ③ ㄱ, ㄴ
④ ㄴ, ㄷ ⑤ ㄱ, ㄴ, ㄷ

09

2023학년도 LEET 문37

다음 논증에 대한 평가로 옳은 것만을 <보기>에서 있는 대로 고른 것은?

단어 '잡아먹다'는 입과 소화기관이 있는 동물에 대해서만 사용해야 한다는 직관이 이 단어의 의미를 결정하는 좋은 근거인지는 의심스럽다. 이 단어를 입도 소화기관도 없는 대상에 대해서도 사용할 수 있다는 과학적 근거가 있다. 다음 수학 모형 M은 그 근거를 설명한다.

$$(1)\ \frac{dP}{dt} = b(aV)P - mP$$

$$(2)\ \frac{dV}{dt} = rV - (aV)P$$

수학 모형은 실제에 제대로 적용될 때 의미를 획득할 수 있다. M은 특정 지역에 사는 상어와 대구의 개체군 크기 변화 관계를 예측하기 위해 만들어졌으며, 실제로 이 예측은 성공적이었다. (1)은 시간에 따른 상어 개체군의 크기 변화를, (2)는 시간에 따른 대구 개체군의 크기 변화를 각각 나타낸다. (1)에서 $b(aV)P$의 의미는 '상어에게 잡아먹히는 대구의 수에 비례해서 증가하는 상어 개체군'으로 해석된다. 최근 식물학자들은 M으로 기생식물인 겨우살이와 참나무의 개체군 크기 변화 관계를 성공적으로 예측했다. 그렇다면 상어와 대구 사이의 관계에 대한 해석은 겨우살이와 참나무 사이의 관계에도 일관되게 적용되어야 한다. 겨우살이와 참나무의 관계에 M을 적용하면, $b(aV)P$는 '겨우살이에게 잡아먹히는 참나무의 수에 비례해서 증가하는 겨우살이 개체군'을 의미한다. M의 적용이 상어 사례에서 겨우살이 사례로 확장된다는 사실은 단어 '잡아먹다'의 의미를 확장할 수 있다는 과학적 근거이다.

〈보기〉

ㄱ. 입 없이 먹이를 몸 안으로 흡수하는 생물의 행동에 대한 일상적 설명에는 단어 '잡아먹다'가 잘 쓰이지 않는다는 사실은 이 논증을 약화한다.

ㄴ. 동물의 입과 소화기관과 유사한 구조를 가진 식충식물에 대해서는 '잡아먹다'라는 표현이 일상적으로 사용된다는 사실은 이 논증을 약화한다.

ㄷ. 질병을 일으키는 박테리아와 사람 사이의 관계에 M이 잘 적용되어, "크기가 작은 박테리아가 사람을 잡아먹는다"는 진술이 생물학자들 사이에 일반적으로 사용되기 시작한다면, 이 논증은 강화된다.

① ㄱ ② ㄷ ③ ㄱ, ㄴ
④ ㄴ, ㄷ ⑤ ㄱ, ㄴ, ㄷ

10

2019학년도 LEET 문34

다음 논쟁에 대한 분석으로 옳은 것만을 <보기>에서 있는 대로 고른 것은?

(가) 저탄수화물 식단은 저지방 식단보다 체중 감량 효과가 뛰어나다. W 연구팀은 과체중이지만 건강한 지원자 51명을 대상으로 실험을 실시했다. 피실험자들은 원하는 만큼 음식을 섭취할 수 있었다. 하지만 그 음식에 포함된 탄수화물은 극도로 제한되었다. 실험 결과, 6개월 뒤 피실험자들의 체중은 약 10% 감소했다. W 연구팀은 후속 연구를 통해서 과체중 환자들을 저지방 식단 그룹과 저탄수화물 식단 그룹으로 나누고 비교했다. 이 연구에 따르면 저지방 식단 그룹의 체중은 6개월 동안 평균 6.7% 감소한 반면, 저탄수화물 식단 그룹의 체중은 평균 12.9% 감소했다.

(나) (가)의 주장은 저탄수화물 다이어트에 대한 오해를 야기한다. 그 주장은 음식 섭취량에 상관없이 탄수화물만 적게 먹으면 살을 뺄 수 있다는 것처럼 들린다. 하지만 이는 잘못이다. W 연구팀의 논문에서도 언급되었듯이 체중이 감소한 것은 근본적으로 피실험자들의 섭취 칼로리가 적었기 때문이다. 즉 저탄수화물 식단이 식욕을 억제함으로써 피실험자들의 음식 섭취량을 줄였다고 볼 수 있다.

(다) L 연구팀은 W 연구팀과 비슷한 방식으로 저탄수화물 식단과 저지방 식단이 피실험자에게 미치는 영향을 12개월 동안 추적했지만, 두 그룹 간 체중 감소량에 큰 차이를 발견하지 못했다. 하지만 첫 6개월 동안의 체중 감소량에는 큰 차이가 있었다. 저탄수화물 식단 그룹은 첫 6개월 동안 체중이 감소한 뒤 그 체중을 유지한 반면 저지방 식단 그룹은 12개월에 걸쳐 체중이 계속 감소했다. 따라서 저탄수화물 식단에 식욕 억제 효과가 있다고 하더라도 그 효과가 나타나는 기간은 제한적일 것이다.

〈보기〉

ㄱ. (가), (나), (다)는 모두 저탄수화물 식단이 체중을 감소시키는 효과가 있다는 것에 동의한다.

ㄴ. (다)가 언급한 실험 결과는 W 연구팀의 실험 데이터에 오류가 있었음을 증명한다.

ㄷ. W 연구팀의 실험에서 저탄수화물 식단 그룹과 저지방 식단 그룹에 속한 피실험자들이 섭취한 칼로리가 동일하게 감소했다면, (가)에 대한 (나)의 비판은 약화된다.

① ㄱ ② ㄴ ③ ㄱ, ㄷ
④ ㄴ, ㄷ ⑤ ㄱ, ㄴ, ㄷ

11

2021학년도 LEET 문36

㉠과 ㉡에 대한 평가로 적절한 것만을 <보기>에서 있는 대로 고른 것은?

서인도양의 세이셸 제도에는 '호랑이 카멜레온'이라는 토착종이 살고 있다. 그런데 세이셸 제도는 아프리카 남동쪽의 큰 섬인 마다가스카르로부터 북동쪽으로 약 1,100㎞, 인도로부터는 서쪽으로 약 2,800㎞ 떨어진 외딴 곳이다. 날지도 못하고 수영도 능숙하지 않은 이 작은 동물이 어떻게 이곳에 살게 되었을까?

이에 대해 다음의 두 설명이 제시되었다. 하나는 ㉠ 호랑이 카멜레온의 조상은 원래 장소에 계속 살고 있었으나 대륙의 분리 및 이동으로 인해 외딴 섬들에 살게 되었다는 것이다. 세이셸 제도는 원래 아프리카, 인도, 마다가스카르 등과 함께 곤드와나 초대륙의 일부였으나 인도-마다가스카르와 아프리카가 분리되고, 이후 인도와 마다가스카르가 분리된 다음, 최종적으로 인도와 세이셸 제도가 분리되어 지금에 이르렀다. 위 설명에 따르면, 호랑이 카멜레온의 조상은 세이셸 제도가 다른 지역과 분리된 후 독립적으로 진화했다.

다른 하나는 ㉡ 호랑이 카멜레온의 조상이 마다가스카르 또는 아프리카의 강이나 해안가로부터 표류하는 나뭇가지 등의 '뗏목'을 타고 세이셸 제도에 도착했다는 것이다. 이에 따르면 호랑이 카멜레온의 조상은 본래 아프리카나 마다가스카르에 살고 있었는데, 서식지 근처 강의 범람과 같은 사건의 결과로 표류물을 타고 세이셸 제도로 이주한 후 독립적으로 진화했다.

〈보기〉

ㄱ. 해저 화산의 분화로 형성된 후 대륙과 연결된 적이 없는 외딴 섬인 코모로 제도에만 서식하는 카멜레온 종이 있다는 사실은 ㉠을 강화한다.

ㄴ. 세이셸 제도가 인도에서 분리된 후 최근까지 서인도양의 해류가 서쪽에서 동쪽으로 흘렀다는 연구 결과가 있다면 이는 ㉡을 약화한다.

ㄷ. 아프리카 동부의 카멜레온과 호랑이 카멜레온의 가장 가까운 공동조상이 마다가스카르의 카멜레온과 호랑이 카멜레온의 가장 가까운 공동조상보다 더 나중에 출현했다는 연구 결과가 있다면 이는 ㉠을 약화하나 ㉡은 약화하지 않는다.

① ㄱ ② ㄷ ③ ㄱ, ㄴ
④ ㄴ, ㄷ ⑤ ㄱ, ㄴ, ㄷ

12

2024학년도 LEET 문37

다음 글에 대한 평가로 적절한 것만을 <보기>에서 있는 대로 고른 것은?

멘델 유전은 ㉠ 특정 유전자가 정자로부터 왔는지 난자로부터 왔는지는 중요하지 않다는 생각을 기초로 한다. 그러나 포유류에서 일부 유전자는 정자와 난자 중 어디에서 왔는지가 중요하다고 알려졌으며, 오직 정자 유래 또는 난자 유래 대립유전자만 배타적으로 발현된다. 이러한 현상은 DNA에 메틸기($-CH_3$)가 부착되는 현상인 DNA 메틸화에 의해 나타날 수 있다. 정자형성과정과 난자형성과정에서는 기존의 DNA 메틸화가 초기화되고 성별 특이적으로 새롭게 DNA 메틸화가 일어난다.

수라니 연구팀은 ㉡ DNA의 특정 부위가 부모 중 어느 쪽으로부터 유전되었느냐에 따라 이 부위에 있는 유전자의 활성이 다를 수 있다는 생각을 실험적으로 입증하였다. 연구팀은 메틸화의 정도를 쉽게 측정할 수 있는 특정 DNA가 삽입된 유전자 변형 생쥐를 만들고 이 생쥐의 후손들에서 이 DNA의 메틸화 정도를 조사했는데, 어미로부터 물려받은 자식의 이 DNA는 메틸화가 많이 되어 있었지만, 아비로부터 물려받은 자식의 이 DNA는 메틸화가 적게 되어 있었다.

DNA의 메틸화는 유전자 발현 조절과 관련이 있는데, DNA의 메틸화에 의한 유전자 발현 조절은 ㉢ 조절 단백질이 DNA에 결합하는 것을 메틸기가 방해하는 기작, 또는 ㉣ 조절 단백질이 메틸기를 매개로 DNA에 결합하는 기작을 통해 일어날 수 있다. 이때 조절 단백질은 유전자의 발현을 활성화하는 단백질이거나 억제하는 단백질이다. 생쥐의 초기 배아발생과정 동안 유전자 x는 아비로부터 받은 것만 발현되며 어미로부터 받은 것은 발현되지 않는데, 이는 특정 조절 단백질이 어미로부터 받은 유전자 x의 DNA에만 결합하기 때문이다.

〈보기〉

ㄱ. 수라니 연구팀의 실험 결과는 ㉠을 강화한다.
ㄴ. 특정 염색체 이상이 아버지로부터 유래했을 때는 아이에게서 프래더-윌리 증후군이 나타나지만 동일한 염색체 이상이 어머니로부터 유래했을 때는 이 증후군이 나타나지 않는다면, ㉡은 강화된다.
ㄷ. 부모 중 어미로부터 받은 유전자 x의 DNA만 메틸화가 되었다면 유전자 x의 발현이 조절되는 방식은 ㉢과 ㉣ 중 ㉣에 해당한다.

① ㄱ　② ㄴ　③ ㄱ, ㄷ
④ ㄴ, ㄷ　⑤ ㄱ, ㄴ, ㄷ

정답 및 해설 p.76

참고문헌

· Stephen F. Barker, *The Elements of Logic*, New York, McGraw-Hill, 1985.
· Irving M. Copi & Carl Cohen, *Introduction to Logic*, Prentice-Hall, 1998.
· Benson Mates, *Elementary Logic*, Oxford University Press, 1972.
· David W. Agler, *Symbolic Logic*, Rowman & Littlefield Pulishers, 2013.
· Patric J. Hurley, *A Concise Introduction to Logic*, Cengage Learning, 2015.
· Richard Feldman, *Reason & Argument*, Prenrtice-Hall, 1999.
· Stephen E. Toulmin, *The Uses of Argument*, Cambridge, 2003.
· Alec Fisher, *Critical Thinking: An Introduction*, Cambridge, 2001.
· Anne Thomson, *Critical Reasoning: A Practical Introduction*, 2009.
· R. Giere, J. Bickle, R. Mauldin, *Understanding Scientific Reasoning*, Cengage Learning, 2006.
· Ian Hacking, *An Introduction to Probability and Inductive Logic*, Cambrige University Press, New York, 2009 9th.
· David Killoran, *The PowerScore LSAT Logic Games Bible*, PowerScore Publishing, 2023.

해커스 LEET

김우진 추리논증

기본

개정 4판 1쇄 발행 2025년 1월 2일

지은이	김우진
펴낸곳	해커스패스
펴낸이	해커스로스쿨 출판팀
주소	서울특별시 강남구 강남대로 428 해커스로스쿨
고객센터	1588-4055
교재 관련 문의	publishing@hackers.com
학원 강의 및 동영상강의	lawschool.Hackers.com
ISBN	979-11-7244-487-7 (13360)
Serial Number	04-01-01

로스쿨로 향하는 **첫 시작,**

해커스로스쿨과 함께하면
입학이 빨라집니다.

법학적성시험 대비 최신개정판 제4판

해커스 LEET

김우진 추리논증

기본

정답 및 해설

해커스로스쿨

해커스 LEET

김우진 추리논증

기본

정답 및 해설

해커스

Ⅰ. 연역과 귀납

1. 형식적 추리: 연역

1 문장 논리(Sentence Logic) p.30

01	02	03	04	05
⑤	④	⑤	①	②
06				
③				

01 정답 ⑤

1. 1번 도로 → (A∨B)
2. A → (흙탕물&카메라)
3. B → (정체&검문소)
4. 정체 → 카메라
5. 검문소 → 흙탕물
6. ∴ ~1번 도로
7. (B → 정체)&(B → 검문소) 3. 번역
8. (B → 카메라)&(B → 흙탕물) 7. 4. 5. 삼단논법
9. B → (카메라&흙탕물) 8. 동치
10. B → (흙탕물&카메라) 9. 교환법칙

결국 A마을에서 온 경우나 B마을에서 온 경우 모두 자동차 밑바닥에 흙탕물이 튀었을 것이고 자동차 모습을 담은 폐쇄회로 카메라가 적어도 하나 있을 것이다. 주어진 결론이 성립되기 위해서는 1에서 후건인 (A∨B)가 부정되어야 한다. 따라서 드 모르간 법칙에 따라 (~A&~B)가 된다. A와 B가 모두 부정되기 위해서는 2와 9에서 ~(카메라&흙탕물)이 되어야 성립된다. 결국 드 모르간 법칙에 의해서 (~카메라∨~흙탕물)이 필요하다. 이는 폐쇄회로 카메라가 없어야 하며 자동차 밑바닥에 흙탕물이 튀지 않았다는 것이다.

02 정답 ④

1. A∨B∨C
2. D∨E
3. A → (C&D)
4. B → ~E

① (X) A 증언이 참일 경우, 3에 의해 C와 D는 참이다. 하지만 나머지 B와 E에 대한 참 거짓 여부를 결정할 수 없다.
② (X) B 증언이 참일 경우, 4에 의해 E는 거짓이며, E가 거짓이기에 2에서 선언논법에 의해 D가 참이다. 하지만 나머지 A와 C에 대한 진위는 알 수 없다.
③ (X) C가 참이라는 사실만으로 그 이외의 진위에 대해서 알 수 없다.
④ (O) D의 증언이 참이 아닐 경우, 2에서 선언논법에 의해 E는 참이다. E가 참이므로 4에서 후건이 부정되어 B도 거짓이다. 그리고 3에서 D가 참이 아니므로 후건이 거짓되어 전건인 A도 거짓이 된다. 결국 A와 B가 거짓이므로 1의 선언문이 성립되기 위해서는 C가 참임을 알 수 있다. 결국 모든 진위를 알 수 있으므로 D의 증언이 참이 아니라는 사실은 결정적 정보가 된다.
⑤ (X) E가 참이 아닐 경우, 2의 선언논법에 의해 D가 참이다. 하지만 그 이외의 진위에 대해서는 알 수 없다.

03 정답 ⑤

주어진 명제를 논리식으로 전환하면 다음과 같다.
1. 정당화된 도덕이론 → (선험적 주장∨도덕적 직관)
2. 선험적 원리 → ~경험적 주장
3. 도덕적 직관 → ~정의감 반함
4. 정의감 반함
∴ ~정당화된 도덕이론
5. ~도덕적 직관 3. 4. 부정논법

결론은 1의 조건문 전건이 부정된 것이다. 따라서 후건이 먼저 부정되어야 한다.
6. ~(선험적 원리∨도덕적 직관)
7. ~선험적 원리&~도덕적 직관 5. 드 모르간 법칙

선험적 원리 → ~경험적 주장
[생략된 전제] 경험적 주장
∴ ~선험적 원리

따라서 추가해야 할 것은 '공리주의는 경험적 주장이다.'이다.

04 정답 ①

1. (~B∨C) → ~A
2. (C∨D) → (~B&F)
3. (C∨~E) → (~B∨F)

위 진술을 대우 규칙과 드 모르간 법칙에 의해 변환한 논리적 관계 진술은 다음과 같다.
1'. A → (B&~C)
2'. (B∨~F) → (~C&~D)
3'. (B&~F) → (~C&E)

이를 토대로 진릿값을 대입하여 파악할 수 있다.
4. ~F 주어진 사실
5. B∨~F 4. 부가논법
6. ~C&~D 2'. 5. 긍정논법

① (O) A가 참일 경우, 1'에 의해서 B가 참임을 알 수 있으며, B가 참일 경우 3'의 전건이 참이 되어 E가 참임도 추리할 수 있다.
② (X) B가 참일 경우, 3'의 전건이 참이어서 E가 참임을 추리할 수 있다. 그러나 A에 대해서는 진위를 알 수 없다.
⑤ (X) E가 참일 경우, 나머지 A와 B의 진위에 대해서는 알 수 없다.

05

정답 ②

1. (A → B)&(A → D)&(A → E)
2. ~(C&D)
3. ~E → ~(B∨D)

이로부터 연역적으로 추리할 수 있는 정보를 자연 연역적 증명으로 정리하면 다음과 같다.

4. ~C∨~D　　2. 드 모르간 법칙
5. C → ~D　　4. 단순함언
6. D → ~C　　5. 대우
7. (A → D)　　1. 분리법칙
8. A → ~C　　6. 7. 조건삼단논법

ㄱ. (X) E → C: 알 수 없다.

ㄴ. (O) ~(C&A): 타당하게 추론된다.

9. ~C∨~A　　ㄴ. 드 모르간 법칙
10. C → ~A　　9. 단순함언
11. A → ~C　　10. 대우

ㄷ. (X) (~D&B) → C ≡ (~D → C)∨(B → C)

앞의 선언지는 5의 역명제이기에 참 거짓 여부를 확인할 수 없으며, 뒤의 선언지는 알 수 없는 내용이다.

06

정답 ③

1. A∨B∨C
2. (A&~B) → C
3. C → (A∨B)
4. ~A∨~C

ㄱ. (O) A → B

5. A → ~C　　4. 단순함언
6. C → ~A　　5. 대우
7. (A&~B) → ~A　　2. 6. 조건삼단논법
8. (~A∨B)∨~A　　7. 단순함언
9. ~A∨B　　8. 항진법칙(동어반복)
10. A → B　　9. 단순함언

ㄴ. (X) B → (A∨C)

11. (B → A)∨(B → C)　　ㄴ. 복합명제 번역

앞의 조건문은 10의 역이며, 후건의 조건문은 도출될 수 없다. 따라서 타당하게 추론되지 않는다.

ㄷ. (O) C → B: 세 번째 조건에서 C가 들어 있다면 상품이 들어 있는 상자는 2개 이상이므로 A나 B 적어도 하나는 상품이 들어 있어야 한다. 그런데 C가 들어 있다면 6에 의해 A가 들어 있지 않다. 따라서 B가 반드시 들어 있어야 한다.

2 술어 논리(Predicate Logic)

p.46

01	02	03	04	05
⑤	⑤	①	⑤	③

01

정답 ⑤

지문의 내용을 정리하여 기호화하면 다음과 같다.

(Lx: x는 변호사이다, Ax: x는 회계사이다, Mx: x는 경영학 전공자이다, Ux: x는 남자이다, Wx: x는 여자이다)

1. (∀x)[(Lx∨Ax) → Mx]
2. (∀x)[(Mx&Ux) → Lx]
3. (∀x)[(Mx&Wx) → ~Ax]
4. (∃x)(Ax&Lx)
5. [생략된 전제] (∀x)(Wx∨Ux)

① (O) ~(∃x)(Wx&Ax)

6. Ax → Mx　　1. 보편 예화, 분리논법
7. Ax　　4. 분리논법
8. Mx　　6. 7. 긍정논법
9. Ax&Mx　　7. 8. 연언논법
10. Ax → ~(Mx&Wx)　　3. 보편 예화, 대우
11. Ax → (~Mx∨~Wx)　　10. 드 모르간 법칙
12. (Ax → ~Mx)∨(Ax → ~Wx)　　11. 동치
13. (Ax → ~Wx)　　9. 12. 선언논법
14. Wx → ~Ax　　13. 대우
15. (∀x)(Wx → ~Ax)　　14. 보편 일반화
16. ~(∃x)(Wx&Ax)　　15. 양화적 동치

② (O) (∃x)(Ax&Ux)

17. Wx∨Ux　　5. 보편 예화
18. ~Wx → Ux　　17. 단순함언
19. Ax → Ux　　13. 18. 조건삼단논법
20. Ux　　7. 19. 긍정논법
21. Ax&Ux　　7. 20. 연언논법
22. (∃x)(Ax&Ux)　　17. 존재 일반화

③ (O) (∀x)(Ax → Lx)

23. Ax → (Mx&Ux)　　6. 19. 결합
24. (Mx&Ux) → Lx　　2. 보편 예화
25. Ax → Lx　　23. 24. 조건삼단논법

④ (O) (∀x)[(Ax&Lx) → Ux]

26. (Ax → Ux)∨(Lx → Ux)　　19. 부가논법
27. (Ax&Lx) → Ux　　26. 동치
28. (∀x)[(Ax&Lx) → Ux]　　27. 보편 일반화

⑤ (X) (∀x)[(Mx&Ux) → (Ax&Lx)]

= [(Mx&Ux) → (Ax&Lx)]　　보편 예화
= [(Mx&Ux) → Ax]&[(Mx&Ux) → Lx] 분리논법
[(Mx&Ux) → Lx]: 24에 의해 참
[(Mx&Ux) → Ax]에 대해서는 알 수 없음

02

정답 ⑤

(Ax: x는 취업을 한 학생이다, Bx: x는 졸업평점이 3.5 이상이다, Cx: x는 외국어 인증시험에 합격했다, Dx: x는 인턴 경력이 있는 학생이다, Ex: x는 취업박람회에 참가한 학생이다. k: 갑, e: 을, b: 병, j: 정, m: 무)

1. (∀x)[Ax → (Bx∨Cx)]
2. (∀x)(Dx → Ex)
3. (∀x)[(Bx&Ex) → Ax)
4. (∀x)[(Cx&Dx) → Ax)

① (X) Ek&Ak ⊢ Dk: 추론할 수 없다.

② (X) Ce&~Ae ⊢ ~Ee: 추론할 수 없다.

5. ~Ae	분리논법
6. ~(Ce&De)	4. 5. 부정논법
7. ~Ce∨~De	6. 드 모르간 법칙
8. Ce	분리논법
9. ~De	7. 8. 선언논법

③ (X) Eb&Cb ⊢ Ab: 추론할 수 없다.

④ (X) ~Ej&Aj ⊢ Cj: 추론할 수 없다.

⑤ (O) Dm&Bm ⊢ Am: 추론할 수 있다.

10. Dm	분리논법
11. Em	2. 10. 긍정논법
12. Bm	분리논법
13. Bm&Em	11. 12. 연언논법
14. Am	3. 13. 긍정논법

03

정답 ①

[전제 1] ~변호사x → 아나운서x
[전제 2] (∀x)[아나운서x → 붉은 넥타이x]
[전제 3] 푸른 넥타이x(= ~붉은 넥타이x)
[전제 4] 변호사x → (미국인x∨영국인x)
[전제 5] (영국인x&~한국 경험x) → ~김치x
[전제 6] (∀x)[(한국 경험x&변호사x) → 붉은색 넥타이x]
[결론] 미국인x&변호사x

전제 1, 2, 3에서 x는 변호사임을 알 수 있다. 왜냐하면 모든 아나운서가 붉은 넥타이를 착용한다고 하였는데, x는 푸른 넥타이를 했기 때문이다. 즉 후건 부정의 형식으로 x가 변호사라는 것이다. 이를 도식화하면 다음과 같다.

[전제 2] (∀x)[아나운서x → 붉은 넥타이x]
[전제 3] 푸른 넥타이x(= ~붉은 넥타이x)
∴ ~아나운서x
[전제 1] ~변호사x → 아나운서x
∴ 변호사x

전제 6에서는 전제 3의 후건 부정식에 의해 x가 한국 경험이 없다는 사실을 알 수 있다. 변호사임은 이미 도출된 사실이기 때문이다. 이를 도식화하면 다음과 같다.

[전제 6] (∀x)[(한국 경험x&변호사x) → 붉은 넥타이x]
[전제 3] 푸른 넥타이x(= ~붉은 넥타이x)
∴ ~한국 경험

그런데 결론에서 x는 미국인이다. 따라서 '~영국인'이 나와야 하므로 이 논증에 필요한 생략된 전제는 '김치'가 된다. 왜냐하면 전제 5의 후건이 부정되어야 하기 때문이다. 즉 전제 5가 후건 부정식이 되고, 다시 선언삼단논법이 이루어질 때에 결론이 도출된다는 것이다. 이를 도식화하면 다음과 같다.

[전제 5] (영국인x&~한국 경험x) → ~김치x
[생략된 전제] 김치x
∴ ~(영국인x&~한국 경험x)≡~영국인x∨한국 경험x [드 모르간 법칙]
[선언삼단논법]
~영국인x∨한국 경험x
~한국 경험x
∴ ~영국인(≡전제 4에 의해 미국인)

따라서 정답은 'X는 김치를 먹을 줄 안다'이다.

04

정답 ⑤

(Gx: x는 GDP가 2만 달러 이상인 국가이다, Ix: x는 국제노동기구에 가입한 국가이다, Px: x는 인구가 7천만 명 이상인 국가이다, Kx: x는 사형제 폐지 국가이다, Tx: x는 세계무역기구 회원국이다, Cx: x는 집단학살방지 협약에 가입한 국가이다. a: A국, b: B국, c: C국)

<갑의 추리 내용 분석(기호화)>

1. (∀x)(Gx → Ix)
2. (∀x)((~Gx∨Px) → ~Kx)
3. (∀x)((Ix&Gx) → Kx)
4. (∀x)((Tx&Cx) → Kx)
5. ~Ga
6. Cb

∴ ~Ka

결론이 도출되기 위해서는 2에서 전건이 긍정되어야 한다. 그런데 5에 의해서 2의 전건이 참이 된다. 따라서 후건인 결론이 타당하게 도출된다.

<을의 추리 내용 분석(기호화)>

1. (∀x)Tx∨Ix
2. (∀x)(~Ix → ~Gx)
3. (∀x)((Ix&Cx) → Kx)
4. Gc
5. Pd

∴ Kc

4에 의해 2의 후건이 부정되어 Ix가 긍정된다. 그런데 이 정보만 가지고 3의 전건이 반드시 참이 되는 것은 아니기에 타당하지 못한 추리이다.

ㄱ. (O) 옳은 진술이다.

ㄴ. (O) Kb

을의 추리 1에서 Tx가 될 경우, 갑의 추리 6에서 Cb와 함께 갑의 추리 4의 전건을 충족시킨다. 따라서 후건이 긍정되어 Kb가 성립한다. 또한 을의 추리 1에서 Ix가 될 경우에도 갑의 추리 6 Cb와 함께 을의 추리 3의 전건을 긍정하여 후건인 Kb가 성립된다. 따라서 어떤 경우에도 Kb가 성립되기에 옳은 진술이다.

ㄷ. (O) ~Cd

1. ~Kd	을5. 갑2. 전건 긍정
2. ~Td∨~Cd	1. 갑4. 후건 부정/드 모르간 법칙
3. ~Id∨~Cd	1. 을3. 후건 부정/드 모르간 법칙
4. Td → ~Cd	2. 단순함언
5. Id → ~Cd	3. 단순함언
6. ~Td → Id	을1. 단순함언
7. ~Td → ~Cd	5. 6. 조건삼단논법
8. Cd → Td	7. 대우
9. Cd → ~Cd	4. 8. 조건삼단논법
10. ~Cd∨~Cd	9. 단순함언
11. ~Cd	10. 항진법칙

05

정답 ③

(Bx: x는 사업가이다, Kx: x는 친절하다, Cx: x는 성격이 원만하다, Lx: x는 논리학자이다, Axy: x는 y를 좋아한다, Px: x는 철학자이다. a: 갑, b: 을, c: 병)

1. (∀x)(Bx → Kx)
2. (∀x)(~Cx → ~Kx)
3. (∀x)(∀y)[Lx → Axy(~Ky)]
4. (∀x)(∀x)[Axy(~Ky) → ~Kx]
5. (∃x)(Px&Lx)

ㄱ. (O) [(Ba∨La)&~Ca] → Aay(∀y)(~Ky)

6. Pa&La	5. 존재 예화
7. La	6. 분리논법
8. La → Aay[(∀y)~Ky]	3. 보편 예화
9. Aay[(∀y)~Ky]	7. 8. 긍정논법

갑이 논리학자인 경우, 갑은 친절하지 않은 모든 사람을 좋아하기 때문이다.

ㄴ. (O) Lb → (∃x)(Px&Axb)

10. Pb&Lb	6. 존재 예화
11. Pb	10. 분리논법
12. Lb → Aby[(∀y)~Ky]	3. 보편 예화
13. Aby(~Ky) → ~Kb	4. 보편 예화
14. Lb → ~Kb	12. 13. 조건삼단논법
15. Lb → Abb	14. 12. 보편 예화
16. Lb	ㄴ. 주어진 조건
17. Abb	15. 16. 긍정논법
18. Pb&Abb	11. 18. 연언결합
19. Px&Axb	18. 존재 일반화

논리학자는 친절하지 않은 모든 사람을 좋아하고, 친절하지 않은 모든 사람을 좋아하는 사람은 모두 그 자신도 친절하지 않다. 따라서 논리학자는 친절하지 않은 사람이다. 그렇다면 논리학자는 친절하지 않은 자신도 좋아한다. 그런데 어떤 철학자는 논리학자이므로 철학자이면서 논리학자인 사람은 자신을 좋아한다.

ㄷ. (X) Kc → (~Bc∨~Pc)

알 수 없는 내용이다.

3 원리 파악 및 적용

p.50

01	02	03	04	05
⑤	③	①	④	③
06	07	08	09	10
⑤	②	④	⑤	⑤

01

정답 ⑤

ㄱ. (O) 갑은 주제에 따라 상대적으로 참이거나 거짓이라고 주장한다. 따라서 주제 s에 대해서 p가 s-참이 아니라면 p가 s-거짓일 수 있으므로 부정하는 것은 아니다.

ㄴ. (O) 같은 논의 주제가 아닐 경우 논의 주제에 따라 서로 다른 진위 판단이 있을 수 있으므로 'p는 참이 아니라는 것은 참이 아니다.'가 을이 주장하듯 p는 참이라고 말할 수 없게 된다. 따라서 을의 주장은 약화된다.

ㄷ. (O) 을은 비록 같은 논의 주제가 아니라도 이가 원리에 의해 하나의 명제 p에 대한 판단을 할 수 있다는 것이므로, 사례로 든 논의 주제가 윤리가 아니라 예술에 관한 것이라 해도 동일한 결론이 도출된다.

02

정답 ③

ㄱ. (O) 네 번째 농부의 대답에서 '세상에는 큰 도시들이 있는데, 그런 곳에는 꼭 낙타들이 있다. 따라서 그 도시에는 확실히 낙타가 있을 것이다.'라는 논리적 추론이 있기 때문이다.

ㄴ. (X) 교수가 찾는 것은 논리적 추론으로, 진술의 실제 참 여부와는 관련이 없다.

ㄷ. (O) 교수의 가정적 전제에 대해 농부는 고려하지 않고 자신의 주장을 밝히고 있기에 옳은 진술이다.

03

정답 ①

ㄱ. (O) 지문에서 불가능세계는 세계가 개념적으로 불가능하게 될 수 있는 방식을 말하고, 반가능문은 전건이 가능한 수많은 불가능세계 중 현실 세계와 가장 유사한 세계에서 후건이 성립한다면 참인 진술이다. 따라서 '만약 철수가 둥근 사각형을 그린다면 나는 가장 비싼 스포츠카를 구입할 것이다.'라는 문장을 반가능문의 예로 들자면, 스포츠카를 판매하는 사람이 있는 불가능세계도 있을 수 있다.

ㄴ. (X) 철수가 둥근 사각형을 그리는 수많은 불가능세계 중 현실 세계와 가장 유사한 불가능세계에서 기하학자들이 놀란다면 (2)는 참이다. 하지만 (2)가 참이라고 해서 철수가 둥근 사각형을 그리는 모든 불가능세계에서 기하학자들이 놀라는지는 추론할 수 없다.

ㄷ. (X) 조건문에서 전건이 사실이 아닌 거짓인 경우 반사실문이라고 한다. 그런데 '만일 대한민국의 수도가 서울이라면 나는 억만장자일 것이다.'에서 전건인 '대한민국의 수도가 서울이라면'이라는 것은 현실 세계에서 참이기 때문에 반사실문에 속하지 않는다. 또한 반가능문은 전건이 개념적으로 불가능한 상황을 의미하는데, 주어진 조건문의 전건은 현실 세계에서도 개념적으로 가능하다. 따라서 반가능문에도 속하지 않는다.

04

정답 ④

ㄱ. (X) 좁은 범위 해석에 의하면, 목적을 욕구하지 않을 경우 만족 여부를 논할 수 없다.

ㄴ. (O) 넓은 범위 해석에 의하면, 목적을 욕구하지 않는 것은 요구를 만족시키는 것이므로 옳은 추론이다.

ㄷ. (O) 좁은 범위 해석에 의하면, 목적을 욕구하면서 수단을 욕구하지 않거나 목적을 욕구하지 않는 두 가지 경우에 칸트의 격률을 위반하게 된다. 넓은 범위 해석은 목적을 욕구하면서 수단을 욕구하지 않는 경우에만 격률을 위반한다. 따라서 옳은 추론이다.

05

정답 ③

ㄱ. (O) ㉠은 '또는'이 두 가지 다른 종류의 포괄적 의미와 배타적 의미를 모두 표현하는 애매한 용어라고 설명하는 입장이다. 그리고 선택지의 진술 또한 '또는'이 다른 의미를 나타낼 수 있는 연결사라고 설명하는 입장이므로 ㉠과 상충하지 않는다.

ㄴ. (O) 필자에 따르면 문자적 의미는 문자 그대로의 의미를 전달하는 것을 말하지만, 함의는 특정 맥락에서 전달되는 것으로서 함의된 내용의 부정을 표현하는 문장을 원래 문장 뒤에 나열해도 두 문장 사이에 어떤 논리적 모순도 발생하지 않는 것을 말한다. 그런데 "철수는 밥과 빵을 먹었다."는 철수가 밥과 빵 모두를 먹었다는 사실을 문자적 의미로 전달한다. 따라서 "철수는 밥과 빵을 먹었다."라는 문장이 <철수는 빵을 먹었다>라는 내용을 함의로서 전달할 수 있으려면, "철수는 밥과 빵을 먹었다. 물론 둘 중 하나만 먹고 다른 하나는 먹지 않았을 수도 있다."는 문장에 논리적 모순이 없어야 한다. 그러나 이 경우에는 문장 간 논리적 모순이 발생하기에 "철수는 밥과 빵을 먹었다."라는 문장으로는 <철수는 빵을 먹었다>라는 것을 함의로서 전달할 수는 없다.

ㄷ. (X) ㉢은 '또는'의 문자적 의미가 포괄적 의미일 뿐, 배타적 의미는 함의로서 전달된다는 입장이다. 따라서 <후식으로 커피와 녹차 모두를 드릴 수 있다>라는 내용은 포괄적 의미이기에 문자적 의미에 포함되는 것이라 할 수 있다.

06

정답 ⑤

(1) 논리적 관계
  1. E는 H를 입증 ↔ H가 E를 논리적 함축
  2. E는 H를 반증 ↔ H가 E의 부정을 논리적으로 함축
  3. E는 H에 대해 중립 ↔ H가 E를 함축하지 않고 E의 부정도 함축하지 않음

(2) 확률적 관계
  4. E가 H를 입증 ↔ E가 H의 확률을 증가시킴
  5. E가 H를 반증 ↔ E가 H의 확률을 감소시킴
  6. E가 H에 중립 ↔ E가 H의 확률을 변화시키지 않음

위 관계들은 서로 간에 쌍조건적 관계 즉, 동치가 성립한다. 만약 E가 H를 논리적으로 입증할 경우 E는 H를 논리적으로 반증하지 않고 중립도 아니다. E가 H를 논리적으로 반증하지 않는다면, H는 E의 부정을 함축하지 않는다. 또한 중립이 아니라면, H는 E를 함축하거나 E의 부정을 함축한다. 그런데 앞의 진술에서 H는 E의 부정을 함축하지 않기 때문에 H는 E를 함축한다. 이를 기호로 표시하면 다음과 같다.

1) E가 H를 논리적 입증 → (¬E가 H를 논리적 반증 & ¬E는 H에 논리적 중립)
2) H가 E의 부정 함축 → E가 H를 논리적 반증(¬E가 H 논리적 반증 → ¬H가 E의 부정 함축) 대우
3) (¬H가 E 함축 & ¬H가 E의 부정 함축) → E는 H에 논리적 중립(= ¬E는 H에 논리적 중립 → (H가 E 함축∨H가 E의 부정 함축)) 대우
4) E가 H 논리적 입증 [가정]
5) (¬E가 H를 논리적 반증 & ¬E는 H에 논리적 중립) 1), 4), 긍정논법
6) ¬E가 H를 논리적 반증 5), 분리논법
7) ¬H가 E의 부정 함축 2), 6), 대우, 긍정논법
8) ¬E는 H에 논리적 중립 5), 분리논법
9) (H가 E 함축∨H가 E의 부정 함축) 3), 8) 대우, 긍정논법
10) H가 E 함축 7), 9), 선언논법

이와 같은 방식으로 다른 관계도 모두 쌍조건적 관계로 동치이다.

(3) 관계: H가 E를 논리적으로 함축한다면 E는 H의 확률을 증가시킨다. (역 성립 안 됨)

① (O) E가 H를 논리적으로 반증하지 않고 중립적이지도 않다면, E는 H를 입증한다. E가 H를 논리적으로 입증할 경우 H는 E를 논리적으로 함축한다.[1] 또한 H가 E를 논리적으로 함축한다면 E가 H의 확률을 증가시킨다.[(3)] 이에 따라 E는 H를 확률적으로 입증한다.[4] 따라서 E는 H에 확률적으로 중립적이지 않다.

② (O) E가 H를 논리적으로 입증한다면, H는 E를 논리적으로 함축한다.[1] 이에 따라 H는 E의 부정의 부정을 함축한다. [(H → ¬¬E)] 따라서 E의 부정은 H를 반증한다.[2]

③ (O) E가 H를 논리적으로 반증한다면 E의 부정은 H를 논리적으로 입증한다.[2] E의 부정이 H를 논리적으로 입증한다면 H는 E의 부정을 논리적으로 함축한다.[1] H가 E의 부정을 논리적으로 함축한다면 E의 부정은 H의 확률을 증가시킨다.[(3)] E의 부정이 H의 확률을 증가시키면 E의 부정은 H를 확률적으로 입증한다.[4]

④ (O) E가 H에 확률적으로 중립적이라면, E는 H의 확률을 변화시키지 않는다.[6] E가 H를 확률적으로 입증하지 못하면 E는 H의 확률을 증가시키지 못한다.[4] E가 H의 확률을 증가시키지 못하면 H는 E를 논리적으로 함축하지 않는다.[(3)] H가 E를 논리적으로 함축하지 못하면, E는 H를 논리적으로 입증하지 못한다.[1]

⑤ (X) E가 H를 확률적으로 입증하지 않는다면, E는 H의 확률을 증가시키지 못한다.[4] E가 H의 확률을 증가시키지 않는다면, H는 E를 논리적으로 함축하지 않는다.[(3)] H가 E를 논리적으로 함축하지 않는다면, E는 H를 입증하지 못한다.[1] 그런데 논리적으로 입증하지 못하면 논리적으로 반증하거나 중립적이다. 따라서 논리적으로 반증한다는 것이 도출되지 않는다.

07

정답 ②

ㄱ. (X) 완전한 위폐 검사법에서는 위폐를 모두 '위폐이다'라고 판정하기 때문에 완전하고 건전한 검사법에서는 위폐 A를 '위폐이다'라고 판정한다.

ㄴ. (O) 건전한 검사법에 의해 위폐가 아닌 B는 '위폐이다'라고 판정되지 않는다. 즉 아무런 결과를 내놓지 않거나 '위폐가 아니다'라고 판정한다. 그런데 결정가능성에 의해 아무런 결과를 내놓지 않는 경우는 없으므로 '위폐가 아니다'라고 판정한다.

ㄷ. (X) 결정가능한 검사법이 '위폐가 아니다'로 판정을 내리지 않는다면, '위폐이다'로 판정을 내린다. 그런데 건전한 검사법은 위폐가 아닌 것을 '위폐이다'고 판정하지 않지만, 완전한 검사법은 위폐인 것을 모두 '위폐이다'로 판정할 뿐이지 위폐가 아닌 것을 판정하는 것은 아니다. 따라서 완전하고 결정가능한 검사법에 의해 C가 위폐라는 것을 추론할 수 없다.

08

정답 ④

① (O) 광주발 제주행 항공편에 대한 사실은 증명할 수 없으므로, 열린 세계에서는 '결정불가능'으로 판정된다.

② (O) 광주발 부산행 항공편이 있다는 것은 부산발 광주행 항공편이 있다는 것이며, 이것은 부산과 광주가 항공편으로 연결된다는 것을 의미하므로 참으로 판정된다.

③ (O) 제주발 서울행이 있기 때문에 닫힌 세계를 가정하면 거짓으로 판정될 것이다.

④ (X) 제주와 서울, 제주와 부산이 항공편으로 연결되므로 거짓이다.

⑤ (O)

1) 서울 ↔ 제주: 서울과 제주 항공편 연결됨
2) 제주 ↔ 부산: 제주와 부산 항공편 연결됨
3) 광주 ↔ 부산: 광주와 부산 항공편 연결됨

X와 Y 모두와 연결된 Z가 있으면 X와 Y 항공편으로 연결되므로 다음의 추론이 성립한다.

4) 1) + 2) 서울과 부산 항공편 연결됨
5) 2) + 3) 제주와 광주 항공편 연결됨
6) 1) + 5) 서울과 광주 항공편 연결됨

결국 모든 도시가 항공편으로 연결되기에 주어진 진술은 거짓이 된다.

09

정답 ⑤

ㄱ. (O) 마지막 논의에서 C가 일어나지 않았더라면 D가 일어나지 않았을 것이고, D가 일어나지 않았더라면 E가 일어나지 않았을 것이다. 따라서 (정의2)에 의해 C부터 E까지 이르는 인과적 의존의 연쇄가 있기에 C가 E의 원인이라는 것이 따라 나온다.

ㄴ. (O) B는 실제로 일어나지 않았기에 (정의1)의 조건을 충족하지 못한다. 따라서 어떤 사건도 B에 인과적으로 의존하지 않는다.

ㄷ. (O) ㉡에 의해 (정의1)의 의존한다는 조건을 성립하지 않는다. 따라서 'C가 E의 원인이라면 E는 C에 인과적으로 의존한다.'는 명제의 후건을 부정하여 전건이 부정되기에 ㉢이 따라 나온다.

10

정답 ⑤

ㄱ. (O) 갑은 '수철이가 희영이를 사랑한다'는 수철이가 희영이를 사랑하는 가능세계들의 집합을, '희영이가 수철이를 사랑한다'는 희영이가 수철이를 사랑하는 가능세계들의 집합을 표현하기에 서로 다른 명제를 표현한다고 판단할 것이다. 또한 을은 순서쌍으로 명제를 구분하므로 '수철이가 희영을 사랑한다'는 <a, b, R>이 되며, '희영이가 수철이를 사랑한다'는 <b, a, R>가 되어 서로 다른 명제를 표현한다고 판단할 것이다.

ㄴ. (O) 갑에 의하면, 어떤 문장이 모든 가능세계에서 참이라면 그 문장이 표현하는 명제는 모든 가능세계들의 집합이다. 그런데 사례의 문장들은 모두 모순되는 내용으로 참인 가능세계들의 집합은 존재하지 않는다. 따라서 갑은 두 문장이 서로 다른 의미를 가지고 있다고 보지 않을 것이다. 결국 두 문장이 서로 다른 의미를 가지고 있다고 믿는 사람은 갑의 견해에 반대할 것이다.

ㄷ. (O) '샛별'과 '개밥바라기'가 같은 대상을 가리킨다고 할 때, 을에 의하면 주어는 동일한 대상이며 '아름답다'는 술어는 속성이 되어 같은 순서쌍으로 이해되는 동일한 명제가 된다. 그런데 이들이 다른 의미를 가지고 있다고 믿는다면 을의 견해에 반대하는 견해가 된다.

Ⅱ. 언어 추리

1. 법 · 규범학

1 법·규범 파악 및 적용 p.82

01	02	03	04	05
⑤	④	②	④	④
06	07	08	09	10
②	①	⑤	②	①
11	12	13	14	15
③	④	②	③	③
16				
④				

01

정답 ⑤

ㄱ. (O) 지문에서 철거명령과 대집행 절차는 서로 별개의 법적 효과를 발생시키는 독립적 행위로 인정하고 있다. 그러므로 철거명령에 하자가 있었고 이에 대한 제소기간이 지났다 하더라도 철거명령의 하자를 대집행 계고 처분의 위법사유로 주장할 수 없다.

ㄴ. (O) 지문에서 앞선 행위의 하자가 제소기간의 적용을 받지 않는 무효에 해당한다면, 앞선 행위와 후속 행위의 결합을 묻지 않고 앞선 행위의 하자를 후속 행위의 위법사유로 주장할 수 있다고 한다. ㄴ은 이에 해당하는 사례로서 철거명령의 하자를 대집행 계고 행위의 위법사유로 주장할 수 있다.

ㄷ. (O) 지문에서 대집행 절차를 구성하는 일련의 단계적 행위들 즉, 대집행의 계고, 실행의 통지, 실행, 비용징수들은 서로 결합하여 하나의 법적 효과를 발생시키는 행위로 인정하고 있다. 따라서 철거명령과 대집행 절차상의 행위가 결합하여 하나의 법적 효과를 발생시키는지 여부와 관계없이, 비용징수 처분 취소소송에서 대집행 계고 행위의 하자를 비용징수 행위의 위법사유로 주장할 수 있다.

02

정답 ④

ㄱ. (O) 원칙에 의할 경우, 법이 정한 대로 직계비속이 균분해야 하므로 아들과 딸이 1/2씩 상속을 받고 배우자는 받을 수 없다.

ㄴ. (X) 상황에서는 임신된 상태에서 태아에게 상속인이 지정되고 있고, 상속인의 지위를 상실하는 조건을 부가하지 않기에 무효 조건에 해당되지 않는다.

ㄷ. (O) 유언은 두 가지의 상황만을 설정했을 뿐, 아들과 딸이 동시에 출생하는 경우에 대해서는 언급하지 않았다. 따라서 유언대로 상속이 이루어질 수 없는 상황이다.

03

정답 ②

① (X) 여성이 동의할 경우 부의 법적 지위가 인정되지만, 출산한 여성과 부부로 인정되는지는 추론할 수 없다.

② (O) 첫 문장에서 친자 관계는 출산 또는 입양으로 가능하다는 것을 알 수 있다. 그런데 A국에서는 대리모가 가능하기 때문에 출산한 대리모가 '모'가 된다. 따라서 의뢰인이 모가 되기 위해서는 출생한 자를 입양해야 된다.

③ (X) B국에서는 남녀 모두 자연적으로 생식 가능하다고 간주되는 연령의 부부만이 가능하기에 옳지 않다.

④ (X) B국에서의 '부'는 출산한 모와 혼인 관계에 있어야 하기에 정자를 제공한 남자는 부가 아니다.

⑤ (X) A국의 경우 대리모 계약을 금지하고 있지 않기에 옳지 않은 추론이다.

04

정답 ④

ㄱ. (X) 보통교부금은 재정부족분만큼 지급하는 것이다. 그렇기에 불교부단체를 제외한 지방자치단체는 자체수입금이 부족하더라도 총지출규모만큼 보충해주기 때문에 최대의 재정적 노력을 기울일 필요를 느끼지 않을 것이다.

ㄴ. (O) 보통교부금은 부족한 재정을 지급해 주는 것으로 재정부족분이 많이 발생하는 갑이 을에 비해 더 많이 받는다. 이때 총지출규모가 동일하기에 을이 갑보다 자체수입금이 높다. 그런데 동률교부금은 자체수입금에 비례하여 지급받기에 을이 갑에 비해 언제나 더 많이 받는다.

ㄷ. (O) 총지출규모와 자체수입금액이 같을 경우, 동액교부금은 획일적으로 동일한 금액이 지급되며 동률교부금은 자체수입금에 비례하는데 이 금액도 같기 때문에 동일 금액이 지급된다. 또한 보통교부금도 총지출규모에서 자체수입금액을 뺀 금액이 지급되는 것이기에 역시 동일한 금액을 지급받을 것이다.

05

정답 ④

ㄱ. (O) 제시문에서 소급효금지원칙은 행위자에게 불리한 경우에 한하여 허용된다. 그런데 헌법재판소의 위헌결정으로 인하여 소급하여 효력을 상실하였으므로 국민에게 불이익을 주는 경우가 아니며, 국가 형벌권이 남용되었다는 반성에 근거하여 면제되는 경우에 해당된다. 따라서 무죄판결이 선고되어야 한다.

ㄴ. (O) A견해는 형사소송법의 경우 형법상 원칙이 적용될 필요는 없다는 입장이므로 개정된 법률이라도 당해 행위자에게 적용될 수 있다. 형벌의 원칙은 '범죄와 형벌은 행위자가 행위할 당시의 법규정에 의해서만 결정되어야 한다.'는 것이다. 그런데 A견해는 이러한 원칙이 적용될 필요가 없다는 것이다. 따라서 범죄와 형벌이 행위자가 행위할 당시의 법규정이 아니더라도, 즉 새로 개정된 법규정이라도 적용될 수 있다.

ㄷ. (X) B견해는 형사소송법의 경우 국민에게 불이익을 주는 경우를 제외하고는 형법의 경우와 마찬가지로 당시의 규정이 적용되어야 한다는 입장이다. 즉, 규범이 제정되거나 개정되더라도 소급효금지원칙이 적용되어야 한다. 그런데 주어진 사례는 개정된 형사소송법이 당해 행위자에게 적용되어 처벌되고 있기에 국민에게 불이익을 주는 사례로서 옳지 않다. B에 의하면, 공소시효 기간을 계산함에 있어 행위자가 외국에 있었던 기간을 제외하면 국민에게 불이익을 주는 경우에 해당하기에 소급효금지원칙에 어긋나기 때문이다.

06

정답 ②

ㄱ. (X) 규정에서는 제3조 및 제4조에서 성년에 이른 자녀에 대해서만 언급하고 있다. 따라서 을의 해당 여부는 판단할 수 없다.
ㄴ. (X) 제4조에서 신청자가 사망한 경우 성년이 된 자녀는 청구에 따라 제1조 ②의 신상정보서의 사항을 언제든지 열람할 수 있다. 그러나 ㄴ의 정보는 제4조에서 예외로 두고 있는 사항이기에 국가심의회에서 허용하는 대상이 아니다.
ㄷ. (O) 출생 일시, 출생 장소에 관한 정보는 제1조 ② (1)에 해당하는 것으로서 제4조가 적용되지 않고, 제3조에 의해 직계 후손의 청구이므로 열람하게 된다.

07

정답 ①

ㄱ. (O) (2)에서 말하는 사이버몰판매중개 행위에 해당하지 않는다.
ㄴ. (X) (1)에서 사이버몰판매란 직접 대면하지 않고 사이버몰을 이용하고 계좌이체 등을 이용하는 방법으로 소비자의 청약을 받아 '재화'를 판매하는 방식이다. 그런데 모바일 어플리케이션을 이용하여 원룸과 오피스텔의 '임대차'를 전문적으로 중개하는 사업자는 이에 해당하지 않는다.
ㄷ. (X) R는 사이버몰판매중개자가 아닐 뿐만 아니라, (3)에서 상품의 대금을 중개자가 지급받는 경우 사이버몰판매자가 거래상 의무를 이행하지 않을 때에는 대신 이행해야 하는 경우가 있을 수 있다. 따라서 당사자가 아니라고 고지한 경우에도 손해배상책임에서 면제되지 않을 수 있다.

08

정답 ⑤

ㄱ. (O) 과다포함은 목적의 관점에서 어떤 사례를 포함하지 않아도 되는데도 포함하는 경우를 말한다. ㉠의 목적을 위한 규칙1의 경우, 경찰차가 사전 허가 없이 진입하는 경우를 과다포함한 것이다.
ㄴ. (O) 과소포함은 어떤 사례를 포함해야 하는데도 포함하지 않는 경우에 해당한다. ㉡의 목적을 위한 규칙2는 핫도그 판매 차량의 소음 발생의 경우 과소포함에 해당한다.
ㄷ. (O) 규칙3의 경우 긴급사태로 인한 소방차, 구급차 진입을 허용하고 있다. 이때 규칙3은 불필요한 소음을 발생시키지 않는 구급차의 경우 ㉡의 목적을 고려할 때 과소포함에 해당되지 않으며, 이용자를 구조하기 위해 진입하는 경우이기에 ㉠의 목적을 고려할 때 과다포함에도 해당되지 않는다.

09

정답 ②

ㄱ. (X) 감사청구를 한 시민은 을이 아니라 갑이다. 을은 연대 서명자 중 하나일 뿐이다. 따라서 감사청구자인 갑이 지방정부의 장을 상대로 소송을 제기할 수 있는 것이지 연대 서명자인 을이 시민소송을 제기할 수 있는 것은 아니다. 을은 갑이 사망하였을 경우에, 시민소송절차를 이어받을 수 있을 뿐이다.
ㄴ. (X) 시민소송은, 해당 지방정부의 장이 감사청구에 대한 행정부장관의 조치 요구를 성실히 이행하지 않았을 경우, 그 감사를 청구한 사항과 관련이 있는 위법한 행위나 업무를 게을리한 사실에 대하여 해당 감사청구자가 제기할 수 있는 것이다. 따라서 병은 지방정부의 장의 공금 지출 자체가 공익을 해쳤다는 이유로는 시민소송을 제기할 수 없고, 지방정부의 장이 감사청구에 대한 행정부장관의 조치 요구를 성실히 이행하지 않았거나, 그 감사청구한 사항과 관련이 있는 위법한 행위나 업무를 게을리한 사실에 대해서만 시민소송을 제기할 수 있다.
ㄷ. (O) 시민 정은 지방정부의 장에게 적법하게 감사청구를 하였고, 이에 대해 행정부장관의 조치가 있었으나 지방정부의 장이 이를 이행하지 않은 것에 대해 시민소송을 제기한 것이므로 적절하다.

10

정답 ①

ㄱ. (O) 제2조 제2항. 숙박예약 및 이벤트 행사를 위한 목적에 해당되며, 1주일 이내에 정보주체에게 알려주었으므로 [규정]을 준수하였다.
ㄴ. (X) 제2조 제3항. 수집 목적 이외의 용도로 사용할 경우 별도의 동의를 받아야 한다.
ㄷ. (O) 제2조 제4항. 위탁의 경우 위탁 후 정보주체에게 알리고 공개하였으므로 [규정]을 준수하였다.
ㄹ. (X) 제2조 제3항. 수집 목적 이외의 용도로 별도의 동의를 받아 제3자에게 제공할 수 있는 것은 정보주체의 이익을 부당하게 침해할 우려가 없는 경우이다. 그러나 불법도박사이트 운영업체는 이에 해당되지 않기에 옳지 않은 판단이다.

11

정답 ③

ㄱ. (O) ㉠은 법률 규정의 통상적 의미를 따른 것이며, ⓐ가 금전적 이익을 실제로 향유한 경우만 의미한다면, 갑은 이전에 받은 명예퇴직수당을 실제 향유하지 않았으므로 명예퇴직수당이 지급된다.
ㄴ. (X) ⓐ의 의미에 대한 논란이 있어서 결정되지 않은 경우이므로 ㉡의 해석을 고려한다고 해도 지급 여부를 결정할 수 없다.
ㄷ. (O) 갑의 사례는 실질적 중복 수혜에 해당되지 않으므로 ㉢에 따라 갑에게 명예퇴직수당이 지급된다.

12

정답 ④

ㄱ. (X) A는 상표가 등록되어 있는 나라에서 상표권 침해가 발생한 것으로 보기 때문에 X국 법원은 재판권을 행사할 수 없다.
ㄴ. (O) B는 상표가 등록되지 않은 나라에서도 침해된다는 주장이므로 옳은 판단이다.
ㄷ. (O) X국에는 상표가 등록되어 있지 않고 판매가 된 것도 아니므로 A와 B에 의하면 X국 법원은 재판권을 행사할 수 없다.

13 정답 ②

ㄱ. (X) [규칙] 3에 의하면 이름이 한 글자일 때에는 돌림변을 사용한다. 돌림변은 같은 부수가 왼쪽에 붙은 한자일 때의 부수를 말하며 같은 형제간 사용한다. 을과 병은 갑의 아들로 둘은 형제이기에 돌림변을 사용할 수 있다.

ㄴ. (O) (상황 1)에서 정과 무는 을의 아들이다. 이름을 두 글자로 지었으므로 [규칙] 2가 적용된다. 돌림자로는 부수가 금(金)인 한자가 올 수 있다. 을과 병이 이름이 한 글자일 수 있기 때문이다. 그런데 정과 무는 형제간이므로 돌림자 아닌 글자에는 돌림변을 사용한다. 그런데 돌림자 아닌 글자인 인과 근은 서로 다른 부수이므로 사용할 수 없다.

ㄷ. (X) (상황 2)에 의하면 둘은 사촌인데 한 글자 이름이므로 돌림변을 사용한다. 같은 돌림변 목(木)이 있으므로 가능하다.

14 정답 ③

① (X) 갑은 내란죄에 해당하며 (3)에 의해 자원하지 않더라도 죄인과 함께 유배한다.

② (X) 을은 살인죄로 사형에 처한 죄인이며 사면이 선포되어 유배형에 해당한다. 이때 그 배우자는 (3)에 의해 자원하면 함께 유배된다. 따라서 자원하지 않으면 유배되지 않는다.

③ (O) 병은 사형에서 사면되어 유배형이 되었는데, 다시 병은 추가로 사면되었다. 따라서 (6)에 의해 석방하며 그 배우자도 함께 석방한다.

④ (X) 정은 유배지로 이송되던 중 도망한 죄인이므로 (6)의 단서 조항에 의해 죄인과 그 배우자에게 석방의 효력이 없다.

⑤ (X) 무는 도망간 죄인인데 사면이 선포된 후 사망한 것으로 확인되었으므로 (7)에 의해 자원하여 유배된 배우자는 석방한다.

15 정답 ③

ㄱ. (O) ㉡에 의하면, 가해자인 갑은 X국에서 X국과 Z국 공용어인 B언어로 작성하였기에 을의 명예가 훼손되기를 의도한 곳이 Y국이라고 보기 어렵다. 따라서 Y국 법원에서는 재판권을 행사할 수 없기에 을은 갑으로부터 손해배상을 받을 수 없다.

ㄴ. (O) ㉥이 포함될 경우, 가해자인 갑이 거주하는 X국의 법을 따라야 한다. X국 법은 허위의 사실을 적시한 행위에 대해서만 적용하므로 해당되지 않아서 을은 갑으로부터 손해배상을 받을 수 없다.

ㄷ. (X) ㉠과 ㉤에 의하면 피해자인 을이 거주하는 Y국 법원에서 재판권을 행사할 수 있고, ㉣ 피해자가 여러 나라에서 입은 모든 손해가 대상이 된다. 따라서 X, Y, Z국에서 발생한 모든 손해에 대해서 손해배상을 받을 수 있다. 그러나 ㉦에 의하면, 손해 발생 국가별로 각국에서 발생한 손해에 대하여 각국의 법을 적용해야 하므로, X국에서는 허위의 사실을 적시한 행위에 대해서만 적용되므로 해당되지 않게 된다.

16 정답 ④

ㄱ. (X) 제1조 제3항. 개발구역 전부에 대하여 제2조 제3호에서 제2조 제1호로 변경하는 경우는 지방자치단체인 경우에 한한다. Q개발조합은 지방자치단체가 아니기 때문에 해당되지 않아 변경 시행할 수 없다.

ㄴ. (O) 제3조 제2호에 의해서 변경 시행할 수 있다.

ㄷ. (O) 제3조 제1호에 의해서 변경 시행할 수 있다.

2 수리 계산

p.93

01	02	03	04	05
②	①	②	④	①
06	**07**	**08**	**09**	**10**
④	②	③	②	④
11	**12**	**13**	**14**	**15**
⑤	⑤	③	①	⑤
16	**17**	**18**	**19**	**20**
④	①	⑤	⑤	④
21	**22**	**23**	**24**	**25**
④	②	⑤	②	②
26	**27**	**28**	**29**	**30**
④	③	②	③	③
31	**32**	**33**	**34**	**35**
⑤	③	④	③	③

01 정답 ②

ㄱ. (X) (나)에 의하면, 사유 발생 전 1개월 동안 근로자 연인원은 (10일 × 6명) + (10일 × 4명) = 100명이다. 따라서 이를 20일로 나누면 5명이 되므로 (가)의 기준에 충족된다. 그런데 (다)에서 가동일수 일별 근로자 수를 파악했을 때에 (가)의 5명 이상의 기준에 미달한 일수가 가동일수의 1/2 이상일 경우, A법은 적용되지 않는다. 그렇다면 20일 중 10일에 4명이 근무하였기에 미달일수가 가동일수의 1/2이 되므로 A법은 적용할 수 없다.

ㄴ. (O) (라)에 의해 사용자에게 고용된 단시간 근로자도 연인원에 포함되므로 하루에 총 8명의 인원으로 계산된다. 따라서 (가)의 5명 이상에 해당되어 A법이 적용된다.

ㄷ. (X) (가)에서 A법을 적용하지 않는 경우는 사용자가 그와 동거하는 친족만을 사용하는 사업장이다. 그런데 여기서는 동거하는 친족 3명 이외에 단시간 근로자 2명도 포함되어 총 근로자는 5명이 된다. 따라서 A법이 적용될 수 있다.

02 정답 ①

ㄱ. (O) 병이 본인의 해임 안건에 특별한 이해관계가 있다면, (1)에 의해 병은 의결권을 행사할 수 없다. 한편 갑, 을, 병 모두 출석하였으므로 1/3 출석 요건은 갖추었다. 그리고 (3)에 의해 병의 해임 안건이 의결되기 위해서는 의결권을 행사할 수 있는 갑과 을의 주식 중 2/3 이상 찬성이 되어야 한다. 갑과 을의 주식의 합은 60%이며, 이 중 2/3 이상은 40%이다. 그런데 갑은 34%, 을은 26%이므로 어느 한 명만 찬성해서는 의결될 수 없기에 둘 모두 찬성해야만 병의 해임 안건이 가결된다.

ㄴ. (X) 병이 해임 안건에 특별한 이해관계가 없다면, 병도 의결권을 행사할 수 있다. 이때 (3)에 의해 출석 주주의 소유 주식 수가 1/3 이상이어야 하는데, 병만 출석한 경우 소유 주식이 40%이므로 이 조건을 충족한다. 그리고 이 중 2/3 이상의 찬성이 의결 기준이므로 병의 찬반에 따라 가부 결의를 할 수 있다.

ㄷ. (X) 갑과 병이 참석하였으므로 1/3 이상 참석 조건은 갖추었다. 병이 해임 안건에 특별한 이해관계가 있다면, 병은 의결권이 없다. 갑과 병만 참석한 경우 의결권을 갖는 주주는 갑만 해당하는데, 갑은 34%를 가지고 있다. 참석자 중 의결권이 있는 주주의 2/3 이상이면 결의를 할 수 있으므로 갑이 찬성할 경우 병의 해임을 가결할 수 있다.

03

정답 ②

ㄱ. (X) 제1조 3항에서 정당의 합당이 성립한 경우 소속 시·도당도 합당한 것으로 보고 있다. 따라서 합당이 성립하기 위해서 합당등록신청 이외의 소속 시·도 합당이 전제되어야 하는 것은 아니다.

ㄴ. (X) 제2조 1항에 의해 합동회의의 결의가 있은 날로부터 14일 이내에 합당등록신청을 해야 하며, 제1조 3항에 의해 합당등록신청일로부터 3개월 이내에 변경등록신청을 해야 한다. 그런데 〈사례〉에서는 합당등록신청일이 확정되지 않아서 정확한 기간만료일을 알 수 없다.

ㄷ. (O) 제2조 2항에 의해, 합당등록신청일로부터 120일 이내에 보완해야 한다. 그런데 합당등록신청일이 5월 10일인데, 9월 7일은 이날 이후 120일이 되는 날이므로 이때까지 보완하지 않으면 등록이 취소될 수 있다.

04

정답 ④

1) 1년간 매출액이 1,000억 이하면 중소기업, 1,000억 초과면 대기업

2) 중소기업이 대기업이 될 경우: 그 해, 그 다음 해부터 3년간 중소기업(중소기업보호기간)

3) 2)의 예외
 - 중소기업이 아닌 기업과 합병한 경우
 - 매출감소로 중소기업이 되었다가 다시 대기업이 될 경우

① (O) 갑은 2015년 기준 중소기업이므로 중소기업보호기간에 해당되어 A는 중소기업으로 인정된다.

② (O) 을은 대기업이므로 예외에 해당되어 B는 중소기업보호기간에서 예외가 된다. 따라서 B는 대기업이다.

③ (O) 병은 2012년에 대기업의 매출액을 달성하게 되었다. 그러나 규정 2)에 의해 중소기업보호기간인 바로 그 해(2012년)와 그 다음 해(2013년)부터 3년간(2015년)까지 중소기업에 해당한다. 즉 2015년에 C가 병을 합병할 당시 병은 중소기업이다. 따라서 중소기업 C는 중소기업 B와 합병한 경우이므로 합병 다음 해 역시 중소기업이다.

④ (X) D는 2011년에 대기업의 매출액을 달성하게 되었기에 2014년까지 중소기업보호기간에 해당된다. 그리고 2015년 다시 중소기업이 되었다. 그리고 2015년 어떤 중소기업을 합병하였다. 2016년 D의 매출액은 대기업의 매출액이 된 상태이다. 이때에는 규정 3)에 의한 두 번째 예외에 해당(매출감소로 중소기업이 되었다가 다시 대기업이 될 경우)되기에 중소기업보호기간이 적용되지 않는다.

⑤ (O) E는 2013년 대기업의 매출액을 달성하게 되었기에 중소기업보호기간에 의해 2016년까지 중소기업에 해당된다. 따라서 2015년 중소기업인 E가 어떤 중소기업을 합병한 경우에도 E는 중소기업이다.

05

정답 ①

1) 재해 보상금
 - 사망 보상금: 고용노동부 공표 월평균임금총액 240만 원의 36배 = 8,640만 원
 - 장애등급 6급: 사망 보상금의 1/2 = 4,320만 원

2) 휴업 보상금
 - 통계청 공표 도시 및 농가가계비 평균: 월 100만 원의 60/100 = 60만 원
 - 1일 단위: 60만 원/30 = 2만 원
 - 60일: 120만 원

1) + 2) = 4,440만 원

3) 이미 받은 400만 원 제외: 4,440 − 400 = 4,040만 원

06

정답 ④

1) 우선 사건에서 손가락 3개를 부러뜨렸으므로 치아나 손가락을 2개 이상 부러뜨린 경우에 해당하므로 양민끼리는 도형 1년 반이다. 여기에 여럿이 함께 구타했으므로 1등급 감하고, 자수했으므로 2등급 감하며, 다른 범인 1명을 붙잡았으므로 1등급 감한다. 그러므로 총 4등급을 감한다.

2) 노비와 양민의 사건이므로 첫 번째 처벌 사례에 의하면, 노비, 부곡, 양민에 따라 1등급씩 가감되므로 2등급을 가한다. 그리고 두 번째 처벌 사례에서 노비와 숙부인 경우 도형 1년으로 1등급 가한 것을 알 수 있다. 따라서 총 3등급을 가한다.

결국 양민과 양민의 기준인 도형 1년 반에서 총 4등급을 감하며 3등급을 가한다. 따라서 1등급을 감한 도형 1년이 된다.

07

정답 ②

임대수익은 총 120억 원(45 + 23 + 24 + 28)이며 비용은 90억 원(개발비용 48 + 영업비용 42)이므로 특허임대수익은 30억 원이다. 이 중 X의 기여도가 1/3이므로 (2)에 의해 X가 청구 가능한 특허임대수익은 10억 원의 5~10%에 해당하는 금액인 5천만 원~1억 원이 된다.

① (X) 5천만 원에서 1억 원에 해당되므로 옳지 못하다.

② (O) 최대 1억 원이 가능하다.

③ (X) 120억 원에서 비용 90억 원을 빼고 이 중 1/3이 X의 기여도이므로 최대 1억 원이다.

④ (X) X의 기여도를 고려할 때 특허임대수익인 30억 원 중 X가 기여한 정도의 수익은 10억 원이다.

⑤ (X) 규정에서는 예상되는 수익도 포함하여 계산해야 한다.

08

정답 ③

구분	분할 대상	지급 시기
A	이혼 전 퇴직하여 이미 받은 연금	이혼일
B	이혼일에 퇴직 후 받게 될 연금총액의 현재가치	이혼일
C	실제 퇴직하였을 때 받게 될 연금총액	퇴직일
D	이혼일에 사퇴한다면 받게 될 연금액	퇴직일

ㄱ. (O) A에 의하면 이혼 상대방이 연금형성에 기여했더라도 퇴직 후에 이혼할 경우 연금분할을 받을 수 없다. 이 결정이 불합리하다면, A는 약화된다.

ㄴ. (O) B는 이혼일에 퇴직 후 받게 될 연금총액을 기준으로 하여 이혼 상대방에게 재산을 기여율만큼 미리 지급한다. 그렇기 때문에 연금 전액을 수령하지 못하는 경우가 되면 연금 수령자는 불리하게 된다. 한편 D는 이혼일에 그날 사퇴한다면 받게 될 연금 금액을 설정하는데, 이는 이혼일에 퇴직할 경우 받는 금액이 그 대상이 되므로 퇴직할 때에 받게 되는 금액에 비해 적을 수밖에 없다. 그런데 예상 퇴직 금액보다 적은 금액을 실제 퇴직할 때에 받게 된다면, 이혼일을 기준으로 설정한 금액을 주었기 때문에 B와 같거나 B보다 적은 금액이 될 수밖에 없다. 따라서 이 경우 B보다 D가 더 유리하다.

ㄷ. (X) B에 의하면 이혼일에 이미 연금총액을 기준으로 연금형성 기여율만큼 지급한 상태이다. 한편 C는 이혼일에 기여율만을 정하고 퇴직일에 그 기여율만큼 이혼 상대방이 받을 수 있기에 이혼 후 연금 증가분도 기여율만큼 더 받을 수 있게 된다. 실제 연금총액을 대상으로 하기 때문이다. 따라서 이혼 상대방에게는 B보다 C가 더 유리하다.

09

정답 ②

ㄱ. (X) 을은 첫 단락에서 계약을 위반하지 않았다고 주장한다. 그런데 그렇게 주장하는 이유가 두 가지 계약 조건에서 어떤 것이 문제인지는 알 수 없다. 을은 본인의 행위가 금지된 행위가 아니라고 주장할 수도 있기 때문이다.

ㄴ. (O) 판사3이 행위 X에 대해서 부정적일 경우, 다수결에 의해 을은 행위를 하지 않은 것이 되므로 계약 위반이 아니라고 판단할 것이며, 이 경우 ㉠의 상황이 발생하지 않는다. 이를 정리하면 다음과 같다.

구분	금지 여부	행위 여부	위반 여부
판사1	O	O	O
판사2	O	X	X
판사3	X	X	X

ㄷ. (X) 네 명의 판사가 있더라도 동일 수의 쟁점 여부가 발생할 수 있다. 이때에는 판사1의 결정을 따라야 하므로 여전히 ㉠ 상황이 발생할 수 있다. 예를 들어 판사4가 금지된 행위가 맞지만 을이 행위를 하지 않았다고 주장할 경우, 여전히 곤란한 상황이 발생할 수 있다.

구분	금지 여부	행위 여부	위반 여부
판사1	O	O	O
판사2	O	X	X
판사3	X	O	X
판사4	O	X	X

세 명이 금지했다고 하였으므로 을의 행위는 금지된 행위였고, 을이 행위를 했다는 판단은 2:2이지만, 이런 경우 가장 경력이 오래된 판사1의 견해를 따라야 하므로 역시 금지된 행위를 한 것이다. 따라서 각각의 쟁점을 합하면 을은 계약 위반을 한 것이다. 하지만 판사 각각의 판단은 세 명이 위반하지 않았다고 할 것이므로 곤란한 상황이 여전히 발생한다.

10

정답 ④

지문과 규정으로부터 추리한 바로 갑과 을에 따라 A, B, C에 대한 형벌을 정리하면 다음과 같다.

구분	A	B		C
		실제	자백	
갑	㉠(40) + (50 + 20) = 110	㉡(50)	㉠(40)	60
을	60 + (50 + 20) = 130	㉡(50)	60	60

① (X) 갑에 의하면 A는 110대이며, C는 60대이므로 옳지 않은 진술이다.
② (X) 갑에 의하면 C는 제10조 적용으로 60대이며, B는 금주법 적용으로 ㉠ 40대로 서로 다르다.
③ (X) 을의 판단에서는 관리와 평민 모두 제10조가 동일하게 적용되기에 B와 C의 처벌은 60대로 동일하다.
④ (O) A는 을에 의하면 130대이며, 갑에 의하면 금주법 적용으로 110대이다. 따라서 A는 갑의 판단을 따르는 것이 더 유리하다.
⑤ (X) 갑과 을 모두 관리인 C는 제10조가 적용되어 60대로 동일하다.

11

정답 ⑤

ㄱ. (X) 회비 책정과 같은 주요 사항은 전문위원회의 심사를 거친 후 전원위원회로 상정되게 된다. 그러나 소관 전문위원회의 심사를 거친 때에 대한 경우는 본문에 소개된 바가 없기에 대의원회의 의장이 필요하다고 인정하는지 여부와 무관하게 전원위원회가 개최되는지에 대해서는 추론할 수 없다.

ㄴ. (X) 대의원회의 의장이 필요하다고 인정할 경우 전문위원회는 개최될 수 있다.

ㄷ. (O) 전문위원회 비중도 동일하므로 A와 B의 비율의 합은 75%이다. 전문위원회는 재적위원 과반수 출석에 출석위원 과반수 찬성으로 의결한다. 따라서 A만 찬성해도 재적위원의 40%의 비율이기에 출석위원(A와 B)의 과반(37.5%)을 넘기 때문에 가결된다. 동일한 방식으로 대의원회, 회원총회에서도 가결된다.

ㄹ. (O) 회원총회에서는 재적회원 과반수의 출석에 출석회원 과반수의 찬성이 있어야 한다. 그런데 A와 D의 합은 50%이므로 과반이 되지 않아 부결된다.

12

정답 ⑤

ㄱ. (X) 규정 (2)에 의해 1인당 구매한도액이 1,000만 원을 초과할 수 없는데, 2개의 코인 계정에서 각각 600만 원의 코인을 구매할 경우 총 구매액이 1,200만 원이 되어 초과하게 된다. 따라서 허용되지 않는다.

ㄴ. (X) 규정 (4)에 의해 1일 동안(0시부터 24시 사이) 총보유량과 0시의 총보유량을 비교하여 구매한도액으로 취득할 수 있는 최대 코인 개수(C코인 4,000개)의 1/5인 800개를 초과해서 감소한 경우 그 시점부터 거래가 24시간 동안 정지된다. 그런데 사례에서는 700개가 감소된 경우이므로 거래 정지가 되지는 않는다.

ㄷ. (O) 규정 (3)에서 구매한도액 1,000만 원으로 취득할 수 있는 최대 코인 개수의 1/10을 초과할 수 없다. 그리고 최대 코인 개수를 종류별로 비교하여 그중 최저치로 하기 때문에 C코인이 대상이 된다. C코인은 2,500원이므로 1,000만 원으로 4,000개 살 수 있고 이 중 1/10은 400개가 된다. 따라서 구매에 사용할 수 있는 코인은 400개를 초과할 수 없다.

ㄹ. (O) 26일 0시부터 24시까지의 거래를 대상으로 판단하기 때문에, 24시 이전까지 -600개가 된 상태이다. 따라서 거래 정지 대상(800개 초과 감소)이 아니다.

13

정답 ③

ㄱ. (O) 제1조, 제3조 제1항. 양육휴직 기간은 자녀 1명당 1년이며, 나누어 사용할 수 있다. 딸의 경우 4개월이 남아 있으며, 아들은 12개월을 사용할 수 있으므로 최대 16개월간 양육휴직을 할 수 있다.

ㄴ. (X) 제2조 제3항. 근로시간 단축은 자녀 1명당 1년이므로 2년 가능하며, 휴직 기간 중 사용하지 않은 기간을 가산할 수 있다. 휴직 기간은 자녀 1명당 1년이므로 추가로 2년이 가능하다. 따라서 총 4년이 된다.

ㄷ. (O) 제2조 제3항에 의하여 근로시간 단축 1년에, 양육휴직 남은 기간 6개월을 더하면 총 18개월이 가능하다. 제3조 제2항에 의해 1회의 단축 기간은 3개월로 나눌 수 있으므로 총 6개 기간으로 나누어 사용할 수 있다.

14

정답 ①

ㄱ. (O) A는 범죄자가 아닌데도 처벌받은 피고인의 수가 5이므로 나쁨의 값은 그 세 배에 해당하는 15이다. 이에 범죄자인데도 처벌받지 않은 피고인의 수가 145이므로 나쁨의 값의 합은 160이 된다. 한편 B는 범죄자가 아닌데도 처벌받은 피고인의 수가 25이므로 나쁨의 값은 그 세 배에 해당하는 75이다. 이에 범죄자인데도 처벌받지 않은 피고인의 수가 65이므로 나쁨의 값의 합은 140이다. 결국 A상황이 B상황보다 더 나쁘다.

ㄴ. (X) B상황에서 확률이 변하면 무고하게 처벌받은 사람의 수는 첫 번째 경우 85%만 해당되어 15가 된다. 그리고 두 번째 경우도 유죄 입증 수준 65%보다 높은 70%이므로 유죄가 100명 선고되어 무고하게 처벌받는 사람이 30명이 생긴다. 따라서 무고하게 처벌받은 사람은 총 45명이 되어 기존 상황 25명보다 많아진다.

ㄷ. (X) A상황의 유죄 입증 수준이 95%가 될 경우 첫 번째 경우 확률이 95%이므로 무고하게 처벌받는 사람의 수는 동일하게 5가 된다.

15

정답 ⑤

ㄱ. (O) 행동지는 W국이며, 재산이라는 법률상 이익이 피해자가 거주하고 있는 곳에서 직접 침해된다고 본다면 결과발생지는 X국이 된다. ㉠에 따르면 결과발생지인 X국 법이 적용되어 11억 원이 인정된다. 한편 ㉡에 의하면 원칙적으로 결과발생지 X국 법이 적용되거나 가해자가 결과발생지를 예견할 수 없었던 경우 행동지인 W국 법이 적용된다. 따라서 ㉡에 따르면 X국 법이 적용되어 11억 원이 인정되거나 W국 법이 적용되어 12억 원이 된다. 따라서 옳은 진술이다.

ㄴ. (O) 갑이 주된 경제활동을 영위하고 있는 곳은 Y국이므로 결과발생지는 Y국이 된다. 따라서 ㉠에 의할 때에 Y국 법이 적용된다. 그리고 가해자인 을이 결과발생지를 예견하고 있었으므로 ㉡에 의해서도 Y국이 된다. 또한 ㉢에 의할 때에 행동지 W국(12억 원)보다 결과발생지 Y국이 13억 원의 손해배상액을 인정하기에 피해자에게 Y국이 유리하다. 따라서 세 견해 모두 손해배상액은 Y국 법에 의한 13억 원으로 같다.

ㄷ. (O) 갑의 모든 소득은 Z국 은행에 예치되어 있기에 결과발생지는 Z국이 된다. 따라서 손해배상액은 ㉠에 따르면 Z국 14억 원이 되며 ㉡에 따르면 을이 예견할 수 없었던 경우이므로 행동지인 W국 12억 원이 된다.

16

정답 ④

1) 갑의 범죄가 (2)에 해당하기에 3등급이지만, (3)에 의해 한 등급 감경되어 4등급이다.
2) 포졸을 때려 상해 입힘: (4)에 의해 네 등급 가중이지만 (8)에 의해 2등급이 상한이므로 2등급에 해당된다.
3) 탈옥: (5)에 의해 세 등급 가중이지만 여기서 가중 가능한 경우가 1등급이 상한이다.
4) 자수: (6)에 의해 세 등급 감경이지만 (7)에 의해 1등급에서 세 등급 감경될 때 3등급, 4등급은 하나의 등급으로 취급하므로 최종적으로는 5등급에 해당된다.

17

정답 ①

ㄱ. (O) 제1조 ①항에 의해 X국 내 등록이용자 수가 120만 명이므로 100만 명을 넘는 국외 사업자이기에 적용 대상이 된다. 또한 제1조 ③항에 의해 200만 명 이하이므로 제2조 ③항 의무는 면한다. 따라서 제3조 위반에만 해당하므로 제4조에 의해 5억 원 이하로 과태료가 부과된다.

ㄴ. (X) 제1조 ③항에 의해 200만 명 이하이므로 제2조 ③항 의무를 면한다.

ㄷ. (X) 제1조 ③항에 의해 200만 명 이하인 플랫폼을 운영하는 국외 사업자는 제2조 ③항의 의무를 면하므로 신고 의무가 없다.

18

정답 ⑤

1) 용도 변경하는 부분은 3,000㎡이며, 이를 표의 기준으로 적용하면 최소 30대가 기준이 된다.
2) 나머지 3,000㎡는 기존의 6,000㎡의 절반이므로 10대가 최소 주차대수가 된다.
3) 결국 총 40대가 되어야 하기에 기존 20대에서 추가적으로 20대가 더 필요하다.

19

정답 ⑤

① (O) 병이 미술상 정에게 2억 원, 정이 무에게 3억 원에 판매하였다. 따라서 각각 2%, 3%의 금액을 갑이 청구할 수 있으므로, 400 + 900 = 1,300만 원이 된다.

② (O) 제2조. 최초로 매도된 후에 거래된 후속거래의 금액을 대상으로 하기에 옳은 진술이다.

③ (O) 병은 미술상 을의 중개로 미술상 정에게 판매하였으므로 ㉠ 지급 의무가 있다.

④ (O) 제5조. 저작자는 제2조의 권리 행사를 위해 관여한 미술상 을에게 매도인의 이름과 주소, 거래가액에 관한 정보를 요구할 수 있다.

⑤ (X) 제5조. 관여한 미술상에게 요구할 수 있으나, 미술상 정이 무에게 판매하였고, 이후 무가 기에게 선물한 것으로 미술상의 관여로 기가 소유한 것이 아니므로 해당되지 않는다.

20

정답 ④

1) 2017. 5. 1. 신호위반(15점) 벌점: [제2조 3항]에 의해 2020. 5. 1.에 소멸된다.
2) 2020. 7. 1. 정지선위반(18점) + 2021. 3. 1. 갓길통행(25점) = 43점으로 배점된다.
   → [제3조]에 따라 2021. 3. 2.부터 집행
3) 2021. 4. 1. 규정속도 초과(40점): [제3조 2항]에 의해 2배인 80점으로 배점된다.
4) 2021. 3. 2.부터 123일간 운전면허가 정지되므로 2021. 7. 2.까지 정지된다.

21

정답 ④

ㄱ. (X) A공식은 혈중알코올농도가 최고치에 오른 후 감소한 값을 더하는 방식으로 구한다. 따라서 A공식을 적용하기 위해서는 최고치에 도달한 후 사고가 나야 한다. 사례에서는 20:00에 술을 마셨으므로 최고치는 21:30에 이르게 된다. 그런데 21:00에 사고를 냈고 21:30에 측정하였기 때문에 최고치에 도달하기 전에 사고가 난 경우이다. 그러므로 A공식을 적용할 수 없으므로 면허가 취소된다고 추론할 수 없다.

ㄴ. (O) 사고시간을 알 수 없으므로 사고시간에 가장 높은 수치가 0.03%를 넘을 수 있는지 확인한다. 이때 시간당 알코올 분해율 b는 측정대상자에게 가장 유리한 0.008%를 대입한다. 20:00에 술을 마신 후 최고 혈중알코올농도에 이르는 시간은 21:30이다. 따라서 23:30은 농도 최고 이후 2시간이 지났으므로 경과시간을 2로 할 때의 혈중알코올농도를 측정한다.
   C = 실측(23:30) 0.012 + (0.008 × 2시간 = 0.016) = 0.028%
   따라서 0.03% 미만이므로 면허가 취소되지 않는다.

ㄷ. (O) 20:00에 술을 마셨으므로 21:30에 최고가 되며 22:30에 사고를 냈고 23:30에 0.021%가 되었다. 사고시간 시점의 혈중알코올농도 C는 다음과 같다.
   C = 0.021 + (0.008 × 1) = 0.029%
   따라서 0.03% 미만이므로 면허가 취소되지 않는다.

22

정답 ②

1) 갑: Y국 규정이 적용되어, X국 국적의 갑은 외국인에 해당한다. 강간죄는 Y국 영역 외이기에 적용되지 않고, 해상강도죄는 2번 모두 적용된다. [Y국 규정] 제4조에 의해 9년에 1/2인 4.5년이 더해져 13년 6개월이 된다.
2) 을: Y국 자국에서 재판이 진행되기에 강간죄는 3회가 적용된다. 강간죄 6년에 2/3인 4년이 더해져 총 10년이 된다.
3) 병: X국에서 재판을 받는데 [X국 규정] 제3조에 의해 병은 X국 국적만 가진 사람이 아니므로 외국인에 해당한다. 따라서 해상강도는 X국 영역 외이며 병이 외국인이므로 처벌 대상이 아니다. 결국 강간죄 2회이므로 14년이 된다.

따라서 최저 형량은 을의 10년, 최고 형량은 병의 14년이 된다.

23

정답 ⑤

① (O) 병은 을의 배우자이므로 제2조 제1호에 의해 을과 사실상 동일인 관계이다. 이때 제2조 제3호에 의해 병은 을과 합하여 Q회사 지분을 50% 이상 보유하고 있기에 병은 Q회사와도 사실상 동일인이다. 그리고 Q회사는 P회사의 지분을 20% 소유하고 있고 제1조에 의해 P회사의 지분을 50%까지만 보유할 수 있다. 따라서 병은 추가로 30%의 P회사 지분을 취득할 수 있다.

② (O) 을은 갑의 자녀로 사실상 동일인이다. 그런데 을의 배우자가 병이라고 해도 갑과 병은 제2조 제1호의 사실상 동일인 관계에 해당되지 않기 때문에 Q회사의 지분은 고려 대상이 아니다. 따라서 갑은 제1조에 의해 추가적으로 35%의 P회사 지분을 취득할 수 있다.

③ (O) 정은 Q회사의 지분 50%를 보유하고 있기에 갑과 정이 사실상 동일인이 될 경우 Q회사가 가지고 있는 P회사의 지분 20%를 보유하고 있는 것이 된다. 그리고 갑이 P회사의 지분 15%를 가지고 있기에 현재 P회사의 지분 35%를 가지고 있는 것과 같다. 따라서 제1조에 의해 추가로 15%를 취득할 수 있다.

④ (O) 병은 을과 사실상 동일인이며 합하여 Q회사 지분 50%를 가지고 있다. 그런데 이때 정이 병에게 Q회사 지분 10%를 취득하게 되면 병은 을과 함께 Q회사 지분을 40%만 소유하고 있으므로 Q회사의 P회사의 지분에 대한 소유는 고려 대상이 아니게 된다. 따라서 병은 P회사의 지분을 50% 취득할 수 있게 된다.

⑤ (X) 갑이 정으로부터 Q회사의 지분 50%를 취득하게 될 경우 갑은 Q회사와 사실상 동일인이 되어 P회사 지분 20%를 추가로 취득하게 된다. 따라서 현재 갑은 총 35%의 P회사 지분을 보유하고 있다. 이때 추가로 P회사의 지분 35%를 취득하게 될 경우 총 70%의 지분을 보유하게 되어 규정에 위배된다. 따라서 취득할 수 없다.

24

정답 ②

ㄱ. (X) 제2조에 의해 갑은 주류판매로 영업정지 1개월(2019. 6. 20.)을 받을 것이고, 이에 대한 제재처분의 효과는 1년간 양수인에게 미친다(2020. 6. 20.까지). 그런데 을이 갑의 영업을 양수한 시점은 2020. 6. 30.이므로 그 효과가 미치지 않는다. 따라서 을은 접대부 고용 1차위반, 주류판매 1차위반이 된다. 이때 행정청은 가.에 의해 두 처분 중 가장 무거운 것 하나를 을에게 적용하여야 하고, 이로 인해 을은 영업정지 2개월에 처해질 것이다.

ㄴ. (O) 병은 2020. 3. 15.에 호객행위로 인해 시정명령을 받았는데, 이에 대한 제재처분 효과 종료 전에 추가로 호객행위를 하여 2차위반 처분을 받았을 것이다. 또한 2020. 5. 30.에 또 호객행위를 하여 3차위반 처분을 받았을 것이므로 나.에 의해 두 위반행위에 의한 제재처분마다 처분기준의 2분의 1씩을 더한 다음 이를 모두 합산하여 처분된다. 따라서 병의 영업정지 기간의 합은 2차위반 영업정지 10일 × 1.5, 3차위반 20일 × 1.5의 합인 45일이 된다.

ㄷ. (X) 정의 2019. 5. 10.의 영업정지에 관한 제재처분의 효과는 제2조에 의해 2020. 5. 10.까지 양수인인 무에게 미친다. 그리고 정은 2020. 5. 5. 접대부 고용 적발로 제재처분을 하기 위한 절차가 진행되는 과정 중에 무에게 양수하였고, 무는 이러한 사실을 모르고 있었기에 제2조에 따라 무에게는 접대부 고용으로 인한 제재처분 절차가 계속되지 않는다. 그리고 무가 2020. 5. 15. 주류판매로 적발된 사항에 대해서는 앞선 제재처분의 효과일인 2020. 5. 10.이 지났으므로 그 효과가 미치지 않아 1차위반 적발이 되어 영업정지 1개월의 처분에 해당할 것이다.

25

정답 ②

· 견해1: 「범죄처벌법」 제2조의 '2년 이내'에 있어서 기간 2년을 계산하는 시작점은 형의 집행 종료일 다음날이 된다. 따라서 2017. 9. 17.에 갑의 형집행이 종료되었기에 2017. 9. 18.이 기간 2년을 계산하는 시작점이 되어서 2019. 9. 18.에 제2조(반복범) 규정 적용 기간이 종료된다고 보아야 한다. 그런데 갑은 2019. 9. 17.에 절도를 저질렀으므로 제2조(반복범) 가중처벌을 받아 징역 2년 이상 30년 이하에 해당한다.

· 견해2: 「범죄처벌법」 제2조의 '2년 이내'에 있어서 기간 2년을 계산하는 시작점은 종료 당일도 포함된다. 따라서 2017. 9. 17.에 갑의 형집행이 종료되었기에 2017. 9. 17.이 기간 2년을 계산하는 시작점이 되어서 2019. 9. 17.에 제2조(반복범) 규정 적용 기간이 종료된다고 보아야 한다. 갑은 제2조(반복범) 가중처벌 적용 기한이 종료된 2019. 9. 17.에 절도를 저질렀으므로 징역 2년 이상 20년 이하에 해당한다.

· 견해A: 「절도범죄처벌특별법」은 「범죄처벌법」과 별개의 규정이므로 절도반복범의 경우 「절도범죄처벌특별법」에서 규정한 형벌의 범위 내에서만 형이 부과되어야 한다. 즉 절도죄로 두 번 이상의 징역형을 받은 자가 다시 절도죄를 범한 경우에는 어떠한 경우든 2년 이상 20년 이하의 징역에 해당한다. 따라서 갑은 징역 2년 이상 20년 이하에 해당한다.

· 견해B: 절도반복범에 대해 먼저 「절도범죄처벌특별법」에 따라 처벌하고, 이어 「범죄처벌법」에 따라서도 처벌해야 한다는 입장이므로 갑은 징역 2년 이상 30년 이하에 해당한다.

① (X) 견해A는 갑이 징역 2년 이상 20년 이하에 해당한다고 볼 것이다.

② (O) 견해1과 견해B 모두 갑이 징역 2년 이상 30년 이하에 해당한다고 볼 것이다.

③ (X) 견해2는 갑이 징역 2년 이상 20년 이하에 해당한다고 볼 것이다.

④ (X) 견해2와 견해A 모두 갑이 징역 2년 이상 20년 이하에 해당한다고 볼 것이므로, 징역 9년 이하로 단정할 수 없다.

⑤ (X) 견해2는 갑이 징역 2년 이상 20년 이하에 해당한다고 볼 것이다.

26

정답 ④

ㄱ. (X) ㉠이 17,000이고 갑이 10,500원에 4,000주 추가 매수주문을 내면 다음과 같이 된다.

구분	매도주문	매수주문
10,550원 이상	0	0
10,500원	20,000	8,400 + 4,000 = 12,400
10,450원	14,000	17,000
10,400원 이하	0	0

1) 호가가 10,550원 이상일 때에 ①과 ② 중 적은 것이므로 0주가 체결가능수량이 된다.
   ① 해당 호가 이상의 매수주문 주식 수의 총합: 0
   ② 해당 호가 이하의 매도주문 주식 수의 총합: 34,000
2) 호가가 10,500원일 때에 ①과 ② 중 적은 것이므로 12,400주가 체결가능수량이 된다.
   ① 해당 호가 이상의 매수주문 주식 수의 총합: 12,400
   ② 해당 호가 이하의 매도주문 주식 수의 총합: 34,000
3) 호가가 10,450원일 때에 ①과 ② 중 적은 것이므로 14,000주가 체결가능수량이 된다.
   ① 해당 호가 이상의 매수주문 주식 수의 총합
   : 29,400(12,400 + 17,000)
   ② 해당 호가 이하의 매도주문 주식 수의 총합: 14,000
4) 호가가 10,400원 이하일 때에 ①과 ② 중 적은 것이므로 0주가 체결가능수량이 된다.
   ① 해당 호가 이상의 매수주문 주식 수의 총합: 29,400
   ② 해당 호가 이하의 매도주문 주식 수의 총합: 0

1)~4) 중 체결가능수량이 가장 많은 것은 3) 14,000주이므로 가격은 10,450원으로 결정되어 14,000주가 전량 체결된다. 따라서 옳지 않다.

ㄴ. (O) 갑이 10,500원에 8,000주 추가 매수주문을 내면 다음과 같이 된다.

구분	매도주문	매수주문
10,550원 이상	0	0
10,500원	20,000	16,400
10,450원	14,000	(㉠)
10,400원 이하	0	0

1) 호가가 10,550원 이상일 때와 10,400원 이하일 때의 체결가능수량은 0이다.
2) 호가가 10,500원일 때에 체결가능수량은 16,400주이다.
   ① 해당 호가 이상의 매수주문 주식 수의 총합: 16,400주
   ② 해당 호가 이하의 매도주문 주식 수의 총합: 34,000주
3) 호가가 10,450원일 때에 체결가능수량은 14,000주이다.
   ① 해당 호가 이상의 매수주문 주식 수의 총합: 16,400 + ㉠주
   ② 해당 호가 이하의 매도주문 주식 수의 총합: 14,000주

따라서 가격은 체결가능수량이 가장 많은 10,500원이 되며 16,400주가 전량 체결된다.

ㄷ. (O) 갑이 10,450원에 10,000주를 추가 매도주문하고 ㉠이 15,700이 되는 상황을 가정하면 다음과 같다.

구분	매도주문	매수주문
10,550원 이상	0	0
10,500원	20,000	8,400
10,450원	24,000	15,700
10,400원 이하	0	0

1) 호가가 10,550원 이상일 때와 10,400원 이하일 때의 체결가능수량은 0이다.
2) 호가가 10,500원일 때에 체결가능수량은 8,400주이다.
   ① 해당 호가 이상의 매수주문 주식 수의 총합: 8,400주
   ② 해당 호가 이하의 매도주문 주식 수의 총합: 44,000주
3) 호가가 10,450원일 때에 체결가능수량은 24,000주이다.
   ① 해당 호가 이상의 매수주문 주식 수의 총합: 24,100주
   ② 해당 호가 이하의 매도주문 주식 수의 총합: 24,000주

따라서 가격은 체결가능수량이 가장 많은 10,450원이 되며 24,000주가 전량 체결된다.

27

정답 ③

ㄱ. (O) P그룹에 속한 회사 갑과 회사 을의 부동산 합산 가격이 5억 원 이하인 경우라면 견해1에 따라 합산과세를 하든 견해2에 따라 개별과세를 하든 과세율은 0.5%로 동일하므로 과세 총액이 달라지지 않는다.

ㄴ. (X) 반례가 존재한다. 만약 회사 갑과 회사 을이 소유한 부동산이 각각 20억 원을 초과할 경우 견해1에 따라 합산과세를 하든 견해2에 따라 개별과세를 하든 세율은 3.5%로 동일하므로 과세 총액이 같아질 수 있다.

ㄷ. (O) 견해2는 Q그룹에 속한 회사 병과 회사 정은 실질적으로 경제공동체의 속성을 가지고 있지만, P그룹만 합산과세 대상이 되어 세금을 더 내게 되는 불공평한 결과를 초래할 수 있으므로 각 회사별로 개별과세하자는 주장이다. 그런데 세법 개정으로 실질적으로 경제공동체에 속하는 Q그룹도 합산하여 합산과세 대상이 된다면 공평한 결과가 나타나기에 P그룹에 대한 부동산보유세 합산과세에 반대하지 않을 것이다.

28

정답 ②

ㄱ. (X) 우연히 정보를 취득한 경우로 거래 상대방이 거래 가격을 상승시킬 유인이 될 수 있다. 그러므로 그 정보를 고지할 필요가 없다.

ㄴ. (X) 시장 가격보다 낮은 금액으로 거래한 경우로 고지할 필요는 없다.

ㄷ. (O) 비용을 들여 조사한 결과로 시장 가격 하락 요인을 확인하였기에 이미 비용 지출 목적을 달성한 상황이다. 그러므로 그 정보를 고지해야 하는데 그러지 않았으므로 고지의무를 위반한 것이다.

29

정답 ③

ㄱ. (O) 제2조 제1호

1) 용적률 = [(600 × 상업지역 1,500) + (400 × 주거지역 500)]/1,000
= 1,100%

2) 건폐율 = [(600 × 상업지역 90) + (400 × 주거지역 70)]/1,000
= 82%

ㄴ. (O) 제2조 제2호

1) 용적률 = [(500 × 고도지구 200) + (500 × 경관지구 100)]/1,000
= 150%

2) 건폐율 = [(500 × 고도지구 60) + (500 × 경관지구 50)]/1,000
= 55%

ㄷ. (X) 제2조 제1호. 용도변경에 의해 주거지역 $400m^2$가 되는 경우이며 종전보다 상업지역이 넓어져 용적률과 건폐율이 증가하였다. 따라서 계산식에 따른 용적률과 건폐율을 적용하므로 ㄱ에서와 같이 용적률 1,100%, 건폐율 82%가 된다.

30

정답 ③

① (O) A는 당사자 일방이 원래 의도한 의사를 존중해야 한다고 주장한다. 따라서 ㉮로 볼 것이다.

② (O) B는 당사자에게 가져다주는 효용에 주목하여 판단하며 비용이 효용보다 작아야 하므로 비용과 효용의 합은 항상 양(+)이 된다.

③ (X) C에 의하면 당사자의 자율을 제한하는 경우 비용과 효용의 합이 음인 경우가 발생할 수 없다. 왜냐하면 비용이 효용보다 큰 경우에는 국가가 보상해주어야 하기 때문이다.

④ (O) A에 의하면 당사자의 원래 의사를 존중해야 하므로 그러한 경우가 있을 수 있으며, C도 사회 전체의 효용에 주목할 때에 그러한 경우가 있을 수 있다.

⑤ (O) C는 사회 전체의 효용에 주목하며 B는 당사자의 효용에 기준을 두기 때문에 옳은 판단이다.

31

정답 ⑤

ㄱ. (O) 제3조 제2항. 초과점용에 대한 변상금은 100분의 120이므로 토지점용료는 5,000만 원에 해당한다.

ㄴ. (O) 제2조 제1항. 도로점용허가 없는 농지조성이 변상금 부과처분 대상이 아니라면, 이는 이전의 도로구역으로 지정되었던 토지에 도로구역 폐지가 고시되어야만 가능하다.

ㄷ. (O) 제3조 제1항. 도로점용허가 없이 점용한 경우 1,200만 원 × (150/100) = 1,800만 원이다. 그리고 초과점용인 경우 1,500만 원 × (120/100) = 1,800만 원으로 동일하다.

32

정답 ③

ㄱ. (O)

1) [선발 규칙] 1안: 공대 출신 1,200명, 비공대 출신 400명

2) [조정 규칙] 1안: 비공대 출신 100명 추가 선발(경력자 50명, 비경력자 50명)

→ 경력자 최대: 1)에 의해 선발된 1,600명 + 2)에 의해 선발된 50명 = 1,650명

ㄴ. (X)

1) [선발 규칙] 2안: 공대 출신 960명, 비공대 출신 640명(경력자 320명, 비경력자 320명)

→ 경력자 960명, 비경력자 640명

2) [조정 규칙] 2안: 경력자 480명 추가 선발(공대 240명, 비공대 240명)

→ 공대 출신 1,200명, 비공대 출신 880명(1.5배 = 1,320)

ㄷ. (O)

1) [선발 규칙] 3안: 공대 경력, 공대 비경력, 비공대 경력, 비공대 비경력 각각 400명

2) [조정 규칙]은 각각 비공대와 경력자를 추가하는 것으로 공대 출신 비경력자의 수에 영향 미치지 않음

→ 공대 출신 비경력자 400명

33

정답 ④

ㄱ. (X) A 플랜은 기준거리 1,000km를 초과한 경우에만 포인트가 적립된다. 만약 기존에 1,200km를 주행하여 1,800포인트를 적립한 경우에 25% 더 적은 거리를 주행하면 900km를 주행한 것이므로 이때에는 포인트 적립이 되지 않게 된다. 결국 1,000/0.75 = 1,333.333⋯ 이상 주행거리가 되어야 기존보다 25% 더 적은 거리를 주행해도 동일한 포인트가 적립될 수 있다.

ㄴ. (O) 개정 약관의 즉시 시행으로 인한 불공정성을 완화할 수 있으므로 옳은 판단이다.

ㄷ. (O) B 플랜 개정 전 2,000km 주행 시 2,000포인트 적립, 개정 후 1,000km까지 500포인트 + 초과 1,000km 1,500포인트 = 2,000포인트로 옳은 판단이다.

34

정답 ③

ㄱ. (O) 1+1 행사가 증정판매라면 50% 할인 판매가 아니기에 ㉠을 약화한다.
ㄴ. (X) 규정 제1항. 30일간의 가격의 평균(13,000원)과 30일간의 가격 중 최저(11,000원)와 최고(14,500원)의 평균(12,750원) 중 낮은 가격이므로 12,750원이 된다.
ㄷ. (O) 제2항. 최초의 할인판매는 2023. 9. 1.(14,500원)이므로 직전 30일(23. 8. 2~31)간의 종전거래가격은 15,000원이므로 옳은 판단이다.

35

정답 ③

ㄱ. (O) 2023. 6. 30.까지는 9명이 찬성하여 제2조의 의결정족수 3/4 이상의 동의에 해당한다. 그런데 7. 1.부터는 8명이 찬성하여도 통과될 수 있도록 2/3로 개정된 규정 <의안2>가 적용되었음을 알 수 있다. 따라서 의결정족수 개정안인 <의안2>가 2023. 6. 30. 이전에 제안되었다는 것을 추론할 수 있다.
ㄴ. (O) 제3조 제3항에서, 제3조 제2항이 삭제(<의안3>)되기 전에 제1조 제1항이 개정되더라도(<의안1>) 개정 당시 대표이사인 갑에게는 적용되지 않게 되는데, 결과적으로 갑이 연임이 된 상황이다. 따라서 삭제 이후에 즉 <의안3>이 제안된 후에 <의안1>이 제안되었음을 알 수 있다.
ㄷ. (X) 갑은 결과적으로 연임이 되었다. 그런데 2023. 7. 1. 이후에는 8명이 찬성하여 통과되어야 하므로 의결정족수에 관한 개정안인 <의안2>가 2023. 6. 30. 이전에 제안되어야 한다.

2. 인문학

p.116

01	02	03	04	05
③	③	②	②	①
06	07			
②	⑤			

01

정답 ③

1) 갑은 t_1과 t_4가 동일하며 t_5는 다르다고 판단한다. t_1과 t_4는 부품과 외형, 소프트웨어에서 모두 다르지만 하드웨어의 연속성을 지니고 있다. 반면 t_5는 기존의 로봇과는 완전히 다른 존재이다. 결국 갑의 동일성 기준은 신체적 연속성에 있다.
2) 을은 t_2와 t_3은 동일하며 t_1은 다르다고 판단한다. t_2와 t_3은 소프트웨어의 차이만 있을 뿐이다. 반면 t_1과의 차이점은 부품의 변화에 있기에 을의 기준은 물질적 토대의 동일성이라고 할 수 있다. 따라서 외형이 변화된 t_4와 복제된 t_5도 모두 다른 존재라고 인식할 것이다. 결국 을의 기준은 신체의 동일성에 있다.
3) 병은 t_3과 t_5가 동일하며 t_2는 다르다고 판단한다. t_3과 t_5의 일관된 점은 소프트웨어가 동일하다는 점이다. 그리고 t_2는 소프트웨어가 다르다. 따라서 병의 기준은 소프트웨어 즉, 정신의 동일성에 있다. 결국 병에 있어서 t_1과 t_2가 서로 동일하며, 나머지 t_3, t_4, t_5가 서로 동일하다.

ㄱ. (O) 대상: 왕자의 정신과 거지의 육체
- 을: 기존의 신체는 동일한 거지가 정신만 왕자가 된 것으로 을의 관점에서는 소프트웨어인 정신의 변화에 해당되므로 동일한 거지로 판단할 것이다.
- 병: 기존 거지의 육체에서 정신(소프트웨어)만 바뀐 것으로 동일하지 않으므로 거지가 아닌 왕자로 판단된다.

ㄴ. (X) 대상: 사이보그가 된 철수
- 갑: 기존의 몸이 복제된 것이 아니라, 유지 및 보완된 상태이기에 동일인물이라 볼 것이므로 틀린 진술이다.
- 을: 부품 교체는 신체가 동일하지 않다는 것을 의미하기에 다른 인물이라 볼 것이므로 옳은 진술이다.

ㄷ. (O) 신체 조합(복제)
- 갑: 복제는 다른 사람으로 취급하므로 옳은 진술이다.
- 병: 복제된 것도 동일하게 취급하므로 옳은 진술이다.

02

정답 ③

ㄱ. (O) A는 암환자의 극심한 고통 감소가 좋은 결과이며, 기대수명을 단축하는 것이 나쁜 결과이다. 그런데 암환자가 죽음이 임박한 상태에서는 도덕적으로 모르핀 투여를 허용하고 있다. 이 상황에서는 기대수명의 단축이라는 나쁜 결과가 있더라도 죽음이 임박한 상황이므로 고통을 감소시키는 좋은 결과가 더 높은 가치를 가지고 있다. 즉, 의도되는 좋은 결과의 확률이 높은 상태일 경우 예상되는 나쁜 결과도 허용된다는 주장이므로 원칙 r이 기준이 된다.

ㄴ. (O) B에서 좋은 결과는 생명을 구하는 것이며, 나쁜 결과는 신체 일부를 절단하여 불구가 되는 것이다. 신체를 절단하지 않을 경우 죽음에 이르게 되는 확률이 높은 상황에서는 신체 일부를 절단하는 것이 도덕적으로 허용되나, 약물치료를 통한 대안이 있는 상황에서는 도덕적으로 허용될 수 없기에 원칙 q가 사용되고 있다. 그러나 신체 일부를 절단할 경우 불구가 될 확률은 100%인 반면, 생명을 구할 수 있는 가능성은 100% 이하이다. 따라서 원칙 p는 적용되지 않는다.

ㄷ. (X) C는 어린이와 유기견의 가치 비교로부터 도덕적 허용 가능성의 차이를 보이고 있다. 어린이의 생명을 구하는 일은 자신의 부상 또는 죽음이라는 나쁜 결과를 감수할 정도로 높은 가치가 있다고 판단한다. 그러나 유기견은 그 정도의 높은 가치라고 판단하지 않는다. 따라서 사용된 원칙은 r이므로 대안의 유무에 따른 q원칙은 적용되지 않는다.

03

정답 ②

1) ㉠과 ㉡ 모두 물리적 수행을 할 수 없는 범위에 있다면 능력이 없는 것으로 도덕적으로 비난할 수 없다는 견해이다.

2) ㉠은 행위 능력이 있더라도 그 능력을 행위자가 인지하지 못한다면 도덕적으로 비난받지 않는다고 주장하나, ㉡은 그렇지 않다.

이를 바탕으로 상황을 분석하면 다음과 같다.

- 상황 (1): 물리적 수행의 범위를 벗어나 있으므로 둘 다 도덕적으로 비난받지 않을 것으로 판단한다.
- 상황 (2): 물리적 수행이 가능한 범위에 있지만 이를 인지하지 못한 상황으로, ㉠은 도덕적 비난을 받지 않는다고 판단하지만 ㉡은 비난받는다고 판단한다.
- 상황 (3): 물리적 수행을 할 수 없는 상황으로 둘 모두 비난받지 않는다고 판단한다.

ㄱ. (X) ㉠과 ㉡ 모두 (1)과 (3)에서 비난받지 않는다고 동일한 도덕적 판단을 한다.

ㄴ. (X) ㉡은 (2)에서 물리적 수행이 가능한 범위이기에 도덕적으로 비난받는다고 판단할 것이다.

ㄷ. (O) 물리적 수행의 범위가 아니기에 둘 모두 비난받지 않는다고 판단한다. 따라서 도덕적 비난의 대상이 될 수 있다는 것을 설명할 수 없다.

04

정답 ②

ㄱ. (X) A에서는 갑, 을, 병이 모두 5이기에 원리1과 원리2에 의해 나쁘게 대우받는 경우는 없다. 정은 원리3에 의해 나쁘게 대우받는 것이 아니다.

ㄴ. (X) B에서 한 사람만 나쁘게 대우받고 있다면, 병이 5를 받게 되면 을만 3이므로, 원리1에 의해 나쁘게 대우받는다고 할 수 있다.

ㄷ. (O)

1) A와 B 모두 도덕적으로 허용 가능하다면 원리4에 의해 원리1~3에 따라 누구도 나쁘게 대우받지 않아야 한다.
2) A 상황은 원리에 의해 도덕적으로 허용될 수 있다.
3) B 상황은 원리2에 해당하는 사례로, 병이 5보다 큰 점수일 경우가 되어야 도덕적으로 허용 가능하다. 병이 5보다 크다면 병은 A보다 B에서 더 많은 행복을 누리게 된다. 이때 B에서 존재하는 사람 중에 B보다 A에서 더 많은 행복을 누리게 되는 을이 존재하지만, 원리2에 의해 B에서 더 좋은 대우를 받는 병이 존재하므로 을이 더 나쁜 대우를 받는 것이 아니게 된다. 따라서 α가 5보다 큰 조건에서 B도 도덕적으로 허용될 수 있다.

05

정답 ①

1) 행위의 인식 측면
   ① 주관적: 개인적으로 믿는 정보 기준
   ② 객관적: 실제 참인 정보 기준
2) 행위의 목적 측면
   ① 내재적: 자신에 대한 직접적 해악과 무관함 기준
   ② 외재적: 도덕이론의 관점에서 부당함 기준

- A: 수분 섭취 목적, 벤젠을 이온음료로 믿음
- B: 이웃돕기 성금 마련 목적, 중고 거래 사이트 거래 수단 구매자 보호 취약 정보 알고 있음
- C: 금품 편취 목적, 이메일 잘못 알고 있음

구분	A	B	C
주관적 내재주의	합리적	합리적	합리적
주관적 외재주의	합리적	합리적	비합리적
객관적 내재주의	비합리적	합리적	비합리적
객관적 외재주의	비합리적	합리적	비합리적

① (X) A와 C의 행위를 모두 비합리적이라고 평가하는 입장은 객관적 내재주의와 객관적 외재주의 2개이다. 객관적인 인식에 있어서 A가 벤젠을 이온음료로 믿는 것에 기준을 두는 것은 비합리적이기 때문이며 도덕이론의 관점에서 금품 편취 목적의 C는 비합리적이기 때문이다.

② (O) 주관적 내재주의 입장에서 A는 자신의 믿음에 근거한 인식을 기준으로 하고 있으며 자신에 대한 직접적 해악과 무관한 수분 섭취 목적이므로 합리적이다. 또한 B에서 거래 수단의 취약성은 개인적으로 알고 있는 바이며 이웃돕기 성금 마련의 목적도 자신에 대한 직접적 해악과 무관하기 때문에 합리적이라 평가할 것이다.

③ (O) 주관적 내재주의는 A를 합리적이라 평가하고 주관적 외재주의 역시 도덕이론의 관점에서 수분 섭취 목적이 부당하지는 않기 때문에 합리적이라고 평가할 것이다.

④ (O) 일부러 거짓 이메일 주소를 동료가 알려주었더라도 그것을 믿는 것은 자기 자신이기 때문에 합리성 평가가 달라지는 것은 아니다.

⑤ (O) 수단의 도덕성도 함께 고려할 경우, 외재주의는 B가 거래 수단이 구매자의 보호에 취약한 점을 이용해 구매자의 대금을 편취한 것이므로 도덕적으로 부당하다고 볼 것이다. 따라서 주관적 외재주의와 객관적 외재주의 모두 B의 행위는 비합리적이라고 평가할 것이다.

06

정답 ②

ㄱ. (X) A는 조건 2개가 모두 성립하면 격률이 성립하지 않는다고 주장한다. 그런데 조건 1이 만족하지 않았기에 격률인 ㉠이 성립하지 않게 된다고 주장할 수 없다.

ㄴ. (X) 조건 1과 조건 2 모두를 만족하므로 옳지 않다.

ㄷ. (O) 부재 가설이 거짓일 때 부재 가설이 거짓이라는 증거를 획득할 확률이(멧돼지가 있을 때 멧돼지 발자국이 발견될 확률), 부재 가설이 참일 때 부재 가설이 거짓이라는 증거를 획득할 확률(멧돼지가 없을 때 멧돼지 발자국이 발견될 확률)보다 더 크므로 조건 2를 만족한다.

07

정답 ⑤

ㄱ. (O) A는 특정 행위가 타인이 해를 입거나 세상이 더 나빠지는 경우에 도덕적 의무가 있다는 주장인데 ㉠은 한 사람의 운전만으로 지구 온난화에 영향을 미치지 않는 경우이므로 해당되지 않는다. 그런데 B는 모든 사람이 그러할 경우 지구 온난화를 가속시키며 피해를 주기에 ㉠을 하지 않을 도덕적 의무가 있다고 할 것이다.

ㄴ. (O) ㉡은 아파트에서 이웃에게 피해를 주는 행위이다. 따라서 A와 B 모두 ㉡을 하지 않을 도덕적 의무가 있다고 할 것이다.

ㄷ. (O) ㉢은 B에 의하면 사회적 재앙이 되기에 하지 않을 도덕적 의무가 있다고 주장할 것이다. 그러나 C에 의하면 허용되었지만 세상은 나빠지지 않았기에 그렇지 않다.

3. 사회과학

1 개념 및 원리 적용

p.122

01	02	03	04	05
①	③	⑤	④	③
06	**07**	**08**	**09**	
④	③	③	②	

01

정답 ①

1) 밭떼기: 재배 초기 대금 지급, 수확기에 수집 상인이 가져감
2) 수의계약: 수확기에 도매상으로 농가가 운송
3) 경매: 도매시장의 경매에 위임, 최소 하루 걸림

그리고 가격변동 폭은 경매가 수의계약보다 크다. 이를 토대로 A~D의 특징을 적용하여 파악해야 한다. A와 B는 청과물의 신선도가 유지되는 시간에 의해 둘 다 경매를 기피하게 된다. 경매에는 최소 하루 이상이 소모되기 때문이다. 그런데 A는 안정적인 거래를 원하기에 밭떼기를 선호할 것이며 B는 가격변동이 있는 수의계약을 선호할 것이다. C와 D는 신선도 유지 시간이 일주일이기에 경매를 하는 데 문제가 없고 투기적 성향을 지니므로 둘 다 경매를 선호하게 된다. 그리고 수의계약, 밭떼기 순으로 선호도가 나타난다.

선호 순위가 높은 것을 1로 설정하여 정리하면 다음과 같다.

구분	밭떼기	수의계약	경매
A	1	2	3
B	2	1	3
C	3	2	1
D	3	2	1

ㄱ. (O) A는 밭떼기를, B는 수의계약을 선호하지만, 가장 기피하는 방식은 경매로 동일하다.

ㄴ. (X) C와 D는 가장 선호하는 방식이 경매로 동일하며 가장 기피하는 방식도 밭떼기로 동일하다.

ㄷ. (X) 가장 선호하는 방식으로 거래할 경우, A는 밭떼기이므로 품질 하락으로 인한 손실 가능성이 전혀 없다.

02

정답 ③

1) 상품의 양이 유효수요를 초과
 - 지대: 토지 소유자는 토지의 일부를 사업으로부터 거둬들임
 - 임금(이윤): 노동 또는 자본의 일부를 줄임
 - 상품의 양 유효수요 만족

 ∴ 상품가격 자연율로 상승

2) 상품의 양이 유효수요보다 적음
 - 지대: 더 많은 토지를 제공
 - 임금(이윤): 더 많은 노동과 자본 사용

 ∴ 상품가격 자연율 수준으로 하락

ㄱ. (O) 지대는 유효수요를 초과하는 경우 자연율 이하의 대가를 받을 수 없게 된다. 이때 소유자는 토지의 일부를 그 사업으로부터 거둬들여 유효수요를 만족시켜 자연율로 상승할 것이다. 또 반대의 경우 더 많은 토지를 제공하여 역시 자연율 수준으로 하락할 것이다. 결국 어떤 경우든 토지의 소유주들이 얻는 지대는 자연율로 상승 또는 하락하기에 옳은 추론이다.

ㄴ. (O) 임금 또한 자연율을 기준으로 조정될 것이다. 즉 상품의 양을 줄이거나 늘리기 위해, 그 사업을 줄이거나 늘리기 위해 투입을 결정할 것이다. 따라서 자연율 수준을 안다는 것이 노동 투입에 있어서 하나의 기준이 될 수 있으므로 옳은 추론이다.

ㄷ. (X) 자동차 가격과 중간재인 철강 가격이 동시에 자연가격 이하로 떨어질 경우, 철강은 자동차의 생산 요소이므로 철강 가격의 하락으로 자동차의 생산 비용도 하락한다. 이때 철강 가격의 하락이 자동차 가격보다 더 하락할 경우 자본 소유주에게는 이전보다 이윤이 증가하게 될 것이다. 그렇다면 자동차 산업의 소유주는 자본을 자동차 산업에서 회수하지 않을 것이다. 따라서 소유주가 자본을 자동차 산업에서 회수할 것이라고 추론한 것은 옳지 않다.

03

정답 ⑤

ㄱ. (X) 일자리가 증가해서 취업자가 증가한다 해도 구직단념자가 구직을 원할 경우, 비경제활동인구가 줄어들고 실업자가 늘어날 수 있다. 이 경우 실업률이 일자리가 증가함과 동시에 상승할 수 있다.

ㄴ. (X) 실업률은 불완전취업자의 파악을 할 수 없다는 한계가 있으며, 고용률은 생산가능인구 중 취업자 비율을 나타낸 것이다. 불완전취업자의 경우 경제활동인구에 포함되어 취업자에 포함될 뿐이다. 따라서 취업자의 구성을 알 수 없다.

ㄷ. (O) 구직단념자는 적극적인 노동 의사가 없는 사람들로 이들이 많아진다는 것은 구직활동을 하던 실업자가 줄어든다는 것을 의미한다. 따라서 구직단념자가 많아질수록 실업률은 하락하는 반면, 이들은 생산가능인구와 취업자에는 포함되지 않기 때문에 고용률에는 변화가 없다.

ㄹ. (O)

- 실업률 = 실업자/경제활동인구
- 경제활동인구 중 취업자 비율 = 취업자/경제활동인구 = (1 - 실업률)
- 경제활동참가율 = 경제활동인구/생산가능인구
- 고용률 = 취업자/생산가능인구
  = 경제활동참가율 × 경제활동인구 중 취업자 비율
  = (경제활동인구/생산가능인구) × (취업자/경제활동인구)
  = (경제활동인구/생산가능인구) × (1 - 실업률)
  = 경제활동참가율 × (1 - 실업률)

이때 실업률이 하락하고 고용률이 동시에 하락하는 경우 경제활동참가율도 하락하게 된다.

04

정답 ④

ㄱ. (O)

1) 갑이 가장 선호하는 것은 C이다. 우선 갑은 을이 A를 가장 선호하기에 을과 A를 매개로 B와 교환한다. 그리고 병이 소유한 C를 B와 교환할 것이다. 이때 B는 화폐에 해당한다.
2) 을은 A를 가장 선호하기에 병과 B를 매개로 C와 교환한다. 그리고 C를 갑과 교환하여 A를 얻을 수 있다. 이때 C는 화폐에 해당한다.
3) 병은 갑과 C를 매개로 A와 교환하고, 다시 병은 을과 A를 매개로 B와 교환한다. 이때 A는 화폐에 해당한다.

따라서 모든 상품이 화폐가 될 수 있다.

ㄴ. (O) 1)에 의해 옳다.

ㄷ. (O) 각각의 경우 두 번의 교환으로 갑, 을, 병 모두는 가장 선호하는 상품을 얻을 수 있기에 세 번의 교환이 발생할 수 없다.

ㄹ. (X) 3)의 경우로, 갑과 병이 가장 먼저 교환해야 한다.

05

정답 ③

ㄱ. (O) 기생은 자신의 행위로 인해 자신은 이익, 타인은 손실을 입는 것이다. 따라서 X의 이전세대에 속하는 A산업의 행위는 기생에 해당한다. 한편 무임승차는 제3자의 행위로 나타나는 결과로 Y의 이전세대의 이익은 X의 이전세대 A산업에 의한 것이므로 이에 해당한다.

ㄴ. (X) 보상은 Y의 현세대가 얻은 순이익 3과 Z의 현세대가 입은 순손실 4 중 적은 쪽에 해당하는 양만큼 이뤄져야 하므로 3을 보상해야 한다.

ㄷ. (O) X와 Y의 현세대가 얻은 순이익의 총합은 10이며, 순손실 4를 빼면 6이 된다. 이를 세 나라가 분배하여 똑같은 순이익이 되려면 각각 2의 순이익이 되어야 한다. 현재 Z국은 순손실이 4이므로 순이익이 2가 되기 위해서는 6의 순이익이 있어야 한다. 따라서 X와 Y의 현세대가 Z의 현세대에 제공해야 할 순이익의 총합은 6이 된다.

06

정답 ④

ㄱ. (X) 변동성의 군집성은 주가에 영향을 미치는 정보가 일정 기간 지속적으로 시장에 유입되어 나타난다. 그런데 주가가 상승한 시기보다 하락한 시기에 군집성이 더 오래 지속되는지는 추론할 수 없다.

ㄴ. (O) 레버리지 효과 가설은 부채 비율의 변화에 따라 주가 변동성이 음(-)으로 상관된다는 주장이다. 그런데 부채 비율이 동일하게 유지된다면 그러한 상관관계는 나타나지 않을 것이다. 따라서 옳은 추론이다.

ㄷ. (O) 변동성 피드백 가설은 수익률 변동성의 증가로 위험 프리미엄이 높아져 주가가 하락한다는 것이다. 이때 첫 단락에서 언급하듯, 주가가 낮으면 기대 수익률이 높아지므로 옳은 추론이다.

07

정답 ③

ㄱ. (O) 리카도가 말하는 물가와 이자율의 관계는 '화폐 이자율'에 해당하는 개념이다. 3문단에 "생산 요소들이 자본재 생산으로 이동하면서 소비재 공급이 감소하고 물가는 상승한다. 한편 시간이 경과하면서… 이 과정에서 기업들의 은행 신용에 대한 수요가 확대되고 화폐 이자율이 상승하여 …"라고 나와 있는 것을 보아 자본재와 소비재 간 생산 요소의 이동과 그 영향이 나타나는 데 어느 정도 시간이 소요됨을 알 수 있고, 이 시간이 감소할수록 화폐 이자율이 보다 빨리 상승할 것으로 추론하는 것은 적절하다. 따라서 리카도가 주장하는 물가와 이자율의 관계가 더 빨리 나타날 것이다.

ㄴ. (X) 화폐량 증가로 화폐 이자율이 자연 이자율을 하회할 경우 점차적으로 화폐 이자율을 상승시켜 자연 이자율과 장기적으로 일치하는 균형이 회복된다. 따라서 화폐 이자율이 자연 이자율을 상회할 경우는 화폐량이 축소한 경우에 해당한다. 그리고 이때 점차적으로 화폐 이자율을 하락시켜 자연 이자율과 장기적으로 일치하는 균형이 회복됨을 추론할 수 있다. 하지만 자연 이자율을 상승시켜 균형에 이른다는 것은 추론할 수 없다.

ㄷ. (O) ㉠에서 말하는 초기에는, 리카도의 주장처럼 화폐량 증가로 인해 화폐 이자율 하락과 물가 상승이 나타난다. 그런데 점차적으로 화폐 이자율이 상승한다는 점에서 투크의 주장에 부합한다.

08

정답 ③

ㄱ. (O) 젊은 사람의 경우 나이 든 경우보다 검거위험성보다 표적의 매력성을 더 중시하는 경향이 있기 때문에 범행을 위해서 더 먼 거리를 이동할 것이다. 또한 절도범은 재산범죄에 해당하며 성폭행범은 폭력범죄에 해당하므로 조건에 의해 계획성은 젊은 절도범이 더 높다. 이 경우 A의 견해에 의해 계획성이 높을수록 표적의 매력성을 중시하며 이에 따라 범행거리가 더 길어질 것으로 추론 가능하다.

ㄴ. (O) 현재 주거지에 오래 거주한 강도범은 주변 사람들에 의한 발각가능성을 고려한다. 그러나 갓 이사 온 강도범은 이러한 발각가능성이 약하므로 거리에 영향을 미칠 것이다. 따라서 오래 거주한 강도범이 갓 이사 온 강도범에 비해 범행거리가 길 것이다.

ㄷ. (X) B에서 검거위험성을 매우 중시할 경우 발각가능성을 고려하여 표적의 매력성이 높더라도 범행을 하지 않는다고 말하고 있다. 보안시스템이 잘 된 은행은 검거위험성이 높은 경우이기에 이러한 조건에 부합한다. 그러므로 전과의 차이가 있어도 둘 모두 범행을 저지르지 않을 것이다.

09

정답 ②

ㄱ. (X) 인구가 감소하면 행복의 총량은 감소한다. 하지만 그렇다고 해서 행복 평균이 증대하는 것은 아니다. 생활수준이 높은 지역 인구가 감소할 경우 평균은 감소할 수 있기 때문이다.

ㄴ. (O) 고통을 뺀 순행복 총량 극대화를 목표로 할 경우, 행복보다 고통이 더 큰 사람들이 무수히 많아지는 상황은 배제될 것이다. 그런 경우는 순행복 총량 극대화가 이루어지지 않기 때문이다.

ㄷ. (X) 행복 총량 견해를 선택할 경우 ㉠이 나타날 수 있다. 이에 해당하는 사람들로 이루어진 낙후 지역이 많아진 다음 행복 평균 견해를 선택한다면, 그 사람들의 출산율을 인위적으로 통제하는 상황인 ㉡이 더 심각하게 나타날 수도 있다.

2 수리적 추론

p.128

01	02	03	04	05
③	①	④	④	④
06	07	08	09	10
⑤	⑤	⑤	⑤	③
11	12	13	14	15
②	⑤	①	⑤	⑤

01

정답 ③

1) 실질 화폐 공급량 = 명목 통화량/물가
2) 소득과 화폐 수요량은 비례 관계
3) 이자율과 화폐 수요량은 반비례 관계
4) 물가 = 명목 통화량/실질 화폐 수요량
5) 물가의 비율 = 환율

ㄱ. (O) 이자율과 화폐 수요량은 반비례이므로, 이자율이 상승하면 화폐 수요량은 감소한다. 이때 물가의 분모인 화폐 수요량이 작아지므로 물가는 상승하게 되고, 동일 비율인 환율은 상승한다.

ㄴ. (X) 명목 통화량이 감소하면 분자가 감소하게 되므로 전체 값인 물가가 하락하고, 환율도 떨어지게 된다.

ㄷ. (O) 소득과 화폐 수요량은 비례한다. 따라서 상대국가의 경우, 소득이 증가하면 화폐 수요량도 증가한다. 이때 상대국가의 물가는 하락하며, 환율도 떨어진다. 상대국가의 환율이 떨어지므로 자국의 환율은 상대적으로 높아지게 된다.

02

정답 ①

ㄱ. (O) A는 단위 시간당 보수의 비율을 환산율로, B는 단위 시간당 생산물의 시장 가치 비율을 환산율로 삼는다. 따라서 보수 비율과 시장 가치 비율이 동일하다면 환산율이 동일할 수 있다.

ㄴ. (X) B에 의하면, 환산율은 단위 시간당 생산물의 시장 가치 비율이다. 이때 시장 가치는 생산량과 가격의 곱이므로 생산물 가격의 변동에 의해 시장 가치도 함께 동일 비율로 변하게 된다. 따라서 생산물 가격이 변동한다고 해서 B에 의한 환산율이 변하지 않는다.

ㄷ. (X) 노동의 단위 시간당 생산량이 같은 비율로 증가해도 보수에는 영향을 미치지 않는다. 그리고 잉여 증가분을 설비 소유자가 모두 가져간다고 해도 보수에 영향을 미치는지는 알 수 없다. 따라서 A는 보수가 변하지 않을 경우, 두 노동 간의 숙련도 차이를 반영할 수 있기에 옳은 추론이 아니다.

03

정답 ④

A의 경우 단위 감축 비용은 2에서 시작하여 2씩 증가한다. 그래서 3단위를 감축할 경우, 2, 4, 6이 들게 된다(총합 12). 반면 B는 4로부터 시작하여 4씩 증가하기에 4, 8, 12가 들게 된다(총합 24).

A의 입장에서 한 단위 더 감축을 할 경우 감축 비용은 8이므로 8보다 높은 가격으로 배출권을 팔 수 있다. 한편 B는 자신이 3단위를 감축하는 비용이 12이므로 이보다 적은 금액이면 배출권 한 단위를 팔 수 있다. 따라서 배출권 한 단위는 8보다 크고 12보다 작은 금액인 경우 거래할 수 있다.

① (O) 최종 단위 감축 비용은 A는 2씩 늘어나므로 6이며, B는 4씩 증가하므로 12가 된다.

② (O) 배출권 거래 가격이 10이면, A는 최종 단위 8보다 높기에 팔 수 있고, B는 12보다 가격이 낮기 때문에 사는 것이 이득이다. 따라서 거래가 성립할 수 있다.

③ (O) 최종 1단위 거래 후 A가 배출권을 팔기 위해서는 그다음 단위인 5단위 감축 비용이 10이므로 10보다 큰 금액이 제안되어야 한다. 그런데 B는 거래 후 남아있는 2단위 중 최종 단위의 비용이 8이므로 8보다 작은 금액일 경우 배출권 한 단위를 살 수 있다. 따라서 배출권은 1단위만 거래될 것이다.

④ (X) 거래 종료 후 A는 4단위 비용 20, B는 2단위 비용 12가 감축 비용이 된다. 따라서 A와 B의 총 감축 비용의 합은 32가 된다.

⑤ (O) 결과적으로 A는 거래를 통해 한 단위의 배출권을 B에게 팔았기 때문에 총 4단위를 감축해야 하며 총 20의 비용이 든다. 한편 B는 배출권을 한 단위 샀기 때문에 감축량은 2단위이며 12의 비용이 든다. 온실가스 배출량 한 단위를 감축하는 비용은 감축량에 정비례하기 때문에 A가 20, B가 12이므로 단위당 감축 비용이 더 낮은 기업인 A가 더 많이 감축하게 된다.

04

정답 ④

ㄱ. (X) M의 덫은 생존선과 소득곡선의 교차 지점을 중심으로 인구가 주기적으로 늘거나 주는 움직임을 의미한다. 그런데 소득을 인구로 나눈 1인당 소득은 인구가 증가할수록 감소하고 인구가 감소할수록 증가하는 음(-)의 상관관계가 나타날 것이므로 옳지 않다.

ㄴ. (O) 한계소득체감 법칙에 의하면, 다른 요소가 일정할 때 해당 요소가 증가할수록 소득이 증가하지만 소득의 증가 정도는 점점 줄어든다. 이는 자본 1단위가 추가될수록 나타나는 소득 증가분이 점점 줄어든다는 것을 의미한다. 따라서 다른 요소가 일정할 때 자본이 축적될수록 추가되는 자본 단위당 소득곡선은 위로 이동하는 정도가 점점 줄어들 것이다.

ㄷ. (O) 근대적 경제성장은 인구와 소득이 함께 늘어날 수 있는 것인데, 자본이 축적되면 소득곡선이 위로 이동하는 것으로 설명할 수 있다. 따라서 인구의 증가만으로는 근대적 경제성장을 이룰 수 없을 것이다.

05

정답 ④

ㄱ. (X) 시간당 전력 소비가 여름철에 가장 크게 나타날 경우, 쿨섬머 제도에 대한 A의 견해는 강화된다.

ㄴ. (O) 쿨섬머 제도에 의하면 400~450kWh의 전력을 소비하는 가정은 기본 요금 포함하여 1,600 + 300 × 90 + 100 × 180 = 46,600원에서 1,600 + 300 × 90 + 150 × 180 = 55,600원 사이를 내게 된다.
그런데 B의 견해에 따를 경우 같은 전력을 소모하는 가정은 1,600 + 400 × 180 = 73,600원에서 1,600 + 450 × 180 = 82,600원 사이를 내게 되어 더 큰 부담을 가지게 된다. 따라서 B의 견해는 약화된다.

ㄷ. (O) 기존제도에 따른 금액과 쿨섬머 제도에 따른 금액이 동일하기에 취약 계층에만 쿨섬머 제도를 적용하는 것이 그들에게 더 유리한 것은 아니다. 따라서 C의 견해는 약화된다.

06

정답 ⑤

ㄱ. (O) 8-2안을 수용하면 2,000원을 받고, 반응자가 거부하면 0원을 받기 때문에 기대 수익을 최대화하는 행위를 선택한다는 (가설1)에 의하면 반응자는 제안에 무조건 수용해야 한다. 그런데 거부가 60%이기에 (가설1)은 약화된다.

ㄴ. (O) 제안자의 입장에서 5-5안은 반응자가 100% 수용하기에 기대 수익은 5,000원이다. 그리고 8-2안은 반응자가 20% 수용하기에 기대 수익은 8,000 × 0.2 = 1,600원이다. 동전안은 반응자가 80% 수용하므로 기대 수익은 6,500원(앞면 5,000원 1/2 + 뒷면 8,000원 1/2)의 80%인 5,200원이 된다. (가설1)은 제안자가 기대 수익이 가장 높은 동전안을 제안할 것이라 예상하므로 옳은 진술이다.

ㄷ. (O) (가설2)는 불공정한 행위가 상대방에게 발각되지 않을 가능성이 높을수록 그 행위를 할 가능성이 높다는 견해이다. [실험2]에서 반응자는 8-2안이 동전을 던져 나온 결과인지 제안자의 불공정한 제안인지 알 수 없다. 따라서 제안자가 8-2안을 제안하여도 반응자가 동전안의 결과인지 알 수 없기 때문에 불공정한 8-2안이 발각되지 않을 가능성이 높은 상황에 해당한다. 따라서 옳은 진술이다.

07

정답 ⑤

ㄱ. (O) 기존 예산이 x_1이면 ㉠을 추구할 경우 신규 예산안으로 x^*를 제안할 것이고 이 안은 주민 투표를 통과할 것이다.

ㄴ. (O) 갑이 ㉡을 추구하고 기존 예산이 x^*보다 크다면, 신규 예산안은 기존 예산보다 언제나 효용이 적을 수밖에 없다. 따라서 신규 예산안은 항상 부결될 것이다.

ㄷ. (O) 기존 예산이 x^*가 아니라는 가정은 기존 예산이 x^*보다 작은 경우와 큰 경우로 나누어 생각하라는 지시다. 먼저 기존 예산이 x^*보다 작을 때, ㉠을 추구한다면 x^*를 제안할 것이므로 확정 예산은 x^*가 될 것이지만 ㉡을 추구한다면 x_1 방향의 대칭점에 위치한 예산을 제안할 것이므로 x^*보다 큰 지점에서 확정 예산이 결정될 것이다. 그리고 기존 예산이 x^*보다 클 때도, ㉠을 추구한다면 x^*를 제안할 것이므로 확정 예산은 x^*가 될 것이지만 ㉡을 추구한다면 무조건 x^*보다 큰 신규 예산안을 제안할 것이다. 따라서 기존 예산이 x^*가 아니라는 가정하에서 확정 예산은 ㉠을 추구할 때가 ㉡을 추구할 때보다 항상 적다.

08

정답 ⑤

① (X) y가 2일 경우 다음과 같이 효용이 나타난다.

구분	X	Y	Z
집단 1의 개인 효용	1	2	3
집단 2의 개인 효용	5	4	2

이때 C에 따른 바람직한 정책은 효용이 가장 낮은 사람의 효용이 가장 큰 정책인 Y와 Z가 된다.

② (X) A에 의하면, 개선을 더 이상 이룰 수 없는 정책만 수용가능하다. 그런데 Y는 y에 따라 그 효용이 변화한다. 따라서 A에 따른 정책의 수용가능 여부는 집단 1의 비율인 α에 의해서가 아니라, y에 의해 달라진다.

③ (X) 반례가 존재하기에 옳지 않은 선택지이다. y가 2일 경우 효용과 각 정책의 평균값은 다음과 같다.

구분	X	Y	Z
집단 1의 개인 효용	1	2	3
집단 2의 개인 효용	5	4	2
산술평균값	3	3	2.5

이때 α = 0.5가 아니더라도 α < 0.5인 상황이라면 X가 B에 따라 바람직한 정책이 되는 상황이 있을 수 있다. 따라서 y가 2일 경우에 B에 따라 X가 바람직한 정책이라고 해서 반드시 α = 0.5라고 할 수 없다.

④ (X) B와 C에 따른 바람직한 정책은 Y정책의 효용이 y에 따라 달라지기에 확정할 수 없다.

⑤ (O) 두 집단의 인구가 같을 경우, B에 따른 바람직한 정책은 y의 값에 따라 다르게 결정된다. y가 1일 경우 X가, y가 2일 경우 X와 Y가, y가 2보다 클 경우 Y가 바람직한 정책이 된다. 한편 A에 따른 바람직한 정책도 y가 2 이하일 때에 X가, y가 3 이상일 때에 Y가 된다. 따라서 B에 따른 바람직한 정책은 A에 따라 항상 수용가능하다.

09

정답 ⑤

ㄱ. (O) 해당 부분 견해는 네 기간으로 생애를 구분하여 각 해당 기간마다 얻는 복지의 양을 비교한다. 이를 비교하면 다음과 같고 (상황1)과 (상황2)의 차이는 2가 된다.

(상황1)	유년기	청년기	중년기	노년기
갑	3	7	6	5
을	7	6	4	5
갑과 을의 차이(7)	4	1	2	0

(상황2)	유년기	청년기	중년기	노년기
갑	2	8	6	5
을	7	6	4	5
갑과 을의 차이(9)	5	2	2	0

ㄴ. (O) 생애 전체 견해는 생애 전체의 복지 총량을 비교하는 것으로 다음과 같다.

상황	(1)	(2)
갑	3 + 7 + 6 + 5 = 21	2 + 8 + 6 + 5 = 21
을	7 + 6 + 4 + 5 = 22	7 + 6 + 4 + 5 = 22
갑과 을의 차이	1	1

동시대 부분 견해는 갑과 을이 모두 생존해 있는 기간의 비교로 다음과 같다.

상황	(1)	(2)
갑	7 + 6 + 5 = 18	8 + 6 + 5 = 19
을	7 + 6 + 4 = 17	7 + 6 + 4 = 17
갑과 을의 차이	1	2

따라서 ㄱ에서 해당 부분 견해와 동시대 부분 견해가 2의 차이가 있는 반면 생애 전체 견해만 불평등 정도가 1로 같다고 판단할 것이다.

ㄷ. (O) 바뀐 상황에서 생애 전체 견해와 동시대 부분 견해의 차이는 다음과 같다.

(상황2)	생애 전체 견해	동시대 부분 견해
갑	2 + 7 + 6 + 5 = 20	7 + 6 + 5 = 18
을	8 + 6 + 4 + 5 = 23	8 + 6 + 4 = 18
갑과 을의 차이	3	0

결국 생애 전체 견해에 따르면 불평등 정도가 바뀌기 전 상황인 1에서 3으로 커지지만, 동시대 부분 견해는 차이가 없게 된다.

10

정답 ③

ㄱ. (O) A에서의 범죄 감소 효과와 B로의 혜택확산 효과가 동일할 경우 WDQ는 1이 된다. 그런데 WDQ가 1보다 크면, B로의 혜택확산 효과가 더 크다는 것을 알 수 있다.

ㄴ. (O) WDQ가 0보다 작으므로 B로의 전이효과가 나타나는 경우이다. 그리고 WDQ가 -1보다 큰 경우이므로 A의 범죄 감소 효과보다는 B의 전이효과가 작은 경우이다.

ㄷ. (X) WDQ가 -1에 가까운 경우는 A의 범죄 감소 효과와 B로의 혜택확산이 아니라, 전이 효과가 거의 동일한 경우에 해당된다.

11

정답 ②

ㄱ. (X) B에서 자선 단체의 기부액은 10이며, E에서는 4이다. 이때 총 기부액 즉, 참가자의 기부액과 다른 기부자인 자선 단체의 기부액과의 합을 동일하게 한다면, b + 10 = e + 4가 되어야 한다. 이에 따라 b = e - 6이 되므로 이는 ㉠을 강화한다. ㉠에 의하면 기부자의 총 기부액이 우선 결정되기 때문이다. 한편 ㉡이 강화되는 것은 아니다. 효용에 더하여 기부자 자신의 감정적 효용까지 고려되는 결과는 여기서 확인할 수 없기 때문이다.

ㄴ. (X) ㉠에 의하면, 총 기부액은 수혜자가 필요한 금액으로 결정된다. 그리고 총 기부액은 참가자의 기부액 + 자선 단체의 기부액이다. a와 e의 자선 단체의 기부액은 4로 동일하기에 참가자의 기부액도 동일하게 된다. 따라서 e - a = 0이다. 또한 c와 f도 자선 단체의 기부액이 28로 동일하므로 f - c = 0이다. 따라서 e - a = f - c가 되어야 한다. 따라서 e - a보다 f - c가 큰 것은 ㉠을 강화하지 않는다.

ㄷ. (O) 수혜자에게 필요한 총 기부액이 결정되어 있으므로 순수이타주의 가설에 의할 때에 A의 총 기부액과 B, C, D 상황에서의 총 기부액(참가자의 기부액 + 자선 단체의 기부액)은 동일하다. 따라서 순수이타주의 가설에 의하면 a + 4 = b + 10 = c + 28 = d + 34가 된다. 그렇다면 a - 30 = b - 24 = c - 6 = d가 되어야 한다. 그런데 a - 30 < b - 24 < c - 6 < d가 되는 것은 기부자의 효용과 수혜자의 효용의 합뿐 아니라 기부자 자신의 감정적 효용까지도 포함될 수 있다는 의미이므로 ㉡을 강화한다.

12

정답 ⑤

ㄱ. (O) 버튼을 누르지 않았을 때의 기댓값이 더 크기에 버튼을 누르지 않을 것이다.

구분	신호(0.1)	잡음(0.9)	합
버튼 누름	3 × 0.1 = 0.3	−3 × 0.9 = −2.7	−2.4
버튼 누르지 않음	−3 × 0.1 = −0.3	2 × 0.9 = 1.8	1.5

ㄴ. (O) 버튼을 눌렀을 때의 기댓값이 더 크기에 버튼을 누를 것이다.

구분	신호(0.8)	잡음(0.2)	합
버튼 누름	3 × 0.8 = 2.4	−3 × 0.2 = −0.6	1.8
버튼 누르지 않음	0	2 × 0.2 = 0.4	0.4

ㄷ. (O) 버튼을 눌렀을 때의 기댓값이 더 크기에 버튼을 누를 것이다.

구분	신호(0.8)	잡음(0.2)	합
버튼 누름	3 × 0.8 = 2.4	−2 × 0.2 = −0.4	2.0
버튼 누르지 않음	−3 × 0.8 = −2.4	2 × 0.2 = 0.4	−2.0

13

정답 ①

ㄱ. (O) 소득 총량이 100인데 임계점이 100이라면, 갑은 소득이 증가할수록 효용이 증가한다.

ㄴ. (X) 다른 배분 (20, 80)이 가능하며 이는 배분 (10, 90)의 효용인 (10, 70)보다 높은 (20, 80)이 되므로 (10, 90)은 비효율적이다.

ㄷ. (X) 효율적인 배분은 주어진 배분보다 갑과 을 각각의 효용이 모두 더 높은 배분이 존재하지 않는 것으로, 임계점이 커지더라도 효율적인 배분의 개수가 줄어드는 것은 아니다.

14

정답 ⑤

① (X) 기존 집합은 갑과 을로만 구성되었으나 이후 병이 추가된 집합이 되었기에 축소된 집합이 된 것이 아니므로 P를 위배한 것으로 볼 수 없다.

② (X) 1차 투표에서 C를 선택한 사람이 결선투표에서 B를 선택했다고 해서 P를 위배한 것으로 볼 수 없다. 1순위가 C이고 2순위가 B가 될 수 있고, 결선에서는 C를 제외하고 투표를 했기에 나타난 결과가 될 수 있기 때문이다. 일관된 순위를 따라 투표한 것은 P를 위배한 것이 아니다.

③ (X) A를 1차 투표에서 선택한 사람은 결선투표에서 동일한 선택을 하였을 것이며 C를 선택한 사람이 B를 선택했을 경우가 있을 수 있기에 옳지 않은 판단이다.

④ (X) 처음에 Z를 선택한 사람이 83명이었는데 2차 조사에서 32명으로 줄었으므로 51명이 P를 위배한 것으로 볼 수 있기에 옳지 않다.

⑤ (O) 1차 조사에서 X를 선택한 사람 17명은 2차 조사에서도 동일한 선택을 한 것으로 볼 수 있으므로 옳은 분석이다.

15

정답 ⑤

1) 병국의 2023년 GDP 100억: 수출액 30(갑)+5(을)=35억, 수입액 10(갑)+20(을)=30억, 무역수지 +5억, 무역의존도 65/100

2) 병국 2024년 GDP: 수출액 40(갑 20%)+30(을 15%)=70억, 수출의존도가 35%이므로 GDP는 200억, 수입액 40(갑 20%)+20(을 10%)=60억(30%), 무역수지 +10억, 무역의존도 130/200=65/100

이를 정리하면 다음과 같다.

	갑국		을국		병국	
	2023	2024	2023	2024	2023	2024
GDP	100	200	100	200	100	200
수출	10	40	20	20	35	70
수입	30	40	5	30	30	60
무역수지	−20	0	+15	−10	+5	+10
무역의존도	40/100	80/200	25/100	50/200	65/100	130/200

ㄱ. (O) 병국의 2024년 무역수지는 +10억으로 흑자이다.

ㄴ. (O) 병국의 2024년 GDP는 200억 달러이다.

ㄷ. (O) 무역의존도는 갑, 을, 병국이 모두 2023년과 2024년이 동일하다. 따라서 전년 대비 경제 안정성의 훼손 가능성은 변화가 없다.

4. 과학기술

p.142

01	02	03	04	05
③	③	④	④	④
06	07	08	09	10
②	②	④	②	⑤
11	12	13	14	15
④	②	①	④	④
16	17	18	19	20
④	①	⑤	③	⑤
21	22	23	24	25
①	①	②	①	①
26	27	28	29	30
②	③	③	③	③

01

정답 ③

ㄱ. (O) 갑과 검체 A는 Y염색체 DNA 감식 결과가 동일하다. 또한 상염색체 STR이 각각 12, 11, 9 한쪽이 동일하다. 따라서 갑의 친부일 가능성이 있다.

ㄴ. (O) 검체 B의 미토콘드리아 DNA는 갑과 동일하게 α형이다. 따라서 모계인 이종사촌일 가능성이 있다.

ㄷ. (X) 검체 C는 갑과 Y염색체 STR3가 다르다. 따라서 이복형제는 아버지가 동일해야 하므로 적절하지 않다.

02

정답 ③

ㄱ. (O) B형 간염 백신은 HBs 항원만 분리하여 항체를 생성한 것으로 HBc 항체가 음성이며 HBs 항체는 양성이 된다.

ㄴ. (O) G형 항체는 평생 지속하는 것으로 HBs 항체와 함께 나타나는 것은 과거 간염 바이러스에 감염됐었던 사람이기 때문이다.

ㄷ. (X) 만성 B형 간염 환자와 B형 간염 보유자의 차이는 간의 염증 등 다른 증상이 나타나지 않는 점이 다를 뿐, 바이러스 DNA가 있고 없음의 차이가 나지는 않는다.

03

정답 ④

ㄱ. (X) 갑에 의하면, 로이는 한국어 대화를 듣고 암기를 했을 뿐이다. 한편 로봇 R는 다양한 감각 센서를 통해 세계를 지각하고 행동할 수 있는 장치인 프로그램 X가 설치되어 있다. 따라서 감자를 보았을 때에 R는 '감자'라는 기호를 떠올릴 수 있지만, 로이는 기호를 떠올릴 수 없을 것이다.

ㄴ. (O) 을은 프로그램 X와 한국어 원어민의 한국어 능력이 근본적으로 동일하다고 주장하고 있다. 따라서 X를 설치한 R와 한국어 원어민이 한국어 능력에서 근본적인 차이가 없다는 데 동의할 것이다.

ㄷ. (O) 갑은 한국어의 의미를 이해하지 못하는 로이가 프로그램 X와 한국어 능력이 유사하다고 보았다. 따라서 갑은 X도 한국어의 의미를 이해하지 못한다고 볼 것이다. 또한 을은 수학 방정식을 푸는 신경 프로그램이 방정식의 해를 구할 수는 있지만 수학 기호의 의미를 알지 못한다고 하면서, X가 한국어를 구사하는 방식이 수학 방정식을 푸는 신경 프로그램 방식과 원리상 다를 바 없다 했다. 따라서 을도 X가 한국어의 의미를 이해하지 못한다고 볼 것이다. 그러므로 갑과 을 모두 프로그램 X는 한국어의 의미를 이해하지 못한다는 데 동의할 것이다.

04

정답 ④

ㄱ. (X) 본문에서 주어진 사례의 가능정도 계산은 범죄현장의 DNA가 용의자의 것이라는 전제하에서만 얻을 수 있는 결과이기에 그 결과가 참이라고 단정할 수 없다고 하였다. 따라서 선택지와 같이 단정하는 것은 옳지 않다.

ㄴ. (O) 사전가능정도가 0이 될 경우, 사후가능정도도 0이 될 수 있으므로 옳은 진술이다.

ㄷ. (O) 사후가능정도는 DNA 분석 결과를 반영한 용의자가 범인이 아닐 확률에 대한 범인일 확률이고, '1/Q × 사전가능정도'를 계산하여 그 값을 얻을 수 있다. 선택지의 사례에서는 1,000(1/Q) × 1/100(사전가능정도)을 계산한 값이 10이므로 옳은 진술이다.

05

정답 ④

ㄱ. (X) X는 전자전달을 억제하므로 전위차가 형성되지 않아 ATP 합성도 일어날 수 없다.

ㄴ. (O) Y는 ATP 합성을 억제하여 전자전달을 중지한다. 따라서 산소 소모량도 감소한다.

ㄷ. (O) Y를 처리한 경우 ATP 합성을 억제한다. 그러나 Z는 전위차를 해소할 수 있기 때문에 지속적인 전자전달과 산소 소모가 이루어지게 한다. 이에 따라 산소 소모량은 증가하게 된다.

06

정답 ②

우선 빛을 인간이 감지하는 과정을 확인한다. 빛이 물체에 부딪히면 물체에 빛의 일부가 흡수되고 나머지 빛이 반사된다. 이것이 우리가 감지하는 물체의 색이다. 이제 이 빛이 우리 눈에 들어오게 되는데, 이 빛은 망막에 상이 맺히고 간상세포와 원추세포에 의해 '빛의 3원색'으로 구분된다. 빛의 3원색 a, b, c가 합쳐져 백색광이 된다. 즉, 백색광으로 이루어진 빛이 물체에 부딪히게 된다. 조건에서 색의 3원색은 a, b, c 중 하나가 흡수된 것이라고 밝히고 있는데, a, b, c의 합이 백색광이므로 백색광 중 하나가 흡수된 것이 색의 3원색 X, Y, Z가 된다. 그럴 경우 X, Y, Z는 a, b, c 중 한 가지를 흡수하고 두 가지를 반사한 것이다. 따라서 X, Y, Z는 각각 나머지 두 가지를 반사한 것으로 이루어진 것이기에 그 조합은 ab, bc, ca 중 하나가 된다. 그런데 조건에서 X와 Y가 합쳐지면 a로 감지되고 Y와 Z가 합쳐지면 b로 감지된다고 한다. 그렇다면 Z와 X의 합은 c임을 추리할 수 있다.
조건을 통해 필요한 조합의 경우를 파악하면 다음과 같다.

1) X와 Y의 합이 a로 감지된다는 사실로부터 가능한 X와 Y의 조합은 X 또는 Y가 ab, ac일 때이다.
2) Y와 Z의 합이 b로 감지된다는 사실로부터 가능한 Y와 Z의 조합은 Y 또는 Z가 ab, bc일 때이다.
3) Z와 X의 합이 c로 감지된다는 사실로부터 가능한 Z와 X의 조합은 Z 또는 X가 ac, bc일 때이다.

결국 이들의 조합을 동시에 만족할 수 있는 경우는 X가 ac, Y는 ab, Z는 bc 뿐임을 알 수 있다.

07

정답 ②

ㄱ. (X) 케토코나졸은 에르고스테롤의 생체 내 합성을 방해하여 진균의 세포막 유동성을 변화시켜 진균의 성장을 억제한다.

ㄴ. (X) 암포테리신-B는 진균의 세포막 유동성에는 거의 영향을 미치지 않는다. 일반적으로 세포막 유동성은 온도가 올라갈수록 증가하기에 고온이 저온보다 더 크다.

ㄷ. (O) 암포테리신-B는 진균 세포막에 구멍이 나게 한다. 그런데 케토코나졸은 에르고스테롤의 생체 내 합성을 방해하여 진균의 성장을 억제한다. 따라서 이 둘을 동시에 처리하면, 케토코나졸의 영향으로 합성이 적게 된 에르고스테롤과 암포테리신-B가 결합이 되므로 진균 세포막에 구멍이 나는 정도는 줄어들게 될 것이다.

08

정답 ④

㉠은 응축 가능한 한 가지의 X염색체가 초기에 응축되지 않고 남은 세포로부터 분열된 표피 각각에 흰색과 검은색의 털이 나기 때문에 가능한 현상이다.

① (X) 지문에 의하면, X염색체의 응축은 난자가 아니라 체세포에서 이루어진다. 이 진술로는 ㉠을 설명할 수 없다.

② (X) 이 경우 ㉠을 설명할 수 없게 된다. 만약 둘 중 한 색의 유전자가 우성으로 작용한다면 어느 하나의 색이 되고, 두 개의 형질이 섞이면 중간색으로 나타나며, 흰색과 검은색이 무작위로 섞이는 형태 등으로 나타날 수 있기 때문이다.

③ (X) 털이 나기 직전이라는 사실은 지문에서 밝힌 초기 발생 과정에서 X염색체의 응축이 일어난다는 진술에 위배된다.

④ (O) 두 개의 X염색체 중 발생 초기에 각각의 세포에서 무작위로 정해져서 응축이 일어날 경우, 이동한 세포는 어느 하나의 색으로만 털색을 만들게 된다. 이 경우 이웃 세포를 만들게 되어 서로 다른 세포들의 응축에 의해 얼룩무늬의 털색이 나타날 수 있다.

⑤ (X) 지문에 의하면, 응축이 일어나는 이유는 X염색체 위의 유전자들이 암컷에서 두 배로 존재할 필요가 없기 때문이다. 따라서 옳지 않다.

09

정답 ②

① (X) 왼쪽 다리에서 온 통증은 왼쪽 허리척수에서 입력된 후 좌우교차가 이루어진다. 그래서 왼쪽의 통증은 오른쪽 척수로 이동하게 되는데, 오른쪽 가슴척수가 절단되어 신호를 뇌에 전달하지 못한다. 따라서 느낌이 없게 된다.

② (O) 얼음에 의한 차가운 온도 감각은 왼쪽 허리척수에서 오른쪽 척수로 바뀌게 된다. 그런데 오른쪽 가슴척수가 절단되어 신호를 뇌에 전달하지 못하기에 느낌을 갖지 못한다. 그러나 만지고 있다는 촉각은 왼쪽 허리척수를 타고 그대로 뇌까지 전달되어 뇌에서 좌우교차가 일어난다. 왼쪽 척수는 손상되지 않았기에 정보가 전달되어 만지고 있다는 느낌이 있게 된다.

③ (X) 오른쪽 다리의 통증은 바로 왼쪽 척수로 전달되어 느낌을 갖게 된다.

④ (X) 차가운 감각은 척수에서 바로 교차되어 왼쪽으로 전달되기에 느낌을 갖게 된다.

⑤ (X) 오른쪽 다리를 만지고 있다는 촉각은 오른쪽 척수를 타고 이동해야 하는데, 오른쪽 척수가 절단되어 이동하지 못하기에 느낌이 없게 된다.

10

정답 ⑤

ㄱ. (O) 단백질 A는 철이 부족할 경우 생산된다. 철이 부족할 경우 전사인자 T는 DNA와 결합하지 않는다. (가)의 ⓐ를 거칠 경우 T는 DNA와 결합하지 않는다. (나)에서 RNA C는 생산되지 않으며, (다)에서 RNA C가 없으면 생산되기에 ⓓ를 거칠 것이다.

ㄴ. (O) 단백질 B는 철이 많을 경우 생산된다. 철이 많을 경우 전사인자 T는 DNA와 결합한다. (가)의 ⓐ를 거칠 경우 T는 DNA와 결합한다. (나)에서 RNA C는 생산되며, (다)에서 RNA C가 있으면 생산되기에 ⓒ를 거칠 것이다.

ㄷ. (O) T를 만드는 유전자를 제거할 경우 철이 많아도 철과 결합할 T가 존재하지 않는다. 이 경우 (나)에 의해 RNA C가 생산되지 않는다. B는 철이 많으면 생산되는데, (다)의 ⓒ에 의하면 RNA C가 없기에 B는 생산되지 않는다.

11

정답 ④

ㄱ. (X) 지구의 자전이 빨라질 경우 낮과 밤이 지금보다 더 빠르게 바뀌게 되므로 기온 차이는 오히려 줄어들 것이다.

ㄴ. (O) 자전축의 기울어짐이 작다면, 적도 지역은 더욱 수직에 가깝게 태양빛이 비추게 되어 태양빛을 더 많이 받게 된다. 따라서 그 결과 적도 지역의 기온은 상승하게 될 것이다.

ㄷ. (O) 구형이 긴 타원체가 될 경우, 고·저위도 간 태양빛과 지표면이 이루는 각도 차이가 줄어들어 태양빛을 받는 양의 차이가 줄어든다. 이는 지구의 곡률이 작아질수록 그 차이가 적어지기 때문이다. 따라서 고·저위도의 기온차가 줄어들 것이다.

12

정답 ②

ㄱ. (X) 세 가지 경우 모두에서 중위도 지상기압이 낮아지게 되기에 중위도 동아시아 지역의 겨울 지상기압이 가장 높은 원인이 아니라, 오히려 가장 낮은 원인이 된다.

- ⓐ에서 북극권 지상기온이 더욱 낮아지기에 상대적으로 중위도 지상기온이 높다. 그럴 경우 중위도 동아시아 지역에서는 저기압이 나타난다.
- ⓒ가 나타나면 동아시아가 포함된 중위도 서부 해역의 수온이 더욱 높아진다. 그럴 경우 기압이 낮아지게 된다.
- 엘니뇨가 나타나면 중위도 동아시아 지역에는 이상고온이 나타나므로 지상기압이 낮아진다.

ㄴ. (O) 중위도 동아시아 지역에 겨울 한파가 발생할 가능성이 가장 높기 위해서는 북극권의 찬 공기가 중위도로 내려오는 경우이고, 이 조건은 북극권과 중위도 간에 기압 차이가 작은 경우이다. 그리고 기압 차이가 작으려면 북극권과 중위도 지역의 기온차가 작아져야 한다.
- ⓑ 북극권의 지상기온이 높아지며, 중위도 지역의 지상기온은 상대적으로 낮아진다.
- ⓓ 중위도의 수온은 낮아진다.

결국 북극권은 지상기온이 높아지고 중위도 지역은 지상기온이 낮아져 두 지역의 기온 차이가 가장 적게 된다. 이에 따라 지상기압의 차이도 가장 적게 되기에 한파 가능성이 가장 높게 된다.

ㄷ. (X) 적도 태평양 동부 해역의 기온 변화 특성은 엘니뇨의 해에 동부 해역 수온이 상승하게 되는 것이다. 그런데 ⓓ에 의해 동부 열대 태평양의 수온이 높아지므로 기온 변화 특성은 강화된다.

13

정답 ①

ㄱ. (X) 크기가 클수록 충돌 횟수가 늘어날 것이며 이에 따라 평균 자유이동거리는 줄어들 것임을 추론할 수 있다. 그러나 입자들의 순간 속도의 평균에 대해서는 알 수 없다.

ㄴ. (O) 크기가 클수록 다른 입자와 충돌하기까지의 거리가 감소할 것이고, 그에 따라 평균 자유이동거리는 짧을 것이다.

ㄷ. (X) 기체 입자들이 많을수록 서로 충돌할 가능성이 높으므로 평균 자유이동거리는 짧을 것이다.

14

정답 ④

① (X) 운동에너지가 위치에너지로 변환될 경우 높이는 속도 제곱의 절반을 중력가속도로 나눈 값이므로 중력가속도가 크면 전체값인 높이값은 줄어든다. 따라서 중력가속도가 작을수록 높이 뛸 수 있다.

② (X) 뛰어오르기 직전의 달리기 속도가 10m/s 이하이면 운동에너지로는 뛰어오를 수 있는 높이가 5m이지만, 근육에 저장되어 있는 에너지가 클 경우 더 높이 뛸 수 있으므로 세계기록이 갱신될 수 있다.

③ (X) 오로지 도움닫기에 의한 운동에너지만 고려될 경우, 높이는 이 운동에너지가 위치에너지로 변환되는 것만으로 결정된다. 그런데 높이는 속도 제곱의 절반을 중력가속도로 나눈 값으로 결정되기에 질량과 무관하다.

④ (O) 위치에너지는 (질량 × 중력가속도 × 높이)이다. 도움닫기 속도 및 근육으로부터 나오는 에너지 총량이 각각 서로 같을 때, 두 선수 A와 B를 가정하여 식으로 표현하면 다음과 같다. (단, 중력가속도를 $10m/s^2$로, 위치에너지 총량을 100으로 가정한다.)
- A: 질량 × 중력가속도($10m/s^2$) × 높이 = 위치에너지 총량(100)
- B: 질량 × 중력가속도($10m/s^2$) × 높이 = 위치에너지 총량(100)

A의 질량이 2, B의 질량이 5라고 할 경우 높이는 A가 5m, B가 2m가 된다. 결국 질량이 작은 선수가 뛸 수 있는 높이는 질량이 큰 선수가 뛸 수 있는 높이 이상이라는 것을 추리할 수 있다.

⑤ (X) 제자리높이뛰기는 근육으로부터 나오는 에너지가 위치에너지로 전환되는 것이기에 근육저장에너지도 고려해야 한다. 따라서 곤충이 높이 뛸 수 있는 원인이 질량 때문이라고 단정할 수 없다.

15

정답 ④

ㄱ. (X) 단계(2)에서 유진은 단기열쇠 S를 보냈을 뿐이다. S의 공유를 확인하는 것은 단계(3)에서 유진이 채은에게 보낸 S를 이용한 M과의 동일성을 확인해야 가능하다.

ㄴ. (O) 채은은 자신이 가지고 있는 장기열쇠를 사용하여 유진이 암호화한 것을 해독하는데, 해독한 메시지에 M이 없을 경우 유진과 장기열쇠를 공유하는지를 확신할 수 없다.

ㄷ. (O) 단계(2)에서 장기열쇠를 이용하여 단기열쇠 S를 암호화하였다. 그러므로 장기열쇠를 알고 있는 제3자는 유진이 채은에게 보낸 단기열쇠 S를 해독할 수 있으므로 S를 알 수 있다.

16

정답 ④

ㄱ. (X) '비열'은 어떤 물질 1g의 온도를 1℃ 높이는 데 필요한 열량이다. 따라서 비열이 더 작은 물질일 경우, 온도 1℃ 를 올리는 데에 적은 열량만 있으면 되므로 적은 양으로도 더 쉽게 온도를 높일 수 있다. 체온을 낮추는 것은 열량을 물질에 빼앗긴다는 것이다. 물질의 비열이 작을수록 사람에게서 열량을 빼앗을 때 온도가 더 높아지므로 물질의 온도가 더 빠르게 올라간다. 따라서 비열이 높은 경우에 비해서 열량을 적게 빼앗게 되며 체온을 덜 낮추게 될 것이므로 옳지 않은 진술이다.

ㄴ. (O) 시간당 물질이 흡수하는 열량이 같다는 가정하에 같은 온도를 올리는 데에 물이 16분, 철이 2분, 은이 1분이 걸렸다. 1분에 x만큼 열량이 흡수된다고 할 때, 물은 $16x$, 철은 $2x$, 은은 $1x$의 열량을 흡수한 것이다. 따라서 30도에 이르렀을 때 공급된 열량이 가장 적은 것은 온도가 올라갈 때 가장 적은 시간이 걸린 순서이므로 은, 철, 물의 순서가 된다.

ㄷ. (O) 비열은 물질 1g의 온도를 1℃ 높이는 데 필요한 열량인데, 물은 은보다 16배 더 많은 열량 공급이 필요하다. 따라서 비열은 물이 은보다 16배 크다. 또한 열용량은 물체의 온도 1℃ 높이는 데 필요한 열량으로, 열용량은 비열과 질량의 곱에 해당한다. 질량에 있어서 은 1.5kg은 물 100g보다 15배 크기 때문에, 열용량은 은 1.5kg=1×15=15, 물 100g=16×1=16이므로 물이 더 크다.

17

정답 ①

ㄱ. (X) 지문에서의 거리와 시간값을 계산하면, 거리(1m) = 가속도 × 1/2 × [$(0.4)^2$ = 0.16]이 된다. 따라서 화자가 있는 방의 가속도는 12.5가 된다. 그런데 거리가 2m가 될 경우 전체 값의 2배가 되므로 시간도 2배가 되는데, 수식에서는 시간의 제곱값의 2배이므로 0.16 × 2 = 0.32가 된다. 따라서 $\sqrt{0.32}$가 되어 0.6초가 되지 않는다.

ㄴ. (O) 현재 화자가 있는 방의 가속도는 12.5이므로, 지구의 중력가속도인 9.8보다 크다. 따라서 지구에서 떨어뜨렸을 때에 시간은 화자가 있는 방 0.4초보다 더 오래 걸리게 될 것이다.

ㄷ. (X) 화자가 있는 방은 중력가속도가 더 크기 때문에 지구에서보다 몸무게가 더 나갈 수 있다. 따라서 같은 값으로 읽히지 않을 것이다.

18

정답 ⑤

ㄱ. (O) 구별불가능한 두 전자의 전체 상태함수를 파악하기 위해서는 두 전자의 값을 맞바꾸어 표현해야 하지만, 구별가능한 두 전자의 경우 그럴 필요가 없다. 그 자체로 상태함수가 다르기 때문이다. 스핀값이 다른 두 전자는 구별가능하다. 따라서 스핀값이 다른 두 전자를 맞바꾸면 두 전자의 상태함수는 달라지게 된다.

ㄴ. (O) 모두 스핀 '업'인 두 전자의 상황이 모두 스핀 '다운'인 두 전자 실험에서도 마찬가지로 적용되어, 스핀 '다운' 전자를 각도 θ에서 발견할 확률은 $|f(\theta)-f(180°-\theta)|^2$이 된다.

ㄷ. (O) 두 전자를 맞바꾸는 연산을 하였을 때 전자에서 후자의 상태함수를 뺀 값이 전체에 대한 상태함수이다. 따라서 스핀값이 동일한 함숫값을 하나에서 다른 하나를 뺀 것이기에 상태함수는 0이 된다.

19

정답 ③

ㄱ. (O) 두 물체에 동일하게 퍼텐셜에너지가 적용되므로 압축된 정도와 높이 비율은 무관하다.

ㄴ. (X)

1) 운동량=질량×속도이고, 모든 물체의 운동량 합은 항상 보존된다. 물체 A와 B의 운동량의 합은 $m_Av_A+m_Bv_B$이며, 분리 전과 분리 후의 합은 동일하다.
2) 그런데 분리 전 속도는 0이므로 분리 전 $m_Av_A+m_Bv_B=0$이다. 그러므로 $m_Av_A=-m_Bv_B$이다.
3) 분리된 순간 서로 반대 방향으로 움직이므로 두 물체의 운동에너지의 크기는 다음과 같이 동일하다. $m_Av_A=m_Bv_B$이다. 결국 질량비가 1:2라면 속도비는 2:1이 된다.

ㄷ. (O)

1) 분리되기 직전의 탄성력에 의한 퍼텐셜에너지는 두 물체의 운동에너지가 전환된 것이기에 두 물체의 운동에너지의 합($m_Av^2_A/2+m_Bv^2_B/2$)은 곧 탄성력에 의한 퍼텐셜에너지이다.
2) 중력에 의한 물체의 퍼텐셜에너지는 물체의 질량과 지표면에서의 높이 변화, 그리고 중력가속도를 곱한 값이므로, 물체 A와 B의 중력에 의한 퍼텐셜에너지는 각각 m_Agh_A, m_Bgh_B이다.
3) 그런데 역학적 에너지 보존으로부터 $m_Agh_A=m_Av^2_A/2$과 $m_Bgh_B=m_Bv^2_B/2$가 성립된다.
4) 따라서 중력에 의한 퍼텐셜에너지의 합($m_Agh_A+m_Bgh_B$)은 두 물체의 탄성력에 의한 퍼텐셜에너지($m_Av^2_A/2+m_Bv^2_B/2$)와 같다.

∴ $m_Av^2_A/2+m_Bv^2_B/2=m_Agh_A+m_Bgh_B$

20

정답 ⑤

(나)와 (다)의 실험 결과를 정리하면 다음과 같다.

구분	(나) 이식	(다) 이식	(다) 결과
X1	A1	A2	암 발생 없음
X2	A1	B2	암 발생
Y1	B1	A2	암 발생
Y2	B1	B2	암 발생

위 결과로부터 추리할 수 있는 것은 다음과 같다.

1) X1의 사례에서 A1에 의한 면역체계가 형성될 경우 A2도 함께 제거한다는 것을 알 수 있다. 이는 A1과 A2가 동일하거나 유사한 항원임을 보여준다.
2) 그러나 Y2의 경우에서 B1에 대한 면역체계가 있다고 해서 B2도 함께 제거되지는 않는다는 사실을 알 수 있다. 따라서 B1과 B2는 동일하거나 유사한 항원이 아니다.

(나)와 (다)의 실험으로부터 생긴 면역체계를 정리하면 다음과 같다. 주의할 점은, A1이나 A2 어느 하나에 대해 면역체계가 생길 경우, 둘 모두에 기억 메커니즘이 작동되나, B1과 B2의 면역체계는 구별되기에 각각의 경우에 대해 면역체계가 있어야 암세포가 발생하지 않는다는 것이다.

구분	A1	A2	B1	B2
X1	O	O	X	X
X2	O	O	X	O
Y1	O	O	O	X
Y2	X	X	O	O

(면역체계가 성립된 경우: O, 성립되지 않은 경우: X)

위 표를 토대로 (라)에서 다시 암세포를 이식하였을 때의 결과를 정리하면 다음과 같다.

구분	면역	A1이식	A2이식	B1이식	B2이식
X1	A1, A2	X	X	O	O
X2	A1, A2, B2	X	X	O	X
Y1	A1, A2, B1	X	X	X	O
Y2	B1, B2	O	O	X	X

(암이 발생한 경우: O, 발생하지 않은 경우: X)

ㄱ. (X) A1을 이식했어도 Y1에는 면역체계가 작동하므로 암이 발생하지 않는다.

ㄴ. (X) A2를 이식했어도 X2에는 면역체계가 작동하므로 암이 발생하지 않는다.

ㄷ. (O) B1을 이식했을 경우, X1과 X2에는 이에 대한 면역체계가 작동하지 않으므로 암이 발생한다.

ㄹ. (O) B2를 이식했을 경우, X1과 Y1에는 이에 대한 면역체계가 작동하지 않으므로 암이 발생한다.

21

정답 ①

ㄱ. (O) A, C, D가 자성을 가지고 있었다면, 대조군 실험에서 검출되었을 것이다. 그러나 대조군 실험에서 검출되지 않았으므로 자성을 갖지 않음을 추론할 수 있다.

ㄴ. (X) 대조군 실험에서 검출된 이유가 자성을 가진 것이기 때문인지는 알 수 없다. 대조군 실험에서 항체 Y와 직접 결합하기 때문에 검출된 것일 수도 있기 때문이다. 따라서 B가 자성을 가졌기 때문에 검출된 것인지 알 수 없다.

ㄷ. (X) 첫 단락에서 3개 이상의 서로 다른 단백질이 결합하여 상호작용하는 경우에는 이 중 두 단백질 사이에 직접적인 결합이 존재하지 않을 수 있다고 진술되어 있다. 예를 들어 A와 C가 직접 결합하고 C와 D가 직접 결합할 경우, D가 A와 직접적인 결합이 없더라도 항체 X를 통해 검출될 수 있다.

22 정답 ①

ㄱ. (O) pH 값(8)이 pI(7)보다 크기 때문에 음전하를 많이 가지게 된다. 그리고 이는 상반되는 전하를 가진 이온교환수지와 결합하기 때문에 양이온을 가진 음이온교환수지와 더 잘 결합한다.

ㄴ. (X) pH가 단백질의 pI보다 낮아질수록 양전하를 많이 가지게 된다. 그러나 양전하를 이용해 단백질을 분리하는 방법은 양이온교환수지가 아닌 음이온교환수지를 이용하는 것이다.

ㄷ. (X) pH 값(8)이 pI(6)보다 크기 때문에 음전하가 더 많아지게 된다. 따라서 음이온교환 크로마토그래피를 사용하는 것이 두 단백질을 더 잘 분리할 수 있다.

23 정답 ②

1. A + B + C + D = +1.20	
2. A = +0.92	
3. C > A	
4. A~B = 1.05	
5. C~D = 1.95	
6. B + C + D = +0.28	1. 2. A값 대입
7. A > B	3. 6.
8. B = −0.13	2. 4.
9. C + D = +0.41	6. 8. B값 대입
10. C > D	5. 9.

C와 D의 전위차가 1.95인데 둘의 표준환원전위의 합은 0.41이다. C는 A보다 표준환원전위가 크기 때문에 양의 값을 가져야 한다. 따라서 D는 음의 값을 가진다.

11. (+C) − (−D) = 1.95	5. 10. C는 양수, D는 음수 대입
12. (+C) + (−D) = +0.41	9. 10. C 양수와 D 음수 대입
13. (+C) = 0.41 − (−D)	12.
14. (0.41 + D) − (−D) = 1.95	11. 13.
15. D = 0.77	14. D의 C에 대한 차이값
16. C = +1.18	
17. D = −0.77	

ㄱ. (X) D의 표준환원전위가 가장 적기 때문에 있을 수 없다.

ㄴ. (O) C의 표준환원전위가 가장 크고 D가 가장 작기 때문에 이들로 만든 전지의 표준전지전위가 가장 크다.

ㄷ. (X) A와 C의 전위차는 0.26이며 B와 D의 전위차는 0.64로 후자가 더 크다.

24 정답 ①

ㄱ. (O) 지문에 의하면 영양분의 흡수는 소의 경우 소장과 대장에서, 토끼의 경우 자기분식을 하기에 소장 및 대장에서 일어난다. 한편 말은 맹장에서 미생물에 의해 일어나며, 그 결과물은 대장을 지나게 된다고 하였으므로 영양분 흡수가 주로 대장에서 일어나는 동물은 말일 것이다.

ㄴ. (X) 토끼의 경우 자기분식을 통해 음식물에 포함된 영양분을 섭취하기에 소장에서 주로 이루어짐을 추론할 수 있을 뿐이다.

ㄷ. (X) 반추동물도 아니고 자기분식을 하지 않는 말의 경우 셀룰로오스 성분의 분해와 발효는 주로 맹장에서 이루어진다는 사실을 알 수 있다. 따라서 동일한 조건에서 고양이의 경우는 소장에서 이루어진다고 말할 수는 없다.

25 정답 ①

ㄱ. (X) A와 B 바이러스는 돌연변이가 일어나는 정도의 차이가 있는데 A가 B보다 더 잘 일어난다. 따라서 항원연속변이에서도 돌연변이 축적이 A의 경우 더 클 수 있다.

ㄴ. (O) 인플루엔자 바이러스 B보다 A에서 돌연변이가 더 잘 일어나기에, A에 감염될 확률이 더 높다.

ㄷ. (X) 전 세계적인 유행에 해당되므로 항원불연속변이의 가능성이 더 높다.

26 정답 ②

ㄱ. (X) '백그라운드 신호'는 항체가 여과막의 비어 있는 부분에 비특이적으로 결합하여 표적단백질과 상관없는 신호를 보내는 것을 말한다. 따라서 2차 항체가 표적단백질과 결합한다고 해서 백그라운드 신호가 증가하는 것은 아니다. 표적단백질과 결합하므로 표적단백질과 상관없는 신호가 나타나지는 않기 때문이다.

ㄴ. (X) 2차 항체와 결합하는 능력을 가진 단백질이 존재할 경우, 표적단백질과 상관없는 백그라운드 신호가 증가할 수 있다.

ㄷ. (O) 2차 항체에는 효소가 결합되어 있고 이 효소에 의한 신호를 확인하여 표적단백질을 검출할 수 있다. 그런데 1차 항체에 그러한 효소가 결합이 되어 있다면 2차 항체를 사용할 필요 없이 표적단백질 검출이 가능할 것이다.

27 정답 ③

ㄱ. (O) 고지방 식이 후 내장 지방 세포의 100개당 파란 세포의 수가 100에서 20으로 줄어들었다. 이는 파란 세포 비율이 줄어든 것으로 세포가 새로 만들어진 것이지만, 피하 지방 세포의 파란 세포 비율은 동일하므로 새로 만들어진 세포가 없는 것이다.

ㄴ. (X) 세포의 크기는 모두 증가하였으므로 내장 지방과 피하 지방의 부피는 모두 증가한 것으로 볼 수 있다.

ㄷ. (O) A효소가 작동하면 세포는 파란색이 되는데, 파란 세포가 내장 지방 세포와 피하 지방 세포에서 나타나지만, 근육 세포에서는 파란 세포가 0이므로 발현되지 않았다고 볼 수 있다.

28 정답 ③

ㄱ. (O) Φ가 0이 아닐 때, 투명전극의 두께가 얇아지면 T는 지속적으로 높아진다. 그리고 T는 R_S와 양의 상관관계를 갖기 때문에 R_S도 커진다.

ㄴ. (X) $\Phi = T^{10}/R_S$이다. 두께가 9nm로 동일한 M1의 Φ는 11이며, M2의 Φ 값은 30이다. M1과 M2의 T값이 같은 값이기에 R_S의 값은 M1이 M2보다 더 작다. R_S는 면저항을 의미하며 R_S가 적을 때에 전기가 잘 흐른다. 그러므로 M1이 M2보다 전기가 잘 통한다.

ㄷ. (O) 주어진 자료에서 성능지수 Φ가 가장 높은 것은 두께 30nm 미만에서는 M3 두께 9일 때이며, 30nm 이상에서는 M4 두께 58일 때이다.

29

정답 ③

ㄱ. (O) 전략 D에서 속력이 빠를수록 사냥감의 개체수가 더 많이 줄어들기에 옳은 추론이다.

ㄴ. (O) 모두 살아남은 개체수가 92로 동일하므로 사냥률은 같다.

ㄷ. (X) 전략 D에서 속력이 0.9이고 시간이 100일 때에 살아남은 개체수는 90이었다. 따라서 속력이 1이 되었다고 해도 10마리 모두가 포획될 것으로 추론할 수는 없다.

30

정답 ③

ㄱ. (O) A의 첫 실험은 알파 입자의 입자성을 이용하여 핵에 대한 산란 실험을 했던 것과 같은 방식이었으므로 전자의 입자성을 이용한 실험을 설계하였음을 추론할 수 있다.

ㄴ. (X) 단결정 구조로 변하기 전에도 니켈 시료에 전자 빔을 쬐어 산란되는 실험을 하고 있었으므로 옳지 않은 추론이다.

ㄷ. (O) 전자가 회절한다는 결과는 입자의 파동성을 증명하는 실험 증거이므로 옳은 추론이다.

Ⅲ. 논리 게임

1. 배열 · 속성매칭

p.165

01	02	03	04	05
③	③	⑤	②	③
06	07	08	09	10
⑤	④	⑤	⑤	②
11	12	13	14	15
①	④	③	①	②

01

정답 ③

1) 상극설
  · 화덕 다음에 수덕
  · 한왕조는 토덕, 현 왕조는 한왕조 후 여섯 번째 왕조로 목덕임
  · 한왕조 다다음 왕조는 금덕
2) 상생설
  · 금덕 다음에 수덕
  · 한왕조는 화덕, 한왕조 다다음 왕조는 금덕
  · 현 왕조는 토덕

위 정보를 토대로 도표를 만들면 다음과 같다.

구분	한왕조	1	2	3	4	5	현 왕조
상극설	토덕		금덕				목덕
상생설	화덕		금덕	수덕			토덕

이때 오행은 다섯 가지 덕이 순환되는 것이므로 한왕조 다음 다섯 번째 덕은 한왕조의 덕과 같아야 한다. 이를 적용하고 나머지 빈칸을 추론해야 한다.
지문에서는 오제가 각기 오행과 연결된다고 말하고 있다. 즉 화, 수, 목, 금, 토가 오행에 해당하며, 각각의 오행은 적제, 흑제, 청제, 백제, 황제의 오제와 연결된다.

1) 상극설에서는 화 다음에 수가 온다. 그리고 한왕조가 상극설에 따르면 토덕인데, 한왕조 이후 여섯 번째인 현 왕조가 목덕이다. 그런데 오제는 순환하므로 여섯 번째는 다섯 오제가 한 번 순환된 후에 오는 것이다. 그러므로 토 다음에 목이 온다. 그리고 한 다다음 왕조가 금이므로 토-목-금의 순서임을 알 수 있다. 따라서 오제 순환이 되어야 하므로 화-수-토-목-금 순서를 알 수 있다.
2) 상생설에 의하면 우선 금 다음에 수가 온다. 그리고 한왕조가 화이며, 현 왕조는 토를 따라야 하는데, 현 왕조는 여섯 번째이므로 오제 순환에 의해 화 다음에 토가 온다. 그리고 한왕조 다다음이 금이므로 화-토-금이 되며, 앞선 순서에 의해 화-토-금-수의 순서임을 알 수 있다. 따라서 오제 순환에 의해 목-화-토-금-수의 순서가 된다.

구분	한왕조	1	2	3	4	5	현 왕조
상극설	토덕	목덕	금덕	화덕	수덕	토덕	목덕
상생설	화덕	토덕	금덕	수덕	목덕	화덕	토덕

ㄱ. (O) 한왕조는 현재 상생설을 따르고 있다. 현 왕조 직전은, 현 왕조가 여섯 번째 토덕이므로 오제 순환에 의해 한왕조와 동일한 화덕임을 알 수 있다.
ㄴ. (X) 현 왕조는 상극설에 의하면 목덕이다. 전전 왕조는 수덕이 되므로 황제가 아니라 흑제가 되어야 한다.
ㄷ. (O) 상극설에 의하면 현 왕조는 목덕이므로 현 왕조 다음은 금덕임을 알 수 있다. 또한 상생설에 의하면 현 왕조가 토덕이므로 다음 왕조는 역시 금덕임을 알 수 있다. 따라서 금덕인 백제에 제사를 지낼 것이다.

02

정답 ③

조건으로부터 주(州)와 색을 배치하면 다음과 같다.

<table>
<tr><td rowspan="2">C
(보라)</td><td colspan="2">D(빨강/주황)</td><td></td></tr>
<tr><td>B
(주황/빨강)</td><td>A(초록)</td><td>E(파랑)</td></tr>
<tr><td></td><td colspan="2">F(보라)</td><td></td></tr>
</table>

ㄱ. (O) E는 조건4에서 파란색과 보라색은 접경을 이룬 주끼리 사용할 수 없으므로, 조건5를 충족시키려면 파란색이 될 수밖에 없다.
ㄴ. (O) E가 파란색이며 5색이 모두 사용되어야 하므로 나머지 B와 D가 빨강 또는 주황이 된다.
ㄷ. (X) 조건5가 없어지더라도 조건3에서 접경을 이룬 주끼리 같은 색을 사용해서는 안 된다. 따라서 최소 4개의 색으로 칠해야 한다. B와 D가 겹치기 때문에 다른 색으로 칠해야 하기 때문이다.

03

정답 ⑤

주어진 조건에서 고정된 정보는 마지막의 G가 6호이고 그 옆방인 7호가 비어있다는 것이다. 또한 세 번째 진술과 다섯 번째 진술로부터 A, B, C에 대한 위치를 다음의 두 가지 경우로 생각할 수 있다.

(1)	(2)
B	빈 방
A	C
C	A
빈 방	B

1) (1)의 경우는 불가능하다. (1)이 왼쪽에 위치할 경우 B와 마주 보는 방이 빈 방이어야 하는데 6호에 G가 위치하게 되어 불가능하고, (1)이 오른쪽에 위치할 경우에도 C의 옆방이 빈 방이어야 하는데 10호는 빈 방이 아니기 때문이다.
2) (2)의 경우 오른쪽에 올 수는 없다. 왜냐하면 D와 E가 마주 보는 방이 있을 수 없기 때문이다. 따라서 (2)가 왼쪽에 오는 경우만 가능하며 이를 정리하면 다음과 같다.

1호 X		6호 G
2호 C		7호 X
3호 A		8호 F
4호 B		9호 X
5호 D/E		10호 E/D

D의 방은 10호가 될 수도 있고 5호가 될 수도 있으므로 옳지 않다.

04

정답 ②

지문에서는 설치의 순서에 대한 정보가 나타난다. 월요일부터 금요일까지 하나씩 설치하므로 우선적으로 시간적 배열은 다음과 같은 그림을 토대로 삼아야 한다.

월	화	수	목	금

첫 두 정보로부터 금요일에는 동양화가 설치되지 않고, 수요일과 금요일에는 대형 전시실에 작품을 설치한다는 것을 알 수 있다. 이를 표시하면 다음과 같다.

월	화	수(대형)	목	금(대형)
				~~동양화~~

세 번째 정보는 다음의 조합으로 표시할 수 있다.

조각		(소형) 사진

위와 같은 조합은, 수요일과 금요일에는 대형 전시실에 설치해야 하므로 화요일과 목요일에 배치되어야 한다. 이를 정리하면 다음과 같다.

월	화	수(대형)	목(소형)	금(대형)
	조각		사진	~~동양화~~

네 번째 정보 역시 다음과 같은 그림이 되어야 함을 보여준다.

기획		(대형)

이때 금요일에는 이미 설치가 확정된 조각, 사진, 기획이 배제되며, 조건에 의해 동양화도 배제된다. 따라서 설치될 수 있는 것은 서양화밖에 없게 된다. 이 경우 기획이 올 수 있는 곳은 월요일이나 수요일이 되며, 나머지 동양화는 월요일 또는 수요일이 된다.

월	화	수(대형)	목(소형)	금(대형)
기획/동양화	조각	동양화/기획	사진	서양화

그런데 기획이 수요일에 올 경우 다음다음날인 금요일에 서양화가 설치되어야 하는데, 마지막 정보에서 기획의 다음다음날에 대형 전시실 옆에 서양화가 전시되므로 조건에 어긋난다. 따라서 수요일에 기획이 올 수 없다. 결국 월요일에는 기획, 수요일에는 동양화가 설치되어야 한다. 이를 정리하면 다음과 같다.

월	화	수(대형)	목(소형)	금(대형)
기획	조각	동양화	사진	서양화

ㄱ. (X) 서양화는 금요일이므로 옳지 않다.
ㄴ. (X) 마지막 정보에 의하면, 기획전시 작품을 설치한 다음다음날 대형 전시실에 동양화가 설치되고 그 옆 전시실에 서양화가 전시된다고 했다. 따라서 동양화 전시실과 서양화 전시실은 옆에 있게 되므로 옳지 않다.
ㄷ. (O) 대형이 3개, 소형이 2개인데, 월요일과 화요일의 전시실이 대형인지 소형인지는 확정되지 않았다. 이때 월요일 기획전시가 소형 전시실이라면, 나머지 화요일에 설치한 조각은 대형 전시실이 되어야 한다.

05

정답 ③

주어진 조건 중 최댓값을 고려하여 다음의 표를 참고해서 <보기>의 상황이 참인지 여부를 결정해야 한다.

M1	M2	M3	M4	합
	P2			6

ㄱ. (O) P1이 2개, P2가 2개를 사용하면 P3과 P4는 각각 1개의 메모리 영역만을 사용해야 한다. 전체 프로그램이 사용하는 메모리 영역의 개수의 합은 최대 6이기 때문이다.
ㄴ. (O) M1과 M3을 P1이 사용하고, M2와 M4를 P2가 사용할 경우 P3과 P4가 M2를 사용할 수 있으며, 이때 M2는 3개의 프로그램이 사용할 수 있다.

M1	M2	M3	M4	합
P1	P2 P3 P4	P1	P2	6

ㄷ. (X) P4가 M4를 사용할 경우, P2가 M4를 사용해도 둘이 메모리 영역을 1개 이상 공유해야 하는 조건을 충족하기 때문에 P4가 M2를 사용하지 않을 수 있다.

M1	M2	M3	M4	합
	P2		P2 P4	6

06

정답 ⑤

ㄱ. (O) 총 12명이므로 4명씩 세 팀에 배열할 수 있다. 예를 들어 다음과 같이 배열할 수 있다.

1팀	2팀	3팀
A(2) B(1) D(1)	A(1) B(2) C(1)	A(1) C(2) D(1)

ㄴ. (O) 가능하다.

1팀	2팀	3팀
A(2) B(2) C(2)	A(1) B(1) D(1)	A(1) C(1) D(1)

ㄷ. (O) 불가하다. B반과 C반 각각 2명, D반 1명으로 이루어져야 하는데, 이때 남는 사람은 A반 4명, B반과 C반 각각 1명, D반 1명이 된다. 그런데 이 경우 최소 3개 반 학생을 포함한다는 조건을 충족할 수 없다. B, C, D가 각각 1명밖에 없기 때문이다.

07

정답 ④

1. 丙>戊
2. 丁>甲/乙
3. [戊 | 甲] or [甲 | 戊]
4. [己 | 乙]
5. 丙>[戊 | 甲] or [甲 | 戊] 1. 3. 연결
6. 丁>[戊 | 甲] or [甲 | 戊]
 >[己 | 乙] 2. 3. 4. 연결

① (X) 丁 뒤에 戊, 甲, 己, 乙이 결정되나 丙이 戊보다 앞서기에 丙과 丁이 결정되지는 않는다.
② (X) 丁 뒤에 己, 乙, 丙이 차례로 결정되고 丙 뒤에 甲 또는 戊가 결정될 뿐, 甲과 戊의 순서가 결정되지는 않는다.
③ (X) 丙, 戊, 甲의 순서만 결정될 뿐, 甲과 乙의 순서가 결정되지는 않는다.
④ (O) 丙, 丁, 甲, 戊, 己, 乙의 순서가 결정된다.
⑤ (X) 丁 뒤에 甲, 戊, 己, 乙이 결정되나 丙과 丁의 순서는 결정되지 않는다.

08 정답 ⑤

1) 을을 선발하면 갑은 선발하지 않기에, 갑이 선발되면 을은 선발되지 않는다. 따라서 갑과 을 둘 중 하나는 선발되지 않으므로 나머지 세 명은 모두 선발된다.
2) 갑이 첫 번째 경주에 참가하지 않는다면, 을은 세 번째 경주에 참가한다. 즉 갑이 첫 번째 경주에 참가하거나 을이 세 번째 경주에 참가하게 된다.
3) 그런데 갑이 참가하면 을은 선발될 수 없고, 을이 참가하면 갑이 선발되지 않는다. 결국 갑이 참가하면 첫 번째 경주이고, 을이 참가할 경우 세 번째 경주가 된다.
4) 무는 2번이 아니며, 병과 정은 연이어서 참가하기에 병은 4번이 될 수 없고 정은 1번이 될 수 없다.
5) 두 가지 경우가 가능하며 다음과 같다.

[1]	갑	을	병	정	무
1	O	X	X	X	X
2	X	X	O	X	X
3	X	X	X	O	X
4	X	X	X	X	O

[2]	갑	을	병	정	무
1	X	X	O	X	X
2	X	X	X	O	X
3	X	O	X	X	X
4	X	X	X	X	O

① (X) 갑이 첫 번째일 수도 있지만, 갑이 선발되지 않고 을이 세 번째 경주에 참가할 수도 있다.
② (X) 을은 선발되지 않거나 세 번째 경주에 참가한다.
③ (X) 병은 두 번째 또는 첫 번째 경주에 참가한다.
④ (X) 정은 두 번째 또는 세 번째 경주에 참가한다.
⑤ (O) 무는 어떤 경우에도 네 번째 경주에 참가한다.

09 정답 ⑤

①(X), ⑤(O) 다음의 경우에 따라 판단할 수 있다.

6	빨
5	빨
4	빨
3	파
2	하
1	파

②, ③ (X) 다음의 경우가 가능하므로 옳지 않다.

6	파
5	파
4	빨
3	빨
2	파
1	하

④ (X) 다음의 경우가 가능하므로 옳지 않다.

6	빨
5	빨
4	빨
3	빨
2	파
1	하

10 정답 ②

1) 을과 정의 진술이 모순되므로 둘 중 하나는 거짓이다. 우선 을이 참, 정이 거짓인 경우 다음과 같이 배치된다.

무	갑	을/정	정/을	병

2) 을이 거짓, 정이 참인 경우 다음과 같이 배치된다.

을	갑	정	무	병

ㄱ. (X) 정의 진술이 거짓인 1)의 경우에도 갑의 차 바로 옆 칸에 정의 차가 주차될 수 있다.
ㄴ. (O) 을의 진술이 거짓인 2)의 경우 을의 차는 가장 왼쪽 칸에 주차되어 있다.
ㄷ. (X) 정의 진술이 거짓인 1)의 경우 정은 오른쪽에서 3번째에 올 수 있다. 이 경우 정의 차와 무의 차 사이에는 한 대의 차가 주차되어 있다.

11 정답 ①

A, B, C, D 네 사람의 진술로부터 이들이 갑과 을에 대해 어떠한 판결을 주장했는지를 매칭한다. 우선 도표를 그릴 수 있으며, 다음의 빈칸에 어떤 판결이 채워질 수 있는가를 고려해야 한다.

구분	갑	을
A		
B		
C		
D		

그런데 이에 대한 정보를 선무제의 판결 내용으로부터 추리해야 한다. 선무제는 네 사람의 의견 중 두 가지 의견을 참조한다. 갑에 대해 사면 또는 사형을 주장한 사람은 을에 대해 1년 또는 5년을 주장했다는 것이다. 이를 표로 나타내면 다음과 같다.

갑	을
사면 or 사형	1년 or 5년

선무제의 판결은 갑은 사면, 을은 5년이다. 그런데 A의 진술에서 이러한 황제 선무제의 판결과 동일한 견해를 낸 사람은 없다는 것을 알 수 있다. 결국 이로부터 네 사람 중 두 사람에 어떤 매칭이 포함되어야 하는지가 다음과 같이 결정된다.

갑	을
사면	1년
사형	5년

이제 네 명의 대화 내용을 통한 추리가 필요하다.

1) A가 갑과 을 모두에게 사형을 주장하지 않았으므로, 을을 5년으로 주장하지도 않았음을 알 수 있다.

구분	갑	을
A	~~사형~~	~~사형, 5년~~
B		
C		
D		

2) B도 양쪽 모두에 사형을 주장하지 않았고, 갑에 대해 사면도 주장하지 않았다. 따라서 을에 대해 1년 형도 주장하지 않았음을 추리할 수 있다. 결국 B는 을에 대해 사면을 주장한 것이다. 이 경우 A는 을에 대해 사면을 주장하지 않았기에 A는 을에 대해 1년을 주장했음을 추리할 수 있다. 그렇다면 갑에 대해 사면을 주장한 것도 알 수 있다.

구분	갑	을
A	~~사형~~/ 사면	~~사형, 5년~~/ 1년
B	~~사형, 사면~~	~~사형, 5년, 1년~~/ 사면
C		
D		

3) C의 견해에 의해 D가 을에 대해 사형을 주장했음을 알 수 있다. 이 경우 C는 5년을 주장한 것이며, 이에 따라 갑에 대해 사형을 주장했음을 알 수 있다.

구분	갑	을
A	사면	1년
B	~~사형, 사면~~	사면
C	사형	5년
D		사형

4) D가 자신이 갑에 대해 주장한 처분이 A가 을에 대해 주장한 처분과 같다고 진술한다. 따라서 갑에 대해 D는 1년을 주장한 것이며, B는 갑에 대해 5년을 주장했음을 알 수 있다.

구분	갑	을
A	사면	1년
B	5년	사면
C	사형	5년
D	1년	사형

12 정답 ④

정해진 면제 조건은 다음과 같다.

1) 동거하는 직계가족 및 배우자 면제: 1인당 '작' 1급씩 반납
2) 동거하지 않는 직계가족 및 배우자 면제: 1인당 '작' 2급씩 반납
3) 부모 중 1인 면제되면 미성년 자녀 중 1인 같이 면제

그리고 갑, 을, 병이 원하는 면제 대상을 토대로 표에 적용하면 다음과 같다.

구분	동거가족	원하는 면제 대상	적용
갑	부인 자녀1 자녀2 부모	부모 자녀1, 자녀2 (갑, 을, 병)	4급: 모시는 부모에 2급, 부인 → 3)에 의해 자녀 1명, 다른 자녀 1명
을	부인 자녀1 자녀2	을 가족 모두 갑과 병의 부인	3급: 을과 을부인 → 3)에 의해 자녀 1명, 다른 자녀 1명
병	부인 자녀1 자녀2	가능한 많은 인원	2급: 부인 → 3)에 의해 자녀 1명, 다른 자녀 1명

결과를 충족하기 위해서 갑은 4급으로 장교 1명을 포로로 잡았을 것이며(①), 을은 3급(②), 병은 2급(③)이었고, 갑, 을, 병 각자에게 미성년 자녀가 1명씩 있어야 한다(⑤). 하지만 갑과 병은 면제를 받을 수 없다. 따라서 ④가 틀린 진술이다.

한편 답지에서 '..했을 것이다.'라는 추론을 한 이유는 갑, 을, 병 모두가 더 많은 작을 가지고 있었으나 이전에 이를 사용하였을 가능성이 있기 때문이다.

13 정답 ③

조건에서 각 팀은 최대 4개의 과제를 맡을 수 있다. 그런데 기존에 수행하던 과제를 포함해서 새로운 과제를 반드시 포함시켜야 한다. 이때 8개의 과제는 조건에 의해 (a, b), (c, d, e), (f, g, h)로 구분된다. 결국 기존 수행의 과제는 제외되고 추가 과제가 포함되어야 하기에 각 팀의 가능한 경우의 수를 찾아야 하며 다음의 빈칸에 과제가 추가되어야 한다.

(가)				
(나)				
(다)				
(라)				
(마)				

ㄱ. (O) a를 (나)팀이 맡는다고 가정해 보자. 이때 (c, d, e) 조합은 (가)밖에 맡을 수 없다. 그리고 나머지 팀들이 하나씩 맡는다. 그런데 이때에 조건에서 4개를 맡는 팀이 둘이어야 하는데 조건을 충족하지 못한다. 따라서 a를 (나)팀이 맡아서는 안 된다. 이를 그림으로 나타내면 다음과 같다.

(가)	c	d	e	
(나)		a	b	
(다)			f	
(라)			g	
(마)				h

ㄴ. (X) f를 (가)팀이 맡을 경우 (c, d, e) 조합은 (나)팀이 맡아야 한다. 이때 (a, b) 조합은 (다) 또는 (라)가 맡아야 하면 나머지 팀들이 e, g를 하나씩 맡게 되는데 4개를 맡는 팀은 3팀이 되어 조건을 위배한다. 따라서 f를 (가)팀이 맡아서는 안 된다.

(가)	f			
(나)		c	d	e
(다)			a	b
(라)			e	
(마)				g

ㄷ. (O) ㄱ의 추리로부터 (a, b) 조합은 (가), (다), (라)가 맡을 수 있다. 그리고 (가)팀은 새로운 과제 한 개를 맡아서는 안 된다. 이를 토대로 다음의 세 가지 경우가 가능하다. (단, *는 한 개의 새로운 과제를 맡는다는 뜻이다.) 세 경우 모두 기존 과제를 포함하여 2개를 맡는 팀이 반드시 있다.

(가)	a	b			2
(나)		c	d	e	4
(다)			*		3
(라)			*		3
(마)				*	4

(가)	c	d	e		3
(나)		*			2
(다)			a	b	4
(라)			*		3
(마)				*	4

(가)	c	d	e		3
(나)		*			2
(다)			*		3
(라)			a	b	4
(마)				*	4

14

정답 ①

1) 첫 번째 정보에서 생수가 가운데 위치하며, 두 번째 정보에서 C회사가 가장 왼쪽에, 그 오른쪽 옆에 보라색을 위치시킨다.

회사	C				
로고 색		보라색			
음료			생수		
과자					
수출대상					

2) 세 번째 정보는 다음의 그림으로 표시할 수 있다.

연두색	회색
커피	

이 경우 위치할 수 있는 곳은 오른쪽에서 두 번째 자리와 가장 오른쪽 자리이다. 이를 표시하면 다음과 같다.

회사	C				
로고 색		보라색		연두색	회색
음료			생수	커피	
과자					
수출대상					

3) 네 번째 정보에서 A회사가 하늘색임을 알 수 있다. 그런데 이 조합이 들어갈 수 있는 곳은 정 가운데뿐이다. 따라서 나머지 C가 검정색임을 알 수 있다.

회사	C		A		
로고 색	검정색	보라색	하늘색	연두색	회색
음료			생수	커피	
과자					
수출대상					

4) 다섯 번째 정보에서 C의 수출대상이 싱가포르이며, 그 오른쪽이 와플이 된다.

회사	C		A		
로고 색	검정색	보라색	하늘색	연두색	회색
음료			생수	커피	
과자		와플			
수출대상	싱가포르				

5) 마지막 정보로부터 다음의 그림이 되어야 함을 알 수 있다.

주스	
	태국

이 조합은 두 군데가 가능하다. C에 주스를 배치시킬 수도 있으며, 왼쪽에서 두 번째에 배치할 수도 있다.

ㄱ. (O) 옳은 진술이다.

ㄴ. (X) 5)에서 두 군데에 배치할 수 있으므로 싱가포르에 수출하는 회사가 주스를 생산할 수도 있으며, 그 옆의 와플을 생산하는 회사가 주스를 생산할 수도 있기에 반드시 참이 아니다. 거짓이 가능하기에 옳게 추론한 것이 아니다.

ㄷ. (X) 추론할 수 없다.

15

정답 ②

주어진 정보를 토대로 도표를 만들고 속성을 채우면 다음과 같다.

구분	갑	을	병	정
아이디		cherry	not banana	
패스워드				durian

이 경우 갑이나 정이 banana 아이디를 가질 수 있다. 우선 갑이 banana인 경우를 가정할 경우 다음과 같다.

구분	갑	을	병	정
아이디	banana	cherry	durian	apple
패스워드	durian			durian

이때에 조건에서 병의 아이디는 아이디가 banana인 갑의 패스워드와 같다고 하였으므로 갑의 아이디는 durian이 된다. 이 경우 중복되지 않는다는 조건에 위배되어 있을 수 없는 경우가 된다. 따라서 정의 아이디가 banana다. 다시 정리하면 다음과 같다.

구분	갑	을	병	정
아이디	apple	cherry	durian	banana
패스워드				durian

ㄱ. (X) 정의 아이디는 banana이며 apple이 될 수 없다.
ㄴ. (X) 갑의 패스워드가 cherry가 되어도 을과 병의 패스워드는 확정되지 않는다. 모두 apple 또는 banana가 사용 가능하기 때문이다.
ㄷ. (O) 가능한 경우이다.

2. 연결 · 그룹핑

p.176

01	02	03	04	05
①	①	③	⑤	①
06	07	08	09	
⑤	③	③	④	

01

정답 ①

우선 주어진 징후를 A에서 E 사건에 대입할 수 있는 도표를 만들어야 한다. 도표와 관계의 논리식은 다음과 같다.
(p: 위압적 언동 약화/ q: 범인·인질 간 대화 증가/ r: 교섭 빈도 증가/ s: 요구 수준 저하/ t: 합의 사항 이행)

구분	p	q	r	s	t
A	O		O	X	
B		O			
C	O	X	O		
D	O		O		X
E		O		O	

<관계>
1. p ↔ r
2. s → q
3. t → (q&r)

각각의 <상황>을 기호로 나타내면 다음과 같다.
A: p, ~s/ B: q/ C: ~q, r/ D: r, ~t/ E: s
주어진 관계에 의거해 각 상황을 정리하면,
A: 1에서 p, r, ~s/ B: q/ C: 1에 의해 p이고, r, ~q/ D: 1에 의해 r, p, ~t/ E: 2에 의해 s, q이다.
여기서 각 징후(p-t)는 1개 이상 3개 이하의 사건에서 나타났다는 조건을 적용해야 한다. 따라서 p와 r은 더 이상 나타날 수 없다. 이를 표시하면 다음과 같다.

구분	p	q	r	s	t
A	O		O	X	
B	X	O	X		
C	O	X	O		
D	O		O		X
E	X	O	X	O	

B에서 p와 r이 거짓이므로 관계3에서 t도 부정이 된다. C에서 q가 부정이므로 t도 부정이다. E에서 역시 r이 부정이므로 t도 부정이다. 결국 t가 긍정이 될 수 있는 것은 A밖에 없다. 그리고 C에서 q가 부정이므로 s도 부정이 된다. 이를 정리하면 다음과 같다.

구분	p	q	r	s	t
A	O		O	X	O
B	X	O	X		X
C	O	X	O	X	X
D	O		O		X
E	X	O	X	O	X

q는 3개의 징후 조건으로 A나 D 둘 중 하나에서만 나타나야 한다. D가 만약 q를 긍정하면, q는 전체 3개 징후가 나타나므로 A는 ~q가 되어야 한다. 그런데, 이 경우 t가 참임을 위배하게 되어 A가 q를 긍정, D가 부정하게 된다. 이를 정리하면 다음과 같다.

구분	p	q	r	s	t
A	O	O	O	X	O
B	X	O	X		X
C	O	X	O	X	X
D	O	X	O	X	X
E	X	O	X	O	X

주어진 조건에서 4개 이상의 징후가 나타나야 하므로 A가 투항할 가능성이 높다.

02

정답 ①

정보를 토대로 추리한 것을 도식화시키면 다음과 같다.

구분	A			
	20	30	40	50
정당일체감			X	X
균열	X		O	O
정책			X	X

구분	B			
	20	30	40	50
정당일체감		X	X	X
균열	X	X	O	O
정책	X	O	X	X

구분	C			
	20	30	40	50
정당일체감	X	X	X	X
균열	X	X		
정책		O		X

① (X) A국 20대에서 정책 요인 투표가 나타나지 않을 경우 A국 20대는 균열 요인 투표에도 해당되지 않으므로 정당일체감 요인 투표가 되어야 한다. 그러나 30대에서 정당일체감 요인 투표가 나타난다고 단정할 수는 없다.

② (O) 정당일체감 요인 투표가 조건에 의해 A국에서는 반드시 나타나야 된다. 따라서 20대에 나타나지 않을 경우 30대에서 반드시 나타나야 한다.

③ (O) 조건에 의해 B국에서 정당일체감 요인 투표가 나타나야 한다. 따라서 가능한 것은 20대밖에 없으므로 옳은 추론이다.

④ (O) B국에서는 50대가 이미 균열 요인 투표임을 알 수 있다. 한편 C국의 50대는 정당일체감도 안 되며 정책 요인도 될 수 없다. 따라서 균열 요인 투표밖에 할 수 없으므로 동일한 투표 성향이 나타난다.

⑤ (O) C국 20대가 선택할 수 있는 요인은 정책 요인밖에 없다. 따라서 C국의 20대와 30대는 같은 투표 성향을 보인다.

03

정답 ③

1) A가 만난 사람은 오직 E

2) 3번에 C와 D 포함

주의할 점은 3번과 4번 서류철에는 복사된 서류가 배치되므로 중복이 가능하다는 것이다.

① (O) 이 경우 1)과 더불어 E는 A와 B를 만났으므로 2번 서류철에 있는 사람이 1번 서류철에 있는 사람 2명을 만난 것이다. 따라서 4번 서류철에 이 세 명의 서류가 복사되므로 E는 4번 서류철에 포함된다.

② (O) 2)에서 C는 2번에서 2명을 만났어야 하는데, D가 제외되므로 C는 E와 F를 만났다. 이 경우 E는 1)에서 A를 만났고, 여기서 C와 만났으므로, 이들 A, C, E는 4번에 포함된다.

③ (X) 2)에서 C는 2번에서 2명을 만났어야 하는데, D가 제외되므로 C는 E와 F를 만났다. 따라서 C, E, F는 3번에 포함된다.

④ (O) 1)에서 E는 A를 만났으므로 여기서 C도 만날 경우 4번에 포함된다.

⑤ (O) C는 2)에 의해 2번의 2명과 만났으므로, E가 빠질 경우 나머지 D와 F를 만나야 한다.

04

정답 ⑤

우선 주어진 조건을 인지해야 한다. 세 가지의 연락 원칙이 제시되어 있는데, 이를 정리하면 다음과 같다.

경우	연락을 준 사람	연락을 할 사람
1	바로 아래 하급 직원	바로 위 상급 직원 한 명
2	바로 위 상급 직원	같은 직급 모든 직원
3	같은 직급 직원	같은 직급 직원 한 명

이제 주어진 사실로부터 위 원칙을 적용하여 정보를 추리해야 한다. 우선 첫 번째 사실은 B가 D보다 직급이 한 등급 높고, 두 번째 사실에서 D가 B에게 연락한 것은 하급이 상급에게 한 경우이므로 B는 경우 1에 해당하여 바로 위 상급에게 연락해야 한다. 따라서 A는 B보다 한 등급 높다. 이를 도식적으로 구성하면 다음과 같다.

A
B
D

이를 토대로 세 번째, 네 번째 사실을 연결해야 한다. 주의할 점은, 세 번째 사실에서 경우 1, 2, 3의 세 가지 경우를 각각 확인해야 한다는 것이다. 왜냐하면 G가 C에게 연락하자 C가 B에게만 연락했다고 해서 경우 2가 배제되는 것은 아니며, 같은 등급에 B와 C 둘만 있을 경우 가능하기 때문이다.

네 번째 사실에서 D가 있기에 이들 간의 관계를 추리할 수 있는데, C가 F에게 연락하자 F는 D와 E 두 명에게 연락한다. 그런데 경우 2만이 두 명 이상에게 연락할 수 있기에 D, E, F는 모두 같은 등급이며 C는 이들보다 한 등급 높다. 이를 정리하면 다음과 같다.

A
B, C
D, E, F

세 번째 사실은 경우 1, 2, 3을 모두 확인해야 한다. 먼저 경우 1일 때에 G는 C보다 등급이 낮고 B는 C보다 등급이 높아야 한다. 그러나 이는 위에서 추리한 경우에 맞지 않기에 경우 1은 있을 수 없다.

1) 경우 2를 적용하면 B와 C는 같은 직급이며 G는 이들보다 한 직급 높다. 이를 도식으로 표현하면 다음과 같다.

A, G
B, C
D, E, F

2) 경우 3을 적용하면 B, C, G가 같은 직급이 되며 도식은 다음과 같다.

A
B, C, G
D, E, F

① (O) 2)에 해당되며, 같은 직급끼리인 경우로 참이다.
② (O) 2)에 해당되며, 하급으로부터 연락을 받은 경우로 참이다.
③ (O) 2)에 해당되며, 하급으로부터 연락을 받은 경우로 참이다.
④ (O) 1)에 해당되며, 상급으로부터 연락을 받은 경우로 참이다.
⑤ (X) 1)에 해당되며, 상급자인 A나 G 어느 한 명에게 연락할 수 있기에 G에게만 연락할 수 있는 것은 아니다.

05

정답 ①

주어진 평가 결과를 점수로 환산하여 정리하면 다음과 같다.

구분	어학능력	적성시험	학점	전공적합성	총점
A	2	3	2	3	10
C	3	2	3	3	11
D	1	1	3	3	8

1) 첫 번째 조건에서 B가 선발되지 않고 C가 선발될 경우 A가 선발된다. 이는 A가 B보다 높은 점수이며, B는 A보다 낮은 점수임을 의미한다.
2) 두 번째 조건에서 D가 선발되지 않을 경우 세 명의 지원자는 선발되기에 B가 D보다 높은 점수임을 알 수 있다.
3) 따라서 B는 A보다 낮고 D보다 높은 9점의 총점임을 추리할 수 있다.

ㄱ. (O) 두 번째 조건에서 D가 선발되지 않으면 세 명이며, D가 선발될 경우 네 명이 된다. 따라서 어떤 경우에도 A와 C는 반드시 선발된다.
ㄴ. (X) A, B, C 세 명 또는 A, B, C, D 네 명의 두 경우만 가능하므로 두 명 선발되는 경우는 있을 수 없다.
ㄷ. (X) B의 총점이 9점이므로, (3 + 3 + 2 + 1)과 (3 + 2 + 2 + 2)의 경우가 가능하다. 따라서 반드시 상, 중, 하로 평가 받은 영역이 최소한 하나씩 있다는 진술은 옳지 않다.

06

정답 ⑤

주어진 사실은 A가 D와 E에게 우세하다는 점이다. 그런데 A는 D, E, F 중 2명에게만 우세하므로 나머지 F에게는 우세하지 않다는 것을 추리할 수 있다. 이때 주의할 점은 F의 경우에는 A에게 열세가 아니라는 점을 파악해야 한다. 조건에 따라 우세한 관계에 있을 때에 상대방은 열세로 규정되기 때문이다. F는 결과적으로 A, B, C 중 2명에게만 열세이므로 나머지 B와 C에게 열세이다. 그렇다면 B와 C는 F에게는 우세가 된다. 이렇게 상대방의 입장을 확인하며 서로 간의 관계를 추리해야 한다.

주어진 조건은 다음과 같다.
1) A, B, C 각각은 D, E, F 중 정확히 2명에게만 우세하다.
2) D, E, F 각각은 A, B, C 중 정확히 2명에게만 열세이다.
3) A는 D와 E에게 우세하다.

ㄱ. (X) F가 C에 열세이므로, C는 F에 우세하다. 그러나 C가 E에 우세한지 여부는 알 수 없다.
ㄴ. (O) 조건 3)에서 A는 D와 E에 우세하므로, 조건 1)에 의해 A는 F에 열세이다. 즉 F는 A에 우세하다. 따라서 F는 조건 2)에 의해 B와 C에 열세이다.
ㄷ. (O) B가 E에 우세하면, ㄴ에서 B가 F에 우세하므로, 조건 1)에 의해 B는 D에 열세이다. 즉 D가 B에 우세하므로 조건 2)에 의해 D는 A와 C에 열세이다. 결국 C는 D에 우세함을 알 수 있다.

07

정답 ③

X, Y, Z 중 하나만 무작위로 선택되어야 하며, 이를 기준으로 제거하는 방식을 설정해야 한다. 처음에 X와 Z를 제거하고 그다음을 고려할 때에 X, Y, Z를 한꺼번에 제거할 수 있는 조합을 찾아야 한다. 이때 주어진 패킷의 수는 X가 5개, Y가 6개, Z가 5개이다. 그런데 처음 시작할 때에 주어진 패킷은 X와 Z밖에 없다. 따라서 2번째부터 Y를 전달할 수 있으므로 최소 7번 이상의 전달이 필요하게 된다.

1) 첫 번째는 X와 Z만 출력포트로 전달될 수밖에 없다. 이때 그다음을 고려하여 Z는 넷째 줄을 제거한다. 이를 정리하면 다음과 같다.

Z	X	Y	
Y	X	Y	Z
Y	Z	X	Z
Y	Y	X	

2) 위의 표에서 X, Y, Z를 제거할 수 있다.

Z	X		
Y	X	Y	Z
Y	Z	X	
Y	Y		

3) 다시 위의 표에서 X, Y, Z를 제거할 수 있다.

Z	X		
Y	X	Y	
Y	Z		
Y			

4) 또 위의 표에서 X, Y, Z를 제거할 수 있다.

Z			
Y	X		
Y			
Y			

5) 이제 다시 X, Y, Z를 제거할 수 있다.

Y			
Y			

6) 남은 Y를 하나씩 제거할 수 있으므로 총 7번이 걸리게 된다.

하나의 패킷이 출력포트로 전달되는 데 걸리는 시간은 1ms이므로 최소 7ms가 소요된다.

08

정답 ③

주어진 정보를 표를 통해 정리하면 다음과 같다.

구분	A	B	C	D	E	F	G
A(3)		X	X	O	O	X	O
B(4)	X		O	X	O	O	O
C(3)	X	O		X	X	O	O
D(1)	O	X	X		X	X	X
E(2)	O	O	X	X		X	X
F(3)	X	O	O	X	X		O
G(4)	O	O	O	X	X	O	

ㄱ. (O) A와 F는 직접 연결되어 있지 않다.

ㄴ. (X) C와 연결된 사람은 B, F, G이며, D와 연결된 사람은 A뿐이다.

ㄷ. (O) 팀 구성원 각자가 나머지 모두와 직접 연결되어야 하므로, 가능한 최대 인원은 B, C, F, G 네 명이다.

09

정답 ④

1) 각 팀에 최소 3개 법무법인의 변호사 배정

2) S와 R 함께 배정되지 않음

3) S 배정되는 팀에는 P 2명 이상 배정

	A	B	C
P(5)			3
Q(4)			
R(4)			
S(2)			

4) A나 B에 P가 2명이 배치될 수 없다. 그럴 경우 3)에 의해 S의 2명이 각각 A(또는 B)와 C에 배치되어야 1명씩 배치되는데, 이때 P가 배치되지 않은 팀(B 또는 A)에는 Q와 R밖에 배치되지 않아서 1)을 위배하기 때문이다. 결국 P는 A와 B에 1명씩 배치된다.

5) P가 2명 이상 배치된 곳은 C밖에 없으므로 3)에 의해 S는 C에 배치된다. 그리고 S가 배정되는 팀에는 R이 배정되지 않는다. 따라서 Q는 최소 1명 C팀에 배정되어야 한다.

	A	B	C
P(5)	1	1	3
Q(4)			
R(4)			0
S(2)			2

ㄱ. (X) S의 변호사 2명이 모두 C팀에 배치므로 옳지 않다.

ㄴ. (O) P, Q, R로 구성이 가능한 팀은 A 또는 B인데, 만약 A를 7명으로 구성할 경우 B나 C팀에는 3개 법무법인이 올 수 없다. 따라서 조건을 위배하므로 옳지 않다.

	A(7)	B	C
P(5)	1	1	3
Q(4)	3	1/	/1
R(4)	3	1	0
S(2)			2

ㄷ. (O) 다음과 같이 배치되므로 옳은 진술이다.

	A(6)	B(3)	C(6)
P(5)	1	1	3
Q(4)	2	1	1
R(4)	3	1	0
S(2)			2

3. 진실 혹은 거짓 게임

p.182

01	02	03	04	05
⑤	③	③	④	③
06				
④				

01

정답 ⑤

우선 갑, 을, 병, 정은 각각 소심형, 눈치형, 순종형, 반대형이다. 그리고 이들의 세 가지의 경우 즉, 첫 번째 실제 답변과 예상 답변, 그리고 두 번째 실제 답변을 확인해야 한다. 이에 따라 갑, 을, 병, 정의 대답 및 예상 답변을 표시할 도표를 만들고, 알려진 사실을 대입하여 정리하면 다음과 같다.

구분	유형	첫 번째 답변	예상 답변		두 번째 답변
갑	소심형	반대	을	반대	
			병	반대	
			정	반대	
을	눈치형	찬성	갑		
			병		
			정	찬성	
병	순종형	찬성	갑		
			을		
			정	찬성	
정	반대형	반대	갑		
			을		
			병		

이제 마지막 사실에서 첫 번째 질문에 대한 답변을 바꾼 사람은 한 명이므로 이에 맞는 조건을 파악해야 한다. 그런데 위 사실로부터 갑과 정이 두 번째 답변에서 어떤 답변을 했는지를 추리할 수 있다. 이를 토대로 나머지 조건을 추리해야 할 것이다.

1) 갑은 동료 집단 과반수가 한 실제 답변을 자신의 답변으로 하기에 첫 번째 답변에서 을과 병이 찬성이므로 두 번째 답변을 찬성으로 하게 된다. 결국 두 번째 답변에서 첫 번째 질문에 대한 답변을 바꾼 사람은 갑이 된다. 그리고 다른 이들은 모두 답변을 바꾸지 않았다.
2) 정은 반대형으로 동료 집단의 과반수가 예상하는 자신의 답변과 정반대로 답변을 한다. 따라서 두 번째 답변에서는 을과 병이 찬성을 예상하므로 반대를 하게 된다.
3) 을이 찬성을 하기 위해서는 을 자신이 예상하는 동료들의 과반수를 찬성으로 예상해야 한다. 따라서 을은 갑이나 병 중 적어도 한 명을 찬성이라고 예상해야 한다.
4) 병이 찬성이 되기 위해서는 동료들의 과반수가 병을 찬성이라고 예상해야 한다. 그런데 갑이 이미 반대를 했기 때문에 을과 정이 병을 찬성이라고 예상해야 한다.

이를 정리하면 다음과 같다.

구분	유형	첫 번째 답변	예상 답변		두 번째 답변
갑	소심형	반대	을	반대	찬성
			병	반대	
			정	반대	
을	눈치형	찬성	갑	?	찬성
			병	찬성	
			정	찬성	
병	순종형	찬성	갑		찬성
			을		
			정	찬성	
정	반대형	반대	갑		반대
			을		
			병	찬성	

① (X) 갑은 찬성이나 반대를 해도 되지만 그렇다고 반드시 반대를 예상해야 되는 것은 아니다. 과반수의 찬성이 되는 것이 조건이기 때문이다.
② (X) 을은 갑이나 병이 찬성이라고 예상해야 하기에 옳지 않다.
③, ④ (X) 위에서 필요한 조건을 충족시키기 위한 추리와 무관한 진술이다.
⑤ (O) 4)에 의해 옳은 추론이다.

02

정답 ③

주어진 조건은 한 명의 진술은 거짓, 나머지는 참이라는 것이다. 그런데 A와 B의 진술에서 C가 강좌를 맡는다는 것에 대한 진술이 상충되므로 각각 참인 경우를 설정하여 진위를 찾아야 한다.
A가 참일 경우 B는 거짓이며, B가 참일 경우 A는 거짓이 된다. 각 경우에 있어서 한 명만 거짓이라는 조건을 위배할 경우, 있을 수 없는 경우가 된다.

1) A가 거짓, B가 참: C, D, E 모두 참이어야 한다. 그런데 이때 B와 E의 진술이 모순이 된다. 따라서 있을 수 없는 경우이다.
2) A가 참, B가 거짓: C, D, E 모두 참이다. 이 경우 배정 강좌를 표로 정리하면 다음과 같다.

구분	배정된 강좌			
	수학사	정수론	위상수학	조합수학
A	X			X
B	O	X	X	X
C	X	X	X	X
D	X			X
E	X	X	X	O

① (X) B가 수학사를 담당한다.
② (X) B가 수학사를 담당하며, 위상수학은 A 또는 D가 담당한다.
③ (O) A의 진술이 참이므로 옳은 진술이다.
④ (X) 조합수학은 E가 담당한다.
⑤ (X) E가 조합수학을 담당하며, 정수론은 A 또는 D가 담당한다.

03 정답 ③

우선 진우의 진술이 모두 참일 경우와 모두 거짓인 경우를 가정하여 파악해야 한다. 그리고 성립하는 경우를 토대로 다른 진술들과의 관계를 추리할 수 있다.

1) 진우의 진술이 모두 참일 경우, 유석의 진술은 모두 거짓이며, 소연의 진술은 모두 참이다. 그렇다면, 유석의 진술 ⓑ가 거짓이기에 유석은 피해자를 만나본 적이 없다. 그런데 소연의 진술이 모두 참이기에 ⓒ에 의해 피해자와 같은 층을 쓰는 유석은 피해자를 만난 적이 있어야 한다. 모순이 발생하므로 진우의 진술은 모두 거짓이다.
2) 진우의 진술이 모두 거짓이므로, 유석의 두 진술 중 적어도 하나는 참이며, 소연의 진술 중 적어도 하나는 거짓이다.

ㄱ. (O) 2)에 의해 ⓑ가 거짓이면, 유석의 다른 진술인 ⓐ가 참이어야 한다. 그러므로 범행 현장에서 발견된 칼은 진우의 것이다.

ㄴ. (X) 소연의 진술인 ⓒ가 참이면, 나머지 진술 ⓓ는 거짓이어야 한다. 따라서 출근이 가장 늦은 사람이 유석이 아니라는 사실만 알 뿐 나머지에 대해서는 확정적으로 말할 수 없다.

ㄷ. (O) 유석의 진술 ⓐ가 거짓이면, 나머지 ⓑ는 참이다. 따라서 유석은 피해자를 만나본 적이 있다. 그리고 소연의 진술 중 ⓓ가 참이면, 나머지 ⓒ는 거짓이다. 그러므로 피해자와 같은 층에 사는 사람이 모두 피해자를 만난 적이 있지는 않다. 따라서 소연과 진우 중 적어도 한 사람은 피해자를 만난 적이 없어야 한다.

04 정답 ④

우선 진술들 간의 관계를 파악하여 경우의 수를 상정하고 진위를 파악해야 한다.

1) 다섯 지원자의 진술 중 1명만 거짓이다. 그런데 진술 내용 중 지원자 4의 진술은 지원자 5의 진술의 연언지 중 하나이다. 만일 지원자 4의 진술이 거짓이면 지원자 5의 진술도 거짓이 되어야 한다. 이 경우 1명만 거짓이라는 조건을 위배하므로 지원자 4의 진술은 참이어야 한다.
2) 지원자 4의 진술이 참이므로 지원자 2가 참이 되기 위해서는 지원자 3이 D 부서에 선발될 수 없기에 A 부서에 선발되어야 한다. 이 경우 지원자 1의 진술은 거짓이 된다. 반면 지원자 1의 진술이 참일 경우 지원자 2의 진술은 거짓이 된다. 결국 이 두 가지 경우를 확인해야 한다.

[경우 1] 지원자 1의 진술이 거짓인 경우

구분	A	B	C	D
1	X	X	X	X
2	X	X	O	X
3	O	X	X	X
4	X	O	X	X
5	X	X	X	O

[경우 2] 지원자 2의 진술이 거짓인 경우

구분	A	B	C	D
1	X	X	X	X
2	O	X	X	X
3	X	X	O	X
4	X	O	X	X
5	X	X	X	O

두 경우에 모두 해당하는 것이 정답이므로 답은 ④가 된다.

05 정답 ③

ㄱ. (O) 우선 ㄱ부터 살펴보도록 한다.

1) 갑의 대답 중 "범인은 두 명이다."가 참일 경우, 갑의 첫 문장은 거짓이므로 "병은 범인이다."는 거짓이다. 그럴 경우 병의 첫 진술이 거짓이 되므로 두 번째 진술은 참이기에 "범인은 나를 포함하여 세 명이다."가 참이어야 한다. 그러나 이는 "범인은 두 명이다."가 참이라는 진술을 거짓으로 만들기에 옳지 않다. 따라서 갑의 두 번째 진술인 "범인은 두 명이다."는 거짓이다.
2) 갑의 두 번째 진술이 거짓이므로 첫 번째 진술은 참이다. 따라서 병은 범인이다. 이를 통해 병의 첫 진술이 참이며 두 번째 진술이 거짓임을 알 수 있다. 그러므로 범인은 3명이 아니다.
3) 결국 범인은 1명이거나 4명이다.
4) 범인이 1명인 경우 병이 범인이므로 나머지는 모두 범인이 아니다. 따라서 을의 첫 진술이 거짓이며 두 번째 진술은 참이 되어야 한다. 정은 범인이 아니므로 성립되며 정의 첫 진술이 참이므로 두 번째 진술은 거짓이 되어 갑이 범인이 아니기에 가능한 경우이다.
5) 범인이 4명인 경우, 을의 첫 진술은 참이며 두 번째 진술은 거짓이 되어 정은 범인이다. 따라서 정의 첫 진술은 거짓이며 두 번째 진술은 참이 되어 성립한다.
6) 그러므로 범인은 1명이거나 4명이 모두 성립 가능하다.

ㄴ. (X) 4)에 의해 을은 범인이 아닐 수 있으므로 옳지 않다.

ㄷ. (O) 4)에 해당되며 이때에 병이 범인이고 나머지는 범인이 아니기에 옳은 진술이다.

06 정답 ④

1) 갑이 참이라면 정도 참이 되어 정은 1개를 이미 먹었다. 그런데 이 경우 병의 진술은 참이 될 수 없다. 2개를 먹었고 참이 될 수 없기 때문이다. 그런데 병이 거짓인 경우 병의 진술은 참이 되므로 모순이 발생한다. 따라서 갑은 참이 아닌 거짓이며 정도 거짓이 된다. 그리고 갑과 정은 사과 2개를 먹은 사람들이다.
2) 정이 거짓이므로 을은 사과 1개를 먹었고 참이 된다. 이 경우 갑은 4개가 남았으므로 총 6개의 사과를 가진 사람이다.
3) 을은 참이기에 총합이 5개가 될 수 없다. 남은 사과의 개수는 각각 달라야 하는데, 을이 총합 5개인 경우 갑과 을이 나머지 4개로 같기 때문이다.
4) 을이 만약 총 4개라면 나머지는 3개가 된다. 그리고 갑은 총 6개 나머지 4개인 상황이므로, 병과 정은 총 5개나 7개를 가져야 한다.
   4-1) 병이 5개인 경우 참일 때에 나머지 4개가 되어 갑과 동일하게 되고, 거짓일 때에 3개가 되어 을과 나머지가 동일하게 되어 조건을 위배한다. 따라서 이 경우 병은 5개가 될 수 없다.
   4-2) 병이 7개인 경우 정은 5개가 되는데 정은 거짓이므로 나머지가 3개가 되어 을과 동일하게 된다. 나머지가 각각 달라야 하기에 조건을 위배하므로 을이 4개인 경우는 있을 수 없다.

결국 을은 총 7개임을 알 수 있고 나머지는 6개가 된다. 이를 정리하면 다음과 같다.

	총합	나머지
갑(거짓 2개)	6	4
을(참 1개)	7	6
병		
정(거짓 2개)		

5) 병이 총합이 4개이며 정이 5개인 경우, 정은 거짓이어서 나머지가 3개이다. 그러므로 병이 참이면 나머지가 동일하기 때문에 병도 거짓이 되어야 한다.
6) 병이 5개, 정이 4개인 경우 정은 거짓이므로 나머지가 2개가 된다. 이때 병이 참이면 나머지가 4개가 되어 갑과 동일하므로 병은 거짓이 되어야 하며 나머지는 3개가 된다.

결국 병은 어떤 경우에도 거짓이 되어야 한다.

ㄱ. (X) 갑은 거짓이며 5개가 될 수 없다.
ㄴ. (O) 을은 총합이 7개이고 참이므로 나머지는 6개이다.
ㄷ. (O) 병과 정은 모두 거짓이므로 옳은 판단이다.

4. 수학적 퍼즐

p.188

01	02	03	04	05
⑤	②	①	①	①
06	07	08	09	10
①	⑤	⑤	②	⑤
11	12	13	14	15
④	③	④	⑤	④
16	17			
①	①			

01

정답 ⑤

조건의 마지막이 핵심이다. 즉 1차, 2차, 3차 시험이 연속적으로 올 수 있는 경우가 되어야 한다는 점이다. 그리고 한 해에 한 과목만 공부할 수 있으므로 모두를 공부하면서 가능한 경우를 찾으면 된다. 우선 가능한 경우는 1차를 중심으로 파악하면, 다음과 같이 네 가지 경우가 가능하다.

1) 자, 축, 인: 조건에서 축년에 시작한다고 했으니 이 경우 필요한 공부 과목 수는 10과목이다. 그리고 한 번 이상 떨어져야 하므로 오년에 떨어질 경우 자년과 오년에는 같은 과목을 공부하므로 바로 축년에 지원할 수 있게 된다. 따라서 이 경우 3차 시험까지 13년에 끝낼 수 있다.
2) 오, 미, 신: 공부를 시작한 해로부터 5년 뒤인데, 공부해야 할 과목은 11과목으로, 그다음 순환까지 반복해야 한다. 이 경우 19년이 걸린다.
3) 묘, 진, 사: 공부를 시작한 해로부터 2년 후에 시작하기에 아무리 빨라도 16년이 걸린다.
4) 유, 술, 해: 준비를 시작한 축년부터 8과목을 공부할 수 있으나, 조건에 의해 한 번 이상 시험에서 떨어져야 하므로 다음 순환으로 넘어가기에 22년이 걸린다.

따라서 최단 기간은 1)의 경우인 자, 축, 인임을 알 수 있다.

① (O) 자년에 시경을 공부한다.
② (O) 축년에 순자를 공부한다.
③ (O) 오년에 한 번만 떨어진다.
④ (O) 축년에 10세이며, 이로부터 13년이 걸리기에 23세이다.
⑤ (X) 자, 축, 인 각각 3, 4, 3과목으로 두 과목을 공부하면 합격하는 시험은 치르지 않았다.

02

정답 ②

1) 최소 인원을 찾는 것이기에 10년 이상 거주하지 않은 1명과 금고형 이상을 받은 2명을 다른 사람이라고 가정할 경우 7명이 남는다.
2) 여성 6명과 경로 우대자 2명은 (나)와 (다)에 의해 거부할 수 없는 조건이므로 이들을 최소화한다. 이 경우 여성과 경로 우대자가 1)에서 제외된 (가) 조건을 위배한 사람들이라 가정할 경우, 1)에 의해 남은 7명 중 경로 우대자는 없으며 여성은 3명이 된다.
3) (나)와 (다)에 의해서 한 명씩 거부하여 출석하지 않을 경우 최소로 출석해야 되는 인원은 5명이 된다.

03

정답 ①

주의할 점은 처음 A, B, C의 번역을 시작하는 날짜가 동일하며, 모든 번역 의뢰는 매일 아침 업무 시작 전에 접수되기 때문에 우선순위가 높은 문서가 중간에 의뢰된다고 해서 번역하는 날 중간에 의뢰된 번역 문서를 바꾸지는 않는다. A, B, C의 주기와 의뢰된 쪽과 기한을 표로 정리하면 다음과 같다.

구분	1	2	3	4	5	6	7	8	9	10
A	10쪽			10쪽			10쪽			
B	20쪽				20쪽					
C	10쪽					10쪽				

ㄱ. (O) 하루에 10쪽씩 번역하므로 A, B, C로부터 의뢰받은 문서 총 40쪽은 4일까지 끝낼 수 있다. 따라서 5일째 되는 날에는 남은 기한이 가장 짧은 문서를 우선 번역하므로 A의 두 번째 문서를 번역하게 된다.

ㄴ. (X) 5일에는 A를, 6일과 7일에는 B를 번역한다. 그런데 8일에는 남은 기간이 C보다 A의 세 번째 의뢰된 문서가 더 짧기에 A를 먼저 번역하게 된다.

ㄷ. (X) 60일 되는 날에 대한 판단을 위해 각각의 기한을 통해 추리하면 다음과 같다.

- A: 60/3 = 20, 20번 의뢰된 페이지의 수는 20 × 10 = 200쪽
- B: 60/4 = 15, 15번 의뢰된 페이지의 수는 15 × 20 = 300쪽
- C: 60/5 = 12, 12번 의뢰된 페이지의 수는 12 × 10 = 120쪽

이들의 합은 200 + 300 + 120 = 620쪽이다. 그런데 60일간 P가 최대로 번역할 수 있는 양은 600쪽이므로 아직 20쪽을 번역하지 못했다.

04

정답 ①

ㄱ. (O) <그림 3>의 2행과 3행의 1의 개수는 부가 비트를 포함하여 각각 3개로 홀수이다. 따라서 오류가 발생하였음을 알 수 있다.

ㄴ. (X) 2열에는 부가 비트를 포함하여 1의 개수가 2개, 4열에는 4개로 짝수이다. 그런데 짝수 개의 데이터 비트들이 변경될 경우가 있을 수 있으므로 2열과 4열에서 오류가 발생하지 않았다고 단정할 수 없다.

ㄷ. (X) 오류가 발생한 행은 2행과 3행으로 부가 비트를 포함하여 1의 개수가 홀수이다. 또한 1열과 3열도 1의 개수가 홀수이므로 오류임을 알 수 있다. 그런데 1열과 3열, 그리고 2행과 3행의 겹치는 부분인 2행 1열과 3행 3열의 데이터 비트만 변경되었을 수 있으며, 또는 3행 1열과 2행 3열의 데이터 비트만 변경되었을 수 있다. 이는 데이터 비트가 2개 오류인 경우이다. 즉 짝수 개의 오류일 경우, 오류가 총 2개가 될 수도 있다는 것이다. 따라서 4개 이상이 아닐 수도 있기에 옳지 않다.

05

정답 ①

지문에서는 A가 중도좌, B가 극우일 경우 A는 5/8를, B는 3/8을 득표한다고 말하고 있다. 이는 정치성향을 전체 8등분으로 균등하게 설정하여 추리해야 함을 보여주는 정보이다. 이에 따라 표를 다시 정리하면 다음과 같다.

극좌　　　중도좌　　　중도　　　중도우　　　극우

그리고 후보자는 당선 가능성을 극대화하는 선택을 하는데, 이때 주의할 조건은 당선 가능성에 변화를 가져오지 않는다면 더 이상 정치성향을 바꾸지 않는다는 점이다. 그리고 모든 후보자가 더 이상 자신의 정치성향을 변경할 유인이 없어질 경우 즉, 더 이상 당선 가능성에 변화를 가져오지 않는다면 균형에 이르렀다고 한다. 동일한 정치성향을 선택한 후보자가 둘 이상이면 해당 득표를 균등하게 나누어 갖는다는 것 또한 주의해야 한다.

ㄱ. (O) 후보자가 2명인 경우, 지문으로부터 중도를 선택하면 당선 가능성이 1/2로 가장 높으며 균형이 됨을 알 수 있다.

ㄴ. (X) 후보자가 3명인 경우, 균형에서 각 후보자의 당선 가능성이 모두 같을 수 없다. A, B, C 후보자가 모두 같은 '중도'를 택하였다고 가정해보자. 이들은 이때 모두 1/3의 당선 가능성을 지닌다. 그런데 A가 중도우를 선택할 경우 A는 3/8, 나머지 후보자 둘은 각각 2.5/8로, A의 당선 가능성은 100%가 된다. 이 경우 B도 중도좌를 선택하면 A와 B가 각각 3/8, C가 2/8로 A와 B의 당선 가능성은 50%가 된다. 이때 균형은 중도좌, 중도, 중도우가 된다. 중도좌와 중도우는 각각 3/8 득표로 당선 가능성이 50%이며, 중도는 2/8 득표로 당선 가능성이 없다. 그리고 중도를 선택한 사람은 다른 것을 선택해도 당선 가능성을 변화시킬 수 없기에 변경할 유인이 없어서 더 이상 바꾸지 않는다. 결국 균형에서는 각 후보자의 당선 가능성이 모두 같을 수 없다.

ㄷ. (X) 후보자가 4명인 경우, 균형 상태에서 모든 후보자가 같은 정치성향을 선택하면 각자는 당선 가능성이 25%가 된다. 그러나 한 후보자가 다른 선택을 할 경우 당선 가능성이 100%가 될 수 있기에 4명이 같은 정치성향을 선택한 균형이 될 수 없다.

06

정답 ①

ㄱ. (O) 갑, 을, 병은 각각 a1, a2, b를 선호하므로 최종 승자가 없게 된다. 이때 갑이 최종 결정을 할 경우 a1이 당선된다. 을은 b를 가장 싫어하므로 자신이 더 선호하는 a1에 전략적 투표를 할 것이다. 그런데 을의 2순위가 a1이기 때문에 전략적 투표를 할 유인은 없다. 한편 병은 a2를 가장 싫어하므로 a2에 투표하지 않고 2순위인 a1에 투표할 것이다. 따라서 어차피 a1이 당선되게 되므로 전략적 투표를 할 유인이 없다.

ㄴ. (X) A당의 두 후보를 대상으로 1차 선발할 경우 을이 a2가 아닌 a1을 선택해도 최종적으로 a1이 되기에 전략적 투표를 할 유인이 없다.

ㄷ. (X) A당이 선택되고 정직한 투표를 할 경우 a1이 당선될 것이다. 이때 b가 선발되기 위해서는 1차 투표에서 B당이 선택되어야 한다. 그런데 이때 갑은 자신이 1순위로 선호하는 a1이 당선된 것이기에 전략적 투표를 할 이유가 없다. 한편 을도 a2를 선호하기에 전략적 투표의 유인이 없으며, 병도 b를 선호하기에 전략적 투표를 할 유인이 없다. 결국 전략적 투표를 허용하더라도 1차 투표에서 A당이 선택될 것이며 여전히 a1이 선발될 것이다.

07

정답 ⑤

각각의 진술이 참임을 가정하여 승패를 파악하면 다음과 같다.

- 갑: A(2승 1패)는 결승전에 진출하여 패하였고 준우승하였다.
- 을: E(1승 1패)는 준결승에서 패하였다.
- 병: C는 B와 준결승에서 대결했고 B가 이겨 결승에 진출했다. C는 1승 1패, B는 2승이다.
- 정: H 우승(3승)

위 진술들이 모두 참일 경우 결승에 오른 팀이 A, B, H가 되어 갑, 병, 정 중 한 사람은 거짓말을 한 것이 된다. 따라서 을은 참이다.

[경우 1] 갑 거짓: 준결승에서 E와 H, B와 C가 대결을 하였고, 나머지 A, D, F, G가 첫 게임에서 패하였다. 준결승에서 B가 C를 이기고 H가 E를 이겼다. 결승에 B와 H가 진출하여 H가 우승하였다.

[경우 2] 병 거짓: 준결승에 A, E, H가 올랐고 결승에서 A와 H가 대결하여 H가 우승하였다.

[경우 3] 정 거짓: 준결승에서 A와 E가 대결하고 B와 C가 대결하였다. 따라서 나머지 D, F, G, H는 첫 게임에서 패하였다. A와 B가 결승에 진출했고, B가 우승하였다.

ㄱ. (O) 갑, 병, 정 중 한 사람이 거짓말을 했으며 을은 참이다.

ㄴ. (O) 갑이 거짓이면, 준결승에서 E와 H가 대결을 하였고(을과 정의 진술), C와 B가 대결을 한 것이다(병의 진술). 따라서 H는 준결승에서 E에게 이겼다는 것을 알 수 있다.

ㄷ. (O) 을은 참이므로 E가 준결승에 오른 팀이다. 그런데 병이 참이면 B와 C가 준결승에 올랐을 것이고, 갑이 참이면 A도 준결승에 올랐을 것이다. 이 경우 H는 준결승에 오를 수 없다. 8개 팀에서 4개 팀이 준결승에 오르기 때문이다. 그렇다면 H는 첫 게임에서 패한 것이 되어 승리할 수 없다. 따라서 H가 1승이라도 했다면 갑이나 병이 거짓말을 한 것임을 알 수 있다.

08

정답 ⑤

정보를 정리하면 다음과 같다.

1) 4와 인접한 숫자 중 두 개 사용: 1, 5, 7 중 2개

2) 6이 사용되었다면 9도 사용됨

= 9가 사용되지 않았다면 6도 사용되지 않았음(대우)

3) 8과 인접한 숫자 중 한 개 사용: 0, 5, 7, 9 중 1개

3)에서 5와 7 중 하나만 사용할 수 있다. 따라서 1)에서 사용된 2개는 (1, 5) 또는 (1, 7)임을 알 수 있다. 이를 토대로 템플릿을 구성할 수 있다.

[경우 1] (1, 5) 사용: 1)에서 7이 사용되지 않았고, 3)에서 5가 사용되므로 0, 9도 사용되지 않았다. 2)에서 9가 사용되지 않으면 6도 사용되지 않았다. 결국 사용되지 않은 수는 (0, 6, 7, 9)이며, 사용된 숫자는 (1, 2, 3, 4, 5, 8)이다.

[경우 2] (1, 7) 사용: 1)에서 5가 사용되지 않았고, 3)에서 0, 9도 사용되지 않았다. 2)에서 9가 사용되지 않으면 6도 사용되지 않았다. 결국 사용되지 않은 수는 (0, 5, 6, 9)이며, 사용된 숫자는 (1, 2, 3, 4, 7, 8)이다.

ㄱ. (O) 모든 경우에 8이 사용되었다.

ㄴ. (O) 모든 경우에 2와 3이 사용되었다.

ㄷ. (O) 모든 경우에 5, 6, 7 중 한 개만 사용되었다.

09

정답 ②

이 문항에서는 두 사람이 게임을 하고 한 사람은 대기한다. 그리고 그 대기한 사람이 그다음 게임에서 이긴 사람과 게임을 하고 앞선 게임에서 진 사람이 대기자가 된다. 이러한 게임의 상황을 고려하여 주어진 정보를 활용해야 한다. 게임은 다음과 같이 진행된다.

시합	승리	패배	대기
1	갑	병	을
2	을	갑	병
3	병	을	갑
4 ...	갑 ...	병 ...	을 ...

ㄱ. (X) 게임의 진행과정에서 최종 승리자가 결정되기까지 계속적으로 게임이 이루어졌기에 매 게임 승자와 패자가 나타나게 된다. 결국 갑, 을, 병의 승수의 총합이 전체 게임 수가 된다. 따라서 15게임이 된다. 이를 기반으로 전체 15게임의 과정 및 결과를 정리하면 다음과 같다.

시합	승리	패배	대기
1	갑	병	을
2	을	갑	병
3	병	을	갑
4	갑	병	을
5	을	갑	병
6	을	병	갑
7	갑	을	병
8	갑	병	을
9	을	갑	병
10	병	을	갑
11	갑	병	을
12	을	갑	병
13	을	병	갑
14	갑	을	병
15	갑	병	을

ㄴ. (X) 첫 시합을 갑과 병이 했으므로 을이 참여할 수 있는 시합의 총 수는 14이다. 을이 승리한 6게임 이외의 나머지 게임은 총 8게임이다. 여기서 을이 패할 경우 대기하여야 하므로 패한 게임이 4번이며 4게임은 대기하였다. 을이 대기할 때에 갑과 병이 게임을 하였으므로 첫 시합을 포함하여 갑과 병은 모두 5게임을 한 것이다. 이를 정리하면 다음과 같다.

을: 승리 6게임 + 패 4게임 + 대기 4게임(갑과 병 게임)

ㄷ. (O) 갑은 총 15게임에서 7게임을 승리하였다. 그렇다면 갑은 첫 게임부터 시작하였기에 나머지 8게임을 패하거나 대기자였던 경기였다. 그런데 갑은 패할 때에만 대기자가 되기에 나머지 8게임의 절반인 4게임이 패한 경기이며, 나머지 4게임이 대기하였던 경기였다. 갑이 대기하였을 때에 을과 병이 게임을 한 것이므로 을과 병은 4게임을 한 것이 된다. 그런데 조건에서 을과 병이 이긴 횟수가 같다고 하였으므로 각각 2승 2패가 된다. 이를 정리하면 다음과 같다.

갑: 승리 7게임 + 패 4게임 + 대기 4게임(을과 병 게임)

10

정답 ⑤

주어진 조건 중 첫째 구간에서 갑과 을, 병의 속도비가 1:2:4임을 보여준다. 속도 = 거리/시간이다. 거리는 구간이 모두 동일하므로 속도가 빠른 사람이 시간이 적게 걸리게 된다. 따라서 병, 을, 갑의 순서로 빨리 도착할 것이다. 그런데 주의할 점은 을과 병이 쉬는 데에 사용한 시간이 나타난다는 점이다. 이는 경주하는 데에 사용한 시간이 그만큼 줄어든다는 것을 의미한다. 따라서 쉬는 데에 사용한 시간의 비율을 뺀 나머지 비율로 시간을 설정하여 그 시간만큼 경주한 거리를 구해야 한다.

ㄱ. (O) 갑(구두)과 을(등산화), 병(운동화)의 속도가 1:2:4이며, 각각은 100%:60%:20%만큼 경주하는 데에 시간을 사용하였다. 이를 토대로 동일 시간 안에 각 사람들이 갈 수 있는 거리를 식으로 구하면 다음과 같다.

1) 갑: 속도(1) × 시간(100%) = 거리(100)

2) 을: 속도(2) × 시간(60%) = 거리(120)

3) 병: 속도(4) × 시간(20%) = 거리(80)

따라서 을이 B에 가장 먼저 도착한다. 뒤이어 갑과 병이 B까지 도착한다는 사실을 알 수 있다.

ㄴ. (O) 을(운동화), 갑(등산화), 병(구두)이 B에서 출발하며, 이들의 속도비는 각각 4:2:1이다. 쉬는 시간을 고려하지 않을 때에는 을이 가장 먼저 도착해야 한다. 그러나 조건에서 을이 가장 먼저 들어오지 않았고 쉰 사람은 한 사람만 있으므로, 을이 쉬었다는 것을 알 수 있다.

ㄷ. (O) B에서 C구간에서 을은 중간에 쉬었고, 쉬었던 사람은 한 사람이라는 조건으로 인해 나머지 두 사람은 쉬지 않고 달려왔다. 따라서 B에 먼저 도착한 갑이 B-C구간을 병(구두)에 비해 2배 빠른 등산화를 신고 갔으므로 C에 가장 먼저 도착하게 된다.

11

정답 ④

1) 각 팀은 2번씩 경기를 치렀다. 우선 4번의 시합 결과로부터 A와 B가 승점 4점임을 알 수 있다. 이기면 승점 3, 비기면 1, 지면 0점이기에 둘 모두 1승 1무였음을 알 수 있다. 마찬가지로 C는 승점 3이므로 1승 1패가 된다. 또한 D는 승점이 0이므로 2패이다. 이 경우 A와 B가 무승부가 될 수밖에 없다. 다른 팀은 무승부의 점수가 될 수 없기 때문이다.

2) 이제 A와 B가 무승부했을 때의 득점과 실점을 확인하면서 추리해야 한다. 0:0, 1:1, 2:2가 가능한 점수이기에 각각의 경우를 대입하여 다른 팀과의 경우를 함께 확인해야 할 것이다.

ㄱ. (X) A와 B가 0:0으로 비겼을 경우 A는 다른 팀에게 3득점을 하여 이겨야 한다. 3실점이 가능한 팀은 D인데, A와의 경기에서 D가 3실점으로 졌다고 가정할 경우 D는 1번만 패해야 한다. 그러나 D는 2패를 기록하였기에 이 경우는 불가능하다. 결국 A와 B는 1:1로 무승부를 한 것이 된다. 만약 2:2로 무승부가 될 경우 B의 실점이 1점만 나타나야 하므로 불가능하기 때문이다.

ㄴ, ㄷ. (O) A와 B가 1:1로 비겼기 때문에 A는 다른 팀에게 2:1로 이겼으며 B는 다른 팀에게 1:0으로 이겼다. C는 1승 1패를 했기에 D에게 이겼다는 것을 알 수 있다.

1) 만약 B가 C에게 이겼다면, C는 B에게 0:1로 졌으므로 D에게 2:1로 이겨야 한다. 그러나 D의 득점은 0점이므로 이는 불가능한 경우가 된다. 따라서 A가 C와 경기를 해서 이겼다는 것을 알 수 있다.

2) A가 C에게 이겼기 때문에 B와 C가 D에게 이겼다는 것을 확인할 수 있다. A가 C에게 이겼을 경우, C는 A에게 1:2로 졌으므로 D에게는 2:0으로 이기게 된다. 그러므로 아직 A와 D, B와 C는 경기를 하지 않았음도 알 수 있다. 이 관계를 정리하면 다음과 같다.

경기	점수
A:B	1:1
A:C	2:1
B:D	1:0
C:D	2:0

12

정답 ③

지문에서 나타난 정보를 표로 정리하면 다음과 같다.

순위	1차 경연 결과		2차 경연 결과	
	가수	표수	가수	표수
1	A	30	C	
2	B		B	30
3	C	25		
4	D			15

1차 경연 결과에서 B의 표수가 1위 30표보다는 적고 3위 25표보다는 많아야 한다. 따라서 B의 1차 경연 결과는 29~26표가 된다. 이에 따라 D의 1차 경연 결과도 16~19표임을 추리할 수 있다. 2차 경연에서 C는 2위인 30표보다 많아야 한다. 그리고 3위는 4위인 15표보다 많아야 한다. 그런데 이들의 표수의 합은 100이 되어야 하기에, 3위가 16표인 경우 1위 표수를 계산하면, 2위부터 4위의 합이 30 + 16 + 15 = 61이므로 39표가 된다. 결국 C의 2차 경연 결과의 최대 표수는 39이며 최소 표수는 31임을 알 수 있다. 따라서 3위는 최대 24표에서 최소 16표임을 추리할 수 있다.

순위	1차 경연 결과		2차 경연 결과	
	가수	표수	가수	표수
1	A	30	C	39~31
2	B	26~29	B	30
3	C	25	A or D	16~24
4	D	19~16		15

이때 두 가지 경우가 가능하다. 우선 (1) A가 3등, D가 4등, 또는 (2) A가 4등, D가 3등으로 가정할 수도 있다. 각각의 경우 1차와 2차 경연의 합을 추리하면 다음과 같다.

구분	A	B	C	D
(1)	46~54	56~59	56~64	31~34
(2)	45	56~59	56~64	32~43

결국 어떤 경우가 되든 D는 4등임을 알 수 있으며 3등은 A가 된다.

ㄱ. (O) D의 점수를 최대화하여도 4등이 되어 탈락할 수밖에 없다.

ㄴ. (O) A는 어떤 경우에도 B와 C보다 적은 점수가 되므로 3등임을 알 수 있다.

ㄷ. (X) C는 2차 경연에서 최소 31표에서 최대 39표까지 얻을 수 있다.

13

정답 ④

1) A: 모두 정답인 경우에 부여한다. (기준1)
2) D: 문제1과 문제2 모두 정답이 아닌 경우이다. 또한 둘 중 적어도 하나가 무답이 아니면 C가 될 수 있으므로, D는 둘 모두 무답임을 알 수 있다.
3) C: 기준2에서 모두 정답이 아니더라도 풀이 내용에 따라 C를 부여할 수도 있다고 했으므로, 문제 둘 중 최소 하나는 오답이 있어야 한다. 따라서 (정답, 오답) 또는 (오답, 오답)이거나 (오답, 무답)이 가능하다.
4) B: 두 번째 기준에서 둘 모두 정답이 아니면 D가 되기에, 둘 중 적어도 하나는 정답이 되어야 한다.

구분	1	2
A	정답	정답
B	적어도 하나는 정답	
C	적어도 하나는 무답 아님, 오답 최소 하나	
D	무답	무답

① (O) 기준2에 의해서 적어도 하나가 무답이 아니면, (풀이 내용에 따라) C를 부여할 수 있다. 이는 C가 부여될 수 없다면, 모두 무답임을 추리할 수 있다(대우; transposition). 따라서 B가 아니라 D를 받게 된다.
② (O) 모두 무답인 경우는 D에 해당한다.
③ (O) C보다 높기 위해서 B는 최소한 어느 하나가 정답이어야 한다. 만약 둘 모두 정답이 아니면 D나 C가 부여되기 때문이다.
④ (X) C는 적어도 하나가 무답이 아니어야 하는 조건밖에 없다. 그래서 C가 문제 중 하나가 정답, 다른 하나가 오답인 경우 모두 가능하다. 이때 B도 (정답, 오답)이지만 풀이 내용에서 C보다 높은 점수를 받을 경우 가능한 경우가 나타날 수 있다.
⑤ (O) 문제2가 무답이며 문제1이 정답이 아닐 경우, 문제1은 오답 또는 무답이 된다. 무답인 경우 둘 모두 무답이므로 D가 되며, 오답인 경우 C가 된다. 따라서 B를 받을 수 없다.

14

정답 ⑤

ㄱ. (O) 만약 갑이 반대하여 0점이 되면, P가 통과되기 위해 17점을 획득해야 하므로 나머지 위원들은 최댓값이 되어야 한다. 을과 병은 짝수 점수이므로 4점씩, 그런데 정은 을보다 작아야 하므로 3점을, 나머지 무는 최대 5점이 가능하다. 이 경우 점수 합은 16점이 되어 17점을 넘지 못한다. 따라서 갑은 반대를 해서는 안 되며 찬성을 해야 한다.
ㄴ. (O)
  1) 4점 부여한 위원이 없다면, 갑, 을, 병이 모두 2점씩 총 6점을, 그리고 정과 무가 합하여 7점을 부여해야 하는데, 정과 무는 1, 3, 5점 중 하나가 되어야 하므로 불가하다. 따라서 4점 부여한 위원이 있다.
  2) 반대한 위원이 없고 4점 부여한 위원이 있다면, 갑, 을, 병 중 한 명이 4점, 나머지가 2점씩 부여하게 되어 이들 총합이 8점이 된다. 13점이 되려면 나머지 5점을 정과 무가 1, 3, 5점으로 구성해야 하는데, 그럴 수 없으므로 반대한 위원이 있어야 한다.
ㄷ. (O) 병이 반대하였고 P가 17점 이상으로 통과되려면, 갑과 을이 각각 4점씩 8점, 나머지 정과 무가 합하여 9점 이상이 되어야 하므로 정과 무는 각각 5점씩 부여해야 한다. 따라서 총 18점이 된다.

15

정답 ④

ㄱ. (X) C, D, E가 켜져 있고 A가 켜지지 않아도 전광판에 켜진 전구의 개수는 모두 2개씩이 될 수 있다.
ㄴ. (O) D가 켜져 있지 않을 경우 3가지 종류의 전구가 켜져 있으려면, 두 번째 전광판 A, C, F 중 2개/세 번째 전광판 B, E, G 중 2개가 켜져야 하며 그 경우 총 4가지 종류의 전구가 켜져야 한다. 따라서 3가지 종류의 전구가 켜지려면 D가 켜져야 한다.
ㄷ. (O) 만약 F가 켜져 있고 G가 켜져 있지 않을 경우, 두 번째 전광판과 네 번째 전광판에 최소 1개가 더 켜져야 한다. 그리고 동시에 세 번째 전광판은 G가 켜지지 않기 때문에 0 또는 2개가 켜져야 한다.
  1) 세 번째 전광판 B, D, E 모두 켜지지 않음: 네 번째 전광판에 C가 반드시 켜져야 하며 이 경우 첫 번째 전광판에 A도 켜져야 한다. 그런데 이 경우 두 번째 전광판은 3개가 켜지게 되어 조건을 위배한다.
  2) 세 번째 전광판 B, D 켜짐, E 켜지지 않음: 네 번째 전광판에 C가 반드시 켜져야 하며 이 경우 두 번째 전광판에 A도 켜져야 한다. 그런데 이 경우 첫 번째 전광판은 3개가 켜지게 되어 조건을 위배한다.
  3) 세 번째 전광판 D, E 켜짐, B 켜지지 않음: 네 번째 전광판에 C가 켜지면 안 되며 이 경우 첫 번째 전광판에 A가 켜져야 한다. 그런데 이 경우 두 번째 전광판은 3개가 켜지게 되어 조건을 위배한다.
  4) 세 번째 전광판 B, E 켜짐, D 켜지지 않음: 네 번째 전광판에 C가 켜지면 안 되며 이 경우 첫 번째 전광판에 A도 켜지면 안 된다. 그런데 이 경우 두 번째 전광판은 1개가 켜지게 되어 조건을 위배한다.

  따라서 F가 켜져 있으면 G도 켜져 있다.

16

정답 ①

1) 여학생 수와 남학생 수의 비가 변하였는데 여학생 수의 변화는 없었으므로 남학생 수가 늘었음을 알 수 있다.
2) 남학생 전체 수가 증가하였는데 AB형 남학생 비율은 변화가 없었으므로 증가한 것이다. 그리고 AB형 학생 총수는 동일하므로 AB형 여학생 수는 감소하였다.
3) B형 학생 수에서 여학생이 감소하였는데도 남학생 비율이 변하지 않았으므로 B형 남학생 수가 감소한 것이다.
4) 남학생의 비율은 3/5에서 2/3로 증가하였다. 그런데 여학생의 수가 동일하기 때문에 남학생의 수는 증가해야 한다. 이때 AB형은 전체 비율만큼만 증가한 것이기 때문에 다른 혈액형에서 감소된 만큼 전체 비율에 따라 증가하기 위해서는 AB형을 제외한 다른 혈액형에서 증가해야 한다. 그런데 B형은 감소되었고 O형은 동일하다. 따라서 B형에서 감소된 수만큼 A형은 증가해야 한다. 전체 비율만큼 모든 남학생의 수가 증가하기 위해서는 감소한 만큼 다른 곳에서 증가해야 하기 때문이다. 따라서 남학생 수가 감소한 경우는 B형밖에 없게 된다.

혈액형	A	B	AB	O
남학생(증가)	[증가]	감소	증가	동일
여학생(동일)		감소	감소	

① (X) 여학생의 수는 동일한데 B와 AB에서 감소하였고 그 감소한 수만큼 A형과 O형이 증가할 수 있다. 그런데 여학생의 정보는 알 수 없으므로 모두 증가한 혈액형이 1개라도 단정할 수 없다. 여학생의 경우 A형이 동일하고 O형만 증가할 수도 있기 때문이다. 이 경우 남학생과 여학생 수가 모두 증가한 혈액형은 없을 수도 있다.

② (O) 여학생 수는 동일하므로 B와 AB형에서 감소한 만큼 다른 곳에서 증가해야 한다. 그런데 A형에서 감소하였다면 나머지 O형에서 증가해야 한다.
③ (O) 둘 모두 감소한 것은 B형에 해당한다.
④ (O) 여학생 AB형은 감소한 것이므로 옳은 추론이다.
⑤ (O) 3)에 의해 옳은 추론이다.

17

정답 ①

구금일과 석방일이 네 사람 모두 달라야 하는데 정이 구금 일수가 가장 많아야 하며 7. 13.은 정의 석방일이 아니다. 또한 병은 정보다 먼저 구금되었기에 정의 구금일은 7. 6.이 아니며 병의 구금일은 9일이 될 수 없다.

구금 날짜	사람	석방 날짜	사람
6	정	10	
7		11	
8		12	
9	병	13	정

ㄱ. (O)
1) 7. 6.에 구금된 사람은 최소 5일간 구금되며, 7. 6.에는 정이 구금될 수 없으므로, 정이 구금 일수가 가장 많기 위해서는 최소 6일이 되어야 한다. 정은 최대 7. 7~7. 12까지 6일이 가능하기에 정은 확정된다.
2) 을과 병은 결국 5일이 구금기간이 된다. 갑이 가장 작아야 하기 때문에 7. 6.에 올 수 있는 사람은 최소 5일이 되어야 하기에 갑이 될 수 없다.
3) 병은 7. 9.에 올 수 없으므로 병이 7. 6.에 구금되며 7. 9.에는 을이 구금된다. 따라서 석방일은 병이 7. 10. 을이 7. 13.이 된다.
4) 갑은 나머지 일자인 7. 8.에 구금되며 7. 11.에 석방된다.

구금 날짜	사람	석방 날짜	사람
6	병	10	병
7	정	11	갑
8	갑	12	정
9	을	13	을

ㄴ. (X) 을과 병의 구금기간이 5일이므로 정은 6일 이상이 되어야 하는데, 정은 최대 7일부터 12일까지 구금 일수가 6일이어서 이 경우 이외에는 가능한 경우가 없다. 따라서 정은 7. 7.에 구금되었다.
ㄷ. (X) 병은 정보다 앞서야 하므로 구금일은 7. 6.이며 석방일은 10일이 된다. 을도 병과 구금 일수가 동일하게 5일이고 갑이 구금 일수가 가장 적어야 하므로 을은 9일이 구금일이 되고 13일이 석방일이 된다. 나머지 갑은 구금일 8일, 석방일 11일이 된다. 결국 갑은 병보다 늦게 석방되었다.

Ⅳ. 수리 추리

1. 대수 및 연산

p.199

01	02	03	04	05
①	③	③	③	①
06	07	08	09	10
②	③	①	⑤	④
11	12			
④	②			

01

정답 ①

지문에서는 제품 X와 Y의 원료 네 가지가 어떤 경우에 1:1로 반응하는지의 조건을 제시한다. 이는 이 경우 이외에는 반응이 일어나지 않는다는 의미이다. 또한 제품이 반응할 경우 반응 후 부피는 반응 전 부피의 절반이 된다는 원리를 적용시켜야 한다. 제품 X의 경우 이익이 d보다 적기에 a와 b만 반응이 가능하므로 경우의 수가 발생하지 않는다. 그러나 제품 Y의 경우 이익이 많이 발생하였기에 반응이 될 수 있는 경우의 수가 다음과 같이 발생한다. 이를 a, b, c, d의 이익을 중심으로 가능한 경우를 살펴보아야 한다.

1) a와 b만 반응한 경우
2) a, b, c, d가 각각 1g씩 반응한 경우
3) c와 d만 반응한 경우

이때 주의할 점은 제품 Y의 경우 반응 후 2mL가 감소하였으므로, 반응 전 4g이 사용된 것과 같으며, 나머지 6g에 해당하는 원료들은 반응하지 않은 조합으로 사용되어야 한다는 점이다.

ㄱ. (O) X의 부피가 5mL 감소되었으므로 10g으로 사용된 원료 전체가 모두 반응한 경우이다. X의 이익이 150원이므로 c와 d는 나타날 수 없다. 결국 a와 b가 각각 5g씩 사용되어 반응이 되었다는 것을 알 수 있다. 또한 이익은 (10 × 5) + (20 × 5) = 150원이 되어 조건을 만족한다.

ㄴ. (X) X에는 a와 b 두 가지 원료만 사용되었기에 옳지 않은 진술이다.

ㄷ. (X) Y는 반응 후 2mL 부피가 감소하므로 반응량은 4g이다. 이때에는 세 가지 경우가 나타난다.

[경우 1] a와 b가 각각 2g씩 사용되었을 경우: 이익금은 60원이므로 630원이 나머지 반응하지 않은 6g으로 충족되어야 한다. 따라서 a가 3g, d가 3g이 사용될 수 있으며, 이 경우 조건을 충족한다. 결국 a는 5g, b는 2g, d는 3g이 사용될 수 있다.

[경우 2] a와 b가 각각 1g씩 반응하고 c와 d가 각각 1g씩 반응한 경우: 반응 결과 330원 이익이 발생한다. 그리고 나머지 경우에 6g으로 360원이 될 수 있게 맞추면, c가 3g 사용될 경우 이익이 300원이다. 그리고 b를 단독으로 3g 사용하면 이익도 60원을 맞추면서 전체 사용량을 맞추게 되어 조건을 충족한다. 결국 a가 1g, b가 4g, c가 4g, d가 1g이 사용될 수 있다.

[경우 3] c와 d가 각각 2g씩 사용되었을 경우: 나머지 이익금이 90원이 되고 6g으로 맞출 수 있는 경우는 a와 b가 각각 3g씩 사용될 경우뿐이다. 하지만 그럴 경우 a와 b가 동일한 양이 사용되어야 하는데, 이들의 조합은 반응이 일어나므로 반응한 총 질량은 10g이 되어야 한다. 이 경우 조건을 위배한다. 따라서 있을 수 없는 경우가 된다.

따라서 조건을 위배하지 않는 [경우 1]에서는 a가 5g 사용되었으며, [경우 2]에서는 1g이 사용되었다. 한편 3g만이 사용된 [경우 3]은 조건을 위배하므로 틀린 진술이다.

02

정답 ③

종소리 열 번 중 여덟 번 먹이 주는 경우를 Aa, 종소리 열 번 중 여섯 번 먹이 주는 경우를 Ab, 1, 2, 3, 4초 시간 간격 차이에 의해 Aa1, Aa2, Aa3, Aa4/Ab1, Ab2, Ab3, Ab4로 표시할 수 있다. 그리고 매번 먹이를 주고 1초 후 종소리를 들려주는 경우를 B, 종소리와 먹이를 동시에 주는 경우를 C라 하며, 학습률은 먹이 없이 종소리만 들려준 횟수와 침을 흘리는 횟수의 비율을 말한다.

Aa1	Aa2	Aa3	Aa4
Aa1	= Aa1 - 20%	= Aa2 - 20%	= Aa3 - 20%

학습평균율: 50%

→ (Aa1 + Aa2 + Aa3 + Aa4)/4 = 50%

따라서 위 네 조건은 다음과 같이 정리된다.

· Aa3 = Aa1 - 20% - 20%
· Aa4 = Aa1 - 20% - 20% - 20%
· Aa1 + Aa2 + Aa3 + Aa4 = 50% × 4
· Aa1 + (Aa1 - 20%) + (Aa1 - 40%) + (Aa1 - 60%) = 200%

여기서 Aa1의 값을 알 수 있다.

4Aa1 - 120% = 200%

4Aa1 = 200% + 120%

4Aa1 = 320%

Aa1 = 80%

이를 토대로 Aa와 Ab의 각각의 값을 정리하면 다음과 같다.

Aa1	Aa2	Aa3	Aa4
80%	60%	40%	20%
Ab1	Ab2	Ab3	Ab4
40%	30%	20%	10%

따라서 B조건의 학습률은 20%이고, C조건의 학습률은 60%이다.

ㄱ. (O) Aa3은 40%, Ab1도 40%로 동일하다.

ㄴ. (O) B조건의 학습률은 20%, Aa4도 20%로 동일하다.

ㄷ. (X) C조건의 학습률은 60%로, Ab2 30%와 Ab3 20%의 합이 50%이므로 같지 않다.

03

정답 ③

먼저 첫 번째 표를 보면 탄소 개수가 많을수록 녹는점이 올라간다. 그리고 두 번째 표에서 이중결합수가 많을수록 녹는점은 떨어지는 것을 알 수 있다. 녹는점이 낮으면 상온에서 액체일 가능성이 높다.

그런데 철수와 영희의 진술에서 삼겹살과 같은 동물성 지방보다 참기름과 같은 식물성 지방의 녹는점이 더 낮다는 것을 알 수 있다. 따라서 참기름의 녹는점이 삼겹살보다 낮은 이유는, <표1>에 의하면 포화지방산의 탄소 개수가 적기 때문이며, <표2>에 의하면 이중결합수가 많기 때문이다.
주의할 점은 답지에서 여러 조합의 녹는점 비교를 요구한다는 것이다. 이때 이중결합수에 따른 관계는 탄소 개수가 18개인 지방산의 정보만을 주기 때문에 이로부터 비율적인 추리를 해야 한다.

① (X) 탄소 개수 12개인 포화지방산은 녹는점이 45도이다. 반면 탄소 개수 14개인 포화지방산은 54도로 9도 차이가 난다. 그런데 탄소 개수 18개인 포화지방산은 녹는점이 70도이다. 이중결합이 하나 있을 경우 16도가 떨어진다. 따라서 9도 차이밖에 없는 탄소 개수 12개와 14개의 녹는점이 이에 해당하기에 12개의 탄소 개수를 가진 포화지방산의 녹는점이 14개인 것보다 낮을 가능성은 거의 없다. 이는 비율적인 관계를 통해 계산할 수도 있다.
탄소 개수 14(54):탄소 개수 18(70) = x:16
$70x = 864$
$x = 12.3\cdots$

② (X) 이중결합이 많을수록 녹는점이 떨어지므로 상온에서 액체로 존재할 가능성이 높다.

③ (O) 다음의 두 가지가 가능하다.
1) 탄소 개수 16개인 포화지방산의 녹는점은 63도이다. 그런데 탄소 개수 18개인 포화지방산의 녹는점이 70도이고 이중결합수 1개일 때에 16도이다. 그렇기에 탄소 개수 16개이고 이중결합 1개의 불포화지방산의 녹는점의 차이는 70:63 = 16:x가 되고, x의 값은 14.4가 된다. 따라서 탄소 개수 16개인 포화지방산과 이중결합이 하나 있는 불포화지방산의 녹는점 차이는 약 48.6도가 된다.
2) 한편 탄소 개수가 14개인 포화지방산의 녹는점은 54도이다. 그리고 이중결합 1개의 불포화지방산은 탄소 개수 18개일 때를 기준으로 하면 70:54 = 16:x가 되어 x는 약 12.3도가 된다. 그리고 탄소 개수 14개이고 이중결합 2개의 불포화지방산의 녹는점은 70:54 = 5:x가 되어 x는 약 3.85도가 되고 이 둘의 차이는 8.45도가 된다.
따라서 1)의 차이가 2)보다 클 가능성이 높다.

④ (X) 상온에서 액체인 식물성 지방을 고체로 만들기 위해서는 녹는점이 높은 포화지방산으로 바꾸어야 하며, 이는 불포화지방산의 이중결합을 줄여야 할 것이다.

⑤ (X) <표2>에서 불포화지방산인 이중결합수가 증가함에 따라 녹는점은 포화지방산에 비해 현저히 낮아진다. 따라서 식물성인 참기름이 액체이고 동물성인 삼겹살의 기름이 고체인 것은 식물성 기름이 동물성 기름보다 불포화지방산의 함량이 높기 때문에 녹는점이 낮아지는 것에 원인이 있다.

04

정답 ③

주어진 조건을 중심으로 P국에서 우유만 $1l$씩 매일 마시는 부류의 청소년이 10명, 요구르트만 $1l$씩 매일 먹는 부류의 청소년이 10명 있다고 가정하자. 이때 우유는 $1l$에 원유도 $1l$가 필요하기에 총 $10l$가 필요하며, 요구르트는 $1l$ 생산을 위해서 원유 $2l$가 필요하므로 총 $20l$가 필요하다.

(가) 우유를 마시는 부류가 15명이 되어 $15l$의 원유가 필요하며, 요구르트는 5명으로 $10l$가 필요하다.

(나) 우유를 마시는 부류가 5명이 되어 $5l$의 원유가 필요하며, 요구르트는 15명으로 $30l$가 필요하다.

위 상황을 정리하여 표로 만들면 다음과 같다. 이때 원유 가격은 동일하기에 원유 매출은 원유 사용량에 비례한다.

원유 사용량	우유	요구르트
첫 상황	10(원유 매출)	20
(가)	15	10
(나)	5	30

ㄱ. (O) (가)의 경우 우유용 원유 가격을 2배 올리면, (15 × 2) + 10 = 40이 되어 첫 상황의 합 30보다 높다.

원유 매출량	우유	요구르트	합
첫 상황	10	20	30
(가)	15 × 2 = 30	10	40

ㄴ. (O) (가)의 경우 요구르트용 원유 가격을 2배 올리면, 15 + (10 × 2) = 35가 되어 첫 상황의 합 30보다 높다.

원유 매출량	우유	요구르트	합
첫 상황	10	20	30
(가)	15	10 × 2 = 20	35

ㄷ. (X) (가)의 경우 ㄱ에서 확인하였듯 40이 되며, (나)의 경우도 (5 × 2) + 30 = 40이 되어 동일하다.

원유 매출량	우유	요구르트	합
첫 상황	10	20	30
(가)	15 × 2 = 30	10	40
(나)	5 × 2 = 10	30	40

05

정답 ①

상품 세 가지 A, B, C에 1, 2, 3순위를 배치하는 경우는 A가 1순위일 때 B와 C는 각각 2순위 또는 3순위가 될 수 있으므로 총 2가지의 경우의 수가 생긴다. 마찬가지로 B와 C가 각각 1순위일 때에도 2가지씩 경우의 수가 생기므로 결국 총 6가지의 경우의 수가 생긴다. 이를 도표로 나타내면 다음과 같다.

1순위	2순위	3순위
A	B	C
A	C	B
B	A	C
B	C	A
C	A	B
C	B	A

그런데 마지막 조건에서 C에 1순위를 부여한 사람은 없으므로 총 4가지의 경우의 수만 남게 된다. 이를 토대로 각각의 경우에 수를 대입하여 추리해야 한다. 주어진 지문을 정리하여 추리하면 다음과 같다.
1) 조사인원: 20명
2) A를 B보다 선호: 11명
3) B를 C보다 선호: 14명
4) C를 A보다 선호: 6명
5) C에 1순위 부여자 없음
5)에서 C에 1순위를 준 사람은 없으므로, 순위를 줄 수 있는 경우는 ABC, ACB, BAC, BCA 네 가지이며, 여기서 각 경우를 ⓐ, ⓑ, ⓒ, ⓓ라 할 때에 조건을 정리하면 다음과 같다.

구분	1순위	2순위	3순위
ⓐ	A	B	C
ⓑ	A	C	B
ⓒ	B	A	C
ⓓ	B	C	A

이제 조건을 토대로 식을 구하면 다음과 같다.

1) ⓐ + ⓑ + ⓒ + ⓓ = 20
2) ⓐ + ⓑ = 11
3) ⓐ + ⓒ + ⓓ = 14
4) ⓓ = 6
5) ⓑ = 6　　　　　　　　　1), 3)
6) ⓐ = 5　　　　　　　　　2), 5)
7) ⓒ = 3　　　　　　　　　3), 4), 6)

문제에서는 C에 3순위를 부여한 경우의 사람 수를 물어봤으니 ⓐ와 ⓒ의 경우에 해당하고, 이들의 합은 8이 된다.

06 정답 ②

ㄱ. (O) (1)에서 중국의 총 구는 6,000만 인이다. 이 중 50인마다 훈련병 1인과 복무병 1인을 차출한다. 그런데 (2)에서 강남 지역의 복무병은 2개 조로 각각 10만씩 총 20만 명이다. 그러므로 강남 지역의 총 인구는 20만 × 50 = 1,000만이 되므로 중국 인구의 약 1/6이 강남 지역에 거주한다는 사실을 알 수 있다.

ㄴ. (O) 복무병은 10호마다 1인을 부양하며 훈련병은 부양할 필요가 없으므로, 총 1,000만 호가 100만 명의 복무병을 국가 재정의 부담 없이 유지할 수 있다.

ㄷ. (X) (1)에서 병역의 의무는 20세부터 30년간이다. 그리고 (2)에서 복무는 2년씩 돌아가며 하는데 한 해는 군현(궁성)을, 그리고 다른 해에는 궁성(군현)을 수비한다. 그리고 그 이듬해에는 훈련병이 이를 대치한다. 이를 정리하여 도표로 만들면 다음과 같다.

구분	1년	2년	3년	4년
복무병1	군현	궁성	훈련	훈련
복무병2	궁성	군현	훈련	훈련
훈련병1	훈련	훈련	군현	궁성
훈련병2	훈련	훈련	궁성	군현

결국 한 곳을 4년마다 지키게 됨을 알 수 있다. 따라서 복무병2처럼 처음에 궁성을 지킨 사람은 의무 기간 30년 동안 궁성을 지키는 기간이 7.5년이 되므로 최대 8회까지 궁성 수비를 맡게 된다.

07 정답 ③

첫 번째 점검에서는 1의 배수로 점검을 하며, 두 번째는 2의 배수로, 세 번째는 3의 배수로 점검하는 규칙을 활용하여 추론해야 한다.

ㄱ. (O) 20의 약수 개수로 확인할 수 있다. 20은 1, 2, 4, 5, 10, 20으로 나눌 수 있으므로 6번 방문하게 된다.

ㄴ. (O) 2회 방문을 한다는 것은 1과 자신의 수로만 나눌 수 있는 수인 소수를 구하라는 것을 의미한다. 따라서 1부터 20 중에서 1을 제외한 소수를 찾으면 2, 3, 5, 7, 11, 13, 17, 19로 총 8개가 된다.

ㄷ. (X) 약수를 최대한 가지고 있는 수는 12, 18, 20으로 12는 1, 2, 3, 4, 6, 12로 6회, 18도 1, 2, 3, 6, 9, 18로 6회, 20도 1, 2, 4, 5, 10, 20으로 6회 방문할 수 있다.

08 정답 ①

ㄱ. (O) 둔전은 약 70만 경, 즉 7천만 무가 있으며, 둔전제에서는 군호마다 50무를 경작하므로, 70만 경을 50으로 나누면 140만 호가 될 것이다.

ㄴ. (X) 전국의 토지는 700만 경이고, 둔전은 70만 경이므로 둔전이 아닌 토지는 630만 경이다. 이 중 국유지는 1/3이므로 210만 경일 것이다.

ㄷ. (X) 전국의 민호는 1,000만 호이며, 지문에서처럼 1호마다 50무씩 분배할 경우 5억 무가 된다. 이 중 국유지 210만 경을 모두 분배하고 사유지도 420만 경 중 분배한 뒤에는 1억 3천만 무의 사유지가 남는다. 따라서 소유권 변동이 일어날 수 있는 사유지는 420 − 130 = 290만 경(2억 9천만 무)이다. 이는 전체 사유지 420만 경의 약 69%로 절반을 넘는다.

09 정답 ⑤

주어진 정보를 정리하면 다음과 같다.

1) 모든 아테네인들 총 139개 데모스에 등록
2) 도시, 해안, 내륙 데모스를 균등하게 할당하고 남는 데모스는 도시 지역에 포함: 도시(47개), 해안(46개), 내륙(46개)
3) 지역마다 10개의 트리튀스 만들고 데모스를 균등하게 할당, 남는 데모스는 1개의 트리튀스에 포함

기준	10개 트리튀스
도시	9개 트리튀스(4개 데모스)/ 1개 (11개 데모스)
해안	9개 트리튀스(4개 데모스)/ 1개 (10개 데모스)
내륙	9개 트리튀스(4개 데모스)/ 1개 (10개 데모스)

4) 지역마다 트리튀스 1개씩 뽑아 3개의 트리튀스로 구성된 필레 구성
5) 각 필레에서 추첨으로 50명씩 뽑아 평의회 구성
6) 필레에 포함된 데모스 1개 정원 100명으로 가정

ㄱ. (O) 도시, 해안, 내륙에는 각각 47개, 46개, 46개의 데모스가 할당된다. 여기에 각 지역마다 10개씩의 트리튀스를 만들기 때문에 최소 4개의 데모스를 포함하게 된다.

ㄴ. (O) 각 지역에 트리튀스를 만들 때에 10개로 각각의 데모스를 할당하며 남는 데모스는 1개의 트리튀스에 포함시킨다. 그래서 도시는 9개의 트리튀스에 4개의 데모스가 할당되고 하나의 트리튀스에는 나머지 7개가 더 할당되어 최대 11개의 데모스가 할당된다. 마찬가지로 해안과 내륙에는 나머지 데모스가 6개이므로 최대 10개의 데모스가 할당된 트리튀스가 존재하게 된다. 그러므로 각 지역마다 트리튀스 1개씩을 뽑을 때에 이들이 모두 뽑히게 되면 최대 11 + 10 + 10 = 31개의 데모스가 포함된다.

ㄷ. (O) 데모스 1개의 정원을 100명으로 가정할 경우, 도시, 해안, 내륙에 할당된 데모스와 트리튀스의 인구는 A에 의하면 다음과 같다.

구분	데모스(인구수)	트리튀스 10개 구성
도시	47(4,700)	데모스 4개 9개/ 데모스 11개 1개
해안	46(4,600)	데모스 4개 9개/ 데모스 10개 1개
내륙	46(4,600)	데모스 4개 9개/ 데모스 10개 1개

평의회는 각 필레에서 추첨으로 50명씩 뽑는데, 필레는 각 지역마다 트리튀스 1개씩을 뽑아 3개의 트리튀스로 구성한다. 따라서 필레는 모두 10개가 되며, 평의회는 필레마다 50명씩 추첨되어 총 500명이다.

1) 필레 구성에 있어서 도시 지역 거주자가 평의회에 뽑힐 경우 중 다른 지역들에 비해 가장 낮을 경우는 90%로 다음과 같다.
   - 필레가 구성될 경우, 각 지역마다 데모스가 4개씩 있는 트리튀스가 구성될 비율은 9/10이다. 따라서 세 지역 모두에서 이러한 트리튀스로 구성될 필레의 확률은 (9/10 × 9/10 × 9/10) = 72.9%이다. 그리고 이 경우 평의회에 뽑힐 확률은 3개의 트리튀스 1,200명 중 50명이므로 50/1,200(약 4.15%)이 된다. 그런데 필레는 각 트리튀스에서 추첨을 통해 결정되는데, 트리튀스 중에서 각 지역에 있는 9개는 모두 데모스 4개인 400명 중에서 결정된다는 점에서 동일하다. 이 경우 이 400명에 뽑힐 확률은 도시의 경우 데모스가 47개이므로 400/4,700(8.5%)의 확률이며, 나머지 지역은 400/4,600(8.6%)이다. 따라서 이 경우 도시에 거주하는 구성원의 뽑힐 확률이 가장 낮다.
   - 도시 지역(400/4,700)과 해안 지역(400/4,600)이 4개 데모스로 구성된 트리튀스가, 내륙 지역은 10개 데모스가 포함된 트리튀스(1,000/4,700)가 포함될 경우: 9/10 × 9/10 × 1/10 = 8.1%
   - 도시 지역(400/4,700)과 내륙 지역(400/4,600)이 4개 데모스로 구성된 트리튀스가, 해안 지역은 10개 데모스가 포함된 트리튀스(1,000/4,700)가 포함될 경우: 9/10 × 9/10 × 1/10 = 8.1%
   - 도시 지역(400/4,700)은 4개 데모스로 구성된 트리튀스가, 해안과 내륙 지역은 10개 데모스가 포함된 트리튀스(1,000/4,700)가 포함될 경우: 9/10 × 1/10 × 1/10 = 0.9%

2) 도시 지역 거주자 중 평의회에 뽑힐 확률이 다른 지역보다 높은 경우는 11개의 데모스가 포함된 트리튀스가 선택된 경우뿐이다. 그 경우는 10%로 다음과 같다.
   - 가장 많은 데모스가 구성되는 트리튀스끼리 뽑힐 경우: 도시 지역의 거주자는 총 인원 4,700명 중 1,100명에 해당될 확률이므로 1,100/4,700의 확률(약 23.4%)로, 타지역의 확률 1,000/4,600(약 21.7%)에 비해 높다. 그러나 이러한 조합이 될 확률은 1/10 × 1/10 × 1/10 = 0.1%로 매우 낮다.
   - 도시 지역에서 11개의 데모스가 포함된 트리튀스가 선택되고(1,100/4,700) 해안은 4개 데모스가 포함된 트리튀스(400/4,600)가, 내륙은 10개 데모스가 포함된 트리튀스(1,000/4,700)가 포함된 필레가 선택될 경우: 1/10 × 9/10 × 1/10 = 0.9%
   - 도시 지역에서 11개의 데모스가 포함된 트리튀스가 선택되고(1,100/4,700) 내륙은 4개 데모스가 포함된 트리튀스(400/4,600)가, 해안은 10개 데모스가 포함된 트리튀스(1,000/4,700)가 포함된 필레가 선택될 경우: 1/10 × 9/10 × 1/10 = 0.9%
   - 도시 지역에 11개의 데모스가 포함된 트리튀스(1,100/4,700)가, 다른 지역은 모두 4개의 데모스가 포함된 트리튀스(400/4,600)가 선택될 경우: 1/10 × 9/10 × 9/10 = 8.1%

결국 도시 지역 거주자는 타지역에 거주하는 사람에 비해 평의회에 뽑힐 확률이 가장 낮다.

10

정답 ④

개편 이전과 개편 이후를 A와 B의 의견에 따라 구성하면 다음과 같다.

구분	개편 전	개편 후(A)	개편 후(B)
기병	18	18	18
보병 1등급	80	70	70
보병 2등급	20	70	20
보병 3등급	20	70	20
보병 4등급	20	70	20
보병 5등급	30	70	40
최하등급	5	5	5
총 투표수	193	373	193

결국 B의 기병과 최하등급의 합은 23이 되어야 한다.

ㄱ. (O) 개편 이전에는 높은 등급인 기병부터 등급 순서대로 찬반 투표를 시행했는데, 찬성표나 반대표가 과반을 넘는 순간 투표는 중지되었다. 이때 총 투표수가 193표이므로 과반은 97표부터이다. 만약 기병 18표와 1등급 80표가 모두 찬성이나 반대를 할 경우 98표가 되므로 2등급 켄투리아는 투표하지 못할 수도 있었을 것이다.

ㄴ. (X) A에 따르면, 개편 이후에도 1켄투리아가 1표를 행사하므로 총 373표가 나올 수 있다. 이중 과반은 187표부터이다. 그런데 기병 18표, 1등급 70표, 2등급 70표이므로 이들의 합은 158표가 된다. 이는 과반이 되지 못하므로 3등급 켄투리아가 투표하지 못할 경우는 발생하지 않았을 것이다.

ㄷ. (O) B에 따르면, 총 투표수는 193표로 이전과 동일하다. 따라서 과반은 97표이다. 정해진 표수는 기병 18표, 1등급 70표, 2등급 20표로 이들의 합은 108표이다. 이는 과반을 넘어서므로 3등급이 투표하지 못할 수도 있었을 것이다.

11

정답 ④

1차		2차	
A	281-339	A/D	300
B	260	D/A	251-299
C	201-259	C	250
D	200	B	151-199

1) A: 2차 가장 많음		2) D: 2차 가장 많음	
A	581-639	A	532-638
B	401-459	B	401-459
C	451-509	C	451-509
D	451-499	D	500

① (O) 1)과 2) 모든 경우에 A의 최솟값이 가장 크다. 따라서 가장 많은 분담금을 부담하는 국가는 A이다.

② (O) B의 분담금은 401-459이므로 460억 달러 이하이다.

③ (O) A의 분담금이 570억 달러가 될 경우는 2)의 경우로 이때 D는 500억 달러이다.

④ (X) C의 분담금은 509억 달러이고 D가 1)의 경우 451억 달러인 경우에 두 국가의 차이는 58억 달러가 될 수 있으므로 옳지 않다.

⑤ (O) 1, 2차 분담금이 동일할 수 있는 국가는 C밖에 없으며 250억 달러이다. 이때 A의 1차 분담금은 290억 달러가 된다. 이 경우 2차에서 A가 300억 달러가 되어도 합계 590억 달러가 된다.

1차	
A	290
B	260
C	250
D	200

2차	
A/D	300
D/A	251-299
C	250
B	151-199

12

정답 ②

ㄱ. (X) 홍보팀의 성과급 총액은 다음과 같이 구한다.

1) 먼저 홍보팀의 성과급 경우의 수는 다음과 같다.

A: 무, B: 3명	2,000 + 4,500 = 6,500
A: 무, B: 2명, C: 1명	2,000 + 3,000 + 1,000 = 6,000
A: 무, B: 1명, C: 2명	2,000 + 1,500 + 2,000 = 5,500
A: 무, C: 3명	2,000 + 3,000 = 5,000

2) 재무팀의 성과급 총액은 홍보팀과 같아야 한다. 그런데 재무팀은 A가 많아야 1명이다. 재무팀의 성과급 경우의 수는 다음과 같다.

A: 1명, B: 2명, D: 정	2,000 + 3,000 + 500 = 5,500
B: 3명, D: 정	4,500 + 500 = 5,000
A: 1명, B: 1명, C: 1명, D: 정	2,000 + 1,500 + 1,000 + 500 = 5,000

따라서 홍보팀과 재무팀의 성과급 총액이 같은 경우의 수는 5,000만 원, 5,500만 원 두 가지가 있을 수 있다.

ㄴ. (O) 재무팀에서 갑이 C를 받을 경우는 다음과 같다.

A: 1명, B: 1명, C: 갑, D: 정	2,000 + 1,500 + 1,000 + 500 = 5,000

이때 재무팀의 성과급 총액은 5,000만 원이므로 홍보팀의 성과급 총액이 5,000만 원일 때를 살펴보면 다음의 경우만 가능하다.

A: 무, C: 3명	2,000 + 3,000 = 5,000

따라서 기, 경, 신 3명의 등급은 C로 동일할 것이다.

ㄷ. (X) 반례가 있기에 적절하지 않은 선택지이다. 다음의 경우, 재무팀과 홍보팀의 직원 중에서 B와 C를 받은 사람의 수가 3명으로 동일할 수 있다.

1) 홍보팀

A: 무, C: 3명	2,000 + 3,000 = 5,000

2) 재무팀

B: 3명, D: 정	4,500 + 500 = 5,000

2. 도형 및 기하

p.207

01	02	03		
①	①	③		

01

정답 ①

우선 지리적 정보로부터 지도를 그려 확인해야 한다. 특히 방향이 중요한데, 이때 산수의 흐름이 기준이 된다. 산수는 말휘령에서 서쪽으로 흘러 보리진에 이른다. 이때 말휘령은 만폭동 서북쪽에 있다. 그리고 거리를 고려하면 말휘령에서 보리진까지 110리, 말휘령에서 만폭동까지 50리이므로 대략적인 지도를 만들 수 있다. 나머지 정보도 확인하여 지도를 만들어야 한다.

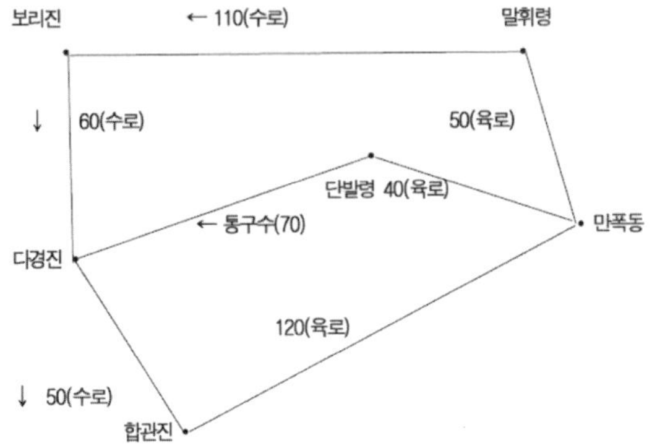

주어진 지문에서 정보를 정리하고 추리하면 다음과 같다.

(1) 산수의 흐름: 말휘령-110 → 보리진-60 → 다경진-50 → 합관진

(2) 통구수의 흐름: 단발령-70 → 다경진

(3) 만폭수의 흐름: 만폭동-120 → 합관진

(4) 말휘령에서 만폭동까지의 육로 거리: 50

(5) 단발령에서 만폭동까지의 육로 거리: 40

(6) 배(수로)의 이동 시간: 1) 내려옴: 1/2 × 육로, 2) 거슬러 감: 2 × 육로

(7) 갑의 이동 경로: 보리진-배(110) 거슬러 감 → 말휘령-육로(50) → 만폭동-육로(50) → 말휘령-배(110) 내려옴 → 보리진

① 갑의 이동 거리: 2 × (110 + 50) = 320리

② 갑의 이동 시간: x를 육로로 이동했을 때의 시간이라 설정하면,

$(2 \times 110)x + 50x + 50x + (1/2 \times 110)x = 375x$

(8) 을의 이동 경로: 합관진-배(50) 거슬러 감 → 다경진-배(70) 거슬러 감 → 단발령-육로(40) → 만폭동까지 되돌아 올 때에는 두 가지의 경우가 가능하다. 이들을 모두 고려해야 한다.

1) 만폭동-육로(40) → 단발령-배(70) 내려옴 → 다경진-배(50) 내려옴 → 합관진

2) 만폭동-육로(120) (만폭수는 배가 다닐 수 없으므로) → 합관진

① 을의 이동 거리

㉠ 2 × (50 + 70 + 40) = 320리

㉡ (50 + 70 + 40) + 120 = 280리

② 을의 이동 시간

㉠ $[(2 \times 50)x + (2 \times 70)x + 40x] + [40 + (1/2 \times 70)x + (1/2 \times 50)x] = 280x + 100x = 380x$

㉡ $[(2 \times 50)x + (2 \times 70)x + 40x] + 120x = 280x + 120x = 400x$

을이 돌아올 때에 시간이 가장 적게 걸리는 경우라 했으므로 갔던 길을 되돌아오는 1)임을 알 수 있다.

ㄱ. (X) 갑의 이동 거리는 320리이며, 을의 이동 거리도 320리로 동일하다.
ㄴ. (O) 갑의 이동 시간은 $375x$이며, 을의 이동 시간은 $380x$이므로 을의 이동 시간이 더 걸렸다.
ㄷ. (X) 을의 귀갓길은 갈 때와 동일하므로 육로와 수로 모두 이용하였다.

02

정답 ①

(2)로부터 바둑판 모양의 내부 구조를 추론할 수 있다. 동서 14개, 남북 11개 도로가 있으므로 이를 다음과 같이 구성하여 도형적인 측면에서 수리적 차원으로 생각해야 한다.

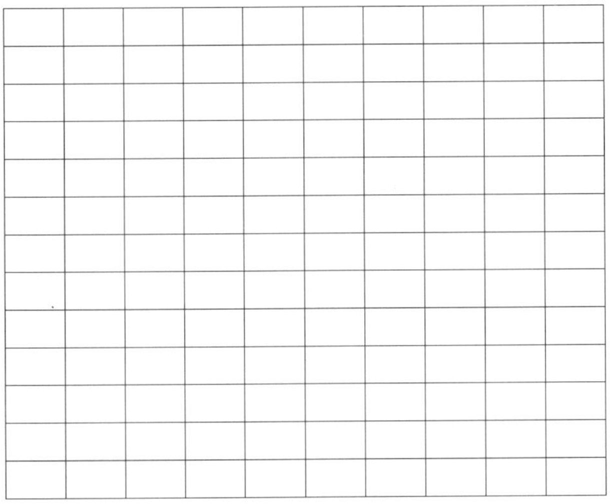

이로부터 모든 칸은 총 130칸임을 알 수 있다. 이제 (3)에서 황궁의 위치를 파악할 수 있다. 북쪽 1번에서 5번의 동서 도로와 남북 도로 중 4번째에서 8번째까지이다.

주의할 점은 시장의 도형적 위치를 파악하기 위해서는 (1)에서 방이 110개이므로 총 130칸에서 이를 뺀 나머지 20칸으로 황궁과 시장 두 개가 구성되어야 한다는 점이다.

지문의 내용에 따라 장안을 표현하면 다음과 같다.

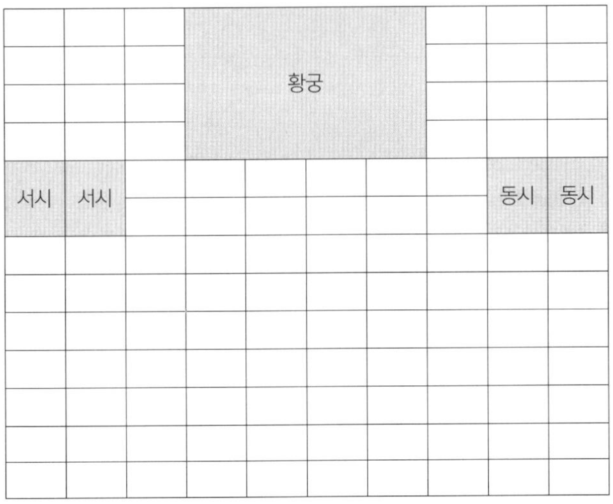

ㄱ. (O) 황궁의 정서쪽에 있는 방은 모두 12개이다.
ㄴ. (X) 동시의 정동쪽에 있는 방은 0 또는 2개이다.
ㄷ. (X) 동시와 서시 사이의 남북 도로는 7 또는 9개이다.

03

정답 ③

ㄱ. (X) 그림에서 가장 왼쪽 위 지점(5칸)과 그 아래 지점(4칸), 왼쪽에서 두 번째인 가장 높은 지점(4칸)은, A지점까지의 도로거리와 B지점까지의 도로거리가 같다. 하지만 이들은 한 직선 위에 있지 않다. 주의할 점은 도로거리 자체가 동일한 것이 아니라 어느 지점이든지 A지점까지의 거리와 B지점까지의 거리를 비교했을 때에 동일한 것을 대상으로 해야 한다는 것이다.
ㄴ. (X) 주어진 그림에서 C를 A로부터 가로로 오른쪽으로 6칸이라고 설정할 경우, A, B, C 지점 간의 도로거리는 모두 6이 된다. 그러나 이들은 정삼각형이 아니다.
ㄷ. (O) 바둑판 모양이므로 한 지점에서 도로거리 1칸인 지점들을 모두 연결하면 정사각형 모양이 될 수 있다.

3. 게임 이론 및 이산 수학

p.211

01	02	03		
②	①	④		

01

정답 ②

지문에 주어진 조건은 우선 두 가지이다. A, B, C의 합이 13이라는 것과 A에 금화가 가장 적고 C에 가장 많으며 각 상자에는 적어도 하나 이상의 금화가 있다는 사실이다. 이를 정리하면 다음과 같다.

1) A + B + C = 13

2) 1 ≦ A〈 B〈 C

그런데 갑, 을, 병의 진술에서 공통적으로 자신이 열어본 상자에 몇 개의 금화가 있는지 확인할 수 있음에도 다른 상자에는 몇 개가 있는지 '알 수 없다'라고 말하고 있다. 이는 자신의 상자에 있는 금화의 개수에 따라 경우의 수가 발생하기 때문이다. 따라서 이에 따른 경우의 수를 확인해야 한다. 위 조건으로부터 확인할 수 있는 경우의 수는 모두 8가지가 된다. 이를 도표로 정리하면 다음과 같다.

구분	A	B	C
(1)	1	2	10
(2)	1	3	9
(3)	1	4	8
(4)	1	5	7
(5)	2	3	8
(6)	2	4	7
(7)	2	5	6
(8)	3	4	6

주의할 점은 을과 병의 '~의 말을 듣고'라는 서술은 앞의 사람의 진술에 따른 경우의 수를 모두 고려하였다는 것을 의미한다. 즉 을의 경우, 갑의 말에 의해 경우의 수를 제한한 상태에서 자신의 경우를 판단한다는 뜻이다.

1) 갑이 A를 열어본 후 B와 C에 각각 금화가 몇 개 들어 있는지 알 수 없다고 하였으므로, 위에서 (8)은 제외된다.

2) 이 말을 듣고 을이 C를 열어 본 후 A와 B에 각각 금화가 몇 개 들어 있는지 알 수 없다고 하였으므로, (1), (2), (7)이 제외된다.

3) 두 사람의 말을 듣고 병이 B를 열어 본 후 A와 C에 각각 금화가 몇 개 들어 있는지 알 수 없다고 하였으므로, (4), (5)가 제외된다.

그러므로 성립할 수 있는 경우는 (3), (6)이다. 이 두 경우 모두 A와 C에 들어 있는 금화의 합은 9개이다.

02

정답 ①

추리논증 35문항 중 A, B, C가 각각 25문항씩 맞추었으며, 이들 모두가 맞추지 못한 문항은 없었다. 이를 벤 다이어그램으로 표시하여 그 수를 적용하면 다음과 같다.

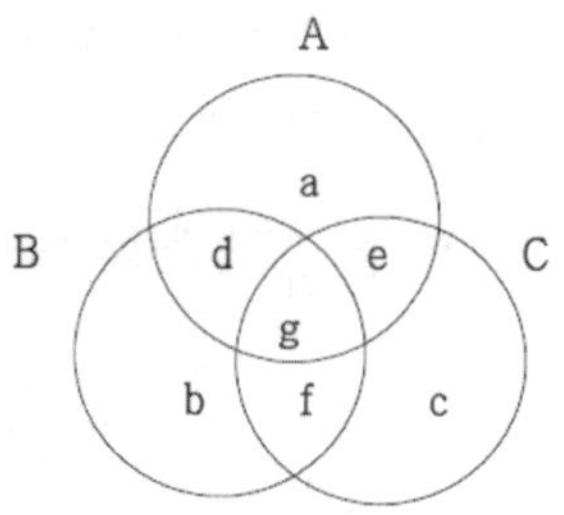

[풀이 방식 1]

(1) A: a + d + e + g = 25

(2) B: b + d + g + f = 25

(3) C: c + e + f + g = 25

(4) A + B + C: a + b + c + 2d + 2e + 2f + 3g = 75

(5) a + b + c + d + e + f + g = 35

* 쉬운 문항: g/ 어려운 문항: a + b + c

ㄱ. (O)

[(4) – (5)] (6): d + e + f + 2g = 40

[(5) – (6)] (7): a + b + c – g = –5/ g = (a + b + c) + 5

따라서 쉬운 문항이 어려운 문항보다 5개 많음을 알 수 있다.

ㄴ. (X)

1) 우선 쉬운 문항(g)은 어려운 문항(a + b + c)보다 5개가 많으므로 최소 5개 이상이어야 한다. 그리고 (6)으로부터 2g = 40 – (d + e + f)이므로, g = 20 – 1/2(d + e + f)가 된다. 결국 g는 20개 이하가 된다. 따라서 쉬운 문항은 최소 5개, 최대 20개가 된다.

2) 어려운 문항은 쉬운 문항보다 5개 적으므로 1)의 값을 적용하여 최소 0개, 최대 15개임을 알 수 있다.

ㄷ. (X)

1) 쉬운 문항이 최솟값인 5개인 경우: 어려운 문항은 쉬운 문항보다 5개 적으므로 어려운 문항의 합(a + b + c)은 0개임을 알 수 있다. 이때 두 명만 정답을 맞힌 문항(d + e + f)의 개수는 전체 35개가 되어야 하기에 30개가 된다.

2) 쉬운 문항이 최댓값인 20개인 경우: 어려운 문항은 5개 적으므로 15개이며, 이 경우 두 명만 정답을 맞힌 문항의 개수는 0개가 된다.

[풀이 방식 2]

(a = 어려운 문항, b = 쉬운 문항, c = 두 명만 맞춘 문항)

1) a + b + c = 35: 정답을 맞히지 못한 문항은 없으며 모두 35문항이므로 성립한다.

2) a + 3b + 2c = 75: 세 사람이 각각 25문항씩 맞추었기에 정답 표시가 된 문항은 모두 75개이다. 이 중 한 명만 맞춘 문항인 어려운 문항 'a'는 정답 표시가 한 개만 되었을 것이고, 세 명 모두 맞춘 쉬운 문항 'b'는 세 개의 정답 표시가 되었을 것이다. 또한 두 명만 맞춘 문항 'c'는 두 번 정답 표시가 되었을 것이다.

3) b = a + 5: 1)에서 c = 35 – (a + b)를 2)에 대입하여 계산

a + 3b + 2(35 – a – b) = 75

a + 3b + (70 – 2a – 2b) = 75

–a + b + 70 = 75

b = a + 5

ㄱ. (O) 3)에 의해 쉬운 문항 b가 어려운 문항 a보다 5개 더 많음을 알 수 있다.

ㄴ. (X) 1)에서 a + b + c = 35이며, b = a + 5이므로, (a, b, c)의 값에서 어려운 문항 a의 최댓값은 (15, 20, 0)이 되어 15임을 알 수 있다.

ㄷ. (X) 두 명만 정답을 맞힌 문항 c의 최솟값은 ㄴ의 해설에서 0임을 알 수 있다.

03

정답 ④

가설로부터 강력사건 보도와 방범활동 강화로 인해 나타나는 효과에 차이가 있음을 알 수 있다. 또한 조건으로부터 이 두 사건이 겹쳐서 나타나지는 않는다는 것도 추리할 수 있다. 강력사건 발생이 언론에 보도된 것이 8월 1일이고, 이는 보도 즉시 효과가 발생하므로 8월 1일부터 한 달간 효과가 나타난다. 한편 방범활동 강화는 9월 한 달 동안 있었는데, 이는 활동 종료 시점에서 1개월 후에 효과가 발생하므로 11월 한 달 동안 효과가 나타났다는 것을 추리할 수 있다.

그래프의 처음 시작은 주어진 그래프의 7월을 기준으로 작성해야 한다.

가설과 조건으로부터 예상되는 범죄 발생 건수와 범죄 두려움 지수를 그래프로 나타내면 다음과 같다.

· 예상 범죄 발생 건수

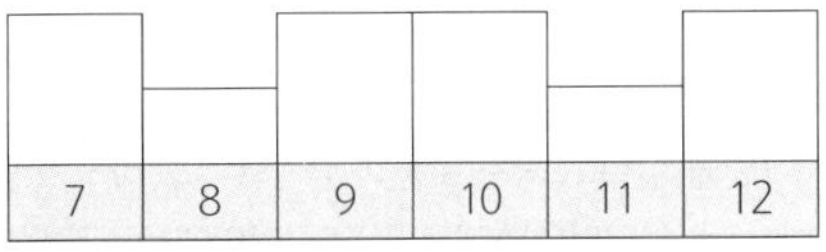

주어진 그래프보다 수치가 낮은 달은 8월과 11월이다.

· 예상 범죄 두려움 지수

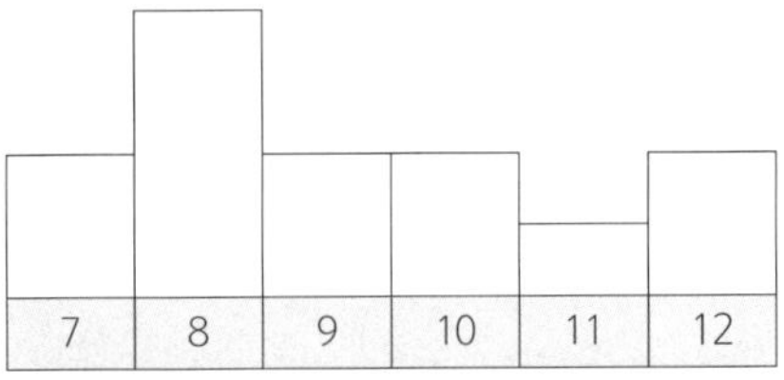

주어진 그래프보다 수치가 낮은 달은 10월과 11월이다.

따라서 주어진 그래프보다 수치가 모두 낮은 달은 11월이 된다.

4. 표 · 그래프 · 다이어그램

p.213

01	02	03	04	05
⑤	⑤	②	⑤	②
06				
②				

01

정답 ⑤

지문의 내용으로부터 정화비용곡선$_1$과 정화비용곡선$_2$의 총정화비용과 총부과액, 그리고 부담액을 추리하여 도식으로 나타내면 다음과 같다.

구분	총정화비용	총부과액	부담액
e_1	D + E	A + B + C	A + B + C + D + E
e_2	B + E	A	A + B + E

ㄱ. (O) 정화 기술을 개선한 경우 정화량을 늘릴 수 있다. 그럴 경우 e_1에서 e_2로 이동되는데, 이때 정화비용도 함께 감소될 경우에만 총정화비용이 절감된다. 이는 D + E가 B + E보다 커야 하기에 B가 D보다 작아야 한다.

ㄴ. (X) e_1일 경우 부담액은 A + B + C + D + E이고, e_2일 경우 A + B + E이다. 따라서 순이익은 C + D가 된다.

ㄷ. (O) 기술 개선 이전 총부과액이었던 B가 기술 개선 이후 총정화비용으로 전환되었음을 알 수 있다.

02

정답 ⑤

ㄱ. (O) 남자는 소득과 신체 건강이 '+'이므로 정의 관계에 있으며, 여자는 소득과 신체 건강이 '−'이므로 부의 관계이다. 그리고 남자와 여자의 자녀관계 만족도가 신체 건강에 미치는 영향은 빈칸이므로 유의미한 관계가 아니다.

ㄴ. (O) 남자는 배우자와 자녀관계가 '+'이므로 만족도가 높으며, 정신 건강도 '+'이므로 향상되었음을 알 수 있다. 한편 여자는 배우자가 있을 때에 자녀관계 만족도가 '−'이므로 배우자가 없을 때에 '+'가 된다는 사실을 알 수 있다. 그리고 배우자가 있을 때에 정신 건강이 '−'이므로 없을 때에는 '+'가 된다.

ㄷ. (O) 남자는 배우자가 있을 때에 건강 위험 행동을 덜 하고, 건강 위험 행동을 덜 할 때에 신체 건강에도 긍정적인 영향을 미친다. 하지만 여자는 배우자 유무와 신체 건강이 빈칸으로 남아 있어 유의미한 관계가 아니다.

03

정답 ②

ㄱ. (X) *OP* 곡선은 갑이 위험과 기대이익의 수준이 다르더라도 선호의 차이가 없다고 판단하는 대안들을 연결한 선이다. 그런데 *G*는 *OP* 곡선 위의 다른 점과 비교할 때 *G*와 기대이익이 동일한 경우 *G*가 위험이 더 낮게 나타난다. 따라서 갑은 *OP* 곡선의 선호보다 *G*를 더 선호한다. 그런데 *I*는 *OP* 곡선상의 점과 기대이익이 같을 경우 위험이 더 높다. 그래서 *I*는 *OP* 곡선상의 점보다 선호가 떨어진다. 따라서 *G*보다 *I*가 선호될 수 없다.

ㄴ. (O) *H*는 을의 *QR* 곡선상에 있다. 그런데 *F*는 동일한 위험에 비해 기대이익이 적으므로 을은 *F*보다 *H*를 선호할 것이다.

ㄷ. (X) X_0보다 기대이익이 높은 오른쪽 영역에서 그래프는 을이 갑보다 동일한 기대이익을 기준으로 할 때에 더 높은 기울기로 올라가 있다. 이는 을이 갑보다 동일한 기대이익에 대해 위험을 선호한다는 것을 의미한다. 따라서 갑이 을보다 더 위험기피적 태도를 보임을 알 수 있다.

04

정답 ⑤

ㄱ. (O) 어부에게 규제권이 있을 때 기업이 p_1을 제안하면, 어부는 자신의 편익 또는 피해 정보만 알고 있기에 q_2를 제안하게 된다. 그렇다면 기업은 p_1과 q_2의 면적을 보상액으로 어부에게 지급해야 하며, 이때 어부의 피해액은 어부의 그래프 아래 q_2까지의 면적이다. 따라서 어부의 이익은 b + c + d + e가 된다.

ㄴ. (O) 기업에게 배출권이 있고 어부가 제안한 p_1에 기업이 합의한 경우 q_1 만큼 생산량을 감축한다. 이에 대해 어부는 기업이 감축한 부분부터 기업이 감축을 하지 않을 경우 나타나게 될 부분까지 피해를 덜 보게 된다. 여기에 기업에게 보상금으로 $(Q - q_1) \times p_1$만큼을 보상해주므로 전체적으로 보는 이득은 f - d - e가 된다.

ㄷ. (O) 어부에게 규제권이 있고 기업이 제안한 p_2를 받아들였으므로, 생산량은 q_1이 된다. 이때 기업이 가지는 총 편익은 a + b + c + c이다. 어부가 받는 총 피해는 c만큼이 되며, 이때 합의금으로 $p_1 \times q_1$만큼인 c + c 만큼을 보상해준다. 따라서 기업은 a + b만큼, 어부는 c만큼 이득이 된다.

05

정답 ②

ㄱ. (X) 우수인증 농산물은 110:112로 현재 가격과 적정 가격의 차이가 2밖에 나지 않는 데 반하여, 저농약인증 농산물은 113:126으로 그 차이가 13으로 더 크게 나타난다. 따라서 현재 판매가격에 불만이 가장 큰 것은 저농약인증 농산물이다.

ㄴ. (X) 소비자의 경우 현재 가격이 적정 판매가격보다 높다고 판단하고 있으므로 옳지 않은 진술이다.

ㄷ. (O) 적정 가격 서열은 생산농, 소매상, 소비자 각 유통 주체들 모두 유기농인증 농산물-저농약인증 농산물-우수인증 농산물-일반 농산물 순이다. 따라서 도매상도 이러한 서열을 따른다면, 100보다 크고 120보다 작은 가격대가 형성될 것이므로 105가 포함될 수 있다.

06

정답 ②

· A: 출생률이 상승하는 상황과 떨어지는 사망률이 만나는 포인트이다. 따라서 이 지점으로부터 인구수가 증가한다는 것을 추리할 수 있다.

· B: 지문에서 나타나듯 출생률에서 사망률을 뺀 값이 가장 큰 지점이다. 이 지점에 인구가 가장 많이 증가했다는 것을 알 수 있다.

· C: 출생률이 떨어지고 있으나 사망률도 떨어지는 지점과 일치한다. 이는 인구가 최대가 되는 지점임을 알 수 있다. 이후에는 출생률이 사망률보다 떨어지므로 인구수가 감소함을 알 수 있다.

ㄱ. (X) B는 인구 증가율이 최대가 되는 지점이다. 그러나 인구가 최대인 지점은 C이다. A에서 C까지 인구 증가율이 양의 값을 가지므로 인구는 계속 증가되었기 때문이다.

ㄴ. (O) A에서 C 구간에서의 출생률은 사망률보다 높았다. 따라서 이 기간 동안 전체 인구는 증가했었음을 알 수 있다.

ㄷ. (X) Z국 전체의 실질 소득은 1인당 실질 소득과 인구수를 곱한 값이다. 지문에서 1인당 실질 소득은 꾸준히 증가했다고 하므로 인구수의 증가를 확인해야 한다. 그런데 A에서 C 지점 이외에서는 출생률이 사망률보다 떨어지므로 인구수가 감소함을 알 수 있다. 따라서 Z국 전체의 실질 소득이 꾸준히 증가했다고 볼 수 없다.

I. 논증 분석

1. 비교 분석

p.224

01	02	03	04	05
②	③	②	①	④
06	07	08	09	10
⑤	④	③	③	③
11	12	13	14	15
⑤	⑤	②	②	⑤
16	17	18	19	20
④	③	⑤	①	②
21	22			
④	④			

01 정답 ②

ㄱ. (X) 을의 견해 역시 '차'에 동력장치가 있는 이동수단인 버스를 포함하고 있는 법률 문언에 반하는 주장이다. 따라서 을도 법률의 목적을 실현할 필요가 있어야 정당화된다.

ㄴ. (X) 병은 명백히 적용될 수 없는 대상인 자전거를 제외하여 적용범위를 중립적 후보에서 적극적 후보로 좁히고 있다. 이는 '법의 발견' 중 하나인 축소해석에 해당되므로 법의 형성에 해당되지 않는다.

ㄷ. (O) 을은 경계가 확실한 후보를 제외하는 목적론적 축소로, '주차금지'의 사례도 동일한 방법인 '목적론적 축소'에 해당한다.

02 정답 ③

① (O) 헌법재판소 판결문에서 공익과 사적 불이익의 차원인 법익의 균형성이 논의되고 있다.

② (O) A국의 법규정에서 잔여 배아는 동의권자의 동의하에 연구를 실행할 수 있다고 밝히고 있다. 따라서 연구자가 임의로 처분할 수 있는 연구의 대상은 아니다.

③ (X) 헌법재판소의 판결에서 배아생성자의 권리는 헌법으로부터 도출되는 권리이며, 배아의 권리를 위해 본질적 내용을 침해하지 않는 범위에서 제한되므로 배아의 권리가 배아생성자의 권리보다 보호할 만한 가치가 크다는 것을 전제한 것은 아니다.

④ (O) 제1견해는 배아를 수정된 때부터 인간으로 인정하기에 옳은 진술이다. 착상이란 수정된 배아가 자궁 내벽에 붙어 태아가 모체로부터 산소 및 영양분을 받을 수 있는 상태를 말하기 때문이다.

⑤ (O) 제3견해는 배아는 성장하면서 도덕적 지위를 점차 얻게 되는 것이지 완전한 인간 존재는 아니라는 주장이다. 이는 헌법재판소의 배아는 '형성 중인 생명'이라고 규정한 진술에서 배아에 대해 제3견해와 동일한 관점임을 확인할 수 있다. 또한 배아생성자의 권리의 본질적인 부분이 인정된다는 점에서 완전한 인간 존재가 아니라는 사실에 대한 기반이 된다. 이는 배아생성자의 권리를 헌법으로부터 도출되는 권리로 인정하기 때문이다.

03 정답 ②

① (O) 정의가 없는 왕국을 거대한 강도떼에 비유하면서 명칭의 차이를 언급한다. 또한 이들은 집단 혹은 공동체의 규모에 의한 구분임을 밝히고 있다.

② (X) 야욕을 부리고서도 아무런 처벌을 받지 않는다는 사실을 왕국의 정체성으로 기술하는 데에서 이것이 강도떼와의 차이임을 암묵적으로 파악할 수 있다. 결국 강도떼의 경우 야욕을 부리면 처벌받는다는 특징이 함축되어 있다.

③ (O) 둘 모두 한 사람의 지배자에 의한 지배와 공동체의 규약에 의해 조직된다는 점에서 공통점을 찾을 수 있다.

④ (O) 강도떼가 거대한 무리를 모아 왕국의 이름을 얻는 과정을 보여주면서 이 둘의 차이를 줄이는 전략이 나타난다.

⑤ (O) 알렉산드로스 대왕과 해적 사이의 대화를 통해 해적떼와 정의가 없는 왕국의 사례를 제시하여 강도떼와 정의가 없는 왕국 사이의 유비논증의 설득력을 높이고 있다.

04 정답 ①

ㄱ. (X) 지문에서는 행위가 자유로운 선택의 결과일 때에만 도덕적 책임을 진다고 나타난다. 이는 '자유로운 선택의 결과가 아니라면 도덕적 책임을 지지 않는다'를 의미한다. 그러나 이는 자유로운 선택에 의한 행위는 도덕적 책임을 지기 위한 필요조건임을 의미할 뿐, 충분조건을 의미하지는 않는다. 따라서 자유로운 선택에 의한 것이지만 도덕적 책임을 지지 않는 행위를 부정하지는 않는다.

ㄴ. (O) 지문에 나오는 논증 중 다음의 내용이 있다.
[전제] 사실이 아닌 어떤 것을 알 수는 없다.
[생략된 전제] 우리가 무언가를 안다는 것은 그것이 참임을 함축한다.
[결론] 만약 우리가 우리의 의지가 자유롭다는 것을 정말로 안다면, 우리의 의지가 자유롭다는 것은 참일 수밖에 없다.

ㄷ. (X) 이 글의 논지는 우리가 자유롭게 행위한다고 느낀다는 것이 우리가 실제 자유롭다는 점을 입증하지는 못한다는 것이다. 그것은 단지 우리 행위의 원인에 대한 인식이 이루어지지 못했음을 보여줄 뿐이다. 따라서 많은 행위들을 인과 법칙적으로 설명할 수 있다고 해도 논지를 약화하지는 못한다.

05 정답 ④

ㄱ. (X) ㉠의 판단은 생존해 있을 때에 화재가 발생하여 화재의 기전에 의해 사망하였다는 것이다. 그런데 관절이 굽은 모습은 고열에 의해 시신이 변화된 것이므로 사망 후에 고열에 노출되어도 동일한 결과가 나타날 수 있다.

ㄴ. (O) 1도 화상으로 인해 나타난 현상으로, 생체의 피부에 고열이 작용한 것이다. 따라서 생존해 있을 때에 화재가 발생한 것에 대한 근거로 적절하다.

ㄷ. (O) 매연을 들이키면 나타나는 현상으로 생존해 있을 때에 화재가 발생한 것에 대한 근거로 적절하다.

06 정답 ⑤

① (X) A에서 인간 본성에 대한 가정은 나타나지 않으며, C에서는 인간이 사회의 공통 규범을 따르며 사회가 규정하는 가치를 추구하려는 본성을 지닌다고 가정한다.

② (X) B뿐 아니라, C도 공통 규범의 내면화를 가정한다.

③ (X) B는 규범의 내면화를 통해 사회화를 하는데, 개인의 정도 차이가 발생한다. 즉 개인이 갖는 내적 사회화 정도가 약할 경우 범죄가 나타날 수 있다는 입장이다. 따라서 외부적 동기나 압력을 중시한다고 보기 어렵다. 한편 A는 범죄와 관련된 것을 학습하면서 범죄가 나타나기 때문에 외부적 동기나 압력이 관여하게 된다는 입장이다. 또한 C도 사회 불평등 구조라는 외부적 동기나 압력에 의해 범죄를 저지르게 된다고 지적한다.

④ (X) B뿐 아니라, A도 개인에 따라 학습된 정도에 의해 규범의 내면화에 차이가 나타난다고 볼 수 있다.

⑤ (O) A는 주류 사회가 받아들이는 것과 받아들이지 않는 문화의 갈등을 가정하지만, B는 사회의 공통 규범을 공유한다고 주장하기에 그러한 갈등을 가정하지 않는다.

07 정답 ④

ㄱ. (X) 갑은 보조금이 높으면 소비자가 더 쉽게 사업자를 전환할 수 있다고 주장한다. 그런데 보조금상한제를 실시할 경우 보조금을 높게 설정할 수 없기 때문에 사업자 전환이 쉽게 이루어지지 않을 것이다. 따라서 보조금상한제 이후에도 소비자가 사업자를 전환하는 비율이 증가했다는 사실은 갑의 주장을 강화하지는 못한다.

ㄴ. (O) 을은 보조금 제한으로 인한 요금 경쟁 때문에 요금이 낮아질 것이라고 주장한다. 따라서 이러한 견해는 정부가 요금 인하를 위해 보조금상한을 낮추는 정책의 근거가 될 수 있다.

ㄷ. (O) 갑은 보조금이 높으면 요금 인하가 될 것이라고 주장하기에 보조금상한제는 요금 인하 효과의 측면에서 반대할 것이다. 그러나 병은 보조금을 높이면 요금도 상승될 것이라고 주장하기에 보조금상한제가 요금 인하를 위해 필요하다고 판단할 것이다.

08 정답 ③

ㄱ. (O) A는 ㉠이 참이라면 처벌하자고 주장하므로, ㉠이 거짓일 경우 A의 결론이 따라 나오지 않는다.

ㄴ. (O) '행위자가 결정할 능력이 있다면, 그 행위 여부를 미리 아는 것은 불가능하다.'는 전제가 추가될 경우, ㉠은 미리 아는 것이 가능하다는 견해이다. 그렇다면 행위자가 결정할 능력이 없다는 것을 추론할 수 있다. 하지만 B는 행위자가 그런 능력이 있다는 견해이므로 ㉠과 양립할 수 없다.

ㄷ. (X) A는 갑이 과속을 할 것이 틀림없고 그 사실을 경찰이 알고 있기에 반드시 발생할 피해와의 균형을 맞추기 위한 목적으로서의 처벌은 그 시기가 사전이든 사후든 상관없기에 사전 처벌도 정당하다는 견해이다. 그런데 테러리스트의 사례에서는 테러리스트가 공격을 준비하고 있었을 뿐 사전에 처벌이 이루어진다면 테러로 인한 피해가 발생하지 않는 상황이다. 따라서 이는 틀림없이 공격이 이루어져 피해가 발생한다는 것이 전제된 것은 아니기에 지문의 사례와 동일한 상황이 아니다. 따라서 A에 따를 때라도 사전 처벌이 정당화되는 것은 아니다.

09 정답 ③

ㄱ. (O) 필자는 비록 글 속에 나오는 허구 속의 인물이 실존 인물과 유사하다는 특징이 있더라도 그 인물은 실존 인물이 아니라 허구 속의 인물임을 주장한다. 따라서 어떤 이름이 실존 인물을 지칭한다면 그 글은 허구 작품이 아니게 된다.

ㄴ. (O) 필자는 (2)를 주장하며 (1)을 잘못된 직관을 갖기에 나타나는 견해라고 파악한다. 그런데 허구 작품들에 사용된 '나폴레옹'이 실존 인물을 지칭한다면 (1)이 잘못되었다는 필자의 견해에 반박하게 되어 이 글의 논증을 약화하게 된다.

ㄷ. (X) 실존 인물을 지칭하지 않아도 실존 인물과의 유사성을 가질 수 있어서 잘못된 직관에 빠진다고 필자는 지적하고 있다.

10 정답 ③

ㄱ. (O) ㉡은 환경적 합리성으로 상이한 여건에 따라 상대적으로 고려한다. 따라서 z를 선택하는 행위도 합리적일 수 있다.

ㄴ. (O) ㉠의 합리성 기준은 최선의 이익에 가까운 순서에 따라 결정해야 한다는 입장이다. 따라서 최선의 이익인 x가 아니라 y를 선택한 행위는 비합리적 성향에 따른 결정으로 본다.

ㄷ. (X) ㉠은 부드러운 간섭이 비합리적 성향을 이용하는 것이기에 비합리적이라는 비판을 하고 있다. 따라서 부드러운 간섭 자체가 그 사람의 합리성을 존중한다고 판단하지 않을 것이다.

11 정답 ⑤

① (X) 을이 어려운 문제를 집중하여 풀어낸 경험으로부터 '짜릿함'을 느꼈다고 했다. 따라서 A에 따르면 을이 쾌감 그 자체인 즐거움을 느꼈다고 해야 한다.

② (X) B가 주장하는 즐거움은 '느낌'이 아니라 주체가 좋은 조건에서 자기 능력에 걸맞은 일을 탁월하게 하는 '적합성'에 의해 설명된다. 이러한 관점에서 볼 때, 갑의 문제를 해결하는 과정은 즐거움이라 할 수 있다. 그런데 을이 쉬운 문제를 풀 때에 느낀 '더 큰 쾌감'이라는 '느낌'은 '적합성'에 의해 설명되는 즐거움에 해당하지 않는다. 따라서 이는 갑의 즐거움과 비교할 수 없다.

③ (X) A가 말하는 고통은 불쾌한 느낌 그 자체이기에, 을이 경험한 고통은 고통 그 자체이다. 따라서 즐거움이라 할 수 없다.

④ (X) B가 주장하는 즐거움은 '느낌'이 아니라 주체가 좋은 조건에서 자기 능력에 걸맞은 일을 탁월하게 하는 '적합성'에 의해 설명된다. 그런데 을이 쉬운 문제를 풀 때에 느낀 '더 큰 쾌감'이라는 '느낌'은 '적합성'에 의해 설명되는 즐거움에 해당하지 않는다.

⑤ (O) A는 병에게 수학은 그저 업이기에 즐겁지 않았고, 특히 어려운 문제로 고민할 때에는 고통도 느꼈기 때문에 즐겁지 않다고 볼 것이다. 그러나 B에 따르면 즐거움은 우리가 느끼는 쾌감과 상관이 없으며, 그저 주체의 능력과 제반 조건이 그 능력이 발휘되는 대상과 서로 적합하게 맞을 때 발생하는 것이라고 했다. 따라서 B는 병이 난제를 해결한 사건을 병의 능력과 제반 조건이 그 능력이 발휘되는 수학과 서로 적합하게 맞은 경우라고 볼 것이기에, 병에게 수학은 즐거운 작업이라고 할 것이다.

12

정답 ⑤

· 논증 1

[논의대상] 육식을 정당화하는 사람들은 동물들이 서로 잡아먹는 것을 근거로 한다.

[전제] 동물들은 다른 동물을 죽여 먹지 않으면 살아남을 수 없지만, 사람은 생존을 위해 반드시 고기를 먹어야 하는 것은 아니다.

② (O) [생략된 전제] 자신의 생존에 위협이 되는 행위는 의무로 부과할 수 없다.

[전제] 동물은 여러 대안을 고려할 능력이나 식사의 윤리성을 반성할 능력이 없다.

① (O) [생략된 전제] 반성 능력이 없는 존재에게는 책임을 물을 수 없다.

③ (O) [생략된 전제] 어떤 행위의 대안을 고려할 수 있는 존재는 윤리적 대안이 있는데도 그 행위를 하는 경우라면 그것을 정당화해야 한다.

[결론] 동물에게 책임을 지우거나 그들이 다른 동물을 죽인다고 해서 죽임을 당해도 괜찮다고 판정하는 것은 타당하지 않은 반면, 인간은 자신들의 식사습관을 정당화하는 일이 가능한지 고려해야 한다.

· 논증 2

[문제제기] 적자생존의 자연법칙을 따르면 우리가 육식을 하는 것은 당연하다고 말할 수 있는가?

[결론] 그렇지 않다.

[전제] 인간이 동물을 먹는 것은 자연적인 진화 과정의 한 부분이 아니다. 왜냐하면 이는 사냥으로 음식을 구하던 원시문화에서는 참일 수 있지만, 오늘날 공장식 농장에서 가축을 대규모로 길러내는 것에 대해서는 참일 수 없다.

④ (O) [생략된 전제] 공장식 농장의 대규모 사육은 자연스러운 진화의 과정이 아니다.

[전제] 가임 여성들이 매년 혹은 2년마다 아기를 낳는 것은 자연스러운 것이지만, 그 과정에 간섭한다고 해서 그릇된 것은 아니다. 자연법칙을 알 필요를 부정할 필요는 없으나 이로부터 자연적인 방식이 개선될 수 없는 것은 아니다.

⑤ (X) 마지막 부분에서 자연적인 방식이 개선될 수 있을 가능성을 진술할 뿐, 그렇게 개선될 경우 기존 자연법칙이 더 이상 유효하지 않다는 내용이 암묵적 전제가 되는 것은 아니다.

13

정답 ②

ㄱ. (X) A의 경우 범죄자의 합리적 결정과 선택이 이뤄졌음이 전제되어야 한다. 범죄예방 프로그램이 실시되는 데에도 불구하고 범행을 시도한다면 전이 현상은 일어나지 않을 것이기 때문이다. 한편 B의 경우 비록 합리적으로 선택하지 않고 충동적으로 범죄를 저지르는 경우라도 교도소에 구금된다면 무력화가 진행될 수 있기 때문에 범죄자가 합리적 행위자임을 전제하지 않아도 된다.

ㄴ. (X) 이는 B에 필요한 전제이다. 만약 다른 범죄자가 그 자리를 채워 범행한다면 B가 주장하듯 전체적인 범죄가 감소하지 않을 것이기 때문이다. 하지만 A는 전체적 수준에서 범죄율의 변화는 없다고 주장하므로 A의 주장이 성립되기 위해 반드시 필요한 전제가 아니다. 다른 범죄자라 하더라도 범죄예방 프로그램의 영향을 받을 것이기 때문이다.

ㄷ. (O) A에서 범죄자는 다른 곳으로 이동하더라도 범죄를 저지르고자 하는 동기가 있어야 한다. 따라서 A의 주장에는 범죄자는 일정 기간에 일정 정도의 범죄를 저지른다는 내용이 전제되어야 한다. 또한 B에서도 나이가 한창일 때에는 교도소에 수감되면 그 기간 동안 저지를 범죄만큼 범죄가 감소한다고 하므로 일정 기간 동안 일정 정도의 범죄를 저지른다는 사실이 전제되어야 한다.

14

정답 ②

① (X) 과학적 성과에 문체와 탐구정신 같은 요소들까지 포함한다면, 과학이 개인의 특성이나 사회 환경에 의해 속박되지 않는다는 논증의 설득력은 약화될 것이다.

② (O) 과학이론은 이론의 탄생 과정보다 그러한 이론을 발견하고 인정하여 사용되는 상황이 중요하다는 것을 전제로 하고 있다.

③ (X) 유럽의 정치체제 및 사회사상이 과학보다 먼저 세계로 전파되었다는 시간적 선후에 대한 사실이 있어도 이러한 사실이 주장을 약화시키지는 못한다. 필자는 얼마나 많은 사람들이 과학을 보편적으로 수용하는가에 대해 말하고 있을 뿐이다. 따라서 시간적 우위는 다른 논점일 뿐이다.

④ (X) 과학적 업적의 탄생 과정에서 개인적 특성이나 문화적 환경의 영향을 받았다는 것은 인정하고 있다.

⑤ (X) 동시발견의 사례는 과학이 특정 개인이나 사회 환경에 속박되지 않는다는 것의 근거 중 하나이다. 이를 통해 과학이 일정한 개인이나 사회에서만 발생하는 것은 아니라는 것이며, 진리는 어디서든 발견될 수 있다는 논리이다. 따라서 동시발견 사례들이 특정 문화권에 국한된다고 해도 논증의 설득력에는 영향을 미치지 못한다.

15

정답 ⑤

ㄱ. (X) 암수 범죄의 문제가 발생한다는 것은 암수 범죄가 얼마나 발생했는지에 대해 알 수 없기 때문에 공식 범죄 통계만으로는 설득력이 떨어진다는 것이다. 어떤 해에는 암수 범죄가 적게 나타나는 반면 어느 해에는 많이 발생했다면 공식 통계가 무의미하기 때문이다. 따라서 갑의 추론에서는 암수 범죄의 전년 대비 증가율도 공식 통계 범죄 건수의 증가율과 동일해야 한다는 전제가 필요하다. 따라서 단순히 암수 범죄의 전년 대비 증가율이 매년 일정하다는 것만 전제되어야 하는 것은 아니다. 만약 전년 대비 공식 범죄 통계에서 범죄 증가율이 동일하거나 증가율이 미미한데 전년 대비 암수 범죄 증가율은 일정하게 유지될 경우 암수 범죄 건수가 더 많아지기에 갑의 설득력은 떨어질 수 있기 때문이다.

ㄴ. (O) 사건 비율의 일정성이 있어야 공식 통계 결과의 신빙성이 보장되기에 필요한 전제이다. 만일 발생한 범죄 사건 중 신고된 사건의 비율이 매년 달라진다면, 공식 범죄 통계 건수의 추이로부터 발생한 실제 범죄 사건 건수의 추이를 추론하는 것은 정당하지 않게 된다. 실제 성범죄 발생 건수가 동일하지만 신고율이 2배로 높아질 경우 성범죄 통계도 2배로 증가하기 때문이다. 따라서 갑의 추론이 설득력을 갖기 위해서는 발생한 범죄 사건 중 신고된 사건의 비율이 범죄 유형별로 매년 일정해야 한다.

ㄷ. (O) 형사 사법 기관이 신고를 받거나 인지한 사건들을 범죄 통계에 반영하는 기준과 방식에 일관성이 없다면 공식 범죄 통계에서 발생한 사건의 비율이 매년 달라지게 될 것이다. 이 경우 공식 범죄 통계에서 실제 범죄 건수의 추이를 추론하는 것은 정당하지 않게 된다. 따라서 기준과 방식에 일관성이 있어야 한다.

16

정답 ④

① (X) (가)가 아니라 (나)에서 종은 편의상 임의적으로 구별한 것에 불과하다고 주장한다.

② (X) (나)가 아니라 (가)에서 현재 연결 고리가 존재하는지가 종과 변종의 기준이라고 주장한다.

③ (X) (나)는 종의 본질을 찾는 것이 헛된 것이라고 주장하기에 적절하지 않은 분석이다.

④ (O) (가)는 종과 변종의 구분에 있어서 중간 형태를 가정하고 있기에 불변하는 속성에 대해서 받아들이지 않을 것이다. 또한 (나)도 아직 발견되지 않은 그리고 발견될 수 없을 종의 본질을 주장하기에 불변하는 속성에 대해서 받아들이지 않을 것이다. 따라서 두 주장 모두 종이 다른 종들과 구별되는 불변의 속성을 가지고 있다는 주장은 받아들이지 않을 것이다.

⑤ (X) (나)는 종과 변종도 편의상 구분이라고 주장하므로 이는 정도의 문제일 뿐이라는 견해를 받아들일 것이다.

17

정답 ③

① (O) 동등성시험에서 더 우월한 것으로 입증되었더라도 위약시험에서는 다른 결과가 나타날 수 있기에 옳은 진술이다.

② (O) H선언의 윤리적 기준에 의하면, 효과적인 치료법이 있는 경우 이를 제공해야 할 의무가 있다. 따라서 위약시험은 효과적인 치료법을 제공받을 기회를 박탈한 경우가 되므로 비판 논거가 된다.

③ (X) 위약시험 결과가 입증되지 못한다고 해서 동등성시험의 필요성이 약화되는 것은 아니다. 비록 그 결과가 나타났다고 해도 위약시험의 결과는 우연적일 수도 있으며, 여전히 환자에게는 적절한 치료를 받을 수 있는 기회가 박탈되기 때문이다.

④ (O) 몇몇 의사들의 비판 대상은 동등성시험에 있다. 그래서 다른 기준이 적용되어야 한다고 주장한다. 결국 이들은 위약시험이 동등성시험보다 개인의 주관에 따른 판단 오류가 상대적으로 적다고 전제하고 있다고 추론할 수 있다.

⑤ (O) ⓓ는 위약시험 역시 개인의 주관이 개입하기에 위약의 효과는 일정치 않고 가변적이라고 주장한다. 따라서 신약 치료 집단 간에는 유의미한 차이가 없었고 위약 치료 집단 간 응답 분포 및 평균값에 유의미한 차이가 있다는 것은 이러한 개인의 주관 개입에 의한 차이가 존재한다는 주장을 지지하게 된다.

18

정답 ⑤

ㄱ. (O) 인간 멸종에 대한 내용을 그런 일이 실제 일어날 수 있는 가능성과 연관하여 ⓒ을 추론하고 있으므로 옳은 분석이다.

ㄴ. (O) 가정에 대한 논의로 전제 상황이 실제 일어날 가능성이 없다고 해도 논증에는 전혀 문제되지 않는다.

ㄷ. (O) ㉠은 지구에 행성이 충돌할 가능성이 있더라도, 인간 멸종의 가능성을 필연적으로 함축하는 것은 아니라는 가정이다. 그러나 지문에서는 지구에 행성이 충돌할 가능성이 있다면 인간 멸종의 가능성이 있기에 ㉠의 가정으로부터 모순이 도출된다면서 ㉠의 가정의 부정인 ⓒ을 참이라고 보았다. 따라서 ㉠으로부터 ⓒ으로의 추론은, 어떤 가정으로부터 모순이 도출된다면 그 가정의 부정은 참이라는 원리를 이용한다고 볼 수 있다.

19

정답 ①

ㄱ. (O) 직전 선거 이후 투표구의 인구 사회적 특성에 심한 변화가 있을 경우, 직전 선거 개표 결과를 근거로 출구조사 대상을 선정하는 A는 활용하기 어렵다.

ㄴ. (X) B는 정당별 투표 결과가 유사한 투표구들을 묶어 이들의 유권자 비율에 따라 출구조사 대상을 선정하는 방법이다. 이는 동일 선거구 내 투표구들이 대체로 동질적일 것이라고 가정하는 것이 아니라, 구분한 투표구들 사이의 정치적 성향이 동질적일 것이라고 가정하는 것이다.

ㄷ. (X) C는 유권자의 수에 비례하여 투표구별 표본 크기를 정하여 시간별로 모든 투표구를 순회하며 출구조사를 하는 방식이다. 따라서 직전 선거 득표 자료가 필수적인 것은 아니다.

20

정답 ②

ㄱ. (X) 갑은 예술비평의 일반화된 기준은 확립될 수 없다는 입장이다. 하지만 그렇다고 해서 언제나 개별 작품의 관점에서만 비평이 이루어져야 한다고 주장하는 것으로 볼 수 없다. 조건화되고 제한된 수준에서는 가능할 수 있기 때문이다.

ㄴ. (X) 을은 예술작품은 범주에 속하는 것으로 분류하여 각각의 범주에서 그 목적을 실현한다는 의미로 일반화가 가능하다는 견해이다. 그런데 사례의 '통일성'이 '예술작품 전체의 훌륭함'에 있어서 그 목적을 실현하는 것으로 보기는 어렵다. 예술작품의 범주에 따라 통일성이 오히려 그 작품의 훌륭함에 반할 수도 있기 때문이다.

ㄷ. (O) 갑은 하나의 일반화가 가능한 기준이 있을 수 없다는 견해이므로 모순되지 않는다. 그러나 을은 범주에 의한 일반화를 인정하므로 모순된다.

21

정답 ④

ㄱ. (X) 어느 쪽을 선택하더라도 100불을 추가로 지급할 경우 1불을 선택하는 것이 후회할 선택이 된다. 10불을 선택하는 경우보다 적은 금액을 받기 때문이다.

ㄴ. (O) 1불보다 10불을 선택할 경우 더 많은 금액을 받기에 후회하지 않는 선택이 되며 이때 자신의 선택을 후회하지 않는 선택을 하기에 100불을 추가로 지급받게 되므로, ㉠의 합리적 선택이 된다.

ㄷ. (O) 1불을 선택할 경우와 10불을 선택하는 경우는 ⓒ에서 모두 후회할 것으로 예상할 수 있다. 그런데 두 경우 모두 결과적으로 후회할 선택이 아니게 되어 ⓒ에서는 모두 후회하지 않을 선택이 된다. 그래서 역설적인 결과가 된다.

22

정답 ④

ㄱ. (X) 대응교부금은 가격을 낮추는 효과가 있으나, 무조건부교부금은 소득 보조 형태를 띨 뿐, 가격 인하 효과를 갖는 것은 아니다.

ㄴ. (O) 주민들의 의사가 제대로 반영된다면, 이론적으로 교부금 지급이 해당 지역의 공공서비스 공급량에 미치는 영향은 주민 전체 소득이 증가한 경우와 영향이 같아야 한다. 하지만 사례와 같이 그렇지 않은 경우 ㉠이 심해질 수 있다.

ㄷ. (O) 올해 받을 무조건부교부금 규모가 전년도 무조건부교부금 중 공공서비스 생산에 사용된 비중에 비례할 경우, 지방정부는 더 많은 교부금을 받기 위해 공공서비스 생산 비중을 늘릴 유인이 있다. 따라서 이 경우 ㉠이 심화될 것이다.

2. 구조 분석

p.241

01	02	03	04	05
④	④	④	⑤	①
06	07	08	09	
③	④	④	③	

01

정답 ④

1) ⓐ와 ⓑ에서 인구와 식량의 증산율 차이가 나타난다. 그러므로 이 두 진술로부터 ⓒ가 도출된다. 따라서 ⓒ는 ⓐ와 ⓑ의 결론에 해당된다.
2) ⓒ에서 인구와 식량 증산율의 차이가 나타나며, 이는 인간은 식량이 필수적이라는 ⓓ와 함께 ⓔ를 결론으로 도출시킨다.
3) 그리고 ⓕ와 ⓖ, ⓗ, ⓘ는 다음과 같이 형식적으로 표현된다.
   (p: 인구수는 강력히 제한된다, q: 심각한 위협이 된다, r: 사회는 편안하고 행복하게 사는 완전한 사회이다.)
   ⓕ p
   ⓖ p → q
   ⓗ q → ~r
   ⓘ ~r
   1. q　　　　ⓕ, ⓖ 긍정논법
   2. ~r　　　　1. ⓗ 긍정논법

따라서 ⓕ와 ⓖ, ⓗ가 전제가 되어 결론인 ⓘ를 도출시킨다.

02

정답 ④

논증의 전체적 틀에서 필자의 궁극적인 주장은 ⓐ이다. 필자의 논지는 행복을 추구하는 인간 성향이나 도덕적 감정 모두 보편적 윤리의 토대가 될 수 없다는 것이기 때문이다. 그리고 이러한 내용의 두 가지 요소를 바탕으로 논의가 이루어지고 있다.

1) [주장] 행복을 추구하는 인간 성향은 보편적 윤리의 토대가 될 수 없다.
   위 주장을 뒷받침하는 내용은 ⓑ부터 ⓖ이다. ⓑ는 행복 추구의 동기가 윤리적 당위의 근거가 될 수 없다는 내용이다. 이에 대한 근거로 세 가지 논의가 이루어지며, 이러한 논의의 근거도 나타난다. 이를 정리하면 다음과 같다.
   [소결론] ⓑ 행복 추구의 동기가 윤리적 당위의 근거가 될 수 없다.
   [전제] ⓒ 윤리적으로 살면 언제나 행복해진다는 것은 참이 아니다.
   [전제] ⓔ 옳고 그름의 근거에 자기 행복의 원칙이 기여할 부분은 없다.
   [전제] ⓕ 행복 추구의 동기가 도덕성과 윤리의 숭고함을 파괴한다.
   그리고 ⓔ를 ⓓ가 뒷받침하며(전제 지시어 사용), ⓖ가 구체적인 내용으로 ⓕ를 뒷받침한다.
2) [소결론] ⓗ 도덕적 감정은 도덕의 기초로 미흡하다.
   [전제] ⓘ 개인적 차이가 있는 감정은 보편적 잣대가 될 수 없다.

따라서 가장 적절한 논증의 구조는 ④이다.

03

정답 ④

먼저, ⓑ의 서술어(때문이다)에서 ⓑ가 ⓐ를 뒷받침한다는 것을 알 수 있다. 또한 ⓒ에서 ⓑ는 ⓒ가 되는 이유라고 지적한다. 그리고 ⓓ가 '그런데(연언)'로 연결되며 ⓒ와 동일선상에 놓이게 된다. ⓔ를 '그렇다면'으로 연결하여 앞의 내용을 전제로 한다는 사실이 나타난다. 그리고 ⓕ의 '육체의 동일성 유지' 명제는 ⓔ에서 나타난 명제와 연결선상에 있다. ⓖ 앞에 '따라서'에서 결론임을 알 수 있다. 그런데 ⓗ의 '때문이다'에서 이것이 앞선 ⓖ의 전제임을 찾을 수 있다. ⓘ는 '의식의 동일성' 개념의 설명으로 ⓖ와 동일선상에서 생각해야 한다. 그리고 '그러므로' 결론 지시어와 함께 마지막 ⓙ가 이 글 전체의 결론으로 제시된다.

04

정답 ⑤

1) ㉠의 주장을 ㉡과 ㉥, 그리고 ㉩을 통해 도출한다.
   ㉡ 선을 정의할 수 있으려면 그것을 자연적 속성과 동일시하거나, 아니면 형이상학적 속성과 동일시해야 한다.
   ㉥ 선을 자연적 속성과 동일시하는 모든 정의는 오류이다.
   ㉩ 선을 형이상학적 속성과 동일시하는 정의들은 모두 오류이다.
   ㉠ 선을 정의하려는 시도는 성공할 수 없다.
2) 연결어 및 지시어를 통해 ㉢, ㉣, ㉤이 ㉥을 뒷받침함을 알 수 있다.
   ㉢ 선을 쾌락이라는 자연적 속성과 동일시하여 "선은 쾌락이다"라고 정의를 내릴 수 있다고 한다면, "선은 쾌락인가?"라는 물음은 "선은 선인가?"라는 물음과 마찬가지로 동어반복으로서 무의미한 것이 되어야 한다.
   ㉣ 그러나 "선은 쾌락인가?"라는 물음은 무의미하지 않다.
   ㉤ 쾌락 대신에 어떠한 자연적 속성을 대입하더라도 결과는 마찬가지이므로,
   ㉥ 선을 자연적 속성과 동일시하는 모든 정의는 오류이다.
3) 연결어 및 지시어를 통해 ㉦, ㉧, ㉨은 ㉩을 뒷받침함을 알 수 있다.
   ㉦ 선을 형이상학적 속성과 동일시하는 정의들은 사실 명제로부터 당위 명제를 추론한다.
   ㉧ 즉 어떠한 형이상학적 질서가 존재한다는 사실로부터 "선은 무엇이다"라는 정의를 이끌어 낸다.
   ㉨ 그런데 당위는 당위로부터만 도출되기 때문에 사실로부터 당위를 끌어내는 것은 가능하지 않다.
   ㉩ 따라서 선을 형이상학적 속성과 동일시하는 정의들은 모두 오류이다.

05

정답 ①

1) ㉡과 ㉢의 실제 연구 결과로부터 ㉣을 도출하고 있다.
2) ㉤과 ㉥의 묵가와 유가의 이론을 종합하여 ㉦을 도출하고 있다.
3) [전제 1] ㉣ 로봇을 사람처럼 대하는 현상이 서양인보다 한국인에게서 더 강하게 나타난다.
   [전제 2] ㉦ 유가와 묵가 이론을 적용한다면 로봇을 친구로 여기고 도덕 판단의 대상으로 여길 수 있다.
   [전제 3] ㉧ 한국 사회에서 유가와 묵가 전통을 통한 문화선택이 발생하였고 그에 따라 한국인의 감정과 도덕성이 결정되었다.
∴ [결론] ㉠ 로봇을 사람인 것처럼 대하는 현상에 동서양의 차이가 존재하며 그러한 차이는 문화선택에 의한 것으로 보인다.

06

정답 ③

1) ㉢은 전제지시어로 ㉡을 지지함을 알 수 있다.
2) ㉠, ㉡, ㉢을 전제로 하여 ㉣이 다음과 같이 부정논법으로 도출된다.
   (A: 철학에서 중요한 문제로 다루어져 온 자의식은 유용하다, B: 자의식은 그 자체로 유용한 것이다, C: 자의식은 유용한 다른 뭔가를 낳는 것이다.)
   ㉠ A → (B∨C)
   ㉡ ~B
   ㉢ ~C

   ㉣ ~A
3) ㉥과 ㉦으로부터 ㉤이 다음과 같이 부정논법으로 도출된다.
   (D: 자의식은 마음 밖에 있는 어떤 유용한 것을 낳는다, E: 자의식이 인과적 영향을 미칠 수 있는 것이 마음 밖에 있다.)
   ㉥ D → E
   ㉦ ~E

   ㉤ ~D
4) ㉨, ㉩, ㉪이 ㉧을 다음과 같이 긍정논법으로 지지한다.
   (F: 마음 안에 있는 유용한 것이란 마음 안의 좋은 상태이다, G: 자의식이 필요하다, H: 자의식이 마음 안에 낳는 유용한 것은 존재한다.)
   ㉨ F
   ㉩ F → ~G
   ㉪ (F → ~G) → ~H

   ㉧ ~H
5) ㉣, ㉤, ㉧으로부터 ㉢이 다음과 같이 부정논법으로 도출된다.
   ㉣ C → (H∨D)
   ㉤ ~D
   ㉧ ~H

   ㉢ ~C

따라서 답은 ③이 된다.

07

정답 ④

1) ㉢의 전제 지시어로 인해 ㉡을 뒷받침함을 알 수 있다.
2) ㉧의 전제 지시어로 인해 ㉦을 뒷받침함을 알 수 있다.
3) ㉥의 구체적인 사례는 ㉤의 일반화를 뒷받침한다.
4) ㉤과 ㉦은 윤리 규범이 이성의 사실이 아니라는 것과 가치는 평가적 태도에서 찾아야 한다는 내용으로 ㉣을 뒷받침한다.
5) ㉡에서 규범이나 가치는 우연성을 반영하며 ㉣에서 윤리 규범은 이성적 사실에서만 비롯된 것이 아니라는 내용으로 ㉠을 뒷받침한다.

08

정답 ④

① (O) 논증의 형식적 구성은 다음과 같다.
   ⓑ [전제] 힘에 굴복하는 것은 어쩔 수 없어서 하는 행동이요 기껏해야 분별심에서 나온 행동이지 의무에서 나온 행동은 아니다.
   [생략된 전제 1] '물리적인 것'과 '도덕적인 것'은 구별된다.
   [생략된 전제 2] 힘은 '물리적인 것'이며 의무는 '도덕적인 것'이다.

ⓐ [결론] 힘이란 물리력인데, 물리력이 어떻게 도덕적 결과를 가져올 수 있는지 나는 이해할 수 없다.

만약 '물리적인 것'과 '도덕적인 것'의 구별이 이루어지지 않는다면 힘에 굴복하는 물리적인 것이 도덕적인 의무가 되어 ⓐ의 주장에 반하게 된다.

② (O) ⓒ에서 강자의 권리에 있어서 힘이 권리를 만들어 낸다는 가정을 하고 있다. 그런데 이러한 가정 아래에서는 ⓗ의 진술처럼 '강자의 권리'는 '힘'에 관계없는 공허한 말임을 보여준다. 결국 강자의 권리에 있어서 힘이 권리를 만들어 낸다는 가정은 불합리한 귀결을 갖는 것으로 ⓒ의 가정이 부정되는 귀류법적 논증을 하고 있다.

③ (O) ⓔ는 강도의 사례를 통해 힘에 어쩔 수 없이 굴복할 뿐 의무에서 나온 행동은 아님을 보여주는 ⓑ의 예시에 해당한다.

④ (X) ⓖ는 조건문의 후건으로 전건의 내용인, 권리에 복종하라는 말이 힘에 복종하라는 말이라는 것이 참이라면, 하나의 교훈으로서 지켜지리라는 '장담'을 할 수 있다는 내용이다. 그런데 ⓕ는 어쩔 수 없이 복종해야 하는 이러한 권리는 의무에 의한 것이 아니라는 진술일 뿐이다. 따라서 ⓖ의 근거는 아니다. ⓖ의 근거는 ⓑ에 있다. '힘에 굴복하는 것은 어쩔 수 없어서 하는 행동'이기 때문이다.

⑤ (O) ⓓ는 힘에 의한 것이 권리가 될 수 없다는 진술이며 ⓗ 역시 힘과 관계없는 강자의 '권리'에 대한 진술이므로, 힘에서 나오는 '권리'라는 것은 무의미한 말임을 지적하고 있다.

09

정답 ③

연쇄 논증을 논증 다이어그램으로 표현하면 다음과 같다.

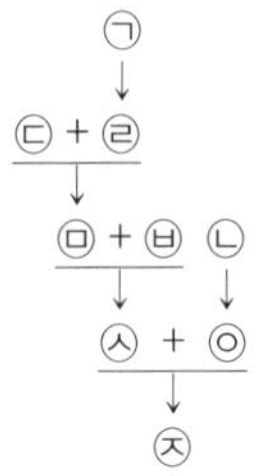

① (O) ㉠에서 자연권은 모든 개인에게 동등하게 보장된 것으로 제시된다. 이에 의거하여 ㉣에서는 자신의 생명 보존을 위해 사용할 권리가 있다는 것을 추론할 수 있다.

② (O) ㉢과 ㉣로부터 결론 지시어를 통해 ㉤이 도출됨을 알 수 있다.

③ (X) ㉤과 ㉥으로부터 ㉦이 도출된다.

④ (O) 자연법적 규정으로부터 ㉧이 도출된다.

⑤ (O) 결론 지시어를 통해 하나의 논증적 구조를 파악할 수 있다.

Ⅱ. 논쟁 및 반론

1. 반론 및 반박

p.251

01	02	03	04	05
④	①	②	④	③
06	07			
⑤	⑤			

01

정답 ④

ㄱ. (X) 뇌의 작용을 거시적 차원과 구별하여 미시적 차원으로 취급하고 뇌의 작용으로부터 거시적 차원의 행동을 예상하는 것은 원리적으로 불가능하다는 시각이다. 이는 뇌와 행동의 책임을 구별하는 필자의 논증과 양립할 수 있으며 이를 강화시킬 수도 있기에 반론으로 적절하지 않다.

ㄴ. (O) 뇌와 행동의 결정론적 방식의 일치를 주장하는 것은 이를 부정하는 필자의 논증의 반론이 된다.

ㄷ. (O) 필자는 책임이 사회적 차원에서 존재하기에 사람들 간의 상호작용으로부터 행동의 자유 개념이 발생한다고 주장한다. 그런데 이것이 관행일 뿐이고 인간이 실제 자유롭게 행동하는 것을 보여주지 않는다면 책임과 자유를 연결하고 있는 필자의 주장에 반론이 된다.

02

정답 ①

ㄱ. (O) <이론>에서 증후군 A는 태아 유래 세포를 면역 체계가 외부 침입자로 인식하여 공격하게 되어 발병하는 경로 이외로는 발병할 수 없다고 말하고 있다. 따라서 증후군 A가 나타나는 데에도 불구하고 임신 경험이 있는 환자의 혈액에서 태아 유래 세포가 발견되지 않은 사례는 이에 대한 반박 사례가 된다.

ㄴ. (X) 태아 유래 세포가 있는 사람이라고 해서 모두 증후군 A가 나타나는 것은 아니기에 반박 사례라 볼 수 없다. 면역 체계에 특정한 변화가 생기는 경우에 증후군 A가 나타난다고 주장하기 때문이다.

ㄷ. (X) 면역 체계에 문제가 있다고 해서 모두 증후군 A 증상이 나타나는 것은 아니므로 반박 사례라 볼 수 없다. 면역 체계가 태아 유래 세포들을 외부 침입자로 인식하여 공격하는 특정한 변화가 있는 경우에만 증상이 발생하기 때문이다.

03

정답 ②

1) 중간계급의 인종 구성

<표 1> 사회계급에 따른 시민권에 대한 태도

시민권에 대한 태도	긍정적	부정적	계
중간계급	37%	63%	100%

<표 2> 사회계급과 인종에 따른 시민권에 대한 태도

시민권에 대한 태도		긍정적	부정적	계
중간계급	A인종	70%	30%	100%
	B인종	30%	70%	100%

<표 1>에서 중간계급의 37%가 긍정적이었다. 그런데 <표 2>에서 긍정적 태도를 보인 중간계급 사람들은 A인종이 70%, B인종이 30%에 해당한다. 이러한 비율의 사람들을 종합한 결과가 <표 1>에서 나타나듯 전체 37%이다. 이는 A인종의 비율이 70%임에도 불구하고 A인종과 B인종을 합한 비율이 상대적으로 적다는 것을 보여준다. 결국 중간계급에서는 A인종보다 B인종이 더 많은 비율로 분포되고 있다는 것을 추리할 수 있다.

2) 하층계급의 인종 구성

<표 1> 사회계급에 따른 시민권에 대한 태도

시민권에 대한 태도	긍정적	부정적	계
하층계급	45%	55%	100%

<표 2> 사회계급과 인종에 따른 시민권에 대한 태도

시민권에 대한 태도		긍정적	부정적	계
하층계급	A인종	50%	50%	100%
	B인종	20%	80%	100%

<표 1>에서 하층계급의 긍정적 태도 비율은 45%이다. 그런데 <표 2>에서 이 중 A인종의 50%, B인종의 20%가 긍정적 태도를 보인다. 결국 B인종의 긍정 비율이 20%임에도 불구하고 전체를 합쳤을 때에는 45%로 그 비율이 상대적으로 매우 높다. 따라서 하층계급에는 A인종이 B인종보다 더 많은 비율로 구성되어 있음을 추리할 수 있다.

ㄱ. (X) 을의 근거인 <표 2>가 성립하면서 동시에 <표 1>이 성립되기 위해서는 1)에서 추론했듯이, 중간계급에서는 B인종이 더 많은 비율을 차지하고 있기에 비판 근거로 적절하지 못하다.

ㄴ. (O) 2)에서 추론하였듯이, 하층계급에는 A인종이 더 많기에 갑의 추론에 문제가 있음을 지적하는 적절한 비판 근거가 될 수 있다.

ㄷ. (X) 추리를 통해 중간계급에서는 B인종이 더 많고, 하층계급에서는 A인종이 더 많다는 것을 알 수 있다. 그러나 이 사실로 B인종 중 하층계급이 중간계급보다 더 많은지는 추리할 수 없다. 또한 B인종의 중간계급과 하층계급의 인원수 비교만으로 X시 전체 인종의 인원수를 추리할 수 없기에 적절한 비판 근거가 될 수 없다.

04
정답 ④

ㄱ. (X) 비판이 되기 위해서는 자료에 나타난 상황으로부터 한국의 현실을 긍정적으로 볼 수 없다는 내용이 있어야 한다. 그런데 시장소득 즉, 애초에 정부 개입 없이 시장에서 획득한 소득이 가장 높은 아일랜드가 처분가능소득 즉, 정부에 세금을 납부하거나 보조금을 받은 이후의 재분배에 대한 지니계수 차이가 가장 크다는 사실만으로는 비판이 되기 어렵다. 그렇게 큰 차이가 나는 나라에서 소득불평등이 개선되었다는 결과와 함께 시장소득과 처분가능소득 지니계수 차이가 적은 나라에서 소득불평등이 일반적으로 심하게 나타난다는 추가 자료가 필요하기 때문이다.

ㄴ. (O) 한국의 소득분포통계 조사 방법의 특징 때문에 지니계수가 제시된 자료보다 높을 가능성이 있다면, 주장의 신뢰성은 떨어지게 된다. 따라서 비판 근거로 적절하다.

ㄷ. (O) 소득분포통계 조사 방법이 나라마다 다르다면, 주장에서 다른 나라와 비교한 상위권 및 중위권에 대한 근거는 의미가 없게 된다. 또한 시장소득과 처분가능소득의 지니계수 차이가 중요할 경우, 그 차이가 매우 적은 한국은 소득재분배에 있어 문제가 있을 수 있다.

05
정답 ③

ㄱ. (O) ㉠에 의하면, 철수는 2시부터 잠을 자다가 죽음에 이른 것으로 이는 인지 기능의 영구한 정지에 해당할 수 있다. 그러나 이러한 지속적인 인지 기능 정지 상태에서도 2시부터 3시 사이에 일어났을 수 있기 때문에 이 시기의 인지 기능 정지를 죽음으로 볼 수 없다. 따라서 ㉠에 대한 반론으로 적절하다.

ㄴ. (O) 부활이 모순 개념이 아니라는 전제가 있을 경우, 부활 사건은 인지 기능의 정지가 기준이 될 수 없다는 것을 보여주는 반례가 된다.

ㄷ. (X) ㉠에 의하면, 주문에 걸려서 인지 기능이 정지된 상태는 영희의 입맞춤이 있다면 다시 인지 기능이 돌아올 수 있기 때문에 영구적인 정지로 보기 어렵다. 이러한 내용은 수정되기 이전의 이론에 대한 반론은 될 수 있지만, ㉠에 대한 반론은 될 수 없다.

06
정답 ⑤

ㄱ. (O) 동일한 사회문화적 환경에서도 다양한 형태의 조직화가 나타난다는 것은 주장에 대한 반론이 된다. 필자에 의하면, 동일한 사회문화적 환경이라면 동일한 조직화가 이루어져야 하기 때문이다.

ㄴ. (O) 필자는 선천적으로 주어진 생물학적 특성과 외부 환경인 사회문화적 요인은 다르다는 점을 전제로 하고 있다. 그런데 이들이 서로 배타적이지 않고 생물학적 요인을 배제할 때에 오류가 나타난다고 말하고 있으므로 반론이 된다.

ㄷ. (O) 서로 다른 사회문화적 환경에서 자랐지만 동일한 특성을 갖는 사례는 주장에 대한 반론이 된다. 서로 다른 환경이라면 그에 따라 형성되는 인간 정신의 조직화도 달라야 하기 때문이다.

07
정답 ⑤

ㄱ. (O) [A법] 제3조에 대해 <주장>에서는, 판결 기각의 이유를 기재하지 않는 것이 대법원의 재량에 속하는 선택 사항이라고 진술하고 있다. 그러나 국민의 재판을 받을 권리가 재판이라는 국가적 행위를 청구하는 권리이기에 이 청구권에 대법원이 국민의 청구에 응할 의무와 성실히 답할 의무가 포함된다는 것은 <주장>에 대한 반대 논거가 될 수 있다.

ㄴ. (O) 제2조에 대해 <주장>에서는, 대법원의 존재 목적이 모든 사건에 대해 재판받을 기회 보장이 아니기에 상고 이유가 적절하지 않다고 판단하여 대법원의 재량으로 재판 기각이 가능하다고 하였다. 그리고 제3조에 대해서도 판결 이유 기재가 필수는 아니라고 하였다. 그런데 국민의 재판을 받을 권리가 재판절차 등에 대한 접근성 및 공정성 보장을 주된 내용으로 하여 기회 보장적 성격을 가진다는 것과, 대법원 판결의 정당성이 판결 근거 제시에 의해 좌우된다는 것은 <주장>에 대한 반대 논거가 될 수 있다.

ㄷ. (O) 판결의 논증 과정이 사실상 국민의 사안 해석과 규범적 평가의 판단 기준으로 기능하기에 대법원이 재판을 기각하여 논증 자체를 하지 않는 것과 기각 이유를 기재하지 않는 것이 옳지 않다는 것은 <주장>에 대한 반대 논거가 될 수 있다.

2. 논쟁 분석

p.262

01	02	03	04	05
⑤	⑤	③	③	②
06	07	08	09	10
④	②	④	②	②
11	12	13	14	15
③	④	①	④	①
16				
①				

01

정답 ⑤

ㄱ. (O) 갑은 F국이 여신상을 약탈하였을 가능성이 매우 높기 때문에 G국의 불법 반입이 있다 해도 F국에 다시 돌려주는 것에 반대할 것이다. 그러나 을은 약탈 가능성이 매우 높다 해도 그 불법성이 증명되지 않았기 때문에 F국에 돌려주어야 한다고 주장할 것이다.

ㄴ. (O) 불법적 반출 여부에 대해 문제를 제기한 것은 을이기에 을은 동의할 것이나, 갑은 적법한 반출 경위를 확인할 수 없다면 약탈당한 것으로 보기에 동의하지 않을 것이다.

ㄷ. (O) 기록에 의해 여신상이 A시 신전 소유라는 사실이 인정되어야 한다는 것은 갑과 을 모두 동의하는 바이다.

02

정답 ⑤

ㄱ. (O) 甲은 신이 기적을 일으킬 수 있는 존재라고 언급하고 있다. 또한 乙은 우리가 기도를 통해 신의 계획에 영향을 줄 수 있다고 믿기에 신의 계획은 변경될 수 있다고 주장한다. 이를 통해 기적을 믿는다고 추론할 수 있다.

ㄴ. (O) 甲은 신은 과거를 바꿀 수도 있으며 자신이 계획한 그대로 역사를 진행시킨다고 주장한다. 반면 乙은 甲과 달리 신은 과거를 바꾸지 않으며 우리의 믿음의 영향을 받아 계획을 바꿀 수도 있다고 주장한다.

ㄷ. (O) 乙은 둘째 논의를 통해 신의 계획은 가변적인데, 이는 그 계획이 완전하지 않음을 의미한다고 볼 것이다.

03

정답 ③

① (X) ⓐ(정체불명의 '우리')는 을의 입장에서 이 세상 모두를 가리키는 것이다. 따라서 이러한 진술은 오히려 을의 견해를 강화시켜 갑에 대한 을의 비판이 더 강해질 수 있다.

② (X) 갑은 최소수혜자에게 혜택을 주는 경우에만 불평등이 허용된다고 주장할 뿐이다. 그렇기에 공동체의 이익 총량을 증대하더라도 최소수혜자에 대한 혜택이 악화될 경우 개인의 권리를 제한하는 것에 반대할 수 있다. 따라서 공리주의자처럼 공동체 전체의 이익 총량 증대가 기준임은 추론할 수 없다.

③ (O) 을에 의하면, 공동선을 이유로 개인의 다원성과 독자성이 위반되어서는 안 된다. 따라서 우연적 재능으로 얻은 혜택에 대해 개인이 우선적 소유권을 가질 수 있음을 부정하지 않는다.

④ (X) 을은 공유 원칙보다 개인의 다원성과 독자성을 우선시하고 있다. 따라서 이 두 가지가 서로 충돌한다고 해도 개인의 다원성과 독자성을 우선하므로 옳지 않은 진술이다.

⑤ (X) 을이 반대하는 까닭이 적절하지 않다. 최소수혜자의 복지 증진은 갑의 기준이며, 을은 개인들의 다원성과 독자성에 위반할 가능성을 근거로 갑의 주장에 반론을 제기하고 있다.

04

정답 ③

ㄱ. (O) 가정에 의한 결과의 불합리성을 지적하는 귀류법을 사용하므로 옳은 진술이다.

ㄴ. (O) B에 의하면, 클리포드는 오류를 피하고 진리를 얻는 것을 부차적인 것으로 보고 아무것도 믿지 않는 보류 상태에 두라고 말하고 있다. 이에 대해 B는 이런 태도가 증거가 아닌 정념에 기초한 것이라고 비판하고 있다.

ㄷ. (X) B는 오류를 피하는 것에 대한 논의를 하고 있기에 옳지 않다.

05

정답 ②

ㄱ. (X) A는 주장을 어떤 방식으로 정당화하느냐에 인식적 객관성이 있다는 견해이다. 따라서 비록 두 사람이 동일한 판단을 해도 인식적 객관성이 없을 수 있다.

ㄴ. (O) A는 주관적 요소의 개입이 없어야 한다는 입장이다. 그런데 B는 예술작품은 특정 상황들을 고려하여 판단하기에 인식적 객관성을 가지지 않는다고 볼 것이다.

ㄷ. (X) B는 모든 상황을 고려하여 자신을 당시 청중과 동일한 상황에 대입하여 판단해야 한다는 견해이다. 그런데 서로 다른 시대나 나라에 살았던 두 비평가가 결과적으로 동일한 판단을 했다고 해도 그러한 판단이 그 작품이 전제로 하는 관점에서 이루어진 것이 아닐 수 있다. 즉, 둘 모두 잘못된 판단을 할 수 있다.

06

정답 ④

ㄱ. (X) 갑에 의하면 '곱창은 맛있다.'라는 술어에는 'x에게'라는 표현이 숨겨져 있다. 따라서 곱창을 맛있어 하는 사람들의 표현이나 맛없어 하는 사람들의 표현이 모두 '곱창은 x에게 맛있다.'라는 명제로 동일하다.

ㄴ. (O) 영호가 곱창을 맛없어 하기 때문에 갑에 의하면 '곱창은 영호에게 맛있다.'라는 표현은 참이 아니다. 하지만 을에 의하면 '곱창은 맛있다.'라는 문장은 누가 말하든지 동일한 명제를 표현하는 것이기에 참이 될 수 있다.

ㄷ. (O) 을은, 지우가 '곱창은 맛있다.'라고 말하는 경우 영호는 '아니, 곱창은 맛이 없다.'라고 반박할 수 있고 이때 논쟁이 시작된다고 주장한다. 따라서 어떤 명제에 대해 두 사람의 견해가 불일치한다는 점이 논쟁이 되기 위한 필요조건이라는 것이다. 그래서 두 사람의 견해가 하나의 명제에 대해 불일치하는 것이 아니라면 논쟁이 되지 않는다고 갑을 비판하고 있다.

07

정답 ②

ㄱ. (X) 갑은 소설에서 나오는 명제가 명시적으로 참이 되거나 암묵적으로 참이 된다고 진술할 뿐이다. 따라서 갑이 모든 명제가 참이거나 거짓 둘 중 하나여야 한다는 것을 전제로 하는 것은 아니다.

ㄴ. (X) 을은 허구에서 암묵적 참이 되는 명제가 있다는 것을 받아들이는 것은 불합리하다는 입장으로서, 속편이 전작에 명시되지 않은 것들의 참을 결정하는 힘을 가지기 때문에 『빨간색 연구』에서 <홈즈의 콧구멍은 세 개다>라고 했을 경우, 자동적으로 『주홍색 연구』에서도 <홈즈의 콧구멍은 세 개다>가 명시적으로 참이 된다고 주장한다. 따라서 을에 따르면, 속편인 『빨간색 연구』에서 <홈즈의 콧구멍은 세 개다>라고 명시적으로 진술할 경우에 전작인 『주홍색 연구』에서 명제 <홈즈의 콧구멍은 두 개다>가 암묵적 참이었다가 거짓으로 바뀌는 것이 아니라 처음부터 명시적으로 참이었던 명제라는 것이다.

ㄷ. (O) 을은 『호빗』의 사례를 통해서 전작에 명시되지 않은 명제라도 속편에 명시되어 참이 되는 명제가 있다고 보는 입장이므로, 선택지의 경우도 참이 되는 상황이 있을 수 있다고 할 것이다.

08

정답 ④

ㄱ. (O) A의 진술에서 연극의 대사와 같은 인용 진술이 아니면 (1)로부터 (2)가 도출되며, (3)과 같은 의무를 지닌다고 주장한다. 이때 (1)은 사실 판단이며 (3)은 당위 판단이다. 그러나 (2)가 당위 판단인지는 알 수 없다. 만약 (2)가 사실 판단이라면 (2)에서 (3)이, 또한 (2)가 당위 판단이라 해도 (1)에서 (2)가 도출됨을 인정하기 때문에 (2)가 정확하게 어떤 판단인지 알지 못해도 A의 진술은 문제되지 않는다.

ㄴ. (X) C의 경우 '약속한다'를 다의적 표현으로 보기 때문에 이것이 당위 판단인지 여부는 알 수 없다.

ㄷ. (O) A의 진술에서 연극의 대사와 같은 인용 진술이 아니면 (1)로부터 (2)가 도출되며, (3)과 같은 의무를 지닌다고 주장한다. 이때 (1)은 사실 판단이며 (3)은 당위 판단이다. 그런데 (2)가 사실 판단이라면 (2)에서 (3)이, 또한 (2)가 당위 판단이라 해도 (1)에서 (2)가 도출됨을 인정한다. 따라서 A는 사실 판단에서 당위 판단이 도출될 수 있다고 본다. 한편 C는 사실 판단에서 당위 판단으로의 이행은 논리적 결함에 해당한다고 주장하고 있으므로 옳은 진술이다.

09

정답 ②

ㄱ. (X) 갑은 저작물의 요건으로 창의성만 언급하며 가치중립적일 필요를 주장하므로, 음란표현물에 대해서도 창의성을 인정할 수 있다.

ㄴ. (O) 을은 불법행위의 결과물에 재산적 가치를 인정해서는 안 된다는 견해이므로 옳은 진술이다.

ㄷ. (X) 병은 사회적 해악성이 명백히 확인되는 음란물을 인정하지 않는다는 견해일 뿐, 목적이나 방법 등에 따라 달라지는 음란성의 법적 평가를 전제하지는 않는다.

10

정답 ②

구분	A	B	점수
(1)	O	O	+20
(2)	O	X	-80
(3)	X	O	+100
(4)	X	X	0

ㄱ. (X) 갑의 경우 결과값이 최대인 조합인 (3)만 용인한다. 그런데 을의 경우 (3)은 현실에서 선택하려고 할 조합은 아니라고 보기에 (1)을 선택할 것이다. 이 경우 A는 용인될 수 있다.

ㄴ. (O) 병은 결과값이 0이거나 양의 값을 용인하므로 (1), (3), (4)를 용인한다. 따라서 A가 (1)의 경우 용인될 수 있다.

ㄷ. (X) 병의 경우 (1), (3), (4)로 용인될 수 있는 조합은 3개이다.

11

정답 ③

ㄱ. (O) 갑과 병은 모두 현실화되지 않은 순위험은 그 자체로 도덕적으로 그르다는 주장에 동의하는 입장이다. 따라서 혼수상태에 빠진 사람에게 순위험을 안긴 행위가 도덕적으로 그를 수 있다는 것을 인정한다.

ㄴ. (O) 을은 갑의 견해에 더하여 순위험이 있다는 것을 알았다면 당사자의 자율적 행위 선택이 바뀔 수도 있는 경우에 순위험을 안긴 행위가 도덕적으로 그르다고 그 범위를 한정해서 인정하는 입장이다. 그리고 정도 갑의 견해에 더하여 부수적인 해악이 실제로 발생했을 때만 순위험을 안긴 행위가 도덕적으로 그르다고 판단하는 입장이다. 즉 을이나 정은 갑의 견해에 특정 범위나 제한을 두고 갑의 판단을 인정하는 입장이라고 할 수 있다. 따라서 을이나 정이 순위험을 안긴 행위가 도덕적으로 그르다고 판단할 경우, 이에 대해 범위나 제한이 없는 갑도 동일하게 판단할 것이다.

ㄷ. (X) 을은 순위험이 있다는 것을 알았다면 당사자의 자율적 행위 선택이 바뀔 수도 있는 경우로 한정하여 도덕적으로 그르다는 판단을 하고 있다. 그리고 병은 을의 주장에 대해 애초에 자율적 선택 능력이 없는 경우에도 도덕적으로 그를 수 있다고 반론을 제기하며 을의 범위 제한에 반대한다. 따라서 순위험을 안긴 행위가 타인의 자율적 선택을 침해했을 때 그 행위가 도덕적으로 그른지에 대해 을은 '그 순위험을 안긴 행위를 알았다면'이라는 조건이 충족될 때에만 도덕적으로 그르다고 판단할 것이지만, 병은 갑과 같이 타인에게 위험을 안긴 행위 자체를 도덕적으로 그르다고 볼 것이다. 결국 선택지의 진술만으로는 을의 명확한 의견을 알 수 없기에 을과 병의 의견이 다르다는 판단을 할 수 없다.

12

정답 ④

ㄱ. (X) 갑은 형사절차에서의 '객관적 진실'을 강조하며 판사의 직접적인 증거 수집이나 조사가 가능하다고 보기에 객관적 진실을 알기 위해서라면 범죄 조사의 구속기간 연장 횟수 제한을 없애자는 개정안에 찬성할 가능성이 있다. 그러나 병은 판사가 직접적으로 진실발견의 과정에 개입하는 것은 바람직하지 않으며 판사에게는 그저 인권침해가 발생하지 않도록 하는 역할과 의무가 있다고 보는 입장이기에 구속기간 연장 횟수 제한을 없애자는 개정안에 대해 인권침해의 위험이 있다는 이유에서 반대할 가능성이 더 크다.

ㄴ. (O) 을은 형사절차에서의 '절차를 통한 진실'을 강조하며 법정 진실 다툼에 있어서 누구에게나 공정한 형사절차 기회가 보장되어야 한다는 입장이다. 따라서 적법한 절차를 위반하여 수집된 증거는 인정하지 않을 것이기에 해당 법원칙에 찬성할 수 있다. 그러나 갑은 적법한 절차를 위반하여 수집된 증거라도 객관적 진실을 밝힐 수 있다면 인정할 수 있다는 입장이다. 따라서 해당 법원칙에 반대할 가능성이 더 크다.

ㄷ. (O) 을은 형사절차에서의 '절차를 통한 진실'을 강조하며 공정한 형사절차 기회 보장을 주장하는 입장이므로 절차적 정당성을 강조하는 해당 법원칙에 찬성할 것이다. 병 또한 판사가 피고인의 인권침해가 발생하지 않도록 감시하는 역할과 의무를 가진다고 볼 것이므로 피고인이 부재한 채로 재판이 진행되어서는 안 된다는 해당 법원칙에 찬성할 것이다. 그리고 병은 형사절차 내 진실발견의 과정은 전적으로 사건 당사자들에게 맡겨진 것이고, 형사절차 진행 과정에 있어서 판사의 재량과 직접적 개입은 정당하지 못하다고 본다는 점에서 해당 법원칙이 '특별한 규정이 없으면'을 언급한 점도 찬성할 것이다.

13

정답 ①

ㄱ. (O) 친구를 때렸을 경우 친구는 더 못한 상태에 있게 된다. 따라서 이론에 따르면 이익을 준 경우이다.

ㄴ. (X) 갑2와 을2의 쟁점은 구조 능력이 있으면서 아무 것도 하지 않는 행위도 '행위'인가 여부이다. 갑2는 '행위'가 아니라는 입장이며 을2는 회피하고자 하는 결심의 결과도 행위로 보고 있다. 따라서 아이에게 손해를 준 것인지에 대해서는 모두 인정할 수 있다.

ㄷ. (X) 을은 의도적인 회피 결심의 결과라면 손해 행위가 될 수 있다는 입장이다. 이에 대해 갑3은 의도적인 욕심에 따른 결과라 해도 손해를 주지 않을 수 있다고 반박한다. 이에 대해 만약 을이 선물을 주지 않은 것은 손해를 준 것이라고 주장한다면, 을은 자신의 입장에 따라 갑을 반박한 것이므로 일관된 판단에 해당된다.

14

정답 ④

① (O) A_1의 황금률 비판은 자신이 기준이 되어 다른 사람에게 자신이 원하는 것을 행하라는 것이다. 따라서 내가 도움받기를 싫어한다면 나의 기준에 따라 다른 사람에게 행할 필요가 없게 된다.

② (O) A_1의 비판에 의하면, 자신이 기준이 되기에 교수가 F 학점을 받지 않기를 원한다면 다른 학생에게도 F 학점을 주어서는 안 된다.

③ (O) 대상이 자신이 원하는 것이 아닌, 상대방이 원하는 것이므로 옳은 진술이다.

④ (X) 상대방이 마조히스트일 때 상대방이 원하는 바는 마조히스트적 행위가 아닌 사디스트적 행위이다. 마조히스트는 피학성 성도착자이므로 가학적 행위를 원하기 때문이다.

⑤ (O) B_2에 의하면, 대상의 범위를 확대하여 관련자들 모두를 의미하므로 이에 따른 황금률 해석이 반드시 사디스트적 행위를 명령하지는 않는다.

15

정답 ①

ㄱ. (O) 갑과 을 모두 사회적 지원 등의 사회적 요소만으로 과학 이론의 변화를 판단할 수 없다는 데에 동의하고 있다.

ㄴ. (X) 갑은 첫 진술에서 과학 이론의 변화에 그러한 경우도 있었다고 언급할 뿐이며, 을은 과학 이론의 진보성에 대한 판단이 가능하며 이를 판단하는 기준으로 장래성을 들고 있다. 따라서 을은 T2가 T1의 이론을 유지하고 이에 대해 새로운 설명과 예측을 제공한다면 더 일반적인 이론이라고 평가할 수 있고, 이것이 진보라고 할 것이기에 ㄴ에 동의할 것이다.

ㄷ. (X) 을에 있어서 상대성 이론이 뉴턴 이론보다 더 일반적인 이론이 되려면, 장래성이 있어야 한다. 장래성이란 T2가 T1을 함축하고, 그 이외에 새로운 진술이 추가되었을 때 가질 수 있는 것이다. 그런데 뉴턴 이론을 상대성 이론이 함축하지 않는다면, '더 일반적'이라고 할 수 없을 것이다.

16

정답 ①

ㄱ. (O) 갑은 현존하지 않는 욕구는 언제 충족되더라도 이로울 수 없다고 주장한다. 그런데 ㉠처럼 현재 욕구는 없지만 어떤 일을 행하는 것이 더 이롭다는 판단이 합리적이라고 인정될 경우, 갑의 주장은 약화될 것이다.

ㄴ. (X) 갑은 죽은 사람이 물리적으로 해를 입을 수 없다고 주장하므로 시신을 훼손하는 행위가 죽은 당사자에게 해를 입히는 행위는 아니라고 볼 것이다. 하지만 을은 어떤 사람의 욕구 충족을 돕는 일은 그 사람의 생사와 무관하게 이로울 수 있다고 주장한다. 따라서 을에 따르면 시신을 훼손하는 행위는 죽은 당사자에게 해를 입히는 행위가 될 수 있기에 갑과 을의 견해는 다르다.

ㄷ. (X) 갑도 어떤 사람에게 이롭거나 해로운 일이 그 사람의 욕구 충족과 관련이 있다는 주장에 동의할 수 있다. 다만 죽은 사람에 대해서만 이를 반대할 뿐이다.

2. 강화와 약화

1 법·규범학 p.294

01	02	03	04	05
④	③	⑤	①	①
06	07			
④	③			

01 정답 ④

ㄱ. (O) A 설계는 편견에 따른 차별적 선택에 대한 내용과 관련 없는 것으로 ㉠의 타당성을 검증하지 못한다.

ㄴ. (O) 야간보다 주간에 운전자를 더 잘 식별할 수 있으므로 주간에 단속한 결과와 야간의 결과를 비교할 수 있기 때문이다.

ㄷ. (O) 경찰 단속 결과와 갑의 관찰 결과가 유사한 경우, 경찰이 차별적으로 선택하여 단속한다는 ㉠은 약화된다.

ㄹ. (X) 모집단의 인종 비율이 아닌 모집단 중 실제 과속을 한 인종 비율이 준거집단이 되어야 비교할 수 있으므로 ㉠의 타당성을 뒷받침하는 논거가 될 수 없다.

02 정답 ③

ㄱ. (O) 일수벌금형제는 행위의 불법 및 행위자의 책임 크기에 따라 벌금 일수를 정하고, 경제적 능력에 따라 일일 벌금액을 차별적으로 정한다. 이는 총액벌금형제에 비해 경제적 능력이 높은 사람은 더 큰 벌금을 내게 되어 더 큰 고통을 부과하게 될 것이다. 따라서 범죄예방 효과는 형벌이 주는 고통에 비례한다면, 경제적 능력이 높은 사람에 대한 범죄예방 효과는 총액벌금형제보다 일수벌금형제가 더 클 것이다.

ㄴ. (O) 일수벌금형제는 경제적 능력에 따라 벌금에 대해 느끼는 고통이 다르다는 전제를 지니고 있다. 그래서 경제적 능력이 동일할 경우 동일한 벌금에 대해 느끼는 고통도 같아야 한다. 그런데 경제적 능력이 같더라도 동일한 벌금을 통해 느끼는 고통의 정도가 다를 수 있다면 일수벌금형제 도입론은 약화될 것이다.

ㄷ. (X) 일수벌금형제에서 일수를 정하는 것은 책임주의 형벌원칙에 부합하며, 일일 벌금액을 정하는 것은 고통평등의 원칙이 충족되는 것이므로 징역형에서 기간을 정할 때에 경제적인 부분을 고려하는 것과는 다르기에 옳지 않은 진술이다.

03 정답 ⑤

① (O) A는 헌법 제34조의 법적 권리를 인정하지 않고 있다. 따라서 헌법 제34조의 문언에 반하는 해석이라고 비판받을 수 있다.

② (O) B는 법적으로 구체화된 다음에라야 비로소 구체적인 법적 권리를 가진다고 주장하므로 옳은 진술이다.

③ (O) C에 의하면, 권리의 확정적인 내용을 국민이나 국가기관이 여러 요소를 고려하여 판단한다. 그런데 그렇게 확정된 구체적인 내용은 사람마다 달리 이해될 수 있기에, 권리 내용이 불안정하다고 C를 비판할 수 있다.

④ (O) D는 사회의 여건에 따라 법적 권리가 인정될 수도 있다고 주장하므로 옳은 진술이다.

⑤ (X) A는 법적 권리를 부여하고 있지 않기에 법원에 권리 주장을 할 수 없다고 주장할 것이다. B 또한 법률로 구체화한 다음에라야 법적 권리를 지니기에 그것만으로 법원에 권리를 주장할 수 없다고 말할 것이다. 그런데 C는 국민이나 국가기관 스스로가 여러 요소를 고려하여 판단하여 법적 권리의 확정적인 내용을 실현할 수 있기에 국가의 다른 조치가 없어도 권리 주장을 할 수 있다.

04 정답 ①

ㄱ. (X) 을1은 자신에게만 피해를 주는 행위는 처벌의 대상이 아니라는 입장이다. 그런데 사례는 병역 기피 목적의 병역법 위반 사례이며 이는 자신만이 아닌 사회에 피해를 주는 행위이다. 따라서 을1이 약화되지 않는다.

ㄴ. (O) 갑2는 스스로를 해치는 행위는 다른 범죄를 저지를 가능성도 높인다는 것을 근거로 하고 있다. 그런데 이러한 가능성만으로 정당화될 수 없다면 갑2의 주장은 약화된다.

ㄷ. (X) 을2는 타인을 위해할 목적이 아닌 중독은 처벌의 대상이 아니라 예방과 치료의 대상이라고 주장한다. 인터넷 중독에 대해 형벌을 가하지 않는 사례는 이러한 을2의 주장을 강화한다.

05 정답 ①

① (X) 헌법재판기관 구성원의 선출 방식을 직선제로 변경하더라도 (가)에서의 조건 중 하나인 선거를 통하여 구성원에 대한 정치적 책임 추궁은 할 수 없기에 (가)가 해소되지 못한다. 즉 '선출 방식'과 '임기' 모두를 변경하지 않는 한, (가)의 비판은 해소될 수가 없다. 직접선거로 헌법재판기관 구성원들을 선출한다고 하더라도 이들의 임기를 기존처럼 종신제로 보장한다면 선거는 부정기적으로 이루어질 수밖에 없고, 선거를 통해 정치적 책임을 물을 수 있는 기회를 가질 수 없게 된다.

② (O) 법률에 대해 합헌 결정을 내렸더라도 (가)에서 문제 삼는 것은 헌법재판기관의 구성이기에 해소되지 않는다.

③ (O) (나)는 헌법재판기관의 구성 및 활동이 비민주적이라는 주장이다. 국민의 의사가 반영된 입법부의 법률을 반대할 수 있는 경우 헌법재판 제도 자체가 문제가 된다. 왜냐하면 헌법재판 제도는 법률이 헌법에 합치하는지를 심사하는 것인데, 법률을 반대하는 것은 국민의 의사를 거부할 수 있는 여지를 두는 것이기 때문이다. 따라서 헌법재판 제도 자체가 입법부에 대한 견제 수단으로 적절하지 않다고 주장할 수 있다.

④ (O) (나)는 국민에 의해 선출된 입법부의 결정인 법률을 반대해서는 안 된다는 입장이다. 행정부인 대통령에 의해 임명된 구성원들은 국민의 의사라 할 수 없기 때문이다. 따라서 (나)는 대통령의 결정이 국민 의사의 반영이라고 이해하지 않는다.
⑤ (O) 직접적인 국민의 의사 반영은 다수결에 의한 민주적 선출로 이루어질 수 있기에 옳은 진술이다. (가)에서 '국민의 의사'는 "정기적인 선거를 통하여 국민이 직접 헌법재판기관을 구성하고 …"를 고려할 때, '다수결로 정해진 국민의 의사'라는 의미로 사용되고 있다. 또한 (나)에서도 "국민들이 선출한 대표들의 결정이기 때문에 법률은 당연히 국민 의사의 반영이다"라는 문장에서 '국민의 의사'라는 용어는 국민들에 의한 대표들의 선출, 즉 다수결로 정해진 국민의 의사라는 의미로 쓰이고 있다.

06

정답 ④

ㄱ. (X) A에 따른 불법행위법은 불법행위로 인하여 파괴된 본래 상태를 회복하여 피해자를 구제해야 하므로, 수리비 전액을 배상하도록 한 판결은 A를 약화하지 않는다.
ㄴ. (O) B는 불법행위법의 목적이 손해의 회복과 더불어 불법행위 예방에 있다는 견해이다. 따라서 예방을 위한 메시지로 판결을 할 수 있으므로 옳은 평가이다.
ㄷ. (O) A는 본래 상태의 회복에 목적이 있으므로 피해자의 용서로 해결된 상황이다. 그런데 사회의 자유로운 토론 저해를 이유로 판결한 사례는 이러한 A의 견해를 약화하며, 이는 예방의 메시지로 볼 수 있기에 B를 강화한다.

07

정답 ③

ㄱ. (O) 드론을 이용하여 촬영한 것은 창문을 통한 촬영이므로 '탐지'에 해당하지 않아서 비밀탐지죄가 적용되는 사례가 아니므로 A는 약화된다.
ㄴ. (X) 제1조와 제2조의 형량 차이의 취지가 위법 또는 적법하게 들어가는 것에 기인할 경우, B가 파악하는 불법수색죄 즉, 적법하게 들어간 사람이 권한 없이 수색한 경우라는 주장은 강화되지 않는다.
ㄷ. (O) 사생활의 안전감을 침해하지 않는 것이라면 A의 위법 기준에 해당되지 않지만 위법으로 판결되었으므로 A는 약화된다. 그리고 수색에 해당되어 위법하다고 판결하였으므로 B를 강화한다.

2 인문학

p.303

01	02	03	04	05
③	⑤	②	③	③
06	**07**	**08**	**09**	**10**
③	③	⑤	⑤	①
11				
⑤				

01

정답 ③

ㄱ. (O) A방식도 B방식만큼 공정하다고 사람들이 생각하리라 믿었다면, 가설2에서 주장하는 추가 이득에 대한 설득력이 약화된다.
ㄴ. (X) 조작한 사람들이 자신의 업무 할당이 공정하지 않다는 것을 인정한다면, 이기적인 동기로 조작을 가했다는 가설1의 주장이 적어도 약화되지는 않는다.
ㄷ. (O) 업무 할당 과정이 공개될 경우 조작의 가능성은 떨어지게 된다. 따라서 원래는 공정하게 업무를 할당할 의도가 있었다는 가설1은 강화되고, 원래부터 공정하게 할 의도가 없었다는 가설2는 약화된다.

02

정답 ⑤

ㄱ. (O) 국제적 권위체인 유엔의 국제적인 무기금수 조치라는 제도를 통해 전쟁이 억지되므로 논증의 설득력을 높여준다.
ㄴ. (O) 교육과 훈련을 통해서 문명에 따라 인간의 덕이 차별적으로 신장된다면 선한 본성의 증가로 사악함으로 인해 발생하는 전쟁이 감소하게 될 것이다. 그 결과 전쟁의 발생 원인이 인간의 본성이라고 할지라도 편중적으로 전쟁이 발생함을 설명할 수 있다. 그러므로 논증의 설득력은 낮아진다.
ㄷ. (O) 정치체제의 전환이 전쟁 방지에 도움이 된다는 주장으로서 필자의 견해와 상반된다.

03

정답 ②

[양립론] 결정론을 받아들여도 도덕적 책임을 부과할 수 있다.
<가설> 결정론적 세계에서도 행위자의 마음 상태가 행위 발생에 영향을 미칠 수 있다는 사실을 인정하면, 양립론을 받아들일 가능성이 크다.
(= 양립론을 받아들일 가능성이 없다면, 결정론적 세계에서도 행위자의 마음 상태가 행위 발생에 영향을 미칠 수 있다는 사실을 인정하지 않을 것이다.)
[진술1] 톰의 결심은 그의 행위에 영향을 미친다.
[진술2] 톰에게 도덕적 책임이 있다. (=양립론 긍정)
<가설> [진술1] → [진술2] = ~[진술2] → ~[진술1]
[<가설>의 전제] [진술2]는 참

진술1	진술2	가설 평가
O	O	강화
O	X	약화
X	O	무관
X	X	강화

- 3번째 경우: 결정론적 세계에서도 행위자의 마음 상태가 행위 발생에 영향을 미칠 수 있다는 사실을 인정하지 않지만, 양립론을 받아들일 가능성이 있는 경우이다. 그런데 이러한 <가설>을 주장하는 갑은 양립론자이다. 그러므로 <가설>의 후건은 참을 전제로 하고 있기에 세 번째의 경우 <가설>이 약화되는 것은 아니며, 조건화된 가능성에 대한 판단은 할 수 없기에 무관한 사례가 된다.

ㄱ. (X) [진술1]에 동의하지 않는다고 해서 양립불가론자라고 단정할 수 없다. 양립불가론에 의하면, 결정론을 받아들이면 자유의지가 존재하지 않기에 도덕적 책임이 없다고 주장한다. [진술1]에 동의하지 않을 경우, 톰의 결심은 그의 행위에 영향을 미치지 못한다는 것이다. 그러나 그렇더라도 결정론적 세계에서 도덕적 책임을 부과할 수 있다고 생각하는 사람인지는 판단할 수 없다. 결국 [진술1]에 동의하지 않아도 도덕적 책임을 부과할 수 있기에 양립불가론자라고 단정할 수 없다. 반면 [진술2]에 동의하는 사람은 양립론자에 해당한다.

ㄴ. (X) [진술1]과 [진술2]에 모두 동의하는 경우가 많다고 해서 <가설>이 강화되는 것은 아니다. [진술1]에 동의하여도 [진술2]에 동의하지 않는 사람이 더 많을 경우 <가설>은 강화된다고 할 수 없기 때문이다.

ㄷ. (O) [진술1]에 동의하면서 [진술2]에 동의하지 않는 사람이 50명이라면, 이는 모두 <가설>을 약화하는 사례가 된다. 한편 [진술1]에 동의하지 않으면서 [진술2]에 동의하는 50명의 사례는 <가설>과 무관한 사례이다. 따라서 <가설>은 약화된다.

04

정답 ③

① (O) ㉠은 단어의 의미 이해가 그 단어의 사용 규칙을 따를 줄 아는 능력에 의존한다는 견해이다. 즉 주체가 무엇이든 단어의 사용 규칙을 이해할 수 있다면 단어의 의미 이해가 가능하다는 입장이다. 따라서 한국어를 완벽히 구사하는 인공지능이 등장했다는 것은 단어의 사용 규칙을 이해하고 따를 줄 아는 능력이 있는 인공지능이 만들어졌다는 것으로도 이해할 수 있기에, ㉠의 견해와 양립할 수 있다.

② (O) ㉡은 ㉠의 이론을 따를 때 도출되는 불합리한 결론을 근거로 들어 ㉠의 이론을 반박했다. ㉡의 논증에는 그 단어의 의미를 이해하려면 그 단어의 언어적으로 명료하게 표현된 사용 규칙을 이해해야 한다는 전제가 쓰였는데, 단어 사용 규칙이 반드시 언어적으로 표현되어야 하는 것이 아니라면, ㉡의 논증에 근거로 쓰인 전제를 부정하는 것이므로 ㉡이 약화된다고 할 수 있다.

③ (X) ㉠은 단어의 사용 규칙을 이해하지 못하는 것은 그 단어의 의미를 이해하지 못한다는 것과 같다고 주장했다. 즉 단어의 의미를 이해한다면 그 단어의 사용 규칙도 이해한다는 것이다. 따라서 ㉠이 강화되기 위해서는 단어의 의미를 이해하는 것과 사용 규칙을 이해하는 것의 관계가 연결되어야 한다. 그런데 ㉢에 있는 모든 단어의 의미를 이해하고 있다는 진술만으로는 단어 사용 규칙을 이해하는 것과의 관계를 알 수 없다. 따라서 ㉠이 강화되는 것은 아니다.

④ (O) ㉡은 단어의 의미를 이해하는 것이 그 단어 규칙을 모두 이해해야 한다는 개념 역할 의미론을 받아들일 때, 그 단어의 규칙에 진술된 여러 단어의 의미를 모두 이해해야 한다는 퇴행이 계속 반복되어 결국 어떤 단어에 대해서도 그 의미를 이해하는 사람은 아무도 없다는 불합리한 결론이 도출된다고 주장했다. 그러나 어떤 진술 안에 의미를 이해하지 못하는 단어가 포함되어 있어도 그 규칙의 진술을 이해하는 것이 가능하다면 ㉡이 ㉠을 반박하기 위해 근거로 든 상황에서의 무한 퇴행이 끊어지게 될 것이기에 ㉡은 약화된다.

⑤ (O) ㉠은 단어의 의미를 이해한다면 그 단어의 사용 규칙도 이해한다는 견해이다. 그런데 단어의 의미를 이해하지 못해도 규칙대로 '행위'한다고 해서 ㉠이 약화되는 것은 아니다. ㉠이 약화되기 위해서는 단어의 의미를 이해하는 것과 그 단어의 사용 규칙을 이해하는 것이 함께 이루어지지 않는 경우가 있어야 한다.

05

정답 ③

ㄱ. (O) B는 인간의 이기성을 부정하거나 이타성만을 주장하고 있지는 않다. A에 대한 반박으로서 B를 평가하면 B는 "인간의 행동에는 이기성만으로는 설명되지 않는 어느 정도의 이타성이 존재한다."고 주장하고 있다. 그런데 "변형된 실험"의 결과 이전 실험에서 40% 정도의 관대함을 보이던 갑의 역할을 하던 사람들이 을의 상황이 바뀐다고 10원만을 제안하는 이기성을 보인다면 이타성의 존재를 주장하는 B는 약화된다.

ㄴ. (X) 변형된 실험에서는 을이 갑의 제안을 거부할 수 없다는 것만 조건화되어 있다. 따라서 을이 이기적인 사람이든 아니든 관계없이, 갑이 이기적 존재라면 10원만을 제안할 것이며, B가 말하듯 갑이 이기적인 존재만은 아니라면 40% 이상의 몫을 제안할 수도 있다. 따라서 10원만을 제안할 것이라는 진술은 옳지 않다.

ㄷ. (O) 만약 결과가 10원만을 제시한 것으로 나왔을 경우, 을의 거부 가능성으로 인해 앞의 결과가 나타난 것으로 평가할 수 있다. 하지만, 여전히 갑이 을에게 40% 이상 제안하는 결과가 있었다면, B의 주장처럼 인간이 항상 이기적인 존재만은 아니라는 견해를 강화할 수 있다. 따라서 제안 결과가 B와 유사한지에 따라 을의 거부 가능성에 영향을 받는지 알아볼 수 있다.

06

정답 ③

ㄱ. (O) <실험 1>의 A와 B 그룹에서 질문에 95% 이상이 모두 '예'라고 대답하였으므로, A와 B의 공통적인 요소는 가짜라고 말한 것에 있다. 따라서 비언어적 행동과 일치하는 믿음을 갖는다는 <가설 2>는 약화된다. <가설 2>가 강화되기 위해서는 비언어적 행동과 일치해야 하므로 서로 다른 답변이 나와야 하기 때문이다. 즉 A 그룹에서는 '예' 비율이 낮아야 하고 B 그룹에서는 높아야 한다.

ㄴ. (O) <가설 2>는 비언어적 행동과 일치하는 믿음을 주장하므로 ㄱ의 설명처럼 A 그룹과 B 그룹에서 서로 다른 비율로 결과가 나타나야 한다. 따라서 A 그룹이 20% 이하, B 그룹이 90% 이상이라면 <가설 2>는 강화된다.

ㄷ. (X) <실험 2>의 두 그룹 간의 차이는 단 한 번 아내에게 가짜라고 말한 것과 매일 말하는 것에 관련된 언어적 차이이다. 실험 결과 이에 따라 서로 다른 비율이 나타났기에 <가설 1>은 강화된다.

07

정답 ③

ㄱ. (O) A는 공통 감정이라는 보편적 기준을 인정하기에 ㉠을 거부한다.

ㄴ. (X) B는 미적 취향의 기준은 사회 지배층에 의해 생성되기에 피지배자들과의 차별성이 부각되는 과정에서 미적 취향의 기준이 생성된다고 주장한다. 따라서 B는 사회를 구성하는 모든 이의 미적 취향은 동등하게 인정받지 못한다고 전제한다. 그런데 이로부터 모든 이의 미적 취향을 동등하게 인정해야 한다는 것을 주장하는지는 알 수 없기에 옳지 않은 평가이다.

ㄷ. (O) 선택지는 A와 B가 모두 미적 취향이나 평가에 있어서 그 기준이 가변적일 수 있다는 주장과 양립 가능한지를 묻고 있다. A는 편견이나 선입견 때문에 나쁜 작품이 일정 기간 명성을 얻을 수 있으나, 이는 곧 인간의 올바른 공통 감정에 의해 그 평가가 가변적일 수 있다고 하였다. 즉 피카소가 위대한 예술가라고 지금은 평가받을지라도 만약 이것이 편견이나 선입견 때문에 그런 것이라면 이후 위대하지 못한 예술가라고 평가될 수 있다는 의미다. 그리고 B 또한 사회적 관계가 늘 변할 수 있듯이 미적 취향의 기준도 변화할 수 있다고 보았기에 A와 B는 모두 선택지의 주장과 양립할 수 있는 입장이다.

08

정답 ⑤

ㄱ. (O) [독해 2]에 대해 철학자들이 '동의하지 않음'으로 응답했다면, 일반인과 철학자가 동일한 판단을 하고 있으므로, 이전에 (가)에 대해 일반인과 철학자의 판단이 다른 이유는 ㉠임을 입증하게 된다.

ㄴ. (O) 일반인들도 [독해 1]에 대해 철학자들과 동일하게 응답했기 때문에 ㉡은 강화된다.

ㄷ. (O) (나)에서 철학자들의 '동의함' 비율이 높았던 이유가 잘못 응답한 것 때문이라면 결과적으로 일반인과 철학자의 의견이 일치한 것이므로 ㉡은 강화된다.

09

정답 ⑤

ㄱ. (O) A는 행위의 도덕성은 그것과 관련되는 사람들의 행복 증가 여부를 기준으로 한다. 따라서 한 명의 전우를 적진에서 구하기 위해 두 명의 전우가 죽음을 무릅쓰는 행위는 관련된 사람들의 행복을 증가시킬 수 있기에 도덕적일 수 있다. 또한 B의 행위 규칙이 전우의 죽음을 묵인해서는 안 된다는 것일 경우 위 행위는 도덕적일 수 있다.

ㄴ. (O) 거짓말을 하는 행위가 그것과 관련되는 사람들의 행복을 증가시킨다면 A의 견해에 의해 옳을 수 있다. 또한 선의의 거짓말과 같이 전체적인 삶의 맥락에서 옳을 수 있다. 때문에 A뿐 아니라 C의 견해에도 부합한다.

ㄷ. (O) A, B, C 각자는 유용성의 원리가 의미하는 바에 대해서는 서로 다른 견해를 지니고 있으나 이를 도덕적 판단의 기준으로 고려한다는 점은 일치한다.

10

정답 ①

① (O) 인지적 착각인 경우 비난의 대상이 되는 행위(대우)이기에 ㉠은 약화된다.

② (X) 진실이 아닌 경우라 해도 책임이 언제나 전파하는 화자에게 귀속되는 것은 아니라는 ㉠은 약화되지 않는다.

③ (X) 그 자체로 비난의 대상이 아닌 행위에 책임이 귀속되지 않는다는 사실은 ㉠을 약화하지 않는다.

④ (X) 거짓 주장의 의도가 적극 회피 태도에서 비롯된 것으로 도덕적 책임이 귀속될 수 있으므로 ㉠이 강화되는 것은 아니다.

⑤ (X) 인지적 착각이 일어나는 경우는 진실 여부 확인이 가능한 상황이라는 내용은 도덕적 책임 귀속이 가능하기에 ㉠이 강화되는 것은 아니다.

11

정답 ⑤

ㄱ. (O) B에서는 불평등이 존재하고 A에는 존재하지 않기에 불평등이 더 적은 세계가 더 좋은 세계인 경우 A가 B보다 더 좋아야 한다. 그러므로 갑의 결론은 부정된다. 한편 C는 불평등이 존재하지 않기에 B보다 더 좋아야 하므로 을의 결론은 부정되지 않는다.

ㄴ. (O) 을의 기준은 완전 평등과 복지 평균에 있으므로 옳은 판단이다.

ㄷ. (O) 복지 평균은 A가 B보다 더 높기 때문에 갑의 결론은 부정된다. 한편 복지 총합이 기준이 될 경우 을은 부정되지 않으나 병의 결론은 부정된다. A의 복지 총합은 100억이지만 C는 1,010억이기 때문이다.

3 사회과학 p.313

01	02	03	04	05
③	④	①	③	③
06	07	08	09	
②	②	③	③	

01 정답 ③

ㄱ. (O) 지능이 높은 청소년은 자신에게 불리한 증거를 노출시키지 않을 수 있다면, 지능이 낮은 청소년들이 공식 통계 속에 더 많이 포함되었을 것이다. 그렇다면 지능이 높고 낮음에 관계없이 청소년들이 범죄를 저지르는 비율이나 빈도에는 큰 차이가 없다는 것을 의미하게 된다. 따라서 A가 주장하듯 지능이 낮은 청소년이 반드시 더 많은 범죄를 저지르는 것은 아니다.

ㄴ. (O) A의 견해는 지능과 범죄의 관계는 공식 통계적 관계일 뿐이라는 것이다. 따라서 비록 통계의 분석 결과 소년범죄자의 저지능자 비율이 낮다 해도 A 견해의 설득력을 낮추지는 않는다. 또한 소년범죄자 집단이 범죄 청소년 전체를 대표하지도 않는다.

ㄷ. (X) B의 견해에 따르면 흑인이나 백인의 차이로 인해 지능지수의 차이가 나타나는 것이 아니라, 문화 교육적 배경의 차이로 지능지수 검사지가 중산층에게 보다 익숙한 용어와 내용으로 작성되었기 때문에 차이가 있다는 것이다. 따라서 인종과 지능의 관계가 아니라 사회 계층과 지능 간의 관계가 이루어진다는 ㄷ은 B의 견해를 강화하게 된다.

02 정답 ④

ㄱ. (X) 시간해석이론은 시간에 따라 선호가 역전되거나 선호의 차이가 좁혀지는 현상을 설명하는 것이다. 그러나 사례는 시간에 따른 선호의 변화가 아니기에 해당되는 사례가 아니다.

ㄴ. (O) 시간이 멀리 떨어져 있을수록 여행의 본질적인 면에 주목하지만, 시간이 가까워질수록 세부적이고 부수적인 점에 신경을 쓰는 상황이다. 그러므로 시간해석이론에 부합하는 사례이다.

ㄷ. (O) 동일한 상황에 대해 시간이 많이 남아있으면 문제가 되지 않지만, 시간이 가까울수록 시점 차이로 인해 거부하는 현상이 나타나므로 이는 시간해석이론에 부합한다.

03 정답 ①

ㄱ. (O) 합리적 행위 능력이란 자신의 믿음에 입각해서 자신의 욕구를 달성하는 행동을 수행할 수 있는 능력이다. 따라서 인간의 믿음이나 욕구 같은 것이 행동을 발생시키는 데 아무런 역할을 하지 못한다면 합리적 행위 능력이 있다고 가정하는 이 글의 논지는 약화된다.

ㄴ. (X) 합리적 행위 능력 자체를 인정하고 있기에 '법이 관심을 두는 것은 최소한의 합리성 기준을 충족하는 것'이라는 이 글의 논지가 약화되지는 않는다.

ㄷ. (X) 범죄자들 중 상당수가 범죄 유발의 신경적 기제를 가지고 있다는 사실이 최소한의 합리성 기준의 존재를 입증하는 것은 아니다. 이러한 사실은 오히려 자신의 믿음에 입각한 욕구 달성 행위가 아니라, 신경적 기제에 의해 나타나는 현상이 될 수 있기 때문이다. 따라서 이 사실은 글의 논지를 강화하지는 못한다.

04 정답 ③

ㄱ. (O) 지문에서는 1960년대 이래 증가해 왔던 범죄가 1990년대 초반 이후 감소한 현상을 소개한다. 이는 납 배출이 증가하면서 폭력 범죄가 증가하였고 납 배출이 감소하면서 범죄가 감소하였다는 내용을 근거로 ㉠을 주장하고 있다. 그리고 실제 아동의 납 농도 측정결과 2000년 평균 혈중 납 농도가 1990년의 절반 수준으로 낮아졌다는 사실은 ㉠을 강화한다.

ㄴ. (X) 1970년대보다 1990년대에 범죄가 감소되었기에 ㉠의 주장을 약화하지 않는다.

ㄷ. (O) 납 농도와 범죄에 양의 상관관계가 있다는 것이 ㉠이므로, 범죄를 저지른 청소년이 그렇지 않은 청소년보다 납 농도가 높다는 연구 결과는 ㉠을 강화한다.

05 정답 ③

ㄱ. (X) 공개 연주 심사가 커튼 심사보다 여성 합격률이 높다는 결과가 여성이 남성보다 인적 자본이 부족하다는 인적 자본 가설을 지지한다고 볼 수는 없다. 인적 자본 가설에 의하면 공개 연주 여부에 관계없이 능력이 좋은 사람이 선택되는데, 합격자가 여성보다 남성이 더 많아야 인적 자본 가설을 지지하기 때문이다. 따라서 인적 자본의 지지 여부는 남성과 여성의 합격률 차이가 제시되어야 하기에 ㄱ의 사례가 인적 자본 가설을 지지한다고 볼 수 없다.

ㄴ. (X) 공개 연주 심사의 결과만으로는 차별 가설을 지지하는지 판단할 수 없다. 차별 가설은 고용주의 편견과 고정 관념으로 인해 나타나는 현상이다. 따라서 공개 연주 심사와 함께 커튼 심사의 결과를 알아야 그 차이를 통해 차별 가설의 지지 여부를 판단할 수 있다.

ㄷ. (O) 커튼 심사의 결과에서 여성의 합격률이 남성의 합격률보다 유의미하게 낮을 경우, 이는 성별에 대한 편견이 아닌 연주 능력 등의 인적 자본이 여성이 남성에 비해 부족하다는 것을 의미한다. 따라서 이러한 결과는 인적 자본 가설을 지지한다.

06 정답 ②

ㄱ. (X) 2019년 7월부터 2022년 7월의 1세 이하 인구에 차이가 없다면, 2020년 1월부터 시작한 COVID-19로 인한 출생률 감소를 주장하는 논증은 약화된다.

ㄴ. (X) 논증에서는 저소득 계층과 청년층에서 소득이 줄어들 것이라 전제하고 있다. 그런데 국내총생산만 보고 이러한 계층의 소득 감소 여부를 확인할 수 없으므로 논증이 약화되는 것은 아니다.

ㄷ. (O) 필자는 많은 노동자가 COVID-19로 인한 보육 시설의 폐쇄 및 제한 운영으로 자녀 양육이 어려워 출산 계획을 미루거나 포기하기 때문에 출생률이 감소할 것이라고 주장한다. 그런데 이러한 필자의 주장이 참이라면 경제활동 여성의 임신 비율이 낮아졌어야 한다. 그런데 2019년 8월(COVID-19 초기)과 2021년 8월(COVID-19 발생 2년 뒤)의 경제활동 여성 임신 비율 수치에 거의 변화가 없다면 필자의 논증은 약화된다.

07

정답 ②

ㄱ. (X) A 견해는 심각한 피해를 입은 피해자들은 VIS를 제시하고 피해가 심각하지 않은 피해자들은 VIS를 제시하지 않는다고 본다. 따라서 A 견해가 강화되기 위해서는, 피해가 심각할수록 양형 정도가 높아졌다는 사실과 피해가 심각할수록 VIS를 제시하는 피해자들이 많다는 사실이 있어야 한다. 그런데 P에서는 이러한 사실을 확인할 수 있는 실험설계가 되어 있지 않다. 따라서 P로는 A 견해의 강화 여부를 알 수 없다.

ㄴ. (O) B 견해는 피해 내용과 강한 감정 모두로부터 영향을 받는다는 입장이다. 따라서 Q에서 [집단1]이 [집단2]보다 강한 감정이 표현되므로 형량이 높고 [집단2]가 [집단1]보다 심각한 내용이므로 형량이 더 높게 되어 B를 강화한다.

ㄷ. (X) Q에서 [집단1]과 [집단2]는 모두 같은 내용의 VIS를 제시한 상황이기에 A 견해에 따르면 평균 형량에 유의미한 차이가 없어야 한다. 따라서 이러한 결과는 A 견해를 강화한다.

08

정답 ③

ㄱ. (O) 만약 사치성 소비를 위한 온실가스 배출 권리와 필수 수요 충족을 위한 온실가스 배출 권리에 차별을 둘 경우, A의 단순히 인구수에 비례하여 할당하는 방식은 문제가 된다. 사치성 소비를 하는 개인의 온실가스 배출량이 필수 수요 충족을 위한 온실가스 배출량보다 적어야 하기 때문이다. 따라서 A는 약화된다.

ㄴ. (O) 주어진 비판을 분석하면 다음과 같다.

[결론] 과거 세대의 행위에 대해서는 현재 세대에게 책임을 지울 수 없다.

[생략된 전제] 과거 세대의 행위와 현재 세대의 행위는 무관하기에 별개로 고려되어야 한다.

과거 화석 연료를 이용해 산업화 과정을 거친 국가들은 B가 지적하듯 온실가스를 많이 배출한 국가에 해당한다. 그리고 그 국가들이 현재 1인당 국민총생산도 일반적으로 높다는 사실은, 과거 세대의 행위로 인해 현재 세대가 높은 이익을 취한 것에 해당한다. 따라서 B는 주어진 '비판'을 약화할 수 있다.

ㄷ. (X) 현재 인구가 많은 국가일수록 과거에 온실가스를 더 많이 배출했을 경우, A에 의하면 과거의 경력에 관계없이 현재 인구가 많은 국가는 그 만큼의 인구에 비례한 배출권을 가질 수 있다. 따라서 인구가 많은 국가는 그만큼 많은 배출권을 가질 수 있기에 현재 인구가 많은 국가는 A의 견해에 동의할 것이다. 한편 C에 의하면, 인구가 많은 국가일수록 온실가스를 더 많이 배출했어도 그러한 국가와 자연재해의 피해를 크게 입은 국가가 일치하지 않으므로, 배출량을 제한함으로써 얻을 이익이 온실가스를 더 많이 배출한 국가일수록 더 크다고 할 수 없다. 그러므로 현재 인구가 많은 국가가 더 많이 피해가 경감되는 국가는 아니기에 배출 제한 이후 국제적 비용을 더 많이 지불해야 하는 것은 아니다. 그렇다면 현재 인구가 많은 국가는 C의 견해에도 동의할 것이다. 따라서 현재 인구가 많은 국가가 A보다는 C에 동의한다는 진술은 주어진 자료만으로 알 수 없는 사실이다.

09

정답 ③

ㄱ. (O) <이론>에 의하면, 남성은 올리브 비누 친숙도가 낮으므로 '올리브 비누-올리브 오일' 순으로 정보가 제시될 때에 호감도는 그 역순으로 제시될 때보다 낮게 될 것이다. 따라서 이러한 결과는 <이론>을 강화한다.

ㄴ. (X) '올리브 비누-올리브 오일' 순으로 제시될 경우 여성은 친숙도가 높아서 호감도도 높게 되며 익숙한 순서대로 주어지므로 정보 처리가 수월하다고 느낄 것이다. 그러나 그 역순은 호감도가 앞의 사례보다 낮을 것이며 수월하다고 느끼는 정도도 낮을 것이다. 남성은 그 반대이므로 옳지 않다.

ㄷ. (O) 올리브 비누에 대한 친숙도가 유사한 사람들에게는 유사한 결과가 나올 것이므로 <이론>과 양립 가능하다. <이론>은 서로 차이가 있는 집단을 대상으로 하기 때문이다.

4 과학기술 p.320

01	02	03	04	05
②	③	③	②	④
06	07	08	09	10
①	③	③	②	③
11	12			
②	④			

01 정답 ②

ㄱ. (X) 두 동물 모두 쓴맛 수용체 유전자의 개수가 줄어든 결과는 서로 가깝지 않은 다른 종들 간의 적응의 결과로 유사한 형질을 보이는 사례이므로 (B)를 강화한다. 하지만 (A)를 약화하지는 않는다. (A)는 유전자가 필요 없을 경우 버린다는 것인데, 이를 약화하기 위해서는 유전자가 필요 없음에도 불구하고 버리지 않는다는 내용이 있어야 한다. 그러나 이러한 내용은 확인할 수 없다.

ㄴ. (O) 두 동물 모두 단맛 및 감칠맛 유전자에 돌연변이가 일어나 기능을 할 수 없게 되었다는 것은 필요 없는 유전자를 버린다는 (A)를 강화한다. 또한 서로 가깝지 않은 다른 종들 간의 유사한 적응 결과의 사례이므로 (B)도 강화한다.

ㄷ. (X) 진화의 결과로 비타민C 합성 유전자의 기능을 할 수 없게 된 것은 유전자가 필요 없는 경우 버린다는 (A)를 강화한다. 그러나 서로 다른 종이 아닌 진화적으로 가까운 종들의 관계이기에 (B)와 무관하므로 (B)를 약화하지 않는다.

02 정답 ③

ㄱ. (O) 필자는 지구의 모든 생물들이 DNA라는 공통 유전물질을 가지고 있다는 전제를 가지고 있다. ㄱ은 이에 대한 반박이 되기에 전제의 신뢰성을 떨어뜨려 논증의 설득력을 약화하게 된다.

ㄴ. (O) 이는 DNA를 사용해야 할 필연적 이유로 작동하여, 이를 전제로 하는 결론인 지구의 모든 생물종들이 하나의 원시 조상으로부터 유래했다는 사실을 약화한다. DNA 사용이 모든 생명체들의 특징일 뿐이기에 원시 조상의 수와 관련이 없어지기 때문이다.

ㄷ. (X) 이는 지구에 존재했던 다양한 생물종들이 모두 하나의 원시 조상으로부터 유래했다는 다윈 주장의 합리성을 지지하는 필자의 논증을 오히려 강화시킬 수 있다.

03 정답 ③

ㄱ. (O) ㉠은 대뇌피질의 전담 영역이 각 영역의 고유한 물리적 특징에 의해 결정되는 것이 아니라, 다른 영역들과의 연결 양상에 의해 결정된다는 주장이다. 따라서 겉모습이나 구조가 균일하다는 진술은 각 영역의 물리적 특성에 의해 전담 영역이 결정되는 것이 아니라는 주장을 강화하게 된다.

ㄴ. (X) ㉡에서 주장하는 것은 특화된 영역들에 대한 논의가 아니라 대뇌피질로 들어오는 입력 유형이 동일하다는 것이다. 따라서 특화 영역의 확인은 이러한 진술에 영향을 미치지 못한다.

ㄷ. (O) 갈퀴를 몸의 일부로 여긴다는 것은 외부 세계와 몸 사이의 경계가 바뀐 사례로 ㉢을 강화한다.

04 정답 ②

구분	손상: p53 발현량	암 발생률
돌연변이 A	증가	정상과 동일
돌연변이 B	증가	높음
돌연변이 C	동일(not 변화)	높음
정상	증가	A와 동일
p53 제거	없음	높음

ㄱ. (X) 돌연변이 A는 p53 발현량이 증가하였고, 물질대사 억제 기능이 남아 있으며, 암 발생률이 정상 생쥐와 동일하다. 즉 돌연변이가 되었다 해도 정상과 동일하게 발현량의 증가에 따른 암 발생률이 나타나기에 가설이 약화되지는 않는다.

ㄴ. (O) 가설에서는 물질대사 억제 기능에 의해 암 발생이 억제된다고 주장한다. 이는 물질대사 억제 기능이 없을 경우 암 발생은 억제되지 않는다는 것을 의미한다. 그런데 b는 p53이 증가했지만 ㄴ에서 b는 물질대사 억제 기능이 사라졌다고 하였으므로 그러한 결과로 암 발생률이 정상보다 더 증가한 것으로 볼 수 있다. 따라서 가설은 강화된다.

ㄷ. (X) 가설은 p53 단백질이 증가한 상태에서 물질대사 억제 기능이 남아 있을 때에 암이 억제된다고 주장한다. 그런데 c의 경우 p53 단백질의 발현량이 증가되지 않았기에 그것이 원인이 되어 암 발생이 증가되었는지, 돌연변이 단백질에 의한 세포자살 유도 기능 상실이 원인인지, 물질대사 억제 기능 상실이 원인인지 알 수 없다. 따라서 적절하지 못하다.

05 정답 ④

실험에서 물질 X에 의해 활성산소가 분비되고 초파리는 건강하게 생존한다는 것을 알 수 있다.

- 세균 A: 활성산소를 분비하지 않지만 초파리는 건강하게 생존한다. 따라서 A는 병독균이 아니다.
- 세균 B: 적정량 활성산소가 분비되고 초파리가 건강하게 생존한다. 따라서 B는 유익균에 해당한다.
- 세균 C: 활성산소가 분비되지 않고 초파리를 죽게 만드는 병독균에 해당한다.
- 세균 D: 물질 X가 다량 분비되어 염증을 일으킨다.
- 세균 A + C: A는 병독균이 아니지만 C가 병독균이다. 그리고 둘 다 활성산소가 분비되지 않아 초파리를 죽게 만든다.
- 세균 B + C: 병독균 C가 있지만 유익균 B에 의해 적정량 활성산소가 분비되어 초파리가 건강하게 생존한다.

ㄱ. (X) A + B: 병독균의 성장 저해에 대해서는 확인할 수 없다.

ㄴ. (O) 병독균 C 투입 시 활성산소의 분비가 되지 않아서 죽음에 이를 수 있지만, 물질 X로부터 활성산소가 분비되어 초파리는 건강하게 생존한다. 따라서 활성산소가 병독균을 저해한다는 가설이 강화된다.

ㄷ. (O) C가 투입되면서 동시에 D도 투입된 것으로, 주입 시 활성산소가 다량 분비되어 염증이 일어난 증세가 그대로 나타난다. 하지만 병독균의 성장은 저해되어 나타나지 않음을 확인할 수 있다.

06

정답 ①

ㄱ. (O) 강한 독성을 가진 개체와 의태하는 것이 유리하므로 옳은 진술이다.

ㄴ. (X) ㉡은 유사한 종류의 자극도 회피하려고 한다는 주장이므로 약화하지 않는다.

ㄷ. (X) ㉡은 유사한 종류의 자극도 회피하려고 한다는 주장으로 약화하는 것은 아니다. 전혀 다르게 생긴 독 있는 개구리는 무관한 사례다.

07

정답 ③

ㄱ. (O) 이론에서는 개념을 사용하여 특성을 확인한다고 주장하고 있다. 그런데 느낌에 의거해 답변을 한다고 해서 이론이 약화되는 것은 아니다. 만약 개념을 파악한다면 그 사람은 이를 통해 그 특성을 확인할 수 있기 때문이다.

ㄴ. (X) 각 특성을 그 대상이 가지는지 확인하는 데 소요되는 시간은 새 종류마다 달라질 수 있다. 따라서 이론을 약화하지는 않는다.

ㄷ. (O) 인간이 이성적 동물이라는 진술에는 인간은 동물이고, 인간은 이성적이라는 2개념이 나타난다. 그런데 어떤 대상을 동물이라고 판단하는 것은 1개의 개념만으로 바로 파악될 수 있다. 그래서 실험에서도 참새보다 펭귄이 오래 걸린 것이다. 새의 일반적인 개념은 날아다닌다는 특징이 있는데, 참새는 이를 바로 확인할 수 있지만 펭귄은 날지 못하기에 참새에 적용한 개념을 사용하기 어렵다. 따라서 사례에서 후자보다 전자가 새임을 파악하는 시간이 더 짧다면 이는 이론을 약화하게 된다.

08

정답 ③

ㄱ. (O) 동일한 X1에 대해 X2와 Y2 모두 바이러스에 감염되지 않았으나, X2에는 특정 장내 세균이 있고 Y2에는 없었다. 결국 특정 장내 세균에 의해 서로 다른 결과가 나타난 것이므로 ㉠은 강화된다.

ㄴ. (O) 동일하게 Y2와 배양했는데, X1과 Y1은 모두 감염되었지만 X1은 특정 세균이 있었고 Y1은 없었다. 결국 특정 장내 세균의 존재에 의해 결과가 달라졌으므로 ㉠은 강화된다.

ㄷ. (X) X1과 Y2는 특정 장내 세균 여부와 바이러스 감염 여부가 모두 다르므로 특정 장내 세균에 의한 결과로 볼 수 없다. 바이러스 감염 때문에 다른 결과가 나타난 것일 수 있기 때문이다. 따라서 ㉠이 입증되는 것은 맞지만 강화되는 것은 아니다.

09

정답 ②

ㄱ. (X) 입 없이 먹이를 몸 안으로 흡수하는 생물의 행동에 대한 일상적 설명에는 '잡아먹다'가 잘 쓰이지 않는다는 직관을 인정하면서도, 필자는 그러한 경우에도 사용할 수 있다는 근거를 제시하면서 반박하고 있다. 따라서 논증을 약화하지는 않는다.

ㄴ. (X) 필자는 입과 소화기관이 있는 동물에게 일상적으로 '잡아먹다'라는 표현이 사용되는 것을 인정하기에 식충식물이 동물과 유사할 경우 식충식물에게도 '잡아먹다'라는 표현을 일상적으로 사용할 수 있다는 사실을 인정할 수도 있다. 그러므로 적어도 논증이 약화되지는 않을 것이다.

ㄷ. (O) 필자의 주장은 상어와 대구의 개체군 관계로부터 도출된 M이 겨우살이와 참나무의 관계를 설명하는 데에도 적용된다면 이는 '잡아먹다'의 의미를 확장할 수 있는 과학적 근거가 된다는 것이다. 그런데 이 M을 박테리아와 사람의 관계에까지 적용시켜 확장할 수 있다면, 이는 '잡아먹다'의 의미를 확장할 수 있는 과학적 근거가 더 있다는 의미이기에 이 논증은 강화된다.

10

정답 ③

ㄱ. (O) (가)는 저탄수화물 식단이 체중 감량 효과가 뛰어나다고 주장하며, (나)와 (다)는 저탄수화물 식단이 식욕 억제 효과가 있어 체중 감소 효과가 있음을 인정한다.

ㄴ. (X) W 연구팀의 첫 6개월간의 조사 결과에 대해서는 (다)도 인정한다. 다만 12개월에 걸친 추적 결과가 이와 다르다는 것을 지적할 뿐이다.

ㄷ. (O) (나)는 칼로리 섭취량의 감소가 체중 감량의 원인이라는 주장이다. 그런데 저탄수화물 식단과 저지방 식단의 총 칼로리 섭취량 감소가 동일하다면, 저탄수화물 식단의 체중 감량 효과가 칼로리 섭취량 감소에 의한 체중 감량보다 더 뛰어나다고 말할 수 있다. 따라서 이는 (나)의 (가)에 대한 비판을 약화한다.

11

정답 ②

ㄱ. (X) ㉠은 대륙의 분리 이동으로 인해 호랑이 카멜레온의 조상 거주지가 바뀌었다는 내용인데, 코모로 제도가 대륙과 연결된 적이 없는 경우 발생한 진화 사례는 이 주장을 강화하지 못한다.

ㄴ. (X) 서인도양의 해류가 서쪽에서 동쪽으로 흘렀다는 결과는, 호랑이 카멜레온이 마다가스카르 또는 아프리카에서 북동쪽으로 1,100km 떨어진 세이셸 제도로 뗏목을 타고 도착했다는 ㉡의 주장을 약화하지 않는다. 해류를 타고 본토에서 이주한 후 독립적으로 진화할 수 있기 때문이다.

ㄷ. (O) ㉠은 인도-마다가스카르와 아프리카가 먼저 분리되었고 이후 인도와 마다가스카르가 분리된 다음, 최종적으로 인도와 세이셸 제도가 분리되었다는 대륙의 분리에 근거하고 있다. 이에 따르면 원래 조상은 아프리카에서 먼저 출현해야 하나 ㄷ은 그렇지 못하기 때문에 ㉠은 약화된다. 그리고 ㉡은 뗏목으로 이동한 경우이므로 어느 것이 나중에 출현했는가와는 무관하기에 약화되지 않는다.

12

정답 ④

ㄱ. (X) 수라니 연구팀은 유전자가 부모 중 어느 쪽으로부터 유전되었느냐에 따라 유전자 활성이 다를 수 있다는 것을 실험적으로 입증하였으므로 ㉠을 강화하지 않는다.

ㄴ. (O) 어미 또는 아비로부터 유전되는 유전자 활성이 다를 수 있다는 ㉡을 강화하는 사례이다.

ㄷ. (O) 어미로부터 물려받은 자식의 DNA의 메틸화가 많이 되어 있다면 이는 조절 단백질이 메틸기를 매개로 DNA에 결합하는 기작이 있었음을 의미하기에 옳은 판단이다.

MEMO

MEMO

해커스로스쿨 lawschool.Hackers.com

LEET(법학적성시험) 인강

해커스로스쿨

해커스로스쿨

lawschool.Hackers.com